LE DROIT, LES DROITS PAR L'ACTION CITOYENNE

Mélanges en l'honneur de Martin BLÉOU

Tome 2

Le regard des autres champs disciplinaires

Sous la Coordination de
Djedjro Francisco MELEDJE, Yédoh Sébastien LATH
& Karim DOSSO

LE DROIT, LES DROITS PAR L'ACTION CITOYENNE

Mélanges en l'honneur de Martin BLÉOU
Tome 2
Le regard des autres champs disciplinaires

L'Harmattan
Côte d'Ivoire

5-7, rue de l'École-Polytechnique ; 75005 Paris

www.editions-harmattan.fr

ISBN : 978-2-336-51256-3
EAN : 9782336512563

SOMMAIRE

PRÉFACE 13

PARCOURS UNIVERSITAIRES ET PROFESSIONNELS 17

I-DROIT ADMINISTRATIF ET ADMINISTRATION PUBLIQUE ...27

LE DÉPÉRISSEMENT DU DROIT ADMINISTRATIF: À PROPOS DE L'UTILISATION DES RÈGLES DE DROIT PRIVÉ DANS L'ADMINISTRATION 29

Jacob ASSOUGBA

LA QUESTION DE L'EXÉCUTION DES DÉCISIONS D'ANNULATION RENDUES SUR RECOURS POUR EXCÈS DE POUVOIR EN CÔTE D'IVOIRE 41

Nayiribeta Ibrahim COULIBALY

LE SERVICE PUBLIC EN DROIT IVOIRIEN : REGARD CRITIQUE ...81

Badjo Jeannie Elisabeth DJEKOURI

L'ARRÊT DES PREMIÈRES… 115

Dandi GNAMOU

ORGANISATION JURIDICTIONNELLE ET DROIT ADMINISTRATIF EN FRANCE ET EN AFRIQUE FRANCOPHONE : ESQUISSE D'UNE THÉORIE DE L'ÉVOLUTIONNISME JURIDIQUE. 129

Yédoh Sébastien LATH

LA NOTION DE TRANSPARENCE DANS LE DROIT DE LA COMMANDE PUBLIQUE EN AFRIQUE DE L'OUEST 157

Paterne MAMBO

LE SORT DU RÈGLEMENT IRRÉGULIER EN CONTENTIEUX DE PLEINE JURIDICTION EN CÔTE D'IVOIRE : RÉFLEXIONS NAÏVES ET PROSPECTIVES 169

Kouadio Marc LANGUI

AVENIR DU TRAVAIL ET ÉVOLUTION DE LA FONCTION PUBLIQUE 201

Séni Mahamadou OUEDRAOGO

LA RÉFORME DU SECTEUR PARAPUBLIC AU SÉNÉGAL : ÉVOLUTION OU RÉVOLUTION DU DROIT DU SECTEUR PARAPUBLIC ?....................217

Papa Assane TOURÉ

L'EXERCICE DE LA FONCTION CONSULTATIVE DU JUGE ADMINISTRATIF BURKINABÈ À L'ÉPREUVE DE CERTAINES FORMES ORIGINALES DE GRÈVE DANS LA FONCTION PUBLIQUE : L'AVIS DU 11 AVRIL 2018....................245

Salif YONABA

ETAT UNITAIRE DECENTRALISE ET PROCESSUS DE DEMOCRATISATION EN AFRIQUE : ENTRE UNITE ET DIVERSITE POLITIQUE 255

Alioune Badara FALL

II- DROIT FINANCIER 277

LA RÉVISION DEVANT LA COUR DES COMPTES : BRÈVES RÉFLEXIONS A LA LUMIÈRE DES ARRÊTS AGEDI 1 ET 2 279

Sohuily Félix ACKA

LES OBSTACLES ENDOGÈNES RELATIFS À LA MISE EN ŒUVRE D'UNE GESTION FINANCIÈRE PAR LA PERFORMANCE DANS LES ETATS D'AFRIQUE CENTRALE : RÉFLEXION SUR LE CHFP DE LA CEMAC 299

Alexandre BARRO

« L'AVÈNEMENT DE LA COUR DES COMPTES : QUEL APPORT DANS LE CONTRÔLE DE L'EXÉCUTION DU BUDGET DE L'ÉTAT ? »....................331

Pélagie THÉOUA-N'DRI
Méma KONÉ

III. DROIT INTERNATIONAL PUBLIC 347

LA COMMUNAUTARISATION DU DROIT ÉLECTORAL EN AFRIQUE 349

Sié Victorien CARDIOULA

LE DROIT D'INTERVENTION DE L'UNION AFRICAINE 363

Alioune SALL

LE CONSENTEMENT POSTÉRIEUR DE L'ÉTAT A LA JURIDICTION INTERNATIONALE : LE FORUM PROROGATUM ENTRE LE DÉDUIT ET LE RÉDUIT 385

Saidou Nourou TALL

IV-DROITS DE L'HOMME 405

L'ORDONNANCE DE REMISE EN LIBERTÉ DE LA COUR AFRICAINE DES DROITS DE L'HOMME ET DES PEUPLES 407

Allou Elvis ADJAFFI

V- DROIT PRIVÉ 425

LIBRES PROPOS SUR L'INGÉRENCE DU DROIT PÉNAL IVOIRIEN DANS LE CONCEPT CIVILISTE DE FILIATION 427

Mamadou KounvolO COULIBALY

LE RÈGLEMENT JUDICIAIRE DES LITIGES MINIERS EN CÔTE D'IVOIRE : ÉTAT DES LIEUX 445

Dr François KOMOIN

LA CONFIANCE DANS LE CONTRAT DE TRAVAIL : ESSAI D'INTERPRÉTATION D'UNE RELATION DISCUTÉE 455

Nanga SILUÉ

VI- HISTOIRE DU DROIT 497

« LE PATER FAMILIAS, ''UN CONSTITUTIONNALISTE'' AVERTI499

Komoé Guy-Roland KOSSONOU

PRÉFACE

Si le Droit est traditionnellement appréhendé comme un énoncé de règles de conduite sociale, il ne saurait cependant apparaître comme une incantation de formules normatives s'imposant *ipso facto*. Tout au contraire, le Droit ne peut se réaliser et les droits être sauvegardés que par l'action. C'est donc à juste titre que, durant son parcours professionnel, le Professeur Martin BLÉOU a pu convaincre que le Droit est un idéal, une quête de l'ordre humainement et socialement désirable, qui ne peut se concrétiser que par l'effectivité de l'action citoyenne.

Le professeur Martin BLÉOU est, sans contredit, l'un des intellectuels qui a le plus participé à la construction du droit public dans l'espace CAMES et à l'édification de l'Etat de droit en Côte d'Ivoire tant par ses enseignements à l'Université, par ses écrits et ses prises de position dans le débat public. Il n'est pas seulement qu'un homme d'idées, il est surtout un homme d'actions qui s'est engagé dans la vie politique et qui a exercé avec grande probité les plus hautes fonctions au sein de l'État et dans la société civile.

Malgré les lourdes charges administratives et politiques qu'il a exercées à des moments sensibles de l'histoire de Côte d'Ivoire, il n'a point rompu avec le monde universitaire. Ministre de la Sécurité intérieure alors même que la Côte d'Ivoire était le théâtre d'une rébellion armée, il a maintenu ses activités d'enseignement et de recherche.

Recruté à l'Université d'Abidjan en 1978, agrégé de droit public et de Science politique depuis 1985, élevé au grade de Professeur titulaire en 1990, le Professeur Martin BLÉOU a encadré plusieurs thèses et a été régulièrement membre de jury de thèses soutenues dans les Universités ivoiriennes et étrangères. En sa qualité de Président-coordonnateur des jurys du concours d'agrégation du CAMES (2011) et de Président du Comité Technique Spécialisé (CTS) des Sciences juridiques et politiques du CAMES de 2002 à 2009, le Professeur Martin BLEOU a largement contribué à la promotion d'une nouvelle génération de juristes universitaires de haut niveau, au sein de l'espace CAMES.

Figure éminente du droit public en Afrique, fidèle disciple du Doyen Francis WODIÉ, le Professeur Martin BLÉOU a principalement enseigné, avec une verve et un pouvoir de persuasion remarquables, le droit administratif et le droit constitutionnel. Par son esprit ouvert et vif, par la profondeur de ses connaissances en science juridique, ses écrits, d'une autorité scientifique certaine, offrent une analyse féconde des interactions entre le droit et l'action (politique, administrative, citoyenne). A vrai dire, le Professeur Martin BLÉOU n'est pas un juriste enfermé dans les controverses doctrinales et dans le labyrinthe des connaissances livresques. S'il est assurément un juriste, il est aussi un homme de science, humaniste, engagé dans l'action citoyenne et la défense de ce qui est éminemment inhérent à l'Humain.

C'est cette quête du bonheur de l'Homme en société, cet idéal du bien-être du citoyen dans la Cité qui a guidé le dédicataire dès le début de ses recherches doctorales. Le Droit Constitutionnel fut alors le premier champ disciplinaire questionné et exploré par le Professeur Martin BLÉOU. Dans un contexte où les États africains étaient étouffés par les dérives pandémiques du présidentialisme négro-africain, il pose dans sa thèse d'Etat en droit public, son regard, un regard critique, sur le Président de République ivoirienne sous la Constitution du 3 novembre 1960. Plus récemment encore, ses observations très critiques sur certains aspects de la Constitution du 8 novembre 2016 montrent finalement son engagement pour un État de droit constitutionnel où la démocratie et la séparation des pouvoirs, en vue de la protection des libertés et des droits fondamentaux, demeurent déterminantes dans la construction de la cohésion nationale.

Le droit administratif est sans surprise le second centre d'intérêt dans la carrière du Professeur Martin BLÉOU, qui est un grand admirateur de Jean RIVERO et de Charles EISEMMAN, dont les réflexions et positions nourrissent ses enseignements. Le Professeur Martin BLÉOU s'est évertué, à travers ses écrits, à scruter l'office du juge dans le contentieux administratif en Côte d'Ivoire. Si l'on estime, en ce qui concerne la France, que la doctrine administrative s'est édifiée sur les bases de la jurisprudence, il n'est pas inexact d'affirmer que la jurisprudence administrative ivoirienne s'est *a contrario* utilement abreuvée à la source nourricière de la doctrine, notamment celle du Professeur Martin BLÉOU. C'est donc sans surprise que de nombreuses contributions abordent, dans ces Mélanges, des thématiques touchant au droit administratif général et au contentieux administratif.

Les Droits de l'Homme ont compté aussi parmi les centres d'intérêt du dédicataire. On le sait, le Professeur Martin BLÉOU est Membre fondateur de la Ligue Ivoirienne des Droits de l'Homme. Il a été successivement Secrétaire Général, Vice-président et Président de cette organisation (1998-2003). Ces responsabilités vont prendre une dimension internationale, lorsqu'il assumera les fonctions de Vice-président de l'Union Interafricaine des Droits de l'Homme (1999-2003). C'est certainement en raison d'un devoir de mémoire et surtout pour maintenir la flamme allumée par le Professeur Martin BLÉOU, pour la défense et la promotion des droits fondamentaux et de l'État de droit, que des contributions en Droits de l'Homme sont présentes dans ces Mélanges.

Les multiples contributions, qui questionnent divers objets du droit, révèlent bien la diversité du champ d'action du Professeur Martin BLÉOU. Fidèles à cette vision, ces Mélanges en son honneur s'inscrivent dans cette quête de la diversité. Pour ce fervent défenseur des libertés, le dirigisme qui aurait consisté à imposer des thématiques pour ces Mélanges, n'était pas la meilleure façon de lui rendre hommage. Ainsi, le Comité scientifique a laissé, à chacun des intervenants, le soin et la liberté de choisir le sujet de sa contribution.

Mais comme s'ils se sentaient tous attachés ou liés par un même fil conducteur, chaque contributeur a voulu rendre hommage au Professeur Martin BLÉOU en abordant une thématique dans les disciplines que le dédicataire a explorées tant dans ses enseignements, ses écrits que son action politique et son engagement citoyen. Ces Mélanges comprennent, en effet, des contributions variées, théoriques et pratiques, qui traversent les grands champs disciplinaires du droit public. Bien entendu, des contributions ont aussi été dédiées dans d'autres champs disciplinaires, notamment le droit privé et l'histoire du droit.

Cette diversification des champs disciplinaires, se conjuguant avec la diversité de nationalité des contributeurs, valide l'idée que le Professeur Martin BLÉOU a profondément marqué le droit africain et même au-delà.

Peut-on parler véritablement de retraite pour le Professeur Martin BLÉOU ?

Assurément non ! Il continue encore à écrire, à aider à la réflexion, à professer et même toujours à protester ou à dénoncer chaque fois que cela s'impose.

Cher Professeur, Cher Maître, votre héritage est grand et Grands sont devenus vos Héritiers et Disciples, qui vous assurent, entre vifs, ici et maintenant de leur loyauté dans la perpétuation de l'idéal de la réalisation du Droit et de la sauvegarde des droits par l'action citoyenne.

Cet héritage immense va être apprécié par les ayants droit et collègues à travers le regard du Droit constitutionnel (Tome1) et celui des autres champs disciplinaires (Tome 2).

Djedjro Francisco MELEDJE,
Yédoh Sébastien LATH,
Karim DOSSO

PARCOURS UNIVERSITAIRES ET PROFESSIONNELS

I- DIPLÔMES

Diplôme d'Etudes approfondies de Droit public fondamental (Université de Nice, 1978)

Doctorat d'Etat en Droit public (Université de Nice, 1984)

Agrégation de Droit public et Science politique (CAMES, 1985).

II- CARRIÈRE UNIVERSITAIRE

Assistant à la Faculté de Droit d'Abidjan (1978-1984)

Chargé de cours (1984-1985)

Maître de Conférences Agrégé (1985-1990)

Professeur titulaire (depuis 1990)

III- ENSEIGNEMENTS DANS LES UNIVERSITÉS IVOIRIENNES ET A L'ÉTRANGER

Cours de Droit constitutionnel en 1ère année de licence depuis 1986 (Université Félix Houphouët-Boigny de Cocody, Université Alassane Ouattara de Bouaké, Université des Lagunes, UCAO, UMECI, IUA, UIPA).

Cours de Droit administratif en 2ème année de licence depuis 2006 (Université Félix Houphouët-Boigny de Cocody, Université Alassane Ouattara de Bouaké, Université des Lagunes, UMECI, ETIC).

Cours de Contentieux administratif en maîtrise depuis 1986 (Université Félix Houphouët- Boigny de Cocody, Université Alassane Ouattara de Bouaké, UMECI, IUA. UCAO)

Cours de Contentieux constitutionnel en maîtrise depuis 2004 (Université Félix Houphouët- Boigny de Cocody, UMECI, IUA).

Cours de Droit constitutionnel en DEA de Droit public de 1988 à 2001 (Université Félix Houphouët-Boigny de Cocody).

La protection des droits de l'homme, cours à l'Institut de formation judiciaire du Sénégal, Dakar, 2002.

Séminaire de Droit administratif en DEA de Droit public de 1989 à 2003 (Université Félix Houphouët-Boigny de Cocody).

Cours de protection internationale des droits de l'homme en Afrique, Master 2, Institut supérieur de droit international et des droits de l'homme, Ouagadougou, Burkina Faso, de 2015 à 2019.

Interventions en DEA de droit public fondamental en tant que Professeur invité à l'Université Montesquieu-Bordeaux IV, 2007.

Cours de théorie générale du droit, Master 2 (UMECI), 2017-2018 ; Université internationale privée d'Abidjan (UIPA), depuis 2021.

La spécificité des marchés publics, cours à l'école doctorale des Facultés universitaires privées d'Abidjan (FUPA), 2015-2018.

Les systèmes de protection des droits de l'homme, cours en Master 2 professionnel (Université Félix Houphouët-Boigny de Cocody).

Le droit des marchés publics, Université des Lagunes, 2018-2021.

IV- PUBLICATIONS

A- Ouvrages

La Chambre administrative de la Cour suprême et sa jurisprudence (en collaboration), Economica, Paris, 1981.

Le Président de la République ivoirienne, thèse d'Etat, Droit, Nice, 1984.

Le processus électoral en Côte d'Ivoire, à paraître

Les Grands arrêts de la jurisprudence administrative ivoirienne, CNDJ, 2012.

B- Principaux articles

"Le contrôle des faits et du droit par le juge de l'excès de pouvoir en Côte d'Ivoire", RID, n°3-4, 1981.

"L'arrêt Dégni-Ségui ou les bavures du juge de l'excès de pouvoir", in Les gens de robe, 1986.

"La Chambre administrative de la Cour suprême de Côte d'Ivoire", in Les Cours suprêmes en Afrique, Economica, Paris, 1988.

"Parti unique et décentralisation : l'exemple ivoirien" in La décentralisation (colloque international d'Abidjan), Editions Université de Toulouse 1, 1988.

"La place du règlement dans le contentieux de l'excès de pouvoir en Côte d'Ivoire", Revue des Institutions politiques et administratives du Sénégal (RIPAS), 1990.

" Démocratie et paix sociale" in Etat, Démocratie, Sociétés et Culture en Afrique, UNESCO-IAD, Editions Démocraties Africaines, Dakar, 1995.

Unité de juridiction et contentieux administratif : les exemples ivoirien et sénégalais, Annales de l'Université d'Abidjan, 1995.

" Les problèmes juridiques posés par la disparition du président Félix Houphouët-Boigny", in Mélanges offerts au doyen Paul ISOART, Pédone, Paris, 1996.

"Le système constitutionnel ivoirien" in Common Law et Constitutions d'Afrique et d'Haïti, Université de Moncton, Canada, 1996.

"Eligibilité, intérêt national, cohésion sociale et droits de l'homme" in Réformes institutionnelles en Côte d'Ivoire. La question de l'éligibilité, PUCI, 1999.

"L'accord de Linas-Marcoussis et la délégation de pouvoir du président de la République au premier ministre", communication au colloque sur l'accord de Linas-Marcoussis, Abidjan, 2003.

"La révision de la Constitution ivoirienne", communication au colloque commémoratif du 15ème anniversaire de la Constitution du Mali, Bamako, février 2007, Revue ivoirienne de droit (RID), n° 41, 2010.

" La révision de la Constitution ", leçon inaugurale prononcée lors de la rentrée solennelle de la Chaire Unesco de Cotonou, 3 décembre 2007.

"La Constitution ivoirienne, la crise et la réconciliation nationale", communication au colloque international de Ouagadougou sur « Les processus de réconciliation et les défis de la construction de l'Etat démocratique », décembre 2008, in Réconciliation ou reconnaissance ? Essais sur la dynamique durable, PETER LANG EDITION, 2014.

Préface et introduction à « Pauvreté et droits de l'homme », Actes du colloque organisé par la Ligue Ivoirienne des Droits de l'Homme en octobre 2007, L'Harmattan, 2008.

"Existe-t-il un modèle ouest-africain de Commissions parlementaires ?", in Les Commissions parlementaires dans l'espace francophone, Montchrestien, Lextenso éditions, 2011.

"La Constitution béninoise vue par un Professeur étranger", in Mélanges Maurice Ahanhanzo Glélé, la Constitution béninoise du 11 décembre 1990 : un modèle pour l'Afrique ? l'Harmattan, 2014.

"Quel service public de la justice en Afrique francophone ? Constat, interrogations et suggestions", in Quel service public de la justice en Afrique francophone ? Bruylant, 2013.

"Le service public dans la jurisprudence de la Chambre administrative de la Cour suprême de Côte d'Ivoire", in Mélanges en l'honneur de Jean du Bois de Gaudusson : Espaces du service public, Presses universitaires de Bordeaux, 2013.

"Le juge constitutionnel et les révisions constitutionnelles", Séminaire organisé par la Conférence des juridictions constitutionnelles africaines sur le thème : " Le juge constitutionnel et le pouvoir politique", Cotonou, juin 2014, paru aux Mélanges Théodore Holo, Presses de l'Université Toulouse 1 Capitole, 2017.

"La question de l'effectivité de la suprématie de la Constitution", Mélanges Francis WODIÉ, Presses de l'Université Toulouse 1 Capitole, 2016.

"La Constitution et les crises en Afrique : La Constitution jaugée", Communication au Colloque International de Cotonou, sur le thème : « La constitution et les crises en Afrique », 7-8 décembre 2015, paru aux Mélanges Kanté Babacar, L'Harmattan, 2017.

"Les acteurs de la transition constitutionnelle", in Transitions constitutionnelles et Constitutions transitionnelles, Institut universitaire Varenne, Collection Transition et Justice, 2014.

"Le concours d'agrégation des Sciences juridiques, politiques, économiques et de Gestion, organisé par le CAMES", Mélanges Kanté Babacar, L'Harmattan, 2017.

"La création du droit par le juge administratif, colloque international sur « jurisprudence comme outil : expériences ivoiriennes et internationales », (Bouaké, 22-23 mai 2018)

"Sur la justiciabilité de la loi de révision de la Constitution", Mélanges Robert Dossou, L'Harmattan, 2020.

V- CONFÉRENCES ET ÉTUDES DIVERSES

"La révision de la Constitution : Pourquoi ? Comment ?", Conférence prononcée à la demande de l'AIP, 2 mai 2016, Abidjan.

"Interrogations et réflexions autour de la IIIe République ivoirienne", Conférence inaugurale à l'UFR des Sciences juridiques, administratives et de Gestion de l'Université Alassane Ouattara de Bouaké, mai 2016.

"Les enjeux de la révision de la Constitution", Conférence épiscopale de Côte d'Ivoire, 19 mai 2016, Yamoussoukro.

"Le respect des droits de l'homme et des libertés publiques en situation exceptionnelle : le cas du terrorisme", Séminaire national de réflexion organisé par la CNDH, 1-4 juin 2016, Grand-Bassam.

"Observations et propositions relatives au projet de Constitution de la IIIe République ivoirienne", article de presse, paru dans l'Inter et le Temps, mardi 11 octobre 2016.

"Quelle place pour les droits de l'homme dans la nouvelle Constitution ?", Conférence prononcée à la Médiature, à la demande de la CNDH, 16 août 2016, Abidjan.

"Liberté d'association et liberté syndicale en milieu universitaire", Conférence prononcée à la demande de la CNDH, 30 janvier 2017, Abidjan.

"Les libertés et franchises universitaires", Conférence prononcée à la demande de la CNDH, 31 mai 2017, Abidjan.

"Les droits catégoriels", Conférence prononcée à la demande de la CN-MAEP, 2017, Abidjan.

"La séparation des pouvoirs en Côte d'Ivoire", Conférence prononcée à l'atelier scientifique et technique organisé par le Centre ivoirien de recherche et d'études juridiques (CIREJ) pour le compte de la CN- MAEP sur « La démocratie et la gouvernance politique en Côte d'Ivoire », les 15 et 16 février 2017, Abidjan.

″ Quelles sont les garanties juridiques d'un organe électoral indépendant à la lumière de la jurisprudence de la CEDH ?″, atelier de plaidoyer pour une réforme électorale apaisée en Côte d'Ivoire, organisé par l'APDH, avec le soutien financier de la fondation F.Ebert, 19 juillet 2017, Abidjan.

Conférence sur ″la sécurité en Côte d'Ivoire″, à l'attention du corps diplomatique, Yamoussoukro, 2004.

Communication et rapport de synthèse, Colloque de Bamako sur les organisations de défense des droits de l'homme, 2000.

Participation à la rencontre internationale sur les droits de l'homme et la justice à Wilton Park, en Grande-Bretagne, 2001.

Participation et rapport de synthèse, Colloque de Saly-Portudal (Sénégal) sur la justice, 1995.

Communication et rapport de synthèse au séminaire organisé par l'ONDH sur les droits de l'homme en Afrique, Dakar, 2001.

Participation à la conférence internationale sur la démocratie, à Kampala, Ouganda, août 2000.

Participation au colloque de Rabat, consacré à la démocratie, 1985.

Participation au colloque de Lomé sur le droit de la mer, 1979.

Communication au colloque sur la démocratie, organisé, à Lomé, par l'ENA du Togo, 1985.

″ Les droits de l'homme dans les Constitutions africaines″, colloque organisé par le CIREJ, à l'Hôtel Ivoire, février 1985.

″ Le régime juridique de la presse″, communication à l'atelier consacré à la presse, organisé par les journalistes, 1999, Abidjan.

″ Les médias face à la concurrence : quelle est la responsabilité des consommateurs de l'information ?″, communication au séminaire sur la presse organisé par l'UNJCI, 2002, Abidjan.

″ La responsabilité du journaliste″, conférence prononcée à la demande de l'UNJCI, à Bassam, 2004.

Participation et rapport de synthèse au colloque de Ouagadougou sur la démocratie et la bonne gouvernance, 2015.

″ Le statut et le régime juridiques des partis politiques en Côte d'Ivoire″, document produit à la demande de l'Ambassade du Canada en Côte d'Ivoire, 1999.

Participation à l'atelier de finalisation du rapport national d'auto-évaluation (CN-MAEP), à Bassam, septembre 2017.

"Elaboration de la loi et exigences démocratiques", séminaire destiné aux groupes parlementaires PDCI, FPI, RDR, et au PIT et à l'USD, octobre 1998, Yamoussoukro. "L'élaboration de la loi. Considérations théoriques", communication à la table-ronde organisée par le Centre ivoirien d'études juridiques (CIREJ) sur le thème : L'élaboration de la loi, juin 1999, Abidjan.

"La communication entre le Parlement et l'Exécutif", communication au séminaire : Parlementaires et responsabilité de communiquer, organisé par la Fondation F.EBERT à l'attention de la Commission Sécurité et Défense de l'Assemblée nationale de Côte d'Ivoire, 2 novembre 2017, Grand-Bassam.

"Parlementaires et obligation de rendre compte au mandant : communiquer avec le citoyen", communication au séminaire précité, 2 novembre 2017, Grand-Bassam.

"La création du droit par le juge administratif", communication au colloque international sur le thème : "Jurisprudence comme outil : expériences ivoiriennes et internationales", 22-23 mai 2018, Bouaké.

"La Cour constitutionnelle du Bénin et le temps", conférence inaugurale, prononcée au séminaire sur le thème : "La Cour constitutionnelle béninoise et le temps", organisée par l'Association béninoise de droit constitutionnel (ABDC), les 1er et 2 juin 2018, Cotonou, Bénin.

"Démocratie et citoyenneté : facteurs d'implication de toutes les couches sociales dans la gestion publique locale", communication au colloque organisé par la Ligue ivoirienne des droits de l'homme (LIDHO) sur le thème : "Promouvoir la démocratie et l'esprit civique de la jeunesse pour des élections apaisées à Duékoué", 12-14 septembre 2018, Duékoué.

"Les droits de l'homme en situation de post-conflit", communication à la Session de formation destinée aux défenseurs des droits de l'homme, Chaire UNESCO de la démocratie et des droits de la personne humaine, décembre 2007, Cotonou, Bénin.

"Le parlementaire ivoirien : statut juridique et rôle", séance de formation organisée par la Fondation Konrad Adenaeur au profit du Groupe parlementaire PDCI-RDA, Législature 2016-2020, le lundi 5 novembre 2018, au siège du PDCI-RDA, à Cocody.

L'évolution du système juridictionnel ivoirien, Conférence publique, CERAP, mars 2020.

VI- ENCADREMENT ET ACTIVITÉS ANNEXES

Direction de plusieurs dizaines de thèses d'Etat, de thèses uniques, de mémoires de DEA, et de mémoires de Master, de 1986 à 2017.

Président de l'Association culturelle des Etudiants du Moronou (Départements d'Arrah, de Bongouanou et de M'Batto) (ACEM), 1976-1977 ;

Membre fondateur de la Ligue Ivoirienne des Droits de l'Homme (LIDHO) : Secrétaire général, puis Vice-président (1987-1998) ;

Président de la Ligue Ivoirienne des Droits de l'Homme (1998-2003);

Vice-président de l'Union Interafricaine des droits de l'homme (UIDH), 1999-2003 ;

Membre du Jury d'Agrégation de Droit public et Science politique (CAMES) en 2001 et 2003 ;

Président du Comité Technique Spécialisé (CTS) des Sciences juridiques et politiques du CAMES de 2002 à 2009 ;

Président de différents jurys pour la recherche et pour la promotion interne des chercheurs, en Droit, Sciences économiques et Sciences humaines (1998-2003) ;

Missions d'encadrement de doctorants et de candidats au concours d'agrégation des

Sciences juridiques, au Burkina Faso, au Cameroun et au Sénégal (1997, 2001, 2002) ;

Observation d'élections ou de référendum constituant au Togo, à Madagascar, en République Centrafricaine et en Côte d'Ivoire (1990, 1992, 1994, 2000) ;

Conférences dans diverses Universités africaines, à l'Université Montesquieu-Bordeaux IV et à la Chaire UNESCO des droits de la personne et de la démocratie de Cotonou ;

Président du Jury du Concours d'entrée à l'ENA (Cycle supérieur) de 2000 à 2003 ;

Mission d'examen à l'Université de Niamey (1979);

Ministre de la Sécurité intérieure (septembre 2003-décembre 2005);

Président du Jury du concours d'Agrégation de Droit public (CAMES), 2009 et 2011 ;

Président coordonnateur des Jurys du concours d'Agrégation des Sciences juridiques, polit politiques, économiques et de Gestion, 2009 et 2011.

Président du jury d'agrégation de Droit public et coordonnateur de l'ensemble des jurys de la Session de préparation au concours d'agrégation des Sciences juridiques, politiques, économiques et de Gestion, août 2015, Abidjan.

Président du jury de la première session du Prix des droits de l'homme, organisé par la Commission nationale des droits de l'homme de Côte d'Ivoire (CNDH-CI), 2016, Abidjan.

Président du jury du procès fictif relatif à la protection des droits de l'homme, 2006 et 2007, Abidjan.

Formation aux droits de l'homme, organisée par le ministère ivoirien de la Défense, dans les différentes régions militaires, en 2001 et 2002.

Formation de journalistes aux droits de l'homme, à l'Institut des Sciences et Techniques de la Communication (ISTC), à la demande la fondation F. Ebert, 2001, Abidjan.

"Les droits de l'homme en situation de post- conflit", session de formation organisée par la Chaire UNESCO de Cotonou, 2008.

Formation aux techniques d'étude juridique d'un dossier : cas des dossiers de recours et de contentieux devant une cour constitutionnelle, Cotonou, 18-22 novembre 2019. - Membre du Comité de normalisation de la Fédération ivoirienne de football (FIF) de janvier 2021 à avril 2022.

VII- DISTINCTIONS HONORIFIQUES

Officier dans l'Ordre du Mérite de l'Education Nationale (1999) ;

Officier dans l'Ordre national (2002) ;

Commandeur dans l'Ordre du Mérite de l'Education Nationale (2006) ;

Diplôme d'honneur décerné par l'UFR des Sciences juridique, administrative et politique de l'Université de Cocody (2007) ;

Médaille d'or du Centenier (2005) ;

Diplôme d'honneur décerné par l'Eglise catholique (Légion de Marie) pour dévotion spéciale à la Vierge Marie, 16 mai 2009 ;

Président d'honneur de la Ligue Ivoirienne des Droits de l'Homme (depuis le 6 juin 2009) ;

Officier de l'OIPA/CAMES, à titre exceptionnel, avril 2009 ;

Officier dans l'Ordre national de la République du Bénin, novembre 2009 ;

Distinction décernée par le Conseil national des droits de l'homme de Côte d'Ivoire (CNDHCI) en tant que pionnier dans le domaine de la défense des droits de l'homme (2023).

Commandeur dans l'ordre du mérite de la justice (juillet 2024).

I- DROIT ADMINISTRATIF ET ADMINISTRATION PUBLIQUE

LE DÉPÉRISSEMENT DU DROIT ADMINISTRATIF: À PROPOS DE L'UTILISATION DES RÈGLES DE DROIT PRIVÉ DANS L'ADMINISTRATION

Jacob ASSOUGBA

Docteur en Droit public, Assistant
Enseignant-chercheur à l'Université Alassane OUATTARA

« La responsabilité qui peut incomber à l'État pour les dommages causés aux particuliers par le fait des personnes qu'il emploie dans le service public, ne peut être régie par les principes qui sont établis par le code civil pour les rapports de particulier à particulier ; cette responsabilité n'est ni générale, ni absolue ; elle a ses règles spéciales qui varient suivant les besoins du service et la nécessité de concilier les droits de l'État avec les droits privés »[1].

Ce vieux postulat de la spécificité du droit administratif, sur lequel il repose depuis l'arrêt Blanco, semble de moins en moins vérifié. Il est aujourd'hui difficile de soutenir l'idée de l'exorbitance du droit administratif et qui déroge au droit commun. Ce dernier est conquis par les règles de droit privé et se présente comme un terreau fertile de l'expérimentation de ces règles de droit privé. Cette situation justifie l'idée selon laquelle le droit administratif est en crise[2]. En effet, Parce qu'il est un ensemble de prérogatives et de sujétions exorbitantes du droit commun, le droit administratif est par définition un droit à part. Le recours historique au procédé de l'acte unilatéral, auquel est lié le privilège du préalable donnant effet de plein droit à la volonté qui l'exprime, entraine un caractère fortement inégalitaire et déséquilibré. Il se distingue sur ce point du droit privé, attaché aux principes du consensualisme et de l'autonomie de la volonté. Il repose en plus sur un système original de sources. Alors que les autres branches du droit accordent une place prépondérante à la loi, le droit administratif a été fondamentalement élaboré et maîtrisé par son juge. On

---

[1] Cour Suprême Chambre Administrative, Arrêt société des centaures routiers, le droit applicable, GAJA 14 janvier 1970, p. 438.

[2] Jacques CHEVALLIER, « Le droit administratif, droit de privilège ? », Pouvoirs 1988, n°46, p.57 et s. ; Jacques CHEVALLIER, Service public, Paris, PUF, Coll. « Que-sais-je ? »,2003 ; Didier TRUCHET, « A propos de l'évolution du droit administratif : loi d'exception et loi de divergence », in Mélanges LACHAUME, Le droit administratif : permanences et convergences, Paris, Dalloz, 2007, p.633-645.

en a déduit qu'il est un droit essentiellement jurisprudentiel par ses sources. L'idée de crise du droit administratif fait suite aux « mutations »[3] qu'a connues ce droit au cours de ces trente dernières années[4]. Cette mutation a suscité des réticences et inquiétudes dans les positions de certains auteurs. Certains remettent en cause son exorbitance[5] même, d'autres s'interrogent même sur la pertinence de cette branche du droit[6]. La crise du droit administratif s'en trouve accentuée. L'État et les autres personnes publiques portant l'action administrative dans tous les interstices de la vie économique et sociale, le secteur public tend à perdre son identité[7]. Il y en réalité une forme de privatisation partielle du droit administratif. La privatisation s'inscrit dans un cadre plus précis ; elle implique que, désormais, les règles de droit privé intègrent le bloc de légalité administrative et font partie des normes de référence auquel le juge va avoir recours pour réaliser son contrôle en tant que « gardien de la légalité administrative » et qui seront invocables devant lui. Le droit administratif reste tributaire de l'évolution des transformations de l'État et de l'évolution de l'action administrative. Le droit administratif perd de son exorbitance et se banalise du fait de transformations sociétales : la montée en puissance de l'intérêt particulier et économique face à un intérêt général affaibli. Ces considérations ont plaidé en faveur d'une réflexion sur le dépérissement du droit administratif. Couramment utilisée, « l'expression dépérissement

---

[3] Gerard MARCOU (dir.), Les mutations du droit de l'administration, Paris, L'harmattan, Coll. « Logiques juridiques », 1995 ; Jean Jacques GLEIZAL et al., L'administration dans son droit : Genèse et mutation du droit administratif français, Paris, Publisud, 1985 ; CURAPP, Le droit administratif en mutation, Paris, PUF, 1993 ; AJDA, n° du cinquantenaire, « Le droit administratif : bilan et perspectives d'un droit en mutation », 20 juin 1995

[4] Contestation de l'exorbitance, essor de la contractualisation, remise en cause d'une certaine transcendance de l'intérêt général, pesée du marché et de la logique concurrentielle, transformation des administrés en citoyens administratifs (parfois même en clients) pullulement des droits fondamentaux et tendance à la subjectivisation du droit : il est peu de dire que le droit administratif traverse actuellement une zone de turbulences. Ces phénomènes conjugués sont à l'origine d'un emploi de plus en plus banal, dans le discours juridique, d'expressions qui reviennent telles des antiennes : mutation, transformation, déclin, renouveau, in Pascale GONOD et al.(Dir.), Traité de droit administratif, Paris, Dalloz, Tome 1, 2011, P.8.

[5] Lire en ce sens : Fabrice MELLERAY (Dir.), L'exorbitance du droit administratif en question(s), Paris, L.G.D.J, 2004.

[6] Jean BOULOUIS, « Supprimer le droit administratif », Pouvoirs 1988, n° 46, p. 5 et s ; Didier TRUCHET, « Avons-nous encore besoin du droit administratif ? », in Mélanges Jean-François LACHAUME, Paris, Dalloz, 2007, p. 1039 et s.

[7] SEILLER Bertrand, Droit administratif 2 : L'action administrative, 6[e]édit. Flammarion, « Champs – Université », 2016, p.13.

du droit administratif » est rarement définie. Ce constat autorise, au préalable, une clarification de la notion. Le dépérissement du droit administratif est un concept qui a été introduit par le philosophe allemand Hermann Heller. L'expression dépérissement n'est pas une terminologie juridique. Elle est rarement présente dans la littérature juridique.

Le droit administratif ne fait pas l'objet d'une conceptualisation unanime. Sa définition étant controversée et discutée. Mais en règle générale, deux éléments semblent emporter l'adhésion des auteurs dans leurs définitions : le droit administratif s'applique à l'administration ou aux activités administratives et il est constitué par des règles spécifiques distinctes du droit privé.

Cette thématique a le mérite d'être pertinente. L'utilisation du droit privé dans l'administration vise à créer une administration publique transparente, performante et responsable. On passe de la conception traditionnelle de l'administration à la conception moderne de l'administration. La conception traditionnelle de l'administration est centrée sur la stabilité, la sécurité juridique, l'équité et la prévisibilité des règles et des procédures, la responsabilité et le contrôle. La conception moderne de l'administration qualifiée comme ou qui s'attache aux couts et aux bénéfices, aux objectifs, vise l'amélioration de l'efficacité, de la flexibilité et des éléments de gestion axes sur les résultats. Cependant, une utilisation poussée des mécanismes propres au droit privé pourrait infecter le droit administratif et affecter ainsi sa spécificité. Plusieurs éléments justifient le fait que la thématique sous étude est en phase avec l'actualité nationale et même internationale. A ce sujet, le professeur Abdou Aziz Abdel KEBE ne manquait pas de souligner : « Il y a, en effet, une expansion du droit communautaire dans des secteurs réglementés traditionnellement de façon unilatérale par le droit administratif national. Les services publics demeurent encadrés, avec des dérogations, par les règles concurrentielles tandis que le droit des contrats administratifs subit l'influence des modèles de droit privé » [8] . La règlementation communautaire va « dans le sens du refoulement maximal des services publics »[9]. Elle « fait subir » au droit administratif « l'influence de normes

[8] Abdou Aziz Daba KEBE, Le déclin de l'exorbitance du droit administratif sénégalais sous l'effet du droit communautaire », https://afrilex.u-bordeaux.fr/wp-content/uploads/2021/03/Le_declin_de_l_exorbitance_du_droit_administratif_senegalais.pdf

[9] Placide MOUDOUDOU, « Les tendances du droit administratif dans les Etats d'Afrique francophone », Revue Juridique et Politique, n° 1, 2010, p. 52.

et standards externes »[10]. Le contrat, dépassant l'unilatéralisme de l'action administrative, est devenu un outil de modernisation de l'action publique. La contractualisation de l'administration devient de plus en plus inévitable.

Fort de cette situation, l'on se demande valablement si l'utilisation des règles de droit privé dans l'administration doit-être regardée comme un dépérissement du droit administratif.

Une position à sens unique ne permet d'apprécier au mieux la question et de l'épuiser. A n'en point douter, le droit administratif subir l'influence d'autres droits : c'est une lapalissade. Cette utilisation des règles de droit privé ou la pénétration du droit administratif par le droit privé n'est pas sans conséquences. Le droit administratif fléchit et s'incline en devenant flexible. Ce mouvement de flexibilité du droit administratif, à défaut de le faire dépérir, l'amenuise. On assiste ainsi à une utilisation amenuisant des règles de droit privé dans l'Administration(I). Cependant, ce mouvement évolutionniste ne doit pas être perçu comme préjudiciable au droit administratif en causant notamment sa mort. Ce mouvement répond à des impératifs d'adaptation du droit. Cette adaptation est la condition sine qua non de la performance et de l'efficacité dans l'Administration. C'est d'ailleurs ce qui fait l'originalité du droit administratif. Cela dit, l'on est fondé à dire que l'utilisation des règles de droit privé dans l'administration améliore la spécificité de ce droit(II). Elle le consolide.

I- *UN DROIT ADMINISTRATIF AMENUISÉ PAR L'UTILISATION DES REGLES DE DROIT PRIVÉ*

Le droit administratif a perdu de son exorbitance. Cette situation a été causée par divers facteurs tenant essentiellement à sa pénétration par les règles de droit privé. De fait, l'administration a systématiquement recours aux mécanismes de droit privé (A). Cette situation génère des conséquences sérieuses pour le devenir de ce droit. On peut même dire que l'administration fléchit et son juge avec. En effet, le juge administratif dans son prétoire, fait une appropriation des règles de droit privé. Il les utilise non seulement à titre de raison écrite, mais également comme fondement de ses décisions. Ces règles deviennent ainsi pour lui une base de la légalité administrative. Il en fait donc une application naturelle (B).

---

[10] Jean-Bernard AUBY, « La bataille de San Romano. Réflexions sur les évolutions récentes du droit administratif », AJDA 20 novembre 2001, pp. 912-926.

A. Un droit recours systématique aux mécanismes de droit privé dépréciatif

Selon les propos de Paterne MAMBO, « le droit OHADA exerce une influence incontestable sur le droit public, de manière directe ou indirecte. Cette influence est alimentée, favorisée ou entretenue par deux facteurs, à savoir la pénétration du droit public par le droit OHADA et l'application du droit OHADA aux matières de droit public »[11]. Conçue désormais dans une logique managériale, l'administration publique ne manque de recourir à la technique contractuelle dans ses rapports avec ses agents. Ainsi, l'administration se comporte comme un particulier pour recruter du personnel supplémentaire chargé d'une mission de service public. Les administrations se trouvent souvent dans des situations où elles ont effectivement besoin d'un apport externe en termes d'expertise ou de qualification rare, non seulement de manière ponctuelle, mais de façon durable et à moyen terme. Au-delà des études, le savoir-faire managérial externe est parfois nécessaire pour la conception de certaines politiques publiques extrêmement compliquées ou pour l'accompagnement de leur mise en œuvre. Ce procédé fait perdre à la personne publique toute son exorbitance et sa spécificité. Elle n'est en l'occurrence pas distincte des particuliers. Il en résulte que cela va engendrer l'application du droit privé à l'administration. Le droit administratif se trouve ainsi pénétré par le droit privé[12]. La contractualisation permettra de moduler les effectifs en fonction des besoins réels quantitatifs et qualitatifs et des contraintes budgétaires. Ainsi, la contractualisation aura comme impact positif une élévation assez nette des rémunérations octroyées, mais surtout une meilleure gestion des ressources humaines. Cette voie offrira de plus larges possibilités de promotion aux meilleurs, ouvrira la porte de sortie aux incompétents et minimisera les contraintes en termes des recrutements et des améliorations salariales en rapport avec la performance. A l'analyse, Ce mouvement est habituellement appréhendé par la doctrine publiciste à travers l'analyse des activités régies par le droit administratif. La privatisation du droit administratif conduit inexorablement à une perte de la spécificité du service public et une dilution de la notion d'intérêt général. Dans le cas spécifique des contrats administratifs, le déséquilibre tend à être rompu. « Le droit des contrats publics s'apparente donc bel et bien à

---

[11] Paterne MAMBO, « l'OHADA ou la privatisation du droit public », in Magloire ONDOA et Patrick Edgard ABANE ENGOLO (dir.), Mélanges en l'honneur de Joseph OWONA, Paris, l'Harmattan, Etudes africaines, 2021, p. 392.

[12] Paterne MAMBO, idem.

un Janus du droit administratif, tantôt tourné vers l'octroi de prérogatives exorbitantes à l'Administration au nom de l'intérêt général, tantôt tourné vers la protection des personnes cocontractantes face à la toute-puissance de cette même Administration »[13]. Le mythe de la spécificité de la personne publique contractante est ainsi tombé en désuétude. Les parties sont quasiment égales. Cette situation affaiblit l'État au même titre que la présence foisonnante des contrats dans l'administration.

Les contractuels ont envahi la machine étatique. Le droit privé tend quasiment à se substituer au droit administratif et ce, au sein de l'administration.

B. Une application permanente des règles du droit privé par le juge de l'administration

La conjugaison Administration publique et droit privé peut être perçue comme un oxymore. Mieux, le rapprochement juge administratif et règles de droit privé semble inconcevable et antithétique. Le juge administratif est en effet le juge qui, en principe, ne traite pas des actes et activités de droit privé, lesquels ressortissent à la compétence du juge judiciaire. Pourtant, ce juge est régulièrement confronté à de tels actes et activités, soit au principal, soit de manière incidente. Cette conception rigoureuse défend au juge d'utiliser de quelque manière que ce soit, le droit privé dans son prétoire. Il est ainsi de coutume et de principe que le juge administratif apprécie la légalité de l'acte soumis à son contrôle à partir d'un bloc de légalité composé de l'ensemble de normes applicables à l'administration. Mais, en tout état de cause, le juge administratif est un juge particulier. Il a la possibilité de connaître de tout litige soumis à sa juridiction et il peut appliquer toutes règles qu'il juge utile dans son jugement. Ainsi, lorsque certaines situations ne peuvent être tranchées que par le recours au droit privé, il se voit dans l'obligation de trancher sur cette base. Son refus pourra être qualifié de déni de justice, toute chose qui est susceptible d'engager sa responsabilité. L'intégration des règles de droit privé dans le bloc de légalité administrative a été dictée par une nécessité de combler une lacune dans la répartition de compétences entre les deux ordres juridictionnels. L'application des règles de droit privé permet au juge de rétablir une cohérence du système juridique tout en protégeant son domaine de compétence. Elle est une possibilité pour le juge d'étendre sa

---

[13] Valentin LAMY, « Le régime juridique des contrats administratifs », dans Droit administratif, Paris, Ellipses, « Tout-en-un droit », 2018, p. 205-225. URL : https://www.cairn.info/droit-administratif--9782340028180-page-205.htm

compétence et son contrôle. Si cette situation entraine un déséquilibre, c'est loin d'être en défaveur du droit administratif ; c'est tout à son avantage.

Si l'autorité administrative est soumise au droit, elle est pourtant considérée comme soumise à un droit fait par elle et distinct de celui applicable aux particuliers. Or en même temps, alors même que l'administration est normalement soumise à un droit qui lui est propre, l'application du droit privé par le juge administratif ne peut pas être exclue, la légalité elle-même étant unique et indivisible. Cette application du droit privé par le juge est une voie de consolidation de la spécificité du droit administratif, un droit mouvant. Ainsi, le juge administratif ne manque pas de recourir au droit OHADA, aux règles du civil, au code du travail qui l'inspirent. Il procède des fois à des assimilations. Il est alors difficile d'établir la distinction entre le juge administratif et le juge judiciaire. Cette situation est symptomatique de conflits de compétences.

II- UNE SPECIFICITÉ RENFORCÉE DU DROIT ADMINISTRATIF PAR LE RECOURS AU DROIT PRIVÉ

Malgré les inquiétudes qu'elle suscite, l'utilisation des règles de droit privé dans le droit administratif n'est pas préjudiciable à ce dernier. Ce dernier ne s'affaiblit pas du fait de sa seule flexibilité et son adaptabilité à l'évolution de la société. Nonobstant la diversité des conceptions[14], le caractère spécial ou exorbitant du droit administratif n'est souvent pas

[14] En effet, en première approche, le droit administratif ne fait pas l'objet d'une conceptualisation unanime. Sa définition étant controversée et discutée. Dans la pensée de Léon Duguit, le droit administratif doit être appréhendé en fonction de ses buts, notamment, la recherche de l'intérêt général (In Traité de droit constitutionnel, Paris, 1930, T 3, pp. 677-678.). Avec la doctrine de la puissance publique de Maurice Hauriou (Précis élémentaire de droit administratif, Sirey, 1925, Préface, p. 13), les moyens utilisés par l'administration doivent être pris en compte dans toute définition du droit administratif. Ainsi, la discipline désigne des règles propres à l'administration avec des procédés de puissance publique. A une époque moins lointaine, le Doyen Georges Vedel (in « Les bases constitutionnelles du droit administratif », EDCE, 1954, n° 54, p. 21) considérait, contrairement à Charles EISENMANN in « " La théorie des bases constitutionnelles du droit administratif " », RDP 1972, pp. 1345-1441, que ce qui fonde le « régime administratif » ou la particularité des règles applicables à l'administration est la Constitution. V. dans le même sens : J. F. LACHAUME, « La présentation du droit des services publics à l'épreuve du temps », Espaces du service public, Mélanges Jean DU BOIS DE GAUDUSSON, Tome II, Droit d'ici, Presses Universitaires de Bordeaux, 2013, pp. 1097-1117

contestable[15]. Il est un droit d'exception, dérogatoire au droit commun, disposant de ses règles propres qui varient selon les besoins du service et la nécessité de conciliation. La réception du droit privé ne viole nullement l'esprit même du célèbre arrêt Blanco[16]. C'est pourquoi, certains principes classiques de la discipline n'ont pas été altérés (A). Au surplus, le recours au droit privé sous toutes ses formes dans l'administration publique est gage de performance (B), condition du développement des États.

A. Le maintien des principes classiques du droit administratif

Le droit administratif reconnait un certain nombre de privilèges et de faveurs à l'appareil étatique. Ainsi, des intérêts particuliers s'attachent à la notion même de personne publique. Cette dernière dispose de prérogatives régaliennes pour contraindre les particuliers à respecter ses décisions. Les privilèges du préalable et de l'exécution d'office en constituent des illustrations[17]. A l'inverse, la puissance publique est protégée contre les voies d'exécution de droit commun[18]. C'est en ce sens qu'il faudrait comprendre les dispositions de l'article 30, alinéa 1 de l'AUPSRVE : « l'exécution forcée et les mesures conservatoires ne sont pas applicables aux personnes qui bénéficient d'une immunité d'exécution »[19]. Le critère fondamental qui confère ou non l'immunité d'exécution prévue à l'article 30 de l'AUPSRVE à une personne morale est la nature de son activité en

[15] André DE LAUBADERE, Traité élémentaire de droit administratif, Paris, LGDJ, 1962, p.14.

[16] Tribunal des conflits, Arrêt Blanco, 8 février 1873.

[17] Lionel BELLANGER : « Les présomptions d'authenticité et de sincérité des actes administratifs », RDP 1968, pp. 543-664 ; G. Darcy, « La décision exécutoire », AJDA, 1994, p. 670.

[18] CCJA, 3e ch., n° 024, 13-3-2014 ; P n° 022/2008/PC du 21-4-2008 : KOUTOUATI A. AKAKPO Danwodina et 18 autres c/ Société TOGO-PORT dite Port Autonome de Lomé, Ohadata J-15-115, retenant que si des dispositions nationales soumettent les entreprises publiques aux règles de droit privé, lesdites entreprises publiques, dont le Port Autonome de Lomé bénéficient, aux termes de l'article 30, alinéa 1 de l'AUPSRVE, de l'immunité d'exécution et, en ordonnant le sursis à l'exécution du jugement entrepris, le juge des référés d'appel de Lomé n'a en rien violé l'article 30 précité; CCJA, 1ère ch., n° 044/2016, 18-3-2016 ; P. n° 153/2012/PC du 2-11-2012 : GNANKOU GOTH Philippe c/ 1) Fonds d'Entretien Routier dit « FER », 2) Société ECOBANK Côte d'Ivoire, jugeant que le fait que la loi ivoirienne n°97-519 du 04-9-1997 portant définition et organisation des sociétés d'Etat ait soumis le Fonds d'Entretien Routier aux règles de droit privé est inopérant par rapport à l'immunité prévue à l'article 30 de l'AUPSRVE en vertu de l'article 10 du Traité OHADA.

[19] Acte uniforme portant organisation des procédures simplifiées de recouvrement et des voies d'exécution, Adopté le 10 avril 1998, Journal Officiel de l'OHADA N° 6 du 1er juillet 1998.

fonction de la forme sociétale adoptée. La simple présence d'un État ou d'une entité de droit public dans l'actionnariat d'une personne morale ne suffit pas à lui conférer l'immunité dès lors qu'exerçant son activité sous une forme sociétale prévue par l'Acte uniforme relatif aux sociétés commerciales (AUSCGIE), cette personne morale demeure inévitablement « une entité de droit privé soumise comme telle aux voies d'exécution sur ses biens propres ». Dans l'affaire dite Togo Telecom, La CCJA renouvelle l'exorbitance du droit administratif par sa position. L'application du critère matériel aurait conduit normalement à ce que l'on puisse saisir et aliéner les biens des personnes publiques pour sécuriser les créanciers de l'Etat. En vertu de la théorie de la gestion privée, les règles exorbitantes du droit administratif ne doivent pas fausser le fonctionnement normal du marché. Le juge communautaire en a décidé autrement. L'immunité est même conférée, es qualité, intuitu personae ; elle est d'ordre organique. Elle est liée à la qualification de « personne morale de droit public » ou tout simplement au statut « public » des entreprises intervenant dans l'économie. Cette position n'a pas manqué d'essuyer de vives critiques de la doctrine privatiste qui considère que cette jurisprudence remet en cause la stabilité et la sécurité juridiques, dans l'espace OHADA[20].

En outre, les contrats administratifs sont encore à ce jour, l'expression de la volonté dominante de l'administration sur ses co-contractants. La personne publique dispose ainsi de prérogatives permettant d'obtenir l'exécution du contrat administratif sans se heurter à l'opposition de son cocontractant notamment en invoquant l'exception d'inexécution. Ainsi, « la qualification de contrat administratif entraîne pour bonne partie l'application d'un régime exorbitant du droit commun, bien différent de celui qui gouverne les contrats de droit privé. Ce régime découle de l'administrativité du contrat, laquelle a pour justification l'action particulière de l'Administration qui œuvre pour l'intérêt général »[21]. Il est même encore possible de parler de la fameuse clause léonine à travers cette enseigne latine cher à René DEGNI-SEGUI : « Patribus factis Leo sic locutus est : primam paterm tollo quoniam nominor Leo »[22]. Le droit

[20]Article 10 du Traité OHADA 17 Octobre 2008 qui dispose : « Les actes uniformes sont directement applicables et obligatoires dans les Etats Parties nonobstant toute disposition contraire de droit interne, antérieure ou postérieure ».

[21] Valentin LAMY, « Le régime juridique des contrats administratifs », précité.

[22] Cette expression latine signifie : « les parts ayant été faites le lion parla en ces termes : je prends la première part parce que je m'appelle lion ». Cette citation met en exergue le déséquilibre dans les rapports entre l'administration et les particuliers.

administratif demeure donc fidèle à ses principes traditionnels qui le fondent.

B. La performance améliorée de l'appareil étatique

La perception moderne de l'administration publique rime avec l'idée d'efficacité. Les citoyens ou administrés, beaucoup plus exigeants, ne veulent plus d'une administration moyenne : l'administration publique doit être efficace et performante. Elle doit atteindre certains objectifs qui évaluables par des indicateurs de performance [23] . Par définition, La performance dans l'administration publique est perçue comme l'art de combiner ces trois dimensions[24] : elle repose donc sur la compétence collective des organisations à concevoir des processus opérationnels alignés sur des objectifs pertinents de politique et de gestion. Ainsi, en matière de finances publiques par exemple, l'on est passé d'une logique classique de moyens à une logique nouvelle de résultats. Cette logique nouvelle place la performance[25] au centre des politiques budgétaires des États. On parle ainsi de Gestion axée sur les résultats (GAR) ou de gestion budgétaire axée sur les résultats (GBAR). Cette tendance est imposée par les reformes intervenues au niveau de l'Union Économique et Monétaire Ouest Africain (UEMOA). Ainsi, aujourd'hui à tous les niveaux la transparence et la performance sont de mise ; à telle enseigne que des « rapports annuels de performance »[26] par programme rendant compte de leur gestion et de leurs résultats, le rapport d'audit de performance de la juridiction financière sur les programmes sont exigés à la fin de chaque exercice. Pénétrée par le droit privé, l'administration est désormais gérée dans une logique patrimoniale. Cette situation plaide en faveur d'un

---

[23] La LOLF a introduit un modèle managérial de gestion par la performance. La nomenclature budgétaire se décline en grands ensembles de politiques publiques, les missions, subdivisées en programmes.
Chaque politique publique se voit allouer des crédits et des objectifs assortis d'indicateurs. La LOLF donne ainsi plus d'autonomie aux gestionnaires dans le choix d'affectation de la ressource financière, en échange d'une responsabilité managériale accrue.

[24] La pertinence qui se définit comme le rapport entre les objectifs et les moyens qui leur sont consacrés ; L'efficience qui est le rapport entre les moyens et les réalisations ; L'efficacité qui mesure le rapport entre les objectifs initialement fixés et les réalisations.

[25] La logique de la performance est une approche de la gestion publique qui vise à optimiser l'efficacité et l'efficience des politiques publiques. Elle repose sur la définition d'objectifs clairs, mesurables, ambitieux, réalistes et temporels pour chaque mission et programme. Elle utilise des indicateurs pour évaluer la réalisation des objectifs et l'utilisation des crédits alloués.

[26] Article 50 de la loi organique n° 2014-336 du 05 juin 2014 relative aux lois de finances

développement optimal des États. Cela facilite au surplus le contrôle citoyen ; la confiance semble restaurée entre l'administration et ses usagers. Les affaires administratives sont gérées au mieux et de façon plus efficace. Les abus ont fait place au raisonnable. C'est ainsi que la conception traditionnelle de l'administration a été dépassée et améliorée. L'exorbitance du droit administratif pouvait par le passé signifier l'imposition des sujétions[27], des contraintes particulières qui pèsent sur les collectivités publiques[28] : interdiction faite à l'administration de recourir à des arbitres en cas de litige[29], d'être jugée par les tribunaux ordinaires ; obligation pesant sur elle d'assurer la continuité, l'égalité et la mutabilité dans le fonctionnement des services publics, d'organiser un concours pour recruter ses agents, etc. Mais, par le fait de l'évolution des paradigmes, l'administration fait exception à ces principes. Il est clair que les conclusions affirmant un dépérissement du droit administratif du fait de l'utilisation des règles de droit privé dans l'administration sont hâtives et trop rigoureuses. L'on doit plutôt parler d'une acclimatation à l'évolution et la concurrence entre les États en vue d'un mieux-être de citoyens.

Au terme de cette étude, il convient de retenir que le droit administratif dans les Etats d'Afrique noire francophone est désormais marqué du sceau de l' « universalité »[30]. Ainsi, comme le rappelle Didier TRUCHET, « que notre matière (le droit administratif) soit en perpétuelle adaptation relève de l'évidence et de la nécessité : aucun droit ne peut rester figé quand les rapports sociaux au sens large ne cessent de se modifier »[31]. Maints éléments montrent à suffisance que le droit administratif a largement évolué. On assiste même à une sorte de rupture avec la logique traditionnelle d'un droit purement et foncièrement dérogatoire au droit commun. Le juge administratif est prompt à une réception justifiée par la nouvelle logique, la nouvelle conception de l'Administration elle-même. Cette situation évolutionniste et transformationnelle du droit administratif a fait tirer des conclusions à propos de ce droit. On parle tantôt de déclin, de crise, de dépérissement, d'amenuisement, de fléchissement ou plus

---

[27] Jean RIVERO « Existe-t-il un critère du droit administratif ? » RDP 1953, pp. 279 et s.

[28] Abdou Aziz Daba KEBE, Le déclin de l'exorbitance du droit administratif sénégalais sous l'effet du droit communautaire », précité, p. 2.

[29] Jean Marie AUBY et Roland DRAGO, Traité de contentieux administratif, TI, Paris, LGDJ, 1962, p.18.

[30] Léopold DONFACK SOKENG, « L'édification de l'Etat de droit en Afrique : entre universalité et spécificité », Revue de Droit Africain, 2003, n°26, p.134-191.

[31] Didier TRUCHET, « A propos de l'évolution du droit administratif : loi d'exception et loi de divergence », in Mélanges LACHAUME, précité, p.633.

sévèrement de mort du droit administratif ou à tout le moins, de son exorbitance. Ces inquiétudes, à défaut d'être blâmables, méritent d'être relativisées. L'on doit parler plus modestement d'un droit administratif des temps modernes en phase avec les exigences de la modernisation et de la mondialisation. Certaines plumes parlent même d'un « droit administratif d'exception »[32]. Ces éléments nouveaux participent à la construction d'une administration publique plus performante, plus efficace et plus responsable. Ce sont les prémisses de la naissance d'un « droit à la bonne administration »[33].

Pour tout dire, nonobstant une apparence trompeuse de recul du droit administratif occasionné par les raisons sus-évoquées, on assiste à une vitalité renouvelée et une spécificité consolidée de ce droit. Aussi longtemps que la société sera, il y aura le droit administratif. Il peut être tiraillé par moment, essuyer des critiques, mais jamais il ne mourra.

---

[32] Joseph OWONA, in « L'institutionnalisation de la légalité d'exception dans le droit public camerounais », Revue camerounaise de droit, n°6, Juillet-Décembre 1974, p.116.

[33] Martin MANKOU, « Du principe de bonne administration au droit à la bonne administration : contribution à une problématique de la bonne administration en droit communautaire », Cahiers de l'IREDE (CNRS), Université de Toulouse I, 2002, n°2, p.7-45. Le principe de bonne administration s'imposant à l'administration est ancien ; en Autriche, il remonte à une loi du 19 octobre 1889. En Espagne, on le trouve dans la Ley de procedimiento administrativo du 17 juillet 1958 ; en Italie, c'est l'article 97 al.1 er de la constitution qui consacre le principe de buon andamentoi. En Allemagne, il apparaît dans les années 1970 (Jurgen Schwarze, Droit administratif européen, 1994, Vol. II, Bruxelles, Bruylant, p.1237).

LA QUESTION DE L'EXÉCUTION DES DÉCISIONS D'ANNULATION RENDUES SUR RECOURS POUR EXCÈS DE POUVOIR EN CÔTE D'IVOIRE

Nayiribeta Ibrahim COULIBALY
Docteur en droit public
Centre de Recherche et d'Étude sur le Droit et les Finances Publiques (CREDFiP), (Côte d'Ivoire)

A la recherche des rapports entre le pouvoir juridictionnel et le pouvoir exécutif, non sans l'éloquence du verbe, Blaise PASCAL alléguait que « la justice sans la force est impuissante, la force sans la justice est tyrannique ... Il faut donc mettre ensemble la justice et la force et, pour cela, faire que ce qui est juste soit fort ou que ce qui est fort soit juste »[1]. On perçoit là la complémentarité nécessaire entre le pouvoir judiciaire et le pouvoir exécutif. Montesquieu enseignait que « pour qu'on ne puisse abuser du pouvoir, il faut que, par la disposition des choses, le pouvoir arrête le pouvoir »[2]. Ce qui suppose la possibilité d'un conflit qui n'anéantit pas une collaboration – utile – des pouvoirs pour un fonctionnement harmonieux de l'Etat. Ainsi doivent se rencontrer, entrer et restés continuellement en dialogue le juge et l'administration, bras séculier du gouvernement : le juge pour juger, l'administration pour faire appliquer ce qui a été jugé, tout en y étant soumis. Cette exigence de l'Etat de droit, si elle est solidement établie, n'est pas moins susceptible de violations puisqu'« il existe un coefficient d'illégalités dont on peut dire qu'il est inévitable »[3].

En Côte d'Ivoire, en particulier, ce dialogue s'interrompt bien souvent quand l'administration, le bras du juge, devient elle-même justiciable. En effet, le respect de l'Etat de droit impose que tous, personnes privées et publiques, obéissent à la loi et se soumettent, en conséquence, aux décisions de justice. Cela est particulièrement vrai pour la puissance publique lorsque le juge sanctionne ses excès de pouvoir. Il reste que la justiciabilité de celle-ci n'est chargée de sens que si la vérité du juge a une portée concrète[4]. Or l'Etat de droit, qui ne devient effectif que si le juge

---

[1] Blaise PASCAL, Pensées, Paris, Seuil, 1962, p. 64.
[2] MONTESQUIEU, De l'esprit des lois, Paris, Gallimard, 1995, p. 72.
[3] Jean CRUET, La vie du droit et l'impuissance des lois, Paris, Flammarion, 1908.
[4] Théodore DAGROU, « La vérité du juge : quelle portée ? », in Mélanges dédiés au Doyen Francis V. WODIE, Presses de l'Université Toulouse 1 Capitole, 2016, p. 135 s.

impose, arrive à imposer la mise en œuvre de ses décisions[5], parait vaciller en Côte d'Ivoire du fait qu'il s'y pose, régulièrement, la question de l'exécution des décisions d'annulation rendues sur recours pour excès de pouvoir. C'est le droit fondamental à un recours effectif[6], dont l'exécution des décisions de justice est le corollaire[7], qui voit sa portée s'infléchir en rapport avec les lacunes de l'office du juge.

Dans ce sens, il faut bien se garder à l'esprit ces paroles mises par Jean RIVERO dans la bouche du Huron : « Si j'étais de votre nation, et si j'admirais, comme vous tous, votre grand Conseil, et son recours, je ne cesserais, me semble-t-il, non de lui en chanter les louanges, mais de lui en dénoncer les faiblesses, pour l'inciter à se dépasser lui-même et à l'égaler à ce grand dieu que vous nommez le règne du Droit »[8]. On s'est récemment interrogé, en France, sur le point de la nature des faiblesses dont il peut bien être question s'agissant de l'office du juge administratif[9]. Cette question posée en France ne laisse pas d'étonner du fait de l'enrichissement de la palette de ses pouvoirs. On y évoque une « profonde mutation »[10], une « révolution méthodologique du juge de l'excès de pouvoir »[11], une « métamorphose »[12], des « habits neufs du juge administratif »[13].. etc. Sa pertinence n'en est pas moins établie en raison d'insuffisances persistantes[14]. Ce qui a du sens en France, en dépit des évolutions constatées, l'a davantage dans les Etats d'Afrique noire

---

[5] Christophe GUETTIER, « L'administration et l'exécution des décisions de justice », in Actualité Juridique de Droit Administratif, numéro spécial, juillet-août 1999, p. 67.

[6] Sur le droit à un recours effectif, voir Demba SY, « Recours en matière administrative et accès au juge », Bulletin d'information de la Cour suprême du Sénégal, n°1-2, décembre 2010, p. 30 ; D. DE BRUYN, « Le droit à un recours effectif », in Les droits de l'homme au seuil du troisième millénaire, Mélanges en hommage à Pierre Lambert, Bruxelles, Bruylant, 2000, p. 200.

[7] C. const français, décision n°2014-455 QPC du 5 mars 2015.

[8] Jean RIVERO, « Le Huron au palais royal ou réflexions naïves sur le recours pour excès de pouvoir », Dalloz, 1962, p. 40.

[9] Voir notamment Wendy LELLIG, L'office du juge administratif de la légalité, Thèse, Université de Montpellier, 2015, p. 15.

[10] David BAILLEUL, « Les nouvelles méthodes du juge administratif », Actualité Juridique de Droit Administratif, 2004, p. 1626.

[11] Patrick FRAISSEIX, « La révolution méthodologique du juge de l'excès de pouvoir », Les Petites Affiches, 2005, n°180, p. 3.

[12] Sabine BOUSSARD, « La classification des contentieux à l'épreuve de la métamorphose du juge de l'excès de pouvoir », in Regards sur l'histoire de la justice administrative, Litec, 2006, p. 305.

[13] Jacques ARRIGHI DE CASANOVA, « Les habits neufs du juge administratif », in Mélanges D. LABETOULLE, Dalloz, 2007, p. 11.

[14] Wendy LELLIG, op. cit., p. 18s.

francophone, comme la Côte d'Ivoire, puisqu'on peut facilement reconnaitre et pointer la faiblesse et l'exiguïté de l'office du juge de l'administration. Ce qui n'est pas favorable pour l'effectivité de ses décisions qu'il parait, dès lors, légitime de questionner.

A ce niveau de l'itinéraire introductif, il s'impose de bien circonscrire le thème de l'inexécution de la chose jugée sur recours pour excès de pouvoir en le délimitant. Il est d'autant plus nécessaire de s'y atteler qu'il existe des phénomènes sociaux voisins qui, mutatis mutandis, sont des modalités de réalisation de l'inapplication du droit en portant atteinte à l'Etat de droit et à la sécurité juridique, fonction première de tout système de droit démocratique [15], ayant progressivement pénétré le droit administratif[16].

Cet exercice de sémantique conduit à le distinguer d'abord de la tolérance administrative qui se détache de la mansuétude administrative intégrée ou imposée par la règle de droit, hypothèse dans laquelle « il ne s'agit pas d'une réelle tolérance dans la mesure où il n'y a pas ou plus d'illégalités »[17]. On doit constater que la tolérance administrative est une notion dont les différents essais de définition présentés rendent compte de l'ambivalence, pouvant être reçue comme une vertu ou une faiblesse. Selon les auteurs du Vocabulaire juridique, c'est le « fait, pour l'autorité publique ou le titulaire d'un droit, de supporter une activité franchement illicite ... ou un agissement sans droit ... »[18]. Pour Lucile TALLINEAU, la tolérance administrative est une inapplication du droit qui consiste, pour l'administration, à laisser subsister des illégalités commises par des administrés alors qu'elle a les moyens de les sanctionner ou d'y mettre fin[19]. Ce qui veut dire que la tolérance dont l'administration est l'auteur est une illégalité qu'elle ne sanctionne pas alors qu'elle en a les moyens. On le voit bien, cette acception est trop large, la notion de tolérance administrative recevant aussi bien les hypothèses où l'administration s'abstient en toute légalité de combattre l'illégalité que celles où son

---

[15] Brahim DALIL, Le droit administratif face au principe de la sécurité juridique, Thèse, Université de Paris Ouest Nanterre, 2015, p. 12.

[16] Ibidem, p. 115.

[17] Fanny GRABIAS, « La tolérance administrative, inapplication condamnable du droit », in Romain LE BŒUF et Olivier LE BOT, L'inapplication du droit, Confluence des droits, Aix-en-Provence, Droit International, Comparé et Européen, 2020, p. 109.

[18] Gérard CORNU, Vocabulaire juridique, Paris, PUF, 2013, p. 2168.

[19] Lucile TALLINEAU, « L'es tolérances administratives », Actualité Juridique de Droit Administratif, 1978, p. p. 3s.

abstention est illégale. Il s'ensuit, pour un même phénomène, une diversité de régimes juridiques.

Si la doctrine a cru, un temps, pouvoir se satisfaire de cette dernière définition, l'examen de la jurisprudence ne corrobore pas ce point de vue. Fanny GRABIAS relève justement que « les solutions posées par le juge dans de telles hypothèses tendent au contraire à montrer que la tolérance administrative est une inapplication condamnable du droit, parce qu'elle est une question de volonté : des situations illégales subsistent parce que l'administration ne veut pas les sanctionner ou y mettre fin, alors pourtant qu'elle est soumise à une obligation générale de faire respecter les règles de droit »[20].

Il suit que la question de l'exécution des décisions d'annulation rendues sur recours pour excès de pouvoir est en dehors de la tolérance administrative, en dépit de leur ancrage commun dans la volonté de l'administration. Le fait est que l'illégalité, qui est volontairement tolérée, est extérieure à l'administration ; au contraire celle qui résulte de l'inexécution de la chose jugée sur recours pour excès de pouvoir tire sa source de l'administration. Ainsi, la question de l'exécution des décisions d'annulation renvoie à l'inexécution de la chose jugée contre l'administration.

Thème classique et bien connu de la littérature juridique, il continue d'intriguer les spécialistes du droit administratif en tant que phénomène social annonçant un problème majeur du droit en général. Les évolutions récentes du contentieux administratif en Côte d'Ivoire justifient qu'on l'interroge à nouveau. S'inscrivant dans le cadre de l'efficacité de l'office du juge de la légalité administrative, c'est une question qui se pose indépendamment de la nature du système d'organisation juridictionnelle qui a été moniste ou unilinéaire sous la première[21] et la deuxième République[22], avant de devenir, sous la troisième, après quelques atermoiements, progressivement et réellement dualiste, voire pluraliste[23], avec l'institution de deux ordres de juridictions autonomes, une Cour de

[20] Fanny GRABIAS, article précité, p. 110.

[21] Francis WODIE, « Les attributions de la Chambre Administrative de la Côte d'Ivoire », in Revue Juridique et Politique Indépendance et Coopération, 1968, p. 66 ; Martin BLEOU, « Unité de juridiction et contentieux administratif : les exemples ivoiriens et sénégalais », in Annales de l'Université de Cocody, Série A, 1995, p. 129s.

[22] La Constitution de la deuxième République en date du 1er août 2000 avait pourtant consacré une dualité de juridiction ; vr article 102.

[23] La reconnaissance implicite de l'ordre des juridictions financières peut donner de le penser. Voir Mory SANOGO, « La Côte d'Ivoire en a-t-elle fini avec le monisme juridictionnel ? », Revue ivoirienne de sciences juridiques et politiques, n°12, 2022, p. 142.

Cassation [24] et un Conseil d'Etat [25], entrainant subséquemment la disparition de la Cour Suprême[26], puis d'un tribunal paritaire, le Tribunal des Conflits[27].

Ce passage progressif de juridictions n'est pas resté sans conséquence, car il a légèrement modifié les règles de compétences en matière de recours pour excès de pouvoir. C'est un contrôle institué pour assurer le respect par la puissance publique du principe de la légalité, à commencer par la Constitution dont le juge de l'administration est un occupant du territoire[28]. Successivement prévu par des lois aujourd'hui abrogées[29], il a pour base juridique actuelle la loi sur le Conseil d'Etat qui s'est substitué à la Chambre Administrative de la Cour Suprême. D'une compétence exclusive en ce que le recours en annulation pour excès de pouvoir était attribué à la seule Chambre Administrative de la Cour Suprême, unique juge appréciant la légalité des décisions administratives, les voies de l'appel et de la cassation étant alors exclues, on est passé aujourd'hui à une compétence partagée entre le Conseil d'Etat et les juridictions administratives de droit commun. Tel qu'il résulte des articles 13 et 14 de la loi organique n°2020-968 du 17 décembre 2020 déterminant les attributions, la composition, l'organisation et le fonctionnement du Conseil d'Etat, celui-ci connait en premier et dernier ressort « des recours en annulation pour excès de pouvoir formés contre les décisions administratives émanant des autorités administratives centrales, ou des organismes ayant une compétence nationale » et « des recours dirigés contre les actes administratifs dont les champ d'application s'étend au-delà du ressort d'un seul tribunal administratif ». Les tribunaux administratifs, étant juges de droit commun du contentieux administratif, connaissent a

---

[24] Loi n°2020-967 du 17 décembre 2020 déterminant les attributions, la composition, l'organisation et le fonctionnement de la Cour de Cassation

[25] Loi n°2020-968 du 17 décembre 2020 déterminant les attributions, la composition, l'organisation et le fonctionnement du Conseil d'Etat

[26] Voir articles 143 nouveaux et suivant de la loi constitutionnelle n°2020-348 du 19 mars 2020 modifiant la loi n°2016-886 du 8 novembre 2016 portant Constitution de la République de Côte d'Ivoire

[27] Loi n°2020-884 du 21 octobre 2020 déterminant la composition, les attributions et le fonctionnement du Tribunal des Conflits

[28] Laurence BURGORGUE-LARSEN, « Les occupants du territoire constitutionnel. Etat des lieux des contraintes jurisprudentielles administrative et européenne pesant sur le Conseil Constitutionnel français », communication présentée à Montpellier le 21 mars 2001 dans le cadre d'un Colloque organisé par le professeur Dominique ROUSSEAU sur Le Conseil constitutionnel en question(s).

[29] Voir les lois n°61-201 du 2 juin 1961, n°78-663 du 5 août 1978, n°94-440 du 16 août 1994 déterminant la composition, l'organisation et le fonctionnement de la Cour Suprême

contrario des recours pour excès de pouvoirs dirigés contre les actes des autorités locales, avec possibilité d'appel devant les cours d'appel et de cassation devant le Conseil d'Etat.

Il en résulte qu'il faut détacher de ces chefs de compétence les recours diligentés contre les décisions rendues par les organismes disciplinaires, lesquelles sont de nature juridictionnelle[30] et non pas administrative. Or le recours pour excès de pouvoir est un recours tendant exclusivement à l'annulation d'un acte administratif unilatéral[31]. Dès lors le recours possible – le seul – contre les décisions de ces organismes, c'est la voie de la cassation et non du recours pour excès de pouvoir[32].

Dans tous les cas où le recours pour excès de pouvoir est introduit, la décision rendue peut aboutir à l'annulation de l'acte administratif unilatéral querellé, celui-ci n'ayant pas réussi à franchir les nasses de la censure juridictionnelle. Rétroactive, celle-ci emporte pour conséquence de faire disparaitre l'acte et les effets qu'il a pu produire[33], autant qu'elle met à la charge de l'administration l'obligation d'exécuter, en imposant la régularisation de la situation d'un fonctionnaire irrégulièrement évincé[34]. C'est que, en vertu de la séparation des pouvoirs, il n'appartient pas au juge de pourvoir à l'exécution de ses propres décisions ; c'est plutôt à l'administration de lui prêter main-forte, se rendant ainsi à l'exigence constitutionnelle selon laquelle le Président de la République exécute les décisions de justice[35]. Cela veut dire que le titre d'exécution se distingue de l'exercice de l'exécution. Etant la décision de recourir à l'exécution, la décision rendue sur recours pour excès de pouvoir porte en elle-même son titre d'exécution. Ainsi, celui-ci est consubstantiel à la décision de justice administrative. L'exercice de l'exécution, quant à lui, est sa réalisation concrète ou son passage dans les faits. Il échappe au juge, étant extrinsèque à la décision de justice, pour revenir à l'administration[36].

---

[30] CSCA, 28 avril 1976, François Xavier SANTUCCI, RID 1979/1980, 1-2, p. 13.

[31] Georges VEDEL, Droit administratif, Paris, PUF, 1976, p. 458.

[32] Martin BLEOU, « Le contrôle des faits et du droit par le juge de l'excès de pouvoir en Côte d'Ivoire », Revue Ivoirienne de Droit, 1981, p. 58.

[33] Sur les conséquences de l'annulation contentieuse, voir

[34] CSCA, 1er avril 1964, Dibi Yao Georges c/ Ministre de la Fonction Publique ; sur cet arrêt, voir Martin BLEOU, Les grands arrêts de la jurisprudence administrative ivoirienne, Abidjan, CNDJ, 2012, p. 405s.

[35] C'est une disposition qui se donne à voir dans les Constitutions successives : voir articles 15 de la Constitution du 03 novembre 1960, 44 de la Constitution du 1er aout 2000 et 65 de la Constitution du 08 novembre 2016.

[36] Christophe FARDET, « La notion d'exécution des décisions de justice administrative », Civitas Europa, 2017/2, n°39, p. 15.

Dans les faits, deux hypothèses peuvent se présenter. Il arrive que la décision juridictionnelle soit exécutée promptement par l'administration. Cette hypothèse ne pose pas de problème dans la mesure où l'institution administrative agit dans le sens voulu par le juge en tirant les conséquences de la décision d'annulation ; elle satisfait ici à son obligation légale de faire respecter la loi. Il peut également arriver que la chose jugée ne soit pas exécutée, un préjudice en découlant pour le bénéficiaire car « ce que le plaideur souhaite ..., c'est que, dans la réalité de sa vie quotidienne, quelque chose, au terme du recours, se trouve changé, en mieux »[37]. On a pu écrire dans le même sens que « le discours n'est là qu'en vue d'aboutir à une solution concrète. Il est un moyen et non pas une fin. »[38]. Le préjudice est d'autant plrs évident et anormal que c'est l'administration, elle-même en cause, qui doit exécuter la décision juridictionnelle. C'est ce qui explique la difficulté d'admettre l'existence de voies d'exécution à son encontre. Dès lors se retrouvent, face à face, l'administration forte de ses prérogatives et le bénéficiaire d'une chose jugée inexécutée.

Ainsi s'annonce le conflit – possible – entre l'administration et le juge, au sens d'une opposition de vues ou d'intérêts[39], bien entendu lorsqu'on exclut les cas où la décision est promptement exécutée. Que la décision n'ait pas été exécutée ou que l'exécution ait été insuffisamment réalisée, il s'agit là d'une situation fâcheuse. C'est là qu'apparait la question de l'exécution des décisions d'annulation.

Mais, ne faut-il pas distinguer entre ces décisions d'annulation ? Bien évidemment l'administration n'est pas une en ce que des personnes juridiques distinctes en tiennent lieu. Pareille circonstance explique la diversité de l'imputabilité de l'inexécution. Celle-ci peut être le fait de l'administration d'Etat, de l'administration décentralisée territoriale ou fonctionnelle ; en d'autres termes, elle peut être le fait de l'Etat, des collectivités locales ou des établissements publics. Les possibles entraves des administrations décentralisées à la chose jugée sont susceptibles de trouver solution dans le cadre de l'exercice du contrôle de tutelle. On relève également qu'en pratique, les décisions d'annulation concernent dans leur grande majorité les actes de l'Etat et, qui plus est, les entraves à l'exécution de ceux-ci sont les plus frappantes. Pour toutes ces raisons, c'est sur elles qu'on s'arrêtera.

---

[37] Jean RIVERO, article précité, p. 332.

[38] Eric SPITZ, « L'acte de juger », RDP, 2, 1995, p. 292.

[39] Gérard CORNU, op. cit., p. 230.

Bien que directement lié au contentieux de la légalité des actes administratifs, le champ d'analyse qu'il offre ne sera pas fermé ; il ne manquera pas de donner occasion à la convocation du plein contentieux car ce qui est jugé par le juge de la légalité peut être déplacé et se poursuivre devant le juge de l'indemnité ; sans que les deux types de contentieux viennent à se confondre et sans que le second puisse clôturer le premier, la clôture ne pouvant venir que de l'exécution de la chose jugée.

A la vérité, le point qui retient l'attention ici soulève le problème de l'efficacité des décisions du juge. Il préoccupe à juste titre en ce qu'il renvoie l'image d'un phénomène pathologique qui doit, en conséquence, recevoir une réponse. Une féconde direction de recherche s'offre dans cette perspective. L'horizon semble en voie de se dégager puisque la crise que connait l'exécution de la chose jugée pour excès de pouvoir (I) vient de recevoir en droit une réponse audacieusee (II).

I- UNE EXÉCUTION EN CRISE

La question de l'exécution des décisions d'annulation prend sa source dans l'hypothèse où l'administration s'oppose à la chose jugée, dévoilant ainsi une dégradation des rapports avec le juge administratif. La crise qui en est résultée, se traduisant par la récurrence des oppositions administratives à la chose jugée (A), paraissait loin de s'arrêter en ce que l'administration s'accommodait de ses conséquences qu'elle a toujours docilement assumées (B).

A. Des oppositions récurrentes

Il existe des cas – nombreux et persistants – d'opposition de l'administration à la décision rendue par le juge de la légalité. Dans son expression récente, on remarque une nette prépondérance du contentieux de la police nationale, ce qui explique la multiplicité des décisions y relatives. On peut s'interroger sur l'explication de ces oppositions. Naturellement elles sont le fait de l'administration (1). En revanche, il est superficiel d'en rester là et de toujours tenir la puissance publique pour seule responsable puisque le fait du juge est parfois au fond des choses (2).

1- Le fait de l'administration

Si ailleurs, l'exécution de la chose jugée ne semble plus, à quelques exceptions près, rencontrer la résistance de l'administration, « à tel point que lorsque l'on s'interroge sur les difficultés persistantes d'exécution des décisions du juge administratif, c'est sur d'autres terrains qu'il faut aller[40] », il est permis d'en douter en Côte d'Ivoire où le postulat selon lequel « quand il a tranché, le juge doit voir sa décision exécutée »[41] semble ne pas être chargé de sens. Cette poche de résistance à la chose jugée désactive de fait la fonction administrative contentieuse. Depuis les indépendances, les cas d'inexécution sont allés s'amplifiant au fil des affaires. On croit même pouvoir affirmer que l'inexécution des décisions d'annulation constitue un leg traditionnel, c'est-à-dire qu'elle survit aux changements de régimes et au temps.

Il est tentant de voir dans le parti unique un facteur explicatif de la récurrence des cas d'inexécution de la chose jugée par le juge de la légalité. Le contexte politique que René DEGNI-SEGUI range au nombre des obstacles à l'accès à la justice[42] était assurément au fond des choses. Etant sous le parti unique, c'était une banalité au point de devenir normal[43], les autorités politiques s'immisçaient dans le déroulement normal de la justice par des pressions sur le juge, a fortiori des oppositions à la chose jugée. Seules quelques décisions d'annulation étaient exécutées[44], la chose jugée étant purement et simplement ignorée par l'administration dans la majorité des cas. Le recours pour excès de pouvoir perdait ainsi son innocence.

Dans l'affaire Gnadré Teti, en raison de la confusion de fait des pouvoirs, le Président de la République n'a pas craint de limiter partiellement les effets de la chose jugée[45]. Dans cette espèce, la Chambre Administrative de la Cour Suprême avait annulé les résultats de la session du certificat d'aptitude à la profession d'avocat de l'année 1985. S'étant saisi de la question, le Président de la République validait la session pour les candidats admis, la laissant annulée pour les candidats malheureux[46]. A l'instar de ce qui a cours en France[47], le juge étant le serviteur de la loi,

[40] Fanny GRABIAS, « L'exécution des décisions de justice face à l'ordre public », Civitas Europa, 2017/2, n°39, p. 34.

[41] Jacques ROBERT, « La bonne administration de la justice », in A.J.D.A. N° Spécial, juin 1995, p. 126.

[42] René DEGNI-SEGUI, « L'accès à la justice et ses obstacles », in Verfassung und Recht in Übersee, volume 28, 1995, p. 449-467.

[43] Martin BLEOU, op. cit., p. 409.

[44] Patricia AMBEU, op. cit., p. 370.

[45] CSCA, 8 février 1985, Gnadré Teti et autres c/ Université nationale de Côte d'ivoire

[46] René DEGNI-SEGUI, « Réflexion sur l'arrêt Gnadré Teti et autres c/ Université nationale de Côte d'ivoire », Revue Ivoirienne de Droit, n°1-2-3-4, 1984-1985, p. 37s.

[47] Sur les validations législatives en France, Bernard MATHIEU, Les validations législatives, principes constitutionnels et pratique législative, Paris, Economica, 1987.

on aurait pu, à la limite, admettre l'ingérence du législateur dans le déroulement de la justice par le mécanisme des validations législatives qui a été dénaturé ici en validation présidentielle.

En dépit du multipartisme, si les entraves à l'exécution sont allées s'accroissant, cela voudrait dire que le parti unique n'est nullement une explication suffisante. Au surplus, on pourrait le regarder comme un facteur d'accentuation ou d'aggravation[48]. Certes, avec l'avènement du multipartisme, on a constaté une certaine évolution dans l'exécution des décisions du juge de la légalité. Cela reste vrai pour le contentieux de la fonction publique, notamment à compter des années 2000. Dans l'espèce Coulibaly Nazoloma Amara, le Ministère de la fonction publique se rend à la volonté du juge en tirant les conséquences de l'annulation par la réintégration de l'agent irrégulièrement évincé[49]. Mais, l'argument n'est pas dirimant comme détruisant ou rendant nulle l'idée de la crise de l'exécution des décisions du juge de la légalité[50]. On note à cet égard de solides poches de résistance, les cas d'inexécution foisonnant, dans le contentieux impliquant la sécurité intérieure. Bon nombre de fonctionnaires de police, objet de décisions administratives les radiant du contrôle des effectifs de la Police Nationale dans le cadre d'une procédure disciplinaire ou pour faire valoir leurs droits à la retraite, ont saisi le juge de l'excès de pouvoir afin de voir annuler les décisions prises à leur encontre. Ayant obtenu l'annulation de celles-ci, l'administration policière s'est toujours opposée à la régularisation de leurs situations juridiques.

A titre illustratif, dans l'affaire Madame Boni contre Président de la République, la Chambre Administrative de la Cour Suprême annule pour excès de pouvoir la décision de radiation d'un officier de police du fait que l'administration n'a pas qualité à qualifier un fait infractionnel[51]. La décision querellée ayant été annulée et, par suite, étant censée n'avoir jamais existé selon une phraséologie stable du juge de l'excès de pouvoir en France et dans les Etats de tradition juridique française, on aurait dû s'attendre à la réintégration de la requérante ; c'est plutôt une autre

[48] Patricia AMBEU, La fonction administrative contentieuse en Côte d'Ivoire, thèse, Université de Lyon, 2011, p. 370s.

[49] CSCA, 20 avril 2016, Coulibaly Nazoloma Amara c/ Ministère de la Fonction Publique et de la Réforme Administrative, arrêt n°62.

[50] Chambre Administrative de la Cour Suprême, Rapport de l'année judiciaire 2012-2013, p. 42 s ; Chambre Administrative de la Cour Suprême, Rapport de l'année judiciaire 2013-2014.

[51] CSCA, 24 octobre 2007, Madame BONI née KOUADIO Akissi Viviane c/ Président de la République, arrêt n°66.

décision de radiation qui est servie par le Président de la République, que le juge annule derechef[52], décision qui n'à jamais été exécutée. La mauvaise volonté de l'administration s'en trouve ainsi caractérisée. Cette mauvaise volonté s'est également donnée à voir dans l'espèce Koné Madjara, un fonctionnaire de police rencontrant l'opposition de l'administration à l'annulation de sa radiation pour cause de diabète[53]. Dans l'affaire Sea Vincent c/ Ministre de la Sécurité Intérieure, la même attitude est constatée, le Ministère en charge de la sécurité restant dans sa rigidité traditionnelle en ne vacillant pas en dépit du degré ultime d'invalidité constatée et en refusant de se rendre à la décision du juge de l'excès de pouvoir[54]. Il en a été de même dans l'affaire Adebi Gbota et 18 autres c/ Ministre d'Etat, Ministre de l'Intérieur et de la Sécurité, dans laquelle l'administration met à la retraite des fonctionnaires de Police avec leurs anciens grades, alors qu'ils étaient en attente de leurs nominations dans de nouveaux grades acquis à la suite d'un concours et d'une formation. Par suite, elle s'oppose au juge qui, annulant l'acte par lui pris, lui reprochait de ne pas « s'inscrire dans un cadre cohérent se fondant sur la légalité »[55].

Il ressort de ces affaires, comme dans bien d'autres [56], que l'administration policière a résisté à la reconstitution de la situation juridique des requérants. Il semble même qu'il n'y ait jamais eu de cas de réintégration consécutivement à une décision annulée. Dans la confusion entre obligation d'exécuter et absence de voies d'exécution à son égard, elle croit, à tort, que la seconde annule la première[57].

---

[52] CSCA, 30 novembre 2011, Madame BONI née KOUADIO Akissi Viviane c/ Président de la République, arrêt n°58.

[53] CSCA, 30 mai 2012, Koné Madjara Yessonguedjou c/ Ministre de l'Intérieur, arrêt n°92.

[54] CSCA, 19 janvier 2005, Affessy Achy Paul, Sea Vincent c/ Ministre de la Sécurité Intérieure, arrêt n°1.

[55] CSCA, 29 juin 2016, Adebi Gbota et 18 autres c/ Ministre d'Etat, Ministre de l'Intérieur et de la Sécurité, arrêt 123.

[56] CSCA, 15 mars 1995, Tapé Abert c/ Monistère de la Sécurité Intérieure, arrêt n°3 ; CSCA, 4 novembre 2000 , Digbeu Goze Abert c/ Monistère de la Sécurité, arrêt n°16 ; CSCA, 27 juin 2001, Nouama Pierre Appiah c/ Monistère de la Sécurité, arrêt n°130 ; CSCA, 31 mai 2006, Goa Ohoussou Benjamin c/ Ministère de la Sécurité - Etat de Côte d'Ivoire, arrêt n°22 ; CSCA, 26 juillet 2006 , Gnako Gnayoro Georges c/ Ministère de l'Intérieur et de la Décentralisation, arrêt n°27 ; CSCA, 18 avril 2012 , Kouamé Appoh Ernest c/ Ministère de la Sécurité Intérieure, arrêt n°63 ; CSCA, 25 décembre 2014,Tano Kouadio Jean Raymond c/ Ministère de l'interieur, arrêt n°172.

[57] René DEGNI-SEGUI, « Le contrôle sur l'administration ivoirienne par la voie du recours pour excès de pouvoir », Revue Ivoirienne de Droit, n°1-2, 1987, p. 77.

Avec une relative fréquence, on remarque en d'autres matières certaines résistances à la chose jugée. A l'évidence, le fait que le sieur KOUAME N'Guessan se résolve à saisir par requête le président du Conseil d'Etat[58] est la conséquence qu'il s'est heurté à l'exécution de la décision juridictionnelle annulant la lettre 088/MPMEF/IGF/LS du 13 mai 2013 portant sa mise à disposition[59]. Dans l'affaire Établissement Louis Martial c/ Ministre de l'industrie et des mines et autres également, l'annulation des arrêtés querellés n'a pas été suivie d'effet[60] ; de sorte que le bénéficiaire s'est trouvé placé devant la nécessité de recourir à la juridiction présidentielle du Conseil d'Etat[61]. Dans une autre matière, foncière celle-là, la chose jugée par le Conseil d'Etat est restée lettre morte[62].

On est dès lors admis à se demander à quoi sert encore le juge de l'administration en Côte d'Ivoire qui, comme le Huron, est « usé par tant de combats perdus »[63]. C'est l'autorité du juge qui fléchit au point de conduire les citoyens à désespérer de lui.

Au total, l'inexécution est une question de fait, le fait de l'administration. Mais, l'opposition portant sur des décisions juridictionnelles, ne doit-on pas en rechercher aussi l'explication du côté du juge lui-même ? En particulier, l'on peut utilement interroger le contenu de ses pouvoirs et, par-delà, la qualité de ses décisions.

2- *Le fait du juge*

La crise de l'exécution de la chose jugée semble aussi trouver sa source dans la conception que le juge de la légalité a de ses pouvoirs de sanction. Du contenu de ces pouvoirs, la pratique jurisprudentielle permet d'avoir une conception limitative qui peut être définie positivement et négativement. Positivement, en tant que juge de l'annulation, il ne pouvait qu'invalider l'acte administratif illégal, l'invalidité ayant plusieurs

[58] Requête, enregistrée le 13 mai 2020 au Greffe du Conseil d'Etat sous le n°2020-044 R/EX
[59] CACS, 21 juin 2017, Kouamé N'Guessan c/ Inspecteur général des finances, arrêt n°141.
[60] CE ivoirien, 29 avril 2020, arrêt n°175.
[61] Requête, enregistrée le 27 septembre 2021 au Greffe du Conseil d'Etat sous le n° CE 2021-140 D/EX.
[62] CE ivoirien, 29 janvier 2020, Koffi Eugène c/ Ministre de la construction et de l'urbanisme, arrêt n°34 ; 29 avril 2020, Kansas Assoumou c/ Ministère de la Construction et de l'Urbanisme, arrêt n°170.
[63] Camille WATHLE, « Le Huron usé, fatigué, vieilli », Actualité Juridique de Droit Administratif, 2021, p. 417.

degrés[64] ; ce qui est une décision au fond qui peut aussi consister en un rejet de la demande. A côté de l'annulation et du rejet, le juge peut déclarer l'irrecevabilité qui, comme le rejet, n'est pas une sanction à l'égard de l'administration. Négativement, ces pouvoirs ont traditionnellement été enserrés dans des limites solidement établies. Ainsi, le juge s'interdisait de se substituer à l'administration pour prendre les mesures nécessaires ou lui adresser des injonctions, encore moins recourir aux voies d'exécution[65]. Ce qui veut dire qu'il ne disposait pas de moyens pour assurer l'exécution de la décision rendue dont l'effectivité devenait incertaine car dépendant de la bonne volonté de l'administration. Il en a été ainsi en dépit de ce que la décision d'annulation sur recours pour excès de pouvoir est juridiquement contraignante.

En dépit de ce champ de compétence tel que borné, le juge ivoirien n'attache pas à ses décisions, en cas d'illégalité, un effet platonique ; il n'a pas craint dans certains cas de faire autre chose qu'annuler l'acte administratif entaché d'illégalité. Parce que l'annulation peut être source d'une « grave déstabilisation juridique »[66], l'idée est d'en faire, en Côte d'Ivoire, l'ultimum recursum, le dernier recours, en permettant au juge de recourir à d'autres procédés afin d'éviter la disparition rétroactive de l'acte, de faire de l'annulation un pis-aller et non une solution systématique en recherchant les moyens de son évitement[67]. C'est ainsi que la Cour neutralise les motifs illégaux de l'acte par substitution de base légale ou substitution de motifs[68]. Il s'arroge là un pouvoir, quoi que limité, de réformation de l'acte administratif[69]. En revanche, il n'a jamais poussé son ingéniosité jusqu'à moduler dans le temps les effets de l'annulation[70]. A

---

[64] Soit l'acte est nul en vertu de la loi : voir lois n°61-201 du 2 juin 1961, n°78-663 du 5 août 1978, n°94-440 du 16 août 1994 déterminant la composition, l'organisation et le fonctionnement de la Cour Suprême. Soit une théorie jurisprudentielle permet de le déclarer inexistant : sur l'inexistence, on consultera utilement l'enrichissante étude du Doyen Francis WODIE, « L'inexistence des actes juridiques unilatéraux en droit administratif français », Actualité Juridique de Droit Administratif, 1969, p. 76 s.

[65] René DEGNI-SEGUI, « Le contrôle sur l'administration ivoirienne par la voie du recours pour excès de pouvoir », article précité, p. 76 s.

[66] Mathias GUYOMAR, Bertrand SEILLER, Contentieux administratif, Paris, Dalloz, 3e édition, 2014, n°883.

[67] Chambre Administrative de la Cour Suprême, Rapport de l'année judiciaire 2012-2013 précité, p. 47 ; sur la possibilité d'éviter l'annulation, voir Bertrand SEILLER, « L'illégalité sans l'annulation », Actualité Juridique de Droit Administratif 2004, p. 963 s.

[68] CSCA, 22 juin 2016, Orange CI c/ ARTCI, arrêt n°109.

[69] Sur un tel pouvoir, voir Camille GIRAUD, « Le pouvoir de réformation du juge administratif », Revue du Droit Public 2018, n°6, p. 1598.

[70] En France, le juge a poussé son audace jusque-là. Voir Bertrand SEILLER, article précité.

cela il n'y a rien de contraire au pouvoir d'annuler dont la finalité est de garantir l'intégrité de la légalité étant donné que celle-ci est finalement respectée.

D'un autre côté, pour que les décisions soient effectives, il importe qu'elles soient faciles à exécuter. A cette fin, en amont de ses décisions, le juge mobilise les motifs de droit et de fait pour diriger l'administration sur la voie de la légalité en se comportant comme ce pédagogue qui fournit préventivement les explications se rapportant aux mesures à prendre pour assurer l'exécution de la chose jugée[71]. Désormais plus disposé à assumer l'office d'un juge administrateur[72], le juge ivoirien s'approprie pleinement un rôle de guide de l'action administrative en exposant explicitement la règle qu'il applique, rompant ainsi avec le principe classique de l'imperatoria brevitas qui le conduisait à fixer implicitement la règle de droit. Les motifs sont d'un didactisme affiché parce que plus étoffés, traçant explicitement la voie à suivre à l'intention de l'administration. Mais, cela s'arrête là !

En dépit de la logique de « désouverainisation de l'Etat »[73] qu'on lui prête aujourd'hui en Afrique subsaharienne[74], ce rôle de pédagogue est parcimonieusement assuré par le juge ivoirien de l'excès de pouvoir. L'examen des motifs des arrêts rendus laisse parfois entrevoir des faiblesses susceptibles d'entraver ou retarder l'exécution de la chose jugée. L'attachement du juge ivoirien à l'économie de moyens, qui est fortement affichée comme par tradition[75], a parfois conduit à l'inexécution de la décision juridictionnelle. Apparaissant comme un corollaire du laconisme traditionnel du juge administratif, ce principe (imperarorias brevitas), qui

[71] Marc GJIDARA, « Les causes d'inexécution des décisions du juge administratif et leurs remèdes », Zbornik radova Pravnog fakulteta u Splitu, god. 52, 1/2015, p. 79.

[72] Sur l'évolution récente en France, Francis DONNAT, Didier CASAS, « L'office du juge administratif dans la jurisprudence récente du Conseil d'Etat », Droit administratif, n°5/2004, étude n°9 ; David BAILLEUL, « L'article L. 600-4-1 du Code de l'urbanisme : une tentative avortée d'abandon de l'économie des moyens », Les Petites Affiches, n°125 du 23 juin 2004, p. 13.

[73] Jean WALLNE, Droit administratif, Paris, Dalloz, 26e ed., 2016, p. 747.

[74] Meïssa DIAKHATE, « La motivation des décisions des juridictions administratives en Afrique subsaharienne francophone », Afrilex, avril 2019, p. 26.

[75] Il s'agit là d'une pratique ancienne : voir notamment CE français, 15 janvier 1909, Commune de Brugnens, Rec., p. 35. Pour une définition usuelle, notamment Jacques PETIT, « La motivation des décisions du juge administratif français », in Sylvie CAUDAL (dir.), La motivation en droit public, Paris, Dalloz, pp. 218s ; Jean-Claude BONICHOT, Paul CASSIA, Bernard POUJADE, Les grands arrêts du contentieux administratif, Paris, Dalloz, 2018, 6e ed., p. 1246. Egalement René CHAPUS, Droit du contentieux administratif, Paris, Montchrestien, 2008, 13e ed., p. 965.

signifie que le moyen soulevé suffit à juger de l'affaire, les autres éléments n'étant pas évoqués par le juge, quels que soient leur intérêt ou leur pertinence, comporte des inconvénients[76]. En particulier, il peut donner à penser – faussement – que l'acte est illégal « sur ce point et lui seul »[77] et conduire à un nouveau litige qui trouve sa source dans la reprise de la décision annulée sur le fondement du moyen de légalité non évoqué. En particulier, « il n'est pas satisfaisant qu'une annulation soit uniquement fondée sur un moyen de légalité externe si elle est aussi viciée dans sa légalité interne »[78]. C'était le cas dans l'affaire Madame BONI c/ Président de la République précitée[79], l'économie faite par le juge des autres moyens, notamment de légalité interne, ayant gravement gêné l'efficacité de l'annulation appuyée sur le moyen de légalité externe pointé. Par suite, l'administration, abandonnant ce motif, prend la même décision, cette fois fondée sur le motif non pointé de légalité interne, donnant lieu à un autre litige[80].

Gênant davantage l'efficacité des décisions d'annulation, dans cette affaire comme dans toutes les autres, le juge n'indique jamais ce qu'implique concrètement la mise en œuvre de la chose qu'il a jugée au contraire de son prédécesseur français du Conseil d'Etat qui, dans un célèbre arrêt – Rodière – avait ouvert la voie en définissant précisément et fort opportunément les suites de l'annulation de l'acte d'éviction d'un fonctionnaire[81] par la reconstitution rétroactive de sa carrière. Il ressort que le prononcé d'une décision portant annulation ne suffit pas toujours au rétablissement complet de la légalité ; l'administration peut rencontrer des difficultés à cerner avec précision les mesures concrètes à prendre. D'où la nécessité pour le juge de devenir ce pédagogue qui indique la marche à

---

[76] Manon CHATEAU-GRINE, Les motivations des décisions du juge administratif, Thèse, Université de Nantes, 2018, p. 123.

[77] Jean Marc LE GARS, « Les méthodes d'instruction et d'examen des moyens de la requêtes – aspects français », Revue Administrative, n°7/1999, p. 114.

[78] René CHAPUS, « De l'office du juge : contentieux administratif et nouvelle procédure civile », in René CHAPUS, L'administration et son juge, Paris, PUF, 1999, p. 367.

[79] CSCA, 24 octobre 2007, Madame BONI née KOUADIO Akissi Viviane c/ Président de la République, précité.

[80] CSCA, 30 novembre 2011, Madame BONI née KOUADIO Akissi Viviane c/ Président de la République, précité.

[81] CE français, 26 décembre 1925, Rodière, Rec., p. 1065 ; Marceau LONG, Prosper WEIL, Guy BRAIBANT et autres, Les grands arrêts de la jurisprudence administrative, , Paris, Dalloz, 2007, 16e éd., n°42 ; Laure LAGANIER MILANO, « La reconstitution de carrière des fonctionnaires, entre principe et effectivité », Actualité Juridique. Fonction Publique, 2010, p. 18 s.

suivre sans que cela l'amène à dépasser les limites de ses pouvoirs. C'est qu'un tel procédé, parce qu'il n'a pas « pour objet de justifier la solution mais de préciser les mesures d'exécution impliquées par la chose jugée »[82], ne peut pas être regardé comme traduisant l'exercice d'un quelconque pouvoir d'injonction, n'étant pas des motifs qui soutiennent nécessairement le dispositif[83].

Malgré ce retentissent et utile précédent, le juge ivoirien a résisté à lui emboiter le pas, est resté réservé, même dans les cas où la difficulté paraissait certaine. Dans l'affaire Madame Boni c/ Président de la République précitée par exemple, le premier refus d'exécuter aurait dû amener le juge, dans la seconde décision d'annulation, à constater le désaccord avec l'administration et prévenir un nouveau refus à exécuter en précisant les mesures concrètes à prendre. Fidèle à son manque de pragmatisme, il s'est contenté d'annuler à nouveau l'acte querellé. Certes, cette pédagogie, si elle était observée pat le juge, ne préjugerait pas de l'exécution de la décision, mais elle aurait mis le juge à l'abri d'un éventuel reproche. Dans l'affaire Adebi Gbota et 18 autres c/ Ministre d'Etat, Ministre de l'Intérieur et de la Sécurité précitée, des fonctionnaires de police ayant été radiés du contrôle des effectifs de la police nationale en étant admis à faire valoir leurs droits à la retraite, les arrêtés de radiation pris à cet effet sont annulés par le juge de la légalité alors que les intéressés ont déjà commencé à percevoir leurs pensions. En tout état de cause, les pensions payées manquent de base légale puisque les actes fondant leur liquidation ont été annulés. C'est justement là que la pédagogie du juge était attendue[84].

Que la discorde entre l'administration et le juge soit le fait de la première ou du second, les conséquences sont les mêmes pour le bénéficiaire de la décision.

---

[82] Manon CHATEAU-GRINE, op. cit., p. 139.

[83] Il résulte de la jurisprudence que les motifs, soutiens nécessaires du dispositif, sont revêtus de l'autorité de chose jugée : CE français, 28 décembre 1959, Société Anonyme des Automobiles Berliet, Rec., p. 579. Sur la notion de motif soutien nécessaire, voir Florent BLANCO, « Le Conseil d'Etat, juge pédagogue. A propos des arrêts Société à objet sportif « Toulouse football club (CE français, section, 25 juin 2001),Vassilikiotis (CE français, assemblée, 29 juin 2001) et Titran (CE français, 27 juillet 2001) », RRJ, n°2/2003, p. 1541.

[84] Cela devrait se réaliser par la prise d'actes d'avancement reconnaissant les nouveaux grades acquis, suivis de nouvelles radiations. L'écueil apparent de la non-rétroactivité de l'acte administratif étant levé par la jurisprudence administrative ivoirienne qui admet, dans certains cas, la possibilité d'y déroger (Voir CSCA, 1er avril 1964, Dibi Yao Georges ; 25 novembre 1992, N'Guessan Konan c/ Ministère de l'Emploi et de la Fonction Publique), le reste devient une simple succession d'opérations mathématiques et financières.

B. Des conséquences assumées

Les conséquences de l'inexécution pour le bénéficiaire sont symptomatiques de ce que le juge n'est pas toujours une garantie pour les droits et libertés. Cette opposition à la chose jugée est pourtant bien assumée par l'administration qui est plus docile à l'égard du juge de plein contentieux. Ainsi, l'administration ivoirienne ne prive pas les justiciables de toute garantie puisque, s'étant soustraite à l'autorité du juge de la légalité, elle accepte volontiers de se soumettre à un autre juge qui, lui, ne poursuit pas spécialement l'annulation de ses décisions. Entre la légalité et l'autorité, elle croit avoir trouvé un moyen d'équilibre par une technique destinée à corriger les conséquences de l'inexécution. Seulement la médaille a un revers ; devant servir à circonscrire ou pallier les effets des annulations restées sans suite par le jeu de la responsabilité pour faute (1), ses conséquences sont devenues incommodantes (2).

1- Le palliatif de la responsabilité administrative pour faute

Il existe deux grands systèmes de responsabilité dans les Etats de tradition juridique française dont le droit administratif « se construit par le droit français, mais au-delà du droit français »[85]. Le non-respect du principe de la légalité peut causer un préjudice conduisant soit à la responsabilité sans faute, soit à la responsabilité pour faute, avec une nette préférence pour la seconde[86].

Dans l'hypothèse de l'inexécution des décisions de justice, la responsabilité sans faute en découlant fait intuitivement penser à l'affaire Couitéas. Deux orientations générales se dégagent de l'économie de cette jurisprudence. D'une part, les justiciables sont admis à compter sur le concours de la force publique pour l'exécution des décisions dont ils sont bénéficiaires. D'autre part, l'Etat ne commet pas d'illégalité en refusant de prêter main-forte à l'exécution de la chose jugée en cas de menace de trouble à l'ordre public[87]. Sur le fondement du principe de la continuité législative affirmé par la Constitution[88], le droit administratif ivoirien

---

[85] Jean FOYER, « Les destinées du droit français en Afrique », Penant, 1962, p. 6.

[86] Placide MOUDOUDOU, « Les tendances du droit administratif dans les Etats d'Afrique noire francophone », Annales de l'Université Marien NGOUABI, 2009, 10 (3), p. 18s.

[87] CE français, 30 novembre 1923, Couitéas, S. 1923., 3e partie, p. 57, concl. RIVET, note HAURIOU.

[88] Article 283 de la Constitution ivoirienne du 08 novembre 2016, reprenant l'article 133 de la Constitution du 1er août 2000 qui réaffirmait en cela le principe affirmé par l'article 76 de la Constitution du 03 novembre 1960. On a montré comment la continuité législative

admet l'inexécution des décisions de justice pour motif de menace de trouble à l'ordre public. Et « le fait que la jurisprudence Couitéas ait été posée à propos des décisions du juge judiciaire ne signifie pas a priori qu'aucune considération d'ordre public au sens de la police ne puisse faire obstacle à l'exécution des décisions du juge administratif »[89]. Ce conflit entre l'ordre public et l'exécution des décisions de justice administrative, s'il est théoriquement important, il reste rare en pratique[90]. Malgré tout, il est fréquent et rapide, pour l'administration ivoirienne, d'invoquer l'arrêt Couitéas pour justifier l'inexécution. Or un tel fondement jurisprudentiel conduit à la responsabilité sans faute de l'administration pour rupture de l'égalité de tous devant les charges publiques. A la vérité, il y a là une mauvaise interprétation ou utilisation des principes dégagés par cette jurisprudence qui ne peut, en aucune manière, trouver application en toute circonstance. Liée et limitée au conflit, qu'il faut pouvoir prouver, entre l'ordre public et la chose jugée, elle ne couvre pas les cas d'inexécution résultant d'une mauvaise volonté caractérisée de l'administration, laquelle constitue une faute[91].

Spécialement en Côte d'Ivoire, les décisions rendues par le juge du plein contentieux pour pallier les conséquences de l'inexécution retiennent la plupart du temps la responsabilité pour faute de l'administration. A poursuivre la logique, c'est la contrepartie de l'inexécution en ce que la personne publique achète en quelque sorte le droit de désobéir au juge en maintenant « les effets de sa décision arbitraire »[92]. A cet égard, le recours récurrent à cette voie de droit est à l'image de l'ampleur des oppositions à la chose jugée. Dans bien des cas, ceux qui échouent à obtenir, sur le terrain de la légalité, l'exécution de la chose jugée au détriment de l'administration déplacent le problème devant le prétoire du juge de

---

s'applique autant au droit légiféré qu'au droit jurisprudentiel : voir René DEGNI-SEGUI, La succession d'Etat en Côte d'Ivoire, thèse, Aix-Marseille, 1979 : Martin BLEOU, Le Président de la République ivoirienne, thèse d'Etat, Droit, Nice, 1984.

[89] Fanny GRABIS, « L'exécution des décisions de justice face à l'ordre public », Civitas Europa, 2017/2, n°39, p. 36 ; également Jean-Marie PONTIER, « Le refus du concours de la force publique pour l'exécution d'une décision de justice », La Semaine Juridique – Administration et collectivités territoriales, 2014, p. 1.

[90] Fanny GRABIS, article précité, p. 36.

[91] Il est traditionnel de fonder une demande en dommages et intérêts sur le préjudice causé par l'inexécution qui est une illégalité : CE français, 22 décembre 1955, Soubirou-Pouey, Rec.607. Sur un délai excessif d'inexécution ouvrant au jeu de la responsabilité pour faute de l'administration, voir CE français, 23 juin 2014, Wespelaere et autres, requête n°369946, rec., p. 734.

[92] Jean RIVERO, Cours de libertés publiques, 1965-1966, p. 203.

l'indemnité et obtiennent réparation sur la base de la responsabilité pour faute.

Le litige découlant de l'inexécution déplacée sur le terrain du plein contentieux, il s'impose au juge de procéder à l'évaluation du préjudice. Les principes de cette évaluation sont stables. Lorsque le juge est amené à calculer l'indemnité, le principe est que celle-ci sanctionne un préjudice certain ou, dans certains cas, futur, et dont elle doit couvrir l'intégralité, mais rien au-delà ; elle doit être juste, c'est-à-dire proportionnelle au préjudice. Il reste entendu que la demande constitue une limite maximum, le juge ne pouvant statuer ultra petita. Ainsi, si le préjudice est sous-évalué par la demande, le juge n'est pas admis à fixer une indemnité supérieure à ce qui a été demandé. Dans l'hypothèse contraire où il est surévalué, la décision juridictionnelle peut le ramener dans de justes proportions. Dans la pratique du contentieux qui irrigue largement cette étude, c'est-à-dire celui du refus de reconstitution de la carrière d'un agent public irrégulièrement évincé, le préjudice est évalué par le demandeur sur la base initiale des salaires perdus, indemnité majorée des intérêts moratoires et compensatoires[93].

On peut penser que la condamnation de l'Etat et le paiement effectif de l'indemnité règle, en toute circonstance, la question de l'inexécution. Il n'en est rien. Le fait est que l'indemnisation n'éteint pas l'obligation de respecter la légalité. Il en est ainsi car l'indemnité est une conséquence de l'inexécution de la chose jugée et apparait dès lors comme un moyen de pression sur l'administration, devant l'amener à se rendre à la décision juridictionnelle. Il en résulte que le juge de l'indemnité peut être saisi à nouveau aussi longtemps que la décision rendue par le juge de l'annulation n'aura pas reçu exécution, sans qu'on puisse y voir un autre jugement de la même affaire. Sur ce fondement, des inexécutions prolongées peuvent donner lieu à des évaluations successives de préjudice. De ce point de vue, s'il est admis que la personne publique achète en quelque sorte le droit de désobéir au juge, c'est pour un temps, le temps que la décision est restée inexécutée. Dans l'hypothèse où l'administration paye l'indemnité réparatrice du préjudice causé, la question de l'inexécution ne s'en trouve pas fermée et elle reste toujours tenue d'exécuter la décision rendue par le juge de la légalité aussi longtemps que le bénéficiaire de la chose jugée sur recours pour excès de pouvoir y a intérêt.

---

[93] René DEGNI-SEGUI, Droit administratif général, Tome 3, Le contrôle juridictionnel de l'Administration, Abidjan, 3e édition, CEDA, 2003, p. 689.

Justement, dans l'espèce Madame Boni c/ Président de la République précitée, cet intérêt n'existe plus. En effet, la victime demande une indemnité qui, semble-t-il, équivaut à des années de salaires perdus. On peut se satisfaire de la base de calcul de l'indemnité du fait que le préjudice est apprécié au jour du jugement. Et au jour du jugement, on pouvait valablement soutenir que Madame Boni a effectivement perdu les salaires évoqués puisqu'elle a désormais dépassé l'âge légal pour être maintenue en fonction et, par suite, n'a plus intérêt à sa réintégration. On le voit bien, le préjudice est actuel. Dans cette dernière affaire, le tribunal de première instance condamne l'Etat à payer 70 millions à la victime[94], fermant définitivement pour elle le contentieux de l'inexécution.

L'affaire Koné Madjara c/ Ministre de l'Intérieur précitée semble pouvoir aboutir à faire des coupes sombres dans le volume d'indemnité demandé. En effet, la victime demande 130 millions de francs CFA[95]. Il est tentant de soutenir que la totalité des salaires évoqués va au-delà des salaires perdus, la perte paraissant éventuelle pour certains salaires du fait que la demanderesse n'est pas encore admise à faire valoir ses droits à la retraite. De sorte qu'au jour du jugement où le préjudice sera apprécié, seuls devront être pris en considération les salaires effectivement perdus et non ceux à venir. D'autres actions en indemnité deviendront nécessaires si les pressions exercées ne parviennent pas à faire fléchir l'administration, occasionnant encore des pertes de salaires. Mais, on croit pouvoir soutenir, en prenant appui sur l'attitude négationniste de l'administration policière traditionnellement et fermement opposée à toute réintégration de l'agent irrégulièrement évincé et à la reconstitution de sa carrière, que le préjudice est presque certain, même s'il est futur.

Comme il est donné de le voir, chaque affaire est un cas spécifique même si les préjudices subis ont un ancrage commun, l'inexécution de la chose jugée sur recours pour excès de pouvoir dont l'ampleur ne laisse pas de s'interroger sur ses conséquences pour l'Etat.

2- Des incidences devenues incommodantes

Que l'administration assume l'inexécution de la chose jugée sur recours pour excès de pouvoir est un fait, qui procure au bénéficiaire une certaine satisfaction. Cette circonstance ne doit pas faire perdre de vue que les conséquences de l'inexécution peuvent être fâcheuses à plusieurs égards.

---

[94] Voir tribunal de première instance. C'est une décision récente et la bénéficiaire était, il y a peu, toujours en attente de la grosse. Nos efforts pour consulter la décision sont restés vains.

[95] Cette affaire est encore pendante devant le tribunal de première instance d'Abidjan.

L'inexécution de la décision juridictionnelle est un facteur de déficit de l'Etat de droit. Cette notion, dans sa signification juridique, traduit l'idée que le droit, structuré et hiérarchisé, est sanctionné. Il en résulte « qu'au cœur de ce système, c'est l'institution du juge qui est fondamentale... La justice est donc une institution centrale dans le fonctionnement de l'Etat de droit... Ce sont les juges qui permettent de rendre effective la notion d'Etat de droit »,. Ainsi, le refus d'exécution de la chose jugée est une faillite de l'Etat de droit, sans que l'achat de l'inexécution ou du droit de désobéir au juge permette de couvrir l'illégalité, en apparaissant faussement au contraire comme la fin du contentieux.

Techniquement le contentieux de la légalité de l'acte administratif s'est refermé. Il n'en reste pas moins que ses conséquences peuvent encore se faire sentir dans un court, moyen ou long terme selon les cas, donnant occasion à un contentieux d'une autre nature, celui de l'indemnité. Si « au commencement était le silence »[96], il faut bien reconnaitre que les temps ont changé et elle est loin l'époque où l'attitude des administrés se caractérisait par leur passivité empreinte parfois de peur. Ce nouveau contexte sociologique est nettement perceptible au regard du prétoire du juge de l'administration qui s'anime. De sorte que le sort réservé à la chose jugée à l'occasion d'un contentieux peut être le début d'un autre contentieux. Cet enchainement, voire enchevêtrement des contentieux aboutit finalement à une perturbation, dans la durée, de l'ordre social et c'est du fait de l'Etat qui révèle ainsi son ambivalence en étant – à la fois – un facteur de sécurité et d'insécurité juridique[97].

Bien des questions pernicieuses peuvent découler de l'attitude négationniste de l'administration à l'égard de la chose jugée. Dans l'affaire Madame Boni c/ Président de la République précitée, sitôt rendue la décision condamnant l'Etat à payer des dommages-intérêts à la requérante, les premières difficultés apparaissent, qui se rapportent au départ à la retraite et au calcul de la pension subséquente. L'acte de radiation du contrôle des effectifs de la Police annulé, la question du départ à la retraite se pose dès lors que la requérante en a atteint l'âge légal. N'ayant pas été réintégrée, il parait évident que l'administration policière ne perçoive pas

[96] Placide MOUDOUDOU, « Les tendances du droit administratif dans les Etats d'Afrique noire francophone », Annales de l'Université Marien NGOUABI, 2009, p. 17.

[97] Jean DOMAT considérait que les procès, autant que les crimes et les guerres, sont les plus grands troubles qui blessent l'ordre de la société (Traité des lois, Paris, 1689, p. 32.)

l'opportunité de prendre un acte de mise à la retraite qui, pourtant, est un droit pour le fonctionnaire remplissant les conditions[98].

Ce qui précède appelle quelques remarques en rapport avec l'incertitude auquel est voué le calcul de la pension de retraite. La pension se calcule sur la base des salaires perçus pendant les six derniers mois. Placée de fait hors des cadres de la Police, la requérante n'a pu percevoir de salaires pendant les six derniers mois précédant l'atteinte de l'âge de départ à la retraite. En tout état de cause, le refus d'exécuter la décision d'annulation sur recours pour excès de pouvoir et de reconstituer la carrière rend malaisée l'application de cette condition en plaçant la période servant de référence au calcul de la pension dans l'incertitude. Cette période de référence renvoie-t-elle aux six derniers mois précédant la révocation ou aux six derniers mois précédant l'atteinte de l'âge légal de retraite ? En théorie, l'arrêté de radiation ayant été annulé par le juge de la légalité, il est évident que la période de référence est constituée par les six mois précédant l'atteinte de l'âge légal de retraite. Mais, la difficulté vient du fait que la liquidation de la pension est subordonnée à la constitution d'un dossier comportant, entre autres, à titre impératif un bulletin original de solde de la dernière année d'activité. N'ayant pas reçu de bulletins de solde la dernière année précédant l'atteinte de l'âge légal de départ à la retraite, la requérante ne dispose que de ceux reçus avant sa radiation. C'est la source possible d'un autre contentieux qui est la survivance des conséquences de la chose jugée restée inexécutée. Peut-être faut-il faire appel aux nouveaux pouvoirs du Conseil d'Etat ? Il est également possible d'ouvrir un autre contentieux de l'indemnité.

Selon le mode de satisfaction généralement choisi par les bénéficiaires de la chose jugée sur recours pour excès de pouvoir et restée inexécutée, l'inexécution engage les finances de l'Etat. Ce qui signifie que l'inexécution a des incidences budgétaires. En Côte d'Ivoire, la réparation indemnitaire, sanctionnant la mise en jeu de la responsabilité administrative provoquée par l'inexécution, constitue une satisfaction matérielle suffisante pour le bénéficiaire de la chose jugée sur recours pour excès de pouvoir en ce que la décision de plein contentieux n'est pas orientée en faveur de l'administration par la réduction du montant de l'indemnité, contrairement à ce qui se passe ailleurs[99]. A cet égard, son impact négatif sur le budget de l'Etat est particulièrement remarquable du

---

[98] Article 84 alinéa 2 de la loi n°92-570 du 11 septembre 1992 portant statut général de la fonction publique

[99] Ibrahim David SALAMI, « Efficacité du contentieux de pleine juridiction en droit administratif béninois et camerounais », Afrilex, 2016, p. 21s.

seul fait que le juge ne ménage pas les finances publiques. Il est clair que la masse des décisions d'annulation non exécutées a son versant financier.

Dans le même sens, l'indemnité peut être augmentée par des intérêts moratoires et compensatoires. De surcroit, le juge de l'indemnité peut être saisi à nouveau aussi longtemps que la chose jugée par le juge de l'annulation n'aura pas reçu exécution. Sur ce fondement, des inexécutions prolongées peuvent donner lieu à des évaluations successives de préjudice. Bien entendu, pareille circonstance peut ne pas se présenter dans l'hypothèse où le requérant, indemnisé une première fois, ne revient plus alors que la décision d'annulation est encore restée inexécutée. Ce sont là des circonstances qui aboutiraient à alourdir la charge financière imposée à l'Etat.

Les conséquences sont d'autant plus considérables que les autorités gouvernementales ne sont pas restées insensibles à la crise de l'exécution des décisions rendues par le juge de la légalité. C'est à une circulaire du Premier Ministre en date du 03 mai 2016 que l'on doit sans doute la première expression juridique de cette prise de conscience, qui a rappelé aux membres du gouvernement la nécessité d'exécuter les décisions de justice en général. Ainsi qu'il y est énoncé :

« L'article 46 de la Constitution met à la charge du Président de la République, Chef de l'Administration, l'obligation d'exécuter les décisions de justice. En conséquence, cette obligation pèse également sur les Ministres, en leur qualité de Chefs des Administrations placées sous leur autorité.

Les exigences de l'Etat de droit et la crédibilité même de la justice imposent que les décisions juridictionnelles soient exécutées, non seulement par les particuliers mais aussi et surtout par l'Administration.

Je rappelle à cet effet que l'inexécution des décisions prononcées par les juridictions est non seulement illégale en ce qu'elle viole l'autorité de la chose jugée, mais elle est aussi de nature a engager, pour faute, la responsabilité de l'Administration».[100]

Malgré sa force juridique non contraignante, il y a, dans cette disposition, des éléments précis permettant d'affirmer que la circulaire prima-ministérielle précitée trouve ses origines à la fois dans l'objectif de l'Etat de droit et les incidences sur le budget. On peut, dès lors, la recevoir comme le point de départ de la réponse de l'Etat à la crise de la chose jugée à l'occasion du contentieux de la légalité administrative.

[100] Circulaire n°001 du 03 mai 2016 relative à l'organisation du travail gouvernemental

II- RÉPONSE AUDACIEUSE

La crise de l'exécution de la chose jugée contre l'administration pour ses excès de pouvoir n'a pas inquiété que les seuls milieux universitaires, judiciaires et sociaux. En droit interne, l'État a l'autorité et les moyens d'exécuter un jugement. Ainsi, parce que la crise semble profonde, le législateur a dû, bien que tardivement, intervenir par deux lois qui offrent une solution pour le moins audacieuse, voire révolutionnaire. Cette audace dans la recherche de solution à la crise de l'exécution de la chose jugée est d'abord nettement perceptible au regard des mécanismes de contrainte qui renvoient l'image d'une gamme d'énergie variable (A). Dans le même sens, les procédés de dialogue ont été revalorisés (B).

A. Une gamme d'énergie variable des mécanismes de contrainte

L'inexécution résulte principalement de la mauvaise volonté de la puissance publique liée à des facteurs permanents. Ce sont, d'une part, les prérogatives consenties à l'administration, parfois paradoxalement par le juge lui-même[101], et, d'autre part, les restrictions apportées aux pouvoirs du juge [102]. Il était dès lors indispensable d'inventer, à l'égard de l'administration pour en prévenir ou vaincre les oppositions, des modalités spécifiques de contrainte. Pendant longtemps, le droit ivoirien est resté fermé à l'émergence de tels procédés [103]. C'est récemment que le législateur s'y est attelé par le moyen de la loi organique de 2020 portant composition, organisation et fonctionnement du Conseil d'Etat, qui ouvre au juge le pouvoir de recourir primairement au mécanisme des mesures

---

[101] Une illustration est donnée par la jurisprudence Couitéas précitée.

[102] On songe à l'interdiction faite au juge d'adresser des injonctions à l'administration, découlant de la formule exécutoire. Voir Patrick MINDU, « Les difficultés d'exécution des décisions des tribunaux administratifs », in Revue Juridique de l'Ouest, 1993-2, p. 220s ; Jacques Chevallier, « L'interdiction pour le juge administratif de faire acte d'administrateur », AJDA 1972, pp. 67 et s. La jurisprudence très tôt été claire sur ce principe : CE, 27 janvier 1933, Le Loir. Il a existé de rares procédés de contrainte comme les injonctions d'instruction à l'administration qui sont des exceptions au principe : CE, sect., 1er mai 1936, Couespel du Mesnil ; CE, 28 mai 1954, Barel et autres. Pourtant il a été, de longue date, admis que le juge administratif dispose, même sans texte, du droit d'adresser des injonctions aux personnes privées (CE, 13 juill. 1956, OPHLM du Département de la Seine c. Revert, requête numéro 37656, Rec., p. 338, concl. J. Chardeau), sauf si celles-ci font usage de prérogatives de puissance publique (CE, 4 nov. 1983, Noulard, requête numéro 41775, Rec., p. 451).

[103] Sur le refus d'enjoindre à l'administration en Côte d'Ivoire, voir CACS, 31 juillet 1992, Konan Koffi c/ Ministère de l'emploi et de la fonction publique, arrêt n°30.

d'exécution (1), assorties du pouvoir d'actionner le mécanisme secondaire de la responsabilité personnelle (2), lesquels pouvoirs ont fécondé l'attitude du juge qui n'a pas tardé à en faire application (3).

1- Le mécanisme primaire des mesures d'exécution

Prima facie on peut risquer l'idée que les pouvoirs publics ivoiriens sont attachés au développement des garanties du procès équitable en matière administrative où l'exécution des décisions de justice est en bonne position[104]. C'est que, l'organisation d'un régime de contrainte propre aux personnes publiques étant d'autant plus importante que les voies d'exécution du droit commun leur sont inapplicables[105], une orientation générale se dégage de la réforme apportée par la loi de 2020 relative au Conseil d'Etat ; au niveau primaire, le juge de la légalité dispose désormais des moyens pour assurer directement l'efficacité de ses décisions en prévenant ou combattant l'inexécution, pouvoirs qui nécessairement influent sur l'office du juge[106].

Il est évident que prévenir l'inexécution suppose que celle-ci n'est nullement consommée. Il est question d'éviter d'en arriver là. A cette fin, le juge dispose d'un pouvoir injonctif à visée préventive ou injonction a priori, lui donnant la possibilité de recourir à des procédés d'exécution à titre dissuasif. Il s'agit de procédés dont l'opportunité de l'usage est laissée à la discrétion du recourant, possible bénéficiaire de la chose à juger, qui doit saisir le Conseil d'Etat de conclusions en ce sens. Il a donc l'initiative de la procédure par laquelle les mesures d'exécution préventives peuvent être prescrites. Par contre, il reste étranger à leur prescription effective qui est l'affaire du juge. A ce niveau, de deux choses l'une. Soit il incombe à l'autorité administrative ou la personne privée investie d'une mission de service public de prendre une mesure d'exécution dans un sens déterminé ; en cette occurrence, le demandeur de l'annulation pour excès de pouvoir peut saisir le Conseil d'Etat de conclusions tendant à prescrire la mesure dont s'agit et celle-ci ne peut lui être refusée, le juge disposant là du

[104] Sur ces garanties, la jurisprudence de la Cour européenne des droits de l'homme est un vivier intarissable. Pour un tour d'horizon, voir Frédéric SUDRE et autres, Les grands arrêts de la Cour européenne des droits de l'homme, Paris, PUF, 10e éd., 2022. Également Petr MUZNY, « Les garanties du procès équitable et les autorités administratives indépendantes britanniques en matière disciplinaire : l'exemple de l'ordre des avocats », Revue Internationale de Droit Comparé, n°3, 2005, 767s

[105] TC français, 9 déc. 1899, Association syndicale du canal de Gignac, requête numéro 515, Rec., p. 731.

[106] Jacques ARRIGHI DE CASANOVA, article précité, pp. 11 et s.

pouvoir de l'assortir ou non d'un délai d'exécution[107]. Soit il incombe à l'autorité administrative ou la personne privée investie d'une mission de service public de statuer nécessairement une seconde fois à la suite d'une nouvelle instruction ; à l'occasion de cette procédure en cours devant lui, le Conseil reste lié par la demande du requérant tendant à ce qu'un délai déterminé de signature de l'acte exigé soit prescrit[108]. Dans toutes ces hypothèses, « le Conseil d'Etat peut assortir la décision d'une astreinte, sans préjudice des dommages et intérêts »[109].

A l'inverse, si la possible mauvaise volonté de l'autorité administrative, abritée derrière ses prérogatives, n'est plus à démontrer, combattre l'inexécution implique alors pour le juge de prescrire des mesures à l'effet de faire pression sur elle. En tout état de cause, le recours du juge à ses pouvoirs d'exécution trouve sa source dans l'inexécution de la chose jugée, l'injonction est coercitive ou a posteriori. Aux termes de la loi sur le Conseil d'Etat, l'inexécution peut résulter de deux situations. Soit l'administration, par une décision expresse, oppose son refus à exécuter la chose jugée, l'inexécution étant caractérisée du fait de cette volonté négative expresse ; soit l'inexécution résulte d'une volonté tacite si trois mois se sont écoulés depuis la notification de la décision juridictionnelle à l'administration[110]. Ce qui offre à l'intéressé une solution de simplification par le recours à une institution dont l'allié le plus sûr est l'impératif de célérité[111], la juridiction unique du président du Conseil d'Etat. C'est dans ce dernier cas qu'apparait le délai raisonnable même si la loi ne recourt pas à cette notion. Raisonnablement c'est ce délai passé ou dépassé qui caractérise l'inexécution. Ce qui dénote le rigorisme du législateur ivoirien par rapport à la notion européenne de délai raisonnable.

Une question surgit alors, lancinante, qui se rapporte au point de savoir à partir de quand une décision doit être regardée comme étant inexécutée.

Cette préoccupation appelle une notion devenue classique en droit processuel, le délai raisonnable, qui, ressortissant au procès équitable, court de la saisine du juge, par-delà le prononcé du jugement, à son

---

[107] Article 122 de la loi précitée sur le Conseil d'Etat

[108] Article 123 de la loi précitée sur le Conseil d'Etat

[109] Article 124 de la loi précitée sur le Conseil d'Etat

[110] Article 127 alinéa 1 de la loi précitée sur le Conseil d'Etat.

[111] Roger PERROT, « Le juge unique en droit français », Revue internationale de droit comparé, Vol. 29 N°4, octobre-décembre 1977, pp. 659 et 669.

exécution[112]. Parce que l'œuvre de justice s'insère indiscutablement dans le temps [113], lequel est consubstantiel au procès, l'inexécution est caractérisée après l'écoulement d'un certain délai qui doit être raisonnable. S'il est vrai que l'exécution de la décision juridictionnelle est une compétence liée, celle-ci ne supporte pas l'exception reconnue à l'administration et qui lui permet, même dans les actes les plus liés par la règle de droit, de conserver de la discrétion dans le choix du moment[114]. On ne comprendrait pas que l'exécution de la chose jugée soit une obligation en laissant à l'administration le choix du moment, dépouillant par-là même la mise en œuvre des décisions de garantie. Ce qui serait en tout état de cause incompatible avec la prééminence du droit. L'idée d'un délai raisonnable parait donc pertinente en permettant de se réconcilier avec les exigences de l'Etat de droit.

Mais, l'ordre international et l'ordre national n'en ont pas toujours la même appréciation. A la manière de la Cour européenne des droits de l'homme, qui reçoit la phase d'exécution comme comprise dans le délai raisonnable nécessaire pour rendre la décision juridictionnelle [115], la Commission africaine des droits de l'homme et des peuples consacre le principe du procès équitable[116]. Cette influence n'est pas moins limitée, notamment dans l'appréciation de la notion controversée du délai raisonnable[117]. Il est de 6 mois en Europe à compter de la communication de la décision interne définitive, alors que les instances africaines s'inscrivent dans une démarche in concreto, en déterminant le délai raisonnable de jugement au cas par cas[118]. Cette souveraineté manifeste

---

[112] Marc GJIDARA, « Le procès équitable selon la Cour européenne des droits de l'homme et dans la jurisprudence du Conseil d'Etat », Zbornik radova Pravnog fakulteta u Splitu, god. 49, 2/2012, p. 285.

[113] Loïc CADIET, (dir.), Dictionnaire de la justice, Paris, PUF. 2003, p. 313.

[114] Jean RIVERO, Droit administratif, Paris, Dalloz, 1960, p. 69.

[115] Voir Cour européenne des droits de l'homme, 25 octobre 1988, Martins Moreira ; également 26 septembre 1996, Zappia et Di Pedde c/ Italie. On consultera utilement Serges Frédéric Mboumegue DZESSEU, « Le temps du procès et la sécurité juridique des requérants dans la procédure devant la Cour africaine des droits de l'homme et des peuples », Annuaire africain des droits de l'homme, 2019/3, p. 72s.

[116] Article 40 du Règlement de la Cour africaine des droits de l'homme et des peuples ; Commission africaine des droits de l'homme et des peuples, Directives et principes sur le droit à un procès équitable et à l'assistance judiciaire en Afrique : voir point A1

[117] Jean-François RENUCCI, Droit européen des droits de l'homme, Paris, LGDJ, 2017, p. 389.

[118] Abdou-Khadre DIOP, « L'influence de la jurisprudence européenne sur le système africain de protection des droits de l'homme », Revue québécoise de droit international, Hors-série, 2020, p. 608.

des instances africaines de protection des droits de l'homme dans la détermination du délai raisonnable, notion peu claire et imprécise, source d'inconstance jurisprudentielle et par suite d'insécurité des requérants, n'a pu influencer, au plan national ivoirien, le nouvel élan législatif de donner au juge de l'administration les moyens lui permettant d'assurer l'exécution de ses décisions. Ainsi, le législateur ivoirien détermine précisément l'étendue du délai qui lui apparait comme raisonnable.

En toutes ces occurrences, saisi, le Président du Conseil d'Etat, juge unique, peut définir les mesures d'exécution. A ce titre, celui-ci peut prescrire un délai d'exécution, c'est-à-dire définir un dé dans lequel l'administration est tenue d'exécuter la chose jugée, assorti d'une astreinte comminatoire supérieure ou égale à 1 000 000 de francs CFA[119] dont les produits peuvent être attribués au requérant, à l'Etat et au Fonds de soutien de la justice[120] et qu'il ne faut pas regarder comme remplissant une fonction réparatrice du préjudice résultant de l'inexécution, mais comme assurant une fonction sanctionnatrice. Ce qui laisse au juge d'en déterminer le bénéficiaire.

Au demeurant, on a cru pouvoir soutenir les mesures d'exécution, pour que l'annulation ne soit pas vaine, par le recours au mécanisme de la responsabilité personnelle.

2- *Le mécanisme secondaire de la responsabilité personnelle*

Parce que l'inexécution cause un dommage évident au bénéficiaire de la chose jugée, il est possible de recourir au jeu de la responsabilité. La décision d'annulation n'en resterait pas moins inexécutée. Il y a un fort grand risque d'inexécution tant que les dommages consécutifs sont toujours imputés à l'administration et non à l'agent. Pour tenter de vaincre les velléités d'opposition des agents publics aux décisions du juge de la légalité, le législateur ivoirien, par le moyen de la loi organique déterminant les attributions, la composition, l'organisation et le fonctionnement du Conseil d'Etat, a institué un système secondaire de responsabilité personnelle, qui est un moyen de pression sur l'auteur des oppositions.

Ainsi qu'il en résulte, « lorsqu'il s'avère que l'inexécution totale ou partielle d'un arrêt rendu par le Conseil d'Etat est due aux agissements d'un agent ou d'une autorité administrative, le Conseil d'Etat engage la

---

[119] Article 127 alinéa 2 de la loi précitée sur le Conseil d'Etat
[120] Article 127 alinéa 3 de la loi précitée sur le Conseil d'Etat

responsabilité personnelle de ce dernier et prononce à son encontre une condamnation pécuniaire qui ne peut être inférieure à la somme de 500000 francs CFA »[121].

Ce qui constitue une nouvelle perspective par rapport au droit antérieur. Il existe un mécanisme général de mise en jeu de la responsabilité personnelle pouvant être activé par application de la jurisprudence administrative. Ainsi, l'inexécution de la chose jugée sur recours pour excès de pouvoir peut constituer un fait imputable à l'administration si l'inexécution est un fait de la fonction[122] ; il en irait autrement dans l'hypothèse où le fait personnel est caractérisé comme en étant la cause en ce que l'inexécution, bien que commise dans le service, révèle non pas « un administrateur plus ou moins sujet à erreur », mais « l'homme, avec ses faiblesses, ses passions, ses imprudences », selon les formules classiques et bien connues de Edouard LAFERRIERE[123]. En fait, on constate toutefois que c'est la responsabilité publique qui est toujours engagée en cas d'inexécution de la chose jugée par l'administration. Ce qui a pu être une cause de la survivance et de la récurrence des inexécutions. On comprend que, tirant les conséquences de cette situation fâcheuse, la loi de 2020 ouvre, exceptionnellement pour l'exécution des décisions du Conseil d'Etat, au jeu de la responsabilité personnelle de l'agent ou de l'autorité administrative, sous la réserve posée par la jurisprudence Couitéas que l'ordre public soit menacé.

Par la même occasion, la sanction pécuniaire reçoit des précisions. L'éventualité est là que le juge se heurte au mutisme ou au laconisme des textes, à des barrières imposées par eux ou s'oriente volontairement dans le sens de ménager les deniers publics[124]. Désormais, la sanction pécuniaire ne peut se situer en deçà de la somme de 500000 francs CFA. Avec cette nouvelle disposition, le bénéficiaire de la chose jugée et restée inexécutée trouve là un solide abri pour se parer contre une minoration du montant de l'indemnité qui lui est allouée.

Ces opérations ainsi définies tombent dans le champ de compétence du Conseil d'Etat qui devient juge d'attribution de la responsabilité personnelle consécutive à l'inexécution de ses propres décisions. Par

[121] Article 128 de la loi

[122] Nicolas THIEBAUT, « Le fait de la fonction dans le droit public de la responsabilité », Les Annales de droit, 13, 2019, p. 215s.

[123] Voir Jean RIVERO, Droit administratif, Dalloz, 1960, p. 245.

[124] Maurice ONDOUA, Le droit de la responsabilité publique dans les Etats en développement. Contribution à l'étude de l'originalité des droits africains postcoloniaux, Paris, l'Harmattan, 2010, p. 651s.

l'effet de la nouvelle organisation juridictionnelle en Côte d'Ivoire, les tribunaux administratifs, à créer dans le cadre de la dualité de juridictions, sont juges de droit commun du contentieux administratif, en premier ressort, sous réserve des compétences attribuées au Conseil d'Etat[125]. Il en résulte que c'est à ces tribunaux qu'est en principe dévolu le contentieux de la responsabilité administrative. Au total, ce contentieux, sous réserve de l'appel et de la cassation, est partagé entre les tribunaux administratif, juge de droit commun, et le Conseil d'Etat, juge d'attribution de la responsabilité consécutive à l'inexécution de ses décisions.

3- L'application de la contrainte par le juge

Les heureuses dispositions de la loi de 2020 sur le Conseil d'Etat, prévoyant un mécanisme de contrainte pour assurer l'exécution de la chose jugée sur recours pour excès de pouvoir, n'ont pas tardé à passer dans les faits puisque la juridiction présidentielle du Conseil d'Etat y a recouru déjà à maintes reprises. Ce prompt activisme du juge, qui laisse transparaître qu'il peut aller plus loin, s'est exprimé tant au niveau primaire que secondaire.

Au niveau primaire, quand le juge est saisi de l'inexécution d'une décision juridictionnelle invalidant un acte administratif unilatéral, il est arrivé que celui-ci prescrive d'abord des mesures d'exécution. Dans l'affaire Kouamé N'Guessan c/ Inspecteur général des finances[126], suite au refus de tirer les conséquences de la chose jugée, le président du Conseil d'Etat ordonne la réintégration d'un agent administratif[127]. Cette ordonnance n'ayant pas été suivie d'effets, le Conseil d'Etat a dû en prendre une autre en prescrivant la délivrance à l'intéressé d'une attestation de prise de service dans un délai de quinze (15) jours sous astreinte comminatoire de 1000000 de FCFA par jour de retard à compter de sa signification[128]. Il en a été de même quand la requête visait un ministre[129].

---

125 Voir article 14 la loi organique n°2020-968 du 17 décembre 2020 déterminant les attributions, la composition, l'organisation et le fonctionnement du Conseil d'Etat

126 Voir CACS, 21 juin 2017, Kouamé N'Guessan c/ Inspecteur général des finances, arrêt n°141 précité.

127 Ordonnance n°11 du 29 octobre 2021, Kouamé N'Guessan c/Inspecteur général des finances.

128 Ordonnance n°30 du 11 juillet 2023, Kouamé N'Guessan c/ arrêt n° 141 du 27 juin 2017 de la Chambre Administrative de la Cour Suprême.

129 Ordonnance n°07 du 14 avril 2023, Etablissement Louis Martial c/ Arrêt n°175 DU 29 avril 2020.

Au niveau secondaire, à l'évolution du contexte juridique ayant conduit à l'institution d'un système de responsabilité personnelle répond une pratique juridictionnelle naissante. Sur la base de l'ancien contexte marqué par le silence du législateur, le recours en responsabilité a toujours été dirigé contre l'Etat. Et l'agent judiciaire du trésor, représentant de l'Etat dans le plein contentieux, n'a jamais envisagé la possibilité d'une action récursoire contre les agents publics s'opposant à l'exécution d'une décision d'annulation rendue sur recours pour excès de pouvoir. Ce qui traduisait le choix de faire supporter à l'Etat, et à lui seul, les conséquences du défaut d'exécution. Dans le contexte actuel, le juge du Conseil d'Etat, recevant expressément par voie législative ce chef de compétence, a déjà eu l'occasion de retenir la responsabilité personnelle. Ainsi, dans le cadre de l'exécution de l'arrêt Kouamé N'Guessan c/ Inspecteur général des finances, le Conseil d'Etat retient une responsabilité pécuniaire de 1000000 de FCFA contre l'agent dont les agissements font obstacle à la chose jugée[130].

Eu égard à la multiplicité des décisions d'annulation rendues par la défunte Chambre administrative de la Cour Suprême et restées inexécutées, on peut s'interroger avec intérêt sur le point de savoir si le Conseil d'Etat peut poursuivre l'exécution de ces dernières. Le même problème se pose relativement aux deux points examinés ci-devant. Le Conseil d'Etat peut-il, en vertu de la loi de 2020 qui le crée, prescrire des mesures d'exécution de décisions rendues par son prédécesseur et, le cas échéant, engager la responsabilité personnelle d'un agent ou d'une autorité administrative ? En d'autres termes, les décisions rendues anciennement par la défunte Chambre Administrative de la Cour Suprême peuvent-elles être regardées comme celles du Conseil d'Etat qui lui succède ?

La loi de 2020 sur le Conseil d'Etat ne fournit guère de réponse expresse à cette question. Mais, on est d'avis que la réponse positive s'impose à cause de la continuité institutionnelle, sans que puisse s'y opposer le principe de la non-rétroactivité de la loi. C'est que la procédure à l'occasion de laquelle la chose a été jugée ne se referme pas aussi longtemps que la décision juridictionnelle reste inexécutée ; c'est l'exécution qui clôt la procédure devant le juge. De ce point de vue, la loi de 2020 relative au Conseil d'Etat est applicable en dépit de ce que les décisions rendues par la Chambre administrative de la Cour Suprême l'ont été avant son entrée en vigueur.

---

[130] Voir ordonnance n°30 du 11 juillet 2023, Kouamé N'Guessan c/ arrêt n° 141 du 27 juin 2017 de la Chambre Administrative de la Cour Suprême précitée.

C'est une position qui est confirmée ou consolidée par le principe de l'application immédiate des règles de procédure[131] et corroborée dans les faits par des ordonnances du Conseil d'Etat poursuivant l'exécution d'un arrêt rendu par la défunte Chambre Administrative de la Cour Suprême[132].

Dans tous ces cas, l'inexécution de la chose jugée contre l'administration résultait d'une mauvaise volonté caractérisée. Ce qui a justifié l'option de ne pas recourir aux mécanismes de dialogue qui, pourtant, ont été revalorisés.

B. Une revalorisation des mécanismes de dialogue

Face à la mauvaise volonté, le recours à des procédés coercitifs se justifie avec force. Que ces mêmes procédés viennent à être utilisés alors que l'administration n'exécute pas la décision de bonne foi, parce qu'en proie à de réelles difficultés, parait excessif. En pareille hypothèse, il est plus indiqué d'avoir recours à des procédés plus souples. C'est une option qui, plus qu'avant, bien que relativement, a éveillé l'intérêt du législateur ivoirien. Du fait de l'évolution qui s'est fait jour avec la réincarnation de la Chambre Administrative de la Cour Suprême en Conseil d'Etat, une diversification des pouvoirs amiables du juge lui-même est constatée (1). Mais, il a existé, par le passé, le traditionnel recours au médiateur de la République qui a fait l'objet d'une récente réforme (2).

1- La diversification des pouvoirs amiables du juge

L'efficacité d'une décision de justice n'est pas nécessairement assurée par le moyen de procédés contraignants. La solution au problème de l'inefficacité des décisions juridictionnelles peut être recherchée dans des procédés non contraignants et d'accompagnement de l'administration dans l'exécution de la chose jugée contre elle. C'est à juste titre que, très tôt, le législateur ivoirien s'est aussi intéressé à d'autres moyens comme alternatives aux procédés coercitifs et qu'on peut qualifier de droit souple.

Par rapport et par opposition au droit dur qui crée des contraintes, c'est, selon l'expression consacrée par Catherine THIBIERGE, du « droit doux

---

[131] CE français, 14 mai 1920, Dhoste, rec. p. 471 ; Section, 17 novembre 2006, Société CNP Assurances c/ Autorité de contrôle des assurances et des mutuelles (ACAM), requête numéro 276926, rec. p. 473.

[132] Voir ordonnances précitées n°11 du 29 octobre 2021, Kouamé N'Guessan c/Inspecteur général des finances ; n°30 du 11 juillet 2023, Kouamé N'Guessan c/ arrêt n° 141 du 27 juin 2017 de la Chambre Administrative de la Cour Suprême.

et mou »[133]. Le Conseil d'Etat français propose, des instruments de droit souple, une définition restrictive qui se nourrit de trois conditions cumulatives. D'abord, « ils ont pour objet de modifier et d'orienter les comportements de leurs destinataires en suscitant leur adhésion » ; ensuite, « ils ne créent pas par eux-mêmes des droits ou d'obligations pour leurs destinataires » ; enfin, « ils présentent, par leur contenu et leur mode d'élaboration, un degré de formalisation et de structuration qui les apparente aux règles de droit »[134].

En la matière, le droit ivoirien comporte, relativement à l'exécution de la chose jugée contre l'administration, une gamme d'énergie variable. Rares au départ, la tendance est à leur diversification.

Il en existe un qui est ancien ou traditionnel : c'est le rapport qui est un procédé indirect. Il reçoit cette qualification compte tenu de ce qu'il décrit un tout autre rapport. Ce n'est pas une affaire entre les parties à la crise de l'exécution de la décision juridictionnelle – le juge et l'administration récalcitrante –, mais il est recouru à un tiers au conflit qui peut faire pression sans exécuter lui-même la décision. Sous l'empire de la défunte Chambre administrative de la Cour Suprême, il était annuellement produit par son président à l'intention du chef de l'administration, le président de la République[135]. Avec l'avènement du Conseil d'Etat, le rapport est maintenu à la charge de son président, mais prend trois directions. Pour tenir compte de la séparation des pouvoirs et du bicamérisme parlementaire consacré avec l'avènement de la Constitution de la troisième République, il est fait à l'endroit du président de la République, du président de l'Assemblée nationale et du président du Sénat relativement aux procédures devant la haute juridiction administrative [136] et les difficultés d'exécution des décisions rendues[137].

De cette manière, ce procédé apparait autant comme un instrument de communication, voire de dialogue entre le juge infructueux et l'administration à travers son chef qu'un canal d'information des trois

[133] Catherine THIBIERGE, « Le droit souple – Réflexion sur les textures du droit », Revue Trimestrielle de Droit Civil, 2003, p. 610s. Egalement Xavier MAGNON, « L'ontologie du droit : droit souple c. droit dur », Revue française de droit constitutionnel, 2019, pp. 949-966.

[134] Conseil d'Etat, Etude annuelle 2013, - Le droit souple, Paris, La documentation française, 2013, p. 61.

[135] Article 171 de la loi n°94-440 du 16 août 1994 déterminant la cotisation, l'organisation, les attributions et le fonctionnement de la Cour suprême

[136] Article 35 alinéa 1 de la loi sur le Conseil d'Etat

[137] Article 35 alinéa 2 de la loi sur le Conseil d'Etat

pouvoirs et donne un aperçu de l'état des relations entre la justice administrative et l'administration.

Un élan de diversification a conduit à faire du juge de la légalité un appui pour l'administration, qu'il peut épauler en devenant un facilitateur. L'idée est moins de pouvoir surmonter la mauvaise volonté de l'administration que de lui donner les clés de compréhension de la décision juridictionnelle rendue contre elle. C'est que les implications de celle-ci ne s'offrent pas toujours avec la force de l'évidence à l'administration. D'où l'intérêt de la faculté à elle reconnue de s'adresser à la juridiction administrative à des fins de pédagogie en rapport avec les modalités d'exécution de la chose jugée. Cette initiative de pédagogie peut être spontanée, il est aussi possible de la susciter ou provoquer.

C'est une pratique bien connue et établi en jurisprudence ; la décision juridictionnelle explicite spontanément son dispositif que ce soit avant toute difficulté[138] ou même après une première violation de la chose jugée[139]. Mais, le juge ivoirien de la légalité a longtemps hésité et refusé à suivre cette heureuse pratique. Et l'actualité jurisprudentielle récente montre bien qu'il n'est pas prêt à aller plus loin en indiquant à l'administration les mesures concrètes à prendre en conséquence de la chose jugée[140].

C'est, semble-t-il, pour en corriger les effets de cette interprétation restrictive de compétences que la nouvelle législation sur le Conseil d'Etat a dû offrir expressément à l'administration la faculté de provoquer des éclaircissements du juge administratif, sans pour autant faire de ces explications des mesures injonctives. Ainsi, la haute juridiction administrative peut être saisie d'une demande d'éclaircissement émanant de l'autorité administrative à laquelle il incombe d'exécuter une décision d'annulation sur recours pour excès de pouvoir. L'idée est d'offrir la possibilité à l'administration d'obtenir les explications nécessaires à la mise en œuvre de la décision juridictionnelle rendue contre elle.

---

[138] Par exemple, CE français, 19 juin 1903, Colonel Ledochowski, requête numéro 8124, Rec., p. 452 ; CE français, 26 déc. 1925, Rodière, requête numéro 88369, Rec., p. 1065 ; RDP 1926, p. 32 ; CE français, Sect., 24 févr. 1961, Sieur Zimmet, requête numéro 41382, Rec., p. p. 144.

[139] CE français, 9 juin 1899, Sieur Toutain, Rec., p. 421 ; CE, 17 juin 1921, Sieur Robert, requête numéro 70391, Rec., p. 603 ; CE français, 12 mai 1950, Sieur Lhomme, requête numéro 1117, Rec., p. 284 ; CE français, Ass., 11 mai 1959, Sieur Miret, requête numéro 34884, Rec., p. 295 ; S. 1959, p. 146.

[140] Voir CE ivoirien, 29 avril 2020, Établissement Louis Martial c/ Ministre de l'industrie et des mines et autres, arrêt n°175 précité.

Tel que le donne à lire la loi de 2020 sur le Conseil d'Etat, « si une autorité administrative se heurte à des difficultés d'exécution, elle peut, par requête, demander au président du Conseil d'Etat les mesures adéquates »[141]. Il s'agit d'un outil mis à la disposition des autorités administratives dans leur généralité et qui aboutit à un acte dépouillé de force contraignante. Autant les autorités administratives centrales, décentralisées et même indépendantes sont admises à y recourir. Ce qui en fait une procédure dont le champ est circonscrit. Parce que ce procédé consiste à aider l'administration à exécuter une décision du Conseil d'Etat, les bénéficiaires de la chose jugée sont exclus de son initiative car le juge n'a pas vocation à être le conseiller juridique des requérants qui peuvent utiliser un autre procédé en recourant à l'organe administratif de médiation.

2- La réforme de l'institution du médiateur de la République

Le fonctionnement de l'administration peut être source de litiges avec les administrés. Et le tiers arbitre – le juge – appelé à les départager peut échouer à le faire. On a alors inventé en Europe la possibilité d'en appeler à une autorité qui semble susciter moins de méfiance car, organe administratif, elle n'est pas – curieusement – moins attentive aux droits des citoyens. C'est l'ombudsman, conçu pour faire rupture avec la vision traditionnelle d'une administration hiérarchisée[142] et qui est assurément un produit d'importation[143] placé dans le contexte ivoirien où l'appellation[144] et le statut[145] ont évolué dans le temps.

---

[141] Voir article 129 la loi organique n°2020-968 du 17 décembre 2020 déterminant les attributions, la composition, l'organisation et le fonctionnement du Conseil d'Etat

[142] Tatiana GRUNDLER, « Autorité administrative indépendante, Cours constitutionnelles : quelle place dans la démocratie ? », La Documentation Française, n°356, Mai-Juin 2010, p. 64.

[143] Jacques CHEVALLIER, « Les autorités administratives indépendantes : un produit d'importation ? », Néolibéralisme et américanisation du droit, 2019.

[144] Un organe présidentiel de médiation à d'abord été institué : voir décret n°95-816 du 29 septembre 1995 portant création, organisation et fonctionnement de l'Organe Présidentiel de Médiation ; sur cet organe, Félix Sohuily ACKA, « Un Médiateur dans les institutions publiques ivoiriennes : l'Organe Présidentiel de Médiation », Afrilex 2000, p. 19. Il a ensuite laissé la place au médiateur de la République : voir loi organique n°2007-540 du 1er aout 2007 fixant les attributions, l'organisation et le fonctionnement de l'organe de médiation dénommé le Médiateur de la République, loi organique n°2022-220 du 25 mars 2022 fixant les attributions, l'organisation et le fonctionnement du Médiateur de la République.

[145] Cet organe administratif ne peut rassurer que s'il est indépendant. Ainsi, l'idée est née, contrairement à celle retenue en 1995 où il était institutionnellement rattaché à la Présidence

Le statut dont il est le titulaire est d'autant plus important que son champ d'intervention est particulièrement large ; il a pouvoir pour régler les différends « de toute nature », opposant l'administration étatique, l'administration territorialement ou fonctionnellement décentralisée et les administrés[146]. L'idée, en instituant un médiateur de la République, est de permettre à un administrateur d'enrayer les contentieux administratifs sans qu'il soit nécessaire de recourir au juge. C'est donc une instance de règlement non juridictionnel des litiges administratifs. Justement, l'exécution de la chose jugée par le juge de la légalité administrative peut être la source de litiges avec les administrés. Le médiateur de la République est alors susceptible d'intervenir avec pour but d'imprimer à la chose jugée la qualité de « chose acceptée »[147].

A cette fin, de l'organe présidentiel de médiation au Médiateur de la République, le statut de la médiature s'est bonifié en recevant de nouveaux pouvoirs. Tel qu'il ressort des termes de la loi de 2022, en plus de pouvoir s'autosaisir[148], le médiateur dispose désormais de larges pouvoirs – des prérogatives de puissance publique – dans la conduite de la médiation. Ainsi, dans sa recherche d'informations nécessaires à la médiation, il peut solliciter de toute personne, physique ou morale, publique ou privée, à charge pour elle de les lui fournir, des renseignements ou avis assortis d'un délai de réponse[149]. Bénéficiant du concours obligatoire des ministres et de toutes les autorités publiques ou privées[150], il peut même procéder à des vérifications sur place dans les administrations mises en cause[151]. Fort de ces informations, le médiateur de la République est en situation de

---

de la République (Article 1er du décret de 1995 sur l'Organe Présidentiel de Médiation précité), d'en faire « une autorité administrative indépendante investie d'une mission de service public » et ne recevant d'instructions d'aucune autorité (Article 2 de la loi de 2007 relative au Médiateur de la République précitée, article 2 de la loi organique de 2022 relative au Médiateur de la République précitée).

[146] Article 4 de la loi de 2022

[147] Dimitri LÖHRER, « Le soutien du Défenseur des droits à l'exécution des décisions de justice », Revue Française de Droit Administratif, 2016, p. 727 s.

[148] Article 16 de la loi précitée

[149] Article 18 et 19 de la loi précitée. Il a existé, en France, un intermédiaire parlementaire dont l'évitement était sanctionné par l'irrecevabilité de la saisine. Plus tard, ces saisines directes ont été peu à peu admises sous réserve de leur régularisation par transmission à un parlementaire avant de s'émanciper du filtre parlementaire. Voir Pierre-Yves BAUDOT et Anne REVILLARD, « Le Médiateur de la République : périmètre et autonomisation d'une institution », Revue française d'administration publique, 2011/3, n°139, p. 347 s.

[150] Article 20 alinéa 1 de la loi précitée

[151] Article 20 alinéa 2 de la loi précitée

formuler des recommandations à l'administration en cause[152] et dont il est informé de la mise en œuvre[153] dans un délai fixé[154], lui adressant dans certains cas des injonctions[155].

Ce dernier pouvoir – l'injonction – appelle quelques remarques. C'est que l'injonction n'est rien si son auteur n'a pas de moyens propres lui permettant de l'imposer. A l'examen, le nouveau médiateur ne dispose pas de pouvoir de sanction à l'encontre de l'administration opposée à exécuter l'injonction, par lui, formulée. La solution contraire qui consiste à assortir l'injonction de sanctions, comme en France au profit du Défenseur des droits, se heurte à de graves réserves. L'option française s'explique certainement par le fait que le médiateur prend place aux côtés de trois autres organes dans l'institution du Défenseur des Droits dans lequel il est dissous. Dans le contexte ivoirien où il conserve son autonomie, à la manière du médiateur en France à sa création en 1973[156], cette option ne laisserait pas de s'interroger. Le médiateur, intervenant pour sanctionner et vaincre, resterait-il encore dans le champ de la médiation ou serait-il devenu autre ? D'où le refus de lui reconnaitre un tel pouvoir. Ne disposant pas de pouvoirs réellement contraignants en soutien de l'injonction qui est la sienne, il apparait comme un simple magistère moral. A la limite, les rapports qu'ils adressent spécialement[157] au Président de la République ne sont que des pressions sur l'administration en ce que leur publication qui incombe obligatoirement au médiateur permet de stigmatiser les comportements qu'il entend combattre[158].

Il reste que, si le médiateur de la République bénéficie d'un champ d'intervention large et de moyens d'action, seules les saisines pouvaient les concrétiser. En pratique, les affaires reçues relèvent de divers domaines. Il est évident que toutes les thématiques ne comportent pas le même volume d'affaires. Spécialement pour les affaires touchant le refus de tirer les conséquences de la chose jugée sur recours pour excès de pouvoir, il est frappant de constater la rareté du recours au médiateur de la

---

[152] Article 24 alinéa 1, 2 et 3 de loi de 2022 précitée

[153] Article 24 alinéa 2 de la loi précitée

[154] Article 24 alinéa 3 de la loi précitée

[155] Article 24 alinéa 3 in fine de la loi précitée. Sur le pouvoir d'injonction des autorités administratives indépendantes, Jean DE SAINT SERNIN, « Le pouvoir d'injonction des autorités indépendantes », Revue Française de Droit Administratif, septembre-octobre 2020, p. 861-870.

[156] Voir Loi n°73-6 du 3 janvier 1973 instituant un Médiateur de la République

[157] Article 19 alinéa 2 de la loi de 2022 précitée

[158] Dominique MAILLARD DESGREES DU LOUP, Institutions administratives, Paris, PUF, 2e édition, 2015, p. 288.

République ; les justiciables confrontés à l'inexécution de la chose jugée par le juge de la légalité rechignent à le saisir. Sous l'empire de l'ancienne législation comme depuis la réforme de 2020, de la pluralité des cas d'inexécution, seuls quelques cas de saisines ont été constatés, qui en revanche n'ont guère été couronnés de succès, toutes ces affaires ayant échoué à franchir le stade initial de la procédure de médiation en raison des absences de réponses aux correspondances adressées aux ministres[159].

L'exécution de la chose jugée apparaît comme un test de vitalité ou de virilité de l'Etat de droit sur lequel il pèse de sérieux doutes en Côte d'Ivoire. De sorte que la fin de cette réflexion, conduite sur l'exécution des décisions rendues par le juge de l'excès de pouvoir, interroge sur la nature du régime politique et sur la question de la séparation ou de l'unité des pouvoirs. Y a-t-il en Côte d'Ivoire un, deux ou trois pouvoirs ? Avec la crise de l'exécution des décisions du juge de la légalité, qu'il faut solutionner, on peut opiner l'existence de deux pouvoirs – l'exécutif et le législatif – ou d'un seul pouvoir – l'exécutif – pour les plus intransigeants[160] compte tenu de l'alignement des pouvoirs politiques[161].

Parce qu'elle intéresse la nature du régime politique, la question de l'exécution de la décision juridictionnelle devient une affaire commune. Il existe aujourd'hui un nouveau contexte juridique qui est encore à sa phase embryonnaire et dont la concrétisation doit conduire le juge à rendre de bonnes décisions, des décisions faciles à exécuter parce que renseignant l'administration sur les actes précis à accomplir, en s'interdisant de se lier par une lecture stérile de ses compétences et en étant résolu à utiliser les nouveaux pouvoirs que lui confère désormais la loi ; de sorte à devenir véritablement un nouveau juge de l'administration.

Il reste qu'en l'état actuel, le mécanisme demeure inachevé. En raison de la dispersion du contentieux de l'excès de pouvoir, tout juge devrait

---

[159] Voir par exemple, les affaires portées devant le médiateur de la République relativement à l'exécution des décisions du juge de l'administration : n°164/2015/MR/SM du 30 novembre 2015, n°049/2017/MR/SM du 18 mai 2017, n°061/2017/MR/SM du 16 juin 2017, n°051/2018/MR/SM du 30 mai 2018, n°055/2018/MR/SM du 31 mai 2018, n°035/2021/MR/SM du 09 juin 2021, n°032/2022/MR/SM du 08 mars 2022. Même les relances successives sont restées lettre morte : dans l'affaire précitée Madame Boni Akissi Viviane c/ président de la République, voir correspondances n°1164/MR/SG/DAJR-KTDU/SM du 13 novembre 2017, n°119/MR/SG/DAJR-KTDU/SM du 26 février 2019, n°1833/MR/SG/DAJR-KTDU/SM du 04 octobre 2019.

[160] Joseph OWONA, « Le pouvoir exécutif », in Encyclopédie juridique de l'Afrique, Tome I, « L'État et le Droit », Dakar, Lomé, Abidjan, NEA, 1982, p. 97.

[161] Abdoulaye SOMA, « Le peuple comme contre-pouvoir », Revue du droit public et de la science politique en France et à l'Étranger, juillet 2014, n° 4, p. 1019, note 55.

pouvoir assurer l'exécution de la chose jugée par lui. Toutes les conséquences de ce morcellement du contentieux de la légalité n'ont pas encore été tirées puisque c'est à titre transitoire que compétence est dévolue au Conseil d'Etat à l'égard de tout le recours pour excès de pouvoir jusqu'à la mise en place effective des juridictions nécessaires.

En revanche, « l'appel éloquent à la moralité administrative »[162] reste un allié déterminant.

Il importe tout aussi que les bénéficiaires des décisions s'activent en cas de difficultés d'exécution, car les nouveaux pouvoirs qui sont ceux du juge de la légalité ne remettent nullement en cause l'idée que ce dernier ne se saisit pas lui-même, il est saisi.

[162] Maurice HAURIOU, note sous 26 juin 1908, Daraux, S. 1909, III, p. 130.

LE SERVICE PUBLIC EN DROIT IVOIRIEN : REGARD CRITIQUÉ

DJEKOURI Badjo Jeannie Elisabeth

Agrégée de Droit Public, Maitre de Conférences à l'UFR/SJAP UFHB d'Abidjan- Cocody, Chef de département de Droit Public, Directeur du Laboratoire d'Etudes et de Recherches en Droit Public des Affaires et Fiscalité (LABER-DPAF)

« Non Ministrari sed Ministrare » [1] « ne pas être servi, mais servir » est la devise du très prestigieux Wellesley College.[2] Le choix de cette devise traduit l'importance du service que doit rendre cette institution de formation et d'éducation à ses pensionnaires à l'image « du fils de l'homme venu, non pour être servi mais pour servir et donner sa vie en rançon pour plusieurs ».[3] Dès lors, la vocation de toute communauté est de servir les intérêts de ses membres. L'ensemble de ces intérêts pris en charge par la collectivité constitue le service public. Dès lors, évoquer l'existence même du service public suppose « l'existence d'intérêt général, de bien commun, d'utilité publique » selon les propos de Jacques Chevallier. En effet, « dans toute société, on trouve un ensemble d'activités considérées comme étant d'intérêt commun et devant être, à ce titre, prises en charge par la collectivité : le service public évoque cette sphère de fonctions collectives, nécessaires à l'existence même du social».[4]L'idée de fonctions collectives rappelle le service public entant que réalité inhérente « à l'organisation des sociétés modernes ».[5] De fait, le service public s'impose comme le point d'ancrage de la vie publique car l'Administration selon le professeur René Dégni-Ségui « a pour mission fondamentale d'assurer, par un double mouvement d'information

---

[1] Célèbre Locution latine.

[2] Wellesley College est une université privée féminine en sciences humaines située à Wellesley, près de Boston, États-Unis. Elle a été fondée en 1870 par Pauline et Henry Fowle Durant, avec pour mission de « donner une excellente éducation en sciences humaines aux femmes qui joueront un rôle dans le monde ». Sa devise Non Ministrari sed Ministrare (« ne pas être servies, mais servir ») reflète la mission que l'université s'est fixée.

[3] Louis Segond, La Sainte Bible, Mathieu 20 :28 ; Marc 10 :45, 1910. La traduction de l'Hébreu en français peut comporter des expressions différentes mais qui traduisent la même réalité.

[4] CHEVALLIER (Jacques),Le service public, Que sais-je, 11ème Édition,n°2359, Paris, 2018 ; p.3.

[5] Idem.

descendante et ascendante, la régulation et le contrôle de toutes les activités de la nation ».[6]

Mener une réflexion sur le service public en Côte d'Ivoire revient à appréhender cette réalité qui est issue du « mythe français »[7] en vigueur et exporté dans les colonies. Le service public dans son organisation et son fonctionnement actuels rime avec le modèle tracé par l'administration coloniale française. Il fait partie intégrante de l'héritage colonial.

Mais, avant la colonisation, les activités et travaux communautaires étaient exécutés sous l'autorité des chefs traditionnels sans qu'ils ne soient qualifiés expressément de service public. Cette époque était marquée par une organisation traditionnelle de la société avec une distribution des tâches entre les différentes couches sociales. En effet, les hommes et les femmes se mettaient non seulement au service des chefferies traditionnelles mais aussi de la population. Dans les villages étaient mis en place des comités de sécurité, d'ordre, de salubrité de santé, de transports, d'éducation, de formation pilotés par des notables nommés par les chefs traditionnels.

Avec la colonisation, l'organisation traditionnelle des tâches communautaires va connaître une réorientation. Sous l'autorité de l'administration coloniale, les comités locaux créés vont être transformés en missions de service public au profit des populations. La plupart des domaines de la vie publique vont être exécutés par l'administrateur colonial. C'est ainsi, que l'exploitation d'un bac a été qualifiée de service public parce que prise en charge directement par la colonie de Côte d'Ivoire en tant que collectivité publique.[8]

Aux lendemains des indépendances, la Côte d'Ivoire ne se démarque pas de cette ligne déjà tracée par l'Administration coloniale. L'État nouvellement indépendant va se contenter de se déployer à l'aide des services publics tels qu'amorcés pendant la colonisation. Mais, l'évolution du contexte lié au nouveau du statut de la Côte d'Ivoire engendre de nouvelles exigences impliquant la redéfinition du rôle de l'État et sa réorganisation. Elle nécessite surtout le renforcement des capacités des services publics existants et la prise en charge des intérêts des populations

[6] DEGNI-SEGUI (René), Droit administratif général, Tome 1, l'organisation administrative, Ed. Omniprésence, Abidjan, 2013, p.17.
[7] CHEVALLIER (Jacques),op.cit. p.3.
[8] TC, 22 janvier 1921, Société commerciale de l'Ouest africain connu sous le nom d'arrêt « Bac d'Eloka » (Les Grands Arrêts de la Jurisprudence Administrative, n°36).

par la création de nouveaux services publics.[9] Le relais est bien assuré et le rôle de L'État nouvellement indépendant a pour mission d'assurer l'exécution des principaux services publics dont les services publics régaliens. Ces derniers sont liés aux missions classiques de l'État gendarme relevant de sa souveraineté à l'instar de la sécurité publique, la justice, la diplomatie.[10]Mais, cette conception s'est très vite essoufflée devant la raréfaction des ressources financières et l'accroissement des besoins des populations. La puissance publique, sera confrontée aux exigences du nouvel État. Celui-ci doit non seulement continuer d'assurer ses missions régaliennes en plus de prendre en charge l'ensemble des activités dans l'État.[11]

L'État providence ou interventionniste doit tout régenter comme le précise le professeur René Dégni-Ségui.[12] En cela, le service public apparaît comme l'instrument privilégié de mise en œuvre des politiques publiques. Le service public en Côte d'Ivoire répond à des exigences d'organisation et de fonctionnement de l'État. La mise à disposition des biens et services est assurée dans le cadre des services publics bien que tous ne soient pas assurés par l'État.[13] Tout ou partie des besoins des populations se réalisent par le biais des services publics dans un souci de justice sociale.

Ainsi, servir ou se mettre au service de la communauté peut paraitre banal de la vie courante et des relations en société. Et pourtant, servir traduit surtout la volonté d'un « vivre - ensemble » dans un monde en perte de valeurs ».[14] De fait, l'État en particulier et les personnes publiques en général ont pour but essentiel la réalisation d'un optimum social. Les missions essentielles que ces personnes publiques se sont assignées consistent à se mettre au service des citoyens. Soit, elles agissent par la production de normes juridiques ou des prescriptions destinées à ordonner les relations sociales en imposant des comportements précis dont le non-respect de celles-ci expose à la sanction. Soit, par des prestations ou des productions de services concrets destinés à satisfaire les besoins collectifs

[9] DEGNI-SEGUI (René), Droit administratif général, Tome 1, l'organisation administrative, Ed. Omniprésence, Abidjan, 2013, p. 17.
[10] DEGNI-SEGUI (René), op.cit. p. 19.
[11] Idem.
[12] Idem.
[13] En dehors des services régaliens de l'État dont il garde encore le monopole, tous les autres services sont soit concédés, soit délégués soit simplement privatisés.
[14] GUGLIELMI Gilles J., KOUBI Geneviève, LONG Martine ; Droit du service public LGDJ, Lextenso éditions 4ème édition, Paris 2016, p.5.

de la société. Dans tous les cas, les personnes publiques servent de diverses manières.

Du latin prestare qui signifie donner, rendre service[15], la notion de service transcende les frontières des sciences sociales. « Lorsqu'il est pris en charge par les personnes publiques, il est qualifié de service public. Composée du mot « service » et d'un adjectif « public », le service public se distingue du service privé. Or, le service public n'est pas un service privé. Le qualificatif public traduit forcément l'existence d'un lien direct ou indirect avec la personne publique. De fait, le service public est nécessairement l'affaire des personnes publiques se rapportant ainsi au critère organique l'État étant la personne publique par excellence.[16]

Or, la notion de service public ne peut-être figée dans une théorie exclusivement juridique. Il est certain que les juristes ont joué un rôle déterminant dans son apparition et sa formulation, mais la notion de service public ne prend corps que par sa mise en œuvre, laquelle traduit avant tout un projet politique et social ».[17]

L'approche juridique permet de saisir le service public dans ses dimensions à la fois organique, matérielle et fonctionnelle. Le service public en tant qu'ensemble d'activités d'intérêt général est pris en charge directement par la personne publique elle-même en régie et prend la forme de « ministère ». Le ministère est un département, un service public en régie dont le ministre est le chef. Ce dernier est dévoué à sa fonction ministérielle au service des citoyens et donc des administrés.

Réfléchir sur le service public en droit ivoirien revêt un intérêt pratique dans la mesure où cette étude permet d'identifier la place du service public dans la mise en œuvre des diverses missions exécutées par les personnes publiques et son rôle qu'il peut jouer dans son fonctionnement de l'État.

Mais, le service public ne saurait se limiter aux seules missions de prescription et de prestation. Car, le service public devient un enjeu d'organisation et de fonctionnement de l'État dans ses rapports avec les citoyens. Il a été créé pour prendre en charge les questions de la société. De fait, « le service public est une idée élaborée dès l'origine dans le but de résoudre des questions neuves, de promouvoir des projets de grande

---

[15] DEGNI-SEGUI (René), Droit administratif Général, l'Action Administrative, Tome 2, 4ème Edition, NEA-CEDA, 2012, p. 113.

[16] Le critère organique est l'un des critères de définition du service.

[17] GUGLIELMI (Gilles J)., KOUBI (Genéviève), LONG (Martine); Droit du service public LGDJ, Lextenso éditions 4ème édition, Paris 2016, p.5.

ampleur qui nécessitent une implication citoyenne dans le sens où elle traduit une conception que chacun se fait du devenir de la Cité ».[18]

Le service public apparaît comme la dimension opérationnelle et pragmatique de la gestion de fonctionnement de l'État. Il est, selon le professeur Gilles Guglielmi comme l'outil privilégié de réalisation concrète des prestations et des fournitures de services dans les différentes républiques françaises.[19]C'est pourquoi, le service public a traversé toutes les époques. Une notion mythique et emblématique dont les contours ont évolué faisant sa mue au fil du temps.

Partout ailleurs, le service public est présent et suscite à la fois passions et débats faisant et parfois réactions irrationnelles.[20]Ainsi, Léon Duguit et ses disciples de « l'école de Bordeaux » ont fait éclore la théorie « l'école du service public ». Le tribunal des conflits dans l'arrêt Blanco du 8 février 1873 dont le pendant ivoirien est l'arrêt Société des centaures routiers du 14 janvier 1970 ne fait que parachever le lien existant entre le service et la personne publique. En dépit des critiques, l'école de Bordeaux a marqué l'émergence des critères actuels de définition jurisprudentielle du service public.

Le service public en Côte d'Ivoire sert de fondement à la construction de l'État moderne. Il a traversé toutes les étapes pour connaitre une mutation profonde à ce jour. Dès lors, la question se pose de savoir comment le droit ivoirien perçoit-t-il le service public ? Le droit ivoirien perçoit le service public par le lien ambivalent à la fois indissociable (I) et variable (II) qu'il entretient avec la personne publique.

I- L'INDISSOCIABILITÉ DU LIEN AVEC LA PERSONNE PUBLIQUE

La personne publique et le service public entretiennent des liens historiquement et socialement, selon le professeur Stéphane Braconnier « indissociables ». Car, le service public est aux origines ou aux fondements de l'État en général et la personne publique en particulier. (A) Or, il appartient à la personne publique de procéder à la détermination de l'intérêt général avant de le prendre en charge (B).

---

[18] GUGLIELMI (Gilles J)., KOUBI (Geneviève), LONG (Martine) ; op.cit. p6.

[19] Idem.

[20] Idem.

A. Le fondement de l'État

L'idée d'envisager l'action de l'État en dehors du service public est difficilement concevable même si le législateur et le juge manquent d'inspiration pour le reconnaitre. (1) La réalité « service public » s'est imposée comme fondement de l'État en suscitant un tel engouement dans la doctrine. (2)

1- L'inconcevabilité de l'État en dehors du service public

Difficile d'imaginer un État ou une personne publique sans service public car le service public en couvrant des réalités diverses renvoie à des éléments permanents à savoir les besoins collectifs portés par la population et pris en charge par l'État[21]. De fait, toute l'organisation de la personne publique trouve son fondement dans les activités de service public pour un « mieux-être »et un « vivre-ensemble ». Car, le service public traduit avant tout un projet politique et social » [22] si « son apparition ne peut être précisément datée en France tant elle se noie dans le processus de structuration de l'action publique, le service public se révèle tellement consubstantiel à l'État que sa naissance se confond avec celle de l'État lui-même »[23].

Pour le professeur Gilles J. Guglielmi, le service public légitime l'action publique. Ainsi, « la légitimité d'une intervention publique qui choisit des activités données pour les placer sous un régime particulier, parce que ces activités ont une importance pour l'État, parce qu'elles ont une fonction de lien social, de redistribution ou d'intervention... etc. »[24]. Cette légitimité n'est plus contestée. Une notion qui a évolué pour se rattacher beaucoup plus étroitement aux circonstances historiques, politiques et sociales »[25].

Le professeur Stéphane Braconnier affirme quant à lui que le lien entre la personne et le service est indiscutable et que la personne publique se définit par les actions collectives qu'elle exécute. Le lien entre la personne publique et le service est indiscutable à tel point qu'on ne peut envisager

---

[21] TRUCHET (Didier), Droit administratif, PUF, Thémis Droit, 2ème édition mise à jour, p.325.

[22] GUGLIELMI (Gilles J.), KOUBI (Générviève), LONG(Martine), Droit du service public, 4éme Édition, Domat Droit public, LGDJ, Lextenso éditions, p.5.

[23] BRACONNIER (Stéphane), Droit des services publics, 2è Edition, Thémis Droit, Puf, Paris 2003, p. 102.

[24] GUGLIELMI (J.Gilles), op. cit. p. 4.

[25] GUGLIELMI (J.Gilles), op. cit p.3.

l'État sans le service public. Celui-ci étant le moyen privilégié d'expression à tous égards. Ainsi, en France la nécessité concrète de la reconstruction de l'État après la deuxième guerre mondiale a été l'élément déclencheur majeur qui va redimensionner le service public. C'est ce que note le professeur Gilles Guglielmi en ces termes : « une circonstance majeure a marqué le développement de la notion de service public et lui a donné une coloration propre au système économique et social français, c'est la reconstruction après la seconde guerre mondiale.

De nouveaux principes constitutionnels font une large part à la notion de services publics sociaux, à un certain nombre de droits sociaux et, simultanément, « il y a une nécessité concrète : il faut reconstruire».[26]

De même, l'État s'appuie sur ses démembrements à l'instar des collectivités territoriales qui peuvent créer, gérer en régie, concéder, affermer ou supprimer des établissements et services publics à caractère social, industriel et commercial ».[27]

Les motifs de création de services publics riment presque toujours avec l'évolution du rôle de l'État et celle des besoins sociaux lesquels sont pris en charge par la collectivité publique. En dépit de l'étroitesse de ce lien, le service public souffre de carence de définition précise. Heureusement, la doctrine s'est illustrée de fort belle manière en traçant les contours de cette notion complexe.

2- L'appréciable apport doctrinal

Il est notoriété publique que la doctrine intervient pour compenser les carences du législateur et parfois du juge. En l'espèce la notion de service public d'une notion est la parfaite illustration de l'inspiration débordante de la Doctrine. Ainsi que le reconnaît le professeur Guglielmi « la théorie juridique couramment appelée doctrine a pu élaborer une notion spécifiquement juridique des service public puisqu'il est avéré qu'au XXe siècle, cette notion est non seulement présente, mais dotée d'une définition dont les grands traits demeurent valables aujourd'hui, notamment par son couplage à la notion d'intérêt général, puisque, aussi, elle se voit affecter

---

[26] GUGLIELMI (Gilles), La conception du service public « à la française », in colloque la mutualité de la Fonction publique « évolution des politiques publiques : avenir du service public en France », paris 2 avril 2009, p.3.

[27] Article 116 de la Loi n°2012 du 13 décembre 2012 portant organisation des collectivités territoriales.

un rôle central dans la justification de l'intervention de l'État».[28] Elle est surtout le fruit d'une « nouvelle dimension de l'administration ».C'est pourquoi, « l'économie politique s'est souciée des services pour montrer la relation les économistes et les services publics ».[29]

À tout le moins, la doctrine s'en saisit pour en faire « une notion essentielle du droit administratif, droit de la puissance publique, branche du droit public. Le service public a connu un mouvement d'expansion particulier, « dont on peut critiquer éventuellement les modalités, mais en tout cas pas la réalité historique qu'on lui reconnaît selon le professeur Gilles Guglielmi».[30]Pour lui, ce sont « les juristes, les théoriciens du droit, qui se sont attachés à donner à cette notion un rôle qui n'a rien à voir avec l'activité réelle de service public.»[31].

Comme le souligne le professeur René Dégni-Ségui, « le service public selon l'école de Bordeaux est le critère unique du droit administratif ».[32] Plus encore, il a fallu justifier l'existence d'un droit spécial dérogatoire au droit commun et une juridiction spéciale devant l'appliquer et le promouvoir. Ainsi, la notion de service public permet « d'une part, de faire le pont entre des aspects constitutionnels qui n'étaient pas clairement traités et des aspects de droit administratif et, d'autre part, parce que cela permettait de justifier dans une grande mesure l'existence d'une juridiction administrative séparée, c'est-à-dire le dualisme juridictionnel ».[33]

Le lien entre le service public et la puissance publique permet d'identifier le service public, de l'appréhender comme « une activité d'intérêt général » et de saisir ses éléments constitutifs pour en dégager la notion en faisant appel aux diverses significations fournies parmi lesquelles sont généralement retenues les définitions organique et fonctionnelle ou matérielle. Il est parfois difficile d'opter pour l'une ou l'autre définition parce que la notion de service public « est utilisée dans

---

[28] GUGLIELMI (J.Gilles), les juristes, le service public et les entreprises publiques aux XIXe et XXe siècles, Revue d'Histoire Moderne et Contemporaine n°2005/3(n°52-3),p.98-

[29] DARD(Olivier), Les économistes et le service public, d'une guerre à l'autre, Revue d'Histoire Moderne et Contemporaine n°2005/3(n°52-3),p.119-131.

[30] GUGLIELMI (Gilles), La conception du service public « à la Française », in colloque la mutualité de la Fonction publique « évolution des politiques publiques : avenir du service public en France », paris 2 avril 2009, p.2.

[31] Idem.

[32] DEGNI–SEGUI (René), Droit Administratif Général, l'action administrative, Tome 2, éd. NEI-CEDA, 2012, P. 114.

[33] GUGLIELMI (Gilles), La conception du service public « à la française », in colloque la mutualité de la Fonction publique « évolution des politiques publiques : avenir du service public en France », Paris 2 avril 2009, p.2.

des champs conceptuels multiples qui se superposent, s'entrecroisent, renvoient les unes aux autres ; et entre lesquelles le glissement est constant ».[34]

Dès lors, le service public est « tiraillé entre une dimension matérielle mettant l'accent sur la nature intrinsèque de l'activité et une dimension fonctionnelle tournée vers la dynamique sociétale de la mission ».[35]

Au plan organique, le service public apparaît comme une institution ou un organisme constituant un ensemble de moyens matériel et humain chargé d'assumer une mission pour le compte de la personne publique à laquelle l'institution ou l'organisme est rattaché.[36]

A cet effet, le service public est d'abord appréhendé comme une notion essentielle à l'origine de la naissance de l'État[37].

Léon Duguit[38] considérait le service public comme « l'ensemble des rapports entre la personne publique (Administration) et les administrés ». [39] Il ne pouvait en être autrement quand on sait qu'il appartient en premier à l'État de prendre charge les besoins primaires des populations. C'est à juste titre que le même auteur développe la vision objective à travers l'école dite « du service public » fondée à la faculté de droit de Bordeaux avec ses condisciples. Il dira de l'État qu'il est « est une collection de service public ».[40]

En renchérissant, Léon Duguit affirme que : « Toute activité dont l'accomplissement doit être assurée, réglée et contrôlée par les gouvernements, parce que l'accomplissement de cette activité est indispensable à la réalisation et au développement de l'interdépendance

---

[34] CHEVALLIER (Jacques), Le service public, PUF, coll. » Que sais-je ? », n°2359, 5ème éd., p.4., cité par BRACONNIER (Stéphane), Droit des services publics, 2è Edition, Thémis Droit, Puf, Paris 2003, p. 155.

[35] BRACONNIER (Stéphane), Droit des services publics, 2è Edition, Thémis Droit, Puf, Paris 2003, p. 155.

[36] CHIRON -ESCALLIER (Jérémie), La notion de service public et ses évolutions, 13 novembre 2007.

[37] BLANQUER (Jean-Michel) et MARC (Milet), L'invention de l'État. Léon Duguit, Maurice Hauriou et la naissance du droit public moderne, Paris : Odile Jacob, coll. « Histoire », 2015, 394 p.

[38] Léon Duguit est l'un des théoriciens de « l'école de Bordeaux dite école du service public ».

[39] CHIRON -ESCALLIER (Jérémie), La notion de service public et ses évolutions, 13 novembre 2007.

[40] Didry (Claude), Léon DUGUIT, ou le service public en action, Revue d'Histoire Moderne et Contemporaine n°2005/3(n°52-3),p.88-97.

sociale et qu'elle est de telle nature qu'elle ne peut être réalisée que par l'intervention de la force gouvernante ».[41]

C'est cette définition du service public qui apparaît dans la définition matérielle en ces termes : « le service public comme la prestation elle-même qui est fournie à la population afin de satisfaire l'intérêt général.

Le service public est l'instrument privilégié d'intervention à l'égard des populations. L'existence de l'État décolonisé est en étroite relation avec le service public de base. Tout concourt à l'État et nécessairement au service public dont il constitue le moyen d'action. Léon Duguit conditionne la cohésion sociale à l'existence du service public. Pour lui, « sans service public, c'est la cohésion de la société qui est menacée »[42].

L'idée selon laquelle le service public est à la base de la construction, du fonctionnement et de l'organisation de l'État ne souffre d'aucune contestation. Car, il revient à l'État de déterminer de déterminer ce qu'il prend en charge au regard des besoins sociaux. Entre les services publics régaliens et les autres services, entre ceux qu'il peut gérer directement et ceux que la collectivité publique peut concéder, la théorie de Léon Duguit souffre d'imprécision.

En tout état de cause, le lien entre le service public et la personne publique résulte de la définition même de la notion de l'intérêt général. Mais, cette notion a évolué pour se rattacher beaucoup plus étroitement aux circonstances historiques, politiques et sociales.

B. La détermination de l'intérêt général

La détermination de l'intérêt général repose sur le monopole public de définition de l'intérêt général (1) comme but unique du service public (2).

1- Le monopole public de définition de l'intérêt général

Vieille notion, aux contours variables, non moins importante en droit public de conception française, l'intérêt général est présente dans le bien commun de St. Thomas d'Aquin et se retrouve même dans la Déclaration des Droits de l'Homme et du Citoyen sous la forme d'utilité publique qui justifie l'expropriation », dixit Didier Truchet.[43] Le professeur de droit poursuit en ces termes :« l'intérêt général est une notion transversale du

---

[41] CHIRON -ESCALLIER (Jérémie),op. cit. p. 2.

[42] Idem.

[43] Truchet (Didier), La notion d'intérêt général : le point de vue d'un professeur de droit, LEGICOM 2017/1(N°58), p.5-11.

droit et non une notion propre au droit met de la légitimité dans la légalité qui occupe une place prépondérante. [44] Malgré cette place fondamentale, l'intérêt général ne fait pas l'objet d'une définition juridique. Car « ni le législateur, ni le juge ne l'ont tenté ». Il est même qualifié de notion politique pouvant varier d'un gouvernant à un autre, d'une époque à une autre. L'intérêt général est mal maitrisée la qualification d'une activité d'intérêt général relève du pouvoir discrétionnaire des personnes publiques en considération des besoins des populations et pour en service public.

Entre intérêt national et intérêt local, intérêt public, utilité publique et même utilité générale, il est parfois sinon souvent illusoire de vouloir saisir la notion d'intérêt sans courir le risque de verser dans des définitions imprécises voire approximatives. A cet effet, « l'intérêt général est unanimement reconnu comme une notion plus fonctionnelle que conceptuelle. » [45] Le professeur Denys Béchillon affirme que l'intérêt général est une notion fondatrice de l'action publique.[46] Il ne saurait y avoir de fonctionnement de l'État sans que celui-ci ne s'appuie sur les activités d'intérêt général

Pour John Keynes Menard « On ne saurait déduire des principes de l'économie politique que l'intérêt personnel dûment éclairé œuvre toujours au service de l'intérêt général. Il n'est même pas vrai que l'intérêt personnel soit généralement éclairé ».[47]Néanmoins, l'intérêt général est une notion au cœur du droit public de conception française dont il constitue le fondement. Cette absence de définition d'une notion essentielle n'empêche pas qu'elle demeure la pierre angulaire de ce droit dont ont hérité la plupart des anciennes colonies françaises. D'ailleurs, le droit public définit se contente de définir le cadre de l'intérêt général notamment ses corollaires comme l'utilité publique, l'ordre public, le domaine public, les services publics.

De même, l'action administrative trouve sa justification et sa finalité dans la recherche de l'intérêt général et s'exerce dans le respect de celui-ci.

D'une façon générique, l'expression "intérêt général" désigne les intérêts, valeurs ou objectifs qui sont partagés par l'ensemble des membres d'une société. Cette expression correspond aussi à une situation qui procure

---

[44]Truchet (Didier), op. Cit.p.10.

[45] Idem.

[46] Bechillon (Denys), L'intérêt général, une formulation complexe in les apartés du Conseil d'État,2023.

[47] MEYNARD (Keynes John), La fin du laissez-faire,1946.

un bien-être à tous les individus d'une société, à un ensemble de besoins collectifs. Il revient à la loi, expression de la volonté générale, de définir l'intérêt général, au nom duquel les services de l'État ; sous le contrôle du juge, édictent des normes règlementaires, prennent des décisions constitue à la fois le fondement et l'enjeu de la démocratie. L'intérêt général se rapporte donc à la sphère publique. L'intérêt général constitue à la fois le fondement et l'enjeu de la démocratie. Cela signifie que sa définition est souvent un combat, parfois violent.[48]

Et pour cela, on considérait que la personne publique ne pouvait pas ne pas être à l'origine de l'exercice du service public. Dans une conception classique, seule la personne publique ne pouvait exercer les missions de service public justifiée par l'intérêt général. Et cela parce que l'élément organique suffisait à lui seul à caractériser le service public. Dès lors, le professeur Stéphane Braconnier affirme que : « toutes les activités des personnes publiques étaient, en effet des activités de service public et toutes les activités de service public étaient prises en charge exclusivement par des personnes publiques »[49].

Pour marquer l'importance de la notion d'intérêt général, Mestre et Jèze mettent en jeu la volonté du gouvernant par rapport à un problème donné. A ce propos, Jèze disait que « sont uniquement des services publics les besoins d'intérêt général que les gouvernants d'un pays donné à une époque donnée ont décidé de satisfaire par le procédé du service public »[50].

La Côte d'Ivoire s'est illustrée ainsi dès la première dizaine de son indépendance en prenant entièrement et directement en charge la plupart des secteurs de la vie socio-économique par la réalisation de prestations plus ou moins gratuites. Des services régaliens aux services sociaux, l'État était présent pour répondre aux besoins jugés utiles nécessaires des populations. L'intention de l'État se manifeste selon Mestre « dans le régime exorbitant auquel est soumise la collectivité publique ».[51]Puisque la définition des besoins des populations relève de la collectivité publique et presqu'essentiellement de l'État, il lui revient de créer les services publics qui correspondent et répondent aux besoins sociaux, ceux-ci

---

[48] Conseil d'État, Réflexions sur l'intérêt général, Rapport public 1999.

[49] BRACONNIER (Stéphane), Droit des services publics, 2è Edition, Thémis Droit, Puf, Paris 2003, p. 156.

[50] Idem.

[51] CHIRON -ESCALLIER (Jérémie), La notion de service public et ses évolutions, 13 novembre 2007.

pouvant « évoluer à la fois dans l'espace et le temps et ce qui peut paraître nécessaire à la cohésion sociale est relatif »[52], aux dires de Mestre.

Jacques Chevallier ne semble pas si bien dire dans un compte rendu quand il reconnaît que faisant partie des « inventeurs de l'État » avec l'école du service public, Léon Duguit a contribué « à penser les métamorphoses que l'État a connues à l'aube du XXe siècle par une confrontation d'idées avec les autres à doter le droit public français de la solide armature conceptuelle qui était nécessaire à son développement et qui se caractérise par une remarquable pérennité ».[53]

Même si la notion de service public intervient tardivement dans l'œuvre de Léon Duguit, elle prend une place croissante au cours de la première décennie du XXe siècle pour être à l'origine de l'État. [54]La théorie de l'État qui, au nom du service public comme principe général, se décompose en une multitude croissante de services publics. Elle témoigne moins d'une décentralisation de l'État, que d'une décentration du regard juridique qui, au lieu de partir de la puissance publique, part de l'action en justice de l'usager pour obtenir l'exécution du service public »[55].

2- L'intérêt général, but unique du service public

Le service public n'a pour but que la satisfaction de l'intérêt général. La détermination de cet intérêt général relève de la personne publique. C'est pourquoi l'intérêt est qualifié de général sinon il est individuel et propre à chacun. Avant d'être général, le terme intérêt signifie ce qui fait chercher son avantage au mépris de la justice et de la vertu.[56]Ainsi, tout part du service public dans l'organisation de l'État et de ses démembrements et tout conduit au service public pour la satisfaction des intérêts et le bien-être des populations. Dans le processus de décision, l'exercice du monopole de la définition appartient en premier au législateur en sa qualité de représentant le peuple. Il est l'organe à même d'apprécier les besoins devant être pris en charge et constitutifs de l'intérêt général sans préjudice du respect des libertés individuelles et des compétences des autres organes.

---

[52] CHIRON -ESCALLIER, op. cit. p. 4.

[53] CHEVALLIER (Jacques), Compte rendu par le Centre d'études et de recherches de sciences administratives et politiques [CERSA], Université Paris 2 Panthéon-Assas).

[54] PISIER-KOUCHNER (Évelyne), La théorie du service public dans l'œuvre de Léon Duguit, Paris, LGDJ, 1972.

[55] CHIRON -ESCALLIER (Jérémie), La notion de service public et ses évolutions, 13 novembre 2007.

[56] Alembert et Diderot dans leur Encyclopédie cité par ALLAND (Denis), RIALS (Stéphane)(sous la Dir.), Dictionnaire de la culture juridique, Puf Lamy 2019, p. 837.

En écrivant « les princes commandent aux peuples et que l'intérêt commande aux princes » Alembert et Didérot veulent dégager le caractère fondamentalement égoïste de l'intérêt qui, en se transformant a fait place au bien commun considéré comme la valeur suprême. Progressivement, l'intérêt général apparaît pour remplacer le bien commun dans la mesure où l'intérêt gouverne le monde et constitue le seul mobile des actions humaines.[57]De fait, le bien commun s'identifie à l'intérêt général à partir du moment où il est pris en charge par la communauté au nom des populations. L'intérêt général est avant tout porté par les princes c'est-à-dire les gouvernants désignés par les populations. Comme instrument de mesure de la légalité et de la licéité d'un comportement ou d'une décision, l'intérêt général intervient pour tracer les limiter de ce qu'il est permis de faire et de ce qui interdit de faire[58]. Le législateur ivoirien manque de définir clairement l'intérêt national en rapport avec l'intérêt local. Ainsi, il se contente d'évoquer le motif d'intérêt général sans le définir qui justifie la création des sociétés d'État. La loi n°2020-626 du 14 août 2020 portant définition et organisation des sociétés d'État en est une parfaite illustration. L'article 1er dispose ceci « dans le but de promouvoir certaines activités d'intérêt général, à vocation industrielle et commerciale, insuffisamment ou non couvertes par le secteur privé, le gouvernement peut créer des sociétés d'État. Le gouvernement peut, également créer des sociétés d'État, pour la mise en œuvre ou la réalisation de services non marchands et d'intérêt général ».[59]

L'héritage colonial est bien ancré en Côte d'Ivoire qui s'est toujours dotée d'un département ministériel en charge de la réforme administrative dans le souci d'améliorer les prestations de service public. Ainsi, conformément au décret n°2023 du 25 octobre 2023 portant attributions des membres du gouvernement, le Ministre d'État, Ministre de la Fonction Publique et de la Modernisation de l'Administration est chargé « du suivi de la continuité, de l'organisation efficace et du bon fonctionnement du service public ».[60] Les objectifs de modernisation du service public se sont se sont illustrés de fort belle manière par un organigramme ambitieux en

[57] Tiré de l'ouvrage écrit en 1638 parle Duc de Rohan de l'intérêt des princes et États de la chrétienté cité par ALLAND (Denis), RIALS (Stéphane) (sous la Dir.), Dictionnaire de la culture juridique, Puf Lamy 2019, p. 837.

[58]Truchet (Didier), op. cit.p.9.

[59] La loi n°2020-626 du 14 août 2020 portant définition et organisation des sociétés d'État; JORCI n° 20, numéro spécial du 20 novembre 2020.

[60] Article 4 du décret n°2023 du 25 octobre 2023 portant attributions des membres du gouvernement.

deux directions générales dont l'une est consacrée au service public. Il s'agit de la Direction Générale de la Transformation du Service Public.[61] Avec ce service, la Côte d'Ivoire affiche sa ferme vision de rendre les prestations de services publics performants. Le Ministère d'État, Ministère de la Fonction Publique et de la Modernisation de l'Administration précédemment dénommé Ministère de la Fonction Publique et de la Réforme Administrative a toujours mis un point d'honneur sur la qualité du service public. L'autre Direction Générale[62] qui est dédiée à la Fonction Publique contribue sensiblement à l'atteinte des objectifs. De même, la création d'organismes de régulation, de surveillance, de veille et de performance des missions de services publics.

L'exigence de performance est au cœur de la gestion du service public moderne. Elle est une exigence que le Ministre Charles Koffi Diby place au nombre des priorités, en consacrant une réflexion au management des services publics.[63]

L'Observatoire de service public (OSEP) dont la mission est de constater l'efficacité et de la transparence du service public,[64] et la Commission Nationale pour la modernisation de l'Administration (CNMA) en fournissent une parfaite illustration.[65]

De plus, un instrument spécial d'éducation financière en l'occurrence l'Observatoire de la Qualité des Services Financiers de Côte d'Ivoire (OQSF-CI) a même été créé pour renforcer les structures déjà

[61] Article 27 du Décret n°2022-598 du 03 août 2022 portant organisation du ministère de la Fonction Publique.

[62] Article 21 du Décret n°2022-598 du 03 août 2022 portant organisation du ministère de la Fonction Publique.

[63] Charles Koffi Diby, Management des services publics en Afrique : retour d'expérience : des raisons d'espérer, 2ème Edition, Hachette Livre International, 2007, Université du Michigan, 172 p.

[64] L'OSEP et la CNMA ont des missions similaires celles de constater l'efficacité et de la transparence du service public, parmi d'autres : le recueil des requêtes des usagers et le suivi de ces quêtes. L'OSEP est aussi un organe tripartite composé de représentants de l'administration publique, de la société civile et du secteur privé.

Pour le gouvernement, la création de l'OSEP s'inscrit dans sa volonté de bâtir une administration publique moderne, plus ouverte, plus performante, et surtout au service des citoyens et du développement du pays.

[65] Composée de 12 membres, la CNMA est un organe consultatif sous la haute autorité du Chef du gouvernement. Elle est chargée notamment de fédérer les actions de modernisation administrative engagées dans les départements ministériels, de la mise en commun des meilleures pratiques de modernisation dans l'administration, de donner son avis sur le modèle de modernisation de l'administration au plan national.

fonctionnelles.[66] Selon les autorités gouvernementales, « La création de cette structure est une réponse institutionnelle car elle participe de la mise en œuvre de la réforme institutionnelle amorcée depuis 2010 par l'UEMOA et la BCEAO pour améliorer l'inclusion financière, les conditions de financement des économies de l'Union et la protection de la clientèle des organismes financiers de l'espace communautaire ».[67] Elle a entre autres missions « d'évaluer les prestations et de noter les organismes et intervenants du secteur en termes de qualité, de transparence et de concurrence ».[68] On ne saurait moderniser l'Administration publique sans toucher au service public qui en constitue la pierre angulaire.[69]

Fall Amar ne manque pas de l'affirmer en ces termes : « La modernisation d'une administration est si importante qu'elle ne doit pas être décrétée. L'administration publique transcende la fonction publique; elle est la somme de la manière dont les politiques publiques sont conçues, élaborées mises en œuvre, évaluées, corrigées et améliorées et la manière dont le cadre de gestion est pensé et adopté. Elle est aussi le résultat d'un long processus d'amélioration continue du service public et de la maîtrise des ressources publiques (humaines, matérielles, financières, économiques »[70].

Le fonctionnement du service public en Côte d'Ivoire comme dans la plupart des États africains n'a presque pas été à la hauteur des attentes des populations. Géré directement en régie ou indirectement en établissement public, le service public a montré bien souvent des limites d'ordre organisationnel et fonctionnel.

---

[66] Décret n°2016-1136 du 21 décembre 2016 portant création, organisation et fonctionnement de l'Observatoire de la Qualité des Services Financiers de Côte d'Ivoire (OQSF-CI). Cet instrument est le fruit d'une recommandation de la BCEAO que la plupart des États membres de l'UEMOA observent en procédant à sa création. À l'instar de la Côte d'Ivoire, le Burkina, le Sénégal, le Niger (décret n°2022-218-PRN-MF du 17 mars 2022 portant création, mission et organisation de l'Observatoire National de la Qualité des Services Financiers (ONQSF) ont mis en place un observatoire de la qualité des services financiers.

[67] La réforme des systèmes financiers de l'espace communautaire UEMOA exige la prise en compte des finances publiques consolidées et leur gestion intégrée de sorte à assurer une croissance harmonieuse des États membres.

[68] Extrait du communiqué du Conseil des Ministres.

[69] Idem.

[70] FALL Amah, La modernisation de l'administration publique en Côte d'Ivoire », in www.in Xalima.com, avril 2016.

Par exemple, l'offre et les prestations des transports urbains et interurbains en commun s'exercent et se développent dans un environnement peu structuré laissant les usagers totalement insatisfaits.[71]

Concédé ou délégué, le service public n'a pas fonctionné différemment. En effet, les prestations de service public en matière de transports urbains et interurbains rencontrent des difficultés énormes qu'on pourrait qualifier d'insurmontables. L'État ivoirien s'est très tôt presqu'entièrement retiré de ce secteur le laissant aux mains des seuls privés.

Sans vraiment disparaître, l'État se montre régulateur d'activités du transport et observe impuissant à sa décadence.[72]

La Société de Transport d'Abidjan (SOTRA) détient le monopole du transport public urbain.[73]

Il faut rappeler que la modernisation d'une administration doit répondre à une série d'objectifs et prendre en compte des paramètres. Elle doit qui englober la vie présente et future de la nation toute entière. Dans cette optique, l'état des lieux doit être fait pour qu'un diagnostic sans complaisance soit nécessaire afin d'apporter des remèdes adéquats.

Pour Fall Amar « Cet exercice devra partir des besoins et des attentes des populations; ce qui permettra de mettre en place une relation down-top d'une part. D'autre part, il faudra analyser la capacité des ressources nationales à supporter un tel changement de culture organisationnelle et nos façons de faire. Moderniser c'est aussi changer nos façons d'agir, de penser le service public et cultiver l'innovation, la créativité, la vérification interne, la reddition des comptes, l'amélioration continue pour faire mieux plus avec moins[74].

Ensuite nous devons savoir que la modernisation d'une administration est un grand projet ambitieux qui doit impliquer toutes les parties prenantes (nationales, régionales et internationales). Par ailleurs, il convient de préciser que la modernisation d'une administration implique des choix et

---

[71] Des taxis communaux appelés « woro-woro », aux mini bus dénommés « gbaka », le transport urbain en commun s'est enrichi ces dernières années de VTC.

[72] En témoigne le désordre qui y règne depuis de décennies avec la démultiplication des opérateurs économiques et la floraison d'un secteur informel aux conséquences maitrisables.

[73] La Société des transports abidjanais (SOTRA) est créée le 16 décembre 1960 sous la forme de Société d'économie mixte dont le capital est détenu à 35 % par l'État ivoirien et à 65 % par des partenaires privés. La SOTRA est la première société de transport public urbain organisée de l'Afrique de l'Ouest. Une convention de concession de service public signée entre l'État ivoirien et la SOTRA accorde dès juillet 1964 à celle-ci le monopole du service de transport public en commun de voyageurs dans la ville d'Abidjan.

[74] FALL Amah, La modernisation de l'administration publique en Côte d'Ivoire », in www.in Xalima.com, avril 2016.

constitue un grand projet ambitieux inclusif. Toutes les parties prenantes (nationales, régionales et internationales) doivent être intégrées pour espérer atteindre des résultats probants. Dans cette dynamique les grandes phases inhérentes au management d'un projet doivent être respectées car elles permettront de maîtriser les coûts y afférents mais aussi la qualité, les délais, les risques et surtout la communication entre autres les différents acteurs.

Pour obtenir des résultats satisfaisants et assurer au projet gouvernemental une cohérence, le volet managérial doit constituer la ligne directrice de l'État à travers une action publique voir une politique publique qui consent à se soumettre elle-même par des transformations structurelles profondes. En fait, l'État s'évertue à donner le bon exemple en se conformant aux critères de performance.[75]

En tout état de cause, l'action gouvernementale de modernisation de l'administration passe par la nécessité de mettre en contribution les étudiants des Universités publiques et des grandes écoles de formation des personnels de l'État telles que l'École Nationale d'Administration (ENA), L'École Normale supérieure (ENS), l'Institut National de la formation de la Santé (INFASS), INFESS, École de police, École de gendarmerie, etc. Car, aux dires de Fall Amar, « il est bon de mettre un nouvel outil de modernisation des services publics qui devront travailler sous ce nouvel environnement et leur permettra d'être opérationnel dès leur entrée dans la fonction publique comme c'est le cas au Maroc où ce procédé a donné les résultats »[76].

La volonté des autorités gouvernementales est clairement affichée au regard d'importantes mesures de modernisation de l'administration à engager. Mais, elles doivent le faire dans une vision à la fois globale et sectorielle pour optimiser les chances de réussite.

En commençant par la dépolitisation effective des nouvelles structures et l'implication et la mobilisation de toutes les couches socio-économiques actives et non actives doivent aider à la mise en œuvre de la politique de la modernisation de l'administration publique. D'ailleurs, les dernières décisions des autorités gouvernementales ivoiriennes ont consacré un portefeuille ministériel au service public pour montrer à quel point il demeure le socle de l'ensemble de la réforme de l'État.[77]

---

[75] FALL Amah, op. cit. p.10.

[76] Idem.

[77] Il s'agit du ministère de la Modernisation de l'administration et de l'Innovation du service public.

Leur contribution à la protection et au respect de la chose publique, bien commun en tant qu'idéal commun dans lequel tous se reconnaissent et devant unir tous les citoyens. À ce titre, des décisions gouvernementales sont prises pour appuyer le projet d'ensemble consistant à assurer des services publics de qualité aux usagers.[78] C'est ainsi que les autorités gouvernementales ont rassuré les populations de leur volonté de leur offrir des prestations de qualité. A ce propos, les autorités gouvernementales ivoiriennes indiquent que « l'administration publique a « des obligations de résultats » vis-à-vis de la population ».[79]

Le projet de modernisation de l'administration doit intégrer le rôle et la gouvernance des organismes étatiques anciens et nouvellement créés tels l'observatoire des services publics (OSEP) dont la première finalité est l'optimisation des ressources nationales, la redéfinition de leur mission, de leur mandat et l'effectivité de leurs attributions et mandat[80] en est une parfaite illustration. Ces organismes entendent impulser une nouvelle dynamique à l'action publique. [81]

Depuis janvier 2016, l'engagement du gouvernement en faveur de la modernisation de l'administration a été davantage affirmée avec le changement de la dénomination du département ministériel en charge de la ''réforme administrative'' qui est devenue le ''ministère en charge de la modernisation de l'administration. Ce qui induit la promotion de la célérité, de la performance et de l'efficacité des services publics au profit des populations en lieu et place de la lourdeur administrative et de la

---

[78] Aussi, le Premier Ministre ivoirien a-t-il engagé les animateurs de la CNMA « à faire preuve de dynamisme dans l'administration de cet outil ». « Il ne faudrait pas que ce soit un outil de plus », a-t-il recommandé.

[79] Extrait du discours du ministre de la fonction publique.

[80] FALL (Amar), « La modernisation de l'administration publique en Côte d'Ivoire », in www.in Xalima.com, avril 2016.

[81] Cf. Discours du Premier Ministre lors du lancement de la CNMA.
Voir aussi Charles Koffi Diby, « Management des services publics en Afrique : retour d'expérience... des raisons d'espérer », éditions Hachette Livre International, 2ème édition, 2007. L'auteur montre que les réalités africaines ne sont pas incompatibles avec la culture de la performance du service public. Et YEO Wozanhou (Benjamin), Politiques de réforme de la fonction publique, 1957-2015 avec la préface de Bangoura (Dominique), Paris l'Harmattan, juin 2016.Cet ouvrage est une contribution au débat sur la modernisation de l'État en Afrique dans lequel l'État se demande si les réformes administratives menées en Côte d'Ivoire en matière de modernisation de l'Administration depuis près de six décennies y ont contribué. Par ailleurs, ce livre en aidant à identifier les principes et les conditions de toute Administration moderne met en relief les limites des réformes entreprises en Côte d'Ivoire. CE, 22 janvier 1921, société commerciale de l'Ouest africain du Conseil d'État du 11 mars 1910.

corruption qui ont toujours prévalu. C'est que le service public touche, selon Duguit, à la nature profonde de l'État qui, ainsi, par sa présence même, définit la situation juridique des particuliers.[82]

Le juge administratif français se fait l'échos de la définition de l'intérêt général par la personne publique. Ainsi qu'il le précise dans l'arrêt Compagnie générale des Tramways du Conseil d'État du 11 mars 1910 que « l'État ne pouvait pas se désintéresser du service public, en l'occurrence des transports, qui sont certes transférés au privé mais qui reste quand même dans le cadre du service public ».[83] Cette notion conduisait à la mise en œuvre d'un régime juridique qui était totalement exorbitant du droit commun.[84]

À cet égard, le service public va connaître une mutation profonde qui va transformer considérablement le lien traditionnel existant entre lui et la personne publique. Celui-ci devient variable en raison de la diversité des activités et des acteurs.

II- LA VARIABILITÉ DU LIEN AVEC LA PERSONNE PUBLIQUE

La variabilité du lien entre la personne publique et le service public résulte du principe de l'adaptabilité ou mutabilité du service public en ce qu'il constitue une loi du service public. Le service public évolue au gré du temps fondamentalement et formellement. De nouvelles catégories de services publics apparaissent inévitablement non seulement pour répondre aux nécessités du moment (A) mais aussi en faveur de la libéralisation incontournable de la gestion des services publics (B).

A. L'inévitable évolution

La diversification des acteurs et la multiplicité des activités ont pour conséquences directe l'émergence d'une nouvelle catégorie de service public dit marchand qualifiée de SPIC (1) et la nécessaire adaptation des modes de gestion. (2)

---

[82] DUGUIT (Léon), « De la situation des particuliers à l'égard des services publics », Revue du droit public et de la sociologie politique en France et à l'étranger, 1907, p. 411-439 (p. 427).

[83] Voir les conclusions du Commissaire du gouvernement Léon Blum dans l'Arrêt Compagnie générale des Tramway

[84] CE, 22 janvier 1921, société commerciale de l'Ouest africain du Conseil d'État du 11 mars 1910

1- L'émergence d'une nouvelle catégorie

Le concept de « services publics industriels et commerciaux » (SPIC) ou services marchands est apparu pour marquer la variabilité du lien entre la personne publique et le service public. En effet, qualifiée comme une spécificité française dérivée de la catégorisation des services publics administratifs généralement non marchands (SPA), les services publics industriels et commerciaux (SPIC) sont en revanche marchands.

Le SPIC a été défini par le juge administratif par déduction du SPA par l'élaboration de critères de distinction. Entre autres critères la soumission à un régime de gestion privée.[85] Ce critère de la gestion privée mise en œuvre par la personne publique consacre la présence de la personne publique mais aussi la variation du lien indissociable entre service public et personne publique. La notion d'intérêt général est plus que jamais présente dans les SPIC.

Et cette notion essentielle a poussé une partie de la doctrine à contester une séparation entre les deux catégories de services avant de reconnaître que cette séparation pouvait admise à condition que l'expression service à caractère industriel et commercial mérite d'être conservée à condition d'y voir une facilité de langage et non une catégorie de services publics »[86].

De même, un service public industriel et commercial est un service différent des autres : engageant l'intérêt général, il ne peut être commercialisé selon les voies ordinaires et il est assujetti à un fort contrôle de l'État.

Par rapport aux services administratifs, les services publics à caractère industriel et commercial se caractérisent normalement par une relation marchande entre le prestataire et l'usager, le fournisseur et le bénéficiaire.[87]

« La notion de services publics industriels et commerciaux a toujours répondu à cette perception[88] économique du service public n'entache en

---

[85] Par un arrêt du 16 novembre 1956 Union syndicale des industries aéronautiques, le Conseil d'Etat a systématisé les critères ou faisceaux d'indices permettant de classifier les services publics en SPIC : l'objet est une activité similaire à celle d'une entreprise privée ; les ressources reposent sur les contributions des usagers en contrepartie des prestations de services rendues ; les modalités de gestion sont les pratiques et procédures mises en œuvre par une entreprise.

[86] GUGLIELMI, Gilles , KOUBI (Geneviève), Droit du service public, Ed. Montchrestien, 2000, p. 87, 88.

[87] Si un public utility britannique est un service marchand presque comme les autres, il a la particularité de mettre davantage en jeu l'intérêt collectif.

[88] Idem.

rien le degré d'intérêt général puisque la création d'un tel service ne pouvait être retenue que si était constatée la carence, l'insuffisance ou la défaillance de l'initiative privée ».[89] A cet égard, les SPIC peuvent être gérés par des établissements à caractère industriel et commercial (EPIC) dont ils se distinguent clairement. [90]

Les SPIC ont, eux-mêmes subi une subdivision avec l'émergence des services publics en réseaux. Ceux-ci sont relatifs aux modalités d'organisation territoriale desdits services faisant intervenir plusieurs acteurs de territoires différents en interconnexion à savoir les transports, l'électricité, le gaz, poste, les communications électroniques, l'eau.[91]

2- La nécessaire mutation des modes de gestion

Les exigences de performance de la gestion des services publics ont favorisé l'émergence de catégories nouvelles. Car, la prise en charge de l'intérêt commun ou général par la collectivité publique se multiplie et se complexifie pour s'adapter aux besoins nouveaux. Il est du devoir de la collectivité publique d'intégrer ces circonstances nouvelles pour plus d'efficacité du service public.

Le service public en Côte d'ivoire s'inscrit dans cette logique. Outre la théorie des services publics de réseaux ou en réseaux développée généralement dans un cadre communautaire pour briser les idées toutes reçues du caractère souverainiste du service public,[92] le service en droit ivoirien a connu une mutation profonde dans sa gestion.

[89] Idem.

[90] La notion de SPIC est à ne pas confondre avec celle d'EPIC (établissement public à caractère industriel et commercial). Les EPIC sont des personnes publiques qui gèrent une activité de service public. Ils ont comme objet une activité de vente, de production de bien ou de prestation de service, financée principalement par des redevances perçues sur les usagers du service, qui est organisé et fonctionne selon des modalités de gestion proches d'une entreprise de droit privé.

[91] Les services publics en réseau sont des activités d'intérêt général conduites par un ou plusieurs acteurs économiques permettant l'interconnexion et l'accès à un service donné sont pour l'essentiel des SPIC. Dans le système de droit communautaire européen, ils relèvent potentiellement des règles du marché intérieur.

[92] RODRIGUES (Stéphane), La régulation communautaire des services publics de réseaux, vers une théorie générale de la « concurrence régulée », Flux 2001/2-3(n°44-45) P.80-90.

Par exemple, les services publics de sécurité sociale des secteurs public [93] et privé [94] en Côte d'Ivoire sont dénommés Institution de Prévoyance sociale. Quant au service public de l'enseignement supérieur, de la recherche scientifique et de l'innovation, il a fait l'objet d'une réforme récente qui met l'accent la gouvernance des universités et instituts d'enseignement par une évaluation annuelle de l'État[95].

Dans l'espace européen, la question du caractère opératoire de la distinction entre SPIC et SPA est à l'ordre du jour[96] d'autant plus que le droit communautaire distingue désormais les Services d'intérêt économique général (SIEG) et les Services non économiques d'intérêt (SNEIG)[97].

Comme le note le professeur Gilles J. Gugliemi « En droit français, la distinction entre SPA et SPIC a pour conséquence principale de déterminer le régime juridique applicable à chaque activité de service public et la juridiction compétente.

Alors que les activités de SPA relèvent de la compétence du juge administratif qui leur applique les règles du droit administratif, les SPIC relèvent de la compétence du juge judiciaire qui leur applique le droit privé. C'est ce qui va maintenant être approfondi »[98].

Bien évidemment, le respect de la dualité de juridiction s'illustre encore dans la distinction SPA-SPIC.

L'apparition des SPIC et le régime juridique applicable marque aussi la perte du monopole de la gestion du service public par la personne publique, signe évident de la variabilité du lien existant ces deux entités. Le SPIC apparaît en Côte d'Ivoire avec l'interventionnisme de la première moitié de l'indépendance. On remarque que l'évolution du rôle de l'État s'accompagne de son désengagement dans les secteurs jugés essentiels au départ.

---

[93] L'IPS-CGRAE est une institution de prévoyance sociale chargée de la gestion les cotisations sociales retenues à la source par l'employeur public sur les traitements et salaires des fonctionnaires et agents de l'État.

[94] L'IPS-CNPS est une institution de prévoyance sociale chargée de la gestion des cotisations sociales retenues à la source par l'employeur privé ou collectées auprès des travailleurs du secteur privé et assimilé.

[95] Loi n°2023-423 du 22 mai 2023 relative à l'enseignement supérieur, à la recherche scientifique et à l'innovation.

[96] GUGLIEMI (Gilles), KOUBI (Geneviève), Droit du service public, Ed. Montchrestien, 2000, p. 87, 88.

[97] Idem.

[98]Idem.

Plusieurs activités bénéficient dès lors « d'un déclassement »[99] suivant le degré d'importance de l'intérêt général pour relever des SPIC et être gérées comme telles suivant un régime majoritairement de droit privé.

L'intérêt général sans disparaître est mis en œuvre dans le cadre d'un service public à caractère industriel et commercial sous la régulation de la puissance publique. En cela, le SPIC apparaît comme une parfaite illustration de la variabilité du lien entre le service public et la puissance publique que la libéralisation de certaines activités vient renforcer.

B. L'incontournable gestion libéralisée

Devant la diversité des besoins des populations et la complexité de l'action administrative, le monopole de la gestion des services publics par la personne publique est progressivement abandonné (1) tandis que la gestion libéralisée des services publics s'est considérablement accentuée (2).

1- Un monopole de gestion progressivement abandonné

Le service public a toujours été considéré comme le moyen idéal de la prise en charge des besoins de la collectivité. À ce titre, les besoins primaires constitués par les services de base en matière de sécurité, de défense, de tranquillité, de justice, de diplomatie sont assurés par la collectivité publique.

La gestion monopolistique du service public par la personne publique elle-même est caractérisée non seulement par l'exécution des services publics régaliens mais aussi des services publics socio-économiques et culturels. Elle est marquée par le rôle prépondérant de l'État s'affichant comme le seul acteur de la vie socio-économique. Les services publics ne pouvaient qu'être gérés soit en régie[100] soit en établissement public.[101]Il est de la compétence du législateur non seulement de créer les catégories

---

[99] Il s'agit pour les autorités gouvernementales de faire une classification des activités afin d'en tirer les conséquences.

[100] La création de différents départements ministériels aux dénominations précises répond à un objectif d'exécution de missions de services public.

[101] L'érection de services publics en établissement public obéit à toute une autre logique celle d'opérer une décentralisation technique c'est-à-dire conférer à ces personnes morales de droit public une personnalité morale lui permettant d'avoir une existence juridique propre distincte de celle de l'État et une autonomie financière.

de services publics mais aussi et surtout de définir leurs finalités, de définir leur mode de gestion au regard de l'objectif visé.[102].

Ainsi, les services publics sont classés en deux grandes catégories en tenant compte des finalités assignées à chaque catégorie identifiée. De là, la préservation du monopole des services publics à finalité d'ordre et de régulation et les services publics régaliens à savoir la défense et la sécurité, la justice et la diplomatie. De même, les services socio-économiques et culturels sont assurés par la personne publique.

L'association du secteur privé ou même de simples particuliers à son exécution relève d'une exigence d'évolution.[103] Car, il constitue « l'un des moyens phares pour assurer aux citoyens la garantie de leurs droits et de leurs libertés fondamentales ».[104]Ainsi, pour que le citoyen comprenne le sens particulier que revêt le service public dans l'exercice de sa citoyenneté, il convient de l'associer et de le faire participer à l'exécution de ce service public.

Sa participation à la fois comme usager et prestataire de service confère au service public toute légitimité à l'activité. « Aussi, le service public en tant que forme juridique d'encadrement des activités a-t-il toujours associé les personnes privées ».[105]

Dans sa réponse à la question de l'existence d'une spécificité, Gilles Guglielmi a répondu par l'affirmative en montrant que : « c'est que l'usager du service public est en même temps celui qui donne toute sa légitimité à l'activité. Sa traduction concrète se trouve dans la garantie juridique donnée aux principes de fonctionnement du service public : l'égalité, la continuité, la mutabilité ».[106]

Par mimétisme, le service public ivoirien a tout emprunté au service public français à travers les lois du service public dites « lois de Rolland ». Les secteurs libéralisés et astreints au service minimum en cas de grève[107] sont presque les mêmes. Il en va ainsi du secteur du transport en commun

[102] Loi n°2020-627 du 14 août 2020 fixant les règles générales relatives aux EPN et portant création de catégories d'établissements publics.

[103] En témoignent les arrêts rendus par le Conseil d'État français, (CE 2 avril, 1943 Bouguen), CE 3 juillet 1942 Monpeurt,) Terrier, (CE 20 avril époux Bertin.)

[104] GUGLIELMI (Gilles), op. cit. p. 5.

[105] Idem.

[106] Idem.

[107] La loi n° 92 -571 du 11 septembre 1992 relative aux modalités de la grève dans les services publics et le décret n°95-690 du 11 septembre 1995 portant modalités particulières d'exécution du service minimum en cas de grève.

de personnes et des biens qui se trouvent dans une situation particulière en Côte d'Ivoire[108].

Tout ceci contribue à la libéralisation de la gestion du service public. Celle-ci prend des formes particulières à savoir la concession de service public, la délégation de service public et le partenariat public privé. Gilles Guglielmi le reconnaît quand il affirme que « contrairement au discours actuellement dominant, ce n'est pas aujourd'hui qu'il faut célébrer l'annonce du rapprochement, on les a parfois repris en régie ensuite pour des raisons d'efficacité, de difficultés financières, car, il n'y a jamais eu de divorce entre public et privé, ni de monopole de l'intervention publique réservée aux personnes publiques »[109].

Très tôt, la Côte d'Ivoire a eu expérimenté les modes de gestion privée du service public dans le secteur de l'eau avec la société de Distribution de l'eau (SODECI).[110] Puis, le vaste mouvement de privatisations des années 1990 a vulgarisé les modes de gestion privée. Tour à tour, les secteurs de l'énergie électrique par une convention État de Côte d'Ivoire –CIE du 25 octobre 1990 d'une durée de 15 ans renouvelable par tacite reconduction pour deux périodes successives de trois années chacune ... [111], de la téléphonie[112] et bien d'autres feront l'objet de concession de service public.

Concernant le cas particulier de la CIE, l'État de Côte d'Ivoire autorité concédante a accepté que la société « Énergie Électrique de Côte d'Ivoire » conclut des conventions spécifiques avec la CIE fixant les conditions et modalités de reprise par le concessionnaire de l'ensemble des activités, des personnels, des biens meubles et immeubles de ladite société[113].

---

[108] Le secteur du transport urbain et interurbain en commun de personnes et de biens a fait l'objet d'une réglementation aux prises avec les réalités contextuelles et les besoins des populations. Il est fréquent de constater que les multiples opérateurs du transport urbain n'observent pas le service minimum exigé en cas de grève. La multiplicité d'opérateurs dans le domaine, la diversité des prestations offertes ainsi que le développement d'activités parallèles ne facilitent pas le respect de la réglementation en vigueur à savoir le décret n°95-690 du 11 septembre 1995.

[109] Idem.

[110] La Société de distribution d'eau de la Côte d'Ivoire (SODECI) assure l'approvisionnement à la Côte d'Ivoire en eau potable par un contrat de concession d'une durée de vingt ans liant l'État de Côte d'Ivoire et la société SAUR. Elle ne peut offrir ses services d'eau exclusivement qu'en zone urbaine.

[111] Voir les articles 80.1 et 80-2 de la convention de concession de service public liant l'État de Côte d'Ivoire et la CIE.

[112] L'office National des Télécommunications (ONT) a été concédé à France Télécom par un contrat de concession avec l'État ivoirien.

[113] Voir les stipulations finales du contrat de concession État de Côte d'Ivoire –CIE.

Associer des personnes privées à l'exécution du service public administratif n'a jamais constitué une difficulté tant l'État est habitué à mettre à contribution les compétences privées.

Ces dernières années, le recours au secteur privé dans la réalisation et l'exécution des services publics s'est accentué avec les partenariats publics-privés. Ainsi, les bailleurs de fonds ainsi que les partenaires au développement encouragent les États à privilégier le mode d'exécution et de gestion du service public par les partenariats publics privés(ppp).[114]

Une association permanente entre le privé et le public est une caractéristique du service public à la française.[115] la protection civile, les ordres professionnels et les services non régaliens pour lesquels le monopole est abandonné.

2- Un monopole abandonné des services publics non régaliens

L'abandon du monopole d'exécution de certains services publics par la personne publique va être marquée soit par sa volonté de libéraliser les secteurs concernés soit par son essoufflement face à la complexité de ces services.

Ainsi, à côté de cette première catégorie jalousement gardée par l'État appelée services publics régaliens, on dénombre les services publics de protection sociale et sanitaire qui s'intéressent à la qualité de vie et au bien-être des populations relativement à leur sécurité sociale et à leur santé.

Les deux dernières catégories se focalisent sur l'épanouissement des citoyens et à leur éducation ainsi qu'à la manière dont ils peuvent contribuer à l'amélioration de leurs propres conditions de vie en mobilisant les moyens financiers et en s'impliquant dans la gestion des services publics. Les services publics à vocation éducative et culturelle tels que

---

114 En juin 2012, la 16ème Conférence des Chefs d'États et de Gouvernements de l'UEMOA a instruit les institutions communautaires à instaurer une nouvelle forme de gouvernance axée sur les ppp et sur les réformes structurelles tendant à améliorer le financement des économies des États membres et à créer au sein de la BOAD une cellule chargée de la promotion des ppp dans l'Union.

115 GUGLIELMI (Gilles), La conception du service public « à la française », op. p.5.

l'enseignement, la recherche[116], l'audiovisuel[117] et ceux à caractère économique font en font partie.

La deuxième époque est celle de la gestion partagée du service public. Elle est marquée par une forte volonté d'associer d'autres entités à la gestion des services publics non seulement avec d'autres personnes publiques dont les collectivités territoriales et les circonscriptions administratives mais surtout avec les personnes privées. Le processus de décentralisation[118] associé au vaste mouvement de déconcentration répond à cette logique et voit la création des premières sous /préfectures, des préfectures et les premières communes.

Selon le professeur Dégni-Ségui « La loi n°55-1489 du 18 novembre 1955 introduit avec quelques modifications la charte municipale métropolitaine du 5 avril 1884 à l'A.O.F, à l'A.E.F., au Togo, Cameroun et Madagascar. Cette loi coloniale est restée en vigueur jusqu'en 1980 avec la mise en place d'un nouveau cadre juridique par l'adoption d'une série de lois n°80-1180 du 17 octobre 1980 relative à l'organisation municipale, n°80-1181 du 17 octobre 1980 portant régime électoral municipal, n°80-1182 du 17 octobre 1980 portant statut de la ville d'Abidjan et n°85-1085 du 18 octobre 1985 portant création de 98 communes ».[119]

Aux unes sont étendues des compétences de l'État central et aux autres sont reconnues et transférées des compétences propres, une personnalité juridique et une autonomie organique et financière. Les attributs des collectivités territoriales leur octroient le droit de créer des services publics et d'établissements publics locaux[120]. Dans tous les cas, le renforcement de la politique de décentralisation et de déconcentration a permis aux collectivités territoriales et aux circonscriptions administratives d'exécuter au niveau local des services publics traditionnellement pris en charge par l'État central en faisant d'elles des acteurs du développement de proximité.

---

[116] Ces vingt dernières années, l'exécution du service public de l'enseignement supérieur et de la recherche scientifique a connu libéralisation avec une création pléthorique d'établissements, instituts et universités privés.

[117] La Radio Diffusion Ivoirienne (RTI) a perdu son monopole depuis la libéralisation du secteur de l'Audio-visuel en Côte d'Ivoire ayant engendré l'avènement de chaines de Télévisions et radios publiques et privées.

[118] DEGNI-SEGUI (René), Droit administratif, L'organisation administrative, Tome 1, Éditions Omniprésence, Abidjan 2011, p.261.

[119] DEGNI-SEGUI (René), op.cit. p.262.

[120] Article 116 de la loi n°2012-1129 du 13 décembre 2012 portant organisation des collectivités territoriales.

Ces deux premières époques ont montré des prestations de services publics évoluant suivant les lois classiques du service public baptisées « lois de Rolland ».[121]

Très ancrées dans le système juridique de conception française, au niveau central et au niveau local, les organismes gestionnaires des missions de service public qu'elle que soit leur nature juridique (spa ou spic) sont soumis à ces règles.

Bien évidemment avec les insuffisances et limites enregistrées dans leur application. Si des efforts sont faits au niveau du principe d'égalité dont le corollaire est la neutralité, les principes de continuité et surtout d'adaptabilité ont connu des fortunes diverses. En effet, la plupart des services publics en Côte d'Ivoire souffrent d'inadaptabilité faute de moyens financiers car n'ayant pas réussi à répondre aux exigences nouvelles.

Conçus au départ pour un nombre limité d'usagers, les services publics ivoiriens sont caractérisés par leur surexploitation déraisonnable occasionnant parfois des conséquences graves en termes d'efficacité et de sécurité.

La troisième et dernière époque reste dominée par la libéralisation sinon la privatisation du service public. En effet, face à la raréfaction des ressources financières, les besoins sans cesse croissants de l'État et les exigences de plus en plus importantes des populations, le service public devient un moyen de mobilisation de ressources financières. L'État le sollicite à des fins industrielles et économiques en ayant recours aux personnes privées avec lesquelles il entretient des relations de partenariat.

Si les lois traditionnelles du service public se pérennisent et s'imposent, il est devenu nécessaire de les compléter afin d'adapter la gestion du service public aux visions nouvelles dont la modernisation apparaît comme une principale finalité. Aussi, les principes de transparence, de compétitivité, de participation citoyenne, d'égale concurrence sont-ils portés par les nouveaux paradigmes de la nouvelle vision du service public.

La nécessaire modernisation du service public a conduit le législateur à consacrer le principe de transparence du service public. À cet effet, il pèse

[121] Dans les années 1930, Louis Rolland devant les exigences du service public et sa nécessité pour le bon fonctionnement de l'État dans ses relations avec les citoyens c'est à dire dans les rapports entre l'Administration et les administrés conçoit des règles de fonctionnement du service public ou « lois du service public » dites « Lois de ROLLAND ».Au nombre de trois, ce sont le principe de continuité, de mutabilité et d'égalité dont le corollaire est la neutralité du service public du service public. Le principe de gratuité n'en fait pas partie.

sur l'Administration l'obligation de fournir des informations publiques à l'administré susceptibles de l'éclairer dans son action. Ce dernier a le droit de demander la communication de certains documents administratifs. Pour faciliter l'exercice de ce droit, une série d'organismes a été créée. La Commission d'Accès à l'Information d'Intérêt Public (CAIDP) [122] et l'Observatoire du Service public (OSEP)[123] en font partie.

Ainsi, le citoyen ivoirien est invité à s'impliquer activement au bon fonctionnement du service public. L'Observatoire du Service public (OSEP) en est une parfaite illustration. En tant qu'organe de veille dont fait partie la société civile, « l'OSEP contribue à l'amélioration de la qualité du service public par l'appréciation de l'efficacité et de la transparence par l'écoute, le dialogue permanent entre l'Administration et les usagers du service public, la traçabilité, la responsabilité dans l'action administrative, le recueil des griefs et observations des usagers ».[124] A ce titre,« il aide à la prise de décision pour l'amélioration de la qualité du service public et la satisfaction des usagers ».[125]

Pour plus d'efficacité, l'OSEP dispose d'un droit d'auto-saisine pour tout dysfonctionnement de l'administration publique[126]. Les valeurs et principes prônés ont permis la responsabilisation de tous les acteurs tels que l'Administration et l'administré.[127]

Outre les principes classiques du service public, la gestion du service public s'est enrichie de nouveaux principes tels que celui de la séparation des fonctions de gestion et de régulation ainsi que la garantie des droits du

[122] Loi n°2013-867 du 23 décembre 2013 relative à la création de la Commission d'Accès à l'Information d'Intérêt Public. (CAIDP)

[123] Décret n°2017-83 du 8 février 2017 portant création, attributions, organisation et fonctionnement de l'Observatoire du Service public abrogé par le décret n°2019-18 décembre 2019 portant création, attributions, organisation et fonctionnement de l'Observatoire du Service public.

[124] Article 2 du décret n° n°2019-18 décembre 2019 portant création, attributions, organisation et fonctionnement de l'Observatoire du Service public.

[125] Idem.

[126] Article 15 du décret n°2019-18 décembre 2019 portant création, attributions, organisation et fonctionnement de l'Observatoire du Service public.

[127] Ces derniers temps, des principes comme ceux de participation, de gratuité et d'efficacité ont émergé permettant ainsi aux administrés d'être consultés et de bénéficier à moindre coût des prestations de qualité.

Le pouvoir de régulation des autorités administratives indépendantes telle que la Commission d'Accès aux Documents Administratifs (CADA) est très sollicité dans la politique de modernisation du service public.

consommateur devenu non plus uniquement un usager mais un client ayant des droits et des devoirs.[128]

De ce qui précède, il ressort que le service public en Côte d'Ivoire présente un tableau mitigé malgré la richesse du cadre juridique et institutionnel. Les lois du service public s'appliquent de manière inappropriée faisant la plupart du temps l'objet de non-respect de toutes les parties prenantes. Le principe d'adaptabilité du service public est le plus mis à mal. A l'preuve de l'évolution des besoins des usagers, il peine à répondre aux attentes des usagers. Les exigences de plus en plus innovantes et nombreuses sont parfois en avant sur le rythme de mise en adéquation des services publics.

Les prestations sont offertes dans le mépris des standards internationaux et sont en deçà des attentes et besoins des usagers. De même les usagers, les fonctionnaires et agents de l'État, des personnels des collectivités territoriales et leurs partenaires n'ont pas toujours la bonne compréhension des lois du service public. C'est le cas du principe de continuité en lien avec le droit de grève dans le service public et privé.[129]Le service public du transport est un exemple topique car il est majoritairement assuré par le privé dont les opérateurs économiques ignorent l'obligation d'observer le service minimum en cas de grève.[130]

Les principes de neutralité, d'égalité évoluent dans un contexte d'indifférence totale des usagers, des collaborateurs, des fonctionnaires et agents de l'État et des collectivités territoriales. Quant à la gratuité du service public, bien que faisant pas partie ces lois du service public est revendiqué par les usagers du service public en Côte d'Ivoire au point où le législateur l'a affirmé pour le service public de l'enseignement supérieur et de la recherche assorti de nombreuses dérogations le vidant ainsi de son sens.131

La Constitution de la troisième République132 en traçant le cadre de l'exercice de ces nouveaux principes garantit les droits reconnus aux citoyens. En application de cette disposition constitutionnelle, plusieurs

---

[128] RODRIGUES(Stéphane), la régulation communautaire des services publics de réseaux, vers une théorie générale de la « concurrence régulée », op.cit p.11.

[129] Loi n°92-571 du 11 septembre1992 relative aux modalités de la grève dans le secteur public.

[130] Décret n°2018-483 du16 mai 2018 portant modalités particulières de la grève dans le secteur privé.

[131] Articles 3 et 5 de la Loi n°2023- 23 du 23 mai 2023 relative à l'enseignement supérieur, à la recherche et à l'innovation.

[132] Loi n°2016-886 du 08 novembre 2016 portant constitution de la République de Côte d'Ivoire, telle que modifiée par la loi constitutionnelle n°2020-348 du 19 mars 2020.

organismes d'appui ont été créés dont la Commission d'Accès à l'Information d'Intérêt Public, (CAIDP) autorité administrative indépendante.133Cette Commission a rendu plusieurs décisions chaque fois qu'elle a été saisie par un usager du service public voulant exercer son droit à l'information.134

Les stratégies de régulation, de contrôle et d'évaluation effectives concourent à l'amélioration des prestations de service public.

Avec le citoyen placé au cœur du système, une Administration dont les objectifs sont préalablement définis, il est difficile de ne pas atteindre des résultats probants.

C'est tout l'enjeu de la création de ces organismes publics d'appui. Ils doivent œuvrer pour que les prestations de service public aux usagers soient efficaces à tous égards. Ainsi, de manière globale (administration générale) et sectorielle (finances publiques) des organismes publics d'appui à l'instar du MAEP135 de la CNMA136, de l'OSEP et même le Secrétariat National à la Bonne Gouvernance, la Haute Autorité à la Bonne Gouvernance interviennent directement ou indirectement dans la modernisation des prestations de service public en Côte d'Ivoire.

Il faut espérer que les bénéficiaires des prestations de service public à savoir les usagers prennent conscience de leur responsabilité dans l'atteinte des objectifs de ces organismes en tirant meilleur profit de leur création.

Le service public en Côte d'Ivoire est en pleine mutation dans son exécution et sa gestion. Si les collectivités territoriales ivoiriennes bien

---

[133] Loi n°2013–867 du 23 décembre 2013 relative à l'accès à l'information d'intérêt public.

[134] Décision n°044/CAIDP/2022 du 01 juin 2023, Affaire n°68/02/23-045 CIVIS-CI C/Inspection Générale d'État, Décision n°045/CAIDP/2022 du 01 juin 2023, Affaire n°69/02/23-045 KOUAMÉ Christophe C/Cour des Comptes ; Décision n°046/CAIDP/2022 du 01 juin 2023, Affaire n°070/02/23-045 CIVIS-CI C/Ministère du budget et du portefeuille de l'État.

[135] Créé en 2003, le Mécanisme africain d'évaluation par les pairs (MAEP) est un dispositif de contrôle réciproque visant à favoriser la bonne gouvernance en Afrique. Il s'est avéré utile à la réalisation des priorités du Nouveau Partenariat pour le développement de l'Afrique (NEPAD) et des objectifs du Millénaire pour le développement (OMD). Il s'agit d'un instrument établi d'un commun accord, auquel les États Membres de l'Union africaine (UA) adhèrent volontairement en vue de favoriser l'adoption de mesures, normes et pratiques conduisant à la stabilité politique, à la croissance économique, au développement durable et à l'accélération du processus d'intégration économique régionale.

[136] La Commission Nationale de la Modernisation de l'Administration est issue du décret n° 2016-566 du 27 Juillet 2016 portant organisation et Attributions du ministère de la fonction publique et de la modernisation de l'Administration. Ce ministère est scindé en deux portefeuilles ministériels dont l'un est dénommé ministère de la modernisation de l'Administration et du service public.

qu'ayant reçu des compétences transférées pour créer des services publics locaux peinent à mettre en œuvre cette compétence, l'État se sert du service public comme un puissant instrument de prise en charge des activités de la collectivité. En témoignent les dernières réformes sur l'établissement public,137, de la création de nouvelles catégories d'établissements dont les établissements publics hospitaliers et celle des Agences d'Exécution.138

De même, la réforme des sociétés d'État,139 du service public de l'enseignement supérieur,140 du statut général de la fonction publique141 et la loi sur l'évaluation des politiques142participent de la dynamique de faire de la qualité service public le levier du bon fonctionnement de l'administration de l'État et des collectivités territoriales. Par exemple, « une politique publique vise à apporter une solution à un problème d'intérêt général et dont l'efficacité n'est appréciée qu'à l'aune de la valeur ajoutée qu'elle apporte».143

Dans un souci de performance, d'efficacité et même d'efficience, des services publics gérés autrefois en régie ont basculé en mode établissement public ou Agence d'Exécution. Il en va ainsi, de l'Office National de l'Identification (ONI) devenu Office National de l'État Civil et de l'Identification (ONECI) ou encore du Ministère de la Riziculture, service public en régie remplacé par l'ADERIZ, une Agence d'Exécution.144Le recours aux nouvelles technologies, la digitalisation de certains services publics ainsi que la dématérialisation de plusieurs tâches obéissent aux objectifs d'efficacité.

Le service public ivoirien est à la croisée des chemins au regard du dynamisme du cadre juridique. Ce cadre juridique répond à une volonté politique de redynamisation du service public qui se présente comme le pilier de la performance de l'Administration et partant de l'État.

---

[137] Loi n°2020-627 du 14 août 2020 fixant les règles générales relatives aux EPN et portant création de catégories d'établissements publics.

[138] Ordonnance n° 2016-541 du 20 juillet 2016 fixant les règles générales relatives à la création d'Agences d'Exécution et sa loi de ratification n°2016-991 du 14 novembre 2016 portant ratification de ladite Ordonnance.

[139] Loi n°2020-626 portant définition et organisation des sociétés d'État.

[140] Loi n°2023- 23 du 23 mai 2023 relative à l'enseignement supérieur, à la recherche et à l'innovation.

[141] Loi n° 2023-892 du 23 novembre 2023 portant statut général de la fonction publique.

[142] Loi n°2022-966 du 14 décembre 2022 relative à l'évaluation des politiques publiques.

[143] Les articles 4 et 8 de la Loi n°2022-966 du 14 décembre 2022 relative à l'évaluation des politiques publiques

[144] Décret n°2019-458 du 22 mai 2019 portant création, organisation et fonctionnement de l'Office National de l'État Civil et de l'Identification.

De la création de nouvelles catégories d'établissements publics à la création des Agences d'exécution en passant par la réforme hospitalière, le service public en Côte d'Ivoire est en phase de faire partie des enjeux de la gouvernance administrative et financière.145

Des objectifs de performance lui sont assignés désormais car un service public performant est le gage d'une bonne gouvernance.

[145] Lois organiques n°2014-336 relative aux lois de finances et n°2014-337 portant code de transparence dans la gestion des finances publiques.

L'ARRÊT DES PREMIÈRES…

Dandi GNAMOU

Agrégée de droit public, Professeure titulaire à l'Université d'Abomey-Calavi (Bénin)

Il est rare qu'une même question juridique, concernant les mêmes requérants, fasse l'objet devant un juge suprême de trois séries d'arrêts. Chargé de trancher en dernier recours avec des décisions insusceptibles de recours [1], on fait le pari que le juge du « dernier mot » [2], peut éventuellement être amené à interpréter sa propre décision, mais pas à réexaminer sur le fond un recours qu'il a déjà lui-même vidé. L'arrêt d'assemblée du 14 février 2023 de la Cour suprême du Bénin, à cet égard, est unique en son genre. C'est pour cela qu'il est dédié à un professeur unique en son genre, le Professeur Martin Bléou, grand militant et dirigeant de la ligue ivoirienne des droits de l'Homme, ancien ministre ivoirien, défenseur infatigable de la démocratie, que j'ai rencontré à l'occasion d'un colloque au Bénin. Il avait eu la gentillesse de me dire au dîner offert chez le Professeur Holo que mes qualités intellectuelles avaient attiré l'attention du Doyen Wodié, le maître incontesté de tous. Et c'est de lui que j'ai retenu la formule, « votre succès au concours était mérité autant qu'attendu ». C'est donc un honneur pour moi de lui dédier ces quelques lignes et de remercier, au passage, le Professeur Francisco Djedjro-Meledje pour m'avoir rappelé à cet agréable devoir.

L'arrêt n°01/CA-AP du répertoire de la Cour suprême du Bénin est intéressant à plusieurs égards et concerne le contentieux de la gestion de la carrière des agents publics, particulièrement des forces de sécurité de publique, dans un contexte de réforme statutaire. Les faits sont assez simples. Dans le mouvement général de modernisation de la fonction publique, la loi n° 2015-20 du 19 juin 2015 portant statut spécial des forces de sécurité publique et assimilées est adoptée. Pour opérationnaliser la réforme, la fusion des policiers et des gendarmes dans des corps communs de la police républicaine nécessitait une refonte des corps et grades.

[1] Article 131 nouveau, alinéa 2 de la Constitution du 11 décembre 1990 tel que modifiée par la loi n°2019-40 du 07 novembre 2019 portant révision de la loi n°90-32 du 11 décembre 1990 portant révision de la Constitution.

[2] En référence à la guerre du dernier mot tel qu'avancé par A. SUPIOT, « La guerre du dernier mot », in Liber Amicorum en hommage à P. Rodière. Droit social international et européen en mouvement, Paris, Librairie générale de droit et de jurisprudence, 2019, p. 489- 503.

L'Exécutif a retenu, dans les modalités du reversement et du reclassement dans les nouveaux corps, des tranches dans lesquelles se retrouvent plusieurs promotions, une tranche pouvant couvrir jusqu'à trois ans.

Deux décrets, celui n° 2018-155 du 02 mai 2018 portant modalités de reclassement des personnels de l'ex-police nationale et n° 2018-170 du 16 mai 2018 portant reversement et reclassement de deux cent quarante-sept commissaires de police, ont fait l'objet de recours en annulation en ce que l'existence de ces tranches a conduit à mettre dans le même grade avec la même ancienneté, des promotions différentes de commissaires de police. Les requérants avancent principalement la méconnaissance du principe d'égalité et la violation de leurs droits acquis à l'ancienneté, du fait de leur rattrapage, par leurs cadets des promotions suivantes, en violation du principe de la hiérarchie interne. Ils sollicitent de la haute Juridiction la reconstitution de leurs carrières.

Deux principaux arrêts sont rendus sur le sujet, la première par la première section de la chambre administrative de la Cour suprême le 27 mai 2021 et la deuxième par la deuxième section de la même chambre le 23 juin 2021, ce sont les arrêts initiaux. Sur requête du ministère de l'intérieur, le premier arrêt n°97/CA du 27 mai 2021, fait l'objet d'un recours en interprétation[3], objet de l'arrêt n°2020-32 du 6 août 2021. Donc deuxième arrêt sur le même sujet.

Concernant les mêmes recours, le Procureur général près la Cour suprême, pour donner suite à une lettre du ministre de la Justice et de la Législation va introduire, le 18 juillet 2022, un recours à fin de rabat des arrêts n°97/CA du 27 mai 2021 et n°125/CA du 23 juin 2021, rendus respectivement par la première et la deuxième section de la chambre administrative de ladite Cour.

Relevant la contrariété entre ces deux arrêts, le Procureur général sollicite de la Cour, dans sa composition plénière, d'avoir à régler définitivement la question de la légalité tant du décret n° 2018-155 du 02 mai 2018 portant modalités de reclassement des personnels de l'ex-police nationale et que de celui n° 2018-170 du 16 mai 2018 portant reversement

---

[3] L'interprétation concernait l'article 5 de l'arrêt n°97/CA du 27 mai 2021 ainsi libellé, « Les avancements en grades et emplois supérieurs de HONGBETE Prudencio et de OROU SANNI Gnon Thérèse sont devant tenir compte de leur ancienneté effectivement acquise au 19 juin 2015 ». La Cour recevra la demande sur le fondement des articles 532 et 1192 du Code de procédure civile, commerciale, administrative, sociale et des comptes et dira qu'il s'agit « d'affirmer avec emphase que l'Administration se doit de tenir compte de l'ancienneté des requérants lors des avancements en grade », pour ne pas aboutir à une inversion d'ordre d'ancienneté.

et reclassement de deux cent quarante-sept (247) commissaires de police en ce qui concerne les requérants. L'enjeu pour ces derniers est d'être fixé sur la reconstitution de leur carrière. Ainsi est convoqué l'Assemblée plénière de la Cour suprême pour se prononcer. C'est la décision de la Cour suprême qui est l'objet de l'arrêt d'assemblée sous examen. C'est donc la troisième fois que la même Cour examine un même recours, sur une question juridique concernant les mêmes requérants.

Dans le fond, le juge suprême doit vérifier que les décrets querellés ne portent pas atteinte aux garanties des requérants. La question de fond concerne l'étendue des droits dont bénéficient les fonctionnaires dans un processus de réforme statutaire. Examinant successivement la recevabilité et le fond, tant concernant la requête aux fins de rabat, que celles des recours initiaux, l'Assemblée plénière conclut à l'irrecevabilité du décret n°2018-155 du 02 mai 2018 portant modalités de reclassement des personnels de l'ex-police nationale et à la légalité du décret n°2018-170 du 16 mai 2018 portant reversement et reclassement de deux cent quarante-sept commissaires de police, en introduisant, au passage, une réserve d'interprétation dans son dispositif. Elle confirme l'inutilité de la reconstitution de carrière du fait du reversement et ne fait pas droit à la demande de dommages intérêts de certains requérants.

L'arrêt d'Assemblée du 14 février 2023 est l'arrêt des premières : Une première utilisation de la procédure du rabat d'arrêt tel qu'instituée par la loi n°2022-12 du 05 juillet 2022 portant règles de procédure applicables devant les formations juridictionnelles de la Cour suprême, une première sous l'ère du renouveau démocratique, de la convocation d'une assemblée plénière face à une contradiction entre deux arrêts de la même Cour[4] dont on sait depuis la Constitution du 11 décembre 1990 que ces décisions sont insusceptibles de recours, et enfin une première au regard de l'introduction par le juge administratif de la réserve d'interprétation.

Aussi pour entrer dans l'intelligence de cet arrêt tout en restant dans la logique du raisonnement binaire, il est retenu, sur la forme, que l'arrêt d'Assemblée du 14 février 2023 est la première mise en œuvre de la

---

[4] En juin 2021, l'Assemblée plénière de la Cour suprême du Bénin avait été réunie relativement à un recours à fin de poursuite de procédure et de décision du pourvoi formé contre l'arrêt n° 002/CRIET/CA-51 du 18 juin 2020, rendu le 29 mai 2020 par la section de l'instruction de la chambre des appels de la Cour de répression des infractions économiques et du terrorisme (CRIET). La Cour siégeant en Assemblée plénière, a, par arrêt 001/CJ-P-AP du 16 juin 2021 (Société Sécuriport, Enrique SEGURA, Gaston TARQUINI JACQUEMIN et Abdou Raman SOUMANOU c/ Ministère public et Agent judiciaire du Trésor), déclaré le recours irrecevable.

procédure de rabat d'arrêt (I), et que sur le fond, la haute Juridiction règle pour la première fois la question de la contrariété de ses propres décisions (II).

I- UNE PREMIÈRE : LA MISE EN ŒUVRE DE LA PROCÉDURE DE RABAT D'ARRÊT

Le rabat d'arrêt est une décision par laquelle une juridiction neutralise un arrêt qu'elle-même a déjà rendu. Une telle procédure d'origine prétorienne développée au sein des juridictions judiciaires et notamment en droit pénal avait pour objet la mise à néant d'un arrêt de la Cour en raison d'un vice entièrement imputable à la juridiction. Elle fait son entrée dans l'ordre juridictionnel béninois, ce qui rend la requête aux fins de rabat d'arrêt recevable (A) et qui donne l'occasion à la haute Juridiction de confirmer en Assemblée, les règles de recevabilité au regard de la nature des actes soumis à examen (B).

A. Une nouvelle procédure

Le rabat d'arrêt est une procédure qui a vocation à s'appliquer de façon exceptionnelle puisqu'elle n'est pas constitutive d'une procédure en rectification d'erreur matérielle, procédure connue et qui permet à la Cour, d'office, d'avoir à rectifier des erreurs qui se sont glissées dans un arrêt de la Cour.

Le rabat d'arrêt conduit la haute Juridiction, au vu d'un vice qui lui est imputable, à juger à nouveau l'affaire. La procédure de rabat d'arrêt en même temps qu'elle semble aller en contradiction avec le caractère insusceptible de recours des décisions d'une juridiction suprême, vise à s'intéresser au sort du justiciable afin que ce dernier ne subisse pas les conséquences d'un acte qui ne lui est pas imputable. C'est pour cela qu'introduite par la loi n° 2022-12 du 05 juillet 2022 portant règles particulières de procédure applicables devant les formations juridictionnelles[5] de la Cour suprême, elle nécessite la convocation de la forme la plus solennelle de la Cour, l'Assemblée plénière[6].

---

[5] Tant en matière judiciaire qu'administrative respectivement par les articles 34 et 35 de la loi n° 2022-12 du 05 juillet 2022 portant règles particulières de procédure applicables devant les formations juridictionnelles de la Cour suprême.

[6] Article 37 de la loi n° 2022-12 du 05 juillet 2022 portant règles particulières de procédure applicables devant les formations juridictionnelles de la Cour suprême.

L'article 35 de la loi n° 2022-12 du 05 juillet 2022 portant règles particulières de procédure applicables devant les formations juridictionnelles de la Cour suprême dispose en effet, « En matière administrative, le rabat d'arrêt peut être ordonné, en cas de contrariété entre des arrêts de la Cour ou lorsque l'arrêt rendu est entaché d'une erreur non imputable à l'État qui, aux dépens de celui-ci ou de ses émanations, a affecté la solution donnée à l'affaire. Le rabat d'arrêt peut également être ordonné lorsqu'une compromission dans la représentation ou l'assistance judiciaire de l'État notamment par corruption, concussion ou abus de fonction aura eu une influence décisive sur la solution de l'affaire aux dépens de l'État ».

La particularité du rabat d'arrêt devant la chambre administrative est que cette procédure est actionnable en cas de contrariété de décisions de la même Cour et pour des faits qui sont préjudiciables à l'État, aux collectivités territoriales et autres personnes publiques émanant de l'État. Il faut rappeler que les personnes publiques et particulièrement l'État sont justiciables devant la Chambre administrative. On aurait pu étendre l'ouverture de la procédure de rabat d'arrêt aux personnes privées, dans les cas où hormis la contrariété de décisions de la haute Juridiction, il advient par extraordinaire qu'un vice entachant la décision soit imputable à la haute Juridiction[7].

La procédure en matière administrative est introduite soit par le Procureur général près la Cour soit proprio motu, soit à la demande du ministre en charge de la Justice dans le délai de trois mois après le prononcé de la décision. On ne s'étonnera donc pas que le Conseil des policiers bénéficiaires de l'arrêt du 21 juin 2021 ait soulevé l'irrecevabilité d'une telle procédure, les deux arrêts objets de la requête aux fins de rabat datant, du 27 mai 2021 pour la première section et du 23 juin 2021 pour la deuxième section.

Toutefois, le Conseil fondait l'irrecevabilité non pas sur le délai « normal » de trois mois après le prononcé de la décision, mais plutôt du fait de la forclusion du délai de cinq jours prévu dans la loi n°2022-10 du 27 juin 2022 portant composition, organisation, attributions et fonctionnement de la Cour suprême dont l'article 48 dispose : « Les arrêts de la Cour suprême rendus antérieurement à l'entrée en vigueur de la présente loi peuvent faire l'objet d'une requête en rabat d'arrêts, lorsque les conditions de fond requises sont réunies dans un délai de cinq (05) jours à compter de la publication de la présente loi. »

[7] C'est le cas devant la chambre judiciaire.

L'argument de l'irrecevabilité sur le fondement de la forclusion du délai de cinq jours, entre la publication de la loi et la requête le 18 juillet, n'a pas prospéré. Le Conseil faisait courir le délai à compter de la date de la connaissance acquise, le 08 juillet 2022, par diffusion sur le site du Secrétariat général du Gouvernement. La Cour a retenu, comme date de départ de la computation des délais, celle de la publication au Journal officiel, soit le 13 juillet 2022. La recevabilité de la requête aux fins de rabat d'arrêt est donc acquise. On notera au passage que l'article 48 la loi n°2022-10 du 27 juin 2022 portant composition, organisation, attributions et fonctionnement de la Cour suprême, aura servi une seule fois et ne pourra plus être invoqué dans une procédure aux fins de rabat d'arrêt. Il devient une disposition caduque.

Ayant conclu à la recevabilité de la requête, l'Assemblée plénière s'est attachée à examiner la recevabilité du recours initial des policiers. La Cour pour ce faire procède d'abord, à la jonction des deux dossiers en constatant que ceux-ci, tendent à juger les mêmes faits et tendent aux mêmes fins, avant de confirmer par cet arrêt d'assemblée la distinction acte individuel, acte réglementaire.

B. Une confirmation des règles de recevabilité en fonction de la nature de l'acte

Dix-neuf procédures avaient au départ fait l'objet des deux arrêts. Le premier arrêt, Kouerou Ayouba et sept autres contre Président de la République en date du 27 mai 2021, le deuxième, Woudecon Bernard et 11 autres, en date du 23 juin 2021. En ce qui concerne l'affaire Kouerou Ayouba et 7 autres, le recours en annulation concernait le décret n° 2018-155 du 02 mai 2018 portant modalités de reclassement des personnels de l'ex-police nationale dans les différents corps créés par la loi n° 2015-20 du 19 juin 2015 portant statut spécial des personnels des forces de sécurité publique et assimilées et le décret n° 2018-170 du 16 mai 2018 portant reversement et reclassement de deux-cent quarante-sept (247) commissaires. Seul le dernier décret portant reversement et reclassement de deux-cent quarante-sept (247) commissaires faisait l'objet de recours dans l'affaire Woudecon et autres.

Examinant les dates des différents recours, l'Assemblée plénière confirme la position de la chambre administrative de la Cour suprême sur l'interprétation littérale de l'article 827 du code des procédures, telle qu'elle l'avait retenue pour la première fois dans l'arrêt Adamou Amidou du 07 janvier 2021. En effet, aux termes de l'article 827 du code de procédure civile, commerciale, sociale, administrative et des comptes:

« Le délai de recours pour excès de pouvoir est de deux mois. Ce délai court de la date de publication de la décision attaquée ou de la notification.

Avant de se pourvoir contre une décision individuelle, les intéressés doivent présenter un recours hiérarchique, ou gracieux tendant à faire rapporter ladite décision.

Le silence gardé plus de deux mois par l'autorité compétente sur le recours hiérarchique ou gracieux vaut décision de rejet.

Les intéressés disposent, pour se pourvoir contre cette décision implicite d'un délai de deux mois à compter du jour de l'expiration de la période de deux mois susmentionnée. Néanmoins lorsqu'une décision explicite de rejet intervient dans ce délai de deux mois, elle fait à nouveau courir le délai de pourvoi.

Les délais prévus pour introduire le recours ne commencent à courir que du jour de la notification, de la décision de rejet du recours gracieux ou à l'expiration du délai de deux mois prévu à l'alinéa précédent ».

Jusqu'à l'arrêt Adamou Amidou, le recours administratif préalable était exigé tant pour les actes individuels que pour les actes réglementaires. Faisant une lecture croisée de l'article 827 du Code des procédures et l'article 32 alinéa 2 de la loi n° 2004-20 du 17 août 2007 portant règles de procédures applicables devant les formations juridictionnelles de la Cour suprême, la Cour avait retenu que le délai légal, d'ordre public, du recours pour excès de pouvoir est de deux mois à compter de la date de notification, de publication ou de la connaissance acquise et que seul un acte individuel était conditionné par un recours administratif préalable. Elle a repris cette position dans l'arrêt Kouerou Ayouba et sept autres contre Président de la République où elle a constaté que tous les requérants étaient forclos pour avoir introduit leur recours presque cinq mois après l'adoption du décret n° 2018-155 du 02 mai 2018 portant modalités de reclassement des personnels de l'ex-police nationale.

Dans l'arrêt d'Assemblée, la haute Juridiction confirme sa position en retenant, que le décret n° 2018-155 du 02 mai 2018 portant modalités de reclassement des personnels de l'ex-police nationale dans les différents corps créés par la loi n° 2015-20 du 19 juin 2015 portant statut spécial des personnels des forces de sécurité publique et assimilées, étant de nature réglementaire, « sa contestation est enserrée dans un délai de deux mois », tandis que le décret n° 2018-170 du 16 mai 2018 portant reversement et reclassement de deux-cent quarante-sept (247) commissaires de police est un acte à caractère individuel et que « le requérant doit exercer un recours administratif préalable ».

Ainsi, un acte réglementaire, de caractère normatif et de portée générale et impersonnelle doit être attaqué deux mois au plus tard après sa date de notification, de publication ou de la connaissance acquise.

L'acte individuel, destiné, lui, à produire des effets au profit ou à l'encontre d'un destinataire déterminé ou de plusieurs destinataires individualisés nécessite un recours administratif préalable pour lier le contentieux. En cas de silence de l'Administration, le requérant dispose d'un délai de quatre mois à compter de la date du recours administratif.

Procédant à la distinction entre les actes réglementaires et les actes individuels, le décret n° 2018-155 du 02 mai 2018 portant modalités de reclassement des personnels de l'ex-police nationale, acte réglementaire, tombe sous le coup de l'irrecevabilité, tandis que le décret n° 2018-170 du 16 mai 2018 portant reversement et reclassement de deux-cent quarante-sept (247) commissaires de police est recevable pour certains requérants. La recevabilité examinée, la haute Juridiction s'intéresse au fond de l'affaire.

II- UNE PREMIÈRE SOUS L'ÈRE DU RENOUVEAU DÉMOCRATIQUE : UNE DÉCISION ISSUE D'UNE CONTRARIÉTÉ D'ARRTS DE LA COUR SUPRÊME

Dans l'examen au fond, la Cour est amenée à trancher la question du bien-fondé de la requête en rabat d'arrêts (A), avant de poser le principe de la validité du décret en usant de la technique de la réserve d'interprétation (B).

A. Le bien-fondé de la requête

Trois arguments principaux étaient avancés au fond pour contester le rabat d'arrêts. La violation du procès équitable, l'abus de droit, enfin une potentielle contrariété qui devrait être interprétée au bénéfice des requérants.

Concernant la violation du procès équitable, c'est la sécurité juridique qui était, selon le Conseil des bénéficiaires de l'arrêt de juin 2021, mise à mal du fait d'un réexamen d'une cause déjà tranchée par le juge suprême. Une loi nouvelle, selon lui, bien que de procédures, ne devrait pas s'appliquer à des affaires déjà tranchées sans remettre en cause le droit au procès équitable.

Pour réfuter l'argument de la violation de la sécurité juridique, l'Assemblée plénière, se réfère explicitement à l'article 48 de la loi n° 2022-10 du 27 juin 2022 autorisant dans un délai de cinq jours le rabat des arrêts adoptés avant son adoption et à l'article 35 de la loi portant règles de procédure qui fixe les conditions d'ouverture du rabat d'arrêts.

En tant que « bouche de la loi »[8], la haute Juridiction s'est contentée d'appliquer deux lois qui par ailleurs ont fait l'objet du contrôle de constitutionnalité, l'une par décision du 24 juin 2022[9], l'autre par décision de conformité du 1er juillet 2022[10]. Elle conclut que « le droit à un procès équitable s'entend du droit de voir sa cause jugée dans un délai raisonnable par une juridiction indépendante dans le respect des droits de la défense et du principe du contradictoire », rejetant le moyen tiré de la violation du droit au procès équitable.

Toujours dans cette posture, l'Assemblée plénière ne fait pas plus droit au moyen tiré de l'abus de droit de l'Administration et particulièrement du Procureur général. La défense soutenait en effet que la requête aux fins de rabat d'arrêts est une méprise du principe de la rétroactivité du revirement de jurisprudence. Pour le Conseil des bénéficiaires de l'arrêt n°125/CA du 23 juin 2021, si contradiction existe entre l'arrêt Kouerou Ayouba et autres, et l'arrêt Woudecon Bernard et autres, il appartenait à l'Administration de procéder à l'extension de l'arrêt Woudecon à l'arrêt Kouerou au nom du principe de rétroactivité du revirement de jurisprudence, l'arrêt Woudecon ayant donné une réponse plus favorable aux requérants à la question de droit soumise à la haute Juridiction. Le rabat d'arrêts serait une immixtion de l'Exécutif dans le Judiciaire.

En restant très méthodique sur la notion d'abus de droit, la haute Juridiction note subtilement qu'il n'échappe pas au Conseil des bénéficiaires qu'il y a contrariété de jurisprudence entre les deux arrêts. Or, le Procureur général veille à la cohérence de la jurisprudence de la Cour[11].

---

8 Selon l'expression du Baron de la Brède de Montesquieu dans l'Esprit des Lois.

9 DCC 22-220 du 24 juin 2022, déclaration de conformité de la loi n°2022-10 du 27 juin 2022 portant composition, fonctionnement, organisation et attributions de la Cour suprême.

10 DCC 22-250 du 1er juillet 2022, déclaration de conformité de la loi n° 2022-12 du 05 juillet 2022 portant règles particulières de procédure applicables devant les formations juridictionnelles de la Cour suprême.

11 Article 42 de la loi n°2022-10 du 27 juin 2022 portant composition, organisation, attributions et fonctionnement de la Cour suprême : « Le procureur général près la Cour suprême est investie d'une mission de défense de la loi, de sauvegarde du droit et de l'intérêt général.

Le moyen tiré de l'abus de droit est donc mal fondé dès lors qu'il s'agit pour le Procureur général, de solliciter un rabat d'arrêts pour rendre cohérent deux arrêts contradictoires. C'est d'ailleurs à la mise en exergue de cette contradiction que le Procureur s'attèle. En effet la haute Juridiction ne peut faire droit au rabat des arrêts si, en l'espèce, l'argument de la contrariété des décisions n'est pas fondé.

Or, le Procureur général fait remarquer que la première chambre tenait pour légale le décret n° 2018-170 du 16 mai 2018 portant reversement et reclassement de deux cent quarante-sept commissaires de police, là où la deuxième chambre par l'arrêt n°125/CA du 23 juin 2021 de la deuxième section en ordonnant « la reconstitution subséquente de la carrière des intéressés », remettait en cause la légalité du même décret. Les deux arrêts produisent donc des « effets inconciliables » qui fondent leur rabat.

L'Assemblée plénière fait référence à la ligne jurisprudentielle tracée par l'arrêt n°97/CA du 27 mai 2021 et en retient que le juge de la légalité n'est pas compétent pour contrôler l'opportunité d'une réforme.

Ainsi, à travers ce rabat d'arrêts, il est loisible de retenir que la ligne jurisprudentielle retenue par l'Assemblée plénière est celle de l'arrêt du 27 mai 2021, Kouerou Ayouba et sept autres. Le juge suprême de la légalité tire les conséquences de la situation légale et réglementaire des fonctionnaires [12], en l'espèce des fonctionnaires forces de sécurité publique. Cette situation légale et réglementaire rend les termes de la relation modifiable à tout moment par l'État employeur pour les besoins de service public ou des motifs d'intérêt général, même lorsque les dispositions introduites sont moins favorables aux fonctionnaires. Pourvu que les droits régulièrement acquis par les agents soient conservés et que les personnes concernées soient traitées de manière identique[13]. A regarder de près l'arrêt d'Assemblée en lien avec l'arrêt Kouerou Ayouba du 27 mai 2021, en cas de réforme, les garanties principales du fonctionnaire sont celles d'une fonction publique de carrière structurée en corps, dont les membres ont le droit de se voir confier des fonctions et affectation conformes à leur grade [14]. Les garanties essentielles retenues sont le

---

Il veille à l'interprétation et à l'application de la loi ainsi qu'à la cohérence de la jurisprudence »

[12] CE français, 26 juillet 2007, M. Georges A, n° 255698, T.

[13] Tribunal de la fonction publique de l'Union européenne - Arrêt du 19 juillet 2016 dans l'affaire n° F-131/15, Adolf STIPS contre Commission européenne, §.77, https://www.stradalex.eu/fr/se_src_publ_jur_eur_t_fpub/document/trib_fct_publ_ue2016_F-131_15_57, consulté le 28 mai 2023.

[14] CE français, Ass., 13 février 1976, Casanova X..., n° 94707, Rec.

principe d'égalité de traitement dans la fonction publique et l'interdiction de l'inversion de carrière[15]. Le principe d'égalité n'interdit cependant pas toute réforme dans la structure d'un corps. L'atteinte au principe d'égalité peut être justifiée par un changement structurel induit par la mise en œuvre d'une réforme législative, mais il doit être à même d'assurer le respect de la hiérarchie interne à chaque corps[16]. C'est sur ce principe de hiérarchie interne que la haute Juridiction introduit la technique de la réserve d'interprétation.

B. L'introduction de la réserve d'interprétation

Dans l'examen au fond qui concerne uniquement le décret n° 2018-170 du 16 mai 2018 portant reversement et reclassement de deux cent quarante-sept commissaires de police, la haute Juridiction, à l'occasion de l'arrêt Ayouba Kouerou confirmée par l'arrêt d'Assemblée, sort de la logique classique de l'annulation ou du rejet. C'est l'objet de l'article 10 de l'arrêt d'Assemblée selon lequel, « Pour les avancements en grades et emplois supérieurs immédiatement postérieurs au reversement et au reclassement dans les nouveaux grades, l'administration doit tenir compte des anciennetés effectivement acquises au 19 juin 2015 » et dont on voit poindre l'esquisse aux articles 4 et 5 de l'arrêt Ayouba Kouerou où les recours sont partiellement fondés en ce qu'ils visent la prise en compte de l'ancienneté effectivement acquise pour les avancements et les emplois supérieurs ultérieurs.

Avec l'arrêt d'Assemblée, le juge de la légalité semble recourir à la réserve d'interprétation. La réserve d'interprétation est une technique utilisée dans le contrôle de constitutionalité des lois qui permet au juge constitutionnel d'éviter de déclarer une disposition inconstitutionnelle en donnant une interprétation « neutralisante », « constructive » ou « directive »[17]. Encore appelées sous le vocable de « décisions de conformité sous réserve », ces décisions déclarent la conformité de la loi à

[15] CE français, Sect., 26 octobre 1979, M. X..., n° 09573, Rec. ; CE, 10 janvier 2001, Syndicat national des administratifs et techniciens de l'environnement, de l'architecture et de l'urbanisme, n° 193160, T.

[16] L. Dutheillet de Lamothe (sous dir), N. Labrune et M. Firoud, L. Domingo, A. Iljic, B. de Maillard et M. Perrière, L'essentiel de la jurisprudence de la fonction publique, Conseil d'État, édition 2020, pp. 30-33.

[17] M. De Villiers, A. Le Divellec, Dictionnaire du droit constitutionnel, Sirey, 7ème éd., p. 301.

la constitution, sous réserve que ces dispositions soient entendues comme le juge constitutionnel l'a défini[18].

Dans l'arrêt d'Assemblée du 14 février 2023, l'article 10, permet de valider la thèse de la réserve d'interprétation « directive ». En droit constitutionnel, la conformité sous réserve d'interprétation « directive » a pour objet de tracer une ligne de conduite à ceux qui auront à appliquer la loi déclarée conforme sous réserves[19]. Sans utiliser le terme, « sous réserves » dans l'arrêt d'Assemblée du 14 février, le décret est conforme s'il est entendu que dans le cadre de la réforme, les modalités ultérieures de nomination aux emplois doivent tenir compte, de l'ancienneté acquise par les fonctionnaires de police, afin d'éviter une inversion de carrière.

L'inversion de carrière ou enjambement peut être invoqué pour des mesures tenant à la structure du corps lorsque la modification des durées d'ancienneté dans les échelons et des modalités de reclassement prévues conduit à ce que certains fonctionnaires soient reclassés à un échelon supérieur à celui auquel sont reclassés d'autres agents qui, dans la situation antérieure, détenaient un échelon supérieur[20]. Une telle inversion de carrière serait contraire à l'égalité de traitement dans la carrière. C'est donc pour cela que le juge trace une ligne de conduite à adopter dans la façon d'entendre le décret qui, certes établit des tranches, mais qui ne doit pas être entendu comme mettant les compteurs de l'ancienneté à zéro au moment des promotions. L'arrêt interprétatif apportait à ce propos une explication très claire « l'article 5 de l'arrêt doit s'entendre comme imposant à l'Administration, passer la phase du reversement dans le nouveau grade et pour procéder aux avancements en grades et emplois supérieurs, dans les promotions immédiatement postérieurs, l'obligation de tenir compte, nécessairement et absolument des anciennetés effectivement acquises au 19 juin 2015 ». Il s'agit bien d'une directive qui permet tout en préservant la hiérarchie interne, de reconnaître la latitude de la réforme, sans obérer les principes fondamentaux de la carrière au sein de la fonction publique, et notamment au sein des forces de sécurité. La seule dérogation connue au maintien de la hiérarchie interne est en effet

---

[18] T. Di Manno, Le juge constitutionnel et la technique des décisions « interprétatives » en France et en Italie, Economica-PUAM, 1997.

[19] L. Favoreu, P. Gaïa, R. Ghévontian, J.-L. Mestre, O. Pfersmann, A. Roux, Droit constitutionnel, 21è édition, 2019, Dalloz Précis, p. 387.

[20] CE français, 9 novembre 1994.

celle de la promotion interne «lorsque l'intérêt du service dans le corps du niveau hiérarchiquement supérieur l'exige »[21].

Aucun des fonctionnaires détenant un échelon supérieur avant la réforme ne s'est vu supplanter par son cadet, lors du reversement reclassement. Mais, il fallait s'assurer que passer le stade du reclassement qui place les fonctionnaires de promotions différentes dans un même échelon, les nominations à des postes permettraient de tenir compte de l'ancienneté acquise par chacun d'eux. C'est pour cela qu'en tenant compte de la place de l'ancienneté dans un corps fortement hiérarchisé tel que celui de la police et consciente du risque important d'inversion d'ordre d'ancienneté ou d'enjambement lors des nominations aux emplois et grades supérieurs, immédiatement postérieurs au reversement dans le nouveau grade si l'ancienneté était ignorée, l'Assemblée plénière adopte la formulation de l'article 10, tout en validant à l'article 7 de l'arrêt, le décret n°2018-170 du 16 mai 2018 portant reversement et reclassement de deux cent quarante-sept commissaires de police.

Autrement dit, bien qu'il faille tenir compte de l'ancienneté effectivement acquise au 19 juin 2015, date de promulgation de la loi 2015-20 portant statut spécial des personnels des forces de sécurité publique, il n'y avait pas lieu d'annuler le décret n°2018-170 du 16 mai 2018 portant reversement et reclassement de deux cent quarante-sept commissaires de police, du fait de la latitude de l'Exécutif, pour l'intérêt général, de faire des réformes.

En conclusion, l'Assemblée plénière de la Cour suprême tient compte de la situation légale et réglementaire des fonctionnaires dans un processus de réforme. La haute Juridiction constate d'une part, qu'au moment du reversement il n'y a ni enjambement, ni inversion d'ordre d'ancienneté ; et d'autre part que ce décret se contente de procéder au reversement des agents de la police dans un contexte de réforme statutaire, prérogative essentielle de l'Exécutif. Pour des raisons d'équité, elle estime que l'application d'un tel décret devra être entendu comme obligeant l'Administration à ne pas ignorer les anciennetés acquises pour les emplois à pourvoir, ce qui relève de la technique de la réserve d'interprétation qu'elle a commencé à initier dans l'arrêt Ayouba Kouerou du 21 mai 2021.

Gageons que cette technique qui semble aussi faire son entrée au Conseil d'État français deux mois plus tard, lors de l'examen de

---

[21] CE français, 26 octobre 1979 puis 10 janvier 2001, Syndicat national des administratifs et techniciens de l'environnement de l'architecture et de l'urbanisme, n°193160 T.

l'ordonnance portant réforme de la fonction publique[22], permettra d'introduire un peu de souplesse dans l'office du juge tout en préservant les garanties accordées aux fonctionnaires.

[22] Conseil d'État, N° 453971, Conseil d'État 453971, Lecture du 19 juillet 2022, article 2 du dispositif, https://www.conseil-etat.fr/fr/arianeweb/CE/decision/2022-07-19/453971.

ORGANISATION JURIDICTIONNELLE ET DROIT ADMINISTRATIF EN FRANCE ET EN AFRIQUE FRANCOPHONE : ESQUISSE D'UNE THÉORIE DE L'ÉVOLUTIONNISME JURIDIQUE.

Yédoh Sébastien LATH
Agrége de droit public, Maitre de Conférences
Université Félix Houphouët Boigny
Abidjan-Cocody (Côte d'Ivoire)

Ubi societas, ibi jus, « tel est l'adage bien connu de tous – y compris les profanes – et qui proclame le lien logique, indissociable et indispensable entre la société humaine et le droit »[1]. Il signifie littéralement « là où est la société, est aussi le droit ».

Qu'il s'agisse de l'Afrique ou de tout autre continent, « la Société change de forme, l'humanité de condition et de nouvelles destinées s'approchent... »[2]. En conséquence, l'évolution des Etats contemporains impose une adaptabilité constante des règles juridiques. De même, les transformations des systèmes de droit impliquent bien souvent des mutations sociales. On ne peut donc étudier les normes juridiques et les institutions publiques sous une approche exclusivement statique en excluant les processus d'évolution des systèmes de droit. Tout au contraire, l'analyse évolutionniste peut davantage permettre de cerner les dynamiques spatio-temporelles de la transformation des normes et des institutions dans l'ordre du droit [3]. Elle favorise par ailleurs une compréhension objective des conditions d'adaptabilité des règles de droit et, notamment, de consolidation des systèmes juridictionnels. C'est en cela qu'il est utile d'opérer une relativisation dans l'analyse des systèmes juridictionnels ; car les certitudes d'hier peuvent se transformer en incertitudes aujourd'hui. Cela d'autant plus que le droit administratif est un droit vivant, un droit pragmatique, un droit dynamique, un droit évolutif.

---

[1] Francisco MELEDJE DJEDJRO, Introduction à l'étude du droit. Les fondements du droit, Editions ABC, 2013, p. 10.

[2] Alexis de TOCQUEVILLE, De la démocratie en Amérique, Tome 1, Collection Folio/Histoire, Editions Gallimard, 1961, Préface d'André JARDIN, 1986, p. 33.

[3] Yédoh Sébastien LATH, Les évolutions des systèmes constitutionnels africains à l'ère de la démocratisation, Thèse, Université de Cocody, 2008.

En partant de la formule du professeur Prosper Weil qui, évoquant l'histoire du régime administratif en France, relevait que « l'existence même d'un droit administratif relève en quelque sorte du miracle »[4], on peut rétorquer que l'institution du droit administratif dans les Etats africains de succession française semble être, a contrario, une simple évidence de l'héritage colonial. Par ailleurs, alors que le droit administratif français a une origine prétorienne en ce qu'il résulte essentiellement de l'œuvre juridictionnelle du Conseil d'Etat, le droit administratif dans les Etats africains est principalement et formellement d'origine législative[5]. En d'autres termes, si le droit administratif français est essentiellement jurisprudentiel, le droit administratif africain francophone est par contre principalement textuel. Quoique dans son acception et ses méthodes, le droit administratif de tradition française ait été reconduit dans l'espace africain francophone, les dynamiques de l'évolutionnisme juridique semblent avoir donné quelques configurations particulières au régime administratif dans les Etats d'Afrique. C'est ainsi que cette étude se consacre aux rapports entre l'organisation juridictionnelle et le droit administratif essentiellement en France et en Afrique francophone.

Que l'on soit en France ou en Afrique, le juge administratif ne bénéficie ni du même prestige et n'assume ni le même pouvoir normatif. En France, le juge administratif est considéré comme un faiseur de système[6] ; il se sent plus libre dans sa jurisprudence en se présentant en quelque sorte comme le créateur principal des normes en matière administrative. A l'inverse, les juridictions africaines s'attachent plus à l'application qu'à la création des règles en matière administrative. Il ne peut en être autrement dans la mesure où les constitutions africaines consacrent le principe de la séparation des pouvoirs et que des textes législatifs et réglementaires prescrivent les compétences des juridictions assorties des règles applicables en matière contentieuse administrative. Ce faisant, l'organisation juridictionnelle dans les Etats africains place le juge de l'administration dans une posture différente de celle du juge administratif français.

---

[4] Prosper WEIL et Dominique POUYAUD, Le droit administratif, Presses universitaires de France, Paris, 2010, p. 3.

[5] Yédoh Sébastien LATH, Les caractères du droit administratif des Etats africains de succession française. Vers un droit administratif africain francophone ?, Revue du droit public et de la science politique en France et à l'Etranger, n° 5, 2011, p. 1255.

[6] Jean-Marc SAUVE, L'université et Conseil d'Etat. Un dialogue « naturel et bienfaisant », Colloque « Le Conseil d'Etat et l'université », Université Panthéon-Assas, 2014.

Se présentant comme la manière par laquelle sont agencées les juridictions afin d'assure une bonne administration de la justice, l'organisation juridictionnelle ne peut tenir compte seulement que de données juridiques ; elle doit intégrer aussi bien des données économiques, culturelles, historiques que juridiques. C'est probablement en cela que la doctrine utilise plus couramment l'expression de système juridictionnel pour certainement mettre en évidence la pluralité des données interactives qui confèrent à l'organisation juridictionnelle sa configuration et sa cohérence.

Le processus de construction de l'organisation juridictionnelle en France repose essentiellement sur des données historiques. Dès le début de l'époque révolutionnaire, en 1789, l'un des problèmes majeurs qui se posèrent aux députés à l'Assemblée constituante dans le domaine de l'organisation juridictionnelle fut la question de décider à quel juge apprendrait la connaissance des procès en matière administrative. Ainsi, « Toutes les discussions et controverses à ce propos devaient se dérouler du mois de novembre 1789 au mois d'août 1790, au cours de l'examen de la célèbre loi des 16 – 24 août 1790, relative à la nouvelle organisation judiciaire dans son ensemble. Deux principes fondamentaux devaient alors être posés par les constituants : le principe de la séparation des autorités administratives et judiciaires, d'une part, et le principe de l'existence d'une juridiction administrative intégrée dans le pouvoir exécutif, d'autre part »[7]. Le premier principe a été formulé par l'article 13 de la loi des 16-24 août 1790 :

« Les fonctions judiciaires sont distinctes et demeureront toujours séparées des fonctions administratives. Les juges ne pourront, à peine de forfaiture, troubler de quelque manière que ce soit les opérations des corps administratifs, ni citer devant eux les administrateurs pour raison de leurs fonctions ».

Cependant, l'ampleur des controverses au sujet du second principe, les difficultés et la longueur des discussions à l'Assemblée constituante ne permirent pas aux constituants de prendre une position tranchée. La loi des 16-24 août 1790 demeura muette sur la question précise de l'attribution du règlement des procès intentés contre l'administration. Ce n'est quelques semaines plus tard qu'une loi des 6, 7-11 septembre 1790 accorda des compétences contentieuses à des organismes administratifs en prévoyant que le contentieux des travaux publics, le contentieux fiscal, le contentieux

[7] Pierre SANDEVOIR, Les juridictions administratives, in : Jacques MOREAU (sous la dir. de), Droit public, Tome 2 : Droit administratif, 3e édition, Economica, Paris, 1995, p. 700.

des marchés publics, le contentieux de l'expropriation et le contentieux de la voirie devaient être portés devant les municipalités ou les directoires de district, selon des règles particulières de procédure et de délai, avec appel possible devant les directoires de département.

L'administration était alors son propre juge ; en conséquence de quoi, la Convention réaffirmait par le décret du 16 fructidor an III que « Défenses itératives sont faites aux tribunaux de connaître des actes d'administration, de quelque espèce qu'ils soient, aux peines de droit ». Etant ainsi soustraite au contrôle des tribunaux, les réclamations des administrés étaient jugées par l'administration elle-même. Ce système de ministre-juge va connaître une évolution avec la naissance du Conseil d'Etat sous la Constitution de l'an VIII et la création des conseils de préfecture par la loi du 28 pluviôse.

Le Conseil d'Etat fut initialement envisagé comme un conseil juridique ayant pour tâche de préparer, pour le compte du gouvernement, les projets de solution des litiges administratifs. L'institution en 1806, au sein du Conseil d'Etat, d'une « commission du contentieux », va accentuer la juridictionnalisation de la procédure de règlement des litiges par l'administration. La loi du 24 mai 1872 assure alors le passage de la justice retenue à la justice déléguée en faisant du Conseil d'Etat une véritable juridiction.

Le processus de formation de l'organisation juridictionnelle dans les Etats africains de successions française demeure marqué aussi bien par des données de l'histoire coloniale que par des contraintes économiques liées aux indépendances.

Sous la colonisation française, selon le titre III du sénatus-consulte du 3 mai 1854, les colonies étaient régies par décret ; le gouvernement étant ainsi, sur le territoire colonial, investi du pouvoir législatif ou autrement du pouvoir règlementaire. Le sénatus-consulte du 3 mai 1854 règle la constitution des colonies de la Martinique, de la Guadeloupe et de la Réunion et abroge la loi du 24 avril 1833[8]. Le titre III stipule que les colonies autres que la Guadeloupe, la Martinique et la Réunion sont régies par décrets, jusqu'à ce qu'il ait été statué à leur égard par un sénatus-consulte. Mais, celui-ci ne sera en pratique jamais pris. En conséquence, le législateur colonial avait alors pris des textes, applicables dans les territoires d'outre-mer, à l'effet d'organiser explicitement les Conseils du

[8] La loi du 24 avril 1833 sur régime législatif des colonies de la Martinique, de la Guadeloupe, de Bourbon et de Guyane. Cette loi détermine en son article 2 les matières qui relèvent du domaine du pouvoir législatif du royaume et celles qui ressortissent du domaine des ordonnances royales.

contentieux. Dans les territoires africains sous colonisation française, les Conseils du contentieux administratif sont des juridictions administratives du premier degré qui siégeaient aux différents chefs-lieux de l'administration coloniale française. Il existait ainsi un Conseil du contentieux pour chaque groupe de territoires et chaque territoire unitaire : Afrique occidental française, Afrique équatorial française, le Cameroun, le Madagascar et le Togo.

Le Conseil d'Etat français assumait certaines compétences juridictionnelles sur les territoires d'outre-mer en tant que, d'une part, juge d'appel pour les décisions rendues par les Conseils du contentieux administratifs, d'autre part, juge de l'excès de pouvoir et du contentieux de l'Etat. Enfin, dans les territoires de l'Afrique occidentale française et de l'Afrique équatoriale française, le Conseil d'Etat était juge de cassation pour les décisions dont le Conseil du contentieux avait à connaître en dernier ressort. Dans ce contexte colonial, le Conseil d'Etat se trouvait dans une situation bien particulière. Si organiquement, il s'agissait de la même juridiction siégeant à Paris ; fonctionnellement, le Conseil d'Etat exerçait une compétence autre que celle que l'on lui reconnaissait historiquement et qui lui a conféré tout son prestige de protecteurs des droits des administrés. Il s'agissait certes du Conseil d'Etat français, mais un Conseil d'Etat fonctionnant avec une logique tenue par les exigences de la politique coloniale[9]. Il est même arrivé que le Conseil d'Etat français, exerçant des compétences juridictionnelles en matière coloniale, s'inscrive dans une logique de censeur à l'égard des tentatives des juridictions locales de reconduire dans les territoires d'outre-mer la jurisprudence administrative métropolitaine[10].

On peut bien observer que, durant le régime colonial français, les territoires d'outre-mer était tenu dans un système de dualité de juridiction. Ce qui va, en conséquence, permettre l'émergence et l'application d'un droit administratif, qui bien que n'étant pas celui de la métropole, revêtait tout de même un caractère dérogatoire au droit commun. C'est ainsi qu'à l'indépendance, par l'effet de l'insertion dans les textes constitutionnels d'une clause de reconduction de la législation et de la jurisprudence en vigueur, une certaine volonté semblait être affichée par les Etats africains francophones de mettre en place une organisation juridictionnelle dualiste. Cependant, au-delà des intentions manifestes, les contraintes économiques

---

[9] Danièle LOSCHAK, Le rôle politique du juge administratif français, LGDJ, Paris, 1972, p. 253 et s.

[10] Pierre LAMPUE, Les lois applicables dans les territoires d'outre-mer, Penant, n°576, 1950, p. 1 à 10 ; Danièle LOSCHAK, Le rôle politique du juge administratif français, op. cit.

et peut-être même sociologiques n'ont pu favoriser la mise en place effective de la dualité de juridiction. Le réalisme avait alors conduit la majorité des Etats africains francophones à l'institutionnalisation de l'unité de juridiction avec par endroit des modalités diverses.

L'institution de l'unité de juridiction, dans les Etats de l'espace africain francophone, a suscité une controverse au sein de la doctrine. Majoritairement, la doctrine a remis en cause l'adoption du système juridictionnel moniste dans les Etats africains, en ce qu'il n'était pas de nature à favoriser le développement du droit administratif. En effet, tirant argument du modèle français, l'ensemble des auteurs a mis l'accent sur l'importance de la nature de l'organisation juridictionnelle dans l'existence du droit administratif (I). Toutefois, avec l'évolution des systèmes juridiques dans l'espace francophone, on observe une certaine dynamique interactive sous l'effet de laquelle la nécessité de valorisation du droit administratif semble imposer des réaménagements dans l'organisation juridictionnelle (II).

I- L'IMPORTANCE DE LA NATURE DE L'ORGANISATION JURIDICTIONNELLE DANS L'EXISTENCE DU DROIT ADMINISTRATIF

Le rayonnement du modèle français de la dualité de juridiction dans l'espace africain francophone avait conduit la doctrine à mettre en évidence l'importance de la nature de l'organisation juridictionnelle dans l'existence du droit administratif[11]. Bien évidemment, une telle importance résulte sans doute du lien originaire entre la dualité de juridiction et le droit administratif (A). Mais, avec les transformations administratives en cours, sous l'effet des processus de modernisation, cette importance de l'organisation juridictionnelle semble être relativisée par l'influence de la pratique de l'unité de juridiction dans la configuration du droit administratif (B).

[11] Mamadou SALL, Considérations tirées du système juridictionnel sénégalais, in Association ouest africaine des hautes juridictions francophones, Opportunité de l'éclatement ou non des cours suprêmes africaines, Colloque international, 13 – 16 mai 2002.

A. Une importance fondée sur le lien originaire entre la dualité de juridiction et le droit administratif

La prise en considération de la nature de l'organisation juridictionnelle dans l'étude du droit administratif tient à des considérations historiques, plus précisément au lien originaire entre la dualité de juridiction et le droit administratif. En effet, historiquement, le droit administratif est apparu comme une résultante du système de la dualité de juridiction (1).

C'est ainsi que la doctrine majoritaire a estimé que le dualisme juridictionnel est un moyen de garantir le développement du droit administratif (2).

1- Le droit administratif comme une résultante du système de la dualité de juridiction

En conférant au Conseil d'Etat la justice déléguée, la loi du 24 mai 1872 consacrait la dualité de juridiction. Cette loi du 24 mai 1872 instituait « en même temps un Tribunal des conflits, composé en nombre égal de membres du Conseil d'Etat et de conseillers à la Cour de cassation et chargé de statuer sur les conflits de compétence entre les deux ordres juridictionnels, l'administratif et le judiciaire »[12]. Cette consécration de la dualité de juridiction a été confirmée, quelques années plus tard, par le Conseil d'Etat dans son arrêt Cadot du ....

Dans cette perspective, la doctrine redécouvrît les splendeurs de l'arrêt Blanco par lequel le Conseil d'Etat décidait : « la responsabilité, qui peut incomber à l'Etat pour les dommages causés aux particuliers par le fait des personnes qu'il emploie dans le service public, ne peut être régie par les principes qui sont établis dans le Code civil, pour les rapports de particulier à particulier ; que cette responsabilité n'est ni général, ni absolue, qu'elle a ses règles spéciales qui varient suivant les besoins du service et la nécessité de concilier les droits de l'Etat avec les droits privés... ». La juridiction administrative posait ainsi le principe de l'autonomie de la responsabilité administrative et par ricochet celle du droit administratif.

Quoique paraissant évident, le rapport entre le droit administratif et la dualité de juridiction demeure spécifique à l'histoire du système juridictionnel en France. Partant du modèle français, la doctrine africaine a mis en évidence le lien originaire entre le dualisme juridictionnel et le

---

[12] Prosper WEIL et Dominique POUYAUD, Le droit administratif, op. cit., p. 9.

droit administratif[13]. Elle estimait ainsi que la dualité de juridiction favorise le développement du droit administratif, alors que l'unité de juridiction conduit le juge, en raison de son manque de spécialisation, à faire application du droit privé dans le contentieux administratif[14]. A cet effet, le professeur Francis Wodié faisait observer dans son commentaire sur l'arrêt du 10 avril 1968, Etat de Côte d'Ivoire contre Groupe Français d'Assurances : « Habitués à juger selon le droit civil, les juridictions de droit commun continueront, dans la facilité de leur spécialité, à soumettre la responsabilité des personnes publiques aux règles régissant les rapports des particuliers entre eux »[15].

En effet, dans les Etats de tradition romaniste, y compris les Etats africains de succession française, « le droit administratif est entendu comme l'ensemble des règles spécifiques qui s'appliquent à l'activité administrative ; le droit administratif ne comprend donc pas les règles de droit privé qui sont applicables exceptionnellement aux organes publics qui exercent une activité qui est juridiquement semblable à celle des personnes privées, spécialement des activités de caractère entrepreneurial »[16].

C'est probablement pour assurer un plein essor et un développement efficient au droit administratif dans les territoires africains soumis à son administration coloniale, que le colonisateur français y a transposé la dualité de juridiction par l'institution des Conseils du contentieux administratif à côté des différentes juridictions civiles constituées de juridictions de droit commun et de tribunaux indigènes.

A l'origine, les Conseils du contentieux administratif avaient été créés pour l'île de Bourbon et les Antilles par les ordonnances des 21 août 1825 et 9 février 1827, puis aménagés par le décret du 5 août 1881 étendu aux autres territoires existant à cette époque par le décret du 7 septembre de la

---

[13] Jean du Bois de GAUDUSSON, La jurisprudence administrative des cours suprêmes en Afrique, in Gérard CONAC et Jean du Bois de GAUDUSSON (sous la dir. de), Les Cours suprêmes en Afrique, Economica, Paris, 1988, p. 6. ; René DEGNI-SEGUI, Droit administratif général. Tome 1 : L'organisation administrative, Editions CEDA, Abidjan, 2002.

[14] Demba SY, Le juge sénégalais et la création du droit administratif, in Dominique DARBON et Jean du Bois de GAUDUSSON (sous la dir. de), La création du droit en Afrique, Editions Karthala, Paris, 1997, p. 395 et s.

[15] Francis WODIE, Commentaire sur l'arrêt Etat de Côte d'Ivoire contre Groupement Français d'Assurances, Bulletin de la Cour suprême de la Côte d'Ivoire, numéro spécial, Imprimerie nationale, Abidjan, 1969.

[16] Michel FROMONT, Droit administratif des Etats européens, 1er édition, Presses universitaires de France, Paris, 2006, p. 5.

même année. Les Conseils du contentieux administratif sont des juridictions administratives du premier degré qui siégeaient à Dakar, à Yaoundé et à Brazzaville. Du fait de l'évolution, il existait un Conseil du contentieux pour chaque groupe de territoires et chaque territoire unitaire : Afrique occidental française, Afrique équatorial française, le Cameroun, le Madagascar et le Togo. En effet, les Conseils du contentieux étaient institués et organisés par des textes, notamment les décrets du 13 décembre 1944 pour l'Afrique occidentale française, du 16 octobre 1946 pour l'Afrique équatoriale française, du 8 juillet 1952 pour le Cameroun, du 17 avril 1953 pour Madagascar, du 23 novembre 1954 pour le Togo.

L'institution de la dualité de juridiction dans les territoires coloniaux devait assurer doublement la spécialité du droit applicable ; d'une part elle favorisait l'application d'un droit administratif spécial aux colonies (un droit administratif colonial différent de celui en vigueur en métropole) et d'autre part un droit administratif spécial dérogatoire au droit privé. Mais quoi qu'il en soit « le système administratif français était inexportable et il n'a pas été exporté en tant que système. Il est significatif à cet égard que, là même où la France avait les moyens politiques d'imposer une telle transplantation, dans les pays un moment soumis à son influence coloniale, elle a choisi de ne pas le faire »[17]. En conséquence, même s'il avait une allure dualiste, le système juridictionnel ne correspondait véritablement à la dualité de juridiction telle qu'elle fut instituée en France. Il s'agissait en réalité d'un système hybride avec des éléments d'extranéité. C'est ainsi qu'avec l'indépendance, la certitude fut davantage accrue, au sein de la doctrine, que le dualisme juridictionnel est un moyen de garantir le développement du droit administratif.

2- Le dualisme juridictionnel comme une garantie de développement du droit administratif

Malgré les critiques portant sur la complexité procédurale au sein du système juridictionnel dualiste français[18], la doctrine majoritaire s'est accordée à reconnaître que la dualité de juridiction assure un développement efficient du droit administratif. Ce faisant, dès le début de

[17] Yves GAUDEMET, L'exportation du droit administratif français. Brèves remarques en forme de paradoxe, in : Mélanges Philippe ARDANT, LGDJ, Paris, 1999, p. 431 à 441.

[18] Françoise DUBOIS, Maurice ENGUELEGUELE, Géraldine LEFEVRE et Marc LOISELLE, La contestation du droit administratif dans le champ intellectuel et politique, in : Centre universitaire de recherches administratives et politiques de Picardie (C.U.R.A.P.P), Le droit administratif en mutation, Presses universitaires de France, Paris, 1993, p. 149 et s.

l'indépendance des territoires africains sous colonisation française, une volonté manifeste s'est théoriquement affirmée en faveur de la dualité de juridiction dans l'organisation des systèmes juridictionnels des nouveaux Etats.

D'une part, dans le souci de créer probablement les conditions favorables au développement du droit administratif, les constitutions des Etats du Conseil de l'entente, au sein des Etats africains francophones, s'étaient inscrites dans la perspective du dualisme dans l'organisation des juridictions de premier degré. A cet effet, l'article 41 de la constitution du Niger du 8 novembre 1960 prescrivait que « La loi fixe les règles concernant… l'organisation des tribunaux judiciaires et administratifs. ». Il en va de même de l'article 41 de la Constitution de la Haute-Volta du 12 novembre 1960 et de l'article 41 de la Constitution de la Côte d'Ivoire du 3 novembre 1960, qui reprenaient les mêmes dispositions. En effet, ayant adopté leurs différentes constitutions dans le cadre uniformisé du Conseil de l'entente, ces Etats avaient semblé afficher leur volonté de mettre en place des tribunaux administratifs avec au sommet une cour suprême unique. Au contraire des Etats du Conseil de l'entente, pour certains Etats, le dualisme juridictionnel s'est présenté comme une éventualité, c'est-à-dire un objectif à atteindre à terme. Ainsi, l'article 23 de la Constitution du Cameroun du 4 mars 1960, relatif au domaine de répartition de la loi et du règlement, disposait entre autres : « Sont du domaine de la loi … la création de nouveaux ordres de juridiction ». Cette disposition est reprise par l'article 37 de la Constitution du Gabon telle qu'établie par la loi constitutionnelle n° 1/ 61 du 21 février 1961[19].

Incontestablement, les constituants africains du début des indépendances semblaient convaincus que le droit administratif ne pouvait pleinement s'affirmer que dans un système juridictionnel dualiste. Cependant, on assista à une contrariété non seulement au sein des dispositifs constitutionnels mais aussi entre la volonté légiférante et la réalité pratique. C'est en cela que la tendance générale demeura à une consécration de l'unité de juridiction avec au sommet une Cour suprême organisée en quatre chambres : une chambre judiciaire, une chambre administrative, une chambre constitutionnelle et une chambre des comptes.

Toutefois, alors qu'antérieurement, la volonté d'instituer la dualité de juridiction dans le dispositif constitutionnel s'est manifestée au niveau des tribunaux de première instance, dans le cadre du renouveau constitutionnel

[19] Journal officiel de la République du Gabon, numéro spécial du 25 février 1961, p. 147.

amorcé à partir des années 1990, on a pu observer une réorganisation des hautes juridictions en faveur du dualisme juridictionnel. La tendance à mettre en place la dualité de juridiction est apparue comme un moyen de garantir le développement du droit administratif. Il en va ainsi au Burkina Faso, à la suite des révisions constitutionnelles du 11 avril 2000 et du 11 juin 2012 instituant les juridictions suprêmes de l'ordre judiciaire et de l'ordre administratif.

L'article 126 dispose à cet effet que « les juridictions de l'ordre judiciaire et de l'ordre administratif au Burkina Faso sont : la Cour de cassation, le Conseil d'Etat, la Cour des comptes, le Tribunal des conflits, les cours et tribunaux institués par la loi »[20] ; le Conseil d'Etat étant « la juridiction supérieure de l'ordre administratif » et la Cour de cassation, « la juridiction supérieure de l'ordre judiciaire »[21].

D'autre part, dans les premières décennies des indépendances, la doctrine administrative majoritaire avait estimé que la dualité de juridiction était la seule organisation juridictionnelle pouvant garantir un développement efficient du droit administratif dans l'espace africain francophone[22] : « il s'agit d'opter entre l'unité de juridiction avec absence de droit administratif valable ou la dualité de juridiction assortie de quelques difficultés de compétences mais source d'un droit administratif »[23]. Souscrivant à cette position, le professeur René Dégni-Ségui faisait remarquer que « l'autonomie du droit administratif varie suivant le système juridictionnel. Affaiblie dans le système d'unité juridictionnelle, elle est renforcée dans celui de la dualité juridictionnelle »[24].

Cependant, avec les évolutions consécutives au processus de démocratisation des années 1990 et la montée en puissance du juge dans le contrôle de l'administration, l'importance de la dualité de juridiction dans le développement du droit peut être relativisée en Afrique francophone. De même, en France des interrogations s'élèvent de plus en

---

[20] Article 126 de la Constitution du Burkina Faso du 11 juin 1991.

[21] Article 127 de la Constitution du Burkina Faso du 11 juin 1991.

[22] Gérard CONAC et Jean du Bois de GAUDUSSON (sous la dir. de), Les cours suprêmes en Afrique, Economica, Paris, 1988 ; Babacar KANTE, unité de juridiction et droit administratif. L'exemple du Sénégal, Thèse, Orléans, 1983; Martin BLEOU, Unité de juridictions et contentieux administratif. Les exemples ivoirien et sénégalais, Annales de l'Université d'Abidjan, Série Droit, 1995.

[23] F. P. BENOIT, Des conditions de développement d'un droit administratif autonome dans les Etats nouvellement indépendants, Annales Africaines, n° 1, 1962, p. 129 et s.

[24] René DEGNI-SEGUI, Droit administratif général. Tome 1 : L'organisation administrative, Editons CEDA, Abidjan, 2012, p. 34.

plus sur les avantages de la dualité de juridiction. On peut donc bien soutenir que le droit administratif peut tout autant s'affirmer et se développer dans les systèmes d'unités de juridiction. Ce qui conduit alors à relativiser l'importance de la nature de l'organisation juridictionnelle, en raison de l'affirmation du droit administratif même dans les systèmes d'unité de juridiction.

B. Une importance relativisée par l'affirmation du droit administratif dans les systèmes d'unité de juridiction

L'évolution du système juridictionnel français et des systèmes juridictionnels africains francophones a conduit à relativiser le rapport entre le droit administratif et la dualité de juridiction. Car, on a pu observer l'affirmation d'un droit administratif même dans les Etats d'unité de juridiction.

La doctrine administrative reconnaît la possibilité ou même la réalité de l'existence effective d'un droit administratif dans les systèmes juridictionnels monistes (1) ; cela en raison de l'apparition de facteurs favorables au développement du droit administratif dans les systèmes d'unité de juridiction (2).

1- L'existence effective d'un droit administratif dans les systèmes juridictionnels monistes

Bien que la doctrine majoritaire ait soutenue que le droit administratif ne pouvait véritablement se développer que dans un système de dualité de juridiction, la pratique a donné de constater que le système d'unité de juridiction pouvait également assurer au droit administratif sa consistance et sa configuration[25]. D'ailleurs, même en France quelques courants doctrinaux semblent de plus en plus évoquer la possibilité de maintenir la cohérence du droit administratif même dans la perspective de l'unité de juridiction. Il n'est donc pas malencontreux de relever : « Il est inutile de revenir sur la problématique et sur le débat, en partie dépassés aujourd'hui, de l'unité et de la dualité de juridictions, s'agissant du contrôle contentieux de l'administration, qui a prévalu à l'époque des indépendances africaines, au moment où les nouveaux Etats ont dû opter pour un système

[25] Babacar KANTE, Unité de juridiction et droit administratif : l'exemple du Sénégal, Thèse, Orléans, 1983.

juridictionnel qui fût l'expression de leur souveraineté nouvellement acquise »[26].

Historiquement, c'est le décret beylical du 27 novembre 1888 (23 rabia-el-Aoual 1306) sur le contentieux administratif en Tunisie, qui institue l'unité de juridiction dans les territoires africains sous administration française[27]. Il fut suivi du dahir, sur l'organisation judiciaire au Maroc, du 12 août 1913, consacrant également le principe de l'unité de juridiction[28]. En effet, pendant la période coloniale, contrairement aux territoires coloniaux français de l'Afrique noire qui connaissaient la dualité de juridiction, les territoires de l'Afrique du Nord demeurèrent en général sous l'unité de juridiction. Sans doute, cela s'explique par la différence du statut colonial des territoires de l'Afrique noire et de ceux de l'Afrique blanche : les uns avaient le statut de colonies alors que les autres bénéficiaient du statut de protectorat.

Aussi, à leur accession à l'indépendance, les Etats de l'Afrique du Nord, notamment la Tunisie et le Maroc, vont-ils reconduire les textes antérieurs régissant le contentieux administratif. Il en résulta subséquemment la reconduction du système de l'unité de juridiction. Après trois décennies de mise en œuvre du contentieux administratif dans un système juridictionnel moniste reconduit au Maroc, le professeur Michel Rousset faisait remarquer que le droit administratif peut connaître une existence effective même dans un système d'unité de juridiction[29]. Mais, cette position est demeurée minoritaire en raison de la conviction établie surtout en Afrique noire francophone selon laquelle le droit administratif ne peut s'épanouir que dans le système de dualité de juridiction.

Dans les Etats d'Afrique noire, l'adoption de l'unité de juridiction a été certes la conséquence de la proclamation des indépendances, mais elle s'est surtout imposée pour des raisons économiques, procédurales et accessoirement culturelles.

---

[26] Jean-Marie BRETON, Légalité et Etat de droit : statut et perception du juge de l'Administration en Afrique noire Francophone (Contribution à une réflexion transversale), Afrilex, n° 03, 2003, p. 78.

[27] Association tunisienne des sciences administratives, Le centenaire du décret beylical du 27 novembre 1888 et le contentieux administratif, Centre d'études, de recherches et de publications, Tunis, 1988.

[28] Abdelfatah EDDAHBI, L'évolution historique du contentieux administratif au Maroc, p. 301 et s.

[29] Michel ROUSSET, La création des tribunaux administratifs au Maroc : vers la fin de l'unité de juridiction, Revue Juridique et Politique Indépendance et Coopération, 1991, p. 245 et s.

D'un point de vue économique, il est apparu difficile pour les Etats africains, malgré leur bon vouloir, d'instaurer et de mettre en œuvre la dualité de juridiction, en raison de la rareté des ressources financières et des moyens d'investissements quasi-inexistant. En effet, la dualité de juridiction nécessite un dédoublement des effectifs en personnels (magistrats et administrateurs) et un dédoublement des investissements en bâtiments ou autres matériels d'administration.

D'un point de vue procédural, la dualité de juridiction pose des problèmes de complexité et de subtilité difficilement saisissable par les justiciables ordinaires. D'ailleurs, du point de vue culturel, le taux d'alphabétisation peu élevé et le recours fréquent à des modes de règlement non juridictionnels des litiges administratifs rend superfétatoire la multiplicité des ordres de juridictions. En conséquence de quoi, la doctrine a pu relever que le juge africain est très peu saisi en matière contentieuse administrative[30].

C'est dans ce contexte qu'on a pu observer l'apparition de facteurs favorables au développement du droit administratif même dans les systèmes d'unité de juridiction.

2- L'apparition de facteurs favorables au développement du droit administratif dans les systèmes d'unité de juridiction

Il est donc évidemment que le choix de l'unité de juridiction dans les Etats africains francophones tient à des données objectives et même à des exigences de la raison. Il y a certes des Etats qui affirment une ferme volonté à mettre en place un système juridictionnel dualiste, mais la réalité socio-économique les contraint à la nécessité du maintien de l'unité juridictionnelle. C'est ainsi que jusqu'aujourd'hui aucun Etat africain francophone n'est encore parvenu à instaurer véritablement la dualité de juridiction sur la base du modèle français. Dans quelques Etats, il existe certes des aménagements qui conduisent à des systèmes juridictionnels hybrides ou mixtes ; mais en tout état de cause aucun Etat africain n'a pu instaurer une véritable dualité de juridiction organisée sur la base du principe du double degré de juridiction : des tribunaux administratifs, des cours administratives d'appel et un conseil d'Etat.

---

[30] Jean du Bois de GAUDUSSON, La jurisprudence administrative des cours suprêmes en Afrique, in Gérard CONAC et Jean du Bois de GAUDUSSON (sous la dir. de), Les Cours suprêmes en Afrique, Tome III : La jurisprudence administrative, Economica, Paris, 1988, p.6.

La tentative sénégalaise de construction du dualisme juridictionnel n'a pu être conduite à terme. Supprimée en 1992, la Cour suprême avait été scindée en une Cour de cassation[31] et en un Conseil d'Etat[32] ; mais elle a été rétablie par la loi organique n° 2008-35 du 7 août 2008 qui dispose en son article 1er : « La Cour suprême créée en lieu et place du Conseil d'Etat et de la Cour de Cassation est juge en premier et dernier ressort de l'excès de pouvoir des autorités exécutives, ainsi que de la légalité des actes des collectivités locales ». Le retour du Sénégal à l'unité de juridiction montre bien que la dualité de juridiction ne peut être systématiquement transposée dans les Etats africains francophones. C'est ainsi qu'en Côte d'Ivoire bien que la Constitution du 1er août 2000 ait institué un Conseil d'Etat, quinze années plus tard, la réalité contraint à la survivance de l'unité juridictionnelle avec le maintien en pratique d'une Cour suprême comprenant une Chambre administrative, une Chambre judiciaire et une Chambre des comptes.

Le monisme juridictionnel n'est donc pas incompatible avec l'affirmation du droit administratif. De plus en plus, les magistrats semblent assumer pleinement l'application du droit administratif dans le système d'unité de juridiction. Par ailleurs, le recrutement des universitaires, au sein de certaines chambres administratives des Cours suprêmes, assure un développement qualitatif du contentieux administratif dans les systèmes d'unité de juridiction.

A contrario, en France, pays de tradition dualiste, on assiste à la fin des certitudes et au soulèvement d'un certain nombre d'interrogations doctrinales sur la nécessité du maintien de la dualité de juridiction. Ce qui a conduit quelques auteurs à des manifestations d'intérêt en faveur de l'unité de juridiction : « Réunir dans une seule juridiction les deux ordres, judiciaire et administratif, serait favorable à une bonne administration de la justice, mais répondrait surtout à une vision moderne de la justice et du droit dans une société telle que la nôtre. Cependant l'évolution se fait davantage vers la convergence des règles que vers celle des juges. Ce qui est sans doute regrettable, notamment pour l'avenir du droit administratif »[33].

On peut alors observer, au regard de la pratique des Etats, que la volonté de valorisation du droit administratif impose, aussi bien dans le

---

[31] Voir la loi organique n° 92-25 du 30 mai 1992 sur la Cour de Cassation.

[32] Voir la loi organique n° 96-30 du 21 octobre 1996 modifiant la loi organique n° 92-24 du 30 mai 1992 sur le Conseil d'Etat.

[33] Didier TRICHET, Plaidoyer pour une cause perdue : la fin du dualisme juridictionnel, AJDA, 2005, p. 1767 et s.

cadre de l'unité que dans celui de la dualité de juridiction, des aménagements dans l'organisation juridictionnelle.

II- UNE NECESSITÉ DE VALORISATION ÉVOLUTIVE DU DROIT ADMINISTRATIF IMPOSANT DES AMÉNAGEMENTS DANS L'ORGANISATION JURIDICTIONNELLE

L'autonomie du droit administratif, à l'égard du droit commun, est reconnue par la doctrine et consacrée par la jurisprudence aussi bien en France[34] qu'en Afrique francophone[35]. Il en résulte qu'aujourd'hui le droit administratif ne peut être présenté comme étant exclusivement lié à la nature de l'organisation juridictionnelle. Il n'est pas inexact de souligner, compte tenu des réformes initiées en vue de l'organisation juridictionnelle dans l'espace francophone (A), que l'existence du droit administratif contemporain tient pour fondement la culture juridique francophone. Ce qui peut conduire à la vanité de la quête d'un modèle d'organisation juridictionnelle pour une affirmation du droit administratif (B).

A- Les reformes de l'organisation juridictionnelle pour une modernisation du droit administratif

L'organisation juridictionnelle constitue aujourd'hui une question centrale de la gouvernance démocratique et de l'Etat de droit[36]. Ce qui met le droit administratif devant la nécessité d'une modernisation.

Ce droit, antérieurement présenté comme un droit exhortant, est appelé à se démocratisé et à se libéraliser. Il existe ainsi une convergence entre les reformes de l'organisation juridictionnelle et la nécessité de modernisation du droit administratif. On observe à cet effet que la modernisation du droit administratif implique une juridictionnalisation de la justice administrative (1). Inversement, cette modernisation passe par l'effectivité de la garantie des droits des administrés par la justice administrative (2).

---

[34] Tribunal des conflits, 8 février 1873, Blanco, Les Grands arrêts de la jurisprudence administrative, p. 1.

[35] Chambre administrative de la Cour suprême de Côte d'Ivoire, 14 janvier 1970, Société les Centaures Routiers, AJDA, 1970, p. 560, Rapport Michel Bernard.

[36] Blandine BARRET-KRIEGEL, L'Etat et le droit, in : Dominique COLAS (sous la dir.), L'Etat de droit, Presses universitaires de France, Paris, 1987, p. XXI et s.

1- La modernisation du droit administratif par une juridictionnalisation de la justice administrative

Après plus de deux centenaires d'existence du droit administratif en France et un cinquantenaire d'application du droit administratif dans les Etats africains de succession française, les jurislateurs semblent s'orienter dans une démarche de modernisation en affichant une certaine volonté à mettre en œuvre des réformes dans l'organisation juridictionnelle. Si cette volonté de modernisation du droit administratif est plus ouvertement affirmée en France, elle semble aussi s'exprimer ouvertement dans l'espace africain francophone.

Le mouvement d'évolution de la justice administrative française a commencé depuis la création des tribunaux administratifs par le décret-loi du 30 septembre 1953. Ce décret est entré en vigueur le 1er janvier 1954 et fait succéder aux conseils de préfecture des tribunaux administratifs. Participant de la modernisation du contentieux administratif, ces tribunaux administratifs se distinguent de leurs prédécesseurs au double niveau de la nature de leur compétence et de la qualité de l'office juridictionnel. En effet, ils sont dans les faits juges de droit commun en premier ressort du contentieux administratif. Ce qui, actuellement, les conduit à être saisis de quelque cent soixante mille recours par an et à rendre à peu près autant de décisions. De même par la qualité de justice rendue, « en conséquence d'un recrutement considérablement amélioré par rapport à celui des conseils de préfecture... les tribunaux administratifs inspirent à leurs justiciables une confiance comparable à celle dont bénéficie le Conseil d'Etat »[37].

Cette dynamique de réforme a aussi touché le Conseil d'Etat substantiellement par le décret n° 766 du 30 juillet 1963, accessoirement par le décret du 10 janvier 1980, le décret du 2 septembre 1987. La réforme s'est accentuée avec l'institution des cours administratives d'appel, à compter du 1er janvier 1989, par la loi du 31 décembre 1987. En conséquence de quoi, l'ordre juridictionnel administratif se constitue d'une structuration en trois étages : juridiction du premier degré, juridiction du deuxième degré et juridiction suprême. Ainsi, bien que la Constitution française de 1958 semble ignorer la justice administrative, le Conseil constitutionnel a opéré une constitutionnalisation de l'indépendance de la

[37] René CHAPUS, Droit du contentieux administratif, 13e édition, Montchrestien, Paris, 2008, p. 80 et 81.

juridiction administrative sous la forme d'un principe fondamental reconnu par les lois de la République[38].

La dynamique de réforme de la justice administrative, en France, ne peut être dissociée de la nécessité de la valorisation du droit administratif, à l'effet de l'adapter aux mutations de la vie administrative. Ce qui passe, par ailleurs, par la rénovation du procès administratif. A cet effet, le régime juridique de l'audience en matière administrative a fait également l'objet d'aménagements issus principalement « du décret du 7 janvier 2009 et de la loi du 17 mai 2011 complétée par un décret du 23 décembre 2011 qui visent à un réaménagement du contradictoire pour un dialogue plus efficace durant la séance publique ainsi que, dans un souci d'efficacité, au possible traitement de certaines affaires sans conclusions du rapporteur public »[39].

Tirant constat de cette dynamique évolutionnaire dans l'organisation juridictionnelle en France, on a pu observer que « 2015 restera, quoi qu'il en soit, comme une date particulièrement marquante pour le tribunal des conflits, éclipsant 1828, 1932 et 1960, tant apparaît importante l'œuvre accomplie par la loi du 16 février 2015 et par le décret n° 2015-233 du 27 février 2015 »[40] : ces deux textes permettent de résoudre « une question particulièrement délicate et lancinante, celle de la composition du Tribunal (des conflits) et de sa présidence ; ils décident une extension des compétences du Tribunal ; ils procèdent à une refonte complète des dispositions procédurales applicables, reprenant et modernisant, en harmonie avec la jurisprudence et la pratique contemporaine, des dispositions anciennes pouvant remonter à 1828, 1848 ou 1850 ; le décret simplifie, enfin, le régime des questions préjudicielles entre les deux ordres de juridiction »[41].

Dans les Etats africains francophones, le mouvement de modernisation du droit administratif et de l'organisation juridictionnelle semble timide, mais il garde une certaine effectivité et même une base constitutionnelle. Alors que dans le passé les textes constitutionnels demeuraient en général laconiques ou silencieux sur la justice administrative, les nouvelles constitutions de l'ère de la démocratisation opèrent formellement une

---

[38] Michel VERPEAUX, Pierre de MONTALIVET, Agnès ROBLOT-TROIZIER, Ariane VIDAL-NAQUET, Droit constitutionnel. Les grandes décisions de la jurisprudence, Presses universitaire de France, Paris, 2011, p. 213 et s.

[39] Patrick MINDU, Une audience rénovée, AJDA, 2012, p. 1201.

[40] Jacques ARRIGHI de CASANOVA et Jacques-Henri STAHL, Tribunal des conflits : l'âge de la maturité, AJDA, 2015, p. 575.

[41] Jacques ARRIGHI de CASANOVA et Jacques-Henri STAHL, Idem.

constitutionnalisation de la juridiction administrative. A cet effet, l'article 74 de la constitution du Gabon du 26 mars 1991 prescrit que « La Cour administrative est la plus haute juridiction de l'Etat en matière administrative ». Il faut reconnaître que dans le processus de constitutionnalisation de la justice administrative, les Etats d'Afrique francophone ont précédé la France.

Même, les Etats africains qui pratiquent l'unité de juridiction font allusion implicite ou explicite à la constitutionnalité de justice administrative. Ainsi, la Constitution du Bénin du 11 décembre 1990 dispose en son article 131 que « La Cour Suprême est la plus haute juridiction de l'Etat en matière administrative, judiciaire et des comptes de l'Etat... ». Bien plus, l'article 92 alinéa 3 de la Constitution du Sénégal du 22 janvier 2001 définit, dans un système d'unité de juridiction, avec détails les compétences contentieuses de la Cour suprême en matière administrative en disposant que « La Cour suprême est juge en premier et dernier ressort de l'excès de pouvoir des autorités exécutives. Elle connaît des décisions de la Cour des Comptes par la voie du recours en cassation. Elle est compétente en dernier ressort dans le contentieux des inscriptions sur les listes électorales et des élections aux conseils des collectivités territoriales. Elle connaît, par la voie du recours en cassation, des décisions des Cours et Tribunaux relatives aux autres contentieux administratifs ».

Certes, il arrive que certaines constitutions ne consacrent formellement aucune disposition à la justice administrative. Mais, même dans ce cas, la constitutionnalité de la justice administrative demeure implicite. Il en va ainsi de la constitution du Congo (Brazzaville) du 20 janvier 2002 qui reste silencieuse sur la justice administrative. Elle se contente seulement de disposer : « Il est institué un pouvoir judiciaire exercé par la Cour suprême, la Cour des comptes et de discipline budgétaire, les cours d'appel et les autres juridictions nationales ». Cependant, l'unité de juridiction permet de reconnaître, d'un point de vue fonctionnel, une base constitutionnelle à la justice administrative intégrée dans l'office de la Cour suprême.

Bien que les contextes soient différents et que les problématiques ne soient pas les mêmes, la perspective de modernisation du régime du contentieux administratif tient les Etats africains et la France dans une même finalité : l'effectivité de la garantie des droits des administrés par la justice administrative.

2- *La modernisation du droit administratif par l'effectivité de la garantie des droits des administrés par la justice administrative*

En plus d'avoir donnée une base constitutionnelle à la justice administrative, les constituants africains lui ont conféré un caractère juridictionnel incontestable. Dans le contexte africain francophone, ne serait donc pas exact le mot de Michel Debré, Garde des Sceaux, devant le Comité consultatif constitutionnel, selon lequel « Par magistrature, j'entends ici la magistrature judiciaire car, à mon avis, la magistrature administrative n'existe pas, il y a seulement des fonctionnaires qui occupent les fonctions de juge ».

Cette formule est inapplicable aux Etats africains qui se sont inscrits dans la perspective du dualisme juridictionnel. Elle ne l'est également dans les Etats ayant opté pour l'unité de juridiction, car même s'il n'existe pas statutairement un juge spécial de l'administration, les juges chargés de connaître du contentieux administratif sont en tout état de cause des magistrats. Ce qui constitue une certaine garantie pour les administrés dans le règlement des litiges qui les opposent à l'administration, lorsqu'on sait que, au contraire de la France, les systèmes administratifs africains demeurent laconiques sur le régime juridique des recours administratifs.

En effet, en France, le décret du 28 novembre 1983 contenait diverses dispositions relatives à la procédure administrative non contentieuse, notamment le principe de l'obligation pour l'administration d'accuser réception des demandes des administrés en indiquant le service et l'agent compétents. Un autre principe est l'obligation de transmettre au service concerné toute demande mal dirigée. Par ailleurs, le décret du 28 novembre 1983 généralise le principe du contradictoire. Ces prescriptions ont été reprises et élargies par la loi du 12 avril 2000 relative aux droits des citoyens dans leurs relations avec les administrations, qui améliore la transparence, la médiation et l'accès aux services publics ainsi qu'aux règles de droit.

Le problème qui se pose à la justice administrative en Afrique est celui de son effectivité et, par ailleurs, de sa cohabitation avec la justice judiciaire ; alors qu'en France, il s'agit davantage du problème de la juridictionnalisation de la justice administrative. Toutefois, qu'il s'agit des Etats africains francophones ou de la France, le but poursuivi demeure d'assurer pleinement la garantie des droits des administrés par la justice administrative. Certes, sur ce point les Etats africains francophones sont encore en retard, mais la volonté et les efforts existent. C'est ainsi qu'en présentant la nouvelle Cour suprême du Sénégal, un auteur relève : « Du

14 Novembre 1960, achèvement de l'installation des institutions judiciaires Sénégalaises, à l'an 2008 année du projet de retour de la Cour suprême qui avait été supprimée en 1992, les magistrats, avocats, juristes, Ministres et hauts fonctionnaires ont apporté, chacun, sa vision à la construction d'un Sénégal meilleur qui doit être fondé sur le règne d'un droit égal pour tous et d'application aisée »[42].

Avec le processus démocratique, on assiste à un mouvement d'émergence d'un Etat de droit résultant des réformes initiées aussi bien en matière de justice constitutionnelle[43] que de justice administrative[44]. Ce qui tend à atténuer ou mieux à relativiser la tendance autoritaire du droit administratif des Etats africains de succession française[45]. Les nouvelles constitutions africaines, adoptées à l'ère de la démocratisation, offrent un cadre plus approprié à la mise en œuvre de réformes dans le domaine de l'organisation de la justice administrative.

Dans le souci d'assurer une protection efficiente des droits des administrés face à l'administration, plusieurs Etats africains ont opérés des restructurations de leur système juridictionnel en créant des tribunaux administratifs ou même en instituant un Conseil d'Etat. Au Maroc, « la promulgation de la loi créant les tribunaux administratifs[46] était attendue avec impatience par tous ceux que préoccupe l'avenir du contentieux administratif, c'est-à-dire l'amélioration du système marocain de protection des administrés contre l'administration »[47]. En faisant des tribunaux administratifs le juge de droit commun de tous les litiges

---

[42] Doudou NDOYE, La nouvelle Cour suprême du Sénégal. Les textes annotés, Editions juridiques africaines, 2008/2009, p. 5.

[43] Babacar KANTE, Les juridictions constitutionnelles et la régulation des systèmes politiques en Afrique, in : Mélanges Jean GICQUEL, Montchrestien, Paris, 2008, p.265 ; Luc SINDJOUN, Les grandes décisions de la justice constitutionnelle africaine. Droit constitutionnel et Politiques constitutionnelles au prisme des systèmes politiques africains, Bruylant, Bruxelles, 2009.

[44] Ali SEDJARI, Justice administrative et Etat de droit au Maghreb, in : Fadlhed MOUSSA (sous la dir. de), La réforme de la justice administrative, Centre de Publication Universitaire, Tunis, 1999, p. 11 à 17.

[45] Michel ROUSSET, La justice administrative marocaine. Propos sur une greffe réussie, in : Mélanges en l'honneur de Louis DUBOUIS, Dalloz, Paris, 2002, p. 133 à 146.

[46] Michel ROUSSET, La création des tribunaux administratifs au Maroc : vers la fin de l'unité de juridiction, Revue juridique et politique indépendance et coopération, 1991, p. 245. La loi créant les tribunaux administratifs a été promulguée en septembre 1993 et sept tribunaux ont été mis en place en mars 1994.

[47] Michel ROUSSET, La création des tribunaux administratifs et le système marocain de protection des administrés face à l'administration, Revue juridique et politique indépendance et coopération, n° 1, 1995, p. 1.

opposant les administrés à l'administration, on opère ainsi une simplification de l'accès au juge et un rapprochement de la justice administrative du justiciable. Dans cette perspective, la loi n° 2006/022 du 29 décembre 2006, fixant l'organisation et le fonctionnement des tribunaux administratifs au Cameroun, définit avec précision les différents domaines de compétences « des juridictions inférieures en matière de contentieux administratif au sens de l'article 40 de la Constitution »[48].

Dans le nouveau contexte démocratique des années 1990, plusieurs Etats ont orienté les reformes de la justice administrative vers les hautes juridictions. Entre autres, outre le cas du Burkina Faso, on peut retenir les dispositions de l'article 67 de la Constitution du Gabon du 26 mars 1991[49] qui prévoit que « La justice est rendue au nom du peuple gabonais par la Cour constitutionnelle, la Cour judiciaire, la Cour administrative, la Cour des comptes, les cours d'appel, les tribunaux, la Haute cour de justice et les autres juridictions d'exception ». Quoi qu'il en soit, aussi bien les Etats ayant opté pour la logique dualiste que ceux inscrits dans une perspective moniste ont initié des reformes juridictionnelles à l'effet d'assurer un développement du droit administratif en rapport avec la garantie des droits des administrés. En conséquence, devient vaine toute quête d'un modèle d'organisation juridictionnelle.

B. La vaine quête d'un modèle d'organisation juridictionnelle pour une affirmation du droit administratif

L'évolution des systèmes juridictionnels dans l'espace francophone tend à mettre en évidence la relativité de l'importance de la nature de l'organisation juridictionnelle dans l'affirmation du droit administratif. Cet état de fait conduit à deux constatations : l'une tient à l'amenuisement de l'importance des modèles d'organisation juridictionnelle dans l'affirmation du droit administratif (1) ; l'autre met en évidence l'apport décisif de la culture juridique francophone dans le développement du droit administratif (2).

[48] Article 2 de la loi n° 2006/022 du 29 décembre 2006 fixant l'organisation et le fonctionnement des tribunaux administratifs (Cameroun).
[49] La Constitution du Gabon a fait l'objet de plusieurs modifications (révisions), notamment par les lois du 18 mars 1994, du 29 septembre 1995, du 22 avril 1997 et 11 octobre 2000.

1- L'amenuisement de l'importance des modèles d'organisation juridictionnelle dans l'affirmation du droit administratif

La tendance à la modernisation des systèmes administratifs, en France et en Afrique francophone, laisse apparaître une certaine quête d'un modèle d'organisation juridictionnelle. Plus visible, dans les Etats africains, cette quête se traduit à travers un certain mouvement de vacillement à la fois entre l'unité et la dualité de juridiction. Mais, en même temps, l'évolution de la justice administrative semble relativiser l'importance des modèles d'organisation juridictionnelle dans la production et le développement du droit administratif. On observe ainsi un certain amenuisement de l'importance des modèles d'organisation juridictionnelle dans l'affirmation du droit administratif ; ce qui conduit à mettre en évidence l'apport déterminant de la culture juridique francophone dans la caractérisation du droit administratif.

La doctrine administrative a antérieurement présenté la dualité de juridiction comme le modèle d'organisation juridictionnel assurant un développement efficient du droit administratif. Cette position a été défendue avec une certaine fermeté par la doctrine dans l'espace africain francophone. Même si elle demeure toujours d'actualité, elle est cependant de plus en plus remise en cause par l'évolution de la réalité des systèmes administratifs. Bien plus, même en France, berceau du dualisme juridictionnel, l'ampleur des reformes conduit à des interrogations et à la relativisation de la relation consubstantielle entre dualité de juridiction et droit administratif[50].

On assiste alors à un revirement doctrinal qui semble conduire certains auteurs à souligner l'indifférence de la nature de l'organisation juridictionnelle dans le développement du droit administratif. En conséquence, ces auteurs estiment qu'aussi bien la dualité de juridiction que l'unité de juridiction peut concourir à la production de règles spéciales, particulières dérogatoires au droit privé.

Toutefois, dans les Etats africains de succession française, on peut noter une certaine tergiversation entre l'unité de juridiction et la dualité de

[50]Didier TRUCHET, Plaidoyer pour une cause perdue : la fin du dualisme juridictionnel, Actualité juridique – Droit administratif, 2005, p. 1767 et s. ; Fabrice MELLERAY, Le droit administratif doit-il redevenir jurisprudentiel ?, Actualité juridique – Droit administratif, 2005, p. 637 ; Jean-Marc SAUVE, La comparaison en droit public. Hommage à Roland Drago, Colloque Organisé par l'Institut français des sciences administratives et la Société de législation comparée : « Le Conseil d'Etat et la comparaison des droits », 2014

juridiction ; cela à un double point de vue. D'une part plusieurs Etats qui avaient opté pour l'unité de juridiction se sont reconvertis à la dualité de juridiction. Les Etats de l'Afrique du Nord, notamment la Tunisie et le Maroc, qui ont été les précurseurs du système d'unité de juridiction ont initié des reformes tendant à instituer la dualité de juridiction. Par contre, certains Etats d'Afrique noire qui pratiquaient le système juridictionnel moniste, se sont orienté vers le dualisme juridictionnel. C'est ainsi que les dispositions de l'article 26 de la Constitution du Burkina Faso, résultant de la loi du 11 avril 2000 portant révision constitutionnelle, prescrivent que « Les juridictions de l'ordre judiciaire et de l'ordre administratif au Burkina Faso sont : la Cour de cassation ; le Conseil d'Etat ; la Cour des comptes ; le Tribunal des Conflits ; les Cours et Tribunaux institués par la loi ».

Le dualisme juridictionnel semble être, pour l'ensemble des Etats africains francophones, un objectif à atteindre. C'est ainsi que certains Etats, bien que demeurant toujours en pratique sous l'empire du système de l'unité de juridiction, ont cependant formellement consacré le principe du dualisme juridiction dans leurs dispositions constitutionnelles. Il en va ainsi de l'article 102 de la Constitution de la Côte d'Ivoire du 1er août 2000 disposant que « La Justice est rendue sur toute l'étendue du territoire national au nom du peuple par des Juridictions suprêmes : Cour de Cassation, Conseil d'État, Cour des Comptes, et par des Cours d'Appel et des tribunaux ». Mais, en même temps, des dispositions transitoires prévoient que « Jusqu'à la mise en place des autres Institutions, les Institutions établies continuent d'exercer leurs fonctions et attributions conformément aux lois et règlements en vigueur »[51]. C'est ainsi que, dans les faits, l'unité de juridiction a été reconduite en Côte d'Ivoire et qu'elle y demeure en conséquence toujours en vigueur.

En France, bien que la tradition du dualisme juridictionnel soit de mise, il s'élève de plus en plus au sien de la doctrine quelques interrogations sur le modèle en vigueur, en raison de l'évolution du système de droit[52]. L'extension du droit administratif à des domaines relevant traditionnellement de la sphère du droit privé semble justifier une redéfinition des compétences juridictionnelles : c'est ainsi que, dans une logique particulière, des domaines variés de contentieux, impliquant l'administration, ont attribués au juge judiciaire. Il en va ainsi notamment

---

[51] Article 130 de la Constitution de Côte d'Ivoire du 1er août 2000.

[52] Bernard PACTEAU, Traité de contentieux administratif, Presses universitaires de France, Paris, 2008.

du contentieux des décisions prises par le Conseil de la concurrence (loi du 6 juillet 1987), du contentieux relatif aux décisions de l'Autorité des marchés financiers (loi du 1er août 2003, du contentieux portant sur les décisions de l'Autorité de régulation des communications électroniques et des postes (loi du 20 mai 2005).

Face à l'amenuisement de l'importance des modèles d'organisation juridictionnelle dans l'affirmation du droit administratif, il convient de relever l'apport décisif de la culture juridique francophone dans le développement du droit administratif.

2- L'apport décisif de la culture juridique francophone dans le développement du droit administratif

L'évolution du droit administratif dans l'espace francophone conduit à relativiser le lien, apparaissant comme systématique, entre la nature de l'organisation juridictionnelle et l'existence du droit administratif.

On a pu noter que, sous certaines conditions, le droit administratif peut s'affirmer aussi bien dans un système juridictionnel moniste que dans un système juridictionnel dualiste. De ce point de vue, ce n'est donc pas tant exclusivement la dualité de juridiction qui assure au droit administratif sa pérennisation et son adaptabilité dans l'espace francophone. Au contraire, quel que soit la nature de l'organisation juridictionnelle retenue, c'est en effet davantage la tradition juridique francophone qui permet de maintenir le principe selon lequel le droit administratif est constitué de règles particulières dérogatoires au droit commun (droit privé).

En conséquence, qu'il soit appliqué par un juge administratif spécial ou un juge de droit commun, le développement du droit administratif peut être assuré dans l'espace francophone tant que demeure intact le principe du caractère dérogatoire des règles applicables. Tout naturellement, cela suppose que le juge ait une connaissance particulière du droit administratif en tant qu'ensemble de règles spéciales dérogatoire au droit privé. Dans cette logique, en matière administrative, la culture juridique francophone prend un double sens.

D'une part, la culture juridique francophone se traduit par l'affirmation communément partagée de la distinction entre le droit de l'administration et le droit spécial de l'administration. Cette distinction, qui se trouve dans le principal considérant de l'arrêt Blanco, a été introduite dans les systèmes juridiques des Etats d'Afrique francophone et diffusée unanimement par la doctrine administrative.

Le juge africain s'est inscrit dans l'orientation de l'arrêt Blanco en s'opposant à ce que le droit privé soit appliqué à l'action administrative[53]. Mais, c'est la doctrine qui a véritablement contribuée à la consolidation de la culture juridique francophone, notamment en matière administrative. Cela d'autant plus que, dans l'espace africain francophone, la diffusion et les enseignements du droit administratif se sont opérés sur la base de la doctrine française et, d'une façon générale, de la tradition romaniste. En effet, « dans les pays de tradition romaniste, c'est-à-dire les pays du continent européen ayant puisé l'inspiration de leur droit dans l'étude scientifique du droit romain, le droit administratif est entendu comme l'ensemble des règles spécifiques qui s'appliquent à l'activité administrative ; le droit administratif ne comprend donc pas les règles de droit privé qui sont applicables exceptionnellement aux organes publics qui exercent une activité qui est juridiquement semblable à celle des personnes privées, spécialement des activités de caractère entrepreneurial » [54]. A contrario, dans les pays de common law, principalement la Grande-Bretagne, l'existence d'un droit administratif qui comprendrait des règles distinctes du droit civil, considéré comme le droit commun, a été longtemps niée.

D'autre part, la culture juridique francophone, en matière administrative, résulte plus spécifiquement de l'histoire commune entre la France (ex-puissance colonisatrice) et les Etats africains francophones (territoires anciennement sous administration de la France). On ne peut occulter l'existence d'un patrimoine jurisprudentiel historiquement commun aussi bien à la France qu'aux États africains de succession française. Il convient de relever que les territoires africains sous colonisation française ont joué un rôle important dans l'évolution du droit administratif français. Ce qui semble d'ailleurs plus ouvertement observable après la deuxième guerre mondiale[55]. Les territoires des colonies ont été des espaces privilégiés de naissance d'importants litiges dont le règlement a favorisé une véritable œuvre de construction et de

[53] On peut citer à ce sujet, plus explicitement, l'arrêt Société des centaures routiers rendu le 14 janvier 1970 par la Chambre administrative de la Cour suprême de Côte d'Ivoire ou encore l'arrêt de l'Assemblée plénière du Tribunal administratif tunisien du 24 février 1983 intervenant en appel dans l'affaire chef du contentieux de l'Etat c/ Joseph Balma et Union centrale des Coopératives viticoles.

[54] Michel FROMONT, Droit administratif des Etats européens, 1er édition, Presses universitaires de France, Paris, 2006, p. 5.

[55] Jean-Claude GAUTRON et Michel ROUGEVIN-BAVILLE, Droit public du Sénégal, Editions A. pedone, Paris, 1970, p. 14 et s.

formulation par le Conseil d'État de règles essentielles du régime administratif[56]. L'unité territoriale entre la France métropolitaine et ses territoires africains d'outre-mer a pu créer une source matérielle commune qui doit enrichir les ordres juridiques des États. Il s'est ainsi constitué « un patrimoine jurisprudentiel commun au Conseil d'État français et aux juridictions administratives africaines »[57] ou, selon le Professeur Alain Bockel, « un régime administratif commun »[58].

Si l'existence du droit administratif en France a été historiquement rattachée à la nature dualiste de l'organisation juridictionnelle, elle s'est par contre traduite dans l'espace africain francophone comme un article d'importation liée à la colonisation française. Par-delà le fait colonial, le droit administratif a connu, et connaît peut-être encore dans certains Etats africains francophones, un processus de nationalisation et d'africanisation. Mais en même temps, en raison de l'évolutionnisme juridique, il apparaît de plus en plus évident que l'affirmation du droit administratif dans l'espace africain francophone conduit à des remises en question et des remises en cause de certaines positions doctrinales. Ces positions doctrinales étaient apparues antérieurement comme des certitudes ou même des dogmes de la tradition administrative française. Il en va ainsi notamment du lien consubstantiel établi entre le dualisme juridictionnel et le droit administratif ou encore du caractère jurisprudentiel du droit administratif.

Contrairement aux certitudes antérieures, il n'est pas aujourd'hui inexact de relever que le droit administratif peut bien s'affirmer aussi bien dans un système de dualité que d'unité de juridiction. En effet, dès lors que le principe de son autonomie est admis à l'égard du droit commun (droit privé), l'existence du droit administratif est apparue indépendante de l'organisation juridictionnelle. Par ailleurs, de plus en plus, le droit administratif comporte majoritairement des règles écrites ; ce qui semble limité le pouvoir créateur du juge administratif.

---

[56] On peut évoquer, notamment les célèbres arrêts Société commercial de l'Ouest africain du Tribunal des conflits, Robert Lafregeyre, coutéas, Etablissement Vezia, Abdoulhoussen, Houphouët-Boigny, Syndicat des ingénieurs-conseils, Mougamadousadanetoullah (dit arrêt Marécar)…

[57] Joseph-Marie BIPOUN WOUM, Recherches sur les aspects actuels de la réception du droit administratif dans les Etats d'Afrique noire d'expression française : le cas du Cameroun, RJPIC, n° 3, 1972, p. 365.

[58] Alain BOCKEL, Droit administratif, Nouvelles Editions Africaines, Dakar, Abidjan, 1978, p. 28.

Il n'est donc pas inexact de conclure qu'aussi bien en France que dans les Etats africains de succession française, par l'effet de l'évolutionnisme juridique, le développement du droit administratif ne semble plus être tributaire de l'organisation juridictionnelle, mais il demeure davantage en dernier ressort lié à la culture juridique et administrative francophone.

LA NOTION DE TRANSPARENCE DANS LE DROIT DE LA COMMANDE PUBLIQUE EN AFRIQUE DE L'OUEST

Paterne MAMBO
Agrégé de droit public, Maitre de Conférences
à l'Université Félix Houphouët-Boigny

Le Professeur Martin Bléou laisse à la relève et à la postérité le témoignage d'un pédagogue particulièrement brillant et éloquent, autant que le souvenir d'un doctrinaire lumineux et rafraîchissant. Nous parlons d'un esthète à la plume peu commune, à la phraséologie chatoyante et à l'art oratoire inimitable. Agrégé de droit public et de science politique à la vitesse de l'éclair, Professeur Titulaire avec la même rapidité, Martin Bléou a vécu et continue de vivre, à l'image de son Maître – le Doyen Francis Wodié –, dans la mémoire inaltérable des générations présentes et futures, lui qui sait, mieux que quiconque, déshabiller un sujet, pour le présenter dans toute sa nudité. Il apparaissait donc normal de lui rendre hommage dans une discipline qu'il a toujours chérie et adorée : le Droit administratif, dont l'évolution et les mutations alimentent davantage le plaisir des spécialistes qui l'enseignent ou qui l'étudient. À cette fin, nous avons choisi de réfléchir sur « La notion de transparence dans le droit de la commande publique en Afrique de l'ouest », comme pour faire écho à sa très grande probité.

L'actualité juridique a été alimentée, il n'y a pas si longtemps, par une décision jurisprudentielle édifiante. En effet, le Conseil d'État français a rendu une décision le 20 novembre 2020, dans laquelle il est rappelé que « le pouvoir adjudicateur, par principe libre dans l'élaboration de la méthode de notation des offres présentées par les candidats, doit veiller à ce que sa méthode ne soit pas dépourvue de tout lien avec les critères de sélection mis en œuvre »[1]. En clair, le juge administratif suprême décide que la méthode de notation des offres doit être en lien avec les critères de sélection. Il s'agit d'une décision majeure, qui démontre, s'il en était besoin, toute l'actualité et tout l'intérêt du droit de la commande publique, sur tous les continents, y compris en Afrique francophone.

---

[1] . Conseil d'État français, n° 427761, 20 novembre 2020, Société Evancia, in [https://www.dalloz-actualite.fr/flash/methode-de-notation-des-offres-doit-etre-en-lien-avec-criteres-de-selection].

Le droit de la commande publique, partout, a son vocabulaire, son propre langage, avec des expressions puissantes et vigoureuses : marché public, partenariat public privé, délégation de service public, appel d'offre ouvert, appel d'offre restreint, entente directe ou gré à gré, publicité, mise en concurrence des candidats et... transparence, notion au cœur de la présente réflexion.

Parler de la notion de transparence reviendra, ici, à exposer à la fois sur sa nature et sur son régime. Autrement dit, il s'agira de préciser le sens ou le contenu du vocable et d'analyser les règles qui en résultent. L'expression et ses implications juridiques seront donc simultanément déclinées.

Dans le langage courant, la transparence, au contraire de l'opacité, est une propriété permettant de laisser passer la lumière et ainsi de voir distinctement. Appliquée à une institution, elle permet de faire apparaître au grand jour des informations essentielles ou déterminantes.

Dans le langage juridique, la notion de transparence n'est pas simple à appréhender, aussi bien dans la doctrine que dans les législations relatives à la commande publique.

Au plan doctrinal, le Professeur Benoît Delauney, par exemple, fait observer que « le vocabulaire ne permet pas aisément de dissiper le brouillard conceptuel qui paraît s'attacher à la notion de transparence »[2]. Néanmoins, on peut la définir comme « la qualité de ce qui laisse paraître la réalité tout entière, de ce qui s'épuise dans une forme de clarté ou de limpidité. (...) La transparence est, à gros traits, la qualité de ce qui se laisse voir ou savoir, d'une donnée qu'on rend visible et lisible »[3].

Au plan normatif également, la notion de transparence n'est pas toujours clarifiée par les textes juridiques. Il en est ainsi de la Directive n° 04/ 2005/CM/UEMOA portant procédure de passation, d'exécution et de règlement des marchés publics et de délégation de service public, adoptée le 9 décembre 2005, qui se contente d'exiger la transparence sans la définir. Le vide laissé par cette Directive importante a été fort heureusement comblé par les législations nationales, qui ont tenté de définir et de caractériser la notion de transparence. Il en va ainsi du Sénégal où la Charte de transparence et d'éthique en matière de marchés publics entend par la transparence le fait de rendre « l'information (...) facilement accessible aux entreprises et disponible à date, leur laissant suffisamment de temps pour proposer et présenter des soumissions dans les délais fixés par les dossiers

---

[2]. Benoît Delaunay, « La transparence de la vie économique », Les Nouveaux Cahiers du Conseil constitutionnel, 2018/2, n° 59, pp. 23-34, spéc. p. 24.

[3]. Benoît Delaunay, « La transparence de la vie économique », précité, pp. 24-25.

d'appels d'offres »[4]. Pour cette raison, la transparence y est définie comme « l'application équitable et rigoureuse de procédures connues et qui constituent exclusivement la base des décisions d'attribution des marchés ». En Côte d'Ivoire, la loi organique portant Code de transparence dans la gestion des Finances publiques [5] ne s'éloigne pas fondamentalement de cette définition. L'article 2 du texte assimile la transparence à « la franchise, l'intégrité, la loyauté et la clarté dans l'exercice des responsabilités et fonctions assignées. Elle est la qualité de ce qui fait paraître la vérité tout entière sans l'altérer. La transparence réside également dans l'exhaustivité, la fiabilité dans la diffusion des informations ». Par ailleurs, l'article 18, qui s'intéresse aux marchés publics, précise que « les dossiers d'appels d'offres contiennent des informations complètes concernant notamment les règles du jeu de la compétition, ces dernières devant être objectives, écrites et compréhensibles par tous ». Ces dispositions mettent l'accent sur l'information et la publicité. La transparence est ainsi présentée comme un principe de non-opacité, de clarté, qui oblige à la publicité et à la diffusion des informations relatives non seulement à la procédure de passation des marchés publics, mais également à leur exécution[6].

Dans le contexte actuel des nouvelles technologies de l'information et de la communication, la transparence est devenue une exigence démocratique, un principe phare ou une loi de la commande publique, laquelle englobe les marchés publics, les contrats de partenariat public-privé et les délégations de service public.

Dans la présente contribution, le choix a été fait de ne s'intéresser qu'aux marchés publics, particulièrement en vogue et emblématiques aujourd'hui du droit de la commande publique. Nous avons également choisi de réfléchir sur l'Afrique francophone, parce que la notion de transparence y apparaît comme un véritable sujet de société, en raison des enjeux économiques importants qui poussent souvent les acteurs économiques à porter atteinte aux règles de la libre concurrence et de la bonne gouvernance.

L'importation de la notion de transparence en Afrique francophone, sous la pression des Institutions de Bretton Woods, qui financent nombre

[4]. La Charte a été instituée par le décret n° 2005-576 du 22 juin 2005.

[5]. Voir la loi n° 2014-337 du 5 juin 2014, Journal Officiel de la République de Côte d'Ivoire, numéro spécial du vendredi 6 juin 2014, p. 165 et s.

[6]. Cf. Souleymane Doumbia, « Le principe de transparence dans les procédures de passation des marchés publics par appel d'offres dans l'espace UEMOA », Revue Burkinabè de Droit, n° 52, 1er Semestre 2017, pp. 71-107, spéc. p. 73.

de contrats publics passés sur le continent encore en proie aux affres de la corruption, interroge sur son effectivité dans les procédures liées à la commande publique, notamment en ce qui concerne les procédures relatives aux marchés publics, contrats administratifs par détermination de la loi, qui se présentent comme des contrats conclus à titre onéreux entre un acheteur public et des personnes publiques ou privées, et qui répondent aux besoins de cet acheteur public en matière de fournitures, services et travaux. Autrement dit, l'Afrique francophone a-t-elle réservé un accueil chaleureux à la notion de transparence ? La notion est-elle bien ancrée, bien implantée en Afrique francophone, aussi bien au plan normatif que dans les pratiques relatives à la commande publique ?

La réponse à la question est particulièrement mitigée et ambivalente. À l'analyse, on relève, en effet, deux constats : le premier constat, c'est que la notion de transparence est accueillie par le droit (I) ; le deuxième constat, c'est que la notion de transparence est rejetée par la pratique (II).

I- UNE NOTION ACCUEILLIE PAR LE DROIT

Le droit de la commande publique des États d'Afrique francophone, sous l'impulsion du droit communautaire UEMOA notamment, a consacré partout la notion de transparence comme une loi devant régir impérativement les procédures relatives à la matière. L'accueil de la notion par le droit apparaît bien comme particulièrement chaleureux.

Cet accueil bienveillant se présente sous deux formes ; ses manifestations se situent à deux niveaux. D'abord, cet accueil engendre des obligations (A). Ensuite, il est assorti de garanties (B).

A. Un accueil engendrant des obligations

La notion de transparence, ancrée dans le droit de la commande publique des États d'Afrique francophone, suite à la transposition de la Directive de l'UEMOA précitée, est porteuse d'obligations juridiques pour tous les acteurs de la commande publique.

La première de ces obligations juridiques est, sans conteste, l'obligation d'information des candidats ou potentiels candidats aux marchés publics et des soumissionnaires. Cette obligation d'information qui pèse sur les autorités contractantes au premier chef doit être, au regard des textes, matérialisée par la publication des avis de marché. Les différents Codes des marchés publics organisent bien cette publicité, ainsi que les plans prévisionnels de passation des marchés publics, les Bulletins officiels des marchés publics, les portails électroniques des Directions des marchés publics et les journaux à diffusion nationale, sans compter la publication des avis de marché faite, notamment, par la Commission de l'UEMOA.

On ajoutera que l'obligation d'information des candidats aux marchés publics, que postule la notion de transparence, doit être assurée, également, par les dossiers d'appel d'offres dont la délivrance facilite la circulation ou la diffusion de l'information. Les dossiers d'appels d'offres doivent être disponibles, pour être consultés sur place par les candidats qui le souhaitent, ainsi que l'a rappelé l'Autorité Nationale de Régulation des Marchés publics de la Côte d'Ivoire, à l'occasion d'un marché passé en 2011 par la Pharmacie de la santé publique. Dans cette affaire, le dossier d'appel d'offres de 135 pages coûtait 100 mille francs CFA, ce qui a été jugé excessif par l'Autorité de Régulation[7].

Les dossiers d'appels d'offres sont des documents particulièrement utiles en ce qu'ils ont vocation à donner toutes les informations nécessaires aux différents candidats aux marchés publics, notamment les critères d'attribution des marchés, l'objet des marchés, les spécifications techniques et financières attendues ou exigées, etc. La Chambre administrative de la Cour suprême du Sénégal l'a indiqué très clairement en 2011, dans l'affaire opposant le Bureau Veritas SA à l'autorité de régulation des marchés publics, en ces termes : « Les critères, comme du reste les sous-critères, doivent être justifiés par l'objet du marché et avoir la précision nécessaire de manière à ne laisser aucun pouvoir discrétionnaire à la commission des marchés, être portés à la connaissance des candidats et respecter les principes fondamentaux de transparence, d'égalité des candidats et de non-discrimination »[8].

En 2012, la Cour indique clairement le sens de cette précision qui doit permettre « aux potentiels candidats de savoir au moins qui lance le marché, quel est son objet, quelle est la procédure, comment ils seront choisis et avant quelle date ils pourront répondre »[9]. En conséquence de ce qui précède, manque à la transparence un processus d'évaluation réalisé à partir de critères qui ne figurent pas dans le dossier d'appel d'offres et qui n'ont pas été portés à la connaissance des candidats par aucun autre

---

7. République de Côte d'Ivoire, Autorité Nationale de Régulation des Marchés Publics, Résumé des rapports d'audit 2013, Cabinet 2 C&M associés, août 2013, p. 11.

8. Cour Suprême Chambre Administrative du Sénégal, arrêt n° 12, 7 avril 2011, Bureau Veritas SA contre Autorité de Régulation des Marchés Publics.

9. Cour Suprême Chambre Administrative du Sénégal, arrêt n° 18, 22 mars 2012, Port Autonome de Dakar contre Autorité de Régulation des Marchés Publics.

moyen[10]. En 2015, l'autorité béninoise de régulation des marchés publics abonde dans le même sens, en décidant que violent le principe de transparence les données particulières d'un appel d'offres qui indique que « les critères de performance définis par l'autorité contractante et d'autres critères spécifiques additionnels pourront être pris en compte pour l'évaluation des offres » ; ces critères de performance annoncés n'ayant été « définis nulle part dans le dossier d'appel d'offres querellé ». En effet, indique l'autorité béninoise de régulation des marchés publics, « pour garantir la transparence des procédures et éviter l'arbitraire dans l'analyse des offres, tous les critères d'évaluation des offres doivent être détaillés et préalablement portés à la connaissance du public »[11]. Sur ce fondement, le marché querellé a été annulé.

« De l'ensemble de ces développements, il ressort que l'autorité contractante et, au-delà, les autorités nationales instituées pour assurer le contrôle des procédures de passation des marchés publics, ainsi que les autorités communautaires de l'UEMOA, ont l'obligation d'informer sur le processus de passation des marchés publics, à travers notamment la publication des avis de marchés et la délivrance des dossiers d'appel d'offres ou à concurrence »[12]. Ces exigences sont à la mesure de la sincérité attendue[13] des soumissionnaires qui sont les candidats ayant déposé une offre[14].

En effet, il pèse sur les autorités contractantes l'obligation d'informer les soumissionnaires qui sont les candidats ayant effectivement déposé une

[10]. Cour Suprême Chambre Administrative du Sénégal, arrêt n° 12, 7 avril 2011, Bureau Veritas SA contre Autorité de Régulation des Marchés Publics.

[11]. Décision n° 2015-30/ARMP/PR-CR/CRD/SP/DRAJ/SA du 4 juin 2015.

[12]. Souleymane Doumbia, « Le principe de transparence dans les procédures de passation des marchés publics par appel d'offres dans l'espace UEMOA », précité, p. 85.

[13]. Ils doivent produire des informations fiables sur leurs capacités financière et technique. Ainsi au Sénégal, « sous réserve du respect de ses droits en matière de protection de la propriété intellectuelle ou industrielle et de la confidentialité des informations concernant ses activités, tout candidat à un marché public doit justifier qu'il dispose des capacités juridiques, techniques, financières et environnementales requises pour exécuter le marché, en présentant tous documents et attestations appropriés énumérés par le dossier d'appel d'offres… ». Cf. article 44 Code des Marchés Publics du Sénégal. Au Niger, les candidats doivent également produire des informations fiables sur leur capacité économique et financière, sous peine de rejet de leur offre ou d'autres sanctions. Ces informations sont relatives aux déclarations appropriées des banques, les présentations de bilan, une déclaration concernant le chiffre d'affaires (article 21 Code des Marchés Publics du Niger). Parfois l'Administration ne se contente pas de documents ; elle effectue des visites sur les sites pour constater elle-même l'existence des données fournies par les soumissionnaires.

[14]. Article 1er Directive n° 04/2005/CM/UEMOA.

offre, au regard du droit de la commande publique. Au nom de cette règle, qui prolonge et traduit la notion de transparence, les soumissionnaires doivent en principe avoir accès aux séances d'ouvertures des offres, tel que prévu dans la plupart des États d'Afrique francophone, à l'instar du Mali, du Sénégal, de la Côte d'Ivoire. À l'issue de l'analyse des différentes offres par la Commission chargée d'attribuer le marché, la décision que prend cette Commission doit être publiée, au regard de la Directive UEMOA de 2005, précitée. Ses délibérations doivent être connues aussi bien par les soumissionnaires évincés que par l'attributaire du marché, désigné à l'issue de la procédure. Cette exigence de publicité et d'information des soumissionnaires s'étend également aux candidats recalés pendant les opérations de pré-qualification. La Directive de l'UEMOA les autorise à demander à l'autorité contractante les motifs du rejet de leurs propositions. La notion de transparence, pleinement mobilisée, a toute son utilité, puisqu'elle préserve ainsi le droit au recours des candidats aux marchés publics, qui s'estiment lésés et irrégulièrement écartés.

Tout ceci montre bien que la notion de transparence est saisie par le droit de la commande publique des États d'Afrique francophone, d'autant plus que l'accueil réservé à ladite notion est assorti de garanties.

B. Un accueil assorti de garanties

Pour fortifier la notion de transparence, lui donner une effectivité, une consistance, un contenu opératoire, les États d'Afrique francophone ont, pour la plupart, prévu des garanties ou protections contre sa violation éventuelle. Ces garanties ou protections résident d'une part dans les recours pouvant être exercés contre les procédures opaques, d'autre part dans les sanctions susceptibles d'être prononcées à l'encontre des personnes coupables de manquement aux règles de la transparence.

D'abord, à propos des recours prévus contre les procédures opaques, il faut indiquer l'existence de deux voies de recours : la première, c'est le recours administratif préalable ; la deuxième, c'est le recours pour excès de pouvoir.

Le recours administratif préalable prend deux formes : il y a d'un côté le recours gracieux et de l'autre le recours hiérarchique. Le recours gracieux, adressé à l'auteur de l'acte contesté, est exercé devant l'autorité contractante, alors que le recours hiérarchique est adressé au supérieur hiérarchique de l'autorité contractante. La réponse donnée au recours administratif préalable peut être déférée à l'autorité de régulation des marchés publics, autorité administrative, dont la nature administrative des décisions est précisée par les textes et la jurisprudence notamment ivoirienne ou sénégalaise. Comme on a pu l'observer au Mali, au Sénégal, en Côte d'Ivoire notamment, l'autorité de régulation des marchés publics n'hésite pas à annuler toute procédure de passation des marchés publics entachée d'irrégularités, par exemple pour opacité, corruption, déclarations mensongères, dissimulation d'informations, collusion, conflit d'intérêts, etc[15].

Le recours pour excès de pouvoir, dont le Huron au Palais Royal chantait les vertus, présenté comme « la plus merveilleuse création des juristes »[16], est une voie de droit heureuse qui renforce et consolide la notion de transparence appliquée aux procédures relatives à la commande publique. En effet, le candidat ou soumissionnaire irrégulièrement évincé, le requérant non satisfait des décisions rendues par les autorités administratives, et notamment par l'autorité de régulation des marchés publics, a la possibilité d'exercer un recours pour excès de pouvoir devant le juge administratif, pour contester la légalité des décisions administratives.

Ensuite, s'agissant des sanctions susceptibles d'être prononcées à l'encontre des personnes coupables de manquement aux règles de la transparence, il faut observer qu'il en existe deux types : premièrement, les sanctions pécuniaires ; deuxièmement, les sanctions non pécuniaires.

Les sanctions pécuniaires, prévues par les Codes des marchés publics, donnent lieu au paiement de sommes d'argent et frappent les agents de l'Administration, les candidats aux marchés publics, les soumissionnaires, ainsi que les titulaires des marchés, en cas de manquement à l'obligation de transparence. En la matière, les contrevenants peuvent être attraits devant les juridictions civiles et financières, sans préjudice des actions pénales susceptibles d'être exercées en cas d'infraction. Au Sénégal notamment, la Chambre de discipline financière de la Cour des comptes peut être saisie en cas de violation des règles de transparence, aux termes de la loi organique sur la Cour des comptes de 2012, par exemple en cas

15. Pour la Côte d'Ivoire, consulter la Décision n° 004/2012/ANMRP/CRS du 22 mars 2012, INTERCOR/SOGEPIE annulant deux décisions d'attribution de lots de marchés par l'autorité contractante et ordonnant à la Commission d'ouverture et de jugement des offres de reprendre son évaluation. En l'espèce, l'Autorité Nationale de Régulation des Marchés Publics a estimé que cette évaluation manquait de sincérité. Pour les deux autres États, consulter respectivement les Codes des marchés publics du Sénégal (article 149) et du Mali (article 120.3).

16. Jean Rivero, « Le Huron au Palais-Royal ou réflexions naïves sur le recours pour excès de pouvoir », Dalloz 1962, Chronique VI, p. 37.

de fausses certifications, de déclarations mensongères, de corruption, de diffusion de fausses informations, d'utilisation d'informations confidentielles afin d'influer sur le résultat final de la procédure de passation, de publicité insuffisante des procédures liées aux marchés publics, de favoritisme dans l'attribution d'un marché, la conclusion d'un contrat de partenariat ou d'une délégation de service public.

Quant aux sanctions non pécuniaires, prévues également dans les Codes des marchés publics, elles touchent aussi bien les agents publics que les candidats, soumissionnaires et titulaires des marchés publics. Il serait fastidieux de les énumérer. On peut noter, cependant, que les agents publics, selon les États, s'exposent à des sanctions disciplinaires en cas de manquement aux règles de transparence. Au Bénin par exemple, le Code des marchés publics, en son article 154, prévoit la possibilité de suspendre ou de radier le fonctionnaire indélicat qui porte atteinte à la réglementation des marchés publics. Le Code nigérien, en son article 182, prévoit également la suspension, l'exclusion temporaire ou définitive et la traduction de tout agent public devant le Conseil de discipline qui manque à ses obligations lors de la procédure de passation des marchés publics.

Les candidats, soumissionnaires et titulaires des marchés publics n'échappent pas, plus ou moins, aux mêmes prescriptions. Dans la plupart des États d'Afrique francophone, à l'instar du Bénin, les Codes des marchés publics prévoient leur exclusion temporaire ou définitive des procédures relatives à la commande publique, le retrait de leur agrément et/ou de leur certificat de qualification.

De ce qui précède, il apparaît que la notion de transparence est bel et bien saisie par le droit en Afrique francophone. C'est une avancée indéniable et heureuse, dont la fortune varie d'un État à un autre.

Cependant, on observe dans la pratique que la notion est parfois ou souvent rejetée, tant les cas de violation des règles de transparence sont récurrents.

II- UNE NOTION REJETÉE PAR LA PRATIQUE

En compulsant, même furtivement, la doctrine, la jurisprudence et les décisions rendues par les autorités nationales de régulation des marchés publics, on observe que la notion de transparence, bien accueillie en droit, est rejetée en pratique, tant les actes et procédures contreviennent souvent aux règles de la transparence. La mise en examen de Monsieur Bolloré et de sa multinationale en 2018 montrent à suffisance que les conditions dans lesquelles sont attribués les marchés publics en Afrique ne sont pas toujours éclairées par la lumière de la transparence, mais plutôt entourées bien souvent par les ténèbres de l'opacité.

Le rejet de la notion de transparence s'observe, en effet, à deux niveaux : il est d'abord visible dans les irrégularités constatées (A) ; il est ensuite acté par le recours fréquent au gré à gré (B).

A. Un rejet visible dans les irrégularités constatées

Dans la plupart des États d'Afrique francophone, les procédures relatives à la commande publique sont minées par le venin des irrégularités, diverses et variées. Pour ne s'en tenir qu'aux procédures spécifiques aux marchés publics, le constat ne manque pas d'édifier sur l'effectivité problématique des règles de transparence.

Il suffit, pour s'en convaincre, de lire les rapports annuels d'audit rendus par les autorités nationales de régulation des marchés publics, dont il ne faut d'ailleurs pas exagérer la portée, puisque, pour certains spécialistes, ces rapports sont souvent édulcorés. À titre d'illustration, on peut citer les rapports d'audit rendus par l'autorité nationale de régulation des marchés publics de Côte d'Ivoire au cours de ces dernières années[17]. Le résumé du rapport d'audit des marchés publics de la gestion 2014, publié en 2016, indique clairement que « Sur l'ensemble des 150 marchés publics passés, 87 parmi eux, soit 58 % des marchés de l'échantillon ont été passés à travers des procédures irrégulières »[18]. Les irrégularités, nombreuses, sont énumérées dans ledit rapport : il s'agit, entre autres, du défaut d'information des soumissionnaires non retenus ou évincés, de la non publication des avis d'appel à concurrence, de l'approbation par une autorité non habilitée, de l'absence de preuve de publication dans le Bulletin officiel des marchés publics, de la non satisfaction aux critères techniques préalablement définis dans le dossier d'appel d'offres, de l'absence de Commission d'ouverture des plis et de jugement des offres, de la non-conformité de la composition de certaines Commissions d'ouverture des plis et de jugement des offres, de la non inscription des marchés au plan prévisionnel de passation des marchés publics ou même de l'absence de ce plan, etc. Les autres rapports publiés entre 2016 et 2019 relèvent, plus ou moins, les mêmes irrégularités et leur fréquence, même si l'on doit observer une tendance à la baisse de ces irrégularités, signe que

[17]. Consulter tous ces rapports sur [https://www.anrmp.ci].
[18]. Cf. p. 4 et s.

l'autorité de régulation est un acteur essentiel dans cette diminution de la fraude à la transparence.

Dans une étude consacrée à la transparence dans les marchés publics au Sénégal et au Togo, Monsieur Kwasi Nyatefe Dougblo fait le même constat et observe des insuffisances relatives à la question. Il note, dans une formulation élégante, des pratiques déviantes, qui violent directement la lettre du Code des marchés publics et qui prêchent contre son esprit[19].

Les décisions administratives prises par les autorités de régulation des différents États et les décisions rendues par le juge de la légalité, pour annuler les procédures irrégulières de passation des contrats publics, démontrent pertinemment que la notion de transparence n'est pas toujours bien accueillie par les acteurs de la commande publique. Le rejet même de la notion est acté par le recours fréquent au gré à gré.

B. Un rejet acté par le recours fréquent au gré à gré

Le gré à gré ou entente directe est une procédure dérogatoire de passation des marchés publics par laquelle l'autorité contractante négocie directement avec le ou les candidat(s) au marché qu'elle a retenu(s).

Ce mode de passation des marchés publics est réellement consacré par les différents Codes ; ce constat n'est pas particulièrement préoccupant. Ce qui est, en revanche, problématique, c'est la tendance des autorités contractantes à recourir, fréquemment, à ce mode de passation pourtant exceptionnel. On observe ainsi, dans le domaine des marchés publics, que la procédure d'appel d'offres ouvert, à laquelle en principe doivent recourir les autorités contractantes, est devenue l'exception, alors que les procédures dérogatoires de l'appel d'offres restreint et du gré à gré deviennent de plus en plus la règle.

Certes, la conclusion de certains marchés sensibles, tels que les marchés relatifs à la défense nationale, obligent à recourir à ces procédures dérogatoires. Mais, le recours fréquent, voire systématique, au gré à gré est condamnable, dans la mesure où cette procédure d'entente directe est non seulement, par définition, non concurrentielle et fermée, mais surtout de nature à tout faire, sauf la promotion de la notion de transparence. Au contraire, cette procédure est un nid douillet pour l'opacité.

Le recours fréquent à la procédure de gré à gré, par rapport aux autres modes de passation des marchés publics, aggrave les risques réels de violation des règles de transparence. Au Togo, pour la seule année 2013,

---

[19]. Kwasi Nyatefe Dougblo, La transparence dans les marchés publics au Sénégal et au Togo, Mémoire de Master, Université Amadou Hampaté Ba de Dakar, 2016.

le rapport de l'autorité de régulation des marchés publics a recensé 142 procédures de gré à gré[20]. En Côte d'Ivoire, l'autorité de régulation des marchés publics a recensé entre 2011 et 2013 60 procédures de gré à gré[21]. Aujourd'hui, le constat qui peut être fait, en Côte d'Ivoire par exemple, c'est que la majeure partie des contrats publics sont passés au moyen de la procédure de gré à gré. Les récents rapports de l'autorité de régulation, dans la période allant de 2014 à 2020, disponibles sur le site électronique de l'Institution, ne démentent pas formellement cette tendance[22].

Au Togo par ailleurs, un audit sur les 142 marchés de gré à gré, passés en 2013, a révélé un déficit de transparence[23]. On peut étendre ce constat aux autres États, notamment à la Côte d'Ivoire où le gré à gré est le mode de passation privilégié par les autorités administratives et gouvernementales, ce qui n'est pas de nature à permettre à la notion de transparence de faire florès et de prospérer.

---

[20]. Pour les données chiffrées sur le Togo, voir le Mémoire précité de Monsieur Kwasi Nyatefe Dougblo.

[21]. Autorité Nationale de Régulation des Marchés Publics de Côte d'Ivoire, Audit des marchés de gré à gré de 2011 à 2013, publié en 2014 sur [https://www.anrmp.ci/images/app/contenu/66/rapport_gag_arnmp.pdf], p. 2.

[22]. Voir à ce sujet [https://www.anrmp.ci/etudes-et-audits-independants/audits-de-gestion].

[23]. Consulter Kwasi Nyatefe Dougblo, op. cit.

LE SORT DU RÈGLEMENT IRRÉGULIER EN CONTENTIEUX DE PLEINE JURIDICTION EN CÔTE D'IVOIRE : RÉFLEXIONS NAÏVES ET PROSPECTIVES

Kouadio Marc LANGUI
Docteur en droit public, Assistant à l'Université Peleforo Gon Coulibaly de Korhogo

L'exigence de stabilité, indispensable à l'ordre juridique, et le respect du droit, si précieux à l'institution de l'Etat de droit, sont des manifestations diverses d'une même réalité : la sécurité à laquelle aspire tout système juridique[1]. En matière administrative, celle-ci se réalise, outre les outils extrajudiciaires[2], par les mécanismes institués en contentieux administratif, notamment ceux qui permettent d'extirper de l'ordonnancement juridique les actes administratifs illégaux et qui, par là, garantissent la fixité des actes réguliers des autorités administratives. En cela, le recours pour excès de pouvoir est pertinent. Car, ainsi que le précise Prosper WEIL, « un instrument ne vaut que par le but qu'il permet d'atteindre »[3]. Par ailleurs, enfoui dans les fourches caudines de conditions strictes de délai et de procédure, le recours pour excès de pouvoir, pour Bertrand SEILLER, répond aux aspirations de l'administration et des administrés qui souhaitent que les actes administratifs soient rapidement fixés, deviennent rapidement incontestables afin qu'ils produisent effectivement et pleinement les effets qui s'y attachent et qu'ils en tirent des droits opposables [4]. Toutefois, les intérêts conjugués de l'administration et des administrés qui fondent la rapide fixité des actes administratifs peuvent conduire la fixité, gage de la sécurité juridique, à en être le fossoyeur. C'est le cas lorsque l'acte administratif qui, fort de n'avoir pas fait l'objet d'un recours pour excès de pouvoir dans le délai requis ou qui en cas de recours infructueux, devient définitif. Ces

[1]- Bertrand SEILLER, L'exception d'illégalité des actes administratifs. Droit. Université Panthéon-Assas Paris 2, 1995. Français. NNT : 1995PA020010. tel-04044382, p. 8.
[2] - Mattias GUYOMAR, Bertrand SEILLER, D'Ariane MEYNAUD-ZEROUAL, Contentieux administratif, Dalloz, 6è édition, 2021, pp. 287-293.
[3]- Prosper WEIL cité par Jean GOURDOU, Les conséquences de la constatation de l'illégalité d'un acte administratif par le juge administratif. Droit. Université de Pau et des pays de l'Adour, 1996. Français. NNT : . tel-02431257, p. 1.
[4]- Bertrand SEILLER, Op., Cit., p. 10.

hypothèses soulèvent des interrogations : un tel acte peut-il (doit-il) faire l'objet de recours ? Doit-il demeurer dans l'ordonnancement juridique, continuer de déployer ses effets et d'être opposable aux administrés malgré une illégalité constatée ?

En Côte d'Ivoire, la question du recours contre un acte administratif définitif est réglée en faveur de la garantie de la stabilité de l'ordre juridique et donc de la sécurité. Au-delà des textes[5], l'affaire Société des Centaures Routiers et l'arrêt [6] s'y rapportant, pour avoir été, respectivement, l'occasion de remise en cause de la légalité d'un acte administratif ayant échappé au recours pour excès de pouvoir et de déclaration de l'illégalité dudit acte, sont illustratifs [7]. La doctrine ivoirienne, dans sa totalité, admet que la portée de l'arrêt société des Centaures Routiers tient à l'affirmation et à la consécration de « l'autonomie des règles régissant la responsabilité administrative »[8] et, par-delà, du droit administratif[9]. A ces aspects de la décision du juge suprême[10] ivoirien, l'on adjoint la possible application des règles de droit

---

[5]- Voir en cela la loi organique n°2020-968 du 17 décembre 2020 déterminant les attributions, la composition, l'organisation et le fonctionnement du Conseil d'Etat (article 13) et la loi (abrogée) n°2018-978 du 27 décembre 2018 déterminant les attributions, la composition, l'organisation et le fonctionnement du Conseil d'Etat (article 5).

[6]- Il s'agit de l'arrêt rendu par la Cour suprême ivoirienne, le 14 janvier 1970 dans l'affaire opposant la Société des Centaures Routiers au Ministre des affaires économiques et financières. Martin BLEOU, Les grands arrêts de la jurisprudence administrative ivoirienne, CNDJ, pp. 435-437.

[7] - Six (6) années plus tard, l'arrêt François-Xavier SANTUCCI contre l'Université d'Abidjan, rendu par la Cour suprême ivoirienne en sa chambre administrative, le 28 avril 1976, a donné une autre illustration de la possible censure de l'acte administratif en vigueur, après avoir échappé au recours pour excès de pouvoir. Voir, WODIE Francis, Martin BLEOU, La chambre administrative de la cour suprême et sa jurisprudence, Annales de l'université d'Abidjan, 1981, Série A (Droit), Volume 6, pp. 158-160.

[8]- Martin BLEOU, Les grands arrêts de la jurisprudence administrative ivoirienne, CNDJ, p. 438.

[9]- On peut lire dans l'arrêt de la Cour suprême (arrêt Sociétés des Centaures Routiers) que « la responsabilité qui peut incomber à l'Etat pour les dommages causés audits usagers ne peut être régie par les principes qui sont établis par le code civil pour les rapports de particulier à particulier ; que cette responsabilité n'est ni générale, ni absolue ; qu'elle à ses règles spéciales qui varient suivant les besoins du service et la nécessité de concilier les droits de l'Etat avec les droits privés ».

[10]- L'arrêt Société des Centaures Routiers a été rendu par la Cour suprême ivoirienne (1970). A cette date, l'organisation juridictionnelle ivoirienne était moniste. Au sommet de ladite organisation, il existait une cour suprême structurée autour de quatre (4) chambres : une chambre constitutionnelle, une chambre judiciaire, une chambre administrative et une chambre des comptes. Voir en cela, l'article 57 de la constitution ivoirienne du 3 novembre

privé[11] à l'Etat, la question de la détermination de la nature du bac[12] et de son exploitation[13]. Autant d'éléments qui, à n'en point douter, attestent la richesse et la fécondité de l'arrêt Société des Centaures Routiers.

Toutefois, au nombre des thèmes et questions abordés par l'arrêt Société des Centaures Routiers, un élément (aspect) de sa substance, médiatement perceptible, semble à ce jour peu évoqué. En effet, pour affiner son raisonnement, le juge administratif ivoirien a cru bien de faire un détour décisif : l'appréciation de la légalité de l'arrêté du 3 septembre 1958 réglementant le passage des véhicules à bord des bacs dont l'application requise par l'Etat de Côte d'Ivoire était contestée par la Société des Centaures Routiers. Certes, la Cour n'en était pas saisie au principal, par un recours pour excès de pouvoir. Mais la contestation de l'application dudit arrêté lui en a incidemment donné l'occasion. Pour elle, la Société des Centaures Routiers étant un usager, la disposition de l'arrêté, selon laquelle « tout véhicule embarquant à bord des bacs effectuera son embarquement, sa traversée, et son débarquement à ses risques et périls », ne peut légalement déroger aux « principes qui régissent la responsabilité

1960 : « La cour suprême comprend quatre chambres : la chambre constitutionnelle, la chambre judiciaire, la chambre administrative et la chambre des comptes. »

11- Les règles de droit privé trouveront à s'appliquer à l'Etat, notamment lorsque « celui-ci mène des activités le plaçant dans les mailles du droit privé ou par lesquelles il s'habille en civil ». Martin BLEOU, Op., Cit., p. 440. Voir aussi, CSCA, 20 mars 1968 : Etat de Côte d'Ivoire c/ Groupement français d'assurances.

12- « A la différence de l'arrêt Société Commerciale de l'Ouest Africain (1921), plus connu sous le nom de l'arrêt bac Eloka, la Cour suprême ivoirienne a considéré le bac, non pas comme un véhicule, mais bien comme un ouvrage public, à la même manière des deux sections de route qu'il relie ». Martin BLEOU, Op., Cit., p. 440. Voir aussi, Roger MARILLAT, L'arrêt de la Chambre administrative de la Cour suprême du 14 janvier 1970, Société des Centaures Routiers contre Etat de Côte d'Ivoire, in RID, 1971, n°1, pp. 12-13.

13- Pour la Cour suprême ivoirienne, l'exploitation du bac « présente le caractère d'un service public administratif, dont les usagers ne sont pas liés à l'Etat par un contrat de transport de droit privé, même s'ils doivent acquitter un péage ». Voir Roger MARILLAT, article précité, pp. 14-16. Cette décision ne s'inscrit pas dans la même logique que celle prise par le juge des conflits, en 1921, dans l'arrêt Société Commerciale de l'Ouest Africain. Dans celle-ci, le Tribunal des conflits objecte la nature d'ouvrage public du bac et observe que l'activité du bac se fait contre rémunération, dans les mêmes conditions qu'un industriel ordinaire. Dans ce cas, en l'absence de textes (législatif ou règlementaire) qui donnent compétence à la juridiction administrative en matière de bacs, l'activité du bac (le service public) est soumise au droit privé et, par ricochet, à la compétence du juge judiciaire. Ici, se dessine l'idée de la gestion privée du service public, de service public industriel et commercial qui sera cristallisée et systématisée par le Conseil d'Etat français, en 1956, dans sa décision relative à l'Union syndicale des industries aéronautiques (CE, Ass., 16 novembre 1956).

de la puissance publique »[14]. La disposition invoquée s'inscrit donc en violation des principes[15] admis en droit administratif. En conséquence, la Cour, en sa Chambre administrative, écarta l'application à l'espèce de l'arrêté du 3 septembre 1958. Le juge, par cette démarche dite de l'exception d'illégalité, a apprécié de façon incidente et déclaré illégal un acte réglementaire. Six (6) années plus tard, le juge administratif ivoirien, recourant au même mécanisme a, dans l'affaire « François-Xavier SANTUCCI contre l'Université d'Abidjan »[16], déclaré illégal[17] le décret n°66-134 du 16 avril 1966 portant organisation de l'université et des enseignements supérieurs. En effet, alors qu'elle n'était pas saisie au principal, par un recours pour excès de pouvoir (contentieux de l'annulation), la Cour a estimé dans l'affaire François-Xavier SANTUCCI que « compte tenu de l'article 41 de la constitution, le Gouvernement ne pouvait valablement par décret modifier ou même adapter aux nécessités ivoiriennes la composition des juridictions instituées par des lois [...] ; que cette nécessaire adaptation, malgré le commun accord des parties française

---

[14]- CSCA, 14 janvier 1970 Société des Centaures Routiers c/ ministre des affaires économiques et financières. Voir Martin BLEOU, Op., Cit., p. 436.

[15]- Il s'agit des principes en vertu desquels lorsqu'un dommage est causé à un usager par le fait d'un ouvrage public, la responsabilité du maître de l'ouvrage est engagée, sauf s'il prouve que l'ouvrage était normalement entretenu. Voir Martin BLEOU, Op., Cit., p. 441. Ces principes, selon René CHAPUS, ont une « valeur infralégislative et supradécrétale », René CHAPUS, Droit administratif général, Tome 1, Montchrestien, 15è édition, 2001, p.111. Il faut souligner que le rapporteur (dans la résolution de l'affaire Société des Centaures Routiers) a reconnu aux principes référencés « une valeur législative ». Voir Martin BLEOU, Op., Cit., p. 441.

[16]- WODIE Francis, Martin BLEOU, La chambre administrative de la suprême et sa jurisprudence, Annales de l'université d'Abidjan, 1981, série A (Droit), Volume 6, pp. 158-160.

[17]- Il est reproché au décret n°66-134 du 16 avril 1966 portant organisation de l'université et des enseignements supérieurs d'avoir transformé en organismes administratifs les juridictions disciplinaires d'instance et d'appel de l'université. « Mais considérant, et sans qu'il y ait même lieu d'examiner les moyens des parties, que, compte tenu de l'article 41 de la Constitution, le Gouvernement ne pouvait valablement par décret modifier ou même adapter aux nécessités ivoiriennes la composition des juridictions instituées par des lois, sans doute périmées en la forme, mais toujours en vigueur ; que cette nécessaire adaptation, malgré le commun accord des parties française et ivoirienne, ne pouvait intervenir que par une loi ; que partant, la procédure suivie par SANTUCCI est nulle d'ordre public comme ayant été entreprise et poursuivie devant des organismes dépourvus, en matière disciplinaire, de toute compétence légale ; [...] La procédure suivie en instance et en appel contre SANTUCCI ayant abouti à la décision du 20 novembre 1975 de la Commission permanente des enseignements supérieurs est annulée ». WODIE Francis, Martin BLEOU, OP., Cit., p.159.

et ivoirienne, ne pouvait intervenir que par une loi »[18]. Fort de la déclaration d'illégalité dudit décret, la cour prononça la nullité d'ordre public de la procédure suivie par le sieur SANTUCCI, en ce qu'ayant été entreprise et poursuivie devant des organismes dépourvus, en matière disciplinaire, de toute compétence légale. La question du possible recours contre l'acte administratif définitif se trouve ainsi réglée par l'institution du recours en appréciation de légalité, dite encore exception d'illégalité.

L'expression « exception d'illégalité », en ce qu'elle contient le terme « exception » d'usage commun, mais au sens souventes fois distinct selon la nature de la procédure[19] concernée, mérite d'être spécifiée en matière administrative. L'exception d'illégalité est « le moyen par lequel est critiquée la légalité d'un acte administratif à l'occasion d'un recours pour excès de pouvoir dirigé contre un autre acte, ou d'un recours de plein contentieux en réparation du préjudice né de cette illégalité »[20]. Ainsi perçu, contrairement aux matières pénale et civile, l'exception d'illégalité est un moyen que peut invoquer, en matière administrative, aussi bien le défendeur que le requérant dans un procès. Ce que semble ne pas admettre, selon Marcel Waline[21], le sens originel du terme exception. Aussi lui a-t-il préféré, pour marquer son usage indiscriminé par les parties au procès, le mot incident en référence à la contestation indirecte de la légalité d'un acte à l'initiative du demandeur. Autrement dit, l'exception d'illégalité est « le

---

18- WODIE Francis, Martin BLEOU, OP., Cit., p.159.

19- En procédure civile, « le terme d'exception vise [...] la catégorie très particulière des exceptions de procédure, au sein de la notion plus générale de moyen de défense. [...] En procédure pénale, la notion d'exception est incertaine, voire non discriminante. Il semble, en effet, que le terme s'emploie parfois pour désigner les questions présentées au juge. Le prévenu d'une infraction peut soulever plusieurs types d'exceptions devant le juge pénal saisi ». Bertrand SEILLER, L'exception d'illégalité des actes administratifs, Thèse, Paris, 1995, pp. 18-19.

Au double sens civiliste et pénaliste, nonobstant la variété des modalités, l'exception est un moyen de défense, un instrument de procédure, une arme protectrice, permettant au seul défendeur d'opposer victorieusement à la prétention de son adversaire des faits qui paralysent cette prétention sans la détruire.

20- Bertrand SEILLER, L'exception d'illégalité des actes administratifs, Thèse, Paris, 1995, p. 15.

21- Pour Marcel Waline, le terme exception utilisé en matière procédurale désigne un moyen de défense. En tant que tel, il devrait être une arme à la disposition du seul défendeur. Le demandeur ou le requérant ne devait pouvoir en user. C'est ce que commande le sens originel du mot exception. Aussi, a-t-il dénoncé l'inexactitude de l'expression exception d'illégalité. Voir Bertrand SEILLER, Op. Cit., pp. 16-20.

21- Bertrand SEILLER, L'exception d'illégalité des actes administratifs, Thèse, Paris, 1995, p. 15.

moyen par lequel est incidemment contestée la légalité d'un acte administratif à l'occasion du recours dirigé contre un autre acte »[22]. Toutefois, plus que le moyen ou le mécanisme, c'est le sort de l'acte réglementaire déclaré illégal par la voie de l'exception d'illégalité qui inspire la présente étude.

L'acte réglementaire, on le sait, est un acte de portée générale émanant d'une autorité administrative investie d'un pouvoir de décision et faisant grief. Il a la nature, en ce qu'il répond aux caractéristiques, d'un acte administratif unilatéral. Alléguer son irrégularité, c'est reconnaître qu'il est entaché de vice de forme, de compétence, de procédure ou de fond, au regard du « droit écrit »[23] et de celui informé ou dégagé par le juge[24].

Quant au contentieux de pleine juridiction, encore appelé recours de pleine juridiction, il s'appréhende comme un recours par lequel l'on peut demander au juge de l'administration la reconnaissance d'un droit personnel, notamment la réformation, la substitution d'un acte administratif et la condamnation de l'administration au paiement de dommages et intérêts en réparation d'un préjudice subi par son fait. Ainsi, « dans le contentieux de pleine juridiction, la cause juridique de l'action est la violation d'un droit personnel ou d'un droit subjectif. Le recours de pleine juridiction est ouvert lorsque la contestation porte sur l'existence, la portée, les modalités ou l'exécution d'une situation juridique individuelle. »[25] Le juge de plein contentieux dispose donc de pouvoirs étendus, voire de « l'intégralité des pouvoirs juridictionnels »[26]. C'est donc un contentieux distinct du recours pour excès de pouvoir en raison, d'une

---

22- Idem.

23- Nous faisons allusion au droit qui procède des textes. « Le droit écrit part de la constitution, la règle des règles, et aboutit aux actes administratifs, en passant naturellement par les traités et les actes législatifs. Ces différents actes contiennent des règles de compétence, des règles de procédure et de forme et des règles de fond ». Martin BLEOU, Le contrôle des faits et du droit par le juge de l'excès de pouvoir en Côte d'Ivoire, in Revue Ivoirienne de droit, 1981, p. 56.

24- Martin BLEOU, Le contrôle des faits et du droit par le juge de l'excès de pouvoir en Côte d'Ivoire, précité, p. 60.

25- Raymond. ODENT cité par Martin BLEOU, article précité, pp.57-58.

26 - Mattias GUYOMAR, Bertrand SEILLER, D'Ariane MEYNAUD-ZEROUAL, Contentieux administratif, Dalloz, 6è édition, 2021, p. 139.

part, de l'objet[27] du recours et, d'autre part, de l'étendue des pouvoirs[28] du juge saisi.

Le sort, au sens du dictionnaire Le Robert, renvoie à une « prédestination supposée », à une « situation faite ou réservée à quelqu'un ou à quelque chose » [29]. En tant que tel, évoqué le sort de l'acte réglementaire irrégulier en contentieux de pleine juridiction revient à déterminer ce qui en sera fait dans un contentieux de pleine juridiction. C'est donc, en substance, s'interroger sur la situation réservée audit acte. On le sait, l'une des caractéristiques de l'acte réglementaire est son caractère décisoire et donc sa vocation à s'appliquer, voire son applicabilité. Ainsi, s'interrogeant sur la situation réservée à l'acte réglementaire irrégulier, l'on ne peut éluder la question de sa vigueur, de son application. Cette préoccupation interpelle médiatement l'attitude du juge du plein contentieux. Autrement dit, l'acte réglementaire déclaré irrégulier trouvera-t-il la vigueur nécessaire à son application ou, au contraire, perdra-t-il, en raison de la déclaration à son égard, la validité qui fonde son application ? En somme, le juge du plein contentieux, au cours d'un procès, peut-il faire fi de la déclaration d'illégalité pesant sur un acte réglementaire et l'appliquer ? Ou, au contraire, doit-il tirer argument de ladite déclaration pour s'interdire toute référence audit acte ?

C'est là une question qui ne manque pas d'intérêt à la lumière des hésitations du juge et du législateur, en France, alors tiraillés entre l'efficacité[30] de l'action administrative, la garantie de la sécurité juridique, la préservation des droits acquis des administrés et l'éventuel vide juridique. En Côte d'Ivoire, évoquer le sort d'un tel acte ne manque non plus d'intérêt, eu égard au silence des textes, accompagné de la rareté, voire de l'inexistence, de la jurisprudence en la matière. Autrement dit, les

---

27- Le recours pour excès de pouvoir est limité à un objet unique, la demande de l'annulation d'un acte administratif, pour cause d'illégalité. Dans le recours de pleine juridiction, « la régularité et la légalité de l'acte juridique qui est à l'origine de [la situation contestée] peuvent être mises en cause mais seulement à titre accessoire comme conséquence de la mise en cause de la situation juridique elle-même, dans sa validité, son contenu et son existence ». Raymond. ODENT cité par Martin BLEOU, article précité, p. 58.

28- Mattias GUYOMAR, Bertrand SEILLER, D'Ariane MEYNAUD-ZEROUAL, Op., Cit., p. 128. Dans le recours pour excès de pouvoir ou le contentieux de l'annulation, le pouvoir du juge est limité à la décision de légalité ou de l'illégalité de l'acte attaqué. Dans le dernier cas, il dispose du pouvoir de prononcer l'annulation de l'acte.

29- Le Robert illustré, 2022, p. 1833.

30- Jean GOURDOU. Les conséquences de la Constatation de l'Illégalité d'un Acte Administratif par le Juge Administratif. Droit. Université de Pau et des pays de l'Adour, 1996, p. 132 et suivantes.

questions relatives à la vie, aux effets et à l'opposabilité de l'acte administratif déclaré irrégulier (par exception d'illégalité) ne trouvent, à ce jour, de réponses fixées. Il s'agit donc d'anticiper sur une question à laquelle n'échappera pas le juge. Cette attitude anticipatrice donnera au juge les sillons de réflexion et les voies de résolution nécessaires à l'appréhension de la préoccupation. Il s'agit également d'interpeller le législateur sur une question épineuse sur laquelle il devra légiférer avec diligence, en raison des intérêts juridique et administratif concomitamment concernés.

La préoccupation posée ne se prête pas, pour l'heure, à une réponse tranchée en Côte d'Ivoire. C'est pourquoi, tentant d'y répondre, l'on est bien obligé d'évoquer les aspects de la théorie du droit qui imposent la survivance de l'acte réglementaire déclaré irrégulier (I), sans pour autant se méprendre sur les considérations pratiques par lesquelles ledit acte devient désuet et se trouve ainsi frappé d'inapplicabilité (II).

I- LA SURVIVANCE EN PRINCIPE DE L'ACTE RÉGLEMENTAIRE DÉCLARÉ IRRÉGULIER

Le règlement déclaré irrégulier par la voie de l'appréciation de légalité, par le juge administratif, garde sa vigueur et, par là même, son applicabilité dans un contentieux de pleine juridiction. Il en est ainsi pour deux principales raisons. L'une, tirée du contexte et des caractères procéduraux de l'appréciation de légalité (A) et, l'autre, tenant à la valeur ou à la portée de la déclaration du juge administratif (B).

A. En raison du contexte et des caractères procéduraux de l'exception d'illégalité

Le contexte renvoie à un ensemble de données, de facteurs et d'informations directement ou indirectement reliés à un évènement ou à l'« ensemble des circonstances dans lesquelles se produit un fait »[31]. Il s'agit donc de données factuelles, informationnelles et circonstancielles dans lesquelles se produit un évènement (ou qui ont concouru à l'avènement d'un évènement) et dont la connaissance permet de mieux appréhender une question. Ainsi conçu, le contexte de l'exception d'illégalité est celui d'un procès (1). En tant que telle, l'exception

[31]- Le Robert illustré, 2022, p. 440.

d'illégalité est revêtue de spécificités procédurales qui la distinguent du recours par voie d'action (2) et qui justifient la survivance théorique de l'acte réglementaire déclaré irrégulier.

1- Le contexte de l'exception d'illégalité

Pour atteindre la finalité de sécurité qui fonde son existence, tout système juridique recourt à la stabilité. Celle-ci, à son tour, se réalise par l'intermédiaire de dispositions qui cristallisent et fixent définitivement les rapports et actes de droit. Aussi, « une remise en cause éventuelle à toute époque ne saurait être admise sans risques »[32]. Toutefois, à bien des égards, admettre la remise en cause desdits rapports et actes juridiques, sans se méprendre sur les exigences de cohérence de la structure hiérarchique de l'ordre juridique[33] au sens Kelsenien, reste le gage de la prééminence de l'Etat de droit sur l'arbitraire. C'est pourquoi, le droit organise la contestation des relations et des actes juridiques irréguliers qu'il insère dans des fourches temporelles. Dans l'intervalle de temps prescrit, l'action de contestation est possible en tant que droit de recours, droit d'action reconnu au justiciable. Au-delà de la période prévue, l'exigence de stabilité et donc de sécurité doit prévaloir et faire obstacle à toute contestation. Autrement dit, l'écoulement du temps rend définitif l'acte juridique. La conception que voilà pose tout de même des préoccupations, notamment celle relative à "l'attaquabilité" des rapports ou des actes juridiques non contestés à l'expiration du délai requis ou qui, en raison de circonstances nouvelles perdent tout motif d'existence. Ainsi, comme Bertrand SEILLER, pourrait-on s'interroger en ces termes : « la sécurité juridique [...] autorise-t-elle [à] tenir pour régulier ce qui ne l'est pas ? »[34]

La réponse à cette question, au-delà de la distinction[35] entre le droit d'action et le droit substantiel qu'elle commande, est donnée par le

---

32- Bertrand SEILLER, L'exception d'illégalité des actes administratifs, Thèse, Paris, 1995, p. 8.

33- Selon Hans KELSEN, « un ordre juridique n'est pas un système de normes juxtaposées et coordonnées. Il a une structure hiérarchique et ses normes se distribuent en diverses couches superposées. L'unité de l'ordre réside dans le fait que la création- et par conséquent la validité- d'une norme est déterminée par une autre, dont à son tour la création a été déterminée par une troisième. » Hans KELSEN, Théorie pure du droit, Introduction à la science du droit, Editions de la Baconnière, Juin 1953, p. 123.

34- Bertrand SEILLER, Op., Cit., p. 9.

35- « Le droit substantiel (...) est distinct du droit d'action (...) qui est un droit subjectif autonome, de caractère procédural (...). Le droit substantiel naît d'un acte ou d'un fait

contexte qui déclenche le mécanisme de l'exception d'illégalité. En effet, l'exception d'illégalité ou le recours en appréciation de légalité, en tant que moyen de défense, trouve son cadre d'expression ou de mise en œuvre au cours d'un procès qui est en instance, qui n'a donc pas encore fait l'objet d'un jugement définitif. L'hypothèse est celle dans laquelle, à l'occasion d'un procès devant le juge ordinaire ou administratif (recours contre un autre acte ou recours de pleine juridiction), la partie diligente conteste un acte administratif (réglementaire) invoqué, soit par le juge de l'instance, soit par la partie adverse au fondement de ses allégations, en excipant de son illégalité. L'acte administratif ainsi contesté est un acte en vigueur. Mais, pour une raison ou une autre, n'a fait l'objet de recours en annulation pendant le délai requis pour l'exercice du recours par voie d'action (recours pour excès de pouvoir). Ainsi appréhendée, l'exception d'illégalité, en son contexte, atténue le rigorisme caractéristique des règles de délai et matérialise, par là même, la possible distinction entre la prescription et la déchéance en matière administrative. En effet, l'acte étant définitif, toute action à son égard est en principe irrecevable. Seule voie palliative à la prescription, « l'exception d'illégalité permet de faire sanctionner le droit de chacun au respect de la légalité par l'administration »[36].

Le plaideur aura ainsi soulevé l'exception d'illégalité qui, selon les cas, peut-être une question préjudicielle ou une question préalable. Mais, en tout état de cause, elle s'analyse comme un incident au procès pendant, au sens de quidquid incidit in litem. Autrement dit, la question de légalité n'est pas la question principale qui justifie le procès. Elle n'en est que l'accessoire, le recours principal étant dirigé contre un autre acte. Toutefois, en ce qu'elle est invoquée au procès en cours, sa résolution est impérative au dénouement de l'affaire principale.

Le contexte de l'exception d'illégalité s'apparente, en ce qu'il est un recours incident, à celui de l'exception d'inconstitutionnalité. Il se

---

juridique, l'action découle d'un conflit d'intérêts (...). Quant aux conditions d'existence, normalement droit substantiel et action sont solidaires, la seconde étant destinée à faire sanctionner le premier. Mais tel n'est pas toujours le cas (...). L'exemple de la prescription est caractéristique : si elle est admise, l'action n'existe pas (la demande est irrecevable), on ne sait pas si le droit substantiel a jamais existé, ou existe encore ; si elle est encartée, l'action existe, et on aborde le fond (mais le droit substantiel peut tout de même ne pas exister : la demande est alors recevable, mais mal fondée). » Henri MOTULSKY cité par Bertrand SEILLER, Op., Cit., p. 9. Au regard de la distinction établie, on peut conclure que La prescription du droit d'action est sans incidence sur le droit substantiel qui (lui) survit. Il peut être reconnu par un autre mécanisme, en cas de prescription.

36- Bertrand SEILLER, Op., Cit., p. 15.

distingue, par là même, de celui du recours pour excès de pouvoir, un recours par voie d'action. Or, on le sait, c'est bien le caractère incident de l'exception d'inconstitutionnalité qui, dans certains Etats[37], continue de justifier que la loi jugée inconstitutionnelle par ce mécanisme ne soit que simplement privée d'effets à l'égard des parties. En cela, la loi en cause garde toute sa vigueur et poursuit sa vie dans l'ordonnancement juridique[38]. Les contextes étant identiques, aucune raison ne s'oppose à ce qu'il en soit de même du règlement déclaré illégal par voie d'exception. Ainsi, pourra-t-il être maintenu dans l'ordonnancement juridique, continuer à déployer ses effets et être appliqué dans d'autres procès si les parties ne soulèvent pas son irrégularité. En cela, la déclaration d'illégalité prononcée par la Cour suprême ivoirienne dans l'affaire François-Xavier SANTUCCI (28 avril 1976), est illustratif. En effet, dans cette affaire, le décret n°66-134 du 16 avril 1966 déclaré illégal a gardé sa substance et sa vigueur. Il a, par la suite, subi une modification[39] sans lien avec le motif de son irrégularité en 1977, avant d'être abrogé[40] en 1996. L'hypothèse de la survivance de l'acte réglementaire irrégulier est confortée et confirmée par les caractéristiques procédurales de l'exception d'illégalité.

---

[37]- Certes dans certains Etats, la portée de la décision du juge constitutionnel décidant de l'inconstitutionnalité, par voie d'exception d'une loi, a évolué dans le sens de l'abrogation (en cela, on peut citer la Côte d'Ivoire et la France), mais d'autres, notamment les Etats-Unis, en sont encore à l'effet relatif d'une telle décision (sauf si la déclaration d'inconstitutionnalité relève de la Cour suprême fédérale).

[38]- En rappelant l'exemple des Etats dans lesquels la loi reconnue inconstitutionnelle par voie d'exception est simplement privée d'effet, nous n'oublions pas que dans d'autres Etats, notamment en Côte d'Ivoire, la solution retenue en la matière depuis 2014, par le juge constitutionnel, est l'abrogation (décision n° CI-2014-139/26-06/CC/SG du 26 juin 2014 relative au recours par voie d'exception d'inconstitutionnalité soulevée par la société APM Terminals Côte d'Ivoire en ce qui concerne l'article 31 de la décision n° 001/PR du 11 janvier 2012 portant création, organisation et fonctionnement des tribunaux de commerce). Cette solution a été reconduite par l'article 137 alinéa 2 de la Constitution du 8 novembre 2016.

[39]- Voir en cela le décret n°77-532 du 3 août 1977, portant modification du décret n°66-134 du 16 avril 1966, portant organisation de l'Université et des Enseignements supérieurs.

[40]- Le décret n°66-134 du 16 avril 1966 (J.O. du 28 avril 1966) a été abrogé par le décret n°96-612 du 9 août 1996 déterminant les attributions, l'organisation et le fonctionnement de l'Université de Cocody (J.O. n°50 du jeudi 12 décembre 1996). L'article 64 du décret n°96-612 du 9 août 1996 précise : « Sont abrogées toutes dispositions antérieures contraires au présent décret. »

2- *Les caractères proceduraux de l'exception d'illégalité*

Le terme « procédure » relève du droit formel et peut être utilisé selon deux sens qui ne recouvrent pas toujours la même réalité. Il importe donc d'apporter la précision sémantique qui justifie son apport à la vitalité du règlement déclaré irrégulier. Au sens large et général, la procédure désigne la manière d'élaborer ou d'adopter un acte ou de fonctionner d'un organe. Dans cette conception, elle est définie comme l'ensemble « des règles ayant pour objet d'élaborer régulièrement un acte ou de déterminer l'organisation, la compétence et les modes de fonctionnement d'un organe »[41]. Dans son sens restreint, la procédure renvoie à un « ensemble de règles ayant pour objet l'examen par un organe des questions qui lui sont soumises et qui décrivent la manière de procéder et les formalités à remplir »[42]. Le sens étroit du terme « procédure » appliquée à la sphère juridictionnelle lui donne la spécificité -sémantique- à laquelle elle doit l'impact ici recherché. En effet, la procédure juridictionnelle (judiciaire) désigne l'« ensemble [des] règles à suivre pour le déroulement régulier d'un procès depuis la demande introduisant l'instance jusqu'à la décision »[43] ou l'« ensemble des formalités qui doivent être suivies pour parvenir à une solution juridictionnelle de nature civile, pénale ou administrative selon le cas »[44].

En tant qu'élément de droit formel, la procédure est un moyen d'exécution et de réalisation du droit substantiel. Ce faisant, elle trouve sa fin dans l'assurance du respect du droit matériel (subjectif et objectif) à la sanction duquel elle participe souventes fois. En cela, il existe un rapport étroit, insécable entre la procédure et le droit substantiel, au point où la procédure juridictionnelle suivie définie la nature et la portée de l'acte du juge. Autrement dit, la procédure suivie pour obtenir du juge qu'il se prononce sur un aspect de droit matériel détermine la nature et la portée juridiques de l'acte juridictionnel qui en est la réponse. Dans cette perspective, on ne peut manquer d'établir la distinction procédurale qui existe entre l'exception d'illégalité et le recours pour excès de pouvoir, en ce qu'elle devient un élément probant de la variété de la nature et de la portée de l'acte rendu par le juge selon la procédure ou le recours utilisé.

---

41 - Jean SALMON (éd.), Dictionnaire de droit international public, Bruxelles, 2001, p. 886. La définition adoptée par Jean SALMON de la procédure (sens large), ne s'éloigne pas de cette portée par Serge GUINCHARD, Thierry DEBARD (Dir), Lexique des termes juridiques, Dalloz, 30è édition, 2022-2023, p. 844.

42- Jean SALMON (éd.), Op., Cit., p. 887.

43- Idem.

44- Serge GUINCHARD, Thierry DEBARD (Dir), Op., Cit., p. 845.

Et ce, bien que les deux recours aient « la même nature » et qu'ils posent au juge une « question de droit objectif »[45].

En effet, le recours pour excès de pouvoir et l'exception d'illégalité ou recours en appréciation de légalité ne se confondent pas. Alors que le recours pour excès de pouvoir est un recours principal, celui en appréciation de légalité est un recours incident[46]. C'est dire qu'il dérive d'une instance en cours et la question de légalité posée ou qui se pose au juge (administratif ou judiciaire) en est liée. Le juge saisi au principal ne peut décider dans l'instance en cours sans que n'ait été résolue la question de légalité posée ou soulevée. Par ailleurs, contrairement au recours pour excès de pouvoir, l'exception d'illégalité vise non point à obtenir du juge l'annulation de l'acte soumis à son appréciation, mais seulement, « une déclaration relative à (sa) légalité »[47], sans plus. Il appartiendra au juge saisi au principal d'user de la déclaration du juge au profit de l'instance.

Dans l'arrêt Société des Centaures Routiers, la cour suprême a inscrit le dommage subi par la Société des Centaures Routiers dans la sphère de ceux subis par les usagers d'un ouvrage public[48] et dont la responsabilité, sauf en cas d'entretien normal dudit ouvrage, relève du maître d'ouvrage, l'Etat. Une telle responsabilité[49] est exclusive des règles de droit civil. Elle relève plutôt de règles spéciales, variant suivant les besoins du service et conciliant les droits de l'Etat avec les droits privés. Dès lors, le juge administratif, fort de la contestation de la Société des Centaures Routiers, a examiné, de manière incidente, la conformité de l'arrêté du 3 septembre 1958 règlementant le passage des véhicules à bord des bacs aux principes qui régissent la responsabilité publique. A l'issue de cet examen, le juge a déclaré illégale la disposition de l'arrêté qui prescrit que « tout véhicule embarquant à bord d'un bac effectuera son embarquement, sa traversée, et son débarquement à ses risques et périls ». On le voit, la déclaration d'illégalité est intervenue en dehors d'un recours pour excès de pouvoir.

45- René CHAPUS, Op., Cit., p.789. Voir aussi Mattias GUYOMAR, Bertrand SEILLER, D'Ariane MEYNAUD-ZEROUAL, Op., Cit., p. 156.

46- Bertrand SEILLER, L'exception d'illégalité des actes administratifs, Thèse, Paris, 1995, p. 15.

47- René CHAPUS, Op., Cit., p.789.

48- Pour la cour suprême, le « bac constitue, comme les sections de route qu'il relie et dont il est l'accessoire nécessaire, un ouvrage public » et son exploitation « présente le caractère d'un service public administratif ». Par ailleurs, elle a considéré la Société des Centaures Routiers, en dépit de l'acquittement de frais, comme un usager. Martin BLEOU, OP., Cit., p.436.

49- Il s'agit de la responsabilité qui peut incomber à l'Etat pour des dommages causés par un ouvrage public aux usagers.

L'exception d'illégalité est donc une voie d'exception ; a contrario, le recours pour excès de pouvoir est une voie d'action. Ils usent donc de procédures différentes en ce que les conditions de la saisine du juge ne sont pas identiques[50]. Ainsi que l'admet Raymond GUILLIEN, en tant que relevant du bon sens et de la normalité juridique[51], « l'exception ne peut être équivalent à l'action »[52]. C'est pourquoi, les deux recours doivent aboutir à des effets distincts. Par ailleurs, par son objet, le recours pour excès de pouvoir vise l'annulation de l'acte incriminé. Tel n'est pas le cas de l'exception d'illégalité qui, elle, se préoccupe juste de savoir si l'acte est légal ou illégal, en ce qu'intervenant dans le procès, il en est l'élément décisif dont dépend l'issue. Dès lors, les effets de l'exception d'illégalité ne peuvent (ne doivent) être identiques à ceux du recours pour excès de pouvoir. Ils ne peuvent –ne doivent- aboutir à disparition rétroactive et erga omnes de l'acte attaqué.

En somme, outre le constat de simple logique selon lequel deux voies de droit différentes ne peuvent produire les mêmes effets juridiques, des éléments purement proceduraux inclinent à dénier l'autorité des arrêts d'annulation aux déclarations d'illégalité.

B. En raison de la valeur de la déclaration du juge de l'exception

Les décisions des autorités administratives, tout comme celles des autorités judiciaires, en leur portée ou valeur, sont tributaires du statut desdites autorités, de la qualité en laquelle elles interviennent ou agissent, en sus de la procédure par laquelle elles sont saisies. Les caractéristiques procédurales de l'exception d'illégalité ont été démontrées qui attestent leur dissemblance avec celles du recours pour excès de pouvoir. Elles justifient par là même, en tant que fondant la nécessaire distinction des effets des deux procédures, la survie dans l'ordonnancement juridique de l'acte réglementaire déclaré irrégulier. C'est donc à cet argumentaire que se greffent ceux attachés à la qualité en laquelle intervient le juge déclarant et la requête (l'objet de la requête) qui lui est soumise en ce qu'ils justifient l'expression « déclaration d'illégalité » (1) et la portée relative de l'acte qui en revêt la nature (2).

---

[50]- Mattias GUYOMAR, Bertrand SEILLER, D'Ariane MEYNAUD-ZEROUAL, Op., Cit., p. 156.

[51]- Bertrand SEILLER use de l'expression classicisme juridique. Bertrand SEILLER, Op., Cit., p. 661.

[52]- Raymond GUILLIEN, L'exception de recours parallèle, Sirey, 1934, p. 30.

1- La déclaration d'illégalité distincte de l'arrêt d'annulation

Les Etats, quelle que soit la modalité choisie d'agencement des différentes juridictions, organisent les juridictions en donnant à chacune des attributions ou des champs de compétence qui permettent d'éviter et de résoudre les éventuels conflits de compétence. Par ailleurs, souventes fois, aux attributions contentieuses des juridictions (suprêmes), s'ajoutent d'autres, dites consultatives[53]. Les fonctions exercées au titre des deux attributions ne sont pas les mêmes. Elles ne relèvent pas non plus des mêmes procédures. Il s'ensuit que les actes issus de l'exercice desdites fonctions ne peuvent être identiques en dénomination et en portée. Il est donc tentant de s'interroger sur la nature de la fonction qu'exerce le juge administratif saisi d'un recours en appréciation de légalité d'un acte réglementaire. Dans le cas de la Côte d'Ivoire, l'interrogation ainsi posée n'est pas décisive dans la résolution de la question relative à la portée à reconnaître à la déclaration d'illégalité. En effet, à s'en tenir aux dispositions[54] de la loi organique relative au Conseil d'Etat, statuant en matière de recours en appréciation de légalité, l'institution juridictionnelle administrative exerce une fonction contentieuse. Il faut donc exclure en la matière les qualités de conseil et de consultant de ladite instance. Toutefois, l'inclinaison de la procédure de l'exception d'illégalité n'a-t-elle pas un impact sur le pouvoir du juge : l'imperium ? Autrement dit, statuant par voie d'exception, le juge détient-il les mêmes pouvoirs qu'en matière de recours pour excès de pouvoir ? Une réponse négative semble s'imposée en réponse à cette préoccupation, quand l'on considère que le recours pour excès de pouvoir est la voie de principe de contestation de la légalité des actes administratifs. Il offre, par principe, la garantie qui assure la préservation de la sécurité juridique, le respect du principe intangible des droits acquis et, par-dessus tout, l'institution de l'Etat de droit. C'est pourquoi, la mise en œuvre du recours pour excès de pouvoir est enserrée dans les fourches caudines de conditions de recevabilité. Au sein de celles-ci se trouve l'exigence de délai d'ordre public dont l'irrespect justifie l'irrecevabilité du recours. On déduit de cet état que l'exception

---

[53]- Voir Serges GUINCHARD, André VARINARD et Thierry DEBARD, Institutions juridictionnelles, Dalloz, 15ème édition, 2019, pp. 805 et suivantes. Voir aussi, les lois organiques ivoiriennes n°2020-967 du 17 décembre 2020 déterminant les attributions, la composition, l'organisation et le fonctionnement de la Cour de cassation (titre 2) et n°2020-968 du 17 décembre 2020 déterminant les attributions, la composition, l'organisation et le fonctionnement du Conseil d'Etat (titre 2).

[54]- Voir l'article 13 de la loi organique n°2020-968 du 17 décembre 2020 déterminant les attributions, la composition, l'organisation et le fonctionnement du Conseil d'Etat.

d'illégalité, tout en demeurant une voie de droit, n'en demeure pas moins une de rachat d'une situation qui n'aurait pas dû exister, perdurer. Par elle, se trouve atténuée la rigueur des règles de délai et levée la prescription confortant le caractère définitif de l'acte administratif. L'exception d'illégalité a donc un caractère dérogatoire. Par ailleurs, les conséquences de l'issue dudit recours, même si elles participent au maintien de l'Etat de droit, ne le perturberaient pas moins, si elles devaient se déployer dans les mêmes proportions que celles du recours pour excès de pouvoir. Dès lors, l'imperium du juge statuant en matière d'appréciation de légalité ne peut, ni ne doit, avoir les mêmes qualité et étendue qu'intervenant en matière de recours pour excès de pouvoir. C'est ce qui pourrait justifier que l'on use de l'expression « arrêt d'annulation », en cas de recours pour excès de pouvoir et de celle de « déclaration d'illégalité », dans l'hypothèse de l'exception d'illégalité. Les deux expressions justifient la différence d'imperium à l'usage du juge et celle d'étendue des effets des résultats de ses contrôles. Ainsi, se trouve justifiée la portée relative (limitée) de la déclaration d'illégalité quand celle de l'arrêt d'annulation est absolue.

A l'argumentaire qui précède s'ajoute celui de l'objet de la requête introduite en appréciation de légalité. Il est admis, en matière juridictionnelle que le juge ne doit pas statuer ultra petita. Autrement dit, le juge saisi se prononce en s'en tenant à ce qui lui est demandé, posé comme préoccupation. S'agissant de l'exception d'illégalité, ce que le requérant, partie à l'instance principale, demande au juge c'est de dire si l'acte réglementaire invoqué au cours de ladite instance est légale ou pas. Le requérant n'a pas ici le droit de demander l'annulation dudit acte. Faute de ne l'avoir pas demandé dans le délai requis, il est frappé de forclusion. Il ne s'agit donc pas d'obtenir par voie détournée ce que l'on n'a pu demander au moment indiqué[55]. En conséquence, le juge se prononçant, ne peut que se limiter à répondre à la préoccupation qui lui est posé : dire si l'acte réglementaire est légal ou s'il ne l'est pas[56]. On le voit, le juge administratif, « n'a pas, en ce cas, pouvoir d'annulation »[57]. Par ailleurs, il « ne prend pas à proprement parler de décision. Il déclare … que tel acte est illégal (sans l'annuler, à la différence de ce qui se passe dans le

[55]- La rigueur du recours pour excès de pouvoir perdrait de son sens.

[56]- Il appartient au juge saisi de l'affaire principale au cours de laquelle l'exception d'illégalité a été soulevée de tirer les conséquences qui s'attachent à la déclaration de légalité ou d'illégalité du juge de l'appréciation de légalité dans la résolution de ladite affaire.

[57]- Martin BLEOU, Le contrôle des faits et du droit par le juge de l'excès de pouvoir en Côte d'Ivoire, article précité, p. 58.

contentieux de l'annulation) »[58]. Dès lors, l'acte réglementaire concerné survit, la portée de la déclaration d'illégalité ne pouvant (ne devant) qu'être relative.

2- La portée relative de la déclaration d'illégalité

Il a déjà été démontré ; le juge administratif appréciant, par voie incidente, la légalité de l'acte administratif réglementaire n'a qu'un pouvoir d'appréciation ou de constatation, pas plus[59]. C'est ce que commande la dénomination du recours en lui-même : recours en appréciation de légalité. Invoquer la portée de la déclaration d'illégalité, c'est aborder la question des effets de la déclaration d'illégalité en termes d'opposabilité et de champ d'application.

La déclaration d'illégalité d'un règlement n'emporte pas sa disparition de l'ordonnancement juridique, au risque de l'identifier ou de le confondre avec l'arrêt d'annulation. La question de légalité ayant été soulevée dans le cadre d'un recours subjectif, la déclaration d'illégalité qui s'ensuit vaut dans le cadre subjectif de l'instance principale qui en est la cause. En conséquence, ladite déclaration doit son utilité d'abord et avant tout à l'importance qu'elle a dans la résolution du recours principal. Elle est un instrument d'aiguillage entre les mains du juge saisi au principal dans l'orientation de sa décision. C'est dire qu'opposable au juge de l'affaire principale, celui-ci est tenu de la respecter et d'en tenir compte ; il pourra l'utiliser au fondement de la décision à rendre. Ce faisant, la déclaration d'illégalité s'impose aux parties au procès qui la justifie. C'est dire que la déclaration rendra l'acte déclaré irrégulier inapplicable dans l'instance principale qui la justifie. Elle est prononcée in specie[60]. C'est ce que traduit Bertrand SEILLER reprenant en cela Alain BACQUET : « Le succès de l'exception n'a pas d'autre effet que d'écarter l'application du règlement dans le litige considéré sans le faire disparaître de l'ordonnancement juridique et avec l'effet seulement relatif de la chose jugée »[61]. C'est ce qu'a fait le juge administratif ivoirien dans sa décision relative à l'affaire Société des Centaures Routiers contre ministre des affaires économiques et financières[62]. En effet, ayant déclaré l'arrêté du 3 septembre 1958 illégal,

---

58- Georges VEDEL cité par Martin BLEOU, article précité, p.58.

59- René CHAPUS, Op., Cit., p. 789.

60- Michel REGLADE, L'exception d'illégalité en France, RDP 1923, p. 393.

61- Alain BACQUET cité par Bertrand SEILLER, Op., Cit., p. 668.

62- CSCA, 14 janvier 1970, Société des Centaures Routiers contre ministre des affaires économiques et financières, WODIE Francis, Martin BLEOU, Op., Cit., pp.152-153.

le juge ivoirien écarta son application au profit des principes qui régissent la responsabilité administrative. En conséquence, en l'absence de preuve de l'entretien normal de l'ouvrage public par l'Etat, il cassa et annula[63] l'arrêt rendu par la Cour d'appel le 26 avril 1968. Par ailleurs, comme l'a fait le juge ivoirien dans sa décision relative à l'affaire François-Xavier SANTUCCI contre l'université d'Abidjan[64], la constatation incidente de l'illégalité peut servir de fondement à l'annulation de la mesure attaquée au principal, sans qu'il y ait annulation « par voie d'antécédence »[65].

Ainsi, l'acte déclaré irrégulier « subsiste intact » ; l'administration, comme le juge, « conserve donc a priori la possibilité d'opposer à l'avenir l'acte déclaré illégal à d'autres administrés »[66] et à d'autres justiciables, à charge pour ces derniers de saisir, à leur tour, le juge en excipant de l'illégalité de l'acte. La déclaration d'illégalité ne s'impose donc qu'à l'instance l'ayant occasionné et ne profite qu'à celui qui l'a suscité[67]. Le recours et la déclaration induite perdraient leur sens et leur utilité s'il pouvait en être autrement. La déclaration d'illégalité ne s'impose pas, en dehors de ce cadre, à l'administration, au juge et aux tiers. On retrouve ainsi l'effet relatif de la chose jugée[68], paradoxalement dans un recours qui, même incident, pose une question de droit objectif (nous y reviendrons).

Les développements qui s'achèvent sont guidés par la théorie du droit. Ils sont corroborés par les pratiques juridictionnelle et administrative. En effet, dans l'affaire François-Xavier SANTUCCI, le décret n°66-134 du 16 avril 1966 déclaré illégal a gardé sa substance et sa vigueur jusqu'en 1996[69]. C'est dire qu'il a survécu à ladite déclaration. Il a continué à être appliqué et à déployer ses effets.

---

[63]- CSCA, 14 janvier 1970, Société des Centaures Routiers contre ministre des affaires économiques et financières, WODIE Francis, Martin BLEOU, Op., Cit., pp.152-153.

[64]- CSCA, 28 avril 1976, François Xavier SANTUCCI contre l'Université d'Abidjan, WODIE Francis, Martin BLEOU, Op., Cit., pp.158-160.

[65]- Le Commissaire du Gouvernement Blum dans ses conclusions sur l'arrêt Lacan, repris par Jean GOURDOU, Les conséquences de la Constatation de l'illégalité d'un Acte Administratif par le Juge Administratif. Droit. Université de Pau et des pays de l'Adour, 1996, p. 25.

[66]- Jean GOURDOU, Les conséquences de la constatation de l'illégalité d'un Acte Administratif par le Juge Administratif. Droit. Université de Pau et des pays de l'Adour, 1996, p. 25.

[67]- Bertrand SEILLER, Op., Cit., p. 668.

[68]- Idem.

[69]- Le décret n°66-134 du 16 avril 1966 a été abrogé par le décret n°96-612 du 9 août 1996 déterminant les attributions, l'organisation et le fonctionnement de l'Université de Cocody. L'article 64 du décret n°96-612 du 9 août 1996 précise : « Sont abrogées toutes dispositions antérieures contraires au présent décret. »

Cependant, l'apport de la théorie du droit à la survie de l'acte réglementaire déclaré irrégulier n'est pas exempt de critiques. L'argumentaire qui le sous-tend soulève bien d'interrogations. Au titre de celles-ci, l'intérêt de maintenir en vigueur un acte que l'on sait illégal et qui pourrait faire l'objet de recours dès l'ébauche de son application à un procès. Il questionne aussi l'attitude du juge mue par la nécessaire harmonisation du droit. La prise en compte de ces préoccupations suggère la désuétude de l'acte déclaré irrégulier par la voie de l'exception d'illégalité.

II- LA DÉSUETUDE DE L'ACTE RÉGLEMENTAIRE DÉCLARE IRRÉGULIER

En l'absence de précisions textuelles, des arguments tirés de la théorie du droit permettent d'affirmer qu'un acte réglementaire reconnu illégal par le mécanisme de l'appréciation de légalité ne disparaît pas pour autant de l'ordonnancement juridique. Toutefois, bien des aspects de la pratique administrative, des exigences de la profession juridictionnelle et le risque de recours répétés contre l'acte reconnu irrégulier conduisent à son abandon, -à sa non application- ou à le priver d'effets. Au nombre de ceux-ci, on peut relever, en tant qu'ils sont les plus décisifs, le risque de recours répétés contre l'acte déclaré irrégulier, le pouvoir d'abrogation de l'Administration et le dialogue des juges.

Le risque de recours répétés ne tient que dans les systèmes où la compétence d'appréciation de la légalité de l'acte réglementaire n'est pas reconnue à un juge spécial, suprême et dont les décisions, insusceptibles de recours, s'imposent erga omnes. Dans ces systèmes, l'appréciation en la matière relève de tous les juges. Ainsi, seule la déclaration émanant de la juridiction suprême pourrait faire autorité, en raison de sa position dans la hiérarchie des juridictions. La déclaration d'illégalité émanant d'une juridiction inférieure, susceptible de recours, ne s'impose pas aux juridictions du même rang. Elle n'a pas l'autorité nécessaire à dissuader les volontés de recours et la juridiction dont elle procède ne dispose pas de l'impérium qui impose à d'autres juges de s'y référer automatiquement. Dans ce cas, le risque de recours répétés est réel.

Par contre, dans les systèmes juridictionnels dans lesquels l'appréciation de légalité relève de la compétence du juge administratif suprême le risque de recours répétés après la déclaration d'illégalité n'existe pas. C'est le cas de la Côte d'Ivoire, en l'état actuel de la législation[70]. En effet, la déclaration d'illégalité s'apparente à un jugement (arrêt) déclaratoire[71]. Mais, la déclaration d'illégalité émanant du juge spécial et suprême jouit d'une autorité qui permet au juge de plein contentieux de l'invoquer lorsqu'est soulevée en son office la question de la légalité de l'acte réglementaire l'ayant justifié. Ainsi, la suspicion d'illégalité serait levée ou confirmée sans qu'il y ait un autre recours en appréciation de la légalité. Autrement dit, dans cette espèce, la déclaration du juge spécial et suprême fait autorité et dissuade les velléités de recours, tout comme elle peut être systématiquement rappelée à la partie qui excipe de l'illégalité par le juge saisi au principal. Autrement dit, dans cette hypothèse, la décision du juge suprême cesse d'avoir un effet relatif. Elle revêt un caractère absolu. En conséquence, l'acte administratif concerné ne peut plus faire l'objet de contestation devant les juridictions.

Ainsi, dans le cas de la Côte d'Ivoire, les éléments de pratique qu'il importe de prendre en compte sont de deux ordres : le pouvoir d'abrogation de l'Administration auquel se joint l'objet du recours (A), d'une part, et le dialogue des juges, d'autre part (B).

A. En raison du pouvoir d'abrogation de l'administration et de l'objet du recours

On le sait, l'acte réglementaire, à l'instar de tout acte administratif peut prendre fin de deux manières différentes[72] : soit par décision du juge saisi d'un recours pour excès de pouvoir, soit par la volonté de l'administration. Dans le cadre présent, en sera pris en considération que « démarche volontaire de l'administration »[73]. Ce faisant, le retrait n'étant admis que

---

70- Nous citons à ce niveau la Côte d'Ivoire en ce que les dispositions législatives relatives à l'organisation des juridictions de l'ordre administratif sont inexistantes à bien des égards, notamment en ce qui concerne les cours administratives d'appel, les tribunaux administratifs et les juridictions administratives spécialisées. Aussi, l'exception d'illégalité constitue, en l'Etat actuel de l'organisation des juridictions existantes, une question préjudicielle relevant de la compétence du Conseil d'Etat.

71- « Le caractère propre d'un jugement déclaratoire est […] d'opérer un constat de droit (ou une constatation juridique) sans imposer à aucune des parties une obligation de prestation ou d'omission, c'est-à-dire sans aucune sanction particulière découlant du constat », https://pedone.info > 33-CIJ-. Voir en ce sens, Jean SALMON (éd.), Dictionnaire de droit international public, Bruxelles, 2001, p. 623.

72- Jacqueline MORAND-DEVILLER et Pierre BOURDON, Florian POULET, Droit administratif, LGDJ, 16è édition, 2019, pp. 382-393.

73- Jacqueline MORAND-DEVILLER et Pierre BOURDON, Florian POULET, Op., Cit., p. 382.

dans le respect de conditions[74], l'hypothèse de travail est celle dans laquelle l'administration ne peut, sans commettre d'illégalité, rapporter l'acte soupçonné. Ainsi, à ce niveau, l'élément qui autorise l'ébauche de la disparition, à tout le moins, de l'inapplicabilité de l'acte réglementaire déclaré irrégulier est l'abrogation (1). A l'argument de l'abrogation, il sera adjoint celui de l'objet du recours en appréciation de légalité (2).

1- L'apport du pouvoir d'abrogation à l'inapplicabilité du règlement déclaré irrégulier

Le pouvoir d'abrogation s'analyse comme la prérogative de mettre fin sans effet rétroactif à un acte. Reconnu à l'administration sur le fondement de la théorie du parallélisme des formes, c'est un pouvoir qui a été confirmé par la jurisprudence. Aujourd'hui, l'abrogation qui est un droit, « une liberté »[75] pour l'administration se mue en obligation d'abroger dans certains cas, et sous certaines conditions. Sous ses aspects de droit et d'obligation, l'abrogation participe à faire sortir l'acte réglementaire déclaré irrégulier de l'ordonnancement juridique.

La théorie du parallélisme des formes commande, en général, qu'une décision administrative prise sous une certaine forme par une autorité ne puisse être retirée, abrogée ou modifiée que dans le respect des mêmes formes. Ainsi formulée, la théorie du parallélisme des formes dit « symétrie des formes » ou encore « correspondance des formes » implique aussi bien le respect des exigences de procédure que de compétence. Elle suggère qu'en matière administrative, l'autorité éditrice d'un acte réglementaire, puisse, en sa qualité, le faire disparaître de l'ordonnancement juridique par le procédé de l'abrogation. C'est le parallélisme des compétences[76]. En suivant ladite théorie juridique, l'autorité administrative éditrice de l'acte réglementaire déclaré irrégulier peut, fort du constat de l'irrégularité, user du pouvoir dont il dispose pour abroger l'acte incriminé. Ce faisant, ledit acte sortirait de l'ordonnancement juridique, ses effets anéantis pour l'avenir. Il ne trouverait donc plus à s'appliquer. Ainsi, contrairement à la déclaration

---

[74]- voir René CHAPUS, Op., Cit., pp. 1154-1162 ; Jacqueline MORAND-DEVILLER et Pierre BOURDON, Florian POULET, Op., Cit., p. 387-389.

[75]- Jacqueline MORAND-DEVILLER et Pierre BOURDON, Florian POULET utilisent l'expression « liberté d'abroger ». Jacqueline MORAND-DEVILLER et Pierre BOURDON, Florian POULET, Op., Cit., p. 386.

[76]- Martine LOMBARD, Gilles DUMONT et Jean SIRINELLI, Droit administratif, Dalloz, 10è édition, 2013, p. 257.

d'illégalité qui maintient l'acte en vie ou dont l'effet paralysant reste limité aux parties, l'abrogation subséquente ou qu'elle motive induit l'anéantissement et la disparition de l'acte de l'ordonnancement juridique. D'où l'idée d'inapplicabilité, l'acte devenant insusceptible d'application.

Le recours au pouvoir d'abrogation administrative est conforté par la jurisprudence. En effet, il est de jurisprudence constante que l'abrogation des actes réglementaires peut intervenir à tout moment, car il est de principe que nul n'a de droits acquis au maintien d'un règlement[77]. Selon Martin BLEOU, « il en va ainsi en toute hypothèse. Ce qui donne d'entendre que même lorsque le règlement est assorti d'un terme, son abrogation peut légalement intervenir avant la survenance de ce terme »[78]. La déclaration d'illégalité constitue un motif légal et légitime qui, en dehors de la question de l'opportunité[79], justifie le recours au pouvoir d'abrogation administrative. Et ce, d'autant plus que l'abrogation met fin à l'existence de l'acte pour l'avenir sans toucher aux droits acquis. Elle assure, par-là, la nécessaire conciliation des exigences de légalité, de sécurité juridique et de protection des droits acquis, chères à l'Etat de droit.

Le pouvoir d'abrogation administrative au fil des temps a été ériger en obligation d'abroger à la charge de l'administration, en France.

Après un temps long mis à hésiter[80] et à refuser[81] à faire droit aux administrés en leurs demandes d'abroger les actes administratifs illégaux qui n'ont fait l'objet de recours dans les délais requis, le décret[82] n°83-1025 du 28 novembre 1983 concernant les relations entre l'administration et les usagers est intervenu en instituant l'obligation d'abroger à la charge de l'administration. Ce qui mis fin aux hésitations jurisprudentielles[83]. En effet, l'article 3 dudit décret dispose que « l'autorité compétente est tenue de faire droit à toute demande tendant à l'abrogation d'un règlement illégal, soit que le règlement ait été illégal dès la date de sa signature, soit que cette illégalité résulte de circonstances de droit ou de fait postérieures

---

77- CE, 25 juin 1954 : Syndicat national de la meunerie à seigle. Voir aussi Jacqueline MORAND-DEVILLER et Pierre BOURDON, Florian POULET, Op., Cit., p. 386.

78- Martin BLEOU, Cours de droit administratif, 2022-2023, p. 65.

79- L'abrogation d'un acte réglementaire peut être motivée par des raisons de légalité comme d'opportunité. Voir Jacqueline MORAND-DEVILLER et Pierre BOURDON, Florian POULET, Op., Cit., p. 386.

80- Jean GOURDOU, Op., Cit., pp. 127-130.

81- Jacqueline MORAND-DEVILLER et Pierre BOURDON, Florian POULET, Op., Cit., p. 386.

82- J.O. (République française), 3/12/83, p.3492.

83- Voir sur ce point, Jean GOURDOU, Thèse précitée, pp. 127-129. C.E., S, Despujol, 10/01/1930, p. 30; Dalloz 1930, III, p.16, note P.-L. Josse.

à cette date ». Ces dispositions furent, par la suite, fixées et cristallisées par le juge français qui, dans l'arrêt Compagnie Alitalia[84], l'érigea en principe général de droit. Aujourd'hui, l'obligation d'abroger imposer à l'administration est portée par les dispositions du Code des Relations entre le Public et l'Administration (CRPA), en ces termes : « L'administration est tenue d'abroger expressément un acte réglementaire illégal ou dépourvu d'objet, que cette situation existe depuis son édiction ou qu'elle résulte de circonstances de droit ou de fait postérieures, sauf à ce que l'illégalité ait cessé »[85]. En l'état actuel de la législation en vigueur en Côte d'Ivoire, pareille obligation n'est faite à l'administration. Toutefois, l'exemple français est une preuve que l'abrogation, de quelque bout qu'on le prenne (droit ou obligation), peut servir à purger l'ordonnancement juridique de tout règlement illégal. Cela est d'autant vrai que, même si l'érection de l'obligation d'abroger au rang de principe général de droit et d'obligation législative en France n'est pas applicable en Côte d'Ivoire[86], « rien ne s'oppose à ce que les autorités ivoiriennes s'inspirent du droit français, et singulièrement de la jurisprudence française, comme c'est le cas bien des fois »[87]. Ce faisant l'abrogation peut valablement être le moyen par lequel le règlement déclaré illégal disparaît de l'ordonnancement juridique. L'objet du recours en appréciation de légalité y participe également.

2- Le concours de l'objet du recours à l'inapplicabilité du règlement déclaré irrégulier

L'objet du recours dans un procès est déterminé par la prétention du requérant. En cela, elle s'assimile à l'objet de la demande[88]. Il a été déjà dit, l'exception d'illégalité est soulevée par un justiciable au cours d'un procès. Dans l'indifférence de la qualité de demandeur ou de défendeur au

---

84- C.E., Ass., Cie Alitalia, 3 février 1989, p.44 ; Actualité juridique, Droit administratif 1989, p.387. Selon Jean GOURDOU, l'article 3 du décret (de 1983), par sa vocation à s'imposer aux autorités administratives des collectivités décentralisées violait le principe de la libre administration desdites collectivités. Il présentait donc un caractère irrégulier, ce qui interdisait à la Haute juridiction d'en faire une nouvelle application. Jean GOURDOU, Thèse précitée, p. 130. Par ailleurs, le décret n°83-1025 du 28 novembre 1983 a été abrogé par le décret n°2006-672 du 8 juin 2006.

85- Article L-243-2 du Code des Relations entre le Public et l'Administration (CRPA).

86- Le statut d'Etat indépendant et souverain acquis depuis 1960 s'oppose à ce que la législation et la jurisprudence françaises s'appliquent en Côte d'Ivoire.

87- Martin BLEOU, Cours de droit administratif précité, p. 66.

88- Gérard CORNU (Dir), Vocabulaire juridique, PUF, 2007, pp. 626-627.

procès principal, il le soulève pour soutenir sa prétention ou sa défense dans ledit procès. Il s'agit donc d'une autre demande ayant un objet nouveau, mais qui garde un lien étroit avec le procès principal[89]. Cette autre demande soulevée devant le juge compétent saisi pour connaître de l'affaire principale porte sur la légalité d'un acte réglementaire. Elle pose donc la question de savoir si l'acte invoqué au procès principal est conforme à la loi. Fort du contexte dans lequel elle s'inscrit, le requérant ne peut que demander au juge compétent de dire si le règlement incriminé est légal ou si, au contraire, il est illégal. Ainsi, l'exception d'illégalité ne se détache point des intérêts subjectifs du requérant. Toutefois, cela n'entame en rien la nature de la question soumise au juge de l'exception d'illégalité. En effet, reposant sur la critique de la légalité, elle pose une question de droit objectif. En cela, l'exception d'illégalité ne se détache pas du recours pour excès pour excès, du recours en déclaration d'inexistence, du contrôle de constitutionnalité et de l'exception d'inconstitutionnalité. Ces recours ont en commun de poser une question de droit objectif[90]. Mise à part l'exception d'illégalité, la décision d'illégalité, d'inexistence ou d'inconstitutionnalité rendue par le juge induit la disparition de l'acte incriminé. En Côte d'Ivoire, le sort de la loi reconnue inconstitutionnelle par voie d'exception n'était pas réglé en droit positif. Mais, depuis 2014, le juge constitutionnel ivoirien a comblé la lacune législative en décidant de l'abrogation[91] d'une telle loi. La solution retenue par le juge constitutionnel a été, par la suite, consacrée par la constitution ivoirienne. Ainsi, depuis 2016, la loi reconnue inconstitutionnelle par voie d'exception est abrogée[92]. En cela, elle disparaît de l'ordonnancement juridique comme la loi reconnue inconstitutionnelle par le contrôle par voie d'action. La fin logique qui

[89]- Voir les développements précédents, notamment ceux relatifs au contexte et aux caractères procéduraux de l'exception d'illégalité.

[90]- Mattias GUYOMAR, Bertrand SEILLER, D'Ariane MEYNAUD-ZEROUAL, Op., Cit., pp.156-157.

[91]- Voir en cela la décision n° CI-2014-139/26-06/CC/SG du 26 juin 2014 relative au recours par voie d'exception d'inconstitutionnalité soulevée par la société APM Terminals Côte d'Ivoire en ce qui concerne l'article 31 de la décision n° 001/PR du 11 janvier 2012 portant création, organisation et fonctionnement des tribunaux de commerce du Conseil constitutionnel (www.conseil-constitutionnel.ci).

[92]- L'article 137 nouveau alinéa 2 de la loi n°2016-886 du 8 novembre 2016 portant constitution de la République de Côte d'Ivoire telle que modifiée par la loi n°2020-348 du 19 mars 2020 dispose : « En cas de saisine du Conseil constitutionnel par voie d'exception, la décision du Conseil constitutionnel s'impose à tous, au-delà des parties au procès. La loi ou la disposition déclarée inconstitutionnelle par le Conseil constitutionnel est abrogée. »

cadre avec le caractère objectif du recours, en ce qu'il vise à protéger l'ordre juridique et à garantir l'Etat de droit, est la disparition de l'ordonnancement juridique de l'acte qui n'y trouve pas sa cause, son fondement. C'est cette logique que pousse à son terme l'effet de la déclaration d'inexistence qui, au-delà de l'anéantissement pour l'avenir, frappe l'acte inexistent dans son passé par l'effacement des effets qu'il a pu produire. Aussi, importe-t-il, pour l'uniformisation du droit, de donner à la déclaration d'illégalité, pour le compte de son objet, la même portée que les autres recours qui posent des questions de droit objectif. Aux Etats-Unis où la loi jugée contraire à la constitution par voie d'exception est simplement écartée de l'espèce en cours, la logique de la disparition de l'acte inconstitutionnel est de mise lorsque la décision d'inconstitutionnalité est rendue par la Cour suprême fédérale.

Il y a donc une tendance logique, voire naturelle, à sanctionner la question de droit objectif par l'extirpation de l'ordre juridique de toute norme caractérisée par l'illégalité. En Côte d'Ivoire, il importe d'étendre cette tendance aux effets de la déclaration d'illégalité, en ce que la question qui la sous-tend est de droit objectif. Le faire, c'est reconnaître au juge de l'exception d'illégalité le pouvoir de décider de l'abrogation de l'acte dont il déclare ou constate l'illégalité. Cette solution, s'agissant de l'exception d'illégalité sera nouvelle. Toutefois, en elle-même, elle n'est ni inédite, ni novatrice. Au contraire, elle est la reconduction de la solution consacrée par la constitution ivoirienne à propos de l'inconstitutionnalité d'une loi constatée par voie d'exception[93]. Cette reconduction n'emportera pas l'efficacité de l'action administrative et ne créerait pas de vide juridique. En effet, à l'instar du juge constitutionnel, le pouvoir pourrait être reconnu au juge administratif de fixer à une date ultérieure le point de départ de l'abrogation de l'acte réglementaire irrégulier et « les conditions et limites dans lesquelles les effets que la disposition a produits sont susceptibles d'être remis en cause »[94]. Ce complément de pouvoir donnera à l'administration le temps nécessaire pour prendre les mesures palliatives qui garantissent ou assurent l'efficacité administrative et la sécurité juridique.

---

[93]- L'article 137 al. 2 de la loi n°2016- 886 du 8 novembre 2016 portant Constitution de la République de Côte d'Ivoire dispose : « En cas de saisine du Conseil constitutionnel par voie d'exception, la décision du Conseil constitutionnel s'impose à tous, au-delà des parties au procès. La loi ou la disposition déclarée inconstitutionnelle par le Conseil constitutionnel est abrogée. »

[94]- Article 31 de la loi organique n°2022-222 du 25 mars 2022 déterminant l'organisation et le fonctionnement du Conseil constitutionnel.

Ainsi qu'il vient d'être développé, la considération de l'objet de l'exception d'illégalité conduit à la disparition et à l'inapplication du règlement déclaré irrégulier. C'est également à ce résultat que mène le dialogue des juges.

B. En raison du « dialogue des juges »

Le « dialogue des juges »[95], en quelques modalités qu'on le prenne (1), concourt à la réalisation de l'unité du droit (2). Analysé dans le contexte du sort à réserver au règlement déclaré irrégulier, il doit être interprété comme un adjuvant en faveur de la désuétude dudit règlement.

1- L'expression interne du dialogue des juges

L'expression « dialogue des juges » est attribuée à Bruno GENEVOIS qui précisa, dans son rapport sur l'affaire Cohen-Bendit[96], à propos des relations entre le juge communautaire et le juge national qu'« il ne devrait y avoir place ni pour le gouvernement des juges, ni pour la guerre des juges, mais pour le dialogue des juges ». L'expression est donc apparue dans un contexte de confrontation entre des normes nationales et des règles communautaires et, par extension, de juridictions des deux ordres. A s'en tenir à l'étymologie [97] du terme dialogue, l'expression renverrait à « échanger des arguments, discuter ». Aussi, traduit-elle le nécessaire échange d'arguments, d'interprétations de concepts [98] et l'impérieuse

---

[95]- « Le dialogue des juges » est une expression dont la paternité et la notoriété reviennent au Commissaire du gouvernement, Bruno GENEVOIS. Il l'utilisa dans ses conclusions relatives à l'arrêt d'Assemblée du Conseil d'Etat du 6 décembre 1978 : « Ministère de l'Intérieur c/Cohn-Bendit ». Il y déclara qu'à propos des relations entre le juge communautaire et le juge national, « il ne devrait y avoir place ni pour le gouvernement des juges, ni pour la guerre des juges, mais pour le dialogue des juges ». Régis de GOUTTES, Cahiers du Conseil constitutionnel, Hors-série 2009 - Colloque du cinquantenaire, 3 novembre 2009, https://www.conseil-constitutionnel.fr/nouveaux-cahiers-du-conseil-constitutionnel/le-dialogue-des-juges (consulté le 1er décembre 2023).

[96]- CE, Ass., 6 décembre 1978, Ministère de l'intérieur c/Cohen-Bendit, n°11604 Rec. Lebon, p. 524.

[97]- Voir en cela, François VIVIEN-GUIOT, Le dialogue des juges et la qualité de la norme : jeu et enjeu du dialogue dans l'espace normatif européen, In La qualité de la Norme BONIS-GARÇON, Evelyne et Malabat, Valérie (eds.) Mare & Martin. Chapter Droits & science politique. ISBN 978-2-84934-227-5 (https://publications.ut-capitole.fr/id/eprint/25424, consulté le 16 janvier 2024).

[98]- Voir Julie ALLARD, Laura VAN DEN EYNDE, « Le dialogue des jurisprudences comme source du droit : arguments entre idéalisation et scepticisme », in Isabel HACHEZ, Yves CARTUYVELS, Hugues DUMONT, Philippe GERARD, François OST, Michel VAN

discussion de solutions entre institutions juridictionnelles[99] d'un même ordre ou d'ordres différents. Ces échanges concernent l'interprétation et l'application de normes de plus en plus multiples, parfois imbriquées les unes dans les autres et, souventes fois, applicables à des sujets communs. Les problèmes posés par cet ensemble aussi complexe[100] que délicat imposent un « pluralisme ordonné » et obligent « à un effort d'harmonisation jurisprudentielle dans l'application de ces normes. »[101] L'évitement de dénis de justice, de conflits, de jurisprudences discordantes, contraires à la bonne administration de la justice et à la sécurité juridique est à ce prix.

Le dialogue des juges est protéiforme. Il épouse la complexité des ordres juridiques et des ordres juridictionnels ainsi que la variété des interactions susceptibles d'intervenir entre les différents ordres en présence. Il a une double dimension : une dimension externe ou internationale et une dimension interne ou nationale. Dans sa dimension internationale, il convoque des échanges et des discussions entre magistrats des juridictions nationales et ceux des juridictions communautaires et internationales. Dans cette perspective, s'agissant du cadre européen, Laurence POTVIN-SOLIS perçoit le dialogue des juges comme « l'échange qui unit nécessairement, pour la mise en œuvre du droit européen, les juridictions nationales aux juridictions européennes, dans l'exercice de leur mission de dire et d'appliquer le droit »[102]. Ce faisant, il permet d'aboutir en bien des aspects à une harmonisation, une cohérence d'interprétation et d'application du droit. En la matière, l'exemple du respect des droits de l'homme est éloquent. Le dialogue entre

---

DE KERCHOVE (dir.), Les sources du droit revisitées, vol.3 « Normativités concurrentes », Limal, Anthémis, 2013, p. 285.

99- Voir Julie ALLARD, Laura VAN DEN EYNDE, « Le dialogue des jurisprudences comme source du droit : arguments entre idéalisation et scepticisme », in Isabel HACHEZ, Yves CARTUYVELS, Hugues DUMONT, Philippe GERARD, François OST, Michel VAN DE KERCHOVE (dir.), Les sources du droit revisitées, vol.3 « Normativités concurrentes », Limal, Anthémis, 2013, p. 285.

100- Bertrand De LAMY, Dialogue des juges : cadre, enjeux et perplexité, publications.ut-capitole.fr/id/eprint/22147/1/deLamy_22147pdf.pdf (consulté le 1er décembre 2023).

101- Bertrand De LAMY, Dialogue des juges : cadre, enjeux et perplexité, publications.ut-capitole.fr/id/eprint/22147/1/deLamy_22147pdf.pdf (consulté le 1er décembre 2023).

102- Laurence POTVIN-SOLIS, « Le concept de dialogue entre les juges en Europe », in François LICHERE, Laurence POTVIN-SOLIS, Arnaud RAYNOUARD (dir.), Le dialogue entre les juges européens et nationaux : incantation ou réalité ?, Journée d'étude de l'Université de Metz, 10 février 2003, Bruxelles, Bruylant, coll. Droit et Justice, 2004, pp.22-23.

le juge constitutionnel fédéral allemand et la cour de justice des communautés européennes à propos des arrêts Solange I et Solange II est illustratif. En effet, en 1974, par opposition à la jurisprudence de la Cour de justice des communautés européennes, prétextant d'une meilleure protection des droits fondamentaux de l'homme par le droit interne, le tribunal constitutionnel fédéral allemand, dans l'affaire Solange I, refusa de reconnaître la suprématie des normes communautaires européennes. Après le constat de l'évolution du système de protection desdits droits à la hauteur de la protection allemande, en 1986, dans l'affaire Solange II, ledit tribunal opéra un revirement dans le sens de la reconnaissance de la suprématie du droit communautaire.

La question de la déclaration d'irrégularité est avant tout une question de droit interne. En cela, la modalité du dialogue des juges qui intéresse notre sujet, en tant que participant aux arguments de l'inapplicabilité de l'acte déclaré irrégulier, est la modalité interne. Celle-ci, se tenant entre juridictions nationales, a lieu aussi bien entre les juridictions d'un même ordre qu'entre celles d'ordres différents. A l'intérieur d'un même ordre de juridictions, le dialogue des juges tient son existence de procédures formalisées et de la structure hiérarchisée de l'ordre. L'appel et la cassation, en ce qu'ils permettent, à l'intérieur d'un ordre de juridictions, un nouvel examen devant une juridiction hiérarchiquement supérieure, sont une forme de dialogue qui impose au juge du niveau inférieur d'être attentif et de se pénétrer du sens de l'interprétation et de l'application du droit par le juge qui lui est supérieur. Et ce, au risque de voir ses décisions annulées, cassées. Dans cette perspective, la juridiction de niveau inférieur n'aura d'intérêt à appliquer un acte réglementaire déclaré irrégulier. Le risque que fait courir le dialogue institutionnalisé des juges sur la décision du juge (inférieur) engendre logiquement l'abandon- de l'application- du règlement irrégulier. Autrement dit, nonobstant sa valeur théorique relative, la déclaration d'illégalité qui frappe un règlement le paralyse, dans la pratique, pour tout le temps. Un tel acte est donc condamné à la désuétude.

Dans les rapports de deux ordres de juridictions (dualisme), le dialogue des juges tient aussi d'abord au formalisme procédural, notamment à ce que devant les juridictions de l'ordre judiciaire, l'exception d'illégalité constitue (en Côte d'Ivoire) une question préjudicielle[103] justifiant renvoi. Le juge de l'ordre judiciaire devant qui l'exception d'illégalité a été

[103]- Voir les articles 13 et 14 de la loi organique 2020-968 du 17 décembre 2020 déterminant les attributions, la composition, l'organisation et le fonctionnement du Conseil d'Etat.

soulevé se voit communiquer, à l'instar de la partie diligente, la déclaration d'illégalité, par le juge administratif. Aussi, les juridictions de l'ordre judiciaire ne trouveront d'intérêt à appliquer ledit règlement aux procès à venir.

Au plan interne, une autre modalité d'écoute, moins formalisée et moins institutionnelle, entre juridictions d'ordres différents, existe. Elle tient à l'autorité des décisions rendues par les juridictions suprêmes des ordres. Les interventions des juridictions, en raison de l'impérium dont elles sont investies, sont créditées d'une autorité, à tout le moins, morale. Elles appellent l'attention des autres juridictions. Aussi, pour éviter toute discordance nuisible à la sécurité juridique et à l'ordre social, les institutions juridictionnelles (sans considération d'ordre) se concertent de plus en plus sur les questions de divergence d'interprétation des normes. Ainsi, parviennent-elles sinon à éradiquer les interprétations contradictoires, à tout le moins, à rapprocher les points de vue et à adopter des solutions qui concilient et unifient le droit. Dans cette perspective, « l'autorité persuasive ou morale »[104] accordée à la déclaration d'illégalité d'un acte interpelle l'attention des juridictions d'un autre ordre lorsqu'elles sont appelées à intervenir sur les mêmes questions ou à appliquer ledit acte. Elles pourraient ainsi se résoudre à prendre en compte ladite déclaration. On aboutit ainsi à ce que l'acte déclaré irrégulier ne trouve à s'appliquer.

Toutefois, il faut le préciser, le dialogue des juges n'impose pas de tendre à ce que des solutions identiques soient trouvées pour des litiges relevant de juridictions d'ordres différents ou de faire abstraction des spécificités des ordres de juridictions. Il ne signifie pas conformisme ou mimétisme. Ainsi, un acte déclaré illégal par la juridiction suprême peut être reconnu légal et être appliqué par les juridictions d'un autre ordre. Il pourrait donc y avoir discordance, comme ce fut le cas à propos de la théorie de l'imprévision[105]. Une telle contradiction entre deux ordres de

---

[104]- Bertrand De LAMY, Dialogue des juges : cadre, enjeux et perplexité, publications.ut-capitole.fr/id/eprint/22147/1/deLamy_22147pdf.pdf (consulté le 1er décembre 2023).

[105] - La théorie de l'imprévision rejetée en 1876 par la Cour de cassation française, a été admise en 1916 par le Conseil d'Etat au fondement de la révision des contrats. Le rejet de la théorie de l'imprévision a été consacré par l'arrêt « Canal de Craponne » rendu par la Cour de cassation française (Ch. Civil, 6 mars 1876). Par cet arrêt, le juge civil a décidé que l'imprévision ne pouvait servir de raison de révision en droit des contrats. L'admission de la théorie a été consacrée dans l'arrêt du CE, 30 mars 1916, Compagnie générale d'éclairage de Bordeaux,
https://www.conseil-etat-fr/decisions-de-justice/jurisprudence/les-grandes-decisions-depuis-1873/conseil-d-etat-30-mars-1916-compagnie-generale-d-eclairage-de-bordeaux (consulté le 1er décembre 2023).

juridictions perdurera le temps qu'intervienne un revirement jurisprudentiel dans l'un des ordres de juridictions.

Ainsi, l'acte irrégulier désuet au regard d'un ordre de juridiction gardera la plénitude de sa vigueur au sein d'un autre ordre. Dans cette hypothèse, l'unité du droit se trouve entachée.

2- L'enjeu du dialogue des juges : l'unité du droit

Le droit, on le sait, plus qu'un corpus de règles[106], est un mode d'organisation sociale[107]. En tant que tel, il est unité, homogénéité, au risque de ne plus être le socle qui fonde et organise la vie sociétale. Il doit être cohérent et garder l'harmonie interne qui donne à la communauté entière la stabilité et la sécurité recherchées. Plus grand que ses composantes, il est le socle insécable, le « tout indivisible » que matérialise l'ordre juridique cher à Hans KELSEN[108]. Dans cette perception globale et unifiée, le droit s'identifie et se confond à l'ordre juridique. Aussi, renvoie-t-il à un système de normes qui, nonobstant sa diversité, constitue une unité ; l'unité d'une pluralité de normes juridiques en ce que leur « validité en dernière analyse repose sur une norme unique »[109] : la norme fondamentale. Celle-ci, entendue au sens matériel, a pour fonction essentielle de désigner les organes chargés de la création des normes générales et de déterminer la procédure qu'ils doivent suivre. Elle peut aussi déterminer « le contenu de certaines lois futures en prescrivant ou interdisant tel ou tel contenu »[110].

L'unité du droit n'exclut donc pas la pluralité de règles et de disciplines. Au contraire, elle s'en trouve fortifiée, celles-ci n'étant que les ramifications du cadre de base prédéfini par la norme-cause. Par ailleurs, elles sont les preuves que l'unité n'est pas l'uniformité, au risque d'instituer « le règne totalitaire d'un droit unique niant toutes les spécificités, les traditions et les volontés juridiques préexistantes »[111].

106- Patrick COURBE, Jean-Sylvestre BERGE, Introduction générale au droit, Dalloz, 17è édition, 2021, pp. 7 et suivantes ; François TERRE, Nicolas MOLFESSIS, Introduction générale au droit, Dalloz, 14è édition, 2022, pp. 57 et suivantes.

107- Baptiste BONNET, Mathieu TOUZEIL-DIVINA, Initiation au droit : introduction encyclopédique aux études et métiers juridiques, LGDJ, 2011, pp. 282 et suivantes.

108- Hans KELSEN, Théorie pure du droit, Introduction à la science du droit, Editions de la Baconnière, Juin 1953, pp. 113 et suivantes.

109- Hans KELSEN, Op., Cit., p. 113.

110- Hans KELSEN, Op., Cit., p. 123.

111- Baptiste BONNET, Mathieu TOUZEIL-DIVINA, Op., Cit., p. 282.

La préservation de l'unité du droit tient au respect et à la protection du principe de création qui sous-tend l'existence d'une source commune de validité. Par conséquent, le droit, et par ricochet, l'ordre juridique, n'est pas un système de normes juridiques juxtaposées. L'unité du droit et donc l'unité de l'ordre qu'il institue et/ou constitue, selon que le précise Hans KELSEN, réside dans « le fait que la création – et par conséquent la validité- d'une norme est déterminée par une autre norme, dont à son tour la création a été déterminée par une troisième norme »[112]. Toute norme juridique doit donc sa validité à sa conformité au double plan formel et matériel à la norme qui lui est hiérarchiquement supérieur et qui, dans la conception Kelsenienne, en est la cause. Dans cette logique, l'acte réglementaire est déclaré irrégulier fort de sa contrariété formelle et/ou matérielle avec la législation qui en constitue la norme-cause. La sanction de la validité, on le sait, est la nullité. Elle conduit donc à l'annulation de l'acte concerné. Ce faisant, il sort de l'ordonnancement juridique, comme s'il n'avait jamais existé. Il s'agit donc d'une annulation qui produit un effet rétroactif, en raison du risque d'incohérence, d'instabilité et d'insécurité qu'un tel acte fait courir à l'unité du droit. L'exception d'illégalité, nous l'avons déjà précisé, est un contrôle de validité de l'acte réglementaire soupçonné d'invalidité. Aussi, la voie empruntée pour effectuer ce contrôle ne doit-il pas affecter le caractère objectif de la question de droit, encore moins dépeindre sur la portée de la sanction prononcée.

Le juge, dans l'exercice de sa fonction d'interprétation et d'application des normes juridiques participe à la préservation de l'unité du droit. En cela, le dialogue des juges, dans ses dimensions institutionnelle (obligatoire) et informelle (volontaire), est un instrument efficace. En effet, orienté vers la conciliation des divergences relatives aux questions de droit et des concepts, le dialogue assidu des juges permet d'éviter les interprétations multiples et divergentes préjudiciables à l'unité du droit et à la sécurité juridique. Acteurs principaux de la consolidation de l'unité du droit, il serait absurde que de par leur attitude, les juges en soient les fossoyeurs. C'est donc de bon aloi que le juge, informé de la déclaration d'illégalité qui frappe l'acte réglementaire, n'y recourira pas (plus). L'acte concerné, en raison de son inapplication continue par les juges, tombera en désuétude. Ainsi, le dialogue des juges commande la mise à l'écart, l'abandon, l'inapplication de l'acte réglementaire irrégulier.

---

[112]- Hans KELSEN, Op., Cit., p. 123.

En Côte d'Ivoire, le silence textuel et jurisprudentiel interroge encore l'attitude du juge en présence d'un règlement déclaré irrégulier. Les pistes de réflexion guidées, d'une part, par la théorie du droit et, d'autre part, par des aspects de pratiques juridictionnelle et administrative, aboutissent à des solutions contradictoires [113] et qui n'assurent pas toujours la sécurité juridique, l'efficacité de l'action administrative ou le respect du principe intangible des droits acquis. D'où la nécessité d'explorer d'autres voies de résolution qui, sans forcément renier les solutions des variantes utilisées, concilient les intérêts en jeu. Ce faisant, la reconduction, en matière d'exception d'illégalité, de la solution retenue par la constitution ivoirienne [114] en matière d'exception d'inconstitutionnalité reste une solution à expérimenter. Comparée à la solution française en la matière, celle envisagée offre l'avantage de la simplicité et de l'efficience en ce qu'elle n'impose ni recours ni procédures supplémentaires visant à obtenir l'abrogation. En cette voie proposée, le règlement déclaré irrégulier sera abrogé, à compter de la publication de la décision d'irrégularité ou d'une date ultérieure fixée par cette décision. Et, le juge administratif prononçant l'abrogation déterminera, s'il le faut, les conditions et limites dans lesquelles les effets que la décision a produits sont susceptibles d'être remis en cause. C'est ainsi que sera préserver l'unité du droit et garantis l'efficacité de l'action administrative et le principe intangible des droits acquis.

---

[113]- Bertrand SEILLER, Op., Cit., pp. 660 et suivantes. Voir aussi, Jean GOURDOU, Op., Cit., pp. 125 et suivantes.

[114]- L'article 137 de la loi n°2016-886 du 8 novembre 2016 portant constitution de la République de Côte d'Ivoire dispose : « En cas de saisine du Conseil constitutionnel par voie d'exception, la décision du Conseil constitutionnel s'impose à tous, au-delà des parties au procès. La loi ou la disposition déclarée inconstitutionnelle par le Conseil constitutionnel est abrogée ».

Par ailleurs, l'article 31 al. 3-4 de la loi organique n°2022-222 du 25 mars 2022 déterminant l'organisation et le fonctionnement du Conseil constitutionnel précise qu'« une disposition déclarée inconstitutionnelle à l'issue d'une saisine faite par voie d'exception est abrogée à compter de la publication de la décision du Conseil constitutionnel ou d'une date ultérieure fixée par cette décision. Le Conseil constitutionnel détermine les conditions et limites dans lesquelles les effets que la décision a produits sont susceptibles d'être remis en cause. »

AVENIR DU TRAVAIL ET ÉVOLUTION DE LA FONCTION PUBLIQUE.

Séni Mahamadou OUEDRAOGO
Agrégé de droit public, Professeur Titulaire
Université Thomas SANKARA

Il n'est pas aisé de répondre à l'appel à contribution des mélanges en hommage à un grand maître que vous n'avez connu professionnellement que très furtivement. Ma première rencontre avec le Professeur a lieu à Bordeaux alors que je m'étais lancé dans la préparation du concours d'agrégation. Le Professeur Bléou m'a suggéré de revisiter profondément les travaux maîtres du droit public. L'évocation des noms de Carré de Malberg et de Paul Bastid me sont restés pour toujours dans la mémoire. Le doyen nous fera l'honneur de participer au colloque de Ouagadougou en 2015 sur les transitions. J'ai décidé de lui dédier un article dans un domaine qui est resté un de ses champs d'investigation le droit de la fonction publique. J'ai décidé de m'éloigner du positivisme juridique pour faire du droit prospectif. Ma réflexion porte sur Avenir du Travail et évolution de la fonction publique. Cette thématique est la poursuite de la réflexion d'une mission publique qui fut stimulante, mais pénible pendant quatre ans à savoir la fonction ministérielle. Ce passage a été marqué par l'adoption du rapport du Bureau international du travail (BIT) sur l'avenir du travail à l'occasion du centenaire de l'Organisation Internationale du Travail. Ma qualité de président du Bureau de la troisième session du Comité technique spécialisé de l'Union africaine sur le développement social, le travail et l'emploi (CTS-DSTE-3) m'a permis de contribuer modestement à l'adoption de la Déclaration d'Abidjan intitulée « Vers plus de justice sociale : façonner l'avenir du travail en Afrique », lors de la quatorzième Réunion régionale africaine de l'Organisation Internationale du Travail (OIT), , le 06 décembre 2019. Cette déclaration permit de rechercher des solutions africaines à partir du rapport de la Commission Mondiale sur l'avenir du travail. Dans son rapport intitulé « Travailler pour bâtir un avenir meilleur », la Commission établit le constat que de nouvelles forces transforment le monde du travail[1]. Elle estime que les

[1] Commission mondiale sur l'avenir du travail, Travailler pour bâtir un avenir meilleur, Rapport, 22 janvier 2019, https://www.ilo.org/global/publications/books/WCMS662440/lang--fr/index.htm

progrès technologiques – intelligence artificielle, automatisation et robotique, l'écologisation de nos économies, les changements démographiques détruiront des emplois mais en créeront de nouveaux. Selon le Fonds monétaire international, « Près de 40 % des emplois dans le monde connaîtront les effets de l'intelligence artificielle (IA), qui en remplacera certains et en complétera d'autres »[2].

Pour ce faire, les organisations internationales invitent les acteurs – gouvernements, employeurs et partenaires sociaux - à utiliser le dialogue social pour redynamiser le contrat social[3]. L'Unesco propose notamment un programme d'action centré sur l'humain pour l'avenir du travail et qui devrait porter les efforts sur l'accroissement des investissements dans le potentiel humain, les institutions du travail et le travail décent et durable[4].

Pour certains observateurs, la résonnance de la Déclaration d'Abidjan et des recommandations de la Commission mondiales ne tient qu'au travail dans le secteur privé en raison de la portée tenue du tripartisme sur le secteur public. Mais à vrai dire, les variables d'influence du travail ne se limitent pas qu'au secteur privé. D'abord, la transition numérique. L'Unesco s'est posée la question de savoir si « les fonctionnaires sont-ils prêts pour la transformation numérique ? [5] pour appeler les États sur la nécessité de « Relever les défis de la capacité numérique dans l'administration »[6]. La Crise de la Covid a montré l'opportunité offerte par le numérique pour repenser le télétravail et simplifier les procédures administratives. Ensuite, la transition économique interpelle l'humanité sur les modes de production et de consommation et la nécessité de les décarboner. L'administration publique ne pouvant échapper à ces défis collectifs, les fonctionnaires devraient prendre leur part. La protection sociale est aussi au cœur du développement et questionne les conditions du travail. L'économie et le numérique induisent des nouvelles conditions de travail qui appellent une meilleure protection des travailleurs dont la protection se précarise du fait de la combinaison des facteurs

---

[2] Jean Marie Pontier, La multiplication des polices spéciales : pourquoi ?, JCP Adm. 2012, n° 2114)

[3] Kristalina Georgieva, « L'IA transformera l'économie mondiale. Faisons en sorte que l'humanité y soit gagnante », 14 janvier 2024, Disponible sur https://www.imf.org/fr/Blogs/Articles/2024/01/14/ai-will-transform-the-global-economy-lets-make-sure-it-benefits-humanity.

[4] Ibid.

[5] Unesco, Rapport Intelligence artificielle et transformation numérique : compétences pour les fonctionnaires, https://www.unesco.org/fr/articles/les-fonctionnaires-sont-ils-prets-pour-la-transformation-numerique.

[6] Ibid.

professionnels et des coûts de protection. Ces variables se conjuguent avec les contraintes économiques et financières qui sont imposées aux États par la discipline budgétaire. Les États doivent maîtriser les effectifs des agents publics et la masse salariale y relative. Enfin, la crise sécuritaire dans le sahel provoque les départs massifs d'agents publics des zones de conflit, obligeant les gouvernements repenser la gestion des agents publics en tant de crise.

Les variables tenant aux transitons numérique, écologique et les facteurs économiques, sécuritaires et sociaux sont indistinctes sur la forme du travail.

Du reste, la doctrine tend à montrer qu'il émerge un droit du travail de la fonction publique[7].

Ces différentes raisons conduisent à porter l'analyse sur les influences que les recommandations sur l'avenir du travail peuvent avoir sur les fonctions publiques. L'analyse prospective qui est envisagée est un regard de l'universitaire qui s'est heurtée aux contingences de la pratique administrative. Cette occurrence n'a pas pour but de souscrire à la distinction impertinente entre théorie et pratique. Elle veut montrer que l'action administrative doit être permanemment nourrie par les constructions théoriques et prospectives. Elle part pour ce faire d'une modeste expérience pour conclure que la temporalité théorique, scientifique paraît trop en avance, quelquefois déconnectée, d'une Afrique qui, à force d'admirer ses pratiques anciennes, a du mal à s'en séparer surtout lorsqu'elle doit le faire pour s'harmoniser avec une universalité sur laquelle elle a une faible emprise.

Les différents modèles de fonction publique sont impactés par les transitions sus évoquées. Bien loin, la distinction entre fonction publique fermée et ouverte. La question de recherche portera donc sur les impacts desdites transitions sur l'évolution des fonctions publiques africaines. Il ne s'agit pas de mener une analyse de droit comparé prenant en compte de l'influence des modèles français et britanniques sur les figurations des fonctions publiques africaines. La prospection ne concernera que quelques problématiques majeures du travail public. Elle portera sur l'organisation des emplois, les conditions de réalisation du travail et la protection sociale.

---

[7] I. Desbarats, « Transformation de la fonction publique : jusqu'où aller dans le rapprochement avec le droit du travail ? » DS, 2020, p. 220 ; C. Froger, « L'agent public est-il encore un travailleur différent du salarié ? », AJDA, 2023, p. 1284.

I- LA MEILLEURE ORGANISATION DES EMPLOIS

L'organisation des emplois est un enjeu important de la modernisation des fonctions publiques. Celles-ci doivent favoriser les mobilités interne et externe afin d'accroitre leurs rendements.

A. La mobilité interne

La mobilité au sein des administrations publiques est une modalité de gestion des ressources humaines très ancienne, mais dont la pertinence est marquée pour les pays africains. Les passerelles et la reconversion doivent être valorisées.

1- La nécessité de valoriser les passerelles

La passerelle au Burkina Faso est organisée dans le Décret N°2019-1111/PRES/PM/MFPTPS/ MINEFID du 15 novembre 2019 portant Répertoire interministériel des métiers de l'État. Son article 6 définit la passerelle comme « le passage d'un emploi de niveau inférieur à un autre emploi de niveau immédiatement supérieur ne relevant pas de la même famille d'emplois, constitue une passerelle ». L'article 7 dudit décret indique que « la passerelle peut être intra métier ou inter-métier ».

La prégnance du corporatisme est un obstacle majeur à la levée des freins statutaires à la mobilité interne. Au Burkina Faso, il n'a pas été aisé d'intégrer la logique de passerelle dans la révision du répertoire interministériel des métiers de l'État. De nombreux fonctionnaires appartenant à certains emplois n'ont jamais accepté leur classement dans une autre famille d'emplois et se sont opposés à l'idée de passerelle. Plusieurs raisons pourraient expliquer cet état de fait dont la disparité et l'inéquité des revenus non liés au salaire.

En Côte d'ivoire, le nouveau statut général issue de la loi n° 2023-892 du 23 novembre 2023 portant statut général de la fonction publique a pris en charge la question de la mobilité. Le statut de la fonction publique d'État du Niger prévoit le changement de cadre. L'article 65 dispose que : « Hormis les cas de détachement, la nomination d'un fonctionnaire à un emploi d'un cadre autre que celui auquel appartient le corps dans lequel il a été titularisé ne peut avoir lieu que dans les conditions suivantes : justifier des titres de formation exigés pour le corps de recrutement ; avoir subi avec succès les épreuves d'un concours de recrutement »[8]. Le nouveau statut de la fonction publique est dans la même veine. La loi dispose dans son Article 15 que « le fonctionnaire peut changer d'emploi au cours de sa carrière, en fonction des besoins de l'administration, de la nécessité d'une reconversion ou à sa demande...Les modalités de la mobilité professionnelle sont déterminées par décret pris en conseil des Ministres ».

Les passerelles constituent pour bon nombre d'emplois, notamment ceux d'appui et d'exécution, la seule possibilité d'évolution dans la carrière. Les passerelles permettent également de lutter contre la routine au travail et la robotisation des salariés en permettant à un moment donné dans sa vie professionnelle de vivre l'expérience de l'exercice d'un autre emploi.

Certaines lois qui instituent des statuts autonomes prévoient la passerelle comme modalité d'accès à un emploi. C'est le cas de lois régissant les emplois relevant de la famille des auxiliaires de justice. Ainsi, dans de nombreux pays, l'accès à la profession de magistrat est autorisé aux greffiers et enseignants d'université. Dans plusieurs pays, le statut des enseignements d'université prévoit une passerelle permettant aux agents publics de poursuivre une carrière d'enseignant chercheur. Par cette ouverture, les universités s'enrichissent d'expériences pratiques qui renforcent les recherches théoriques.

2- La reconversion des agents publics

La reconversion est une modalité des gestions des ressources humaines qui doit pourvoir s'appliquer dans le secteur public. Elle est bien connue dans le secteur privé lorsque les travailleurs sont devenus inaptes du fait d'accident professionnel. Il en est également ainsi en cas de suppression d'emplois pour cause d'obsolescence ou de réorganisation. Par exemple, l'évolution ou l'introduction d'une nouvelle technologie peut entrainer la disparition d'emploi. Selon le FMI, « l'Intelligence Artificielle se démarque par sa capacité à toucher les emplois hautement qualifiés »[9].

Des règlementations du secteur public prévoient cette possibilité. La législation nigérienne prévoit le changement de cadre pour le fonctionnaire reconnu inapte pour raison de santé à exercer son emploi d'origine. Celui-

---

[8] Voir la Loi N° 2007-26/ du 23 juillet 2007 portant Statut Général de la Fonction Publique de l'État.

[9] Kristalina Georgieva, « L'IA transformera l'économie mondiale. Faisons en sorte que l'humanité y soit gagnante », Ibid.

ci peut être nommé titulaire à un emploi d'un autre cadre appartenant à la même catégorie hiérarchique s'il répond à des conditions de qualification comparables à celles normalement exigées des fonctionnaires de même grade, titulaires dudit emploi[10].

La reconversion dans la fonction publique peut être acquise à l'agent public comme continuité d'une mise à disposition ou d'un détachement. L'agent public qui bénéficie de la mise à disposition en tant que variante de la position d'activité peut bénéficier de la reconversion dans un emploi. L'auteur du présent texte qui était inspecteur des impôts a utilisé cette voie pour devenir enseignant permanent à l'issue de son admission au concours d'agrégation.

Le détachement en tant que position du fonctionnaire qui exerce hors de son emploi d'origine peut donner droit à la reconversion. Certaines législations prévoient la possibilité pour le fonctionnaire détaché dans un autre emploi de se reconvertir à la fin de la durée normale de détachement.

B. La mobilité externe

L'administration doit se rendre flexible pour faciliter la mobilité vers les organisations privées, mais également créer les conditions pour inciter les agents à créer des entreprises privées.

1- La mobilité vers les organisations privées

La limitation du pantouflage a été longtemps un défi des réformes relatives à la moralisation de la vie publique. En droit français, l'encadrement des départs des fonctionnaires vers le secteur privé a été une ambition majeure de plusieurs gouvernements. En Afrique, la question ne se pose pas dans les mêmes termes parce que la fonction publique est considérée comme un cadre de sécurisation de l'emploi.

Depuis un certain nombre d'année, les textes régissant les administrations publiques africaines ont introduit des assouplissements à la rigueur des principes de la fonction publique « fermée ». Les détachements sont ouverts auprès d'organismes privés et non-gouvernementaux. De même, des disponibilités sont autorisées pour exercer dans les entreprises privées[11].

---

[10] Article 63 de la Loi N° 2007-26/ du 23 juillet 2007 portant Statut Général de la Fonction Publique de l'État.; Article 117 de la fonction publique du Burkina Faso.

[11] Voir article 36 de loi portant statut général de la fonction publique d'Etat du Burkina Faso.

Les incitations au départ à la retraite anticipée ont été mises en place pour favoriser la réduction des effectifs des agents publics. En Côte d'Ivoire, la Loi de Programmation Militaire 2016-2020 a prévu un processus de départ volontaire en vue de restructurer l'Armée afin d'améliorer le taux d'encadrement et la rendre plus performante[12]. Lors de la cérémonie de départ volontaire et de reconversion du cinquième contingent, le ministère de la défense de Côte d'ivoire affirme que ce sont 4 860 militaires qui ont bénéficié de cette passerelle[13]. Une part importante de l'effectif du cinquième contingent notamment 249 soldats ont intégré les ministères de la Justice, des Transports et des Eaux et Forêts ainsi que 56 autres le Bureau d'aide à la reconversion des militaires[14].

Dans plusieurs pays, de nombreux agents ont bénéficié de programme de soutiens pour développer des projets et se reconvertir dans le secteur privé. Ces politiques ont connu des succès mitigés. D'une part, l'on a assisté à un faible engouement des agents publics pour ces solutions et, d'autre part, les bénéficiaires des soutiens n'ont pas cessé de demander soit à les réintégrer dans l'administration publique, soit à leur accorder des ressources additionnelles.

Il est pourtant nécessaire que des mécanismes de mobilités entre les secteurs publics et privés soient établis pour permettre un transfert des compétences et de savoirs faires. Ainsi que le note la doctrine, « les secteurs parapublic et privé doivent être accessibles aux fonctionnaires. Ils sont des sources de débouchés et ils permettent de diversifier le savoir-faire et les expériences »[15].

2- L'entreprenariat des agents publics

Le fonctionnaire est dans une situation statutaire et règlementaire qui lui proscrit des métiers incompatibles. L'interdiction de l'exercice d'activité économique est la plus connue. La formule est la suivante : « Les agents de la Fonction Publique sont tenus de consacrer l'intégralité de leur activité professionnelle à l'exercice de leur emploi, d'être présents à leur lieu de service pendant les heures légales de travail et d'accomplir par eux-

[12] Départ volontaire à la retraite anticipée et reconversion : 305 militaires quittent les forces armées de Côte d'ivoire, 16-03-2023, https://www.gouv.ci/_actualite-article.php?recordID=14906.

[13] Ibid.

[14] Ibid.

[15] Jean-Marie Auby, Jean-Bernard Auby, Didier Jean-Pierre, Antony Taillefait, Droit de la fonction publique : État Collectivités locales, Hôpitaux, 7e édition, 2012, p. 452. note 626.

mêmes les tâches qui leur sont confiées »[16]. Par dérogation, et dans une perspective de permettre aux agents publics de contribuer au développement, certains statuts ont permis l'exercice conditionné de certaines activités. Il y a, d'une part, des activités qui peuvent être exercées sans autorisation. Le statut général du Burkina Faso prévoit que : « Le fonctionnaire ne peut exercer des activités commerciales ou lucratives autres que la commercialisation de ses productions littéraires, scientifiques et artistiques et agro-pastorales non industrielles, ni avoir par lui-même ou par personnes interposées, sous quelque dénomination que ce soit, à l'intérieur ou à l'extérieur du pays des intérêts dans une entreprise dont il a ou avait l'administration, la gestion ou le contrôle ». Il y a, d'autre part, les activités qui doivent être autorisées. Ainsi, le fonctionnaire peut être autorisé, dans des conditions définies par décret pris en Conseil des ministres, à effectuer des expertises ou des consultations se rapportant à sa compétence, à donner des enseignements se rattachant à ses compétences, à faire de la production agro-pastorale non industrielle ou d'œuvres scientifiques, littéraires ou artistiques[17]. Les législations comme celle de la Cote d'Ivoire et du Niger ne prévoient que des activités autorisées. L'article 32 alinéa 2 de la loi n° 2023-892 du 23 novembre 2023 de la Côte d'Ivoire dispose que « Le fonctionnaire ne peut exercer, à titre professionnel, une activité privée lucrative de quelque nature que ce soit, sauf dérogation accordée par décret pris en conseil des ministres ».

La législation burkinabè qui admet des activités compatibles ne définit pas les conditions de leur exercice. De façon générale, les agents publics exercent des activités concurrentes sans l'autorisation administrative.

Le défi à relever est de savoir comment les dispositifs doivent être réorganisées afin de permettre plus d'activités créatrices de valeurs ajoutées économiques par les agents publics. Pendant notre présence au gouvernement, nous avions entrepris une réforme qui attend d'être approfondie en vue de son éventuelle opérationnalisation. La reforme avait consisté à réorganiser le temps de travail de l'agent afin de lui aménager un temps de travail pour l'exercice des activités compatibles. Leurs tâches inexécutées seraient confiées à des étudiants stagiaires et d'agents recrutés pour suppléer l'absence des agents titulaires. La question du premier emploi des jeunes diplômés trouverait un début de solution. Par ailleurs, il avait été proposé aux partenaires financiers d'accompagner les projets

[16]Article 32 du Statut de la Côte d'ivoire ; Article 40 du Statut du Burkina Faso ; Article 21 du Statut du Niger.
[17] Article 40 alinéa 3 du Statut du Burkina Faso.

d'activités lucratives d'agents publics proche de la retraite. Ces initiatives montrent que pour maitriser les effectifs, des politiques publiques d'accompagnement de l'entreprenariat doivent être conçues en faveur des agents publics.

C. La Gestion prévisionnelle des emplois, des effectifs et des compétences (GPEC)

La question des effectifs des emplois dans la fonction publique est un élément de constance discussion dans les relations avec les partenaires financiers. Dans le cadre des programmes financiers du Fonds monétaire et de la Banque mondiale, la maitrise des effectifs et de son corolaire de la masse salariale est une conditionnalité importante. Cette option est rendue imparable en raison des difficultés des Etats à optimiser la mobilisation des ressources internes. Aussi pour bénéficier des appuis budgétaires et des facilités de crédits, les gouvernements doivent déterminer les actions qui sont menées pour contenir l'augmentation exponentielle des effectifs des agents publics. La gestion prévisionnelle des emplois, des effectifs et des compétences (GPEC) a longtemps été évoqué comme outil de gestion des ressources humaines destiné à suivre l'évolution des emplois et des métiers dans la fonction publique. Elle devrait contribuer au développement d'une stratégie de gestion prévisionnelle et prospective et proposer des orientations prioritaires, en particulier en matière de formation, d'apprécier l'évolution des fonctions, des métiers, des qualifications, de recenser les métiers nouveaux et de proposer des modalités de recrutement adaptées[18]. En Afrique, de nombreuses missions et formations ont été faites pour sa matérialisation. Mais son effectivité reste incertaine. La mise en place d'une stratégie de recrutements des effectifs sont tributaires des contingences politiques et sociales. La fonction publique d'Etat est donc obliger de continuer à recruter pour apporter une solution aux chômages mais surtout pour maintenir le lien entre l'Etat et la société.

---

[18] Voir S. Vallemont, La gestion prévisionnelle des emplois et des compétences dans les trois fonctions publiques, Berger-Levrault, 1998 ; Voir en France Décret N° 2001-1347 du 28 déc. 2001, JO 30 déc. 2001, p. 21432. V. art. 30 s. du Décret N°2012-739 du 9 mai 2012.

II- LES CONDITIONS DE RÉALISATION DU TRAVAIL

La performance du travail dépend de la mobilisation de moyens et d'une meilleure protection des agents.

A. Les moyens

Les moyens qui seront examinés porteront les solutions digitales, le contrat et l'externalisation.

1- La digitalisation

L'humanité a amorcé un virage numérique qui oblige tous les États à aller vers la transformation numérique pour proposer des solutions efficaces. La pertinence des solutions s'est accrue avec la crise sanitaire covidienne. Les administrations ont eu recours à des solutions du télétravail et des téléprocédures. Ces dernières solutions sont prisées pour faciliter le droit d'accès des usagers aux services publics. Pour l'administration, les solutions numériques sont le moyen de simplifier les procédures, mais aussi d'alléger les coûts de productions administratives. Le numérique est apparu comme une solution efficace dans le processus de recrutement des agents publics et des gestions des a actes de carrière. La digitalisation s'est matérialisée dans le recours des administrations burkinabè et ivoirienne aux solutions numériques dans le processus de recrutement des agents publics. Aussi, le gouvernement ivoirien a décidé de prioriser la digitalisation des services publics à travers la création du Comité National de Digitalisation (CNDigit) par arrêté N°0910/PM/CAB du 26 septembre 2022.

Il ne faut toutefois pas oublier les inconvénients de la digitalisation. Les limites de la digitalisation concernent le droit d'accès aux documents administratifs, à l'information administrative, aux services publics numériques et à la protection des données. Le droit à l'accès aux documents administratifs est devenu une exigence du droit de participation à la gestion des affaires publiques. Le droit est malmené par les agents publics. La diffusion à titre de protestation des documents publics confidentiels est devenue une arme syndicale et un moyen de défiance de l'autorité administrative. Il y a lieu de mieux réguler le droit de réserve de l'agent public, mais de définir un régime juridique de l'information publique et de ra réutilisation.

Sur le registre de l'accès aux services publics numériques, dans les sociétés à faible niveau d'éducation, les solutions numériques peuvent accélérer la fracture numérique. L'accès de tous les usagers à ces solutions devient un enjeu pour les administrations. C'est pourquoi le Conseil d'État français a rappelé à juste titre au gouvernement ivoirien de tenir compte de l'illectronisme. En effet, dans une décision et un avis du 3 juin 2022, le Conseil d'État affirme que « l'obligation d'avoir recours à un téléservice pour l'accomplissement de démarches administratives auprès de l'État peut être instaurée par le gouvernement », « aucun droit ou principe constitutionnel ne s'y opposant » [19]. Le Conseil d'État assortit cette obligation de plusieurs conditions. L'obligation de recourir à un téléservice ne peut être imposée « que si l'accès normal des usagers au service public et l'exercice effectif de leurs droits sont garantis ». Plus précisément, l'administration doit « tenir compte de la nature de la démarche qui est dématérialisée, et de son degré de complexité, des caractéristiques de l'outil numérique proposé, ainsi que de celles du public concerné – notamment des difficultés d'accès ou d'utilisation des services en ligne ».

La question de l'accès et l'utilisation des informations administratives est une également une question délicate.

. Même si les législations des pays développés organisent l'accès aux informations administratives et protègent les lanceurs d'alerte. Pour autant, il est nécessaire d'assurer la protection des informations administratives contre les usages abusifs de la liberté d'expression des agents publics sur les médias sociaux.

Enfin, les données numériques doivent être aussi protégées contre les cyberattaques[20]. Un cas topique a été donné par l'attaque du compte @MysteriousTeamO se réclamant du groupe de pirates informatiques Anonymous. Ce compte a revendiqué avoir paralysé le 26 mai 2023 les sites de la présidence et ceux utilisant le domaine gouv.sn, comme celui du gouvernement ou des ministères des Forces armées et de la Santé.

---

[19] Conseil d'État, Section, 3 juin 2022, La légalité de l'obligation d'accomplir des démarches par la voie d'un téléservice, 461694, Publié au recueil Lebon.

[20] Conseil d'Etat français, Étude annuelle 2022, Les réseaux sociaux : enjeux et opportunités pour la puissance publique, 13 juillet 2022, Disponible sur https://www.conseil-etat.fr ; ; Lemmens, Éric, et Rodrigue Demeuse. « Les droits fondamentaux des agents de la fonction publique à l'épreuve des réseaux sociaux. (obs. sous C.E. (b.), arrêt Bridoux, 28 novembre 2017) », Revue trimestrielle des droits de l'Homme, vol. 117, no. 1, 2019, pp. 129-146.

L'attaque aurait été mené en solidaire des citoyens sénégalais et de leur droit à choisir librement leur président[21].

De façon générale, l'on peut regretter que les gouvernements africains n'aient pas encore suffisamment pris la mesure des opportunités offertes par le numérique. Les initiatives sont timides. C'est le cas par exemple au Burkina Faso des remonte hearings (auditions à distance) dans le secteur de la justice. Mais les initiatives se heurtent aux résistances politiques et administratives difficiles très souvent à surmonter. La logique de préservation des intérêts de groupes relègue au second plan la nécessité d'accélérer le recours à la transformation numérique.

2- Le contrat

La contractualisation au sein de l'administration publique en Afrique est une solution imposée des institutions financières. L'on y voit les solutions imposées par les programmes d'ajustements structurels qui n'ont laissé que de mauvais souvenirs dans le subconscient collectif.

Les pourfendeurs du contrat ont même obtenu de faire supprimer le contrat dans la loi N° 081-2015/CNT du 24 novembre 2015 portant statut général de la fonction publique d'État au Burkina Faso. Ce moyen juridique mérite un bien meilleur sort. Il peut être un outil efficace de régulation et d'adaptation de la gestion des ressources humaines[22]. C'est ce que révèle la pratique administrative burkinabè qui, en dépit de la suppression du contrat, fait un appel régulier au contrat pour mobiliser les compétences externes du secteur privé et des organisations internationales pour occuper des responsabilités administratives. Le contrat sert aussi pour établir le lien juridique avec des agents publics dont l'emploi à vocation à être temporaire. En Côte d'ivoire, le statut de la fonction publique prévoit que « Par dérogation au principe [suivant lequel les emplois civils de l'État et des Etablissements Publics sont occupés par des fonctionnaires], « des agents non fonctionnaires peuvent être recrutés pour occuper des emplois de la catégorie A; lorsque la nature des fonctions et les besoins de services le justifient et exercer des fonctions dans un cabinet ministériel[23]. Les

---

[21] Voir Jeune Afrique, « Au Sénégal, l'État ciblé par une cyberattaque », https://www.jeuneafrique.com/1448977/politique/au-senegal-letat-cible-par-une-cyberattaque/.

[22] Dhiego Teles da Silva, Le « fonctionnaire contractuel », pyrite des temps modernes, AJFP 2023 p.485

[23] Article 18 Statut de la loi n° 2023-892 du 23 novembre 2023.

contrats sont fixés pour une durée qui ne peut excéder deux ans et est renouvelable qu'une seule fois[24].

Le contrat peut et doit faire l'objet d'un usage plus performant. L'idée du contrat de projet est un moyen de valorisation de l'expertise interne des agents publics. Le contrat de projet introduit en droit français permet aux employeurs publics de recruter des agents en Contrat à durée déterminée pour réaliser un projet ou une opération en particulier[25].

Loin d'être un instrument de concurrence, le contrat est un outil d'ajustement. Il peut permettre aux étudiants d'avoir un premier accès à l'emploi et de mobiliser des compétences pour régler des mission conjoncturelles et temporaires. L'initiative que nous avions prise de faire adopter un projet de loi de gestion du contrat dans l'administration publique burkinabè n'a pas connu une fortune heureuse.

3- L'externalisation

L'externalisation est au cœur des actualités nationales. L'illustration est donnée en France par le rapport d'information de la commission des finances, de l'économie générale et du contrôle budgétaire relative aux différentes missions confiées par l'administration de l'état à des prestataires extérieurs (outsourcing). L'externalisation est un mécanisme de gestion des entreprises des secteurs public et privé. L'externalisation et la sous-traitance sont des moyens de recherche de la performance dans la productivité. L'externalisation n'a pas que des effets bénéfiques. Son utilisation fait l'objet de nombreuses critiques. Des auteurs ont pu proposer à cet effet des clefs de la réussite de l'externalisation[26].

B. Repenser le système de rémunération des agents

La question de la rémunération est un enjeu dans les fonctions publiques africaines. La question de l'équité dans le traitement est un argument de mobilisation et de revendication des organisations syndicales. Les comparaisons de rémunération sont constamment évoquées pour montrer les disparités de traitement. Cet argument justifie la recherche de

---

[24] Article 18 alinéa 2 de la loi n° 2023-892 du 23 novembre 2023.

[25] Voir la Loi N° 2019-828 du 6 août 2019 de transformation de la fonction publique.

[26] Elise Untermaier-Kerleo, Les clefs d'une externalisation réussie, les clefs d'une externalisation réussie : à propos de Rapport information relatif aux différentes missions confiées par l'administration de l'état à des prestataires extérieurs (outsourcing), Cendra Motin, 19 janv. 2022, JCP, la semaine juridique, édition administrations et collectivités territoriales n° 4. 31 janvier 2022.

l'équité dans le dialogue social au sein de la fonction publique. Les gouvernants ne sont toujours pas parvenus à lier la rémunération des agents publics à leur productivité. La fonction continue de garder la rémunération catégorielle et suivant les emplois. Il est indéniable que la productivité de l'agent doit être pris en compte dans sa rémunération. Cette logique est délicate dans la réforme des administrations. Pour accroitre la productivité, des États ont instauré des primes. Mais les primes ne sont accordées que par la présence de l'agent au travail et ou l'exercice d'une mission particulière. La rémunération se dissémine de façon subreptice avec les contrats des compétences externes.

C. La protection sociale

Face aux menaces d'aggravation des tensions sociales qui pourraient résulter des inégalités sociales induites par l'intelligence artificielle, le FMI pense que les pays doivent absolument constituer des dispositifs de protection sociale complets et prévoir des programmes de reconversion pour les travailleurs exposés[27]. La protection sociale des agents publics passe par une lutte contre la précarisation et la démocratisation de la couverture sociale.

1- Lutter contre la précarisation des retraités

La précarisation des retraités est devenue le dénominateur commun des retraités des fonctions publiques, même de certains pays développés. Dans les pays africains d'expression française, l'affiliation des agents à un régime de protection sociale est une mesure qui résulte de la loi. En guise d'illustration, l'article 68 du statut général de la fonction publique de Côte d'Ivoire dispose que « Le fonctionnaire est d'office affilié à l'institution de Prévoyance sociale ». La précarisation se manifeste par l'impossibilité pour plusieurs organismes de protection sociale d'assurer le versement régulier des pensions de retraités des agents publics. Pour ceux qui y parviennent la pension est restée longtemps très modeste. Dans la quasi-totalité des Etats africains, suivant les modalités de leur liquidation, les plus petites pensions sont inférieures au SMIG. Mais pour se conformer à la réglementation, le montant du SMIG est trimestriellement servi en remplacement aux petits pensionnés. En Côte d'Ivoire, c'est donc 75 mil francs et désormais 45 mil au Burkina Faso qui est versé aux plus petits

---

[27] Kristalina Georgieva, « L'IA transformera l'économie mondiale. Faisons en sorte que l'humanité y soit gagnante », ibid.

pensionnaires. Avec la mensualisation du payement de la pension, c'est le tiers du SMIG qui est versé aux pensionnés. C'est dire que la retraite sous nos tropiques est un moyen de reproduction de « smigards ».

Face à la paupérisation des pensionnés, la Conférence Interafricaine de la Prévoyance Sociale (CIPRES) a proposé la prise en compte de certaines indemnités dans la détermination de la pension afin de permettre son relèvement. Les lois nationales ont pris en compte la revalorisation, mais leur effectivité reste attendue.

L'amélioration du droit à la pension s'est également traduite par le relèvement du traitement des orphelins et de la réforme de la pension de réversion. Il est désormais consacré la répartition définitive de la pension de conjoint survivant en cas de pluralité de veuves, c'est-à-dire qu'en cas de décès de l'une des veuves sa part n'est pas reversée aux autres[28]. Pour les orphelins, il est apparu une augmentation de la part de l'orphelin au titre de la rente de survivant qui passe de dix pour cent (10%) à cinquante pour cent (50%) quel que soit le nombre d'orphelins et ce, conformément à la Recommandation n°25 de la CIPRES[29].

Par ailleurs certains gouvernants procèdent circonstanciellement à des revalorisations des pensions pour atténuer l'effet de l'inflation. Il en est ainsi des dernières augmentations des pensions de 5% au Burkina Faso[30] et en Côte d'Ivoire[31]. La Caisse nationale de prévoyance sociale (CNPS) de la Côte d'Ivoire dit avoir revalorisé les pensions de retraite de près de 25% en dix (10) ans[32].

---

[28] Voir Côte d'Ivoire, Article 31 du Décret N°2020-308 du 4 mars 2020 fixant les modalités de fonctionnement des régimes de prévoyance sociale des travailleurs indépendants ; Burkina Faso, Article 67 alinéa 3 de la Loi n°003-2021/AN du 1er avril 2021 portant régime de sécurité sociale applicable aux agents publics de l'État.

[29] Voir Côte d'Ivoire, Article 31 du Décret N°2020-308 du 4 mars 2020 ; Burkina Faso, Article 115 de la Loi n°003-2021/AN du 1er avril 2021 portant régime de sécurité sociale applicable aux agents publics de l'État.

[30] Le Décret du 14 octobre 2020 a procédé à une revalorisation de 2,5% pour les fonctionnaires des catégories A, B, P et officiers de l'armée et de 5% pour le reste des pensionnés de la CARFO.

[31] La revalorisation des pensions de retraite a été respectivement de 8% en 2014, de 5% en 2016, de 5% en 2020 et de 5% en 2022. Voir « CAISSE AUTONOME DE RETRAITE DES FONCTIONNAIRES : Le gouvernement revalorise les pensions », Disponible sur https://news.abidjan.net/articles/717119/la-cnps-a-revalorise-les-pensions-de-retraite-de-pres-de-25-en-10-ans-directeur-general

[32] Ibid.

2- *Démocratiser la couverture sanitaire*

La question de la couverture sanitaire est un vrai serpent de mer pour les Etats africains. Tous ont adhéré aux instruments internationaux relatif à la protection universelle maladie [33], mais ils peinent à rendre effective la couverture de l'assurance universelle. En dépit des dysfonctionnements, les pays comme le Togo et la Côte d'ivoire sont dans l'amélioration de leur régime de sécurité sociale. D'autres pays comme le Burkina Faso et le Niger sont encore à la recherche du dispositif d'appels à cotisation. L'enjeu est de parvenir à assurer la protection sociale des agents publics y compris les membres de leur famille. La CIPRES offre une solution complémentaire intéressante.

Elle suggère aux États d'offrir la possibilité aux travailleurs du public et du privé de souscrire auprès des organismes de protection sociale, une assurance complémentaire.

Cette solution vient renforcer la souscription facultative auprès des sociétés d'assurance privées et des mutuelles professionnelles ou communautaires de santé.

[33] Voir notamment la Convention (n° 102) concernant la sécurité sociale (norme minimum), 1952 et la Recommandation (n° 202) sur les socles de protection sociale, 2012.

LA RÉFORME DU SECTEUR PARAPUBLIC AU SÉNÉGAL : ÉVOLUTION OU RÉVOLUTION DU DROIT DU SECTEUR PARAPUBLIC ?

Papa Assane TOURÉ
Inspecteur général d'État
Docteur en Droit privé et Sciences criminelles

Les entités du secteur parapublic constituent des instruments privilégiés de la politique économique nationale. Depuis l'adoption de la loi n° 66-27 du 02 mai 1966 relative aux établissements publics, aux sociétés d'économie mixte et aux personnes morales de droit privé bénéficiant du concours financier de la puissance publique [1], l'amélioration de la gouvernance des entités du secteur parapublic a toujours été une préoccupation majeure des pouvoirs publics[2].

À cet égard, la loi n°90-07 du 26 juin 1990 relative à l'organisation et au contrôle des entreprises du secteur parapublic et au contrôle des personnes morales de droit privé bénéficiant du concours financier de la puissance publique[3] a constitué, sans nul doute, l'un des symboles les plus achevés du secteur parapublic.

La volonté de renforcer l'autonomie des établissements publics s'est manifestée par la suppression du Centre des Établissements publics et de ses organes d'exécution, à savoir l'Agence Comptable centrale des Établissements publics et le Contrôle des Opérations financières (COF) ainsi que par le remplacement du contrôle a priori des entités du secteur parapublic par un contrôle a posteriori plus souple et plus efficace.

---

[1] JORS n° 3822 du 28 mai 1966, p. 571.

[2] Sur la genèse de la législation relative au secteur parapublic, V. la loi n° 72-48 du 12 juin 1972 relative aux établissements publics, aux sociétés d'économie mixte et des personnes morales de droit privé bénéficiaires du concours financier de la puissance publique, la loi n° 77-89 du 10 août 1977 relative aux établissements publics, aux sociétés nationales, aux sociétés d'économie mixte et aux personnes morales de droit privé bénéficiant du concours financier de la puissance publique, la loi n° 87-19 du 3 août 1987 relative à l'organisation et au contrôle des entreprises du secteur parapublic et au contrôle des personnes morales de droit privé bénéficiant du concours financier de la puissance publique et la loi n°90-07 du 26 juin 1990 relative à l'organisation et au contrôle des entreprises du secteur parapublic et au contrôle des personnes morales de droit privé bénéficiant du concours financier de la puissance publique.

[3] JORS n° 5358 du 7 juillet 1990, p. 325.

Après plus de trois décennies de mise en œuvre, le dispositif législatif prévu par ce texte ạ révélé des lacunes et des insuffisances.

En effet, en premier lieu, la loi du 26 juin 1990 avait fixé un champ d'application du secteur parapublic confiné aux établissements publics à caractère industriel (EPIC), aux sociétés nationales et aux sociétés anonymes à participation publique majoritaire autrefois dénommées « sociétés d'économie mixte ».

Il excluait ainsi de son domaine les établissements publics à caractère administratif, qui devraient être réintégrés dans le cadre des administrations centrales traditionnelles. Cependant, cette opération n'a pu être réalisée, ce qui créait un vide juridique dans le régime de cette catégorie d'établissement public.

En second lieu, le paysage juridique du secteur parapublic a connu de profondes mutations notamment au double plan normatif et institutionnel.

D'une part, sous l'angle normatif, le cadre juridique applicable aux sociétés nationales et aux sociétés anonymes à participation publique majoritaire a été particulièrement bouleversé par l'avènement de l'Organisation pour l'Harmonisation du Droit des Affaires en Afrique (OHADA), institué par le traité signé à Port-Louis (Iles Maurice) le 17 octobre 1993. Or, certains actes uniformes de l'OHADA, notamment, l'Acte uniforme relatif au droit des sociétés commerciales et du groupement d'intérêt économique, l'Acte uniforme relatif aux procédures simplifiées de recouvrement et des voies d'exécution et l'Acte uniforme relatif aux procédures collectives d'apurement du passif, ont vocation s'appliquer aux sociétés publiques.

D'autre part, au plan institutionnel, le législateur ne prenait pas en compte la création de nouvelles entités administratives. Il s'agit des diverses autres catégories d'établissements publics, à savoir les établissements publics de santé[4], les établissements publics de formation professionnelle[5], les établissements d'enseignement supérieur publics[6], les établissements publics à caractère scientifique et technologique[7] et les établissements publics à statut spécial (Caisse des Dépôts et Consignations et Fonds d'Entretien routier) ainsi que les agences d'exécution et autres structures administratives similaires ou assimilées (délégations générales, fonds, offices, etc.) instituées par la loi d'orientation n° 2009-20 du 4 mai

[4] V. la loi n° 98-08 du 02 mars 1998 portant réforme hospitalière.

[5] V. la loi n° 2015-01 du 6 janvier 2015 portant loi d'orientation de la formation professionnelle et technique

[6] V. la loi n° 2015-26 du 28 décembre 2015 relative aux universités publiques.

[7] V. la loi n° 97- 13 du 02 juillet 1997.

2009 sur les agences d'exécution et le décret n° 2009-522 du 4 juin 2009 portant organisation et fonctionnement des agences d'exécution[8].

Il a, dès lors, paru nécessaire de procéder à une refonte du droit du secteur parapublic, par une abrogation de la loi n°90-07 du 26 juin 1990 précitée. Tel est l'objet de la loi d'orientation n° 2022-08 du 19 avril 2022 relative au secteur parapublic, au suivi du portefeuille de l'État et au contrôle des personnes morales de droit privé bénéficiant du concours financier de la puissance publique9. Ce texte trouve son inspiration philosophique dans la Doctrine de gestion du portefeuille de l'État (DGP), élaborée par le Ministère chargé des Finances ainsi que dans les standards internationaux dans le domaine de la stratégie de l'actionnariat public, notamment les lignes directrices de l'Organisation de Coopération et de Développement Économique (OCDE) sur la gouvernance des entreprises publiques. La réforme du secteur parapublic vise « la promotion du principe général de bonne gouvernance dans la gestion des entités du secteur parapublic, des deniers publics confiés aux personnes morales de droit privé bénéficiant du concours financier de l'État et des participations de l'État détenues dans les sociétés à participation publique minoritaire »[10].

Elle entreprend la modernisation du secteur parapublic à travers, notamment, la simplification de leur cadre de gouvernance et la consécration de la gestion axée sur les résultats.

Le nouveau cadre juridique instauré par le législateur s'articule autour, d'une part, d'une option d'extension du périmètre du secteur parapublic (I), et d'autre part, d'une volonté d'amélioration de la gouvernance des entités de ce secteur (II).

---

[8] V. également, le décret n° 2010-1812 du 31 décembre 2010 relatif au contrat de performance, le décret n°2014-1472 du 12 novembre 2014 portant régime financier et comptable des établissements publics, des agences et autres structures administratives similaires ou assimilées, le décret n° 2012-1314 du 16 novembre 2012 fixant la rémunération des directeurs généraux, des directeurs, des présidents et des membres des conseils de surveillance des agences, modifié par le décret n° 2014-1186 du 17 septembre 2014 et le décret n° 2020-1493 en date du 1er juillet 2020 portant création et fixant les règles d'organisation et de fonctionnement de la Commission d'évaluation des agences d'exécution.

[9] JORS, n° 7516 du 21 avril 2022, p. 353.

[10] V. art. 1er de la loi d'orientation du 19 avril 2022.

I- L'OPTION D'ÉLARGISSEMENT DU PÉRIMÈTRE DU SECTEUR PARAPUBLIC

L'une des principales innovations de la réforme du secteur parapublic réside dans l'option retenue par les pouvoirs publics d'étendre le champ couvert par ce secteur (A). Mais, ce choix n'a pas manqué de poser de délicats problèmes d'articulation entre le dispositif prévu par la loi d'orientation du 19 avril 2022 et les législations particulières applicables à certaines structures du secteur parapublic (B).

A. Le principe de l'extension du champ du secteur parapublic

Le législateur a procédé à l'élargissement du champ ratione personae du secteur parapublic. Désormais, les entités de ce secteur comprennent, d'une part, les organismes publics et, d'autre part, les sociétés publiques. Selon l'article 3 de la loi d'orientation n° 2022-08 du 19 avril 2022 susvisée, les organismes publics sont les établissements publics, les agences d'exécution et autres structures administratives similaires ou assimilées. Ces dernières entités désignent des structures dont les modes d'organisation et de fonctionnement s'apparentent à ceux des agences d'exécution sans en prendre la dénomination, à savoir notamment les fonds, les délégations générales, les hautes autorités et les offices.

Quant aux sociétés publiques, elles renvoient aux sociétés nationales et aux sociétés à participation publique majoritaire.

Le périmètre couvert par le secteur parapublic irradie désormais toutes les structures administratives décentralisées (décentralisation technique) ainsi que les sociétés commerciales dans lesquelles l'État ou une personne publique est au moins majoritaire dans le capital.

La loi d'orientation n'a pas procédé à la définition de la notion de secteur parapublic. Ce concept n'est pas facile à saisir.

Dans sa plus grande généralité sémantique, l'adjectif « parapublic » désigne ce qui est relatif à l'économie mixte, dont les capitaux appartiennent au secteur public et au secteur privé. Du point de vue du droit applicable, l'économie mixte se voit appliquer aussi bien le régime du droit public, notamment aux règles de la comptabilité publique (principe du service fait, séparation des fonctions d'ordonnateur et de comptable, etc.) que les règles du droit privé (droit des procédures collectives et des voies d'exécution).

Mais le nouveau cadre législatif du secteur parapublic n'a pas vocation à s'appliquer à toutes les structures publiques.

D'une part, le législateur exclut expressément les ordres professionnels et les chambres consulaires. Il s'agit, en réalité, des établissements publics à caractère professionnel, qui selon l'article 3 de l'ancienne loi n° 77-89 du 19 août 1977 relative aux établissements publics, aux sociétés nationales aux sociétés d'économie mixte et aux personnes morales bénéficiant du concours financier de la puissance publique [11], « sont chargés de l'organisation ou de la représentation d'une profession ou d'un groupe de profession et bénéficiant, à ce titre, de certaines prérogatives de puissance publique » [12].

D'autre part, il y a des exclusions implicites. En effet, sont aussi exclus du domaine du secteur parapublic, les institutions de prévoyance sociale, régies par la loi n° 75-50 du 04 avril 1975 relative aux institutions de prévoyance sociale, comme la Caisse de Sécurité sociale (CSS) et l'Institution de Prévoyance Retraite du Sénégal (IPRES) et les institutions de prévoyance maladie (IPM), même si l'article 54, alinéa 3 de la loi organique du 26 février 2020 relative aux lois de finances les considère comme des « organismes publics ».

Mais qu'en est-il des autorités administratives indépendantes ? Relèvent-elles des entités du secteur parapublic ?

Définir les autorités administratives indépendantes n'est pas une tâche aisée. On a pu les qualifier « d'objets juridiques non identifiés » [13].

On considère les AAI comme des autorités agissant au nom de l'État de manière autonome, c'est-à-dire sans être subordonnées au Gouvernement, mais sont soumises au contrôle du juge. Les AAI interviennent dans divers domaines d'activités [14]. Il en est ainsi de la régulation d'un secteur d'activité, de la lutte contre la corruption, du règlement des différends entre l'Administration et les administrés, etc.[15].

En France, dans la catégorie des AAI, on retrouve des autorités ayant la personnalité juridique appelées les « autorités publiques indépendantes »

---

[11] JORS n° 4586 du lundi 12 septembre 1977, p. 1177.

[12] V. MEFP, Guide de l'administrateur, décembre 2016, p. 18.

[13] J-P. FELDMAN, « Les autorités administratives indépendantes sont-elles légitimes ? Sur les AAI en général et sur le Conseil supérieur de l'audiovisuel en particulier », D. 2010. 2852 ; J. CHEVALLIER, « Réflexions sur l'institution des AAI », JCP G 1986, I, 3254 ; G. NOTTE, « Les autorités administratives indépendantes », JCP G 2006, 1985.

[14] G. PROTIERE, « Les autorités administratives indépendantes », in N. KADA et al., Dictionnaire d'administration publique, Presses universitaires de Grenoble, Droit et action publique, 2014, p. 45

[15] A. CAPPELLO, « Autorités administratives indépendantes », Rép. dr. pén. proc. pén, octobre 2016, n°1.

et celles dépourvues de personnalité morale dénommées « autorités administratives indépendantes » [16].

Au Sénégal, l'Autorité de Régulation des Marchés publics (ARMP), devenue récemment Autorité de Régulation de la Commande publique (ARCOP) [17] a été l'une des premières autorités administratives indépendantes à voir le jour[18]. Par la suite, ce nouveau modèle de l'action administrative a connu un réel succès depuis son institution et la multiplication des AAI a contribué à brouiller le paysage administratif classique. Ainsi, constituent des autorités administratives indépendantes, notamment, le Médiateur de la République[19], la Commission Electorale Nationale Autonome (CENA), l'Autorité de Régulation des Postes et des Télécommunications (ARTP), l'Autorité de Régulation des Marchés (ARM), l'Office National de lutte contre la Fraude et Corruption (OFNAC)[20], la Commission de Protection des Données Personnelles (CDP)[21], la Commission de Régulation du Secteur de l'Électricité (CRSE)[22], le Conseil national de Régulation de l'Audiovisuel (CNRA)[23], l'Observateur National des Lieux de privation de liberté » (ONLPL)[24],

---

[16] M. LOMBARD, « Brèves remarques sur la personnalité morale des institutions de régulation », RJEP/CJEG 2005. 127 ; M. DEGOFFE, « Les autorités publiques indépendantes », AJDA 2008, p. 622 ; S. TRAORE, Les autorités administratives indépendantes dotées de la personnalité morale : vers une réintégration institutionnelle de la catégorie juridique ? », Dr. adm. 2004, étude 16

[17] La loi n° 2022-07 du 19 avril 2022 modifiant la loi n° 65-51 du 19 juillet 1965 portant Code des Obligations de l'Administration (COA) a procédé à la dissolution de l'Autorité de Régulation des Marchés publics (ARMP) et son remplacement par une nouvelle entité dénommée « Autorité de Régulation de la Commande publique » (ARCOP) dont les règles d'organisation et de fonctionnement sont fixées par le décret n° 2023-832 du 5 avril 2023.

[18] DREAT, Etude sur les normes de création et d'organisation des structures administratives, p. 22.

[19] V. la loi n° 99-04 du 29 janvier 1999 abrogeant et remplaçant la loi n°91-14 du 11 février 1991 instituant un Médiateur de la République. Il faut préciser que ce texte a créé une « autorité indépendante » et non une autorité administrative indépendante ; C. T. THIAM, « Faut-il créer un ombudsman au Sénégal ? » Annales africaines 1983-1984-1985, p. 57 ; M. NGAIDE, « Pourquoi un médiateur au Sénégal », RIPAS, 1991, n° 25-26 ; ; J. Y. MADEC, « Intervention sur le médiateur de la République », RIPAS, 1991, n° 25-26

[20] V. la loi n° 2012-30 du 28 décembre 2012 portant création de l'Office National de lutte contre la Fraude et Corruption

[21] V. la loi n° 2008-12 du 25 janvier 2008 sur la protection des données à caractère personnel.

[22] V. la loi n° 98-29 du 14 avril 1998 relative au secteur de l'électricité

[23] V. la loi n° 2006-04 du 4 janvier 2006 portant création du Conseil national de Régulation de l'Audiovisuel (CNRA).

[24] V. la loi n° 2009-13 du 02 mars 2009 portant sur l'Observateur national des lieux de privation de liberté. Il faut préciser que l'article 2 de ce texte prévoit que l'observateur

l'Observatoire National de la Parité[25] et la Haute Autorité du Waqf (HAW)[26].

Les AAI font partie de l'Administration publique. Le qualificatif « administratives » contenu dans l'expression « autorités administratives indépendantes » renvoie à l'idée selon laquelle ces autorités relèvent de l'ordre administratif, même si elles ne sont pas soumises à la hiérarchie administrative[27].

L'autorité administrative est habilitée à prendre des décisions unilatérales ayant une valeur juridique, dans le but d'exercer des fonctions relevant du droit administratif : le terme d'autorité administrative désigne ainsi plutôt une compétence. Les AAI peuvent être ainsi considérées comme des autorités administratives pouvant édicter des décisions administratives susceptibles de faire l'objet de recours devant le juge de l'excès de pouvoir.

L'appartenance des AAI à l'Administration, même si elles bénéficient d'une certaine indépendance, explique leur rattachement à des structures de l'Administration centrale (Présidence de la République, Primature ou ministère) ainsi que leur dépendance budgétaire à l'égard de l'Etat[28]. En effet, les crédits nécessaires au fonctionnement des AAI, surtout lorsqu'elles sont dotées de la personnalité juridique, sont inscrits au budget de l'Etat. A titre d'exemple, selon l'article 20, alinéa 2 de la loi n° 2012-30 du 28 décembre 2012 portant création de l'Office national de Lutte contre la Fraude et la Corruption (OFNAC), les crédits nécessaires au fonctionnement et à l'accomplissement des missions de l'OFNAC font l'objet d'une inscription autonome dans le budget général. Ils sont autorisés dans le cadre de la loi de finances.

---

national des mieux de privation de liberté, est une « autorité administrative » nommé par décret en raison de ses compétences et connaissances professionnelles pour une période de cinq ans non renouvelables. Mais, l'exposé des motifs de la loi n° 2009-13 du 02 mars 2009 précitée énonce que l'Observateur est une autorité administrative indépendante. Les modalités d'application de cette loi sont prévues par le décret n° 2011-842 du 16 juin 2011 modifié par le décret du 2 juin 2014.

[25] V. le décret n° 2011-309 du 7 mars 20011 portant création, organisation et fonctionnement de l'Observatoire National de la Parité.

[26] V. la loi n°2015-11 du 06 mai 2015 relative au Waqf

[27] P. SABOURIN, Recherches sur la notion d'autorité administrative en droit français, Paris, LGDJ, coll. Biblio. droit public, 1966.

[28] V. AMALRIC, L'autonomie financière des autorités indépendantes. Contribution à la notion d'autonomie financière en droit public, Thèse Toulouse, 2015.

L'indépendance apparaît assurément comme l'une des caractéristiques majeures des autorités administratives indépendantes[29].

Mais, elle soulève de véritables difficultés[30]. Les AAI apparaissent d'emblée comme une curiosité juridique. Comment une entité appartenant à l'Administration publique peut-elle être indépendante de cette Administration ? [31]

Les autorités administratives indépendantes ne sont soumises, ni à la tutelle, ni au pouvoir hiérarchique de l'Etat. Aux termes de l'article 3 de la loi n° 99-04 du 29 du janvier 1999 abrogeant et remplaçant la loi n° 91-14 du 11 février 1992 instituant un Médiateur de la République : « Dans l'exercice de ses attributions, le Médiateur de la République ne reçoit d'instruction d'aucune autorité ». La circulaire n° 00006 PM/SGG/SGA du 8 mai 1999 relative au rappel des principes posés par la circulaire n° 7 PM du 27 avril 1998 sur le rôle du Médiateur de la République énonce que le Médiateur de la République, dans l'exercice de ses attributions, « ne reçoit d'instruction d'aucune autorité »[32].

Au Sénégal, la plupart des textes institutifs des AAI précisent qu'elles sont rattachées à la Présidence de la République, à la Primature ou à un ministère. A titre d'exemple, l'OFNAC[33], l'ARCOP[34], l'ARTP[35] et la CDP sont rattachées à la Présidence de la République.

Il faut établir un départ conceptuel entre la notion de tutelle, de pouvoir hiérarchique et celle de rattachement institutionnel, même si la terminologie normative est souvent très fluctuante.

Pour rappel, la tutelle est le pouvoir dont dispose l'Etat de contrôler et d'orienter la mise en œuvre d'une politique publique dans le secteur où évolue une structure administrative autonome en vue de la réalisation de

---

[29] J-P. FELDMAN, « Les autorités administratives indépendantes sont-elles légitimes ? Sur les AAI en général et sur le Conseil supérieur de l'audiovisuel en particulier », D. 2010. 2852 ; NG. NGOM, Réflexion sur un phénomène récent en Afrique : les autorités administratives indépendantes, Thèse doctorat d'Etat, Dakar, 2001, p. 206.

[30] Les autorités administratives indépendantes, Rapport public du Conseil d'État, 2001, Études et documents n° 52

[31] J-P. FELDMAN, Ibid.

[32] V. également, la circulaire n° 07 PM/SGG/SGA du 27 avril 1998 ; la circulaire n° 00000014 PM/SGG/SGA/SP/bkg du 29 décembre 2004 relative au rappel des principes sur le rôle du Médiateur de la République.

[33] V. art. 1er de la loi n° 2012-30 du 28 décembre 2012 portant création de l'Office national de Lutte contre la Fraude et la Corruption (OFNAC).

[34] V. art. 1er du décret n° 2023-832 du 5 avril 2023 portant organisation et fonctionnement de l'Autorité de Régulation de la Commande publique (ARCOP).

[35] V. art. 199 du Code des Communications électroniques.

missions d'intérêt public. Quant au pouvoir hiérarchique, il s'agit de l'ensemble des prérogatives dont dispose une autorité sur ses subordonnés, dans le respect de la légalité, pour imposer sa volonté[36].

Le rattachement institutionnel des AAI à l'égard de l'État désigne seulement le lien et l'ancrage organiques d'une structure avec l'entité à laquelle elle est rattachée (notamment le lien budgétaire)[37]. En effet, l'indépendance des AAI s'accommode mal de leur placement sous la tutelle ou le contrôle hiérarchique de l'État[38]. C'est justement le rattachement institutionnel qui explique l'inscription des crédits nécessaires au fonctionnement des AAI au budget d'une structure de l'État (Présidence de la République, Primature ou ministère).

Il est certain que les AAI ne constituent ni des sociétés publiques, ni des établissements publics, ni des institutions de prévoyance sociale. Mais peuvent-elles être assimilées à des structures administratives similaires ou assimilées au sens de la loi d'orientation sur le secteur parapublic ?

Pour rappel, ces dernières entités désignent des structures dont les modes d'organisation et de fonctionnement s'apparentent à ceux des agences d'exécution sans en prendre la dénomination, à savoir notamment les fonds, les délégations générales, les hautes autorités et les offices.

Ainsi, pour supporter la qualification d'autorité administrative similaire ou assimilée, l'entité en question doit, à l'image de l'agence d'exécution, disposer au moins d'un organe exécutif (directeur général administrateur général, secrétaire exécutif, président, etc.) et d'un organe délibérant (conseil d'administration, conseil de surveillance, etc.) quelle qu'en soit la dénomination.

Or, si certaines AAI, à l'image des agences d'exécution, sont organisées autour d'un organe délibérant et d'un organe exécutif (CDP, Haute autorité du WAQF, ARCOP, etc.), d'autres ne disposent pas d'un organe délibérant ; il en est ainsi de l'OFNAC, du Médiateur de la République, l'Observateur des Lieux de Privation de liberté, etc.

---

[36] V. en ce sens, la circulaire n° 02421 PM/SGG/BSC/SP du 12 août 2013 relative à la tutelle des départements ministériels sur les structures autonomes de l'Etat.

[37] Sur le rattachement, V. J.-C. DOUENCE, « Le rattachement des établissements publics à une collectivité territoriale. Le cas des établissements publics locaux », AJDA 1971, p. 4 ; J. MOREAU, L'établissement public de santé, établissement public local : Clés pour le siècle, Paris, Dalloz, 2000, p. 1625 ; E. FATOME, « À propos du rattachement des établissements publics », Mélanges Jacques Moreau, Paris, Économica, 2003, p. 139 ; A. LEGRAND, « Le rattachement des établissements publics locaux d'enseignement à une collectivité territoriale et le contrôle de leurs actes », AJDA 2005, p. 825.

[38] NG. NGOM, Réflexion sur un phénomène récent en Afrique : les autorités administratives indépendantes, Thèse doctorat d'Etat, Dakar, 2001, p. 209.

Par ailleurs, l'assimilation des AAI à des structures administratives similaires ou assimilées risque de poser de sérieuses difficultés de mise en œuvre du dispositif législatif prévu par la loi d'orientation. Alors, comment mettre en œuvre le mécanisme du pré-conseil présidé par l'autorité assurant la tutelle technique au sein des AAI, si l'on sait que les AAI ne sont pas placées sous la tutelle technique de l'État mais sont simplement rattachées à un service de l'État ? Or, il est de principe qu'il n'y a pas de tutelle sans texte.

Il faut se convaincre que les AAI si elles peuvent se voir appliquer le régime financier fixé par le décret n° 2014-1472 du 12 novembre 2014 portant régime financier et comptable des établissements publics, des agences d'exécution et des structures similaires ou assimilées, elles sont hors du champ couvert par la réforme du secteur parapublic ; ce qui pose le problème de la nécessité d'un cadre juridique de référence applicable à ces entités pas comme les autres.

En tout état de cause, la situation peut se complexifier, si l'on sait que certaines entités, bien que relevant « virtuellement » du secteur parapublic, ne devraient pas être soumises à la loi d'orientation[39]. Il en est ainsi des sociétés anonymes à participation publique majoritaire, dites « sociétés à statut spécial »[40], qui interviennent dans des secteurs stratégiques, notamment le Fonds Souverain d'Investissements stratégiques (FONSIS)[41], la société APIX-SA[42] et la société AIBD-SA[43], dont les textes autorisant leur création ou la prise de participation de l'Etat dans leur capital, excluent expressément l'application de l'ancienne loi n° 90-07 du 26 juin 1990.

Quoi qu'il en soit, l'option d'extension du secteur parapublic pose fatalement une question d'articulation avec les textes particuliers applicables à certaines structures relevant de ce secteur.

---

[39] V. notamment, la loi n° 75-50 du 03 avril 1975 relative aux institutions de prévoyance sociale.

[40] V. MEFP, Guide de l'administrateur, décembre 2016, p. 8.

[41] V. art. 22 de la loi n° 2012-34 du 31 décembre 2012 autorisant la création d'un Fonds souverain d'investissements stratégiques (FONSIS).

[42] V. art. 7 de la loi n° 2007-13 du 19 février 2007 autorisant la création d'une société anonyme à participation publique majoritaire, dénommée « APIX-SA ».

[43] V. art. 5 de la loi n° 2009-05 du 09 janvier 2009 autorisant la prise de participation majoritaire de l'État dans la société AIBD.

B. Le problème d'articulation avec les législations particulières applicables à certaines structures du secteur parapublic

L'extension du champ du secteur parapublic a très vite posé de délicats problèmes d'articulation juridique, puisque les entités attirées dans l'orbite du secteur parapublic (établissements publics, agences d'exécution, sociétés publiques, etc.) étaient déjà régies par des textes spécifiques. Ces législations sont-elles devenues abrogées par l'effet de l'entrée en vigueur de la loi d'orientation de 2022 ? Ou bien devraient-elles subsister à la réforme du secteur parapublic ?

En tout état de cause, il est certain que le législateur n'a pas entendu faire table rase des textes particuliers applicables à ces entités. D'après l'article 15 de la loi d'orientation n° 2022-08 du 19 avril 2022, la création, l'organisation et le fonctionnement des entités du secteur parapublic sont conformes aux règles particulières applicables à chaque type d'organisme. Ainsi, le législateur laisse subsister les règles spécifiques applicables à ces entités non contraires à la loi d'orientation.

Ce dernier texte ne constitue qu'un cadre général fixant les règles de base applicables au secteur parapublic, tout en laissant jouer les normes spécifiques non contraires.

C'est tout le sens qu'il convient de donner à la mobilisation de l'instrument normatif de la loi d'orientation. En effet, selon la circulaire n° 0010 PM/SGG/SGA/PAT du 05 juillet 2016 sur l'objet et les techniques de rédaction des lois d'orientation, la loi d'orientation fixe le cadre dans lequel doit être conduite une politique publique dans un secteur d'activité déterminé. Elle est, en réalité, le cadre juridique pertinent dans lequel est fixée la trajectoire des interventions étatiques dans le secteur parapublic[44].

La mise en place de comités scientifiques et techniques au sein des conseils d'administration des établissements publics à caractère scientifique et technologique constitue un exemple typique de l'application de dispositions particulières non contraires. En effet, selon l'article 9 de la loi n° 97-13 du 26 mai 1997 portant création des établissements publics à caractère scientifique et technologique et fixant leurs règles d'organisation et de fonctionnement, le comité scientifique et technique est un organe consultatif du conseil d'administration qui donne son avis sur les grandes orientations de la politique scientifique et technologique ainsi que sur les programmes de recherche. Cette disposition n'est pas contraire à la loi

[44] P. A. TOURE, Légistique. Techniques de conception et de rédaction des lois et des actes administratifs. Une tradition de gouvernance normative, Dakar, l'Harmattan, n° 146.

d'orientation qui prévoit, en son article 24, l'institution par l'organe délibérant de comités spécialisés chargés de l'éclairer, à titre consultatif.

La même observation vaut pour les conseils académiques créés au sein des établissements d'enseignement supérieur publics par l'article 14 de la loi n° 2015-26 du 28 décembre 2015 relative aux universités publiques, qui sont des instances de délibération sur toutes les questions d'ordre académique.

En outre, la subsistance des règles particulières applicables aux entités du secteur parapublic se manifeste par la soumission de principe des sociétés publiques au droit commun de l'OHADA.

Par exemple, en vertu de l'article 18 de la loi d'orientation du 19 avril 2022, la création des sociétés à participation publique majoritaire obéit au droit commun des sociétés commerciales de l'OHADA et n'exige pas l'intervention d'un acte législatif ou réglementaire. Elle suppose seulement l'accomplissement des formalités de constitution des sociétés commerciales prévues par l'AUSCGIE (établissement des statuts, souscription du capital et inscription au registre du commerce et du crédit mobilier)[45].

Néanmoins, l'article 15 de la loi d'orientation précise que les dispositions de ladite loi s'imposent dans tous les cas où elles sont en conflit avec les règles particulières applicables aux entités du secteur parapublic. A titre d'exemple, les dispositions du décret n° 2009-522 du 4 juin 2009 portant organisation et fonctionnement des agences d'exécution, selon lesquelles le conseil de surveillance comprend au plus neuf (9) membres, sont neutralisées par l'article 20 de la loi d'orientation de 2022 qui porte le nombre maximum de membres de l'organe délibérant à douze (12), y compris, les administrateurs indépendants[46].

La primauté des règles prévues par la loi d'orientation sur les normes particulières applicables aux entités du secteur parapublic en cas de conflit concerne également les dispositions des actes uniformes de l'OHADA applicables aux sociétés publiques. Il peut paraître curieux que les dispositions nationales de la loi d'orientation l'emportent sur les normes supranationales du droit uniforme de l'OHADA. En effet, l'article 10 du traité de l'OHADA a posé clairement le principe de supranationalité des Actes uniformes en énonçant que : « Les Actes uniformes sont directement

---

[45] V. notamment l'art. 97 de l'AUSCGIE.

[46] V. art. 20 de la loi d'orientation n° 2022-08 du 19 avril 2022.

applicables et obligatoires dans les États-Parties, nonobstant toute disposition contraire de droit interne, antérieure ou postérieure »[47].

Mais en droit OHADA des sociétés commerciales, la volonté du législateur communautaire d'unifier les législations nationales[48] s'est vite inclinée devant la particularité de certaines sociétés dites « sociétés soumises à un régime particulier ». Il résulte, en effet, de l'article 916 de l'Acte uniforme relatif au droit des sociétés commerciales et du groupement d'intérêt économique (AUSCGIE) que les dispositions de cet acte uniforme s'appliquent aux sociétés soumises à un régime particulier « sous réserve des dispositions législatives ou réglementaires auxquelles elles sont assujetties ».

La Cour Commune de Justice et d'Arbitrage de l'OHADA a eu l'occasion, dans son avis n° 002/2016 du 18 octobre 2016[49], de rappeler que : « la notion de "société soumise à un régime particulier" désigne toute structure juridique revêtant une des formes prévues par l'AUSCGIE qui, en raison de ses activités ou de la mission d'intérêt général qu'elle accomplit, est soumise à certaines règles de droit sectorielles ou dérogatoires du droit commun des sociétés commerciales de l'OHADA ». Les sociétés publiques, dont la particularité est liée à la présence d'une personne publique dans le capital social et à la satisfaction d'une mission d'intérêt général, ne peuvent-elles pas être assimilées à des sociétés à régime particulier au sens de l'article 916 de l'Acte uniforme précité[50] ? Tout porte à le croire.

En tout état de cause, les rédacteurs de la loi d'orientation, qui ont maintenu la dénomination de « société nationale », ont consacré une certaine évolution sémantique. Ils ont, en effet, abandonné l'expression « sociétés anonymes à participation publique majoritaire » pour retenir la notion plus générique de « sociétés à participation publique majoritaire ».

En réalité, ce changement n'est pas que terminologique. Le législateur a voulu prendre en considération une évolution du droit OHADA des sociétés commerciales, à la faveur de l'institution de la société par actions

---

[47] Sur cette question, T. ZOGBELEMOU, Droit des organisations d'intégration économique en Afrique (CEDEAO-CEMAC-UEMOA-ZMAO), Paris, l'Harmattan, 2014, p. 222.

[48] V. J. ISSA-SAYEGH et J. LOHOUES-OBLE, OHADA. Harmonisation du droit des affaires, Bruxelles, Bruyant, 2002, p. 120.

[49] CCJA avis n° 002/2016 rendu par la CCJA lors de la séance du 18 octobre 2016 sur demande d'avis n° 01/2016/AC du 18 juillet 2016 du Président du Conseil des ministres de l'OHADA.

[50] P. G. POUGOUÉ, « Les sociétés d'État à l'épreuve du droit OHADA », Juridis périodique n° 65, janvier-février-mars 2006, p. 100 ; S. BOUKARI, L'application des textes OHADA aux entreprises publiques : l'exemple de l'AUSCGIE et GIE, thèse, Maastricht, 2015, p. 3

simplifiées (SAS), qui constitue une innovation de la révision de l'Acte uniforme relatif au droit des sociétés commerciales et du groupement d'intérêt économique (AUSCGIE) intervenue le 30 janvier 2014.

L'article 853-1 de cet acte uniforme définit cette forme sociétaire comme une société instituée par un ou plusieurs associés et dont les statuts prévoient librement l'organisation et le fonctionnement de la société sous réserve des règles impératives. Les SAS, sont, à l'image des sociétés anonymes, des sociétés par actions (ou sociétés de capitaux) dont les associés ne sont responsables des dettes sociales qu'à concurrence de leurs apports et leurs droits sont représentés par des actions[51]. Ce qui caractérise la SAS, c'est la souplesse statutaire et la flexibilité du mode de gouvernance : les associés déterminent librement dans les statuts la nature et les fonctions des organes de direction ainsi que les conditions et les formes dans lesquelles sont prises les décisions collectives.

Ainsi, la réforme du secteur parapublic, sans exclure la possibilité pour l'État de recourir à la formule de la société anonyme, a sans doute entendu ouvrir la possibilité de création d'une société publique sous la forme d'une société par actions simplifiées. La liberté et la souplesse organisationnelles qu'autorise la mobilisation de cette formule sociétaire pourraient briser le débat sur le statut de sociétés à régime particulier des sociétés publiques.

Le législateur communautaire a ainsi élevé le droit uniforme de l'OHADA au rang de droit commun des sociétés publiques, le droit national des entreprises publiques hébergé par la loi d'orientation de 2022, faisant office de droit spécial. Le statut de droit spécial conféré au droit national des sociétés publiques est conforté par l'article 18 de la loi d'orientation du 19 avril 2022. Selon ce texte, les statuts des sociétés publiques sont conformes aux dispositions de l'AUSCGIE de l'OHADA, sous réserve des dispositions particulières prévues par la loi d'orientation de 2022, qui traduit aussi une volonté législative d'améliorer la gestion des structures du secteur parapublic.

---

[51] A. RABANID, « La nouvelle société par actions simplifiée de l'OHADA », Bulletin de droit économique (2014) 2 B.D.E ; J. HEINICH, « La SAS plus fort que la SARL ! », Dr. sociétés 2017, repère 6 ; H. HOVASSE, « Bientôt la société par actions très simplifiée », Dr. sociétés 2008, repère 6 ; C. A. W. NDIAYE, Droit des sociétés de capitaux, Dakar, l'Harmattan, 2019, p. 49.

II- UNE VOLONTÉ D'AMÉLIORATION DE LA GOUVERNANCE DES ENTITÉS DU SECTEUR PARAPUBLIC

Au-delà l'élargissement du domaine du secteur parapublic, l'architecture instaurée par la loi d'orientation de 2022 est marquée par une option du législateur de renforcer la gouvernance des entités relevant de ce secteur. La réalisation d'un tel objectif est passée par une rationalisation des règles de création et de fonctionnement (A) et par le renforcement du dispositif de contrôle desdites entités (B).

A. La rationalisation des règles de création et de fonctionnement des entités du secteur parapublic

Le législateur a innové en exigeant désormais, avant la création des structures du secteur parapublic, la réalisation d'une étude d'opportunité par la tutelle technique. Cette étude est complétée le cas échéant d'un plan d'affaires indiquant la nécessité, la pertinence et la viabilité de l'établissement à créer[52]. Cette étude d'opportunité rappelle l'étude d'impact et d'opportunité exigée par l'article 2, alinéa 3 de la loi d'orientation n° 2009-20 du 4 mai 2009 sur les agences d'exécution avant la création d'une agence d'exécution[53]. L'étude d'opportunité constitue un outil d'évaluation ex ante permettant de s'assurer de l'opportunité de la création d'une entité du secteur parapublic et de sa pérennité.

Le législateur s'est aussi particulièrement attaché à assouplir les règles de création des entités du secteur parapublic. Sous l'empire de la législation antérieure, la création des établissements publics à caractère industriel et commercial (EPIC) et des sociétés nationales était autorisée par la loi[54]. La loi d'orientation de 2022 a maintenu la nécessité d'une autorisation légale pour la création d'une société nationale[55], mais elle a supprimé cette exigence en ce qui concerne les EPIC. Par ailleurs,

[52] V. art. 16 de la loi d'orientation n° 2022-08 du 19 avril 2022.

[53] V. la circulaire n° 4006/ PM du 17 septembre 2014 sur l'étude d'opportunité et d'impact préalable à la création d'une agence d'exécution ; également, P. A. TOURE, Légistique. Techniques de conception et de rédaction des lois et des actes administratifs. Une tradition de gouvernance normative, Dakar, l'Harmattan, n° 22.

[54] V. art. 3 et 4 de l'ancienne loi n° 90-07 du 26 juin 1990.

[55] V. art. 18, alinéa 2 de la loi d'orientation n° 2022-08 du 19 avril 2022.

désormais, les statuts des sociétés nationales ne sont plus approuvés par décret, mais par simple arrêté du Ministre chargé des Finances[56].

Dans la pratique normative, la détermination du support normatif de création d'un établissement public avait donné lieu à des controverses. A l'époque, le Premier Ministre avait saisi la Cour suprême d'une demande d'avis sur la question. Par un avis n° 04-A-2017 du 19 avril 2017[57], la Commission spéciale de l'Assemblée générale consultative de la Cour suprême avait distingué suivant qu'il s'agisse d'un EPIC ou d'une autre catégorie d'établissement public. Concernant les EPIC, la haute juridiction a estimé qu'elles ne pouvaient être créés que par voie législative en vertu de l'article 3 de l'ancienne loi n° 90-07 du 26 juin 1990 précitée. En ce qui concerne les autres catégories d'établissements publics, en l'absence d'une disposition constitutionnelle ou légale prévoyant leur création par voie législative, la cour a conclu que le Gouvernement était autorisé, en application de l'article 76, alinéa 2 de la Constitution, à utiliser le vecteur règlementaire[58].

Les rédacteurs de la loi d'orientation ont voulu sans nul doute « chasser définitivement les démons » de ces discussions. Il résulte de l'article 17, alinéa 1er de la loi d'orientation de 2022, qu'à l'image des autres organismes publics, les établissements publics sont créés par décret.

Le support réglementaire retenu est tout à fait conforme à l'article 67 de la Constitution, selon lequel la loi ne fixe, ni les règles, ni les principes fondamentaux concernant la création des établissements publics[59]. Or, en vertu de l'article 76 de la loi fondamentale, les matières qui ne sont pas du domaine législatif relèvent du règlement.

En conséquence, la création des établissements publics appartient au domaine réglementaire.

Toutefois, si le principe de la création des établissements publics par voie décrétale est acquis, il se heurte à certaines limites.

En premier lieu, lorsque dans les règles d'organisation et de fonctionnement de l'établissement public, il y a des matières qui relèvent du domaine exclusif de la loi (procédure pénale, nationalisation

[56] V. art. 18, alinéa 3 de la loi d'orientation n° 2022-08 du 19 avril 2022.

[57] Sur cet avis, V. P. A. TOURE, Recueil de textes relatifs au travail législatif et réglementaire du Gouvernement, Dakar, l'Harmattan, 2020, p. 146.

[58] Pour une approche critique de l'avis de la Cour suprême, V. P. A. TOURE, Légistique. Techniques de conception et de rédaction des lois et des actes administratifs. Une tradition de gouvernance normative, Dakar, l'Harmattan, p. 47.

[59] Sur la question, J. M. NZOUANKEU, « Les domaines respectifs de la loi et du règlement en droit sénégalais », RIPAS n° 11, octobre-décembre 1984, p. 893.

d'entreprises, transfert de propriété d'entreprises du secteur public au secteur privé, etc.), le recours au vecteur législatif s'impose.

En deuxième lieu, en vertu du principe de la hiérarchie des normes, la voie réglementaire est exclue lorsque le texte portant création et organisation de l'établissement public est contraire ou déroge à une loi en vigueur. Ainsi, les textes législatifs existants portant création d'établissements publics ne pourront être abrogés ou même modifiés que par d'autres lois[60].

En troisième lieu, le recours au vecteur législatif est inévitable lorsque les règles de création et d'organisation de l'établissement public remettent en cause un principe général du droit. En effet, comme l'a énoncé l'avis de l'Assemblée générale consultative de la Cour suprême précité, seule une loi peut déroger à un principe général du droit.

En ce qui concerne les règles d'organisation et de fonctionnement des entités du secteur parapublic, le législateur a eu pour souci de promouvoir la bonne gestion et la performance de ces structures.

La mise en place au sein de l'organe délibérant de comités spécialisés rentre dans ce cadre. Selon l'article 24 de la loi d'orientation, l'organe délibérant met en place des comités spécialisés chargés de l'éclairer, à titre consultatif, en matière d'audit et de rémunération. En fonction des besoins spécifiques, l'organe délibérant peut créer d'autres comités spécialisés (comité de recrutement, comité de gouvernance et comité innovation et technologie, etc.).

L'institution des comités spécialisés constitue une obligation pour l'organe délibérant, l'article 22 de la loi d'orientation prévoyant que le défaut de mise en place de ces comités peut lui faire encourir des sanctions.

Dans un contexte marqué par le renouveau de la gestion axée sur les résultats (GAR), l'article 21 de la loi d'orientation intègre dans les documents de gestion à approuver par l'organe délibérant des outils de gestion axés sur les résultats. Il en est ainsi du plan stratégique de développement, du contrat de performance, du contrat d'objectifs et de moyens ainsi que du rapport annuel de performance.

L'article 28, alinéa 3 de la loi d'orientation de 2022 énonce que les délibérations par consultation à domicile ne sont pas autorisées dans les organismes publics.

S'agissant des sociétés publiques, l'article 133 de l'AUSCGIE prévoit que sous réserve des dispositions applicables à chaque forme de société,

---

[60] V. par exemple, la loi n° 2014-13 du 28 février 2014 portant création de l'Office de Gestion des Forages ruraux (OFOR).

les décisions collectives peuvent être prises en assemblée générale ou par consultation écrite des associés.

Toutefois, l'alinéa 4 de l'article 28 de la loi d'orientation précise que, conformément aux dispositions de l'AUSGIE, les statuts des sociétés publiques prévoient la tenue de réunions du conseil par visioconférence ou d'autres moyens de télécommunication (par exemple, les applications informatiques, comme zoom, etc.) permettant l'identification des administrateurs et garantissant leur participation effective pour voter oralement[61].

Le législateur a aussi renforcé le dispositif de responsabilisation de l'organe délibérant. En effet, l'article 22 de la loi d'orientation de 2022 spécifie les cas d'irrégularités dans le fonctionnement de l'organe délibérant de nature à lui faire encourir des sanctions, à savoir le blocage ou la carence caractérisée, notamment par la non-tenue des réunions aux dates prévues par la loi et le défaut de mise en place des comités spécialisés.

Le besoin de garantir la transparence dans la gestion parapublique est au cœur de la réforme. Le nouveau dispositif législatif prévoit dans la composition de l'organe délibérant des administrateurs indépendants dont le nombre ne peut excéder le tiers des membres. La loi d'orientation consacre également la représentation, au sein de chaque organe délibérant, des salariés par un administrateur qui bénéficie d'une voix délibérative[62].

La loi d'orientation a renvoyé à un décret les critères de compétence des administrateurs représentant le personnel, leur condition de nomination ainsi que les règles d'incompatibilité auxquelles ils sont soumis.

En vue de garantir l'efficacité et une meilleure coordination de l'activité des administrateurs représentant l'État, la loi d'orientation de 2022 pose le principe de l'interdiction pour un administrateur représentant l'État de siéger dans plus de trois (3) organes délibérants d'entités du secteur parapublic, sauf dérogation accordée par l'autorité de tutelle technique ou financière[63] et institue la tenue par l'autorité administrative chargée de la tutelle technique de réunions de pré-conseil.

Déjà, une circulaire n° 0010 PR du 20 août 1990 relative au rappel de la circulaire n° 03 du 26 janvier 1976 sur le fonctionnement des conseils d'administration des entreprises du secteur parapublic préconisait dans les

[61] V. dans le même sens l'art. 454-1 de l'AUSCGIE.
[62] V. art. 20 de la loi d'orientation n° 2022-08 du 19 avril 2022.
[63] V. sur cette question, la circulaire n° 0009 PM/SGG/EC2 du 09 décembre 1976.

sociétés nationales, les établissements publics et les sociétés anonymes à participation publique majoritaire, la tenue régulière de pré-conseils « en vue d'harmoniser les positions des administrateurs de l'État pour une bonne préparation et un bon déroulement des conseils d'administration »[64].

D'après la circulaire n° 13 PR/ME/MSAP/SGP/CF 3 du 24 juin 1994 relative à la tenue des pré-conseils dans le secteur parapublic, la tenue des pré-conseils, qui est laissée à l'appréciation de l'autorité de tutelle technique, « offre l'occasion aux ministres concernés de compléter leur information sur les questions à examiner par les organes délibérants, de concilier les positions des administrateurs représentant l'État et de transmettre à ces derniers les directives des autorités »[65].

La tenue des pré-conseils a été récemment rappelée par la circulaire présidentielle n° 0017 PR/SG du 14 janvier 2022 relative au renforcement de la supervision des contrôles et de la bonne gouvernance des entités du secteur parapublic. Les pré-conseils constituent, en réalité, des cadres administratifs permettant au chef du département ministériel ou du service de l'État exerçant la tutelle technique sur l'entité du secteur parapublic de « transmettre les orientations de l'État aux administrateurs le représentant »[66] ; ce qui permet à ces derniers de mieux faire valoir les intérêts de l'État au sein de l'organe délibérant.

L'institution des pré-conseils rentre dans le cadre de l'exercice du pouvoir de tutelle technique de l'État sur les structures autonomes.

Dans le secteur parapublic, la circulaire n° 18 PM/SGG EC2 du 07 mars 1980 relative la coordination des activités du secteur parapublic avait prévu une instance qui semble être presque tombée en désuétude : la réunion de coordination avec les autorités sous tutelle. Cette réunion a pour objectif de diffuser et de commenter les décisions gouvernementales concernant le secteur parapublic, de contrôler l'application des directives du Président de la République et d'aider les chefs des structures sous tutelle à résoudre les difficultés que rencontrent leurs structures dans l'accomplissement de leur mission. Par souci d'efficacité de l'action administrative, la tenue de ces réunions de coordination devrait être étendue à tous les organismes et sociétés autonomes.

---

[64] Dans le même sens, V. la circulaire n° 25 PM.CAB/EC6 du 25 octobre 1994 relative au rôle des administrateurs représentant l'État dans les conseils d'administration.

[65] En ce sens, V. la circulaire n° 13 PR/ME/MSAP/SGP/CF 3 du 24 juin 1994 relative à la tenue des pré-conseils dans le secteur parapublic.

[66] V. art. 48 de la loi d'orientation n° 2022-08 du 19 avril 2022.

Par ailleurs, par une circulaire n° 5 PM/SGG du 27 mars 1970, précisée par une autre circulaire n° 007 PM/SGG/ADJ 2 du 13 février 1981 relative au fonctionnement des Bureaux de tutelle, le Premier Ministre a engagé tous les ministres à créer, au sein de leurs départements, des Bureaux de tutelle, en fixant leurs attributions.

Le pouvoir de tutelle, institué en réaction à la décentralisation technique, est l'ensemble de prérogatives d'ordre administratif et financier notamment, dont dispose l'État sur certaines structures autonomes en vue de veiller à la correcte mise en œuvre des politiques publiques qui leur sont confiées[67].

La tutelle n'existe pas sans texte. Selon l'adage, « pas de tutelle sans texte, pas de tutelle au-delà du texte ». Un texte spécial, d'interprétation stricte, doit donc attribuer expressément le pouvoir de tutelle à l'État et en fixer les modalités d'exercice[68]. C'est ainsi que plusieurs textes spéciaux ont institué un pouvoir de tutelle de l'État sur les organismes du secteur parapublic [69], notamment les établissements publics, les agences d'exécution[70] et les structures administratives similaires ou assimilées (délégations générales, fonds, offices, etc.)[71].

Le pouvoir de tutelle se distingue du pouvoir hiérarchique[72], institué en contrepoids de la déconcentration. Le pouvoir hiérarchique est l'ensemble des prérogatives dont dispose une autorité sur ses subordonnés, dans le respect de la légalité, pour imposer sa volonté. Contrairement à la tutelle, le pouvoir hiérarchique existe de droit. Son fondement réside dans les responsabilités particulières dont sont investies les autorités supérieures de l'État [73].

---

[67] P. A. TOURE, « Du sens et de la portée de la tutelle exercée par l'État sur les structures administratives autonomes », Le Soleil n° 15408 du mercredi 06 octobre 2021, p. 16.

[68] A. BOCKEL, Droit administratif, Dakar-Abidjan, NEA, LGDJ, 1978, p. 254-255.

[69] V. art. 46 de la loi de la loi d'orientation n° 2022-08 du 19 avril 2022 relative au secteur parapublic, au suivi du portefeuille de l'État et au contrôle des personnes, morales de droit privé bénéficiant du concours financier de la puissance publique : « Les entités du secteur parapublic sont placées sous la tutelle financière du Ministre chargé des Finances et sous la tutelle technique du ministre ou de l'autorité administrative désignée par décret ».

[70] V. art. 4 du décret n° 2009-522 du 04 juin 2009 portant organisation et fonctionnement des agences d'exécution.

[71] Sur cette question, V. circulaire n° 107 du 25 octobre 1972 relative au pouvoir de tutelle et à la subordination hiérarchique et la circulaire n° 02421 PM/SGG/BSC/SP du 12 août 2013 relative à la tutelle des départements ministériels sur les structures autonomes de l'État.

[72] G. RIVERO, « Remarques à propos du pouvoir hiérarchique », AJDA, 1966, p. 154.

[73] A. BOCKEL, op. cit., p. 254.

Alors que le pouvoir hiérarchique s'exerce au sein d'une même personne publique, la tutelle est exercée de l'extérieur par l'État à l'égard de l'activité d'une autre personne publique. Ainsi, les structures placées sous tutelle n'appartiennent pas aux services de l'organe de tutelle, mais constituent des entités autonomes[74].

Il y a deux types de tutelles : la tutelle technique et la tutelle financière.

La tutelle administrative ou technique[75] s'assure de la conformité de la politique sectorielle (aquaculture, électrification rurale, etc.) mise en œuvre par la structure autonome par rapport aux orientations de la politique gouvernementale définie par le Président de la République[76]. Ainsi, l'autorité exerçant la tutelle technique est responsable de la correcte exécution de la politique définie par le Président de la République dans l'ensemble des structures placées sous sa tutelle ; elle doit, à ce titre, veiller à ce qu'elles ne s'en écartent pas. La tutelle technique est exercée par le ministre ou l'autorité, désignée par décret, auquel la structure autonome est administrativement ou techniquement rattachée.

Quant à la tutelle financière, elle a pour objet de s'assurer de la conformité de l'activité de la structure sous tutelle à la règlementation ainsi qu'à la politique financière et budgétaire du Gouvernement. Elle est exercée en référence avec les stratégies nationales et sectorielles de l'Etat, notamment le référentiel de politique économique et sociale ainsi que les stratégies en matière d'endettement et de gestion du portefeuille de l'Etat. Cette tutelle est exercée par le Ministre chargé des Finances qui peut dans certains cas exercer cumulatives les tutelles technique et financière sur une même entité.

Il peut arriver que les tutelles technique et financière soient exercées par un seul et même ministre. Par exemple, le Ministre des Finances et du Budget assure les tutelles technique et financière sur le Fonds spécial de Soutien au Secteur de l'Energie.

Toutefois, il ne faut pas exagérer la portée du pouvoir de tutelle exercé par les ministres sur les organismes sous tutelle.

---

[74] P. A. TOURE, « Du sens et de la portée de la tutelle exercée par l'État sur les structures administratives autonomes », Le Soleil n° 15408 du mercredi 06 octobre 2021, p. 16.

[75] M. GUERIN, « Quelques aspects de la tutelle administrative », AJDA, 1956, p. 25 ; L. RICHER, « La notion de tutelle sur les personnes en droit administratif », RDP, 1979, p. 971-1008.

[76] R. MASPETIOL et P. LAROQUE, « La tutelle administrative », S., 1930, p. 402.

D'une part, l'autorité ministérielle de tutelle ne peut s'immiscer dans la gestion quotidienne de l'entité placée sous tutelle[77], qui sont dotées de l'autonomie financière et de gestion.

D'autre part, la circulaire n° 02421 PM/SGG/BSC/SP du 12 août 2013 relative à la tutelle des départements ministériels sur les structures autonomes de l'Etat précise que l'autorité de tutelle ne dispose pas du pouvoir d'adresser directement des instructions aux responsables des entités sous tutelle qui ne relèvent pas de son pouvoir hiérarchique[78].

Quant à la circulaire n° 16/ PM/JUR du 25 février 1980 précitée, elle énonce que l'autorité de tutelle ne peut se substituer à l'autorité sous tutelle qu'en cas de défaillance de celle-ci, et si un texte l'y autorise[79]. Le ministre doit veiller à exercer, de façon effective, son pouvoir de tutelle sur les structures placées sous son contrôle, tout en évitant d'entraver leur fonctionnement par des contrôles intempestifs et des formalités inutiles, préjudiciables à leur bonne gestion.

Toutefois, l'Etat étant responsable de la correcte mise en œuvre de la politique publique confiée à la structure sous tutelle, des directives de l'autorité de tutelle sur les grandes orientations de cette politique sont possibles et même souhaitables.

Prenant en compte les difficultés financières ou de trésorerie de certaines sociétés publiques, la réforme du secteur parapublic a instauré un dispositif de restructuration des sociétés publiques et des autres sociétés à participation publique en difficulté. Selon l'article 64 de la loi d'orientation de 2022, les plans de restructuration des sociétés publiques et des sociétés à participation publique en difficulté sont mis en œuvre par tous les mécanismes et instruments dont dispose l'État[80]. Le législateur a institué, à cet égard, un Fonds de Relance de ces sociétés ayant pour mission d'assurer le financement des sociétés en difficulté dont les conditions de création et de fonctionnement sont fixées par décret.

L'option d'amélioration de la gouvernance des entités du secteur parapublic a exigé une intensification du dispositif de contrôle.

---

[77] P. LARREGLE, Le principe de non-immixtion de l'Administration dans la gestion des entreprises Thèse, Bordeaux I, 1973.

[78] P. A. TOURE, « Du sens et de la portée de la tutelle exercée par l'Etat sur les structures administratives autonomes », Le Soleil n° 15408 du mercredi 06 octobre 2021, p. 16.

[79] C.-H. VIGNES, « Le pouvoir de substitution », RDP 1960, p. 753.

[80] V. art. 64 de la loi d'orientation n° 2022-08 du 19 avril 2022.

B. Le renforcement du dispositif de contrôle des entités du secteur parapublic

L'une des grandes nouveautés apportées par la loi d'orientation de 2022 tient au renforcement de l'architecture de contrôle des structures du secteur parapublic.

Ainsi, le législateur a procédé à la mutation de l'ancien Comité consultatif du Secteur parapublic[81] devenu un Comité de Suivi du Secteur parapublic (CSSPP) dont l'avis est obligatoirement requis dans toutes les matières relatives au secteur parapublic[82].

Le CSSPP donne son avis sur toute création ou dissolution d'entités du secteur parapublic ainsi que toute prise de participation directe de l'Etat dans le capital d'une société ; si cette prise de participation a pour effet de lui donner la majorité, elle est autorisée par la loi. Il donne également son avis sur toute cession d'actions ayant pour effet de faire perdre à l'Etat sa participation majoritaire directe ou indirecte dans le capital d'une société. Le CSSPP peut, en outre, être consulté sur toute question relative à la politique de l'Etat dans le secteur parapublic[83]. A ce titre, il reçoit du Ministre chargé des Finances, pour examen, le document de stratégie de gestion du portefeuille de l'Etat qui intègre dans son plan d'actions les politiques de privatisation et de restructuration des sociétés publiques en difficulté[84].

Le Ministre chargé des Finances préside, chaque année, au moins deux réunions du Comité de Suivi du Secteur parapublic élargies et consacrées aux administrateurs représentant l'État.

Mais il faut préciser que malgré l'intégration des agences d'exécution dans le champ du secteur parapublic, la loi d'orientation de 2022 ajoute que le pouvoir consultatif du Comité de Suivi du Secteur parapublic s'exerce « à l'exception des agences d'exécution et des autres structures administratives et similaires ».

---

[81] V. le décret n° 94-862 du 22 août 1994 portant organisation du Comité consultatif du Secteur parapublic.

[82] V. art. 47 de la loi d'orientation n° 2022-08 du 19 avril 2022.

[83] V. art. 47 de la loi d'orientation n° 2022-08 du 19 avril 2022.

[84] On peut citer également le Comité national des Hydrocarbures prévu par l'article 4 de la loi n°98-31 du 14 avril 1998 relative aux activités d'importation, de raffinage, de stockage, de transport et de distribution des hydrocarbures. Il a pour mission de donner des avis et de formuler des recommandations sur toutes les questions concernant le secteur des hydrocarbures qui lui sont soumises par le Ministre chargé des Hydrocarbures. A ce titre, il est chargé notamment de proposer les modifications à apporter à la réglementation applicable au secteur.

Dans le cadre de la création des agences d'exécution, la Commission d'Evaluation des Agences d'Exécution (CEAE) constitue un organisme consultatif.

La CEAE exerce également ses compétences sur les structures administratives similaires (délégations générales, hautes autorités, fonds et offices, etc.), dès lors que le dispositif juridique normalisé prévu pour encadrer l'organisation et le fonctionnement des agences d'exécution s'applique également aux « autres structures administratives similaires »[85].

Il en résulte que, nonobstant l'entrée en vigueur de la réforme du secteur parapublic, la création des agences d'exécution et des structures administratives similaires est toujours subordonnée à la réalisation d'une étude d'opportunité et d'impact et au recueil de l'avis de la Commission d'évaluation des agences d'exécution, conformément à la législation et à la réglementation en vigueur.

En vertu de l'article 2 du décret n° 2020-1493 en date du 1er juillet 2020, la Commission d'évaluation des agences d'exécution[86] a pour mission, notamment, de donner un avis sur l'opportunité de la création d'une agence sur la base du rapport présenté par son autorité de tutelle.

La circulaire du Secrétaire général du Gouvernement n° 00000407 SGG/SGA/JUR/SP du 1er juillet 2022 relative aux incidences de la réforme du secteur parapublic sur l'activité normative du Gouvernement précise que « cette réserve législative ne saurait étonner, puisque l'article 2 du décret n° 2020-1493 en date du 1er juillet 2020 énonce que la Commission d'évaluation des agences d'exécution (CEAE) a pour mission notamment de donner un avis sur l'opportunité de la création d'une agence sur la base du rapport présenté par son autorité de tutelle ».

La CEAE exerce également ses compétences sur les structures administratives similaires, dès lors que le dispositif juridique normalisé prévu pour encadrer l'organisation et le fonctionnement des agences d'exécution s'applique aux agences et aux « autres structures administratives similaires »[87].

La fonction de contrôle a pour objet de vérifier la conformité des procédures avec la législation et à la réglementation, constituées de textes législatifs ou réglementaires (lois, décrets, circulaires, arrêtés, ordonnance)[88]. En matière de contrôle, le référentiel est constitué par la

---

85 V. art. 16 de la loi d'orientation n° 2009-20 du 04 mai 2009 sur les agences d'exécution.

86 JORS n° 7345 du 05 août 2020, p. 1592.

87 V. art. 16 de la loi d'orientation n° 2009-20 du 04 mai 2009 sur les agences d'exécution.

88 D. FAYE et M. BA, « Polysémie du contrôle interne dans l'administration publique », Revue du Contrôle de la Comptabilité et de l'Audit, 2023, volume 7, n° 1

norme juridique[89]. La fonction de contrôle cherche plus à sanctionner (positivement ou négativement) un comportement par rapport à la norme juridique en vigueur[90]. Il faut distinguer le contrôle d'autres fonctions, comme l'audit et le contrôle de gestion.

L'audit est centré sur la maîtrise du risque, sur la base des normes techniques et des standards définis. Sous ce rapport, il transcende la problématique du respect ou de la conformité au bloc juridique et veille sur la mitigation des risques susceptibles de bloquer la mise en œuvre de l'action publique[91].

Quant au contrôle de gestion, il s'agit d'un processus par lequel les dirigeants d'une organisation s'assurent que les stratégies de celle-ci sont mises en œuvre de façon efficace et efficiente.

Le contrôle de gestion vise à garantir la performance en permettant d'alimenter le dialogue de gestion et d'en appuyer le pilotage et de mobiliser les outils de maitrise des coûts, des activités et des résultats. Déjà, une circulaire n° 0011 PM/CAB.EC6 du 18 avril 1995 relative à l'institution de cellules de contrôle interne et de contrôle de gestion dans les entreprises du secteur parapublic rappelle que le contrôle de gestion a pour rôle essentiel « la maîtrise de la gestion en permettant de collecter, de rassembler, de mettre en forme, et parfois, d'interpréter, les données nécessaires à la direction de l'entreprise ou de l'organisme ».

Le contrôle effectué par les services compétents peut être de nature à entraîner des sanctions (sanctions financières, disciplinaires ou même pénales)[92]. Selon la circulaire n° 01 PM SGG/BSC/SP du 04 janvier 2013 relative à la rationalisation et à la redynamisation du contrôle interne, la fonction contrôle « tient une place prépondérante dans la vie administrative. Elle compte parmi les outils privilégiés de mesure de la

---

[89] M. DIOP, Le contrôle de l'administration, thèse de doctorat, Université Cheikh Anta Diop de Dakar, 1972 ; M. DIOP, L'administration d'Etat au Sénégal, Dakar, Claiafrique, 2011, p. 155 ; J. M. BRETON, « Les contrôles de l'activité administrative », in Droit public congolais, 1987, p. 518. J. M. BRETON, « Les contrôles », in Encyclopédie Juridique de l'Afrique, vol. 1, L'Etat et le Droit Abidjan, Lomé, 1982, p. 203 et s.

[90] V. la circulaire n° 03 PM/CAB/EC6 du 08 février 1991.

[91] V. en ce sens, A. NDIAYE, Contribution à la mise en place d'un dispositif de coordination et de pilotage de l'évaluation des politiques publiques au Sénégal, Master spécialité Administration et finances publiques Parcours Administration Publique Spécialisée, Strasbourg, 2015, p. 17.

[92] Sur l'ensemble de cette question, V. la communication du Président Abdou DIOUF sur le contrôle de l'Administration, au Conseil des Ministre du mardi 18 octobre 1994.

performance, de l'efficience et de l'efficacité de l'Administration »[93]. On peut lire dans la circulaire n° 003 PM du 14 novembre 2006 relative aux difficultés rencontrées par les missions d'inspection, d'enquête, de vérification et d'audit des corps et organes de contrôle que « l'une des finalités du contrôle est la rationalisation et la modernisation de l'appareil administratif et des méthodes de l'Administration. En effet, c'est par le contrôle que les pouvoirs publics arrivent à réorganiser les structures de l'Administration, à renouveler ses méthodes et à les affiner, afin de la rendre plus efficace, dans le cadre de l'exécution de ses mission ». Le contrôle est ainsi un instrument permettant d'améliorer le fonctionnement de l'Administration[94] et un élément essentiel de gestion, à côté de la planification et de la coordination de l'action publique.

La circulaire n° 00043 PM/SP du 19 mai 1976 rappelle qu' « il ne faut pas, en effet, considérer les corps de contrôle comme une organisation essentiellement répressive, à l'égard de laquelle il est nécessaire de rechercher une position de défense ; les corps de contrôle sont mis en place dans l'intérêt du pays pour renseigner les autorités aussi bien sur les lacunes et les irrégularités constatées dans la gestion administrative que sur les qualités de cette gestion ; et, si des sanctions sont parfois proposées, l'action des agents du contrôle s'attache davantage à améliorer le fonctionnement de l'appareil administratif »[95]. Aux termes des dispositions de l'article 196 du décret n°2020-978 du 23 avril 2020 portant Règlement général sur la comptabilité publique, le contrôle administratif s'exerce, soit sous la forme de contrôle hiérarchique, soit sous la forme de contrôle organique par l'intermédiaire de corps et organes de contrôle spécialisés.

---

[93] Dans le même sens, V. la circulaire n° 0037 PM/CAB/EC6 du 28 décembre 1994 : « J'insiste particulièrement sur l'importance qu'il convient d'attacher à la fonction de contrôle de notre administration ... » et la circulaire n° 003 PM du 14 novembre 2006 relatives aux difficultés rencontrées par les missions d'inspection, d'enquête, de vérification et d'audit des corps et organes de contrôle.

[94] M. DIOP, op. cit., p. 156 et s.

[95] V. la circulaire n° 003 PM du 14 novembre 2006 relative aux difficultés rencontrées par les missions d'inspection, d'enquête, de vérification et d'audit des corps et organes de contrôle : « il est hautement préjudiciable, pour notre administration, que les contrôleurs soient considérés comme des régulateurs de l'appareil administratif mais plutôt comme des ennemis extérieurs contre qui il faut se prémuni, par tous les moyens. Je rappelle que si l'objectif de l'inspection est la lutte contre la fraude et corruption, en revanche, l'audit interne, appelé dans certains pays, la vérification de l'optimisation des ressources (VOR), consiste en un examen des systèmes et pratiques de gestion, en vue d'évaluer, d'une part, dans quelle mesure les ressources publiques sont gérées avec efficacité et efficience, d'autre part, jusqu'à quel point les politiques publiques atteignent les résultats escomptés ».

La loi d'orientation du 19 avril 2022 a innové en prévoyant la mise en place d'une politique d'audit interne dans chaque organisme du secteur parapublic[96]. Cette politique est destinée à apprécier les risques, à lancer l'alerte de façon précoce et à formuler des recommandations en vue d'améliorer le fonctionnement des entités du secteur parapublic.

Prenant en compte la pluralité des organes et corps de contrôle de l'État (Inspection générale d'État, Cour des Comptes, Inspection générale des Finances, Contrôle financier, inspections internes, etc.), le législateur s'est soucié de la coordination des programmes de contrôle. Il résulte de l'article 50 de la loi d'orientation du 19 avril 2022 que pour éviter les dédoublements de contrôle sur une même entité, en temps et en lieu, les organes de contrôle communiquent mutuellement leurs programmes annuels de contrôle a posteriori dans les entités du secteur parapublic.

Toutefois, il faut préciser que ces dispositions ne visent pas les enquêtes spécifiques confiées par l'autorité à un organe de contrôle.

En définitive, la réforme du secteur parapublic résultant de la loi d'orientation du 19 avril 2022 a introduit de grandes innovations dans la gouvernance des entités de ce secteur, en vue de promouvoir la performance et la transparence dans leur gestion.

Mais, l'application effective des principes fixés par la nouvelle architecture législative exige l'adoption des textes réglementaires d'application ainsi qu'une ferme volonté politique.

---

[96] V. art. 59 de la loi d'orientation n° 2022-08 du 19 avril 2022.

L'EXERCICE DE LA FONCTION CONSULTATIVE DU JUGE ADMINISTRATIF BURKINABÈ À L'ÉPREUVE DE CERTAINES FORMES ORIGINALES DE GRÈVE DANS LA FONCTION PUBLIQUE : L'AVIS DU 11 AVRIL 2018

Salif Yonaba
Professeur agrégé de droit public à l'Université Thomas Sankara (UTS) de Ouagadougou – Burkina Faso

Le juge administratif burkinabè a rendu au cours de l'année 2018 un avis qui aurait bien pu trouver sa place dans un recueil des « grands avis » si d'aventure une telle publication existait au plan national, aux côtés de celle des « grandes décisions » qui apparaît en bonne place à son actif[1]. Cet avis aura eu le mérite de nous rappeler qu'il s'agit d'une fonction normale de ce juge, même si elle semble quelque peu tombée en désuétude sous l'effet conjugué de l'attitude des Pouvoirs publics (qui s'abstiennent de mettre à contribution sa formation consultative) et de la concurrence sourde que lui voue sans merci le juge constitutionnel. En effet, le juge constitutionnel a très tôt marqué sa préférence pour l'exercice de cette fonction consultative, qui ne l'expose pas aux mêmes risques que la fonction contentieuse, laquelle n'a commencé à prendre vraiment forme que depuis l'avènement, à partir du début de la décennie 1990, de ce que l'on avait appelé pompeusement « l'ère de la révolution démocratique sur le continent ». Bien évidemment, cet état de fait n'est pas sans conséquence sur le développement global de l'activité du juge administratif.

Cette remarque liminaire nous paraît devoir s'imposer parce que l'on a tendance à oublier que le juge administratif français, auquel nous nous référons bien souvent, a été d'abord et avant tout un conseiller du Gouvernement, avant de prendre progressivement ses distances par rapport à cette autorité dont il n'hésite plus à censurer les écarts par rapport à la légalité. Et précisément parce que l'activité contentieuse est davantage médiatisée que celle de conseil, l'on ne retient du juge administratif

---

[1] ° - voir Yonaba, S. – Les grandes décisions de la jurisprudence burkinabè : droit administratif, Presses universitaires de Ouagadougou, 1ère éd., juillet 2004..., et 3e éd., décembre 2020.

français que son impressionnante jurisprudence telle qu'elle résulte de l'examen contentieux des affaires qui lui sont régulièrement soumises et qui lui a valu d'être un véritable modèle pour l'étranger. Qui aurait l'outrecuidance de mettre en doute le succès de cette institution originale du droit administratif français qu'est le « recours pour excès de pouvoir » ? En réalité, celui-ci opère à la perfection sur ce double registre du « conseil du Gouvernement », d'une part, et de « l'examen contentieux des affaires » mettant en cause cette même autorité publique, d'autre part. Le juge administratif français est aussi bien à l'origine des « grands arrêts »[2] que, depuis une période plus récente, de « grands avis »[3] qui éclairent, sous un jour nouveau, la compréhension du droit administratif.

La situation est différente dans nos Etats africains où le juge n'a que très peu d'occasions de rendre des avis. C'est cet état de fait qui a amené la formation consultative du Conseil d'Etat à revendiquer, au plan national, son droit à examiner les affaires contentieuses dont la juridiction se trouve saisie, en marge de son activité principale qui reste très peu fournie. Une démarche tout à fait louable de la part d'un juge qui refuse de rester dans une situation d'immobilisme imposé par les circonstances ! Et c'est ainsi qu'au cours de l'année 2018, elle a eu l'occasion de rendre cet avis, particulièrement important au regard du contexte de l'époque, marqué par la multiplication d'actions grévistes tous azimuts au sein de la Fonction publique nationale, et singulièrement au sein du « ministère de l'Economie, des finances et du développement » (MINEFID) ; l'objectif poursuivi par ces actions à répétition, particulièrement nocives au regard de leurs formes pour le moins insolites[4], était la revendication de la quote-part du fameux « fonds commun » qui est servi aux agents de ce département depuis plusieurs années, mais non de manière exclusive ainsi

---

[2]° - en référence à cette célèbre publication qui régulièrement mise à jour depuis sa parution en 1957 aux Editions Dalloz, sous la signature de l'équipe des grands maîtres en la matière (les conseillers d'Etat Marceau Long et Guy Braibant et le professeur Prosper Weill) renforcée par la suite par deux éminents collaborateurs : le professeur Pierre Delvolvé et le conseiller Bruno Genevois ; et l'on devrait mentionner également le classique « Grandes décisions de la jurisprudence administrative » de Jean-François Lachaume et « Les grands arrêts du contentieux administratif » des spécialistes J.-C. Bonichot, P. Cassia et B. Poujade parus chez le même éditeur en 2007.

[3]° - parus plus récemment (2002), chez le même éditeur, sous la signature de quatre auteurs : Y. Gaudemet, B. Stirn, Th. Dal Farra et F. Rolin.

[4]° - Outre l'occupation des lieux à laquelle les agents grévistes se livraient, ceux-ci ne s'embarrassaient pas de perturber délibérément le fonctionnement des services en se livrant à un impressionnant brouhaha sous la forme de vacarme et tapage sonores dans l'enceinte du ministère !

qu'on l'apprendra plus tard, et ce dans la discrétion la plus totale ; seulement, cette discrétion devait prendre fin avec la répétition de ces mouvements qui ont fini par agacer l'opinion publique qui ne devait pas hésiter à se saisir de la question dès lors que celle-ci a été portée sur la place publique par les Pouvoirs publics eux-mêmes, contraints et forcés qu'ils furent devant cette situation plutôt inédite.

1° - La demande d'avis peut être interprétée, dans le principe, comme un prétexte pour ce Gouvernement qui avait pris le parti de convoquer une rencontre de concertation avec l'ensemble des « forces vives de la Nation » à l'effet de débattre de la question à cœur ouvert. Mais l'on se rendra compte plus tard que les débats ont dû être escamotés, autant par la faute du Gouvernement lui-même qui, manifestement, ne semblait pas vraiment préparé à aller au bout des bonnes intentions affichées dès le départ, que par celle des premiers acteurs concernés, qui ne voulaient pas non plus d'un débat public sur le sujet. A l'arrivée, l'on aura très peu avancé sur ce dossier qui n'en aura pas moins fait des gorges chaudes[5]. Le gros de la troupe des agents publics aura au moins retenu le sentiment d'avoir été victime, pendant très longtemps, d'un traitement discriminatoire par rapport à toute une cohorte d'agents chouchoutés par la République, et sans que l'on ne sache vraiment sur quel fondement ; et l'on résisterait difficilement à parodier la formule de l'humoriste Coluche, elle-même inspirée des idées de l'auteur britannique Georges Orwel, en disant « qu'il y a (dans notre Fonction publique), des agents publics qui sont plus égaux que d'autres ! ».

2°- Relativement à l'objet de la demande proprement dit sur un sujet qui n'a rien de nouveau[6], l'on retiendra que dans cette affaire, le ministre de la Fonction publique, du travail et de la protection sociale, se référant autant à la loi n° 45/60/AN du 25 juillet 1960 sur le statut de la grève dans la fonction publique, qu'à celle n° 028-2008/AN du 13 mai 2008 portant

5° - voir sur la question plus généralement notre article : Les « fonds communs » dans l'Administration publique burkinabè : formule de motivation ou pomme de discorde ? in Médé, N. (coord.), Les nouveaux chantiers des finances publiques en Afrique, Mélanges en l'honneur de M. Bouvier, L'Harmattan Sénégal, 2019, pp. 245-268, et notre ouvrage Etudes de droit public financier burkinabè : questions d'hier, d'aujourd'hui et de demain… en quête de réponses, Sankofa et Gurli, juillet 2020, pp. 443-461: en guise de Conclusion.

6° - Le juge administratif avait déjà, par le passé, été sollicité par l'Administration pour dire si les agents du Cadastre étaient eux aussi éligibles au « fonds commun » au même titre que leurs collègues des Impôts ; voir l'avis n° 5/CS du 05 mai 1992 relatif à la demande d'interprétation de l'article 9 du kiti (ou décret) n° An-VII-038/FP/PF/IPCI du 27 septembre 1989, in Les Grandes décisions de la jurisprudence burkinabè…, op. cit., 2ed. 2013, p. 143., qui y répond par l'affirmative !

code du travail applicable au Burkina Faso, entendait soumettre trois questions à l'attention du Conseil d'Etat, juge administratif suprême ; ces trois questions concernaient :

- la correcte interprétation de cette forme quelque peu insolite de cessations de travail dénommées « sit-in » accompagnées d'une occupation des lieux de travail, ainsi que la conduite à tenir pour les dispositions à prendre afin d'assurer la continuité du service public[7] ;
- l'identification des moyens à la disposition de l'Administration pour contraindre et/ou sanctionner les agents qui refusent de déférer aux réquisitions ;
- et l'application effective de la retenue du salaire pour fait de grève.

Des questions qui, au regard de leur formulation, ne semblent pas forcément judicieuses et l'on peut comprendre aussi que la réponse que donne le juge, fort embarrassé, ne le soit pas davantage, pratiquement sur toute la ligne[8]. Et l'on notera d'ailleurs que ce n'est pas la première fois que l'autorité politique sollicite l'avis du juge sur cette redoutable question du statut du droit de grève dans le pays[9]. Une fois qu'il s'est assuré que les textes l'instituant lui donnent pleinement compétence pour répondre à une telle requête[10], le juge devait s'employer à livrer à l'autorité politique la religion que lui dicte son intime conviction sur l'ensemble de ces questions.

7° - Jean-Marc FOUR, Franck BALLANGER, « La Russie et Vladimir Poutine face aux droits de l'homme », https://www.radiofrance.fr/franceculture/la-russie-et-vladimir-poutine-face aux-droits-de-l-homme-6550468, consulte le 28 juin 2023.

8° - Frederic SURDE, « Droit international et européen des droits de l'homme », PUF., Paris, 2012, 11è. éd., coll. droit fondamental, p.210.

9° - Serge GUINCHARD, Thierry DEBARD, « Lexique des termes juridiques », 23eme ed., Dalloz, Paris, 2015-2016, p. 406.

10° - ainsi que cela ressort de l'article 15 de la loi n° 15-2000/AN du 23 mai 2000 qui dispose en effet que : « le Conseil d'Etat donne son avis sur tous les projets de décrets qui lui sont soumis par le Gouvernement et en général sur toutes les questions pour lesquelles son intervention est prévue par les dispositions législatives ou réglementaires ; il peut notamment être consulté par les ministres sur les difficultés qui s'élèvent en matière administrative » ; l'article 20 de la loi organique n° 32-2008/AN du 26 juillet 2018 sur le Conseil d'Etat actuellement en vigueur.

I- ET D'ABORD LA QUESTION DE LA DÉFINITION DU « SIT-IN »

La définition du « sit-in », telle qu'elle a été proposée par le juge, n'est pas des plus heureuses, pas plus que celle de la grève elle-même ; de manière tout à fait laborieuse, le juge s'engage dans une définition pour le moins littérale du terme, telle qu'elle est donnée par le dictionnaire Larousse, en perdant de vue le sens adéquat que véhicule sa dénomination anglaise qui renvoie tout simplement à « la grève avec occupation des lieux ». Une forme d'action particulièrement nocive, à laquelle il arrive parfois aux travailleurs d'avoir recours pour manifester, de la manière la plus véhémente, leur mécontentement. On l'aura donc compris : ce n'est pas une forme de grève classique[11], mais plutôt une sorte de montée en puissance dans le bras de fer qui peut opposer les travailleurs au patronat, suivant l'idée de « conflit de logiques » si cher au grand spécialiste du droit de grève J.-C. Javillier[12].

Effectivement, les actions grévistes auxquelles il a été donné à l'observateur d'assister ces derniers temps (occupation en groupe de certains espaces de l'administration pendant les heures de travail, parfois assortie d'une interdiction d'accès des services aux agents non engagés dans les actions revendicatives, sans oublier les autres formes d'actions particulièrement perturbatrices pour le bon fonctionnement du service public et revêtant la forme de nuisances sonores ou de tous autres ordres sur les lieux de travail, etc.) sont suffisamment illustratives d'une volonté non équivoque d'affrontement affichée par les grévistes.

Et c'est la raison pour laquelle le juge en arrive fort justement à la conclusion sur le caractère illégal de cette forme insolite d'action gréviste que constitue le sit-in, tout comme il est bien inspiré de condamner l'interdiction d'accès aux lieux de travail par les grévistes.

II- LA QUESTION DE LA RÉQUISITION, ENSUITE

Le concept de réquisition revêt un contenu polysémique que le juge aurait été inspiré de commencer par relever ; on le rencontre tout

---

11o - Serge Guinchard, Thierry DEBARD.

12 - « Mikhaïl SERGUEÏEVITCH STROGOVITCH, La protection des droits des citoyens en U.R.S.S. » in: Revue internationale de droit comparé.

d'abord dans le droit administratif des biens en tant que procédé de confiscation temporaire de l'usage de biens d'un particulier par la collectivité publique, mais sans qu'il ne s'agisse d'une quelconque forme d'expropriation.

Mais le concept reçoit également application dans le droit de la comptabilité publique à propos des rapports entre l'ordonnateur et le comptable public, en tant que mécanisme régulateur des divergences qui peuvent survenir entre ces deux catégories d'agents en conséquence de l'application du sacro-saint principe de (leur) séparation, consacré depuis la Restauration en France.

Et enfin, dans le droit de la fonction publique, qui nous intéresse ici, où il s'avère utile bien faire la part des choses entre la « réquisition normale » ou de droit commun comme on pourrait ainsi la qualifier, qui renvoie à la situation du fonctionnaire maintenu à son poste dans l'intérêt du service public, alors même qu'il se trouve, selon l'expression consacrée, « atteint par la limite d'âge », et la « réquisition-sanction » en quelque sorte, qui correspond à ce qui est visé dans le présent avis, tel que cela ressort de la lecture de l'articles 6 de la loi n° 45/60/AN du 25 juillet 1960 ainsi libellé:

« Afin d'assurer la permanence de l'Administration et la sécurité des personnes et de biens, les fonctionnaires et agents publics peuvent être requis d'assurer leurs fonctions.

Les réquisitions sont prononcées par ordres individuels par les ministres concernés. En cas d'urgence, le droit de réquisition peut être délégué par eux aux chefs de circonscriptions administratives pour les fonctionnaires et agents relevant de leur autorité et en service dans lesdites circonscriptions.

Les maires dans leurs communes, les directeurs dans leurs entreprises procèdent de même en ce qui concerne les fonctionnaires et agents relevant de leur autorité ».

De ce qui précède, l'on peut dire que toutes les dispositions pour assurer la continuité du service public qui est considérée comme un principe général de droit, tout à fait fondamental pour la vie des administrés se justifient, ainsi que cela ressort des jurisprudences concordantes du Conseil d'Etat et du Conseil constitutionnel français[13].

[13o] - cf. la classique décision Dehaene du Conseil d'Etat français du 7 février 1950, publiée aux « Grands arrêts de la jurisprudence administrative » (GAJA) et la décision « droit de grève à la radio-télévision » du 25 juillet 1979 du Conseil constitutionnel, publiée dans « les Grandes décisions du Conseil constitutionnel » de L. Favoreu et L. Philip.

Parce qu'une seule précaution ne suffit jamais, le demandeur d'avis n'a pas négligé de soulever la question subsidiaire de savoir la conduite à tenir pour ne pas être totalement désarmée devant un refus éventuel, par un agent public, de déférer à ladite réquisition, que ce soit en refusant de la recevoir ou, alors même qu'elle l'aurait effectivement reçue, de s'y conformer. En d'autres termes, l'Administration devrait-elle, en de telles circonstances, avouer son impuissance ?

C'est sans doute ainsi que se pose le problème et l'on doit regretter que le juge se soit abstenu de suggérer à l'autorité politique de prendre ses responsabilités en tirant tout simplement les conséquences qui découlent logiquement d'un tel état de fait. Car enfin, il n'appartient pas au juge d'indiquer à l'administration la procédure à suivre devant une situation qui ne soulève pas de difficultés majeures, comme le constat qu'un agent public a opposé une résistance même farouche à la réquisition, mettant ainsi en échec un principe cardinal de l'Etat de droit qui veut que « force reste à la loi ! ». Le reste relève de l'intendance, en quelque sorte, surtout d'ailleurs que la réponse à une telle interrogation se trouve bien contenue dans l'article 7 de la même loi qui dispose que « ... tout fonctionnaire ou agent qui violerait ou qui refuserait de déférer à la réquisition légalement faite, s'expose à des sanctions disciplinaires sans que lui soit accordé le bénéfice des garanties du droit de la défense ».

Ainsi donc, le problème se trouve résolu et le juge va même plus loin pour découvrir le fondement juridique des droits de la défense qu'il croit trouver dans l'article 49 de la loi n° 81-2015/CNT du 24 novembre 2015 portant statut général de la Fonction publique d'Etat. Un effort qui ne s'imposait pas quand on sait que l'on a affaire à l'un des plus vieux principes généraux du droit découverts très tôt par le juge administratif français.

Le moment est venu de nous intéresser au dernier volet de cette requête d'avis, qui concerne la mise en œuvre de la retenue de traitement pour fait de grève.

III- LE PROBLÈME DE LA RETENUE DE TRAITEMENT, ENFIN

Sur ce dernier point également, la démarche du demandeur d'avis devient franchement plus étrange, pour ne pas dire plus, quand il pose la question de la mise en œuvre de la retenue de traitement. Dans quelle mesure l'on peut penser que le juge pourrait être mieux inspiré que l'autorité administrative pour indiquer la procédure à suivre en matière de retenue de traitement ? C'est bien connu qu'il ne dispose d'aucune expertise particulière en ce domaine par rapport à l'Administration active qui doit pouvoir compter, d'abord et avant tout, sur la contribution de son conseil juridique interne.

En la matière, deux questions d'inégale importance doivent être évoquées : la première concerne le principe même de la retenue, d'une part, et celle des modalités pratiques, d'autre part. Le juge a apporté un élément de réponse qui n'épuise pas, loin s'en faut, l'intégralité de la question ainsi soulevée, en invoquant l'article 40 de la loi sur le statut des agents publics qui dispose que :

« ... le fonctionnaire est tenu de consacrer l'intégralité de son activité professionnelle à l'exercice de son emploi, d'être présent à son service pendant les heures légales de travail et d'accomplir, par lui-même, le tâches qui lui sont confiées ».

Ce bref rappel lui suffit pour pouvoir tirer la conséquence que

« ... toute absence non justifiée du poste de travail expose le fonctionnaire concerné, non seulement à la retenue opérée sur son traitement en fonction de la durée de l'absence, mais également à une sanction disciplinaire prononcée par son supérieur hiérarchique ».

Une conclusion pour le moins tirée par les cheveux, puisque le juge éprouve le besoin de préciser surabondamment que

« ... l'Administration est en droit de récupérer les sommes versées à tort, en émettant un ordre de recette contre un agent qui aurait indûment été payé, cet ordre étant exécutoire ; en d'autres termes, l'agent perçoit une rémunération au prorata de sa présence effective à son poste de travail ».

Dans un souci de clarté, il convient de commencer par constater que le principe de la retenue de traitement trouve son fondement dans l'invocation de la fameuse « règle du service fait » dans le droit de la fonction publique ; en la matière, le « service fait » n'est rien d'autre que la contrepartie du droit au paiement du traitement que l'agent public est en droit de réclamer à l'autorité administrative. La question a été ainsi réglée depuis belle lurette en droit français par l'arrêt d'Assemblée Quinteau et autres du Conseil d'Etat français[14] qui est venu mettre fin à une longue controverse doctrinale sur le régime juridique du droit au

[14]° Vt. J. LEPECHKINE « Traité de droit constitutionnel soviétique (en russe) ». in: *Revue internationale de droit comparé*.

traitement de l'agent public. Depuis lors, il est acquis que le droit au traitement est aligné sur celui qui régit le paiement des salaires des agents du secteur privé, tant et si bien que l'on doit dire que le juge administratif a fait sienne l'idée développée depuis belle lurette par la Cour de cassation et tendant à dire « pas de travail, pas de salaire ! ». Et c'est précisément la situation qui se présente toutes les fois qu'on est confronté à des actions grévistes impliquant, par la force des choses, une interruption du travail.

S'agissant maintenant des modalités pratiques de la retenue du traitement, l'on se bornera à rappeler que celles-ci sont le résultat d'une longue évolution qui a commencé, en droit français, depuis l'introduction dans le régime de la retenue de traitement des agents publics de la règle comptable dite du « trentième indivisible » en 1961. A la suite de nombreuses contestations enregistrées depuis lors, le juge a mis au point un dispositif qui s'inspire étroitement du régime qui reçoit application concernant les agents du secteur privé. Et l'on peut dire que cette évolution est allée dans le sens de l'effacement de la frontière qui séparait le régime juridique du traitement et celui du salaire. Et tout l'enjeu est de faire en sorte que la retenue n'appauvrisse pas l'agent public au-delà de la stricte proportionnalité qui s'impose. Et c'est sans doute ce que le juge avait en vue quand il concluait laborieusement son avis par l'idée que « l'agent perçoit une rémunération au prorata de sa présence effective à son poste de travail ». Un argument que le Gouvernement devait reprendre à son compte dans son communiqué du 03 décembre 2018[15].

En définitive, l'on devrait retenir la nécessité de la consolidation de la fonction consultative du juge administratif. A en juger par la qualité de l'avis émis, l'on se rend que celle-ci est essentiellement perfectible[16]. Mais encore faudrait-il que le juge ait davantage d'occasions de s'exercer. Cela requiert bien évidemment, sinon un changement de mentalités, du moins un meilleur état d'esprit de la part des Pouvoirs publics qui devraient œuvrer pour une plus grande implication du juge administratif dans l'exercice de sa fonction consultative au profit de l'action normative du Gouvernement. Parce que celui-ci est plus en contact avec le fait administratif, il est normal qu'il soit davantage mis à contribution sur les questions présentant une certaine spécificité ou

---

15° - Voir en Annexe (Annexe II) le texte du communiqué prononcé par le Gouvernement dans le cadre du traitement de cette affaire.

16° - Un constat qu'on relève facilement lorsqu'on examine le résultat de l'activité contentieuse du juge !

technicité susceptible d'induire l'administrateur en erreur. Et dans la mesure où le juge administratif paraît à tous points de vue plus indiqué que tout autre acteur pour opiner valablement sur de telles questions, quoi de plus normal qu'il soit mis à contribution, de préférence au juge constitutionnel en particulier. Ce faisant, l'on pourrait obtenir à terme une plus grande cohérence de la gestion des faits administratifs par la haute hiérarchie administrative.

Ouagadougou, le 05 octobre 2022

ÉTAT UNITAIRE DÉCENTRALISÉ ET PROCESSUS DE DÉMOCRATISATION EN AFRIQUE : ENTRE UNITÉ ET DIVERSITÉ POLITIQUE[1]

Alioune Badara FALL
Professeur agrégé de Droit public

La question de la décentralisation revient de manière assez récurrente lors des colloques et rencontres scientifiques sur la vie politique et institutionnelle des Etats africains, ou dans les ouvrages consacrés à l'organisation administrative de ces Etats.

Les nombreuses analyses théoriques sur cette question, ainsi que les réalisations faites dans certains pays, n'ont pas permis d'épuiser le sujet. Il est vrai que les Etats africains peuvent être considérés comme des « d'Etats neufs » pour avoir accédé à la souveraineté internationale depuis 1960 pour la plupart d'entre-eux. Leur existence étant ainsi plus ou moins récente, il est certain que leur consolidation en tant qu'entité souveraine dotée de tous les attributs qui y sont attachés, se poursuit et touche de nombreux domaines. La décentralisation est un de ces aspects qui contribue à cette consolidation et constitue ainsi une des politiques – qui vient s'ajouter à d'autres plus anciennes dans la majorité de ces Etats – auxquelles les pays africains accordent une grande importance[2]. Cette politique – ou cette organisation administrative - est supposée participer du processus de démocratisation des systèmes politiques africains à travers un nouvel aménagement des rapports entre le pouvoir central et ses démembrements, c'est-à-dire les collectivités territoriales.

La décentralisation est donc l'une des politiques qui vient s'ajouter à tant d'autres orientations et stratégies politiques intervenues depuis l'ère du système de partis uniques jusqu'à l'ouverture démocratique, avec l'avènement du multipartisme intervenu depuis les années 1990.

---

[1] Alioune Badara FALL, Professeur agrégé de droit public, Université de Bordeaux.

[2] D. Olowu, « Evaluation des politiques de décentralisation en Afrique dans les années quatre-vingt-dix », Revue française d'administration publique, n° 88, octobre-décembre 1998, pp. 517-528 ; M. Fau-Nougaret, « Originalité et convergence des phénomènes de décentralisation en Afrique sub-saharienne », revue électronique Afrilex, http://afrilex.u-bordeaux.fr, juillet 2009 ; cet engouement pour la décentralisation s'est également manifesté par l'adoption le 27 juin 2014 de la Charte africaine des valeurs et des principes de la décentralisation, de la gouvernance, locale et un développement local lors de la vingt-troisième session ordinaire de la Conférence tenue à Malabo (Guinée Equatoriale)

Ce multipartisme, dans son esprit comme dans ses objectifs, ne devrait pas se limiter uniquement à la reconnaissance de partis, à des élections libres et transparentes dans la perspective d'une alternance une fois l'opposition reconnue et ses droits respectés.

L'importance que les pays africains accordent à cette forme d'organisation administrative et les résultats encore insuffisants remarqués ici et là autorisent à ce que l'on y revienne, mais sur un autre de ses aspects : la décentralisation. Cette dernière est considérée comme étant une des politiques de l'Etat qui participe du processus de démocratisation des systèmes politiques africains à travers les rapports entre le pouvoir central et les collectivités ; il nous semble intéressant d'analyser ces rapports dans une autre perspective : dans quelle mesure dirons-nous, cette copule aiderait, encore aujourd'hui, à l'avènement d'une démocratie en Afrique de l'Ouest. Que peut-on attendre de cette organisation mise en place dans ces pays depuis plusieurs années dans le processus de démocratisation?

Le lien entre démocratie et décentralisation est si tenu[3]qu'il est difficile de les dissocier dès lors que pour l'une comme pour l'autre, le citoyen est « central » et se trouve au cœur du processus de décisions politiques. Il faut en effet admettre qu'il est au final, l'acteur principal, fondamental et incontournable dans le choix des gouvernants, sur la base des programmes politiques qu'ils proposent aussi bien au niveau national qu'au plan local pour la gestion des affaires de décentralisation dans nombre de pays d'Afrique francophone où le déficit démocratique est notoire et chronique ? Autrement dit, n'est-il pas illusoire ou trompeur de persister dans l'idée que dans ces Etats, le transfert de compétences du pouvoir central aux collectivités territoriales résultera d'une politique suffisamment volontariste du pouvoir central dans la démocratisation des rapports qu'il entretient avec celles-ci suivant le principe d'autonomie constitutionnelle qui leur est reconnu? La réponse est négative et ne saurait surprendre. L'illusion que cachent les politiques de décentralisation provient de l'antinomie entre l'affaiblissement des principes de la démocratie pluraliste constitutionnelle dans la majorité de ces pays et la libre administration des collectivités locales sensées disposer d'une personnalité juridique et d'une autonomie leur permettant d'assurer elles-mêmes la gestion de leurs affaires.

[3] J.M Nzouankeu, « Décentralisation et démocratie en Afrique », in Revue Internationale de Sciences administratives, vol. 60, 1994, n° 2, pp. 225-270 ; Décentralisation et démocratisation en Afrique, Mondes et développement, 2006/1 (n°133), éditeur : De Boeck Supérieur, 140 pages, avec la présentation de Luc Cooremans.

Entravé par de nombreuses violations dans ses principes fondamentaux - et tout particulièrement en matière de droits et libertés fondamentaux – le processus de démocratisation en Afrique francophone est loin d'être achevé. Au contraire, nous sommes toujours dans des Etats où les régimes politiques restent marqués par la persistance de pratiques récurrentes peu conformes aux règles démocratiques – et rappelant celles de l'ère des systèmes de partis uniques – pourtant proscrites par des textes nationaux, régionaux et universels, notamment les coups d'Etat[4]. Dans de telles conditions, il est bien difficile d'envisager en Afrique de l'Ouest, une décentralisation qui créerait les effets attendus, c'est-à-dire une véritable « gouvernance locale » par laquelle, les populations prendront en charge leurs affaires dans les collectivités territoriales.

L'idée décentralisatrice n'est pas en cause dans son essence même dans la mesure où théoriquement, elle fait intervenir une diversité d'acteurs dans le processus de décisions politiques où le citoyen intervient à la fois en tant qu'acteur et en tant que finalité des politiques nationales et locales, si tant est que d'un côté comme de l'autre, c'est le bien-être des populations qui est recherché. C'est dans la mise en œuvre de cette technique d'organisation administrative et politique que le jeu est faussé et c'est en cela que la décentralisation en Afrique de l'ouest est un « mythe » (I) que les obstacles à sa réalisation ne sont pas rédhibitoires (II)

I- DIVERSITÉ TERRITORIALE ET UNITÉ ÉTATIQUE : UN MYTHE ?

Traiter de l'Etat unitaire décentralisé en terme « d'unité » et de « diversité », c'est s'interroger sur la conciliation ou l'imbrication des deux logiques à travers lesquelles se manifestent, l'une et l'autre – l'une pour les politiques nationale et internationale et l'autre pour les politiques

[4] Sur le système de parti unique, voir M-P Roy, Les régimes politiques du Tiers Monde, LGDJ, 1977, p. 331 et svtes. Denis Martin, « Les défauts du parti unique. Le parti unique, c'est le pouvoir d'un seul homme », in Politique africaine, n° 47, 1992. Le Mali : la transition, pp. 113-118. Ce régime qui marqua les systèmes politiques africains durant la période 1960-1990, Dandi Gnamou la qualifie de « dynamisme d'un pouvoir qui se concentre et dévalue les institutions concurrentes », v. « La monarchisation des exécutifs en Afrique francophone », in Démocratie en questions, Mélanges en l'honneur du professeur Théodor Holo, Presses de l'Université Toulouse I Capitole, 2017, p. 70-71 ; voir également M. Badji, « Le chef de l'Etat dans les régimes politiques africains: miroir des modes traditionnels d'exercice du pouvoir politique », in Droit sénégalais, n° 9, nov. 2010, Presses de l'Université Toulouse I Capitole.

locales – dans l'expression démocratique de la volonté des citoyens. Un certain paradoxe semble ressortir de cette coexistence entre les deux conceptions, mais il n'est qu'apparent. L'idée « d'unité » au sein de l'Etat signifie l'existence d'un pouvoir qui serait en principe un « bloc » organisé de manière à incarner la souveraineté étatique qu'il exerce en totalité, qu'il ne partage avec aucune autre entité[5] ; il s'agit alors d'un pouvoir propre qu'il exerce entièrement et exclusivement sur son territoire. Toute idée d'éclatement de ce pouvoir sans son accord est exclue. Autrement dit, celui-ci est le lieu d'où tout est organisé et d'où tout émane, sans qu'aucune autre autorité ne puisse intervenir en dehors de lui, à quelque niveau que ce soit.

Mais cette manifestation de l'exclusivité de la souveraineté de l'Etat n'exclut pas la diversité lorsque dans l'organisation de celui-ci, l'autorité centrale renonce à une partie de ses compétences au profit de ses propres démembrements. Apparaissent ainsi les « deux faces » d'une même « médaille » de l'Etat unitaire, condamnées à aller « de concert ». La problématique apparait à travers la complexité qui caractérise cette relation *d'opposition* ou de *complémentarité* entre ces deux conceptions dans l'organisation administrative du pays et de manière plus large, dans la construction encore inachevée de l'Etat africain. La première face est l'Etat centralisé, décideur et s'aidant de son correctif, la déconcentration pour maintenir une cohésion de l'ensemble de ses décisions en même temps qu'il garde un œil sur l'unité étatique ; et la deuxième sous la forme d'ensemble de collectivités territoriales disposant d'une certaine autonomie par rapport à cet Etat « décideur ».

Devenue pratiquement une « mode » en Afrique de l'Ouest dans les années 1990 dans la grande majorité des Etats[6], la décentralisation constitue un élément de plus qui vient s'ajouter aux autres « produits institutionnels » importés de l'extérieur dans ce mimétisme tant décrié aujourd'hui par une bonne partie de la doctrine. Les législateurs africains

---

[5]Carré de Malberg est l'un des juristes qui l'exprime le mieux lorsqu'il définit ce concept de souveraineté qui se ramène « à la notion unique d'un pouvoir qui n'a aucun autre au-dessus de lui », v. Contribution à la théorie générale de l'Etat, Paris, Sirey, 1920, ed. CNRS, 1962, tome 1, p71. Philipe Raynaud ajoute que le concept signifie qu'il y a un « détenteur suprême de la puissance étatique, qui représente à l'intérieur même de l'Etat, la plus haute puissance », « Souveraineté, souverainisme, nationalisme et rapports entre ordres juridiques – permanences et résurgences », in Traité des rapports entre ordres juridiques européens , Baptiste Bonnet (Dir.), Paris, LGDJ, 2016, p. 313

[6] A l'exception du Sénégal dont la riche expérience en matière de décentralisation remonte au XIXème siècle en

n'ont pas innové ; loin de là. Ils se sont contentés de reprendre les lois françaises de 1982 en la matière, avec quelques adaptations ici et là.

On a souvent traité de cette question de l'Etat unitaire et de la décentralisation en Afrique à travers le prisme de la duplication du modèle français dans les Etats francophones du continent. Mais, ces rapports entre le pouvoir central et les démembrements de l'Etat sont-ils si nouveaux comme on semble l'admettre au sujet du continent africain ? Probablement pas au regard de la longue histoire de ce continent. Faut-il le rappeler – et rares sont les auteurs qui le soulignent – qu'au Sénégal par exemple – pays ayant connu très tôt, en 1872, sa première expérience de décentralisation municipale – il existait des « institutions sociopolitiques sénégambiennes » précoloniales, dans les provinces du Cayor, du Walo, du Sine-Saloum et du Djoloff. Il existait ainsi sur le continent africain dans les anciens royaumes ou dans d'autres modes d'organisation gouvernementale, des formes de pouvoir aussi « éclaté » au sens que nous avons défini précédemment, c'est-à-dire « décentralisé », ressemblant approximativement au mode occidental et moderne du terme[7]. Dans beaucoup de ces entités « étatiques », le pouvoir n'a pratiquement jamais été entre les mains d'un seul chef. A l'époque, les institutions politiques précoloniales étaient très organisées, même si elles n'étaient pas aussi structurées qu'aujourd'hui.

Dans nos systèmes politiques actuels, la décentralisation, à côté de la bonne gouvernance, occupe une place importante dans les discours politiques et les réformes majeures en cours ou envisagées dans les pays francophones d'Afrique. Elle est le leitmotiv des gouvernants africains dans leurs politiques d'intervention pour le développement économique et social, sur fond d'instauration d'un Etat de droit démocratique, et la participation directe des citoyens à la vie publique. Dans les faits – et même s'il était écrit dans une étude faite en 2003[8] par la Banque mondiale que le

---

[7] D. Tamsir Niane, « La décentralisation au Mandé au temps des grands empires XIIIème - XVème siècles, Leeuru, Revue du développement local, de la décentralisation et de la bonne gouvernance, La relancedu développement local ; L'Harmattan, 2011, pp. 14-21

[8] https://documents.banquemondiale.org/fr/publication/documentsreports/documentdetail/2492314683501593l2/la-decentralisation-en-afrique-les-tendances-et-les-progres-qui-emergent. Sur le bilan, voir également « La décentralisation administrative en Afrique subsaharienne », Télescope, vol. n° 11, juin 2004, notamment l'article de Y. Poulin, « Les décentralisations en Afrique, qu'avons-nous appris ? », p. 2. Voir également dans ce même numéro, les études portant sur la décentralisation au Niger (S. Halidou, « Une décentralisation inachevée au Niger, p. 7) ; au Burkina-Faso (F.Bidan Nignan, J.E Yirdon Dabire et S. Sawodogo, « Au Burkina-Faso, la décentralisation s'applique d'abord aux villes », p. 13) ; au Cameroun (A-C. Tang Essomba, M-F. Tanjong et A-M. Ndongo, « La

« niveau de décentralisation politique était élevé ou au-dessus de la moyenne dans plus de la moitié des 30 pays étudiés – les résultats sont bien mitigés. La diversité d'instances et d'organes de gestion et de décision politique par la décentralisation reste ainsi et encore un « mythe » dans les Etats francophones, faute d'être véritablement mise en œuvre comme elle aurait dû l'être. Elle n'en demeure pas moins nécessaire et favoriserait davantage, si elle est réussie, l'existence d'un Etat unitaire démocratique plus affirmé.

D'une part, le mythe demeure en raison de la persistance d'une pesanteur politique exercée par le pouvoir central sur les collectivités territoriales, incompatibles avec les principes de la décentralisation. D'autre part, le déficit démocratique chronique qui caractérise la plupart des régimes politiques africains constitue le second et sérieux obstacle à l'aboutissement de la décentralisation tant souhaitée dans ces pays.

La pesanteur politique de l'Etat central sur les collectivités territoriales décentralisées

L'influence organisée et entretenue par l'Etat central sur la gestion des affaires locales est un phénomène connu et débattu par la quasi-totalité des auteurs et spécialistes de la décentralisation. Cette pesanteur se manifeste par un contrôle lourd et permanent que subissent les organes locaux de la part des gouvernants. Il ne s'agit pas tant du regard que porte l'Etat sur les actes pris par les collectivités à l'issue des délibérations dans les structures - prévus et juridiquement organisés par les textes - exercé par le préfet, que d'un contrôle « politique » qui n'a pas disparu et qui reste vivace, auquel les élus locaux peuvent difficilement se soustraire.

Le pouvoir central, en plus de vouloir « maintenir son contrôle sur les collectivités locales, tente régulièrement de surveiller, voire d'influer sur l'orientation de la vie politique et économique locale censée être l'affaire exclusive de ces collectivités ». Cette réalité résulte d'une confusion volontairement entretenue par les autorités centrales qui cherchent à la fois à faire perdurer leur autorité, tout en cherchant à consolider, voire à élargir leur zone d'influence au niveau local. Il existe ainsi une concurrence entre les autorités centrales et les élus locaux sur le terrain politique, entrainant

---

décentralisation au Cameroun : un grand chantier démocratique », p. 18) et en Guinée (S. Kourouma, « La décentralisation, projet de la société guinéenne », p. 22) ; D. Olowu, « Evaluation des politiques de décentralisation en Afrique dans les années quatre-vingt-dix », Revue française d'administration publique, n° 88, octobre-décembre 1998, pp. 517-528, précité ; S. O. Baldé, Elections et démocratie locale en Guinée. L'approche heuristique d'une démocratie par le bas, l'Harmattan, 2018, 124 pages ;

des conséquences juridiques néfastes à la mise en œuvre de la décentralisation.

Cette pesanteur politique est orchestrée par le parti dominant ou par le pouvoir en place. A l'époque des systèmes de parti unique où les principes démocratiques – notamment les droits de l'homme - ayant été relégués au second plan au profit d'une recherche de l'unité nationale et d'une politique de développement économique, le pouvoir pouvait plus facilement imposer ses décisions sur l'ensemble du territoire, surtout à cette période où les collectivités territoriales dans la majorité des pays africains n'avaient aucune autonomie – le Sénégal, encore une fois, faisant exception à ce sujet pour avoir connu une politique de décentralisation dès 1872. Aujourd'hui, le pluralisme politique est pratiquement institué partout en Afrique de l'Ouest, ce qui suppose qu'une décentralisation puisse être envisagée, entrainant du coup la possibilité d'octroyer une autonomie aux collectivités territoriales. Retenons toutefois que dans nombre de cas, ce sont les méthodes de parti unique qui ont survécu au point que dans la majorité de ces pays, les Chefs d'Etat, forts de leurs partis politiques dont ils sont les créateurs et qu'ils dirigent souvent eux-mêmes, n'offrent pratiquement pas de possibilités aux leaders des partis d'opposition d'accéder au pouvoir par l'alternance, grâce à l'organisation d'élections libres et transparentes[9]. L'influence du pouvoir central à travers les structures du parti installées partout sur le territoire national, du sommet à la base, sur les collectivités est un véritable facteur bloquant dans ce processus d'appropriation des principes et règles qui constituent l'essence de la décentralisation. Ainsi, les collectivités n'arrivent pas – ou très difficilement – à appliquer concrètement les règles et principes de la décentralisation dans la gestion des affaires locales, compétence qui leur est reconnue par la constitution où figure le principe de la libre administration des collectivités territoriales, dont certains estiment qu'il peut être une liberté fondamentale[10].

Se crée ainsi un système dans lequel, se font face des personnalités locales et des notables du pouvoir central – ceux du gouvernement ou de l'Assemblée nationale – cherchant à s'implanter dans les collectivités locales pour ceux qui n'y sont pas issus ou s'y maintenir pour les autres

[9]Il n'est pas indiqué, dans le cadre de cette étude de traiter en détail, à l'aide d'exemples précis, des dysfonctionnements et les nombreuses violations des principes les plus élémentaires de la démocratie.

[10]La libre administration des collectivités territoriales est-elle une liberté fondamentale ? V. L. Favoreu ; A. Roux, Cahiers du Conseil constitutionnel n° 12 – Dossier : le droit constitutionnel des collectivités territoriales, mai 2002.

qui y ont eu leur base avant d'être cooptés en « haut ». Les conflits naissent ainsi entre ces divers acteurs, mais dans la majorité des cas, ce sont les hommes politiques affiliés au pouvoir central ou appartenant à diverses coalitions créées et entretenues par le régime au pouvoir et très souvent, dans de nombreux cas, par le Chef de l'Etat lui-même. Ils dominent le système et imposent leurs politiques dont les buts recherchés sont parfois à l'opposé de ceux de l'intérêt local. Le clientélisme s'installe et occasionne - par un système de corruption, de stratégies électorales utilisées lors des élections nationales et transposées dans les collectivités durant les élections locales - diverses pratiques qui détournent la décentralisation de son objectif, c'est-à-dire du choix libre des élus et l'exercice tout aussi libre et autonome de leurs attributions. Comme partout ailleurs, les populations locales ont tendance à voter pour leurs maires par la proximité qui les lie. Et si ceux-ci sont politiquement affiliés au pouvoir, l'intérêt est détourné et s'éloigne de celui des collectivités et de leurs populations. Mais à cette première explication, s'ajoute le fait qu'en Afrique, la pratique du vote repose sur un sens et un esprit différents de ceux qu'on lui confère dans les démocraties occidentales : pour diverses raisons – dont le manque de moyens qui s'explique essentiellement par la pauvreté – la population choisit le candidat qui lui distribue des prébendes et qui la tient ainsi en otages par la prise en charge de leurs besoins quotidiens.

Forts de cette pratique courante et bien répandue, les hommes du pouvoir adoptent des stratégies de plus en plus raffinées et efficaces pour faire élire des autorités politiques centrales. Il existe ainsi une concurrence politique – entrainant des conflits politiques - entre élus locaux et autorités centrales par notables interposés, mais dans un rapport de forces souvent très déséquilibré au profit de ces dernières. L'implication directe ou indirecte du parti politique au pouvoir et du Chef de l'Etat dans la gestion des affaires locales constitue un véritable facteur bloquant

Ces conflits ou interactions sont nombreux et récurrents. Ceux survenus plus récemment au Sénégal entre le pouvoir central et les entités décentralisées, traduisent une volonté constante de l'Etat de vouloir maintenir son contrôle sur la gestion des affaires locales, et sur l'orientation de la vie politique et économique définie par les autorisées décentralisées qui devraient être les seules à en avoir la compétence. A titre illustratif, nous avions rappelé l'érection au Sénégal en 2001 des organes de toutes les collectivités en « délégations spéciales » chargées de la gestion des collectivités locales jusqu'aux élections suivantes de 2002 par le Président Wade lorsqu'il avait voulu empêcher le prolongement du mandat des élus locaux, des Conseils locaux, appartenant majoritairement à l'opposition. Le Conseil constitutionnel avait jugé cette création conforme à la Constitution, contrariant ainsi la thèse défendue par l'opposition qui soutenait son inconstitutionnalité, dénonçant par la même occasion, une immixtion du pouvoir central dans le fonctionnement des collectivités locales et surtout, une grave atteinte au principe de libre administration de celles-ci[11]. Dans ces conditions, la portée du principe de la libre administration dont bénéficie cette collectivité locale et son autonomie se trouvent bien amoindrie par la contrepartie « politique » que le pouvoir central ne manquera pas de lui exiger.

Le déficit démocratique : un obstacle non rédhibitoire à la décentralisation

Une véritable décentralisation ne peut exister si le régime politique dans lequel elle est envisagée ou mise en place n'est pas démocratique. Inutile de revenir dans cette étude sur la définition d'un tel régime. Dans ses grandes lignes comme dans ses manifestations, nous en connaissons les principes essentiels, tels la séparation des pouvoirs, l'organisation d'élections libres et transparentes, l'existence d'une opposition, l'indépendance de la justice et le respect des droits et libertés fondamentaux. Si ces principes ne sont pas respectés ou font l'objet d'atteintes régulières sans la moindre sanction, on comprend mal comment on peut prétendre mettre en place une politique de décentralisation effective et opérationnelle, sauf à tomber dans la démagogie connue dans les régimes autoritaires. Une bonne politique de décentralisation se traduit en effet par la liberté des collectivités territoriales de gérer leurs affaires à l'aide d'élus désignés par les populations locales sur un programme qui leur est proposé. C'est lorsqu'un régime démocratique existe et fonctionne normalement qu'il peut exister une réelle décentralisation qui en est en même temps le complément et le prolongement.

L'espoir que les spécialistes nourrissaient de voir les systèmes politiques africains s'engager enfin dans une voie démocratique viable était apparu au début des années 1990, au moment où on a cru en un

[11] Pour les détails de cette crise, v. I. Touré : « Autonomie et démocratie locale en Afrique. Une illustration par le cas du Sénégal. », Revue Internationale des Sciences Administratives, 2012/4, vol. 78, p. 813 ; voir également A. Piveteau, « Décentralisation et développement local au Sénégal. Chronique d'un couple hypothétique », Revue Tiers Monde, 2005/1 n° 181, p. 74 et svtes ; G. Blundo, « Logiques de Gestion Publique dans la Décentralisation Sénégalaise : Participation Factionnelle et Ubiquité Réticulaire », Bulletin de l'APAD,[en ligne], 15|1998, mis en ligne le 20 décembre 2006, : http://apad.revues.org/555

tournant majeur dans la vie politique en Afrique francophone, avec le retour vers le multipartisme et l'acceptation du pluralisme. On a pensé en effet que l'Afrique, longtemps apparue aux yeux du monde comme un bastion de régimes autoritaires et dictatoriaux, allait ouvrir une nouvelle page de son histoire et s'engager dans une nouvelle ère où les élections allaient permettre aux populations de désigner librement leurs dirigeants. Ces choix dits « concurrentiels » à la place de régimes autoritaires et des coups d'Etat apparaissaient comme le signe d'une étape politique et institutionnelle : celle de la démocratie pluraliste constitutionnelle.

Mais l'espoir suscité par les discours et réformes constitutionnelles sur cette démocratisation des mœurs politiques a vite cédé la place à la suspicion puis à la déception ; les résultats n'ayant pas été à la hauteur des espérances ainsi suscitées.

Tout ceci n'est pas surprenant. Nul n'ignore que ces réformes étaient le résultat d'une combinaison de facteurs externes et internes, tels que l'implosion du bloc soviétique, le conditionnement de l'aide économique occidentale d'une part, et des soulèvements populaires qui ont poussé les élites politiques à engager leurs pays sur la voie de réformes d'autre part. Mais au fur et à mesure que ces pressions se relâchent avec le temps, on voit ressurgir les mêmes méthodes de gouvernement jadis employées à l'époque du système de parti unique pour se maintenir au pouvoir.

La majorité de la doctrine qui s'intéresse à l'évolution de la vie institutionnelle et politique reconnait aujourd'hui que le constitutionnalisme dans les Etats francophones d'Afrique souffre de nombreuses imperfections : modifications intempestives et récurrentes des dispositions constitutionnelles dont l'objectif recherché est non l'intérêt général, mais celui d'un parti politique ou d'un Chef de l'Etat obsédé par le pouvoir, élections truquées, résurrection de coups d'Etat, conséquence dans certains cas d'une « mal-gouvernance » dans ces Etats, etc. Certes des exceptions existent, tout particulièrement dans les pays anglophones (Kenya, Ghana, Afrique du sud, Nigéria...) mais le déficit démocratique reste encore une constance dans la majorité de ces Etats.

On le sait aujourd'hui, ce processus de démocratisation des régimes politiques africains annoncé en grande pompe a très vite montré ses limites. Il existe très peu d'alternance au pouvoir. L'élection comme moyen de démocratisation est finalement apparue comme un prétexte, pour nombre de dirigeants encore séduits par les pratiques connues dans les systèmes de parti unique, de rester au pouvoir. « Rares sont les scrutins africains qui respectent les règles formelles de la démocratie électorale. Les manipulations à chaque étape du cycle électoral prennent diverses formes, allant de l'intimidation des électeurs et des candidats à la manipulation de l'organe de gestion électorale en passant par des failles dans l'enrôlement et le trucage dans le décompte des résultats »[12].

De manière générale, le processus de démocratisation du système politique varie selon les pays : dans certains d'entre eux, la démocratie s'installe progressivement et donne l'espoir qu'elle se consolidera et aboutira à des résultats satisfaisants ; dans d'autres, elle est plutôt lente et cahoteuse ; les principes constitutionnels et les libertés individuelles y font l'objet de violations graves et récurrentes. Au pire, apparaissent ici et là des prises anticonstitutionnelles du pouvoir pourtant proscrites par les textes régionaux. Dans la majorité de ces Etats où le pouvoir reste concentré entre les mains de dirigeants peu soucieux du respect des principes démocratiques, l'illusion décentralisatrice est la réalité la plus évidente ; les textes qui s'y rapportent restent théoriques et n'ont aucune prise sur la vie locale. Une situation qui n'est toutefois pas rédhibitoire, si tant est que l'instauration de la démocratie pluraliste et l'Etat de droit démocratique demeurent encore un objectif primordial pour ces pays.

II- LA DÉCENTRALISATION ET LES PERSPECTIVES DÉMOCRATIQUES

Cette décentralisation menée depuis plusieurs années dans ces pays exige des réformes au niveau de l'Etat dans ses structures comme dans ses démembrements que sont les collectivités territoriales. C'est là une exigence pour répondre aux aspirations légitimes des populations et pour atteindre les objectifs visés autant que pour relever les défis auxquels ces collectivités sont confrontées. Plusieurs réformes apparaissent nécessaires pour une décentralisation plus effective. Elles doivent être poursuivies et renforcées là où elles ont été déjà initiées. D'autres devraient s'y ajouter pour davantage renforcer les capacités des collectivités territoriales à faire face à leurs besoins par l'acquisition de compétences techniques, administratives, informatiques et une formation complète en matière de communication. Une formation en matière de management, d'animation et de gestion devrait être assurée au personnel local afin qu'il puisse s'adapter aux mutations auxquelles font face aujourd'hui les services publics tant au niveau national qu'au plan local.

---

[12]Pierre Jacquemot, De l'élection à la démocratie en Afrique (1960-2020), ed. Fondation Jean-Jaurès, 2020.

La doctrine avait d'abord et régulièrement insisté sur la nécessité d'une réforme profonde de l'Etat en matière démocratique par un respect des principes contenus dans la constitution, en particulier du principe de la séparation des pouvoirs, de l'organisation d'élections libres et transparentes, du respect du pluralisme politique et de l'indépendance de la justice. Ce sont des conditions générales qui peuvent paraître banales ou élémentaires – on devine aisément qu'elles ne le sont pas dans les Etats africains francophones – mais elles constituent des exigences *sine qua non* ; celles sans les quelles, on imagine difficilement un Etat abandonner certaines de ses compétences au profit de ses démembrements territoriaux. La crainte souvent renouvelée des gouvernants, notamment durant les premières années d'indépendance, est celle d'un Etat encore fragile. L'unité de l'Etat n'étant pas totalement achevée disait-on, le risque d'une fragmentation ou d'une dislocation territoriale ou celles de la nation serait encore présent à cause de mouvements trop centrifuges capables de mener des activités séparatistes. Une théorie bien obsolète en réalité, comme le sont également les arguments selon lesquels, les Etats africains ne sont pas encore bien préparés pour la démocratie et qu'il leur faut un temps d'adaptation ; une période transitoire qui en réalité, n'est ni nécessaire, ni souhaitable[13]. Toutes ces objections s'opposant à une décentralisation de l'Etat unitaire relèvent d'une vieille conception centralisatrice héritée de l'ancienne puissance coloniale et dont les dirigeants africains éprouvent des difficultés à s'en départir.

Enfin, une objection d'ordre économique – qui ne se justifie pas non plus de nos jours – consistait à soutenir que les ressources et richesses nationales étant inégalement réparties, la décentralisation pourrait davantage favoriser les régions pauvres au détriment des plus riches[14]. Ces résistances n'ont certainement pas toutes disparu et semblent justifier encore aujourd'hui le refus voilé ou les lenteurs dans la mise en œuvre des politiques de décentralisation.

En revanche, l'influence du mimétisme devrait encore une fois être réduite et se limiter aux seules expériences susceptibles de favoriser la mise en œuvre des politiques de décentralisation. A ce sujet, la transposition de la notion de clause de compétence générale dans les textes concernant la décentralisation en Afrique ne s'explique pas pour au moins deux raisons : d'abord, il s'agit d'une clause qui ne fait pas l'unanimité en France d'où elle a été transposée pour des raisons liées à sa définition

---

[13] M. Nzouankeu, art. précité, p. 258.

[14] Idem, p. 259

ambigüe ; ensuite, la répartition des compétences entre l'Etat et les collectivités territoriales dont elle constitue un des critères est assez floue[15].

Démocratisation administrative et économique des structures locales

Les difficultés auxquelles sont confrontées les collectivités locales dans leur quête d'autonomie et d'indépendance dans le cadre des principes démocratiques induits par l'idée de décentralisation et sur lesquels reposent les rapports entre le pouvoir central et les collectivités territoriales, se situent à plusieurs niveaux et dans de nombreux champs.

Nous avions relevé que sur le plan administratif, le manque de technicité constitue l'une des faiblesses les plus criantes, tant pour les collectivités elles-mêmes, que pour leur personnel [16] A ce premier handicap, s'ajoute un autre, plus persistant, régulièrement relevé par la doctrine : le manque de moyens matériels et financiers, talon d'Achille de ces collectivités[17].

Historiquement, la plupart des pays africains ont hérité de systèmes administratifs centralisés de l'époque coloniale. Ces structures ont souvent concentré le pouvoir et les ressources dans les capitales, laissant les régions périphériques marginalisées. Cette marginalisation s'est poursuivie et se traduit aujourd'hui par de nettes disparités économiques et sociales entre

---

[15]G. Le Chevalier, « Le débat sur la clause générale de compétence est-il vraiment utile ? », A.J.D.A, 2009, p. 186

[16] C.S. Sèye, « Au-delà de la démocratie locale : des points cardinaux pour affermir la démocratie sénégalaise », Revue Africaine de la démocratie et de la Gouvernance, vol. 4, N° 1-2, p. 189. A ce sujet, nous avions écrit ceci : « Les élus locaux, comme le personnel de ces structures décentralisées ne disposent ni des connaissances, ni des d'aptitudes techniques susceptibles de permettre à celles-ci de promouvoir la démocratie et le développement économique au niveau local. A défaut d'une telle « technicité », ces élus sont dans l'incapacité de concevoir des plans et projets de développement viables, et le personnel peu qualifié sur le plan professionnel ne constitue pas un outil efficace pour la réalisation des programmes définis par les collectivités locales », v. notre article précité, « La décentralisation au Sénégal… », Mélanges en l'honneur de Robert Dossou, ouvrage précité, p. 583

[17]A. Piveteau, « Décentralisation et développement local au Sénégal. Chronique d'un couple hypothétique », Revue Tiers Monde, 2005/1 n° 181, 84. ZAKI (M), « Les entraves à l'autonomie financière des collectivités locales au Sénégal », http://afrilex.u-bordeaux4.fr/les-entraves-a-l-autonomie.html, 2014, 32 p. Les collectivités territoriales pourraient bénéficier d'une importante source de revenus dans les pays dotés de ressources énergétiques. Tel est le cas au Sénégal où il est prévu qu'un fonds issu de l'exploitation des mines et des hydrocarbures leur est destiné. Mais faudrait-il que l'Etat s'exécute et leur reverse ces revenus une fois qu'il aura perçu toutes les recettes provenant des taxes payées par les entreprises qui exploitent les différents sites concernés.

les collectivités territoriales et plus précisément, entre les régions urbaines et rurales. Celles-ci manquent souvent d'infrastructures de base, de services publics adéquats[18] et d'opportunités économiques. La participation des citoyens aux processus décisionnels reste limitée en raison de la centralisation du pouvoir et d'un manque de mécanismes efficaces pour l'inclusion. Elles ont également besoin de mettre en place des stratégies pour la démocratisation financière grâce à un renforcement des institutions locales.

S'agissant de la décentralisation administrative, la démocratisation dans ce domaine se fera par un transfert de compétences administratives aux gouvernements locaux, sur la base, faut-il le rappeler, du principe de la libre administration des affaires locales. Ceux-ci pourront ainsi gérer les affaires locales de manière autonome. Cela implique bien évidemment l'offre de formation continue des responsables pour améliorer leurs compétences en gestion financière, en planification et en gouvernance, et la mise en place de mécanismes de contrôle et de transparence

La démocratisation des problématiques financières et matérielles dans une politique de décentralisation en Afrique nécessite une approche holistique qui combine renforcement des institutions locales, transparence, développement économique, éducation et technologie. Il est crucial de créer un environnement où les citoyens peuvent participer activement à la gouvernance locale et où les ressources sont gérées de manière équitable et efficace. Pour réussir, cette démarche doit être soutenue par une volonté politique forte et un engagement à long terme de toutes les parties prenantes. Concernant la décentralisation financière, il est impératif d'allouer une part significative du budget national aux administrations locales à partir de critères objectifs tels que la population, le niveau de pauvreté et les besoins en infrastructures et en même temps, encourager les gouvernements locaux à lever des fonds à travers des impôts locaux, des partenariats public-privé et des emprunts.

La démocratisation du système par le bas pour une décentralisation effective et durable

Le continent africain semble vivre ces dernières années une « atmosphère populaire de démocratie » qui se dégage des manifestations

[18] A ce sujet, il est illusoire d'envisager au niveau local, des services publics dont le fonctionnement repose sur les principes d'égalité, de gratuité, de continuité et de mutabilité qui n'ont aucune réalité au niveau national, contrairement à ce qu'implique cette notion dans un système démocratique. Un accès équitable au service public local contribuerait à davantage démocratiser les prestations offertes au public.

de populations à l'occasion de divers évènements politiques. Les jeunes, majoritaires dans ces populations, sont constamment informés grâce aux réseaux sociaux, de l'évolution du mode de vie des citoyens et des mutations sociales, économiques et politiques intervenues dans le monde et plus particulièrement dans les Etats dits démocratiques. Ces populations se saisissent progressivement des principes démocratiques, de l'idée de justice de bonne gouvernance, d'élections libres, etc. A défaut de pouvoir modifier dans l'immédiat la pratique centralisatrice et antidémocratique du pouvoir en place et face à sa réticence à procéder à un transfert effectif des compétentes tel que prévu par les textes, l'ancrage de la décentralisation dans ses implications démocratiques, constituera le point de départ de cette exigence démocratique croissante, formulée et soutenue par ces couches populaires issues des localités – c'est-à-dire des collectivités territoriales – et qui interviendraient de manière plus directe, plus libre et plus autonome dans le choix de leurs élus et dans celui des programmes dans la gestion des affaires locales.

Ces citoyens aspirent à davantage de liberté et de transparence dans la gestion des affaires de l'Etat. Leur exigence pour la démocratie constitue un facteur décisif dans le processus de démocratisation des systèmes politiques des Etats francophones d'Afrique de l'Ouest. A défaut d'une démocratie qui fonctionne du niveau central vers le local, c'est-à-dire du « haut » du pouvoir vers le « bas, les communautés locales pourraient s'imposer à partir d'élections locales et législatives pour aboutir à une transformation du système politique depuis le « bas » grâce aux expériences et pratiques acquises par la décentralisation vers le pouvoir central, c'est à dire vers le « haut ».

L'intensité de la « poussée populaire » déployée à un moment donné dans l'histoire d'un pays pour contraindre les dirigeants récalcitrants à instaurer un Etat de droit démocratique et sortir de leur « tour d'ivoire » a souvent été historiquement déterminante dans la transformation des régimes autoritaires en régimes démocratiques. Le philosophe Spinoza disait à juste titre - une vérité à laquelle nous souscrivons - : « Ce qui fait qu'en pratique ce gouvernement (assemblée aristocratique) n'est plus absolu, c'est que le peuple lui est redoutable ; et pour cette raison, le peuple obtient une certaine liberté, sinon légalement, du moins tacitement »[19]. De Lacharrière ajoute fort à propos : « ...La limite des gouvernants viendrait de la puissance populaire qui subsiste extérieure à eux, toujours

---

[19] Cité par R. de Lacharrière, Etudes sur la théorie démocratique, Spinoza – Rousseau – Hegel - Marx, éd. Payot,

dangereuse, et avec laquelle ils sont contraints de composer non pas d'ailleurs en incorporant une dose de démocratie vraie mais par des concessions démagogiques »[20].

Ce constat de Spinoza est bien ancien ; il n'en demeure pas moins très vivant et pertinent aujourd'hui concernant les pays africains, comme elle l'a été en Europe à son époque, lorsque l'on s'intéresse à la relation entre les « gouvernants » et les « gouvernés » dans une perspective démocratique. Nous la renouvelons dans le cadre de cette étude et insistons sur l'idée que les autocrates africains ne peuvent demeurer indéfiniment insensibles aux aspirations de leurs peuples.

Les exigences et les attentes des citoyens en matière de démocratie et de transparence dans la gestion des affaires publiques sont très fortes dans ces Etats. D'importantes mutations y sont observées depuis quelques années dans les rapports entre l'Etat central et les populations composées majoritairement de jeunes, encore une fois, très informés des enjeux du monde actuel grâce aux réseaux sociaux. Le scénario des élections législatives de 2022 au Sénégal et l'élection présidentielle de mars 2024, sont une illustration de cette capacité des populations à contraindre des gouvernants autoritaires, obstinés à utiliser des méthodes peu démocratiques dans la gestion du pays et autoritaire, à changer de politique voire, à quitter le pouvoir.

Cette expérience vécue au Sénégal, après les deux alternances politiques survenues dans le pays, est significative de ces transformations que les populations sont susceptibles de provoquer dans leurs rapports avec le pouvoir. Les graves révélations sur les malversations foncières dans les collectivités locales ont fait réagir les citoyens qui exigent une clarification sur toutes ces affaires et il n'est pas exclu que les élus locaux coupables de tels actes, soient sanctionnés à travers les urnes lors des prochaines élections législatives et municipales. Au-delà – et c'est cela qui est important pour le thème qui nous concerne – non seulement elles vont s'impliquer davantage dans la vie politique de leurs localités, mais elles peuvent être plus exigeantes à l'égard de leurs élus locaux – qui cumulent le plus souvent le mandat de maire et de député - pour une gestion et une administration saines des affaires.

En définitive, la concrétisation de la décentralisation dans les collectivités locales est inéluctablement liée à une démocratisation du système politique de manière dialectique : par le « haut » dans un premier mouvement, et dans un deuxième mouvement vers le bas, les deux actions

---

[20] Idem, p. 33

étant toutes menées sous l'impulsion des citoyens. Lena Gutheil rappelle que « la décentralisation n'est pas un processus stable et linéaire, mais plutôt une évolution continue et contestée dans laquelle les acteurs municipaux jouent un rôle important en négociant leur accès au pouvoir et aux ressources ».[21]Ce processus mouvant et évolutif de la décentralisation autorise que d'autres pistes de réflexion et d'autres voies puissent être envisagées pour parfaire cette politique de transfert de compétences au profit des collectivités territoriales. L'une d'elles, parmi les plus importantes, est la démocratie de proximité.

Démocratie participative, démocratie délibérative et « coadministration » : atouts complémentaires à la décentralisation

La démocratie participative et délibérative, ainsi que la *« coadministration »* sont connues en doctrine, pour avoir fait l'objet, l'une et l'autre, d'intéressantes théories en matière démocratique. Cela relève de la transparence sur la gestion des affaires dans les collectivités locales et de la responsabilité de celles-ci.

S'agissant de la démocratie participative - ou gouvernance participative - et de la démocratie délibérative, les craintes d'une dépossession du pouvoir des gouvernés par les représentants ont provoqué un antiparlementarisme dont l'origine remonte à la critique de Jean-Jacques Rousseau. Les limites de la démocratie représentative ainsi relevées, et tout particulièrement les dangers d'un parti majoritaire, les réflexions ont porté, notamment à partir des années 1980, sur d'autres voies pour renouveler et renforcer la démocratie par des solutions nouvelles. La démocratie participative et délibérative à ce mouvement tendant à impliquer davantage ou plus fortement, la participation de l'administré au processus de décision politique. Dans le cadre de cette « participation citoyenne » aux affaires locales interviendront ainsi dans les processus budgétaires locaux à travers des consultations publiques, des forums communautaires et des plateformes numériques. Ils devraient pouvoir surveiller l'utilisation des fonds publics et rendre imputables les responsables locaux.

Dans cette perspective, les citoyens auront besoin d'une maturation politique et démocratique pour être en mesure de « s'approprier », c'est-à-dire de connaitre le contenu des instituions, les principes et règles de la « bonne gouvernance » et pouvoir ainsi exiger leur respect par les

[21] « La décentralisation et ses effets dur la gouvernance urbaine en Afrique, Etudes de l'Ifri, avril 2024, https://www.ifri.org/fr/publications/etudes-de-lifri/decentralisation-effets-gouvernance-urbaine-afrique

gouvernants, notamment locaux. Le développement fulgurant des Nouvelles Techniques de l'Information et de la Communication(NTIC) et l'utilisation généralisée des réseaux sociaux contribuent largement aujourd'hui à cette « appropriation » des aspects juridiques, institutionnels et politiques liés à la vie quotidienne des citoyens. Les responsables locaux pourront implanter des systèmes de gestion numérique pour les services publics locaux afin de rendre les processus plus efficaces et transparents. Dans le même sens, l'utilisation de plateforme en ligne faciliterait également la participation citoyenne et la gestion des ressources. A l'aide d'une collecte et d'une analyse des données locales, les autorités locales pourront informer les investisseurs sur les besoins réels des communautés.

La « participation citoyenne » aux « affaires locales » tant vantée et contenue dans divers textes dont la constitution n'en sera que plus effective. Ce processus ne se limitera pas aux seules problématiques juridiques et politiques. Il concerne également le développement économique local où des attentes restent nombreuses. Il serait important pour les collectivités territoriales d'investir dans les infrastructures de base (routes, écoles, hôpitaux, réseaux d'eau et d'électricité) pour améliorer la qualité de vie et stimuler l'activité économique locale, à condition que les ressources provenant de l'Etat soient réellement transférées aux collectivités bénéficiaires et que les recettes fiscales soient également une source de revenues fiable et continue. Ces dernières restent encore dans nombre de pays, le «talon d'Achille » des collectivités territoriales. Leur politique fiscale est le plus souvent inexistante ou déficiente, en plus de la corruption, véritable fléau au niveau national et au plan local. Un soutien aux petites et moyennes entreprises (PME) grâce à leur facile accès au financement, à la mise en place de conseils en gestion d'entreprise, à la une création de zones économiques spéciales pour attirer les investissements et encourager la création d'emplois.

En définitive, il s'agit d'une démocratie de proximité expérimentée ailleurs [22] qui pourrait parfaitement combler le déficit démocratique, caractéristique des relations entre élus et populations dans les collectivités territoriales en Afrique francophone. Ce corpus de mesures devra être complété par la mise en place de solides mécanismes pour lutter contre la corruption, notamment à l'aide d'audits indépendants, d'enquêtes transparentes et de sanctions sévères pour les pratiques corruptrices.

[22] On fait référence ici au budget participatif connu au Brésil à Porto Allegre que des régions en France ont également expérimenté à l'exemple de la Poitou-Charentes avec le budget des lycées ou la ville de Grigny (Rhône).

Le principe de la liberté de gestion des affaires locales reconnu aux collectivités locales suppose aujourd'hui, et de plus en plus, une ouverture vers d'autres types de relations entre la collectivité locale et le pouvoir central. C'est dans ce cadre qu'intervient l'autre voie de la *démocratie de proximité* : la *coadministration,* ce mode de gestion commune des affaires locales par le pouvoir central et la collectivité territoriale. Cette technique revient dans le débat sur la décentralisation dans l'objectif de renforcer sa dimension démocratique. Elle mettrait en pratique des interactions plus efficientes entre les acteurs que constituent l'Etat et les collectivités territoriales dans les politiques locales. Elle n'est pas nouvelle ; elle est apparue sous la plume de Maurice Hauriou à la fin du XIXème siècle lorsqu'il fit savoir que « le plus souvent il y a « concours » ou *coadministration* des diverses administrations » pour la mise en œuvre d'un même service ou d'une même politique »[23] Même s'il apparait que cette *coadministration* est complexe et soulève quelques difficultés notamment sur la compétence d'une collectivité territoriale à partager les tâches avec d'autres collectivités[24], elle aiderait les entités décentralisées à coordonner leurs interventions avec celles des autorités centrales ou déconcentrées. Un tel système constitue une solution intermédiaire pour les autorités centrales encore peu enclines à effectuer un transfert total des compétences tel que prévu par les textes, et pour les collectivités territoriales encore en quête d'autonomie et de moyens matériels et financiers qui leur manquent de manière cruelle.

Enfin, concrétiser durablement la décentralisation dans les systèmes démocratiques africains, c'est également à la fois consacrer une tutelle de plus en plus allégée, notamment par l'intervention du juge dans le cadre d'un référé préfectoral comme c'est par exemple le cas au Sénégal, et rapprocher l'administré de la justice par une décentralisation pratique de l'institution judiciaire et une gestion foncière locale plus transparente grâce à une politique de sédentarisation des populations rurales orientées vers des activités agricoles. Il s'agira enfin de réduire les disparités culturelles et protéger les minorités.

Cette contribution peut paraitre bien pessimiste. Soit ! Mais il se trouve que la démocratie qui est un préalable la décentralisation semble en perte

---

[23] M. Hauriou, La gestion administrative, Paris, 1899, p. 31, note 1, cité par Vincent Briant, « L'administration dans le domaine de l'environnement. Un levier pour la clarification des compétences », Revue juridique de l'environnement, 2013/ (N° spécial), pp. 27-40

[24]P. Bernard, « La coopération entre l'Etat et les collectivités locales. Réflexion sur la co-administration », in La loi du 28 pluviose an VIII, deux cents ans après : survivance ou pérennité ? Paris, PUF, 2000, p. 123.

de vitesse en Afrique francophone. Il faut admettre que face à des politiques aussi complexes et exigeantes que celles de la décentralisation, tant du point de vue des stratégies qu'au plan des moyens à mettre en œuvre, les Etats concernés n'ont pas encore atteint leur objectif. La tâche n'est pas simple et les « échecs et limites » constatés ne sont pas propres à l'Afrique de l'Ouest[25] ou aux seuls Etats africains. Par exemple, la critique de Bernard Chantebout sur la décentralisation française est sévère et sans détours : il la considère comme une « décentralisation qui s'est réalisée contre les intérêts et libertés des citoyens » (...) « qui a conféré aux élus une très large irresponsabilité politique et les a soustraits à toutes formes de contrôle »[26].

Ces limites dans la réalisation de vraies politiques de décentralisation en Afrique francophone, qui ne sont pas rédhibitoires par ailleurs, ne doivent pas cacher les succès obtenus ici et là et reconnus par la doctrine[27]. Le processus de décentralisation entamé dans ces Etats devrait s'enrichir de ces acquis et s'y appuyer pour obtenir des résultats plus probants. Ceci est d'autant plus réalisable que nombre de facteurs existent et annoncent des réalisations conséquentes. L'implication d'élites apolitiques résidant à l'étranger est un mouvement de plus en répandu et aboutit à des résultats appréciables. Cette « diaspora » est très présente dans certaines communes du nord du Sénégal par exemple, où des réunions du conseil municipal sont retransmises en direct sur les réseaux sociaux. Ainsi, les ressortissants établis à l'étranger et qui financent des projets de développement, sont en

---

25 A.J.F. Varimelo, La décentralisation an Angola et au Mozambique : du discours à la consécration juridique, thèse, université de Bordeaux, 2017

26 « Décentralisation et démocratie. L'anti-modèle français », in Démocratie et liberté : tension, dialogue, confrontation, Mélanges offerts en l'honneur de Slobodan Milacic, ed. Brutlant, 2008, p. 773 ; voir également, La décentralisation 40 ans après : un élan à retrouver, Rapport public annuel 2023, mars 2023, Cour des comptes, www.ccomptes.fr

27 Décentralisation et démocratisation en Afrique, Mondes et développement, 2006/1 (n°133), ouvrage précité, éditeur : De Boeck Supérieur, 140 pages, avec la présentation de Luc Cooremans ; A. Niass, « La décentralisation au Sénégal : bilan et perspective », 12 janvier 2014, https://maoulhayat.com/la-decentralisation-au-senegal-bilan-et-perspectives/; B. Kanté, « La décentralisation dans les régimes politiques ouest-africains. Essai de réflexion théorique », Annales africaines, 1983-1984, Faculté des Sciences Juridiques et Economiques de Dakar, pp. 79-120 ; v. également, Diallo, I., Le droit des collectivités locales au Sénégal, éd. L'Harmattan, 2007, pp. 312-313 ; PETITEVILLE (F), Aperçus politiques sur le processus de décentralisation subsahariens », in RJPIC, 1995, vol. 49, n° 3, p. 347-362 ; I. Toure : « Autonomie et décentralisation locale en Afrique. Une illustration par le cas du Sénégal. », Revue Internationale des Sciences Administratives, 2012/4, vol. 78, p. 183. Décentralisation et démocratisation en Afrique, Mondes et développement, 2006/1 (n°133), éditeur : De Boeck Supérieur, 140 pages, avec la présentation de Luc Cooremans.

mesure de suivre les délibérations et d'être informés en permanence sur la gestion de la municipalité. L'implication des autorités traditionnelles dans la vie politique locale est un élément capital, même si leur statut et leur rôle ne sont pas toujours clairement définis [28]. Enfin, la coopération décentralisée[29], l'action des Organisations non gouvernementales et celle de la société civile constituent de précieux appuis aux collectivités territoriales dans leur quête d'autonomie et pour la réalisation de leurs projets [30]. Autant de facteurs susceptibles de contribuer, de manière décisive, à la concrétisation des politiques de décentralisation, à condition toutefois que les systèmes politiques des pays concernés respectent les principes démocratiques

---

[28] H.M.G Ouédraogo, « Décentralisation et pouvoirs traditionnels : paradoxe des légitimités locales » ; Monde en développement, 2006/1 (n° 133), pp. 9-29 ; voir notamment p. 21 et svtes sur la difficulté à distinguer les autorités » traditionnelles » et celles « coutumières » et leur statut dans la législation béninoise et nigérienne.

J. Njoa, « Autorités traditionnelles et pouvoir politique au Cameroun : captation politico-juridique et mobilisation des ressources d'adaptation et de maintien » chrome extension://efaidnbmnnnibpcajpcglclefindmkaj/https://www.nomos-elibrary.de/10.5771/0 F.506-7286-2023-2-419.pdf?download_full_pdf=1&page=1 ; P-Y Le Meur, « Gérer l'attente : le Bénin rural face à l'administration », IRD ed., https://books.openedition.org/irdeditions/16943?lang=fr ; F. Affo, « Décentralisation et retour de la Couronne dans les collectivités locales au Bénin : une collaboration mitigée, in International journal of progressive sciences and technologies, vol. n° 2 (2018) (sur les relations parfois difficiles entre autorités coutumières et élus locaux) ; du même auteur, « Sociologie des conflits de leadership autour du pouvoir local et la puissance politique des têtes couronnées au Bénin : une dimension ignorée » in L'effectivité de la décentralisation au Bénin , Cotonou, Les cahiers du CeDAT, 2015, pp. 257-268 ; O. Illy, « La chefferie traditionnelle dans les constitutions des Etats d'Afrique Noire francophone », Revue Burkinabe de Droit, n° 3, 2ème semestre, 2017, pp. 159-188.

[29] V. C. Jibeili, « La coopération décentralisée », in La décentralisation 30 ans après. –Dir. S. Regourd, J. Carles et D. Guignard, Presses de l'Université Toulouse Capitole, 2013, pp 307-322 ; « La coopération décentralisée dans l'espace francophone, rapport Assemblée parlementaire de la francophonie ; A. Piveteau, « Décentralisation et développement local au Sénégal. Chronique d'un couple hypothétique », Revue Tiers Monde, 2005/1 n° 181, p. 90 et svtes. M. Niang Ndiaye « Décentralisation et développement en Afrique de l'Ouest : quels enjeux aujurd'hui ? », Les sentiers du développement, de l'art à la manière, édité par Karim Kadir et al., Presses universitaires de la Méditerranée, 2017, https://doi.org/10.4000/books.pulm.3741.,

[30] V. M. Niang Ndiaye, article précité, v. paragraphe 3; M. Leclerc-Olive, «Décentralisation et « réforme de l'État » à l'épreuve des pratiques de coopération ». In Mali-France: regards sur une histoire partagée », Actes du colloque «Regards croisés France-Mali» (Bamako, janvier 2005). Paris: Karthala; Bamako: Éditions Donniya, p. 281-299.

II- DROIT FINANCIER

LA RÉVISION DEVANT LA COUR DES COMPTES : BRÈVES RÉFLEXIONS A LA LUMIÈRE DES ARRÊTS AGEDI 1 ET 2

ACKA Sohuily Félix
Agrégé de Droit public et Science politique,
Juge à la Cour des comptes de l'UEMOA

Par une heureuse fortune, je me retrouvais, ce matin-là, dans cette salle de travaux dirigés de la Faculté de Droit d'Abidjan de l'Université de Cocody (devenue Université Félix Houphouët-Boigny). Impatient et inquiet, mais éveillé et attentif, je me laissais émerveiller et bercer par les paroles de l'homme qui prit la parole aussitôt après avoir fait irruption dans la salle. Inquiet mais émerveillé, je me laissais bercer par les paroles de l'homme, qui fit une irruption dans la salle. Les salutations faites, il commença une conversation qu'il tint seul, pendant un long moment. L'homme était de grande taille, mais d'aspect affable. Sa parole était agréable à entendre. Elle était suave. Elle était abondante et généreuse, livrée dans un débit presque trop rapide. J'en avais presque le vertige, alors même que j'étais séduit par ce que j'entendais. Ce souvenir remonte à une quarante d'années. Quarante ans, déjà... !? Quarante ans à peine... !? C'est selon. L'homme n'était nul autre que lui : Monsieur Djézou Martin Bléou.

A cette époque, Assistant à la Faculté de Droit, il se distinguait de tout autre, par sa grande taille. Il était bien visible, de près comme de loin. De plus, son éloquence et son élégance dans la prise de parole contribuaient à son art oratoire. Son aisance dans l'enseignement en imposait aux étudiants acquis à la cause d'avoir fait le bon choix, et rêvant de ressembler ou/et d'égaler un jour le modèle... On ne se lasserait guère d'égrainer ses qualités de bon juriste, voire d'excellence. Ses mérites ne sont pas à compter. Ils lui ont valu les grâces du grand Maître dont il est demeuré, inconditionnellement, le disciple le plus fidèle : de vénérée mémoire, le Professeur Francis Wodié, arraché à son (notre) affection le 3 juillet 2023. *Requiescat in pace*... !

Fils égal au Père, Bléou lui portait une estime auréolée de cette déférence dans laquelle s'entremêlaient dévouement et dévotion.

Comme son Maître et Père, il est devenu Professeur de droit Public, de rang égal au Père : Tel fils, tel Père...

A la chance, inégale et inégalée, d'avoir été l'étudiant du Professeur Bléou, s'ajoute celle d'avoir été son Assistant. Son extrême rigueur dans la tenue des cellules pédagogiques et ses exigeantes imposées à son Assistant pour donner aux étudiants le meilleur de l'enseignement aux travaux dirigés m'ont été d'un secours indéniable pour suivre le chemin de la connaissance qu'il me frayait. J'ai eu, également, l'immense privilège de bénéficier de ses lumières alors que j'étais un agrégatif. Nos chemins se sont rencontrés au 10ème Concours d'Agrégation du CAMES, en 2001 : moi candidat, et lui, éminent membre du Jury qui m'a conféré l'élévation et la distinction en qualité d'Agrégé de Droit public et Science politique (CAMES, 2001). C'est autant d'honneur. C'est autant de bonheur.

Pourtant et pour tout, Monsieur le Professeur et cher Maître, daignez accepter, ici et maintenant, ma gratitude sincère, renouvelée et infinie !

Les nombreux écrits du Professeur Djézou Martin Bléou en droit public ne consacrent ni une place expresse aux finances publiques ou au droit public budgétaire et financier, ni une esquisse du droit contentieux à l'étude de la juridiction financière et à son essor jurisprudentiel. Sa très longue et riche expérience, mise au service du droit et de la science du droit, laisse paraître ou/et transparaître sa prédilection pour le droit public fondamental, droit dont la sève descend du droit constitutionnel au droit administratif et remonte du droit administratif au droit constitutionnel. De ce mouvement ambivalent de la sève du droit public, ses écrits abondent et ses enseignements sont irrigués à profusion.

Pourtant, le Professeur Bléou est loin d'ignorer la place qu'occupent, dans le droit public, les moyens financiers de l'action de l'administration, est des pouvoirs publics. Dans ses réflexions, ses écrits et enseignements tirés de la théorie générale du droit, il a toujours voué une admiration particulière aux de grands maîtres à la pensée fondatrice du droit public, et du droit financier français, au nombre desquels figurent Gaston Jèze et Louis Trotabas. De ce dernier, particulièrement, il a souvent retenu et évoqué le nom pour désigner et saluer, avec enthousiasme et admiration, l'un de ses collègues, promu avec lui Professeur Titulaire, à la même session du Cames : le Professeur Paul Yao-N'dré.

Dans son choix de se cantonner à creuser certains domaines du droit public, le Professeur Bléou ne reste pas fermé aux évolutions et aux perspectives nouvelles du droit, dont les foisonnements actuels vont bien au-delà du confort traditionnel et rigide de la distinction des branches du droit.

Il en est ainsi, par exemple, des glissements ou/et déplacements de la fonction contentieuse en matière de révision et de cassation, dont la récente dévolution à Cour des comptes par des textes suscite des questions à poser et des réponses à proposer s'agissant du droit jurisprudentiel en gestation attendue.

Tirant argument des certitudes et des incertitudes qui pointent, je voudrais esquisser le dévoilement de quelques ruptures-continuités amorcées. Il s'agit également de pointer du doigt ce contentieux porté devant la Cour des comptes, en y esquissant quelques prémisses en respectueux hommage au Professeur Bléou, Maître du droit, Maître du contentieux…

Au nombre des mutations majeures opérées par le Constituant ivoirien de 2016[1], celles relatives au Pouvoir judiciaire figurent parmi les plus importantes et les plus novatrices. Elles sont de nature à déterminer quelques avancées du droit processuel et l'éclosion de la jurisprudence financière demeurée le parent pauvre de l'activité juridictionnelle. Constituant des enjeux nouveaux et des défis prospectifs pour l'exercice de la fonction juridictionnelle qui en découle, elles conduisent à tirer du repositionnement institutionnel des éléments d'une indéniable avancée au regard de la Cour des comptes et des nouvelles fonctions juridictionnelles qui lui sont dévolues.

Dans l'ordre institutionnel, le Pouvoir judiciaire est déterminé en référence à une architecture nouvelle arrimée à l'existence de trois juridictions suprêmes représentatives, expressément identifiées dans l'article 143 de la Constitution ainsi qu'il suit : « Les juridictions suprêmes représentatives du pouvoir judiciaire sont : la Cour de cassation, le Conseil d'Etat et la Cour des comptes ».

De cette nouvelle architecture, qui fait de la Cour des comptes une institution juridictionnelle égale à chacune des deux autres, résulte la rupture-continuité d'avec l'organisation judiciaire antérieure. Sous l'empire de la loi organique relative à la Cour suprême[2], le système de l'unité organisationnelle judiciaire se combinait avec le dualisme juridictionnel avec, au sommet, la Chambre judiciaire (devenue la Cour de cassation) et la Chambre administrative (devenue le Conseil d'Etat).

La Chambre des comptes, dans cet ordre, était une formation administrative spécialisée dont les arrêts définitifs rendus devaient être

[1] Loi n°2016-866 du 08 novembre 2016 portant constitution de la République de Côte d'Ivoire et Loi constitutionnelle n°2020-348 du 19 mars 2020 modifiant la loi n°2016-886 du 8 novembre 2016 portant constitution de la République de Côte d'Ivoire.

[2] Loi n°94-476 du 05 août 1994 déterminant la Composition, l'organisation, les attributions et le fonctionnement de la Cour suprême et abrogeant la loi n°78-663 du 5 août 1978 relative à la Cour suprême, Titre IV, la Chambre des comptes.

contestés devant la Cour suprême. Elle était la formation de renvoi dont la révision des décisions conduisaient au réexamen de la cause en chambre du Conseil[3], tandis qu'en cas de révision, la compétence en était celle Chambre des comptes [4].

Aujourd'hui, la Constitution a fait de la Cour des comptes l'institution suprême dotée d'attributions juridictionnelles en matière financière[5] et, la loi organique n°2018-979 du 27 décembre 2018 déterminant les attributions, la composition, l'organisation et le fonctionnement de la Cour des comptes, la Juridiction suprême et l'Institution supérieure de contrôle des finances publiques[6]. Son ressort s'étend à tout le territoire de la République[7], en attendant la mise en place des Chambres régionales des comptes[8].

Le passage est ainsi réalisé de l'organisation judiciaire unitaire au fonctionnement dualiste [9] à une organisation judiciaire pluraliste, perçue et qualifiée par une doctrine encore minoritaire comme aménagé selon un ordre «triarchique»[10], «trilogique»[11] ou « trinitaire »[12].

Subséquemment aux mutations institutionnelles, un réaménagement a été introduit dans la répartition des compétences de la Cour, notamment par la dévolution à cette juridiction des compétences contentieuses en matière de recours en révision et de pourvoi en cassation.

Le recours en révision est la requête introduite par le requérant, malheureux ou insatisfait de la décision du juge, en vue de demander un nouvel examen de la cause, c'est-à-dire de faire revenir sur la décision passée en force de chose jugée, pour qu'il y soit à nouveau statué en fait et en droit, compte tenu de la survenance d'un fait nouveau. Lorsqu'un tel recours est jugé recevable et fondé, il conduit à la mise en place d'une nouvelle formation de jugement pour examiner la demande. Il s'agit d'un

---

[3] Loi n°94-446 du 5 août 1994, article 122.
[4] Ibidem, article 123.
[5] Constitution, articles 143 et 152.
[6] Loi organique n°2018-979 du 27 décembre 2018 déterminant les attributions, la composition, l'organisation et le fonctionnement de la Cour des comptes, article 2.
[7] Ibidem, article 3.
[8] Les Chambres régionales comptes d'Appel sont prévues par l'article 143 de la Constitution.
[9] D. M. Bléou, « Unité de juridiction et contentieux administratif : les exemples ivoirien et sénégalais », in Annales de l'Université de Cocody, Série A, Tome X, 1995, pp. 127-152.
[10] S.F. ACKA, « Le pouvoir judiciaire dans la constitution ivoirienne de 2016 révisée : ordre juridictionnel et désordre juris-dictionnel », in Actualités Juridiques, 2021.
[11] P.-C. Kobo, « Vivement le Conseil d'Etat », in La Tribune de la Chambre Administrative 2018, p. 07.
[12] Ibidem.

recours exceptionnel qui conduit la juridiction saisie, lorsque la révision est fondée, à infirmer après examen, la décision contestée. Lorsque la révision n'est pas jugée recevable et fondée, toute autre voie de recours se trouve fermée.

Ce recours diffère du pourvoi en cassation, recours ouvert à l'encontre des arrêts des cours d'appel ou des jugements définitifs de juridictions intervenant en dernier ressort en vue de casser et annuler une décision contestée par le requérant insatisfait. La Cour de renvoi dispose de la plénitude de juridiction, dans la mesure où l'affaire doit être jugée à nouveau en fait et en droit. Si elle casse la décision, elle ouvre la possibilité pour que l'affaire soit à nouveau portée devant le juge de fond. Si elle rend un arrêt de rejet, toute voie de recours se trouve fermée, à l'exception du recours en révision.

Aux termes de l'article 54 de la loi organique n°2018-979 du 27 décembre 2018 relative à la juridiction financière « La Cour des comptes statue suivant les cas, soit en premier et dernier ressort, soit en dernier ressort. Ses arrêts sont, à peine de nullité, motivés. Les voies de recours admises contre les arrêts définitifs sont la révision et la cassation devant les chambres réunies ».

En raison du choix fait par le constituant et le législateur de donner la compétence à la Cour des comptes en matière de révision et de cassation de ses propres arrêts définitifs, la rupture est introduite également d'avec les procédures suivies devant la Cour de cassation et le Conseil d'Etat. En conséquence, chaque juridiction suprême conserve ses procédures de renvoi et de règlement du contentieux, bien que certaines règles demeurent communes. Il en est ainsi, par exemples : des principes généraux du droit, ainsi que les règles de procédure notamment en raison de l'unité du droit processuel en général résultant de l'unité du Code de procédure civile, commerciale et administrative.

Par la dévolution de compétences à la Cour des comptes en la matière, le législateur semble lever un coin de voile sur un aspect du contentieux jusque-là resté inaperçu, voire inexploité. D'une part, la pratique judiciaire ivoirienne antérieure à la Constitution de 2016 et à la loi organique de 2018 relative à la Cour des comptes n'en fournit aucune illustration. D'autre part, dans d'autres Etats, le contentieux de la révision et de la cassation relève de la compétence du Conseil d'Etat de la Cour suprême en sa

Chambre administrative[13]. Dans d'autres Etats, comme le Burkina Faso, le transfert à la Cour des comptes des compétences contentieuses en matière de révision et de cassation semble résulter d'un choix du constituant.

Paradoxalement, leur application offre l'occasion de porter l'attention sur quelques orientations nouvelles du contentieux en gestation dans le droit public financier.

En Côte d'Ivoire, en particulier, ce choix semble avoir porté. En effet, à peine deux ans après sa mise en place, la Cour des comptes a expérimenté la mise en œuvre de ses pouvoirs et compétence à l'occasion l'affaire Agence de Gestion et de Développement des Infrastructures Industrielles (AGEDI) donnant lieu à deux arrêts[14]. Le premier (AGEDI 1) a sanctionné par un débet la gestion de fait : c'est l'arrêt de la Cour des comptes en date du 10 février 2021[15]. C'est lui qui a servi de base au recours donnant lieu au (arrêt AGEDI 2), qui est l'arrêt de révision : l'arrêt de la Cour des comptes en date du 28 juillet 2021[16].

Ces affaires, aux interrogations soupçonnées ou/et perceptibles, sont de nature à former les balbutiements du contentieux de la révision en gestation. Parallèlement, elles même temps qu'elles défient la stabilité et la sécurité des certitudes processuelles ou procédurales classiques de la révision des décisions du juge des comptes dont le contentieux était jusqu'alors porté devant le Conseil d'Etat ou la juridiction en tenant lieu. Dans cette nouvelle orientation qui s'ouvre, quelques brèves réflexions peuvent être esquissées relativement, d'une part, à la formation du recours en révision devant la Cour des comptes (I) et, d'autre part, au jugement du recours en révision par la Cour des comptes (II).

I- LA FORMATION DU RECOURS EN RÉVISION DEVANT LA COUR DES COMPTES

Dans le contentieux de la révision en matière financière publique, la formation du recours incombe au comptable public dont la gestion a donné

[13] Par exemples : pour Sénégal, SCS, 07 avril 2020, Amar Aw ; et pour le Togo, CSCA, 23 décembre 2022, Sieur Mazama-Esso Koa contre Arrêt n°03/2019/CC/G du 23 décembre 2019 de la Cour des comptes.

[14] Ces arrêts AGEDI sont ceux rendus par la Cour des comptes. Ils ne sauraient faire l'objet d'une quelconque confusion avec les deux arrêts AGEDI de la Chambre Administrative de la Cour suprême (aujourd'hui le Conseil d'Etat) rendus en 2018 : CSCA, 26 juillet 2017, AGEDI, arrêt n° 198 ; et CSCA, 20 juin 2018, AGEDI, arrêt n°177.

[15] CC, 10 février 2021, AGEDI, arrêt n°001/2021

[16] Cour des comptes, 28 juillet 2021, AGEDI, arrêt n°33/2021.

lieu à un arrêt de la Cour lui faisant grief. Il s'agit donc du requérant, qui qualité pour agir et intérêt pour agir. Une double exigence entoure la mise en œuvre de ce droit. En effet, la validité du recours (A) se trouve doublée de sa recevabilité (B).

A. La validité du recours

Pour être valable, le recours en révision, doit être bien formé. Ainsi, non seulement il doit être résulter d'une cause déférée à la Cour par le requérant qui entend contester la décision qui lui fait grief, mais également il doit être dirigé contre un arrêt définitif de la Cour.

1- Un recours résultant du requérant mis en cause par un arrêt de la Cour

Pour exercer le recours en révision, la loi ouvre au requérant, victime, le droit d'initier l'action en justice, sur le fondement de l'intérêt à agir, et de la qualité pour agir et à agir.

Dans le cas d'espèce, le contentieux de la révision prend naissance dans les circonstances d'une gestion qui met en cause des comptables de fait sanctionnés d'abord, pour gestion de fait et, ensuite, à qui a été infligé un débet. Se fondant sur le droit-pouvoir dont il tire la qualité pour agir, lesdits comptables ont diligenté deux recours portés devant la Cour des comptes.

Le premier recours a donné lieu à un arrêt de débet résultant d'une gestion de fait. En l'espèce, par arrêt n°42/2020 du 23 juillet 2020 (AGEDI 1), la Cour des comptes a déclaré, à titre définitif, comptables de fait des deniers de l'AGEDI, Messieurs OUATTARA Youssouf et BONI Alain-Claude, respectivement, Directeur Général et Directeur Administratif et Financier dudit établissement, pour avoir, au mépris du principe de la séparation des fonctions d'ordonnateur et de comptable, effectué des opérations de recettes et de dépenses, au nom de l'AGEDI, sur le compte n° C10920101200912117000644 ouvert le 06 décembre 2016 dans les livres de la Banque Nationale d'Investissement (BNI), dont ils sont les seuls signataires.

Saisie de l'affaire, la Cour a déclaré, à titre provisoire, comptables de fait, le DG et le DAF, ainsi que leurs Assistantes, Mesdames KANTE Binta et M'BAHIA Amenan Béatrice, pour le premier, et ANITA Anne Rébecca, pour le second, en raison de leur ingérence dans le recouvrement des recettes et le maniement des fonds de l'AGEDI, en leur impartissant un délai de trois (3) mois pour lui répondre.

La Cour a, également, prononcé huit (8) injonctions fermes à l'encontre desdits comptables de fait, au titre des gestions 2016, 2017, 2018 et 2019. Ce sont : l'injonction n°1 relative aux versements d'espèces non retracés dans la comptabilité de fait ; l'injonction n°2 relative à l'absence de preuve des diligences effectuées pour le recouvrement des chèques impayés ; l'injonction n°3 relative à un défaut de pièces justificatives ; l'injonction n°4 relative au défaut d'états d'émargement ; l'injonction n°5 relative aux dépenses étrangères aux objectifs de l'Etablissement et à l'absence de pièces justificatives ; l'injonction n°6 relative au défaut de production de la décision d'approbation du Conseil de gestion et de l'ordre de mission ; l'injonction n°7 relative au défaut de production de la décision du Conseil de gestion portant approbation de dons ; l'injonction n°8 relative au défaut de production des ordres de mission et des feuilles de déplacement.

Le deuxième recours a abouti à l'arrêt de rejet, qui intervient suite au recours en révision de l'arrêt de débet. En l'espèce, par requête en date du 08 avril 2021, Monsieur OUATTARA Youssouf, comptable de fait des deniers de l'AGEDI, a saisi la Cour aux fins de révision de l'arrêt n° 001/2021 du 10 février 2021, d'une part, pour casser et annuler trois (3) arrêts de ladite Cour : arrêt 01/2020 du 15 janvier 2020, arrêt n°42/2020 du 23 juillet 2020 et arrêt n°001/2021 du 10 février 2021 et, d'autre part, pour donner décharge de sa gestion à Monsieur OUATTARA Youssouf, pris en sa qualité de Directeur Général de l'AGEDI.

En effet, par arrêt définitif n° 001/2021 du 10 février 2021, la Cour a condamné Messieurs OUATTARA Youssouf et BONI Alain-Claude, respectivement, Directeur Général et Directeur Administratif et Financier de l'AGEDI, reconnus comptables de fait des deniers de l'AGEDI, au titre des gestions 2016, 2017, 2018 et 2019, à reverser la somme de 117 513 115 F dans les caisses dudit établissement.

Elle a, également, prononcé des amendes, à raison de : 2 000 000 F pour chacun d'eux, puis 500 000 F pour Madame M'BAHIA Amenan Béatrice, Assistante du DG ; 400 000 F pour Madame Anita Anne Rebecca, Assistante du DAF ; et 100 000 F pour Madame KANTE Binta, ex-Assistante du DG.

Dans ces deux affaires où ils sont mis en cause par la Cour des comptes et frappés de sanctions pécuniaires à supporter sur leurs deniers propres, les requérants réunissent les conditions d'intérêt et de qualité pour agir. Usant de leur droit-pouvoir d'ester en justice, ils se sont employés à déférer à la censure de la haute juridiction financière les arrêts définitifs rendus.

2- *Un recours porté contre un arrêt définitif de la Cour*

L'article 111 de la loi organique de 2018 relative à la Cour des comptes dispose que « les arrêts définitifs de la Cour des comptes peuvent faire l'objet de recours en révision ».

Ce recours est ouvert de plein droit au requérant, notamment le comptable dont lag gestion a donné lieu à des sanctions.

La Cour des comptes vient d'inaugurer cette option de contrôle dont l'affaire AGEDI lui en a fourni l'occasion, par ses arrêts récents : l'arrêt AGEDI 1 et l'arrêt AGEDI 2.

L'arrêt AGEDI 1, arrêt définitif de débet résultant de la gestion de fait, ayant été notifié au DG et au DAF de l'AGEDI, comptables de fait, le 03 août 2020, ceux-ci ont fait parvenir leurs réponses à la Cour le 05 octobre 2020, soit dans le délai de deux (2) mois imparti par la loi[17]. Les assistantes impliquées, ayant reconnu les faits à elles reprochés, la Cour les as déclarées comptables de fait solidairement avec Messieurs OUATTARA Youssouf et BONI Alain-Clause, condamnés à reverser la somme de 117 513 115 F dans les caisses de l'AGEDI, pour des écarts injustifiés.

La Cour a, en outre, prononcé différentes amendes à leur infliger, à raison de : Monsieur OUATTARA Youssouf, Directeur Général : 2 000 000 F ; Monsieur BONI Alain Claude, Directeur Administratif et Financier : 2 000 000 F ; Madame M'BAHIA Amenan Béatrice, Assistante du DG : 500 000 F ; Madame ANITA Anne Rébecca Assistante du DAF : 400 000 F ; Madame KANTE Binta, ex-Assistante du DG : 100 000 F.

L'affaire AGEDI 2, résultant de l'arrêt définitif de rejet suite au recours en révision de l'arrêt de débet, ayant été notifié au DG et au DAF de l'AGEDI, comptables de fait, ceux-ci, par leur avocat, introduisent un recours en révision de l'arrêt définitif n° 001/2021 du 10 février 2021 susvisé, suivi le 19 avril 2021 d'un mémoire rectificatif sur la base de l'article 52 du Code de procédure civile, commerciale et administrative. Ce mémoire tend à « rectifier et compléter son argumentaire sur la recevabilité de sa demande en révision et modifier son fondement juridique ».

Il s'agit donc de deux arrêts définitifs de la Cour des comptes à l'encontre desquels les requérants ont élevé la contestation en révision, en application des dispositions légales fondant leur action en justice.

Toutefois, si les demandes portent sur la contestation des arrêts définitifs, les pièces versés au dossier et adressés à la Cour laissent

[17] Loi organique n°2018-979 du 27 décembre 2018, article 76 alinéa 1er.

apparaître explicitement que les requérants demandaient, également, l'extension de la révision aux deux arrêts provisoires qui précédaient les arrêts définitifs : les arrêts provisoires n° 01/2020 du 15 janvier 2020 et n°42/2020 du 23 juillet 2020.

La Cour, compétente en application de l'article 54 de la loi organique n°2018-979 du 28 décembre précitée, s'est employée à faire prévaloir une application stricte de la loi. Aussi a-t-elle décidé écartant et en rejetant le recours diligenté contre les arrêts provisoires qui n'entrent pas dans l'examen de la recevabilité du recours.

B. La recevabilité du recours

Le recours en révision doit être diligenté contre les arrêts définitifs de la Cour des comptes. Il doit satisfaire à certaines formes et modalités prescrites par la loi. Cette recevabilité est appréciée au regard du respect de certaines conditions et modalités en déterminant la forme ainsi que de saisine de la juridiction compétence.

1- La recevabilité résultant de la régularité de l'introduction et de l'objet du recours

Suite à l'introduction du recours, se pose le problème de sa recevabilité en la forme. Cette recevabilité est tirée du respect des conditions et des modalités du recours qui sont d'ordre public, parce prévues et fixées par la loi. Ainsi, la loi organique de 2018 relative à la Cour des comptes, en son article 111, dispose que « les arrêts définitifs de la Cour des comptes peuvent faire l'objet de recours en révision ».

Il résulte de cette disposition que seuls les arrêts définitifs de la Cour des comptes peuvent être déférés à la censure de la Haute juridiction financière pour révision.

L'article 114 de la même loi organique est complémentaire du précédent et plus explicite. En voici le libellé : « La Cour des comptes, nonobstant l'arrêt de jugement définitif d'un compte ou d'une faute de gestion, peut, pour erreur, omission, faux ou double emploi découverts postérieurement à l'arrêt, procéder à sa révision. Cette révision est faite soit sur demande du comptable ou du gestionnaire, appuyée des pièces justificatives, soit à la demande du Ministre chargé des finances publiques ou des représentants légaux des personnes morales publiques concernées, soit sur réquisition du Procureur général près la Cour des comptes, soit d'office. Le recours en révision n'est soumis à aucun délai. Il n'a pas d'effet suspensif. Le recours en révision ne peut être formé que contre un arrêt qui a définitivement jugé un compte ».

L'article 115 de la même loi organique n°2018-979 relative à la Cour des comptes précise que : « La demande en révision est adressée par voie de requête au Président de la Cour des comptes. ».

Dans le cas d'espèce, la demande en révision a été adressée par voie de requête au Président de la Cour des comptes. Elle est formée contre un arrêt définitif de la Cour, à savoir, l'arrêt définitif n° 001/2021 du 10 février 2021.

Au demeurant, le requérant avait doublé son recours en révision d'un recours en cassation. Donc, il eut fallu que la Cour se prononçât également sur le pourvoi en cassation. Du reste la cause de la demande en justice étant la même, à savoir casser et annuler les arrêts rendus par la haute juridiction financière et décharger le requérant, il a fallu tirer du lien de connexité entre les demandes pour décider expressément de la jonction des deux recours, « dans l'intérêt d'une bonne administration de la justice »[18], comme ce fut le cas dans l'arrêt François Xavier Santucci[19].

Dans le cas d'espèce, il semble que la juridiction financière, saisie du double recours, ait accordé la primauté à la requête en révision en excluant le pourvoi en cassation. Toutefois, qu'elle n'ait pas fourni la réponse expresse pour fixer son option procédurale retenue laisse planer un doute sur ce point de droit.

Au demeurant, alors que le recours en cassation est enfermé dans un délai de soixante (60) jours, le recours en révision n'est soumis à aucun délai. Ce recours étant formé contre des arrêts définitifs, la Cour avait à se prononcer sur leur recevabilité.

2- La recevabilité découlant de la régularité de la saisine et la compétente juridictionnelle

La saisine de la Cour, diligentée par la requête adressée à son président, la conduit à se poser la question de sa compétence pour dire le droit en la matière.

Complétant et explicitant la Constitution, la loi organique n°2018-979 du 27 décembre 2018, les articles 53 alinéa 1er et 54 in fine de la loi organique n°2018-979 du 27 décembre 2018 précitée donnent compétence

[18] M. Bléou Djézou, Les grands arrêt de la jurisprudence administrative ivoirienne, CNDJ 2012, n°11, p. 95 ; et F. Wodié et D.M. Bléou, La Chambre administrative de la Cour suprême et sa jurisprudence, Economica, Paris, 1981, p. 160.

[19] CSCA, François-Xavier Santucci, 28 avril 1976.

à la Cour des comptes. En voici les termes : « Les décisions de la Cour des comptes sont exprimées sous forme d'arrêts définitifs » et « Les voies de recours admises contre les arrêts définitifs sont la révision et la cassation devant les chambres réunies ».

La révision et la cassation étant les hypothèses visées par le législateur, c'est également ces cas qui donnent corps audit recours. Toutefois, ici seul le recours en révision est visé.

Ces données sont également celles retenues par l'article 54 de la loi organique n° 2018-979 du 27 décembre 2018 susvisée, qui dispose ainsi qu'il suit : « La Cour des comptes statue suivant les cas, soit en premier et dernier ressort, soit en dernier ressort. [...]. Les voies de recours admises contre les arrêts définitifs sont la révision et la cassation devant les chambres réunies ».

L'article 111 de la même loi dispose que : « Les arrêts définitifs de la Cour des comptes peuvent faire l'objet de recours en révision ».

Ainsi, la Cour est compétente pour juger en chambres réunies les recours en révision dirigés contre ses propres arrêts définitifs.

En application des dispositions pertinentes susvisées tirées de la loi organique n°2018-979, du 27 décembre 2018 relative à la Cour des comptes, des recours dont elle a été saisie, la Cour des comptes n'a retenu et examiné que ceux dirigés contre les arrêts définitifs. En conséquence, après l'examen de la validité de sa formation, la Cour a procédé au jugement du recours en révision.

II- LE JUGEMENT DU RECOURS EN RÉVISION PAR LA COUR DES COMPTES

Le Jugement du recours en révision relève du pouvoir de la Cour des comptes en ses chambres réunies. En vertu des articles 53 alinéa 1er et 54 de la loi organique n°2018-979 du 27 décembre 2018, il se trouve investi dans ses pouvoirs et compétences en ces termes : « Les décisions de la Cour des comptes sont exprimées sous forme d'arrêts définitifs ou de communications aux intéressés ou aux autorités administratives compétentes » et « La Cour des comptes statue suivant les cas, soit en premier et dernier ressort, soit en dernier ressort. Ses arrêts sont, à peine de nullité, motivés. Les voies de recours admises contre les arrêts définitifs sont la révision et la cassation devant les chambres réunies ».

Saisie de l'instance, la Cour, dans son arrêt AGEDI 2 en date du 28 juillet 2021[20], s'est employée à l'examen des prétentions soulevés par les comptables au soutien de leur cause. De l'absence de cas d'ouverture recours en révision (A), la Cour conclut au rejet dudit recours (B).

A. L'absence de cas ou de conditions d'ouverture du recours

L'ouverture du recours en révision est organisée par la loi organique n°2018-979 du 27 décembre 2018, qui l'enferme dans des cas ou des conditions. Il s'agit de conditions ou cas limitativement fixés, dont il apparaît qu'ils ont été méconnus ou dévoyés par le requérant dans l'arrêt AGEDI.

1- Les cas d'ouverture du recours prévus par la loi

C'est l'article 114 de la loi organique de 2018 relative à la Cour des comptes qui fixe expressément les cas ou/et conditions d'ouverture du recours en révision. Il est libellé en ces termes : « La Cour des comptes, nonobstant l'arrêt de jugement définitif d'un compte ou d'une faute de gestion, peut, pour erreur, omission, faux ou double emploi découverts postérieurement à l'arrêt, procéder à sa révision ».

La loi organique de 2018 relative à la Cour des comptes fixe quatre (4) conditions ou cas dans lesquels le recours en révision peut être exercé pour servir de fondement à l'action du requérant : l'erreur. Il s'agit de : l'omission, le faux en écriture, le faux découvert ultérieurement à l'arrêt définitif que le requérant entend contester devant la Cour des comptes.

L'arrêt dont il s'agit ici est le jugement passé en force de la chose jugée. Les conditions ou cas d'ouverture relevant d'une liste limitativement dressée, il s'agit de conditions ou cas non cumulatifs. En conséquence, chacun peut entraîner la révision. S'y ajoute que, dans chacun de ces cas, le recours n'est recevable que si son auteur n'a pu, sans faute de sa part, faire valoir la cause qu'il invoque avant que la décision ne soit passée en force de chose jugée.

En revanche, leur méconnaissance, leur ignorance ou leur violation peut entrainer la remise de cause du recours considéré alors comme non fondé sur les cas d'ouverture limitativement fixés.

[20] Cc, 28 juillet 2021, AGEDI, arrêt n°38.

2- La méconnaissance des cas d'ouverture du recours par le requérant

Au soutien de son recours en révision, le requérant évoque ces cas d'ouverture identifiés, mais en fait un emploi discutable et même inexact, parce que le sens s'en trouve dévoyé.

D'abord, s'agissant de l'erreur, le requérant soutient que l'arrêt définitif de la Cour des comptes a été rendu sur la base d'une erreur et soutient que « Contrairement à l'erreur purement matérielle et susceptible uniquement de rectification, l'erreur cause de révision s'entend d'une mauvaise appréciation des règles de droit au regard des faits de la cause ». Toutefois, cette affirmation est faite sans aucune preuve.

Ensuite, s'agissant de l'omission, le requérant l'identifie à « toute abstention qui, si elle avait été évoquée devant la Cour ou par la Cour, aurait influé sur la décision ». Selon lui, il s'agit de l'existence ou non de « documents découverts postérieurement à l'arrêt définitif » aussi bien que de l'omission « de statuer par des considérations d'équité ».

Les « documents découverts postérieurement à l'arrêt définitif » sont présentés par le requérant comme des pièces essentielles qui constituent des décharges de responsabilité. Il s'agit donc de pièces justificatives des opérations de la gestion de fait. Selon le requérant, compte tenu de l'ancienneté des pièces sollicitées par la Cour et de l'archivage difficile au sein de l'AGEDI, il n'a pas été en mesure de fournir ces pièces dans les délais impartis. En outre, dans le développement des arguments dont il se prévaut, le requérant se fonde sur l'article 89 de la loi organique de 2018 relative la Cour pour alléguer d'une omission de statuer de la Cour, en soutenant que « La Cour des comptes a omis de statuer par des considérations d'équité au regard de la bonne foi de Monsieur OUATTARA Youssouf ».

Dans le cadre d'une instance, recourir à l'équité pour examiner et apprécier la cause ou accorder la bonne foi au requérant est une option qui relève du pouvoir souverain de la juge. Il n'appartient donc pas au requérant d'invoquer à son profit le bénéfice des considérations d'équité ou de la bonne foi, surtout que dans le cas d'espèce l'attitude du requérant ne le montre ou démontre nullement.

En conséquence, les arguments du requérant n'ayant pas prospéré, la Cour, logiquement et souverainement, a conclu au rejet du recours en révision.

B. Le rejet du recours

Divers moyens ont été avancés par le requérant dans l'affaire AGEDI 2, au soutien de ses prétentions. Certains étant inopérants et, d'autres, tirés de la dénaturation des faits.

1- Le rejet tiré de des moyens inopérants

Divers moyens inopérants sont invoqués par le requérant : une disposition frappée de caducité, l'erreur et l'omission.

Le requérant en invoquant au soutien de ses prétentions l'article 114 de la loi organique n°2015-494 du 07 juillet 2015 relative à la Cour des comptes[21]a adossé sa cause à un moyen inopérant, parce que l'article visé avait été abrogée par la loi organique n°2018-979 du 27 décembre 20178 au moment des faits. Les moyens fournis par cette disposition ne peuvent donc prospérer.

Le requérant, d'une part, s'appuyant sur l'article 52 du Code de procédure civile, commerciale et administrative, a produit un mémoire pour « rectifier et compléter son argumentaire sur la recevabilité de sa demande en révision et modifier son fondement juridique » et, d'autre part, se référant à l'article 144 de la loi organique n°2018-979 relative à la Cour des comptes. Aussi s'est-il tourné vers d'autres textes. Toutefois, ceux-ci, bien qu'en vigueur, n'offrent pas de moyens pertinents pour servir la cause.

Il s'agit de moyens inexacts et mal fondés, au regard des articles 88, 89, 114 et 116 de la loi organique n°2018-979 du 27 décembre 2018 précitée. Il incombe au requérant de présenter les faits et les preuves, parce que l'erreur ne se présume pas.

S'agissant de l'omission de pièces justificatives, l'article 88 de la loi organique n° 2018-979 du 27 décembre 2018 relative à la Cour des comptes dispose que le compte de la gestion de fait doit être produit à la Cour avec les pièces justificatives. En outre, le compte de gestion et les pièces constituent « l'ensemble des documents justifiant et résumant la totalité des opérations exécutées sous sa responsabilité, par un comptable public dans le cadre de la gestion financière de l'Etat, des Collectivités

[21] « La Cour des comptes, nonobstant l'arrêt définitif sur le compte ou une faute de gestion, peut procéder à sa révision, suite à une erreur, à une omission, à un faux ou à un double emploi découvert postérieurement à l'arrêt définitif, des faits nouveaux, à la découverte de documents constituant décharge de responsabilité ».

territoriales, des EPN ou de tout autre organisme doté d'un agent comptable ayant la qualité de comptable public pour un exercice donné »[22]

Ces pièces ne peuvent pas être des documents découverts postérieurement à la production du compte, à l'arrêt définitif.

Aux termes de l'article 26 du décret n° 2014-416 du 09 juillet 2014 portant règlement général sur la comptabilité publique : « Les seuls contrôles que les comptables publics sont tenus d'exercer sont, en matière de dépenses, le contrôle de la justification du service fait, résultant de la certification délivrée par l'ordonnateur ainsi que des pièces justificatives produites ».

C'est par arrêt provisoire n°01/2020 du 15 janvier 2020, notifié le 20 janvier 2020, que la Cour a enjoint aux comptables de fait de produire le compte de la gestion de fait dans le délai de trois (3) mois imparti par la loi organique n° 2018-979 susvisée. Les intéressés, par lettre n°0162/MCI/AGDI/DG/OY/2020 du 17 avril 2020, enregistrée au Secrétariat du Président de la Cour des comptes, sous le n° 077 du 17 avril 2020, ont reconnu les faits à eux reprochés et transmis à la Cour leur compte de gestion, soit presque trois (3) mois après la notification dudit arrêt. L'examen des opérations de recettes et de dépenses du compte de gestion de fait a révélé que plusieurs pièces justificatives faisaient défaut. La Cour a alors, par l'arrêt provisoire n°42/2020 du 23 juillet 2020, enjoint aux comptables de fait de lui produire lesdites pièces.

L'arrêt susvisé a été notifié aux comptables de fait, le 03 août 2020. Ceux-ci ont fait parvenir leurs réponses à la Cour, le 05 octobre 2020.

L'examen desdites réponses a fait ressortir qu'en dépit des injonctions de la Cour, certaines pièces justificatives n'ont pas été produites par les comptables de fait.

Monsieur OUATTARA Youssouf a donc eu plus de sept (7) mois -du 20 janvier 2020, date de notification de l'arrêt provisoire n°01/2020 au 05 octobre 2020, date de réponse aux injonctions de la Cour relativement aux pièces manquantes- pour la production des pièces justificatives qu'il aurait dû transmettre à la Cour au moment de la production de son compte de gestion de fait.

L'arrêt définitif n°001/2021 du 10 février 2021 a été pris, entre autres raisons, en constatation de la non-production, des pièces justificatives des opérations effectuées par ses soins. Il apparaît clairement que Monsieur OUATTARA Youssouf n'a pas pu omettre de produire des pièces justificatives réclamées par la Cour.

---

[22] Instruction comptable n°0826/MEF/DGTCP/ DCP du 30 mai 2011.

En outre, dans le cas d'espèce, l'omission ne peut être imputable au juge des comptes et ne peut donc, en définitive, être invoquée comme moyen de révision.

2- Le rejet tiré de la dénaturation des moyens et des faits

Pour asseoir ses prétentions, le requérant recourt à de moyens de substitution à ceux prévus, en soutenant que « La Cour des comptes a omis de statuer par des considérations d'équité au regard de la bonne foi de Monsieur OUATTARA Youssouf ».

Ce moyen conduit à la dénaturation des faits. En effet, il s'agit d'une prétention invoquée pour contourner la difficulté de l'appréciation souveraine du fait par le juge. D'une part, cette dénaturation peut porter, soit sur l'écrit, qui doit être clair, incontestable, univoque pour que s'y applique la doctrine du sens clair. D'autre part, il peut s'agir, également, de la dénaturation de l'écrit se rapportant à l'ensemble des faits dont l'appréciation relève du juge.

Il en est ainsi, par exemple, dans la jurisprudence du Conseil d'Etat français[23], qui étend le vocable de « dénaturation » aux erreurs de fait, grossières et manifestes, relevant le plus souvent des approches non objectives, « fausses et tendancieuses ». Cette dénaturation peut concerner les faits, les pièces, les preuves, les actes, les conclusions et les mémoires du requérant.

Dans le cas de l'arrêt AGEDI 2, le requérant excipe de l'omission de statuer comme une prétention au soutien de sa cause. Dans le développement de ses arguments, il se fonde sur les dispositions de l'article 89 de la loi organique n° 2018-979 du 27 décembre 2018 relative la Cour des comptes, alléguant également d'une omission de statuer de la Cour : « La Cour des comptes a omis de statuer par des considérations d'équité au regard de la bonne foi de Monsieur OUATTARA Youssouf ».

Il est bon de rappeler que l'omission de statuer est un manquement du juge à son obligation de statuer *omnia petita*. Ce manquement est constitué lorsque le juge manque à son obligation de se prononcer sur une prétention ou sur des chefs de la demande. En sens inverse, lorsqu'il tranche la demande principale en négligeant de décider sur une des demandes subsidiaires, il rend une décision *infra petita* ou en dessous de l'objet de la demande. Il peut également statuer *extra petita* en intervenant en dehors de ce qui lui a été demandé. Tel est le cas lorsque dans sa décision du juge

[23] CE, arrêt d'Assemblée Simon du 4 janvier 1952, Concl. Letourneur.

se prononce sur un point dont il n'est pas saisi. Le requérant a entendu tirer confusément argument de ces différentes hypothèses pour servir sa cause.

Dans le cas d'espèce, l'article 89 de la loi organique n°2018-979 offre au juge financier une faculté, non une obligation, de suppléer par des considérations d'équité, à l'insuffisance des justifications produites : « Le compte de la gestion de fait doit être produit à la Cour avec les pièces justificatives. Il est jugé comme les comptabilités patentes. Le juge des comptes peut, hors le cas de mauvaise foi du comptable de fait, suppléer par des considérations d'équité, à l'insuffisance des justifications produites. ».

Les considérations d'équité sont des motifs laissés à l'appréciation du juge des comptes pour fonder sa décision, en cas d'insuffisance des justifications produites. Elles ne sauraient être présentées comme une obligation de statuer pesant sur le juge financier.

Au demeurant, l'arrêt définitif n° 001/2021 du 10/02/2021 ne fait pas suite à une requête introductive d'instance. L'omission ne saurait donc être retenue comme cause de révision de l'arrêt n°001/2021 du 10 février 2021. En statuant sur la gestion de fait et le défaut de production des pièces justificatives expressément réclamées aux comptables, la Cour n'a commis aucune omission de statuer. Les considérations d'équité sont des motifs laissés à l'appréciation souveraine du juge saisi, qui peut y recourir ou s'en abstenir.

Ainsi, la Cour a le libre choix et le pouvoir de se référer ou non auxdites considérations, pour fonder sa décision, en cas d'insuffisance des justifications produites. S'agissant de pièces justificatives sur lesquelles porte le contrôle du juge des comptes, leur non-production à la Cour par Monsieur OUATTARA Youssouf, comptable de fait, dans les délais impartis par la loi, ne peut être que de nature à prendre sa bonne foi à défaut. Cette bonne foi ne saurait être présumée.

Au total : ni l'erreur dont se prévaut le requérant, ni l'omission des pièces justificatives, ni l'omission de statuer par des considérations d'équité au regard de la bonne foi ne peut servir de fondement au recours en révision. Les moyens soulevés par le requérant, soit ne correspondent à aucun des cas d'ouverture du recours en révision, soit relèvent d'une dénaturation ou/et d'une substitution des faits.

Aussi la Cour a-t-elle jugé que le recours aux fins de révision de son arrêt définitif n°001/2021 du 10 février 2021 est recevable, en la forme, mais mal fondé et, en conséquence, rejeté ledit recours.

Par le renforcement du positionnement de la Cour des comptes comme l'un des trois piliers du Pouvoir judiciaire et comme juge de la révision et de la cassation et en matière financière, le constituant ivoirien vient de donner une impulsion décisive à la haute juridiction financière dont la nouvelle architecture laisse présager d'une amélioration significative de la fonction juridictionnelle. Certes, les affaires AGEDI, par les arrêts de débet (AGEDI 1) et de révision (AGEDI 2), ne peuvent tenir lieu d'hirondelles annonciatrices de printemps. Il n'en demeure pas moins qu'elles ont déjà posé des jalons de ruptures-continuités ouvrant les perspectives et la prospective d'un crédit au profit de la Cour des comptes. Il en résulte deux remarques.

La première est que, par l'arrêt de débet (arrêt AGEDI 1) sanctionnant la gestion de fait, dont la contestation rend possible l'arrêt de révision, le juge financier rompt avec l'absence, le silence ou la rareté cruellement notoire en droit ivoirien d'arrêt des arrêts de débets dont la rareté fait soupçonner un certain laxisme du juge financier.

La deuxième est que l'arrêt de rejet, (arrêt AGEDI 2), inaugure, de façon éclatante, la mise en œuvre des compétences contentieuses que la Cour des comptes tient ou/et détient par dévolution constitutionnelle et légale, pour les exercer à l'égard de ses propres arrêts définitifs. Il est à espérer que cette intervention ne soit pas isolée et éphémère, et que l'œuvre jurisprudentielle en soit dynamique et florissante.

A cette croisée des mutations institutionnelles et fonctionnelles qui agitent le renouveau du Pouvoir judiciaire et dans le Pouvoir judiciaire, l'on peut soupçonner et comprendre que les attentes à venir demeurent nombreuses. Elles sont à satisfaire pour espérer qu'une activité juridictionnelle et jurisprudentielle, riche et abondante, vienne conforter l'autorité absolue de la chose jugée en matière financière. Il est temps que, de ce juge si peu connu et, pourtant, si incontournable dans l'assainissement et le contrôle de la gouvernance financière, l'éclosion et la floraison du droit *jurisdit* viennent chasser l'image, encore endormie et lancinante, dans nos silences ou dans nos consciences, du « parent pauvre » du système judiciaire.

LES OBSTACLES ENDOGÈNES RELATIFS À LA MISE EN ŒUVRE D'UNE GESTION FINANCIÈRE PAR LA PERFORMANCE DANS LES ÉTATS D'AFRIQUE CENTRALE : RÉFLEXION SUR LE CHFP DE LA CEMAC

Alexandre BARRO
Doctorant en droit public à l'Université Jean-Moulin Lyon 3
Equipe de Droit Public de Lyon (EDPL – EA 666)
Centre d'Etudes et de Recherches Fiscales et Financières (CERFF)
barroalexandre1@gmail.com

RÉSUMÉ

La communauté Economique et Monétaire d'Afrique centrale (CEMAC) a adopté, le 19 décembre 2011, six directives communautaires constitutives d'un Cadre Harmonisé des Finances Publiques (CHFP). Le but recherché, à travers la mise en place de ce cadre harmonisé, est de favoriser l'instauration au sein des Etats membres d'une forme nouvelle gouvernance financière publique s'inspirant du modèle d'entreprise. On parle à cet effet de la gestion des finances publiques par la performance. A ce titre, le CHFP de la CEMAC peut être considéré comme un cadre innovateur de la gestion publique en Afrique centrale. Cependant, il semble malheureusement que son implémentation et surtout son application peuvent être contraintes par certains obstacles que nous qualifions d'« endogènes » ; car ils sont internes audit cadre harmonisé. Ainsi, les Etats d'Afrique centrale devront faire l'effort de surmonter ces contraintes pour la bonne application du CHFP de la CEMAC.

Mots clés : Communauté Economique et Monétaire d'Afrique centrale (CEMAC), réforme des finances publiques, Cadre Harmonisé des Finances Publiques (CHFP), nouvelle gouvernance financière publique, gestion des finances publiques par la performance, contraintes endogènes.

Dans le monde en pleine mutation d'aujourd'hui qui est celui de la réorganisation des systèmes financiers internationaux, la préoccupation relative à la réforme des finances publiques au niveau nationale est d'un intérêt certain pour tout Etat[1], qu'il soit développé ou en développement[2]. En fait, on veut dire concrètement que les finances publiques se trouvent aujourd'hui placées au cœur d'une question qui concerne et intéresse de la même façon toutes les sociétés contemporaines[3], celle de la transformation des dispositifs financiers nationaux. En réalité, rien d'étonnant ! le constat général d'une mauvaise gestion des finances de l'Etat[4] et le contexte planétaire de raréfaction des ressources disponibles pour alimenter les politiques budgétaires[5], auquel s'ajoute les impératifs de réduction de la pauvreté[6] mais aussi les objectifs du millénaire de développement[7](OMD), commandent plus que jamais les Etats d'améliorer leur gouvernance financière.

Aux Etats-Unis (USA), le Planning Programming Budgeting System (PPBS) adopté dans les années 1960[8] et l'expérience française de la Rationalisation des Choix Budgétaires (RCB) de la décennie 1970[9], réactualisée par la loi organique relative aux lois de finances (LOLF) du 1er aout 2001[10], sont une parfaite illustration de cette préoccupation des Etats de réformer et de gérer efficacement les finances publiques. Cette démarche au demeurant n'est pas propre à l'occident.

---

[1] Selon Michel BOUVIER, Marie-Christine ESCLASSAN et Jean-Pierre LASSALE « La réorganisation du système financier international et la prévention des risques implique la réorganisation des institutions financières nationales (…) », dans Finances Publiques, LGDJ, 10e édition, 2010, p.41-42.

[2] Ibid., p.6.

[3] Ibid., p.9.

[4] Sophie BAZIADOLY, Les finances publiques, Puf, Que sais-je ?, 2001, p.121.

[5] Jean-Pierre DUPRAT, « La dynamique des réformes budgétaires : globalisation des problèmes, unification des outils et adaptations nationales des solutions », RFFP, n°98-juin 2007, p.9.

[6] L'impératif d'élimination de la pauvreté sous toutes ses formes fait partie des 17 Objectifs du Développement Durable de l'agenda 2030 de l'Organisation des Nations Unies (ONU).

[7] Nicaise MEDE, « Réflexion sur le cadre harmonisé des finances publiques dans l'espace UEMOA », Afrilex, juin 2012, p.3.

[8] Ibid., p.4.

[9] J-P. DUPRAT, op.cit., p.10.

[10] Loïc PHILIP, « La nouvelle loi organique du 1er août 2001 relative aux lois de finances », Revue française de droit constitutionnel, 2002-1 (n°49) /ISSN numérique : en cours/ISBN : 2-1305-2789-2/p.200.

En Afrique centrale[11], la CEMAC[12] a procédé le 19 décembre 2011 à l'édiction de directives communautaires dans l'optique de se doter d'un Cadre Harmonisé des Finances Publiques (CHFP)[13]. Le but visé est, en effet, de moderniser la gestion financière publique en proposant et en mettant à la disposition des Etats membres[14] un nouveau modèle de gouvernance financière – qui permettra le bon accomplissement des politiques publiques et, de ce fait, l'efficacité du service public. On parle, s'agissant de ce nouveau modèle de gouvernance, de la gestion financière axée sur la performance[15]. Cette dernière suggère « la prise en compte des trois (3) ' E ' »[16] dans la prise de la décision financière publique et dans la mise en œuvre des politiques publiques, à savoir : « l'économie, l'efficacité et l'efficience »[17].

L'économie c'est « avoir toujours le souci de réduire le montant des dépenses à faire »[18]. Dans ce sens, on est économe quand « on consomme le minimum de moyens dans le minimum de temps »[19]. Aussi, l'économie

---

[11] En Afrique de l'Ouest, la réforme financière intervient avec l'adoption en 2009 de six (6) directives communautaires, constitutives du Cadre Harmonisé des Finances Publiques (CHFP) de l'UEMOA.

[12] CEMAC, qui signifie Communauté Economique et Monétaire de l'Afrique centrale, est une institution communautaire d'Afrique centrale, née du Traité du 16 mars 1994 signé à N'Djamena au Tchad ; c'est le Traité instituant la Communauté Economique et Monétaire de l'Afrique centrale (CEMAC). Ce Traité est rentré en vigueur en juin 1999.

[13] Six (6) directives constituent le CHFP de la CEMAC. Il s'agit de : la directive relative au code de transparence et de bonne gouvernance dans la gestion des finances publiques, la directive relative aux lois de finances, la directive relative au règlement général de la comptabilité publique, la directive relative au plan comptable de l'Etat, la directive relative à la nomenclature budgétaire de l'Etat et la directive relative au tableau des opérations financières de l'Etat. Le CHFP est un dispositif juridique communautaire qui constitue à la fois un environnement et un encadrement de la gestion des finances de l'Etat sur toutes les étapes de la chaine de décision financière publique, allant de la phase d'élaboration de la loi de finances à celle de son contrôle en passant par les phases d'adoption et d'exécution.

[14] Six (6) pays font parties de cette communauté à savoir, le Cameroun, la Centrafrique, le Congo, le Gabon, la Guinée Equatoriale et le Tchad.

[15] La performance dans la gestion financière publique « renvoie à la prise en compte des ' 4 E ' à savoir l'économie, l'efficacité, l'efficience et l'environnement », Nicaise MEDE, Finances Publiques : Espace UEMOA/UMOA, L'Harmattan, 2016, p.139.

[16] Ibid., p.138.

[17] Ibid.

[18] Ibid., p.139.

[19] J-R. ALVENTOSA, Les outils du management public, LGDJ, collection systèmes, 2012, p.19.

c'est « avoir un souci d'une gestion en bon père de famille. Il ne convient pas de dépenser sans compter »[20].

L'efficacité « se mesure par les résultats atteints grâce aux ressources consenties. On peut ainsi comparer ce qui a été fait par rapport à ce qui est prévu initialement. L'efficacité met donc en balance les réalisations et les prévisions »[21].

L'efficience « prend en compte le ratio entre les réalisations, les résultats et/ou impacts et les ressources, notamment financières, utilisées pour y parvenir. Il s'agit de mesurer le rapport existant entre la quantité et la qualité des résultats obtenus et les ressources et moyens mis en œuvre pour les obtenir, en partant d'une unité de référence »[22]. Plus simplement l'efficience c'est lorsqu'« on atteint ses objectifs avec le minimum de moyens »[23].

A l'économie, l'efficacité et l'efficience, on pourrait ajouter un quatrième ''E '' correspondant à l'environnement ; puisque le développement durable et la préoccupation de préserver la terre d'une dégradation écologique ont été au cœur des débats qui ont marqué les assises de la 21e conférence des parties (COP21). Ainsi, la gestion financière axée sur la performance, en tant que nouveau mode de gouvernance financière préconisé par la CEMAC aux Etats membres, suppose l'introduction « dans la gestion financière publique des quatre (4) préoccupations d'économie, d'efficacité, d'efficience et d'écologie/environnement/développement durable » [24] ; le but est « d'accroître le bénéfice que l'action de l'Etat procure à la société et d'optimiser la qualité du service rendu à l'usager tout en s'inscrivant dans une politique budgétaire soutenable »[25].

Sur la base de ces ''4 E '', et donc de la prise en compte de la performance dans la gestion des finances publiques, il ressort que dépenser moins et mieux dans la mise en œuvre des politiques publiques, semble être la philosophie qui anime le CHFP de la CEMAC dans un contexte planétaire de limitation des ressources budgétaires pour financer les politiques de développement.

---

[20] Nicaise MEDE, Finances Publiques : Espace UEMOA/UMOA, op.cit., p.139.

[21] Ibid.

[22] Ibid.

[23] J-R. ALVENTOSA, op.cit., p.19.

[24] Nicaise MEDE, Finances Publiques : Espace UEMOA/UMOA, op.cit., p.139.

[25] Circulaire interministérielle française du 21 juin 2001 sur le développement du contrôle de gestion dans les administrations (Voir J-R. ALVENTOSA, op.cit., p.150).

Pour rappel et précision, la CEMAC est une institution communautaire d'Afrique centrale, née du Traité du 16 mars 1994 signé à N'Djamena au Tchad. C'est le Traité instituant la Communauté Economique et Monétaire de l'Afrique centrale (CEMAC). Ce Traité est rentré en vigueur en juin 1999. Six (6) pays font parties de cette communauté à savoir, le Cameroun, la Centrafrique, le Congo, le Gabon, la Guinée Equatoriale et le Tchad.

La principale mission de la CEMAC est de développer un espace intégré, un marché commun – économique, monétaire, sécuritaire, culturel, financier… – et d'y promouvoir un développement harmonieux. La CEMAC poursuit de nombreux objectifs aussi divers que variés à savoir, assurer une gestion stable de la monnaie commune (Franc CFA) ; Sécuriser l'environnement des activités économiques et des affaires en générale ; Etablir une union de plus en plus étroite entre les peuples des Etats membres pour raffermir leurs solidarités géographique et humaine ; Promouvoir les marchés nationaux par l'élimination des barrières ou entraves aux commerces intracommunautaires ; Coordonner les programmes de développement et harmoniser les projets industriels ; Harmoniser les politiques sectorielles nationales pour une intégration toujours plus renforcée.

Pour atteindre ces objectifs, la CEMAC s'est dotée de deux unions principales que sont l'Union Monétaire d'Afrique centrale (UMAC), qui est responsable de la convergence monétaire des Etats membres partageant la même monnaie ; et l'Union Economique d'Afrique centrale (UEAC), qui a pour mission d'harmoniser les réglementations en vigueur au sein des Etats concernés [26] afin faciliter la convergence des politiques économiques – « pour un exercice crédible de la surveillance multilatérale »[27] - et la bonne gouvernance « des finances publiques » au sein de la sous-région. C'est au titre de cette dernière mission qu'elle a procédé à la mise en place d'un Cadre Harmonisé des Finances Publiques (CHFP).

---

[26] L'article 54 de la Convention régissant l'UEAC dispose que « cette organisation doit assurer la coordination des politiques économiques et la mise en cohérence des politiques budgétaires nationales, et pour ce faire, elle peut procéder à l'harmonisation des législations budgétaires. D'où les six (6) directives constitutives du CHFP de la CEMAC. Généralement, lorsqu'on veut aller plus vite dans le processus d'intégration régionale ce sont les règlements qui sont utilisés, parce que ce type d'actes n'harmonise pas, il unifie ; c'est leur particularité (Nicaise MEDE, Finances Publiques : Espace UEMOA/UMOA, L'Harmattan, 2016, pp. 134 et 135).

[27] Jean Gustave SANON, « L'objectif de performance dans la politique d'harmonisation des finances publiques dans l'Union Economique et Monétaire Ouest Africain (UEMOA) », RFFP, n°98-juin, 2007, p.61.

Le CHFP est un dispositif juridique (constitué) de six (6) directives communautaires[28] adoptées le 19 décembre 2011. Il s'agit de :

La directive n° 06/11-UEAC-190-CM-22 relative au code de transparence et de bonne gouvernance dans la gestion des finances publiques ;

La directive n° 01/11-UEAC-190-CM-22 relative aux lois de finances ;

La directive n° 02/11-UEAC-190-CM-22 relative au règlement général de la comptabilité publique ;

La directive n°03/11-UEAC-1995-CM-22 relative au plan comptable de l'Etat ;

La directive n°04/11-UEAC-190-CM-22 relative à la nomenclature budgétaire de l'Etat ;

La directive n°05/11-UEAC-190-CM-22 relative au tableau des opérations financières de l'Etat.

Le CHFP de la CEMAC, qui s'inscrit dans une dynamique néolibérale, encourage les Etats d'Afrique centrale à s'inscrire dans une démarche d'amélioration qualitative de la gestion financière publique [29] dans l'optique de mieux gérer les services publics dont on attend un rendement pour les citoyens. Cette démarche, impliquant que la gestion financière publique s'inspire désormais du modèle et de la logique d'entreprise (budgétisation par objectifs de programme, comptabilité patrimoniale, informatisation de la gestion financière, évaluation des politiques, indicateurs de performance…), fait de la conception managériale l'ossature de la nouvelle gouvernance financière publique[30]. On l'aura compris, c'est un nouveau système de gestion financière que la CEMAC met en place à travers son CHFP, et on ne peut que s'en réjouir de cette innovation pour le pilotage des services publics des Etats membres.

Toutefois, si le CHFP de la CEMAC, peut être considéré comme une innovation pour la gestion des finances publiques en Afrique centrale en se présentant comme un instrument juridique communautaire porteur d'un

---

[28] Ces six directives sont : La directive N° 06/11 relative au code de transparence et de bonne gouvernance dans la gestion des finances publiques, la directive N°01/11 relative aux lois de finances, la directive N°02/11 relative au règlement général de la comptabilité publique, la directive N°03/11 relative au plan comptable de l'Etat, la directive N°04/11 relative à la nomenclature budgétaire de l'Etat, la directive N°05/11 relative au tableau des opérations financières de l'Etat.

[29] Tiémoko Meyliet KONE, préface professionnelle dans Finances Publiques : Espace UEMOA/UMOA de Nicaise MEDE, op.cit., p.1.

[30] Michel BOUVIER, préface académique, « Des finances publiques pour un monde en transition » dans Finances Publiques : Espace UEMOA/UMOA de Nicaise MEDE, op.cit., p.21.

nouveau modèle de gestion financière publique, une question peut avoir le mérite d'être posée, celle de la garantie de son application par les Etats concernés. Dit autrement, si le CHFP de la CEMAC recherche la bonne gouvernance financière publique son application sereine au sein des Etats membres est-elle pour autant assurée ?

A cette interrogation, la réponse est négative. Car nous pensons que certains obstacles qui peuvent compromettre son opérationnalisation. Ainsi, nous démontrerons à travers cet article que le CHFP de la CEMAC, bien qu'innovateur, est en réalité un cadre potentiellement contraint par des obstacles que nous qualifions d'« endogènes »[31]. Par « contraintes endogènes », on entend se référer aux '' obstacles ''que l'on retrouve à l'intérieur du CHFP de la CEMAC après avoir minutieusement analysé son contenu. En fait, il s'agit d'obstacles qui lui sont propres et donc engendrés par lui-même et par sa rédaction. Dans cette optique, on relève des contraintes d'ordre juridico-techniques (I) et des contraintes d'ordre logico-méthodologiques (II).

I- LES CONTRAINTES JURIDICO-TECHNIQUES

Les contraintes endogènes du CHFP de la CEMAC sont ici d'une part, juridiques (A) et d'autre part, techniques (B).

A. Les contraintes juridiques

Les contraintes juridiques sont relatives à l'imprécision de la nature du texte de transposition des directives constitutives du CHFP de la CEMAC (1), et à l'insuffisance rédactionnelle qui mine ledit cadre harmonisé (2).

---

[31] Le CHFP de la CEMAC peut aussi faire face à des contraintes « endogènes », qui peuvent également entraver son application au sein et par les Etats d'Afrique centrale. Par opposition aux contraintes « exogènes », les contraintes endogènes font référence aux '' obstacles ''que l'on retrouve à l'intérieur du CHFP de la CEMAC après avoir minutieusement analysé son contenu ; c'est-à-dire après avoir analysé l'ensemble des dispositions juridiques qu'il renferme. En fait, il s'agit d'obstacles qui lui sont propres et donc engendrés par lui-même et sa rédaction. Ces obstacles peuvent être de nature juridique logique, méthodologique...Pour plus de précisions, voir Alexandre BARRO, Le Cadre Harmonisé des Finances Publiques de la CEMAC, Mémoire soutenu en Droit Public à l'Université Omar Bongo, 2019, pp. 105-127.

1- L'imprécision de la nature du texte de transposition

L'intégration ou l'harmonisation des cadres des finances publiques des Etats membres de la CEMAC constitue un projet auquel n'ont nullement renoncé les six (6) Etats parties prenantes à la construction d'un espace économique et monétaire viable qu'ils présentent d'ailleurs comme la condition sine qua non de leur développement ou tout simplement de leur survie dans un monde de plus en plus dominé par la logique du « tout libéral »[32]. En effet, la mise en place par la CEMAC d'un Cadre Harmonisé des Finances Publiques (CHFP) à travers l'adoption de six (6) directives communautaires, est la preuve la plus illustrative de la volonté de concrétiser ce projet d'harmoniser les finances publiques au sein de la sous-région d'Afrique centrale. Le but visé par cette politique d'harmonisation financière est, au-delà de la recherche d'une surveillance multilatérale[33], de doter les Etats de cette sous-région d'un certain nombre d'instruments qui leur permettra de gérer de manière performancielle et transparente leurs finances. Ce qui ne peut-être que favorable à un exercice crédible de la surveillance multilatérale des politiques budgétaires nationales[34].

Dans l'optique de mettre en œuvre les directives du CHFP de la CEMAC qui ont été adoptées le 19 décembre 2011 à Brazzaville (République du Congo), les Etats membres disposaient d'un délai de deux (2) ans après leur adoption pour en assurer la transposition. Cependant, l'entrée en vigueur complète de toutes les dispositions de modernisation de la gestion financière publique, introduites par les directives communautaires, devrait s'effectuer de manière progressive selon un calendrier qui s'étale sur une dizaine d'année. La transposition doit être comprise comme le mécanisme qui permet « le passage d'un ordre de réglementation à un autre moyennant parfois certaines conditions de délais, d'adaptation ou de réserves. En Union Européenne spécialement, c'est l'action d'insérer en droit interne les normes communautaires, moyennant les vérifications et remaniements nécessaires »[35]. En zone CEMAC en revanche, la transposition peut être appréhendée, selon Jean-

---

[32] Salif YONABA, « Les contraintes de l'harmonisation d'un droit budgétaire rénové dans la zone UEMOA », RFFP, n°98-juin 2007, p.69.

[33] L'harmonisation des législations budgétaires des Etats membres de la CEMAC répond au besoin d'une surveillance multilatérale. (Voir, Alexis ESSONO OVONO, « Le Cadre Harmonisé des Finances Publiques de la CEMAC », Communication à la journée de CEMAC-ISTA, 2017, p.1).

[34] Jean Gustave SANON, op.cit., p.61.

[35] Gérard CORNU, « Vocabulaire juridique », Quadrige/PUF, 2011, p.1029.

KENFACK, comme une « mesure nationale de mise en œuvre de la directive »[36]. Ces divers éclaircissements qui ont pour objet de définir « la transposition » permettent également de comprendre qu'elle est une procédure indispensable à l'applicabilité de la directive communautaire dans l'ordre juridique interne des Etats membres[37]. C'est la raison pour laquelle, il pèse sur ces Etats une obligation de transposition dont la violation peut être sanctionnée au sein de la CEMAC par la voie d'un « recours en manquement d'Etat »[38]. L'obligation de transposition peut être déduite de l'article 4 du Traité CEMAC révisé qui dispose que « les Etats membres apportent leur concours à la réalisation des objectifs de la communauté en adoptant toutes mesures générales ou particulières propres à assurer l'exécution des obligations découlant du présent Traité. A cet effet, ils s'abstiennent de prendre toute mesure susceptible de faire obstacle à l'application du présent Traité et des actes pris pour son application. En cas de manquement par un Etat aux obligations qui lui incombe en vertu du droit communautaire, la Cour de Justice peut être saisie en vue de prononcer les sanctions dont le régime sera défini par des textes spécifiques ». Cette obligation de transposition figure également dans l'article 8 alinéa 2 de la convention de l'Union Economique d'Afrique

[36] Jean KENFACK, « Les actes juridiques des communautés et organisations d'intégration en Afrique Centrale Occidentale », thèse de doctorat nouveau régime, Université Yaoundé II Soa, janvier 2003, p.110.

[37] La CJCE dans l'arrêt Simmental du 09 mars 1978, Aff., 106/77, Rec., p.629, précise que l'applicabilité directe du droit communautaire ouvre la voie des juridictions communautaire et nationale aux particuliers. Toutefois, dans certains cas, l'invocabilité est conditionnée. Celle de la directive est soumise à la transposition (dans des délais prescrits), qui seule permet la mise en œuvre de cet acte juridique, et donc, lui permet de produire tous ses effets. Aussi, il suffit de lire la définition que donne le législateur CEMAC de la directive pour comprendre que ce dernier a entendu consacrer un acte juridique qui ne peut produire tous ses effets que grâce à l'intervention des autorités nationales. En effet, l'article 41 du Traité CEMAC dispose que « les directives lient tout Etat membre destinataire quant au résultat à atteindre tout en laissant aux instances nationales leur compétence en ce qui concerne la forme et les moyens ». Ainsi les directives CEMAC, tout comme les directives de l'UEMOA et de l'Union Européenne, doivent passer par des mesures nationales de transposition pour être invoquées par un ressortissant communautaire devant une juridiction nationale.

[38] G. TATY, « Le recours en manquement d'Etat de l'article 4 du Traité révisé de la CEMAC : analyse critique », troisième rencontre inter-juridictionnelle des cours communautaires de l'UEMOA, la CEMAC, la CEDEAO et l'OHADA, Dakar, mai 2010. Par ailleurs, précisons que le recours en manquement est un mécanisme juridictionnel permettant la saisine de la Cour de Justice de la CEMAC (CJC) afin que celle-ci prononce des sanctions contre tout manquement d'un Etat membre à ses obligations découlant du droit communautaire, des sanctions dont le régime sera défini par des textes particuliers (voir article 4 du Traité CEMAC révisé).

centrale (UEAC)[39] qui dispose que « les organes de l'Union Economique et les institutions spécialisées de celle-ci édictent, dans l'exercice des pouvoirs normatifs que la présente convention leur attribue, des prescriptions minimales et des réglementations cadres, qu'il appartient aux Etats membres de compléter en tant que de besoin, conformément à leurs règles constitutionnelles respectives ».

La pratique de la transposition connait une véritable avancée en Union européenne (UE) où les choses semblent avoir largement évolué, contrairement à ce qui se passe en zone CEMAC. En effet, dans le cadre de l'Union européenne, les directives deviennent de plus en plus détaillées. Dans ce sens, il arrive qu'elles précisent le texte juridique par lequel les Etats membres doivent exécuter leur obligation de transposition du droit communautaire ; n'offrant désormais à ces derniers qu'une marge très limitée quant aux modalités de leur mise en œuvre. Cet état du droit a été consolidé par la Cour de Justice des Communautés Européennes (CJCE) qui, en procédant à un encadrement de la procédure de transposition dans l'arrêt '' Royer '' du 08 avril 1976, affirme que « les Etats membres ont le devoir de choisir les formes et les moyens les plus appropriés en vue d'assurer l'effet utile des directives »[40]. Par conséquent, « de simples pratiques administratives, par nature modifiable au gré de l'administration (…), ne sauraient être considérées comme constituant une exécution valable de l'obligation de transposition qui incombe aux Etats membres… »[41].

En zone CEMAC[42], on note cependant que la question relative à l'encadrement de la procédure de transposition n'est toujours pas réglée, et on ne peut que le déplorer quand on sait pourtant que ce défaut d'encadrement a constitué un véritable obstacle juridique pour la « défunte » Union Economique d'Afrique centrale (UEAC). En effet, en Afrique centrale les Etats continuent de bénéficier d'une certaine liberté dans le choix des textes nationaux « d'intronisation » des directives communautaires. Ce qui a pour conséquence d'entraîner un système d'intégration financière reposant sur une variété d'actes juridiques.

---

[39] Le Traité CEMAC a le mérite, contrairement à son prédécesseur (UEAC), de consacrer dès ses premières dispositions, le caractère obligatoire et répréhensible du concours des Etats membres de la CEMAC dans l'atteinte des objectifs communautaires, par l'institution du « recours en manquement ». S'inspirant ainsi de l'article 226 du Traite de la Communauté Européenne (TCE).

[40] CJCE, arrêt Royer du 08 avril 1976, Aff.48/75, Rec., p.497

[41] CJCE, arrêt commission contre Italie du 15 mars 1983, Aff.145/82, Rec., p.711.

[42] C'est aussi le cas de l'UEMOA.

L'imprécision de la nature du texte de transposition – du fait de cette liberté de choix – est et demeure une limite à l'harmonisation des règles juridiques de la gestion financière publique, dans la mesure où les Etats membres, n'ayant pas toujours la pleine mesure du degré d'harmonisation que les institutions communautaires entendent mettre en œuvre, procèdent à la transposition des textes communautaires selon leurs convenances. C'est ainsi qu'on a remarqué en zone UEMOA[43], sous la vague des directives de la première génération, que les textes nationaux de transposition du droit communautaire revêtaient un caractère organique au Niger[44], au Sénégal[45], mais tout simplement ordinaire au Burkina Faso[46]. En revanche, la Côte d'ivoire était engagée dans un processus de relecture de sa vieille loi du 31 décembre 1959 relative aux lois de finances qui était dénuée de tout caractère organique. Quant au Bénin, au Mali et au Togo, leurs systèmes financiers restaient placés sous l'empire de textes antérieurs à l'adoption – et à l'entrée en vigueur – des directives communautaires. C'est une loi organique[47] qui était en vigueur au Bénin. Le Mali se référait à deux lois ordinaires portant respectivement loi de finances et principes fondamentaux de comptabilité publique[48]. Un tel texte était, assez curieusement, inexistant au Togo. La Guinée Bissau, qui tout en étant membre de cet espace, restait marquée par une inspiration encore éloignée du système francophone en vigueur.

A ce stade de la réflexion, il apparaît nécessaire que soit clarifié le statut du texte qui doit permettre de transposer les directives du Cadre Harmonisé des Finances Publiques (CHFP) de la CEMAC au sein des Etats membres, au risque de fragiliser cette dynamique d'harmonisation financière sous-régionale. En s'inspirant du système juridique français[49], il apparaît que c'est un texte nature ou de valeur constitutionnelle qui convient plutôt qu'une loi ordinaire, un arrêté ou un décret...

---

43 Voir, Salif YONABA, op.cit., pp.77-78.

44 Loi n°003-11 du 1er avril 2003, JO-RN spécial n°10 du 31juillet 2003, p.473 et s.

45 Loi n°2001-09 du 15 octobre 2001, JO-RS du 10 novembre 2001, p.661 et s.

46 Loi n°06-2003/AN du 24 janvier 2003, JO-BF n°47 du 20 novembre 2003, p.1665.

47 Cf Loi organique n°86-021 du 26 septembre 1986.

48 Loi n° 96-060 de novembre 1996 relative aux lois de finances et loi n° 96-061 portant principe fondamentaux de la comptabilité publique.

49 En France c'est la loi organique relative aux lois de finances (LOLF) du 1er août 2001 qui met en place la réforme de la gestion financière publique.

2- *L'insuffisance rédactionnelle*

L'état des lieux du Cadre Harmonisé des Finances Publiques (CHFP) de la CEMAC laisse également entrevoir une insuffisance rédactionnelle qui, de toute évidence, met aussi en mal la dynamique d'harmonisation financière au sein de la sous-région d'Afrique centrale. Cette insuffisance rédactionnelle, renvoie aux omissions, incohérences voire même au manque de clarté qui caractérisent les directives constitutives du CHFP de la CEMAC, à savoir particulièrement la directive n° 01/11-UEAC-190-CM-22 relative aux lois de finances. Concernant cette directive, il a été observé qu'elle souffre non seulement d'un certain nombre d'omissions et de quelques incohérences mais aussi d'un manque de clarté.

Au titre des omissions, trois (3) points sont retenus :

Premièrement, la référence à la pratique de la débudgétisation et l'interdiction d'en user dans des circonstances non prévues par la loi. La directive relative aux lois de finances, en effet, ne mentionne dans aucune de ses dispositions la pratique de la débudgétisation, pourtant largement utilisée à l'époque contemporaine[50] par bon nombre d'Etats de la sous-région d'Afrique centrale, comme le Gabon pour qui cette pratique est connue sous l'appellation triviale de « hors budget »[51]. La débudgétisation consiste à transférer à des organismes publics ou privés des dépenses qui étaient jusqu'alors assurées par le budget de l'Etat[52]. L'objectif affiché est de rechercher l'efficacité de l'action de l'Etat. Toutefois, cette pratique dont la légitimité est avérée, fait l'objet de vives critiques de nos jours ; Car, dans certains cas, elle est usitée pour camoufler purement et simplement les déficits budgétaires et par conséquent pour présenter au parlement un budget artificiellement équilibré. On peut donc comprendre pourquoi Sophie BAZIADOLY affirme qu'avec la pratique de la débudgétisation l'on peut parler de « vrais/faux chiffres dans la loi de finances »[53]. Et c'est la raison pour laquelle le Conseil constitutionnel, dans une importante décision du 29 décembre 1994, a fixé des limites à cette pratique en considérant certaines dépenses comme budgétaires par

[50] Michel BOUVIER et al, op.cit., p.296.

[51] Fidèle MENGUE ME ENGOUANG, Les Finances Publiques Au Gabon : Droit budgétaire et droit de la comptabilité publique, L'Harmattan, 2018, p.69.

[52] Michel BOUVIER et al, op.cit., p.296.

[53] On peut dire que la loi de finances est un document qui retrace l'ensemble des dépenses et des recettes budgétaires. Cependant, ce principe n'est pas toujours respecté en raison de la pratique de la débudgétisation, ce qui fait que l'on peut parler de vrais/faux chiffres dans la loi de finances. (Voir Sophie BAZIADOLY, op.cit., p.32).

nature (il s'agit de dépenses obligatoires, comme les dépenses de pensions)[54].

Deuxièmement, l'exigence de programmation pluriannuelle des finances publiques. Si la directive relative aux lois de finances prévoit la programmation budgétaire pluriannuelle– en imposant aux gouvernements des pays d'Afrique centrale d'établir « (...) des cadres de dépenses à moyen terme décomposant, sur une période minimum de trois ans, les grandes catégories de dépenses publiques par nature et par fonction et, le cas échéant par ministère » [55] – elle reste cependant muette quant à l'exigence d'une programmation pluriannuelle des finances publiques. Ce qui est tout de même surprenant quand on sait que le CHFP de la CEMAC est une inspiration du système juridique français. Consacrée par la révision constitutionnelle française du 23 juillet 2008 [56], la programmation pluriannuelle des finances publiques est un dispositif nécessaire pour la bonne gestion financière publique. En effet, contrairement à la programmation budgétaire pluriannuelle qui participe exclusivement de la « recherche d'un pilotage plus efficace et par conséquent d'une meilleure maîtrise des dépenses publiques de l'Etat » [57], la programmation pluriannuelle financière en revanche porte sur le système financier dans sa totalité[58], c'est-à-dire sur les dépenses et les recettes de l'ensemble du secteur public[59]. Ainsi, on peut se permettre de voir dans la programmation pluriannuelle des finances publiques, selon Michel BOUVIER, Marie-Christine ESCLASSAN et Jean-Pierre LASSALE, « l'instrument privilégié de pilotage de l'ensemble du système financier public et de l'objectif de sa maîtrise »[60]. Face à un tel constat, il est sans doute dans l'intérêt de la CEMAC d'intégrer ce nouvel outil de la gestion performancielle des finances publiques dans son dispositif

[54] Sophie BAZIADOLY, op.cit., p.32.
[55] Art.8, alinéa 4, DLF de la CEMAC.
[56] Selon l'article 34 révisé de la constitution, « des lois de programmation déterminent les objectifs de l'action de l'Etat. Les orientations pluriannuelles des finances publiques sont définies par des lois de programmation. Elles s'inscrivent dans l'objectif d'équilibre des comptes des administrations publiques ».
[57] Michel BOUVIER et al, op.cit., p.315. Aussi, on doit souligner que les recettes de l'Etat ne font pas l'objet de ce type de programmation.
[58] « Les orientations pluriannuelles auxquelles il est fait référence avec les lois de programmation pluriannuelles des finances publiques sont celles du système financier dans sa totalité et il en est de même pour l'équilibre des comptes publics qui doit en découler » (voir Michel BOUVIER et al, op.cit., p.316).
[59] Ibid.
[60] Ibid.

d'harmonisation financière sous-régionale, dans la mesure où, comme l'écrivait déjà Renaud GENIERE en 1976 « la programmation pluriannuelle constitue la synthèse la plus avancée des sociétés modernes »[61].

Enfin, la dernière omission est celle de l'exigence de la justification des crédits au premier franc. En effet, dans l'ancien système (budget de moyens) le budget était divisé en deux catégories. D'une part, les services votés[62] qui « représentent le minimum de dotation que le Gouvernement juge indispensable pour poursuivre l'exécution des services publics... » (art.32 de l'ordonnance organique du 02 janvier 1959 relative aux lois de finances) ; D'autre part, et les mesures ou autorisations nouvelles[63] qui ont pour objet d'ajuster le montant des services votés d'une année sur l'autre. Ce système présentait un désavantage, celui que le Parlement procédait à un renouvellement presque automatique de la grande masse des crédits (services votés)[64]sans pouvoir réellement examiner le contenu. A cet effet, le débat ne portait que sur la petite masse de crédits restants que constituaient les autorisations nouvelles. Toutefois, l'introduction par le cadre harmonisé des finances publiques de la CEMAC d'une logique de performance au sein de la gestion financière publique des Etats membres, et de ce fait le passage d'un budget fondé sur la reconduction des moyens à un budget construit en fonction d'objectifs s'inscrivant dans des programmes[65], va radicalement changer la donne. En effet, les crédits soumis au Parlement ne seront plus justifiés en deux composantes (services votés et autorisations nouvelles), mais au premier franc, c'est le nouveau système. Ce nouveau système est inspiré de la méthode zero-based budgeting (ZBB), adoptée aux Etats-Unis par le Gouvernement de Jimmy CARTER dans les années 1970[66], elle-même inspirée du corporate governance (management d'entreprise). La ZBB prohibe l'automaticité dans l'affectation de ressources, d'une année sur l'autre aux différents

[61] Ibid., p.314.

[62] Selon la Direction française de la réforme budgétaire, les services votés représentent pratiquement 95% Des crédits de l'Etat.

[63] Elles représentent 5% des crédits de l'Etat.

[64] Nicaise MEDE, « Réflexion sur le cadre harmonisé des finances publiques dans l'espace UEMOA », op.cit., p.15.

[65] Loïc PHILP, op.cit., p.200.

[66] Discutée aux Etats-Unis, cette méthode a cessé de régir la gestion budgétaire du gouvernement fédéral (Voir Nicaise MEDE, Finances Publiques : Espace UEMOA/UMOA, op.cit., p.233). Mais, en pratique, aucun pays n'est allé aussi loin dans la mise en œuvre du BBZ (Voir, Banque Mondiale, Manuel de gestion des dépenses publiques, Washington, 1998, p.27).

programmes des administrations publiques. A ce titre, elle préconise que le budget soit voté chaque année ab initio, sur une base zéro, comme si rien existait ou n'avait été fait avant[67]. En fait, avec la ZBB, il s'agit simplement de faire repartir chaque année le processus budgétaire de zéro, car il faudra justifier chacune des allocations de ressources inscrite dans le budget[68]. On l'aura compris, la méthode du ZBB est outil de la recherche d'une meilleure ou d'une allocation efficace des ressources, et c'est dans cet esprit que s'inscrit la méthode de la justification des crédits au premier franc, qui suppose que chaque crédit soit évalué, justifié, discuté avant d'être voté [69]. Il convient de faire une précision qui nous semble importante [70], celle d'affirmer que justifier les crédits ce n'est pas seulement dire à quoi ils serviront. Ce n'est pas dire qu'ils serviront à acheter des autocars pour les étudiants. Ce n'est pas suffisant de dire qu'ils serviront à payer des primes pour une catégorie d'agents permanents de l'Etat. La question principale qui se pose et qu'il faut poser est de savoir si l'achat des autocars est la meilleure option dans une perspective de rapport intérêt/coût pour atteindre le même résultat d'un objectif programmatique ? [71] Les primes payées motivent-elles davantage les agents permanents de l'Etat ou contribuent-elles à susciter d'autres revendications dans un autre corps de métiers ? En fait, justifier les crédits c'est leur donner une base rationnelle. C'est les insérer dans une logique de rationalité financière[72], celle du calcul économique qui implique une recherche opérationnelle, une analyse de coût-bénéfice et une analyse des systèmes[73].

Par ailleurs, la justification des crédits au premier franc constitue un instrument d'explicitation des crédits demandés au Parlement. A ce titre, elle représente un élément de sa bonne information et donc un gage de la transparence budgétaire, puisqu'elle suppose de présenter non seulement l'emploi prévisionnel des crédits mais aussi les raisons du montant de ces crédits. La justification des crédits au premier franc concourt alors à l'appréciation de la sincérité des projets de loi de finances.

---

[67] Nicaise MEDE, Finances Publiques : Espace UEMOA/UMOA, op.cit., p.233.

[68] Ibid.

[69] Ibid., p.15.

[70] Ibid., p.236.

[71] Ibid.

[72] Ibid.

[73] E. ADREANI, « Une révolution budgétaire ? Le planning, programming, budgeting system », in revue de science financière, 1968, p.203. Cité par Nicaise MEDE, Finances Publiques : Espace UEMOA/UMOA, op.cit., p.237.

De plus, en présentant le contenue de la dépense[74], la justification des crédits au premier franc devient un outil d'appréciation de l'utilité et de la pertinence de la dépense publique. En ce sens elle est également le complément naturel de la performance, d'autres, diront « un élément consubstantiel à la gestion budgétaire par la performance »[75]. Au regard de ce qui précède, on ne peut donc que regretter le fait que la directive communautaire relative aux lois de finances omette de prévoir cet instrument de la rationalisation budgétaire[76], puisqu' il s'agit de justifier les crédits dans le but de dépenser mieux.

Au titre des incohérences, on retient la trop étroite inspiration de la vielle ordonnance française du 02 janvier 1959 portant loi organique relative aux lois de finances qui aurait fait perdre de vue la nécessité de procéder à un changement de dénomination qui va de soi, selon que le CHFP de la CEMAC introduit au sein des Etats membres un mode de gouvernance financière par la performance. On fait notamment allusion à l'ancienne appellation de '' contrôleur financier ''. Le contrôle financier correspond, en effet, à un cadre classique de la gestion financière publique qui a toujours été celui d'une stricte séparation entre les autorités chargées de l'exécution budgétaire[77] et plus largement de la gestion publique. Dans ce contexte, le contrôleur financier est chargé de vérifier, au nom de ce principe de séparation, que la dépense engagée par l'ordonnateur est imputée sur la bonne enveloppe comptable. Concrètement, il s'agit pour le contrôleur financier d'apposer son « visa » après avoir vérifié la disponibilité des crédits et la conformité de la dépense[78].

Ainsi, on a pu dire qu'il exerce un contrôle a priori de la régularité des opérations de dépenses. Seulement, avec la diffusion d'un nouveau mode de gouvernance axée sur la performance et la mise en œuvre d'une nouvelle gestion publique, ce contrôle de régularité a priori tend à devenir obsolète au profit d'un type nouveau de contrôle, le contrôle budgétaire et comptable ministériel. Ce dernier, contrairement à son prédécesseur

---

[74] La justification des crédits au premier franc présente le contenu physique et financier des crédits en établissant un lien entre les crédits demandés au Parlement et les déterminants de la dépense qui peuvent être soit physique (nombre d'usagers, volume d'activité, superficie des bâtiments, etc.), soit financiers (déterminants d'une masse salariale, coûts unitaires des dispositifs d'intervention, etc.).

[75] Nicaise MEDE, Finances Publiques : Espace UEMOA/UMOA, op.cit., p.235.

[76] « La justification des crédits au premier franc est l'une des exigences de la rationalisation budgétaire » (Voir Nicaise MEDE, « Réflexion sur le cadre harmonisé des finances publiques dans l'espace UEMOA », op.cit., p.15).

[77] Michel BOUVIER et al, op.cit., p.490.

[78] Martin collet, Finances Publiques, LGDJ, 2ème édition, 2017, p.60.

(contrôle financier), comporte de manière sous-jacente le postulat d'une gestion intégrée faisant appel au dialogue et à la collaboration[79]entre les acteurs de la gestion publique. A cet effet, sa mission n'est plus centrée sur la vérification de la régularité de la dépense. Sauf cas particulier, elle s'attache avant tout à éviter les risques budgétaires. C'est la raison pour laquelle on dit du contrôle budgétaire et comptable qu'il est un contrôle sélectif fondé sur l'analyse des risques.

Le passage d'un contrôle financier à un contrôle budgétaire et comptable ministériel traduit l'objectif d'adaptation du contrôle administratif a priori aux exigences de la nouvelle gestion financière publique par la performance.

Ainsi, le CHFP de la CEMAC et précisément la directive relative aux lois de finances, en ignorant cette restructuration du contrôle administratif a priori à travers le maintien de la traditionnelle appellation de '' contrôle financier '', entretient une incohérence probablement nuisible à l'implémentation de la réforme financière dans les Etats de la sous-région d'Afrique centrale.

Au titre du manque de clarté, deux points ont été relevés. D'abord, le statut des corps de contrôle ainsi que les rapports entre le ministère des finances avec les autres ministères et institutions dépensiers. Ensuite, la distinction peu claire entre les notions d'universalité et d'unité budgétaires. La directive communautaire relative aux lois de finances, en effet, entretient un véritable « flou » entre les deux notions d'universalité et d'unité budgétaires. Pour s'en convaincre, son article 3, alinéa 1er dispose que « les budgets des administrations publiques déterminent (...) dans un document unique pour chacune d'entre elles, l'ensemble de leurs recettes et de leurs dépenses... ». A partir de cette disposition, on peut aisément constater que les notions d'unité et d'universalité ne sont pas clairement différenciées ou dissociées. Les deux principes ayant la même exigence – toutes les recettes et toutes les dépenses des administrations publiques doivent figurer dans un document unique – un risque de confusion peut assurément naître. De ce fait, Il serait donc important que l'institution communautaire que représente la CEMAC lève toute ambiguïté concernant ces notions. Le but étant que les Etats membres disposent d'un « code » d'harmonisation financière compréhensible.

En somme, omissions, incohérences et manque de clarté représentent des constats établis dans le but de faire des recommandations, allant dans le sens d'une proposition de révision de la directive communautaire

---

[79] Michel BOUVIER et al, op.cit., p.490.

relative aux lois de finances. L'objectif est d'y introduire tous les éléments nécessaires à « l'esprit de performance »[80], et de permettre une application saine de cette directive dans l'ordre juridique interne des Etats membres de la CEMAC.

Les contraintes techniques : la sophistication des méthodes de la gestion financière par la performance

Les Etats d'Afrique centrale pourraient également faire face à un autre obstacle dans la mise en œuvre du CHFP de la CEMAC. Cet obstacle est notamment lié à la difficulté de correctement mettre en place les outils, instruments et méthodes de la gestion financière par la performance, en tant que cette gestion constitue le nouveau modèle de gestion des finances publiques que souhaite effectivement instaurer la CEMAC, via son CHFP, au sein des Etats membres. Cette difficulté est relative aux caractéristiques intrinsèques de cette nouvelle forme de gestion des finances publiques dont les techniques apparaissent sophistiquées, complexes[81] et donc difficiles à mettre en place et à piloter. Ce qui justifie le fait que sous sa réputation de modèle certifié de gestion efficace, la gestion financière par la performance cache de multiples expériences ratées avec pour résultats la création de dysfonctionnements qui ont fini par ternir, à un moment donné, sa réputation ; remettant ainsi en cause son efficacité. Ce fût le cas des pays comme la Grande Bretagne ou la France avec l'expérience ratée de la RCB dont peut se rendre compte que l'une des raisons de l'échec de cette première tentative de mise en œuvre de la gestion financière par la performance est la complexité et la forte technicité des outils de ce modèle de gestion des finances publiques. Ainsi les pays d'Afrique centrale, qui ont d'ailleurs importé ce nouveau modèle de gestion des finances publiques, peuvent effectivement ne pas échapper à cette difficulté de correctement mettre en œuvre les outils, méthodes, techniques de la gestion financière par la performance qui sont très complexes et sophistiqués.

---

[80] Nicaise MEDE, « Réflexion sur le cadre harmonisé des finances publiques dans l'espace UEMOA », op.cit., p.21.

[81] En parlant de la LOLF en France – qui s'apparente au CHFP de la CEMAC en Afrique centrale – Bernard PERRET précise, dans l'optique de montrer qu'il s'agit d'une réforme complexe, « qu'elle constitue, au premier chef, une réforme à caractère technique visant à améliorer la lisibilité du budget et à faciliter une meilleure gestion de la dépense… », L'évaluation des politiques publiques, La découverte, coll. « Repères », 2008, p.31.

II- LES CONTRAINTES LOGICO-MÉTHODOLOGIQUES

Les contraintes internes du Cadre Harmonisé des Finances Publiques (CHFP) de la CEMAC ne sont pas seulement, comme nous l'avons déjà vu, juridiques et techniques. Elles sont aussi logiques (A) et méthodologiques (B).

A. Les contraintes de logique

La réforme financière qui intervient en Afrique centrale poursuit un objectif clair, celui d'instaurer au sein des Etats membres un système de gestion efficace de leurs finances publiques. Dans cette optique, on comprend que le CHFP de la CEMAC a sa logique interne qui lui donne le label qui est le sien, celui de la culture de la performance. Cependant, une analyse minutieuse de ce cadre d'harmonisation financière montre qu'il entretient des contradictions avec la logique de performance qu'il l'anime. Ces contradictions peuvent s'observer non seulement au niveau des principes budgétaires (1) mais aussi au niveau du fonctionnement des contrôles internes (2).

1- La contradiction de logique au niveau des principes budgétaires

Dans cette partie, la réflexion sera exclusivement orientée sur le principe de l'annualité. Ce principe est prévu par le cadre harmonisé des finances publiques de la CEMAC, précisément à l'article 3, alinéa 1er de la directive relative aux lois de finances qui dispose que « les budgets des administrations publiques déterminent pour chaque année, (...), l'ensemble de leurs recettes et de leurs dépenses... ». Aussi, l'article 10 de la même directive prévoit que « l'exercice budgétaire s'étend sur une année civile ». On constate, au regard de ces fondements juridiques, que le principe de l'annualité revêt une double signification.

Dans un premier temps, ce principe implique que le budget est voté chaque année. C'est l'annualité de l'autorisation, qui veut dire qu'elle dure un(e) an(née). Dans ce sens, il est interdit d'inscrire dans la loi de finances des autorisations portant sur plusieurs années.

Dans un second temps, l'annualité suppose que le budget voté chaque année, l'est pour un an. C'est l'annualité de l'exécution. A ce titre, il est impératif que les autorisations accordées par le Parlement soient utilisées par le Gouvernement dans l'année.

Par ailleurs, les dispositions sus évoquées témoignent de la rigueur dans la mise en œuvre de l'annualité budgétaire par le CHFP de la CEMAC. Ce qui veut dire que l'annulation des crédits non consommés en fin d'année est de principe[82]. D'ailleurs, l'exigence d'une annulation des crédits non consommés en fin d'exercice budgétaire est prévue par l'article 27 de la directive relative aux lois de finances de la CEMAC qui dispose qu'« un crédit doit être annulé lorsqu'il est devenu sans objet ». La règle de l'annulation des crédits est davantage confirmée par les alinéas 1er et 2 de la même directive. En effet, selon l'alinéa 1er « les crédits ouverts (...) au titre d'une année ne créent aucun droit au titre des années suivantes ». L'alinéa 2 de son côté prévoit que « les autorisations d'engagement (AE) non utilisées à la fin de l'année ne peuvent pas être reportées ». Ce positionnement juridique traduit bien le fait que l'annulation, conséquence directe de l'annualité, est la règle en matière d'exécution budgétaire.

Néanmoins, cet état du droit semble être en contradiction avec l'adhésion aux fondamentaux du nouveau modèle de gouvernance par la performance, et de fait avec l'introduction d'un mécanisme de pluri-annualité budgétaire au sein de la gestion financière publique. En effet, l'insertion des programmes budgétaires dans une dynamique économique et financière pluriannuelle aurait dû conférer plus d'importance à la technique juridique du report de crédit au détriment de la règle de l'annulation. En un mot, faire du non-report – et donc de l'annulation – l'exception et du report le principe[83]. Ainsi, le cadre harmonisé des finances publiques de la CEMAC, en procédant de la manière inverse semble être en contradiction avec sa « rationalité intrinsèque »[84], celle de la culture de la performance. Toute chose qui peut nuire à la gestion performancielle des finances publiques qu'il tend à mettre en œuvre au sein des Etats membres.

Cette contradiction de logique qu'entretient le CHFP de la CEMAC peut davantage se justifier par les écrits de Nicaise MEDE qui affirme que « d'un point de vue logique, il est peu raisonnable de s'inscrire dans une dynamique de préparation et de gestion budgétaires pluriannuelles, de concevoir et de mettre en œuvre des programmes budgétaires à exécution pluriannuelle et au même moment de donner une valeur absolue à

---

[82] Nicaise MEDE, « Réflexion sur le cadre harmonisé des finances publiques dans l'espace UEMOA », op.cit., p.15.

[83] Ibid.

[84] Ibid.

l'annualité budgétaire par l'annulation, de droit, des crédits (...) non consommés en fin d'année ! »[85].

2- La contradiction de logique au niveau des contrôles

La gestion budgétaire axée sur la performance obéit à un principe fondamental qui est celui de la culture de la responsabilisation managériale. A cet effet, certains acteurs de la chaîne des dépenses et des recettes [86], par exemple les ordonnateurs et les responsables de programmes, bénéficient d'une liberté d'action et de marges de manœuvre très importantes pour exercer cette responsabilité managériale. Dans cette optique, le responsable de programme « détermine les objectifs spécifiques, affecte les moyens et contrôle les résultats des services chargés de la mise en œuvre des programmes. Il assure le respect des dispositifs de contrôle interne et de contrôle de gestion »[87]. Aussi, il est le chef d'animation de toute une série d'activités et de ce fait, reçoit et gère les crédits dans une dynamique de globalité et fongibilité asymétrique[88]. Selon J.R BLONDAL, la justification de la dévolution d'une mission aussi importante au responsable de programmes tient sur l'idée que « le responsable de chaque administration est en réalité le mieux placé pour définir le dosage des moyens le plus efficace en vue de mener à bien les activités de son administration »[89].

Si le responsable de programmes possède une liberté plus accrue dans le cadre du nouveau mode de gestion des finances publiques, son activité financière n'est pas pour autant soustraite de tout contrôle. En effet, le passage d'une régulation par la règle de droit à une régulation par la performance ne saurait faire de la gestion financière un espace dépourvu de toute réglementation. Ainsi, l'ordonnateur et le responsable de programmes restent soumis à l'exigence d'une reddition des comptes et qu'un contrôle s'exerce sur leurs opérations financières.

Le contrôle interne et particulièrement le contrôle administratif a priori qui s'exerce sur l'ordonnateur et le responsable de programme, soulignons-le, était au départ construit sur une perspective de régularité. Dans ce sens, il était uniquement question de s'assurer de la correcte

---

[85] Ibid., pp.15-16.
[86] Ibid., p.21.
[87] Article 13, alinéa 2, DLF de l'UEMOA.
[88] Article 15, DLF de l'UEMOA.
[89] J.R BLONDAL, « La réforme budgétaire dans les pays membres de l'OCDE : tendances communes », Revue de l'OCDE sur la Gestion Budgétaire, vol. 2, n°4, 2003, p.16.

imputation de la dépense, c'est-à-dire de vérifier que celle-ci était imputée sur la bonne enveloppe comptable. Le contrôle de régularité correspond à un cadre classique de la gestion publique, cadre dans lequel prévaut une conception cloisonnée des acteurs. C'est la raison pour laquelle le contrôle administratif a priori reposait sur une approche systématique et exhaustive. Cependant, cette approche tend à devenir obsolète avec la diffusion d'un nouveau modèle de gouvernance financière publique. En effet, l'introduction au sein du secteur public d'une démarche de performance va forcément dans le sens du développement d'une nouvelle philosophie du contrôle interne, qui doit désormais allier contrôle de régularité et contrôle de gestion. Il s'ensuit dans un tel contexte que la préoccupation traditionnelle de régularité, de vérification de conformité à la norme qui avait été jusqu'alors l'axe essentiel du contrôle administratif a priori tend à être concurrencée par une préoccupation d'efficacité et de performance[90], qui privilégie le dialogue et la collaboration entre les acteurs (contrôleur financier, comptable, ordonnateur et responsable de programme) dans le cadre d'une gestion intégrée des finances publiques. Ce qui implique de mettre en place un nouveau type de contrôle, le contrôle hiérarchisé et partenarial.

Concrètement, la gestion budgétaire axée sur la performance tend à formaliser un nouveau dispositif du contrôle financier autour de contrôles hiérarchisés et partenariaux[91] qui seront effectués en fonction des risques liés à la nature de la dépense et aux pratiques des ordonnateurs[92]. C'est l'approche sélective fondée sur l'analyse des risques[93]. Si l'on met en relation cette nouvelle logique du contrôle interne avec certaines parties des directives du CHFP de la CEMAC, on se retrouve au cœur d'une démarche proprement aporétique, c'est-à-dire une contradiction de logique[94]. Cette contradiction trouve sa justification dans le fait que le CHFP de la CEMAC procède à un renforcement du contrôle de régularité a priori au détriment de l'aménagement d'un contrôle sélectif fondé sur l'analyse des risques, qui semble être totalement absent du dispositif juridique d'harmonisation financière de la sous-région d'Afrique centrale.

---

[90] Michel BOUVIER et al, op.cit., p.488.

[91] Décret n°2005-789 du 29 décembre 2005, portant approbation du cadre de Réforme de la Gestion Budgétaire Axée sur les Résultats (Car-GBAR) au Bénin.

[92] Nicaise MEDE, « Réflexion sur le cadre harmonisé des finances publiques dans l'espace UEMOA », op.cit., p.22.

[93] Michel BOUVIER et al, op.cit., p.491.

[94] Nicaise MEDE, « Réflexion sur le cadre harmonisé des finances publiques dans l'espace UEMOA », op.cit., p.23.

Dit autrement, le CHFP de la CEMAC procède à une consolidation du contrôle de régularité en lieu place de la mise en œuvre d'un contrôle partenarial fondé sur l'analyse des risques.

Le renforcement du contrôle de régularité a priori peut, dans un premier temps, se lire au niveau du contrôleur financier qui acquiert un quasi-statut dans le CHFP de la CEMAC avec des compétences bien définies[95]. En effet, l'alinéa 1er de l'article 61 dudit cadre harmonisé dispose que « le ministre des Finances nomme auprès de chaque Ministre sectoriel un contrôleur financier chargé de veiller à la conformité budgétaire et à la régularité des projets d'engagement. A ce titre, il contrôle a priori, par l'apposition d'un visa préalable, les propositions d'actes de dépense qui lui sont transmises par le Ministre ou ses ordonnateurs délégués... ». Sur la base de cette disposition, on peut clairement s'apercevoir du renforcement du contrôle de régularité a priori qui s'exerce à travers le contrôleur financier dont la mission est, au nom du principe de régularité, d'apposer son visa sur « tous les actes des ordonnateurs portant engagement de dépenses » ainsi que sur « toute ordonnance de paiement » (article 88, paragraphes 2 & 4, de la directive portant règlement général de la comptabilité publique de l'UEMOA)[96]. Ainsi, la directive relative aux lois de finances de la CEMAC en procédant au renforcement d'un tel contrôle, va à l'encontre de la logique de performance qui préconise au contraire l'aménagement d'un contrôle sélectif fondé sur l'analyse des risques.

Une exception peut, cependant, être déduite de l'alinéa 4 de l'article 61 de la directive relative aux lois de finances de la CEMAC qui prévoit que le contrôleur financier « peut évaluer la qualité et l'efficacité du contrôle interne ainsi que du contrôle de gestion mis en œuvre par les ordonnateurs et ordonnateurs délégués ». En effet, cette disposition peut laisser penser ou croire que le contrôleur financier pourrait adapter les modalités de mise en œuvre de ses contrôles de régularité, et de fait les alléger au profit de la liberté managériale de l'ordonnateur/responsable de programme, si celui-ci lui donne des garanties de bonne gestion financière (qualité et efficacité du contrôle interne et du contrôle de gestion). Mais, cette exception présumée reste tout de même insuffisante et ne règle pas réellement la question de la responsabilisation managériale de l'ordonnateur ; car, le contrôleur financier reste en réalité, a priori, le seul maître de l'appréciation de la qualité et de l'efficacité de la gestion de l'ordonnateur. Ce qui, en

[95] C'est l'article 61, DLF de la CEMAC qui présente les compétences du contrôleur financier.

[96] Il est question ici de la DRGCP du nouveau CHFP de l'UEMOA.

définitive, selon Nicaise MEDE, « fait du pouvoir de gestion autonome conféré à l'ordonnateur/responsable de programme, des faveurs discrétionnaires à la diligence du contrôle financier »[97].

En tout état de cause, le contrôle administratif a priori qui s'exerce sur l'ordonnateur /responsable de programme, par l'intermédiaire du contrôleur financier est loin d'être un contrôle de la performance ou qui privilégie l'efficacité de gestion.

Dans un second temps, le renforcement du contrôle de régularité a priori peut s'analyser au niveau des compétences de contrôle dévolues à un autre organe de contrôle de l'ordonnateur qu'est le comptable public. Les compétences de contrôle du comptable public sont essentiellement prévues par les articles 19 et 26 de la directive CEMAC relative au règlement général de la comptabilité publique (DRGCP). En effet, le comptable public a l'obligation d'effectuer des contrôles de régularité au double plan interne et externe (article 26 de la directive relative au règlement général de la comptabilité publique) des documents qui lui sont transmis par l'ordonnateur avant de pouvoir s'exécuter sur une quelconque opération d'encaissement ou de décaissement. Si les conditions de régularité interne et externe ne sont pas réunies, par exemple en matière de dépense, le comptable public a le devoir de refuser d'apposer son visa pour le paiement. Cet état du droit repose sur l'article 54, alinéa 1er de la directive relative aux lois de finances de la CEMAC qui dispose que « lorsque, à l'occasion des contrôles prévues en matière de dépenses (...) des irrégularités sont constatées par les comptables, ceux-ci sont tenus de refuser le visa de la dépense. Il en est de même lorsque les comptables publics ont pu établir que les certifications délivrées par les ordonnateurs ou les administrateurs de crédits sont inexactes ». Cependant, le comptable public peut être contraint, par le ministre des Finances ou l'ordonnateur principal, de procéder au paiement lorsque son refus d'apposer le visa n'est motivé que par l'omission ou l'irrégularité des pièces[98]. Mais dans les hypothèses d'indisponibilité des crédits (article 50, alinéa 4 de la directive relative au règlement général de la comptabilité publique de l'UEMOA), d'absence de justification du service fait ou lorsque le paiement à un caractère non libératoire (article 54, alinéa 4 de la directive relative au règlement général de la comptabilité publique de la CEMAC), le comptable public ne peut déférer à l'ordre de paiement du Ministre.

---

[97] Nicaise MEDE, « Réflexion sur le cadre harmonisé des finances publiques dans l'espace UEMOA », op.cit., p.24.

[98] Voir, article 54, alinéa 3, DRGCP de la CEMAC.

L'analyse des compétences du comptable public montre que le CHFP de la CEMAC procède à un renforcement du contrôle de régularité a priori. A ce titre, il semble contrarier l'approche managériale de la gestion publique qui suggère que des contrôles sélectifs fondés sur l'analyse des risques soient valorisés – cela va dans le sens d'une responsabilisation des ordonnateurs et responsables de programme, lesquels doivent pouvoir recevoir des sanctions (positives ou négatives) au titre des résultats de leur gestion[99] – au détriment des contrôles de régularité. C'est du moins ce qu'inspire la logique de performance, et cette logique aurait dû être prise en compte par le CHFP de la CEMAC. Mais en lieu et place de la logique gestionnaire, le cadre harmonisé a donné naissance, selon Nicaise MEDE à « un dispositif mi-homme, mi-taureau, en ce sens qu'il aménage et renforce, au cœur du système gestionnaire, des mécanismes de régulation par le droit qui s'extériorisent par la multiplicité des avis, des recommandations préalables, des visas...il s'agit, en définitive, d'un alliage mal assorti de dispositions de l'ordonnance française de 1959 et de la LOLF de 2001 »[100].

A travers ce propos de Nicaise MEDE, comprenons qu'il ne s'agit pas de faire l'apologie d'un mode de gouvernance des finances publiques qui propose de déréglementer la gestion financière des Etats et qui, de ce fait, nie l'importance du droit. En effet, la gestion financière axée sur la performance ne préconise pas de faire de la vie financière des Etats « une zone de non-droit » [101]. En fait, on est plutôt en présence d'un changement pédagogique de perspective qui s'explique par le fait que dans la gestion financière axée sur la performance, l'axe de la règle de droit a été simplement déplacé[102], et non abolie. Le but étant de rendre cette règle de droit compatible avec la nécessaire autonomie de l'ordonnateur/responsable de programme dans le cadre d'une gestion intégrée de l'action financière publique, qui implique le dialogue et la collaboration entre les acteurs de la chaîne des dépenses et des recettes.

En tout état de cause, la régulation des finances publiques par l'approche managériale recommande de redéployer le contrôle administratif a priori, c'est-à-dire de convertir le contrôle de régularité a priori exercé par le contrôleur financier en contrôle de la performance exercé par le contrôleur budgétaire et comptable. La contradiction de

---

99 Nicaise MEDE, « Réflexion sur le cadre harmonisé des finances publiques dans l'espace UEMOA », op.cit., p.25.

100 Ibid.

101 Ibid., p.22.

102 Ibid.

logique qu'entretient le CHFP de la CEMAC, en faisant l'impasse sur le contrôle sélectif au profit d'un renforcement du classique contrôle exhaustif, a nécessairement un impact négatif sur le nouveau mode de gouvernance financière qu'il est censé diffuser au sein de la gestion financière des Etats membres. Par conséquent, cette contradiction de logique constitue un obstacle potentiel à la bonne implémentation du CHFP de la CEMAC.

B. Les contraintes méthodologiques

Les contraintes endogènes, pouvant empêcher la bonne application du Cadre Harmonisé des Finances Publiques (CHFP) de la CEMAC au sein des Etats membres, sont également d'ordre méthodologique. Dans cette optique, il est fait référence au fait que les directives constitutives du cadre harmonisé ressemblent à des règlements communautaires. Avant de montrer en quoi ce changement d'apparence des directives communautaires peut constituer une limite méthodologique au CHFP de la CEMAC, il nous semble convenable d'adopter une démarche qui consiste à présenter ces deux catégories d'actes juridiques que l'institution communautaire, dans le cadre de l'exercice de son pouvoir normatif, est habilitée à prendre pour remplir ses nombreuses missions, dont l'une d'entre elles est de réaliser l'intégration des finances publiques en Afrique centrale. La CEMAC dispose en effet d'instruments juridiques de mise en œuvre cette mission d'intégration financière que sont les règlements (1), directives (2) et décisions[103].

1- Les règlements communautaires

Pour remplir sa mission d'intégration financière sous-régionale, la CEMAC peut procéder par voie d'édiction de règlements. Cet acte juridique, en raison de sa nature et par sa fonction dans le système des sources du droit communautaire, est très prisé pour accélérer le processus d'intégration régionale. C'est d'ailleurs pour cette raison qu'il était prévu au départ que l'UEMOA procède par voie d'édiction de règlements pour établir son nouveau dispositif juridique d'harmonisation financière[104].

---

[103] On s'en tiendra au règlement communautaire et à la directive communautaire, dans le cadre notre réflexion.

[104] « L'idée au départ était que la commission de l'UEMOA adopte des règlements, en lieu et place des directives, pour faire passer le CHFP », Nicaise MEDE, Finances Publiques : espace UEMOA/UMOA, op.cit., p.27.

L'objectif visé était de permettre une harmonisation rapide de leurs finances publiques. Mais contre toute attente, c'est sous forme, une fois de plus, de directives communautaires qu'a pris naissance le nouveau CHFP de l'UEMOA.

Le règlement communautaire bénéficie du principe de primauté qu'il a en partage avec les autres actes juridiques de la CEMAC, en vertu du principe de la primauté du droit communautaire sur le droit national, dégagé par la Cour de Justice des Communautés Européennes (CJCE) dans le célèbre arrêt " COSTA C/ ENEL, 15 juillet 1964 [105] ", jurisprudence fondatrice de ce principe de primauté.

Il faut savoir que dès l'instant que le droit communautaire a vocation à s'appliquer dans les ordres juridiques nationaux, il entre en conflit avec la norme nationale qui lui est ou sera contraire[106]. Un tel contexte permet de mettre en évidence la question des rapports entre la norme communautaire et la norme interne contraire, question à laquelle le juge européen, dans l'affaire COSTA C/ ENEL[107], répondra par une affirmation sans réserve à travers un rapport de prééminence au profit du droit communautaire.

D'après Chahira BOUTAYEB, « la primauté [ou son synonyme la prééminence] signifie qu'en cas de conflit avec une norme interne, le droit communautaire prévaut, bénéficiant d'une place supérieure sans aucune réserve sur le droit des Etats membres »[108]. Deux choses doivent être retenues de cette définition. Premièrement, la primauté bénéficie aux normes communautaires, qu'elles soient originaires ou dérivées comme les règlements [109], les directives [110], les décisions [111], les accords extérieurs[112] ou les principes généraux du droit[113]. En fait, les normes originaires ou dérivées jouissent d'une autorité supérieure aux normes nationales, même si ces dernières leur sont postérieures[114]. Secundo, en ce

[105] CJCE, 15 juillet 1964, Costa c/ Enel, aff. C-6/64, Rec. P. 1141.

[106] Chahira BOUTAYEB, Droit institutionnel de l'Union européenne : Institutions Ordre Juridique Contentieux, LGDJ. Coll. Systèmes, 3e édition, 2014, p.420.

[107] Dans l'arrêt Costa c/ Enel, le juge énoncera qu'« issu d'une source autonome, le droit né du traité ne pourrait donc, en raison de sa nature spécifique originale, se voir judiciairement opposer un texte interne quel qu'il soit sans perdre son caractère communautaire et sans que soit mise en cause la base juridique de la communauté elle-même ».

[108] Chahira BOUTAYEB, op.cit., p.421.

[109] CJCE, 14 décembre 1971, Politi, aff. C-43/71, Rec. p. 1039.

[110] CJCE, 19 janvier 1982, Becker, aff. C-8/81, Rec. p.53.

[111] CJCE, 8 mars 1979, Salumificio di Cornuda, aff. C-130/78, Rec. p. 867.

[112] CJCE, 26 octobre 1982, kupferberg, aff. C-104/81, Rec. p. 3641.

[113] CJCE, 3 décembre 1998, Belgocodex, aff. C-381/97, Rec. p. I. 8153.

[114] Chahira BOUTAYEB, op.cit., p.424.

qui concerne les normes nationales sur lesquelles la primauté est applicable, il s'agit de tout texte interne « quel qu'il soit », comme le précise l'arrêt Costa c/ Enel. En d'autres termes, il s'agit de toute norme nationale, qu'elle soit antérieure ou postérieure à la norme du droit communautaire, de nature constitutionnelle, législative, réglementaire ou administrative[115].

Au-delà du principe de primauté, le règlement dispose aussi, au même titre que les autres actes juridiques communautaires, d'une qualité essentielle qu'est l'effet direct [116]. L'effet direct des normes communautaires a été consacré précocement par le juge européen dans son arrêt de principe '' VAN GEND EN LOOS, 5 février 1963[117]'', avant de conforter son assise selon une ligne de jurisprudence constante [118]. Toutefois, il convient de préciser que l'effet direct n'est pas reconnu selon la même intensité aux différentes normes communautaires. Le règlement en particulier bénéficie d'un effet direct immédiat[119] et de plein droit[120]. Ce qui permet de le singulariser par rapports aux autres normes communautaires, telles que la directive par exemple qui requiert de prendre une mesure nationale de transposition pour s'appliquer dans l'ordre juridique interne des Etats membres. Partant de cette différence, on peut donc comprendre pourquoi le règlement reste un acte prisé pour l'accélération des processus d'intégration régionale, puisqu'il permet de contourner l'obstacle des retards de transposition du droit communautaire.

---

[115] JCE, 29 avril 1999, Ciola, aff. C-224/97, Rec. p. I. 2517.

[116] La notion d'effet direct renvoie « à la faculté d'une norme à générer directement, sans l'entremise d'une autorité nationale, du seul fait de son existence et de sa nature juridique, un certain nombre de droits et d'obligations au profit des particuliers… » (Voir, Chahira BOUTAYEB, op.cit., p.444).

[117] CJCE, 5 février 1963, Van Gend en Loos, aff. C-26/62, Rec. p. 3.

[118] Le principe de l'effet direct des directives communautaires a été consolidé par le juge européen dans d'autres arrêts : CJCE, 5 avril 1979, Ratti, aff. C-148/78, Rec. p. 1629 ; CJCE, 16 juin 1966, Lutticke, aff. C-57/65, Rec. p. 293 ; CJCE, 19 décembre 1968, Salgoil, aff. C-13/68, Rec. p. 161.

[119] CJCE, 14 décembre 1971, Politi, aff. C-43/71, Rec. p. 1039. En effet, dans cet arrêt, le juge considère qu'en raison de sa nature même, et par sa fonction dans le système des sources du droit de l'Union Européenne, le règlement produit des effets immédiats…

[120] CJCE, 17 décembre 1970, SACE, aff. C-33/70, Rec. p. 1213. Dans cette affaire, le juge consacre un effet direct des directives, tout en reconnaissant qu'il ne s'agit pas d'un effet direct de plein droit, comme celui reconnu au règlement, mais d'un effet direct conditionnel…

2- Les directives communautaires

Les directives ont également une valeur juridique supérieure au droit national. En effet, en tant que norme communautaire, les directives bénéficient du principe de primauté de l'ordre juridique communautaire sur l'ordre juridique interne des Etats membres. Aussi, les directives disposent d'un effet direct mais conditionnel[121]. Ce qui signifie qu'elles ne sont pas immédiatement applicables dans les pays membres, car elles nécessitent pour leur opposabilité en droit interne, des actes de transposition nationale dont les Etats ont la latitude de choisir la forme[122].

Par ailleurs, l'article 43-1 du traité révisé de l'UEMOA précise que les directives lient les Etats membres « quant au résultat à atteindre »[123]. De cette formulation, on pourrait déduire que la directive communautaire n'est qu'une législation-cadre qui trace les grandes lignes de la réglementation dans un domaine spécifique ; les normes internes de mise en œuvre du droit communautaire n'ayant que pour exigence de respecter l'esprit et la lettre des directives communautaires de référence[124]. Or, dans la réalité, on constate que les directives constitutives du cadre harmonisé des finances publiques de la CEMAC prennent la forme de véritables règlements communautaires. En effet, on aurait pu s'attendre s'agissant d'une norme-cadre, à une dizaine d'articles en moyenne mais au lieu de cela, les directives CEMAC sont des textes particulièrement détaillés, qui règlent par le menu la matière visée[125]. La Directive relative aux Lois de Finances (DLF) et celle relative au Règlement Général de la Comptabilité Publique (DRGCP) ne comporte pas moins de quatre-vingts articles[126]. Les autres directives moins prolixes, c'est-à-dire la Directive relative au Plan Comptable de l'Etat (DPCE), la directive relative à la nomenclature budgétaire de l'Etat, la Directive relative au Tableau des Opérations Financières de l'Etat (TOFE), contiennent respectivement cinquante un (51), vingt-un (21) et trente-sept (37) articles. Au total, c'est pratiquement plus de trois cent dix (310) articles[127] qui fondent le CHFP de la CEMAC.

---

[121] CJCE, 17 décembre 1970, SACE, préc.

[122] Nicaise MEDE, Finances Publiques : Espace UEMOA/UMOA, op.cit., p.26.

[123] Article 41-3, Traité révisé, UEMOA.

[124] Nicaise MEDE, Finances Publiques : Espace UEMOA/UMOA, op.cit., p.27.

[125] Ibid.

[126] La directive relative aux lois de finances comporte exactement quatre-vingt-cinq (85) articles. En revanche, la directive relative au règlement général de la comptabilité publique contient cent quatorze (114) articles.

[127] Précisément, le CHFP de la CEMAC contient trois cent douze (312) articles si l'on rajoute les quatre (4) articles de la directive relative au code de transparence et de bonne gouvernance

Si des directives très détaillées ont l'avantage d'apporter des précisions sur les intentions des autorités communautaires [128], elles présentent cependant des inconvénients. Des directives très détaillées peuvent effectivement avoir pour effet d'annihiler chez les autorités nationales tout effort de réflexion approfondie sur la forme et le contenu des dispositifs communautaires[129]. Pour preuve, il n'est pas rare de constater que les textes nationaux d'application du droit communautaire reproduisent à l'identique les directives communautaires de référence « en se contentant de meubler les vides correspondant à la subsidiarité législative et règlementaire des Etats »[130]. Dans un tel contexte, il est tout à fait possible que des contradictions se produisent entre l'ordre juridique communautaire et l'ordre juridique interne des Etats, notamment sur le plan constitutionnel. C'est dans ce sens que Dakor DA affirme qu' « en traitant de questions aussi importantes que la procédure de préparation et d'adoption de la loi de finances, la directive relative aux de finances ne pouvait pas éviter de toucher aux rapports entre Gouvernement et Parlement qui ont un caractère constitutionnel évident, avec le risque de créer des contradictions et des conflits de lois »[131]. Ces contradictions et conflits sont davantage possibles lorsque les textes de transposition nationale ne sont que des « copies complétées » [132] des directives communautaires. Dès lors, c'est la qualité de législation interne qui peut en pâtir, mais pas uniquement. La contradiction entre les ordres juridiques communautaire et national peut aussi entraîner des difficultés d'application, au sein des Etats membres, du CHFP de la CEMAC.

En résumé, des directives rédigées de manière trop détaillée, et de fait, ressemblant à des règlements communautaires, sont un obstacle méthodologique à la bonne application du CHFP de la CEMAC, dans la mesure où elles peuvent anéantir au niveau des autorités gouvernementales concernées toute volonté d'adaptation et de mise en cohérence des règles communautaires avec leur environnement national. Ce qui de toute évidence peut limiter la portée de la réforme des finances publiques qui s'opère dans la sous-région d'Afrique centrale.

---

dans la gestion des finances publiques. Soulignons que cette directe prévoit des annexes qui se répartissent sur huit (8) sections.

[128] Dakor DA, « L'application des directives de l'UEMOA sur la comptabilité publique au Burkina Faso : les avancées et les contraintes », RFFP, n°98-juin, 2007, p.125.

[129] Ibid.

[130] Nicaise MEDE, Finances Publiques : Espace UEMOA/ UMOA, op.cit., p.27.

[131] Dakor DA, op.cit., p.125.

[132] Nicaise MEDE, Finances Publiques : Espace UEMOA/UMOA, op.cit., p.27.

III- *BIBLIOGRAPHIE SELECTIVE*

Michel BOUVIER, Marie-Christine ESCLASSAN et Jean-Pierre LASSALE, Finances Publiques, LGDJ, 10e édition, 2010.

Sophie BAZIADOLY, Les finances publiques, Puf, Que sais-je ?, 2001.

Jean-Pierre DUPRAT, « La dynamique des réformes budgétaires : globalisation des problèmes, unification des outils et adaptations nationales des solutions », RFFP, n°98-juin 2007.

Nicaise MEDE, « réflexion sur le cadre harmonisé des finances publiques dans l'espace UEMOA », Afrilex, juin.

Nicaise MEDE, Finances Publiques : Espace UEMOA/UMOA, L'Harmattan, 2016.

Tiémoko Meyliet KONE, préface professionnelle dans Finances Publiques : Espace UEMOA/UMOA de Nicaise MEDE.

Michel BOUVIER, préface académique, « Des finances publiques pour un monde en transition » dans Finances Publiques : Espace UEMOA/UMOA de Nicaise MEDE.

Loïc PHILIP, « La nouvelle loi organique du 1er août 2001 relative aux lois de finances », Revue française de droit constitutionnel, 2002-1 (n°49) /ISSN numérique : en cours/ISBN : 2-1305-2789-2/

J-R. ALVENTOSA, Les outils du management public, LGDJ, collection systèmes, 2012.

Jean Gustave SANON, « L'objectif de performance dans la politique d'harmonisation des finances publiques dans l'Union Economique et Monétaire Ouest Africain (UEMOA) », RFFP, n°98-juin, 2007.

Alexandre BARRO, Le Cadre Harmonisé des Finances Publiques de la CEMAC, Mémoire soutenu en Droit Public à l'Université Omar Bongo, 2019.

Salif YONABA, « Les contraintes de l'harmonisation d'un droit budgétaire rénové dans la zone UEMOA », RFFP, n°98-juin 2007.

Alexis ESSONO OVONO, « Le Cadre Harmonisé des Finances Publiques de la CEMAC », Communication à la journée de CEMAC-ISTA, 2017.

Jean KENFACK, « Les actes juridiques des communautés et organisations d'intégration en Afrique Centrale Occidentale », thèse de doctorat nouveau régime, Université Yaoundé II Soa, janvier 2003.

G. TATY, « Le recours en manquement d'Etat de l'article 4 du Traité révisé de la CEMAC : analyse critique », troisième rencontre inter-juridictionnelle des cours communautaires de l'UEMOA, la CEMAC, la CEDEAO et l'OHADA, Dakar, mai 2010.

Fidèle MENGUE ME ENGOUANG, Les Finances Publiques Au Gabon : Droit budgétaire et droit de la comptabilité publique, L'Harmattan, 2018.

E. ADREANI, « Une révolution budgétaire ? Le planning, programming, budgeting system », in Revue de science financière, 1968.

Martin collet, Finances Publiques, LGDJ, 2ème édition, 2017.

Bernard PERRET, L'évaluation des politiques publiques, La découverte, coll. « Repères », 2008.

J.R BLONDAL, « La réforme budgétaire dans les pays membres de l'OCDE : tendances communes », Revue de l'OCDE sur la Gestion Budgétaire, vol. 2, n°4, 2003.

Chahira BOUTAYEB, Droit institutionnel de l'Union européenne : Institutions Ordre Juridique Contentieux, LGDJ. Coll. Systèmes, 3e édition, 2014.

Dakor DA, « L'application des directives de l'UEMOA sur la comptabilité publique au Burkina Faso : les avancées et les contraintes », RFFP, n°98-juin, 2007.

« L'AVÈNEMENT DE LA COUR DES COMPTES : QUEL APPORT DANS LE CONTRÔLE DE L'EXÉCUTION DU BUDGET DE L'ÉTAT ? »

Pélagie THÉOUA-N'DRI
Agrégée de droit public, Professeure titulaire, Université Alassane OUATTARA

Méma KONÉ
Docteur en droit public , Université Alassane OUATTARA Bouaké, Côte d'Ivoire

La quête de la performance domine aujourd'hui la quasi-totalité des systèmes financiers nationaux et internationaux. Dans cette dynamique, le contrôle des finances publiques par une juridiction financière autonome est perçu comme le moyen « ... de s'assurer que l'argent public est utilisé à bon escient »[1]. À la vérité, les contraintes nouvelles de transparence, de reddition des comptes, d'efficacité de la dépense publique et de valorisation de budgets de résultat au détriment des budgets de moyens ont imposé une amélioration des mécanismes de contrôle des budgets nationaux. Aussi, à côté des contrôles administratifs ou parlementaires du budget, le recours aux Cours des comptes se présente comme un indicateur de bonne gestion financière, une garantie de la qualité[2]. C'est, dès lors, en toute logique que la Côte d'Ivoire, sous l'impulsion des directives[3] de l'Union Économique et Monétaire Ouest Africaine (UEMOA) et de la volonté des bailleurs de fonds, a adopté en 2015 sa première loi organique[4]

[1] Abdourahmane DIOUKHANÉ, Les juridictions financières dans l'UEMOA : La Cour des comptes du Sénégal, Paris, L'Harmarttan, 2016, p. 11.

[2] Nicaise MÉDÉ, Finances publiques : Espaces UEMOA/UMOA, Dakar, L'Harmattan, 2016, p. 336.

[3] Directive n°01/2009 portant Code de transparence dans la gestion des finances publiques au sein de l'UEMOA ; Directive n°06/2009 portant loi organique relative aux lois de finances au sein de l'UEMOA.

[4] Pour les observations sur cette loi organique, lire Djibrihina OUÉDRAOGO, « La réforme inachevée de la juridiction financière ivoirienne. À propos de la loi organique n° 2015- 494 du 7 juillet 2015 sur la Cour des comptes », in Nicaise MÉDÉ (dir.), Les Nouveaux chantiers des finances publiques dans le monde. Mélanges en l'honneur de Michel BOUVIER, Dakar, L'Harmattan Sénégal, 2019, pp. 2015- 243.

instituant une Cour des comptes[5] en lieu et place de la Chambre des comptes de la Cour suprême. Pour aligner ce dispositif sur la Constitution de 2016, elle a adopté, en remplacement de ce texte, la loi organique n°2018-979 du 27 décembre 2018 déterminant les attributions, la composition, l'organisation et le fonctionnement de la Cour des comptes.

En toile de fond, il y a la volonté de respecter les principes fondamentaux de la démocratie. Le contrôle de l'exécution du budget de l'État est, en effet, un temps fort de l'expression de la démocratie budgétaire. Il est perçu comme permettant « de lutter contre le gaspillage et de rechercher une dépense plus efficace »[6]. Entendu comme le document élaboré par le gouvernement, voté par le Parlement et retraçant l'ensemble des ressources et des charges publiques, le budget de l'État est l'expression du consentement donné par le peuple pour la mobilisation des ressources et la réalisation des dépenses publiques, selon des règles prédéterminées. Ce faisant, l'exigence de redevabilité financière fonde l'importance du contrôle d'une juridiction financière autonome sur sa mise en œuvre.

Cette réforme est, il faut néanmoins le relever, l'aboutissement au plan normatif d'un long processus. Dès l'accession à l'indépendance, le constituant ivoirien a fait l'option du contrôle externe des finances publiques par le juge. La justice financière était rendue par la plus haute juridiction, la Cour suprême, au travers d'une Chambre dédiée : la Chambre des comptes[7] créée par l'article 57 de la Constitution du 23 novembre1960. Cette Chambre restera en activité, même après la réforme constitutionnelle de 1994 qui annonce sa mutation en une Cour autonome[8]. En marge des nouvelles dispositions constitutionnelles, elle subsistera, du moins jusqu'en 1998, année au cours de laquelle elle est à nouveau formellement dissoute et remplacée par une Cour des comptes. Mais la matérialisation de cette réforme se fera encore attendre. Face à l'insuccès

[5] La loi organique n°2015-494 du 7 juillet 2015 déterminant les attributions, la composition, l'organisation et le fonctionnement de la Cour des comptes, JORCI, n°82, cinquante-septième année, du lundi 10 octobre 2015.

[6] Gira ONDZAGHA, « Plaidoyer pour un juge financier, juge unique du contrôle coercitif des finances publiques au Gabon », in Nicaise MÉDÉ (dir.), Les Nouveaux chantiers des finances publiques dans le monde. Mélanges en l'honneur de Michel BOUVIER, op.cit., p. 371.

[7] Article 61 de la loi n°60-356 du 3 novembre 1960 portant Constitution de la République de Côte d'Ivoire.

[8] Article 61 nouveau de la loi n°60-356 du 3 novembre 1960 portant Constitution de la République de Côte d'Ivoire, tel que modifié par la loi constitutionnelle n°94-438 du 16 août 1994.

de cette seconde tentative, la Constitution du 1er aout 2000 viendra, une fois de plus, réaffirmer le passage à une Cour en lieu et place d'une Chambre des comptes[9]. Seulement, les textes d'opérationnalisation ne seront pas adoptés et, « officieusement », la justice financière sera rendue par la Chambre des comptes régie par la loi n°94-440 de 1994 déterminant la composition, l'organisation, les attributions et le fonctionnement de la Cour Suprême, telle que modifiée et complétée par la loi n°97-243 du 25 avril 1997. Dans « l'étau » des exigences internationale et communautaire, il faudra attendre 2018 pour un fonctionnement effectif de la Cour[10].

Avec la réforme, la Cour des comptes est désormais reconnue comme l'une des trois (3) juridictions suprêmes prévues par la Constitution[11]. Elle acquiert la plénitude de juridiction avec le statut d'Institution Supérieure de Contrôle de l'État[12]. Les attentes d'un apport effectif, c'est-à-dire, d'une réelle contribution de cette mutation dans le dispositif de contrôle de l'exécution du budget de l'État sont nombreuses.

D'une part, d'importants griefs étaient relevés contre l'activité de la précédente Chambre des comptes. En l'occurrence, l'intégration du juge des comptes dans un ordre suprême groupé, plus ou moins de droit commun, était mal perçue. Ce défaut d'autonomie du contentieux des finances publiques se percevait comme une faille du système de jugement des comptes, par cela que l'activité de gestion des finances publiques conservait par nature des spécificités et des exigences propres. On regrettait, par-dessus tout, que les attributions de la Chambre des comptes ne prennent pas suffisamment en compte l'évaluation de l'efficacité des résultats ex post de l'exécution du budget. Ces craintes devraient trouver satisfaction dans l'élévation définitive de la Chambre des comptes en une Cour des comptes. Ce faisant, le choix de la Cour doit convaincre par son apport à un meilleur contrôle de l'exécution du budget de l'État. D'autre part, si les institutions internationales ou les organes communautaires, notamment l'UEMOA, s'accordent sur l'importance de la création d'Institutions Supérieures de Contrôle comme gage de démocratie et de

---

[9] Article 102 de la loi n°2000-513 du 1er aout 2000 portant Constitution de la république de Côte d'Ivoire.

[10] La Cour des comptes a été officiellement mise en place le 8 janvier 2018 avec la prestation de serment de son Président le même jour.

[11] Article 143 nouveau de la loi constitutionnelle n°2020-348 du 19 mars 2020 modifiant la loi n°2016- 886 du 8 novembre 2016 portant Constitution de la république de Côte d'ivoire.

[12] Article 2 de la nouvelle loi organique n°2018-979 du 27 décembre 2018 déterminant les attributions, la composition, l'organisation et le fonctionnement de la Cour des comptes.

bonne gouvernance, il importe de s'assurer que le mécanisme mis en place en Côte d'Ivoire sert réellement ces objectifs.

Cela étant, il est pertinent de se demander quel est l'apport réel de l'institution de la Cour des comptes dans le mécanisme de contrôle de l'exécution du budget de l'État ivoirien. L'attention et l'émoi général suscités par les rapports du juge des comptes pour la gestion budgétaire 2022[13] ont mis en évidence le rôle important du juge financier dans la bonne gestion des finances publiques[14]. Cela dit, sur le fondement d'une démarche comparative et analytique, il ressort que l'institution de la Cour des comptes ne conduit pas à un changement de la compétence binaire exercée par l'ancienne Chambre des comptes de la Cour suprême. La Cour des comptes exerce toujours un contrôle juridictionnel et un contrôle non juridictionnel de l'exécution du budget de l'État. Toutefois, dans une dynamique positive, l'avènement d'une Cour consacre des changements au contrôle de l'exécution du budget de l'État, à un double degré. D'une part, il y a une évolution, tout de même relative, du contrôle juridictionnel du budget (I). D'autre part, il semble qu'il y ait une certaine révolution du contrôle non juridictionnel de la Cour sur le budget de l'État (II).

I- UNE ÉVOLUTION RELATIVE DU CONTRÔLE JURIDICTIONNEL DE L'EXÉCUTION DU BUDGET

Le contrôle juridictionnel de la Cour ressortit à la mise en œuvre de sa compétence de jugement des comptes publics dans l'exécution du budget de l'État. Elle procède, notamment, au jugement des comptes des comptables publics, à l'apurement des gestions de fait et sanctionne les fautes de gestion. Évoquer l'existence d'une évolution de l'exercice de ce contrôle revient à soutenir l'idée d'une avancée notable, sans que celle-ci n'implique un abandon radical des méthodes et moyens traditionnels de contrôle. En effet, la mise en place de la Cour des comptes infère un repositionnement institutionnel de l'organe de justice financière. Mais fondamentalement, il y a une reconduction du domaine et des techniques

[13] Cour des comptes, Rapport définitif sur l'exécution de la loi de finances en vue du règlement du budget de l'année 2022 ; Cour des comptes, Rapport définitif sur l'audit de performance des programmes de l'année 2022.

[14] Le juge financier a émis, dans son rapport sur l'exécution du budget, plusieurs réserves sur les montants reversés à l'État au titre des ressources issues des droits d'enregistrement et de timbres sur les cartes nationales d'identité et les passeports. Le rapport sur les audits de performances des programmes expose les insuffisances dans le pilotage des programmes.

de jugement des comptes (A). Il faut toutefois, mettre en exergue le changement qui s'opère à travers la réorganisation significative de la procédure de jugement des comptes (B).

A. La reconduction du domaine et des techniques de jugement

Le choix du constituant et du législateur ivoirien de créer une Cour des comptes en lieu et place de la Chambre des comptes n'impacte pas l'objet et les techniques du jugement des comptes.

1- Le maintien de l'objet du contrôle

À l'instar de l'ancienne Chambre des comptes, la Cour des comptes procède toujours au jugement des comptes des comptables publics, à l'apurement des gestions de fait et à la sanction des fautes de gestion. Il ressort, en effet, de l'article 11 de la loi organique de 2018[15] que « la Cour des comptes juge les comptes des comptables publics, les comptes des comptables de fait et les fautes de gestion ». Autrement dit, les jugements de la Cour portent sur les comptes des comptables[16] et sur la gestion des ordonnateurs et autres agents publics intervenant dans la gestion du budget de l'État[17].

Il faut néanmoins, relever que le régime applicable aux fautes de gestion appelle quelques commentaires. Il y a, en effet, une reconduction de l'inégalité qui a toujours entouré la répression des fautes de gestion. La distinction est faite entre les ministres et présidents d'institutions, ordonnateurs principaux de leurs budgets, et les autres ordonnateurs. Si le mécanisme de mise en jeu de la responsabilité des seconds est assez clair, celui des premiers cités reste incertain. La loi organique relative aux lois

---

[15] Article 11 de la loi organique n°2018-979 du 27 décembre 2018 déterminant les attributions, la composition, l'organisation et le fonctionnement de la Cour des comptes.

[16] Est comptable public ou comptable patent « tout agent public régulièrement habilité à effectuer, à titre exclusif, au nom de l'État ou d'un organisme public, des opérations de recettes et de dépenses ou de maniement de titres, soit au moyen de fonds et valeurs dont il a la garde, soit par virement interne d'écritures, soit par l'intermédiaire d'autres comptables publics ». Quant au comptable de fait, c'est « toute personne qui, sans avoir la qualité de comptable public ou sans agir sous le contrôle et pour le compte d'un comptable public, s'immisce dans la gestion des deniers publics », soit par fraude, soit par ignorance des interdictions légales. Conf. Décret n°2014-416 du 09 juillet 2014 portant Règlement général sur la comptabilité publique.

[17] L'article 91 de la loi organique n°2018-979 du 27 décembre 2018 déterminant les attributions, la composition, l'organisation et le fonctionnement de la Cour des comptes donne la liste des personnes passibles de la faute de gestion.

de finances prévoit que ceux-ci encourent les responsabilités que prévoit la Constitution. Or, le seul cas de responsabilité prévu par la Constitution est la responsabilité pénale et non une responsabilité financière. La responsabilité des membres du gouvernement pour les faits qualifiés de crimes et délits commis dans l'exercice de leurs fonctions ne peut être engagée que devant la Haute Cour de justice[18]. Il est pourtant connu que cette Cour, en Côte d'Ivoire, est une arlésienne constamment prévue par les Constitutions, mais jamais opérationnelle. Il s'ensuit le risque d'une irresponsabilité financière de fait des ordonnateurs politiques. On comprend pourquoi le Conseil constitutionnel du Niger, saisi du contrôle de constitutionnalité de la loi portant loi organique nigérienne relative aux lois de finances prévoyant une disposition similaire, a estimé que « le renvoi à la Constitution pour sanctionner leur faute de gestion n'est pas opérant »[19].

Pour sûr, cette réforme a été une occasion manquée de dissocier la responsabilité pénale de ces ordonnateurs de celle qui doit leur incomber, au plan financier, pour leur faute de gestion. Le statu quo observé reconduit une incohérence en déphasage avec la responsabilisation amorcée[20] des acteurs financiers, axe majeur de la réforme des finances publiques.

Outre la reconduction de l'objet du contrôle juridictionnel, les techniques de jugement de la Cour des comptes demeurent semblables à ceux reconnus à la Chambre des comptes.

2- La persistance des techniques de jugement

La Cour juge les comptes à travers des arrêts provisoires et des arrêts définitifs, dans le respect du droit à la défense des comptables et des ordonnateurs.

Ainsi, à l'issue de son contrôle, s'il constate une irrégularité constitutive d'une faute, le juge financier rend, à l'instar de son prédécesseur, un arrêt provisoire de débet ou d'avance. L'arrêt provisoire offre la possibilité au gestionnaire ou au comptable public incriminé d'apporter les pièces

[18] Article 158 de la loi n°2016- 886 du 8 novembre 2016 portant Constitution de la république de Côte d'ivoire.

[19] Conseil constitutionnel de Transition du Niger, Arrêt n°03/12/CCT/MC du 16 Janvier 2012.

[20] Lire sur le sujet : Pélagie THÉOUA-N'DRI, « La responsabilité financière en Côte d'Ivoire », in Stéphanie Damarey (dir.), La responsabilité financière des gestionnaires publics : approches internationales, Paris, Mare et Martin, 2023, pp. 127- 139 ; Institut des finances, Guide de la Loi organique relative aux Lois de Finances (LOLF), Abidjan, 2014.

susceptibles de dégager sa responsabilité. Faute de quoi, le juge prononce un arrêt définitif qui le condamnera à rembourser sur ses deniers propres les sommes manquantes ou restituer les sommes indûment perçues. Par son arrêt définitif, il met en jeu la responsabilité de l'agent, selon le cas, par une mise en débet lorsqu'il est constaté un manque en caisse, ou une mise en avance lorsqu'il constate un excédent en caisse. En l'absence d'irrégularité, un arrêt définitif est prononcé pour déclarer le comptable déchargé ou quitte.

L'analyse donne ainsi de voir que les moyens laissés à la Cour des comptes ne sont pas différents de ceux du juge de la Chambre des comptes qui bénéficiait des mêmes instruments de contrôle. La mission de jugement des comptes reste, néanmoins, influencée dans une nette mesure par le changement de statut de l'organe juridictionnel. Il y a, en fait, une réorganisation de la procédure de jugement.

B. La réorganisation de la procédure de jugement

La réorganisation de la procédure de jugement des comptes découle, pour l'essentiel, de l'autonomisation de la juridiction financière. La création de la Cour des comptes consacre le passage à un ordre juridictionnel financier indépendant de l'ordre judiciaire et de l'ordre administratif. Il s'ensuit une nouvelle organisation juridictionnelle dans le jugement des comptes avec une procédure indépendante.

1- Une nouvelle organisation juridictionnelle

L'évolution des procédures tient avant tout du fait que l'ordre juridictionnel financier n'est plus logé à l'intérieur d'une juridiction suprême, de laquelle il constituerait un compartiment. Il se compose désormais de plusieurs degrés de juridiction logés au sein du même ordre juridictionnel financier autonome. Celui-ci a sa propre organisation interne.

On note ainsi, la création annoncée de chambres régionales des comptes destinées à rendre en premier ressort la justice financière dans certains domaines. Ces chambres n'étant pas encore opérationnelles, leurs domaines de compétences exacts ne sont pas encore connus. La Cour statue donc « selon les cas soit en premier et dernier ressort, soit en dernier ressort »[21].

---

[21] Article 54 de la loi organique n°2018-979 du 27 décembre 2018 déterminant les attributions, la composition, l'organisation et le fonctionnement de la Cour des comptes.

Aussi assiste-t-on à la recomposition du prétoire à travers la consécration d'un corps indépendant de magistrats. La Cour comprend des magistrats du siège, un greffe, un Secrétariat général et des formations juridictionnelles reparties selon les domaines du contrôle ou les organes à contrôler. Le Président de la Cour est un président d'Institution, contrairement à la Chambre des comptes qui était dirigée par un Vice-président de la Cour suprême. Il est également créé un parquet général près la Cour des comptes.

Il en découle une procédure indépendante de jugement des comptes.

2- Une procédure indépendante de jugement des comptes

L'autonomisation du juge des comptes fonde la mise la place d'une procédure de jugement propre ; tenant compte des règles spécifiques applicables selon qu'il s'agit des comptes de comptables patents, des gestions de fait ou des fautes de gestion.

Pour rappel, le jugement des comptes relevait en premier ressort de la Chambre des comptes de la Cour suprême. En cas de contestation d'un arrêt définitif de la Chambre, le comptable public ou le gestionnaire devait se pourvoir en cassation devant un collège de juges issus des chambres réunies de la Cour suprême. Celui-ci exerçait en dernier ressort la compétence de jugement des comptes. Cette approche change fondamentalement avec la réforme.

Désormais, la Cour des comptes connaît en premier et dernier ressorts des litiges non dévolus aux Chambres régionales des comptes installées dans les différents ressorts territoriaux[22]. Par ailleurs, placée au sommet de l'ordre juridictionnel financier, elle exerce la compétence de contrôle en cas d'appel et de pourvoi en cassation[23]. Elle connaît ainsi en appel des jugements rendus par les Chambres régionales des comptes et en cassation des pourvois dirigés contre ses propres arrêts définitifs[24]. Le pourvoi est alors exercé devant ses propres chambres réunies.

L'évolution dans la procédure de jugement se perçoit également à travers les récentes restrictions que le législateur impose au juge. À cet égard, alors que le jugement n'était pas enfermé dans une limite de temps, les articles 69 et 98 de la loi organique de 2018 fixent à ce jour un délai de cinq (5) ans au juge financier pour rendre son jugement, sous peine de

[22] Article 10 de la loi organique n°2018-979 du 27 décembre 2018 déterminant les attributions, la composition, l'organisation et le fonctionnement de la Cour des comptes.

[23] Articles 54 et 113 de la loi organique de 2018 relative à la Cour des comptes précitée.

[24] Article 10 de la loi organique de 2018 relative à la Cour des comptes précitée.

décharger le gestionnaire du compte de toute possibilité de jugement devant lui. La principale avancée tirée de cette limitation temporelle est l'apurement des comptes publics dans un délai raisonnable. C'est une dynamique de qualité et de célérité dans l'exercice du contrôle, probablement en réponse à l'accumulation, longtemps dénoncée sous l'ère des Chambres des comptes, de comptes non apurés [25]. Toutefois, l'effectivité de cette avancée suppose réglée la question de la capacité de la Cour à juger les comptes dans le délai imparti. Les retards dans le jugement des comptes, dus à l'insuffisance des ressources humaines de la Cour, rendrait cette disposition contreproductive, voire néfaste. Des comptes pourraient, en effet, échapper au jugement de la Cour pour prescription liée à une incapacité de jugement dans le délai. Une autre évolution est celle qui a trait à l'augmentation du montant des sanctions pécuniaires applicables.

Si ces avancées marquent une évolution notable des compétences juridictionnelles de la juridiction financière ivoirienne, il importe de noter que les innovations constatées dans l'exercice de la compétence non juridictionnelle de la Cour tendent à prendre les allures d'une révolution.

II- UNE RÉVOLUTION DU CONTRÔLE NON JURIDICTIONNEL DE L'EXÉCUTION DU BUDGET ?

Le contrôle non juridictionnel exercé par la Cour sur l'exécution du budget de l'État s'apprécie dans l'exercice de ses attributions de contrôle de la gestion des comptes publics et parapublics, d'une part, de ses attributions consultatives et d'assistance auprès du Gouvernement et du Parlement[26], d'autre part. Accoler à ce contrôle l'idée de « révolution » sous-tend une mutation radicale de l'ordre établi[27]. En l'espèce, si le terme est choisi, c'est pour traduire le caractère particulièrement bouleversant des mécanismes de contrôle non juridictionnel de la nouvelle juridiction financière, comparativement à ceux qu'employait l'ancienne Chambre des

---

[25] Bruno Maxime AKAKPO, « La justice financière : le mal logé de la démocratie en Afrique francophone subsaharienne », in Nicaise MÉDÉ (dir.), Les Nouveaux chantiers des finances publiques dans le monde. Mélanges en l'honneur de Michel BOUVIER, op.cit., p. 132.

[26] Articles 18 à 21 de la loi organique n°2018-979 du 27 décembre 2018 déterminant les attributions, la composition, l'organisation et le fonctionnement de la Cour des comptes.

[27] Florence POIRAT, « Révolution », in Denis ALLAND et Stéphane RIALS (dir.), Dictionnaire de la culture juridique, Paris, Lamy-PUF, coll. « Quadrige », 2003, p. 1362.

comptes. En fait, c'est tout l'esprit du contrôle qui change (A). Toutefois, le questionnement qu'il suscite découle du fait que les nouveaux moyens de contrôle qu'il induit attendent encore d'être consolidés (B).

A. Le changement de l'esprit du contrôle

Le changement de l'esprit du contrôle non juridictionnel de l'exécution du budget de l'État par la Cour réside dans le basculement du mécanisme d'élaboration et d'exécution du budget de la Côte d'Ivoire en mode budget-programme. Ce nouveau paradigme a entraîné l'adoption d'un nouveau type de contrôle.

1- Le basculement du budget en mode budget de programme

À la faveur de la réforme budgétaire de 2014[28], par laquelle elle a transposé les dernières directives de l'UEMOA applicables à la gestion des finances publiques, la Côte d'Ivoire a basculé dans l'élaboration et l'exécution de budgets-programme au détriment des budgets de moyens. Ceux-ci étaient caractérisés par l'inscription au cœur des préoccupations budgétaires de la question des moyens financiers à exécuter, au détriment d'une focalisation sur les résultats à atteindre pour garantir l'efficacité de la dépense publique. En optant pour le budget-programme, la Côte d'Ivoire choisit de changer le dispositif d'élaboration et d'exécution de son budget en se conformant à la gestion axée sur les résultats.

Ce faisant, elle met désormais au centre de la gestion budgétaire les résultats à atteindre. Elle consent à mettre en place des budgets déclinés en politiques publiques, elles-mêmes déclinées en programmes budgétaires auxquels sont affectés des résultats mesurables à l'aune d'indicateurs de performance préétablis. Un programme est, en effet, un ensemble de crédits destinés à mettre en œuvre une politique publique et auxquels sont associés des objectifs définis en fonction de finalités d'intérêt général et de résultats attendus[29]. Ce changement implique une adaptation du contrôle des finances publiques, en général, et du contrôle non juridictionnel du budget exercé par la Cour, en particulier.

---

[28] Confère la loi organique n° 2014- 336 du 5 juin 2014 relative aux lois de finances (LOLF).
[29] Article 15 alinéas 7 et 10 de la loi organique n°2014-336 relative aux lois de finances.

2- L'institution d'un nouveau type de contrôle

S'il était précédemment question pour la Chambre des comptes d'assister le Gouvernement et le Parlement en vérifiant si l'exécution du budget de l'État était conforme à l'autorisation parlementaire et aux règles de la comptabilité publique, la nouvelle logique de résultat sous-tend le contrôle de la bonne utilisation de l'argent public conformément à des objectifs préfixés.

L'adoption du budget de résultat impose ainsi un changement de la méthodologie de contrôle du budget. Celle-ci ne peut plus être uniquement axée sur la régularité des comptes ou de la gestion. Elle doit porter sur la réalisation effective, efficace et efficiente des résultats attendus. Ce faisant, d'une vocation initiale de contrôle de la régularité des comptes publics, la Cour des comptes est revêtue d'une mission étendue d'appréhension de la qualité et de la performance de l'action et des politiques publiques. Cette nouvelle logique découle de l'introduction d'un nouveau type de contrôle : le contrôle de performance.

Tirant les conséquences de ce changement, les textes financiers opèrent une mutation des moyens du contrôle non juridictionnel de la Cour ; ceux-ci restant néanmoins à consolider.

B. De nouveaux moyens de contrôle à consolider

Il n'y a aucun doute que les moyens de contrôle non juridictionnel de la Cour opèrent un changement de cap comparativement à ceux de la Chambre des comptes. Les nouvelles missions instituées consacrent la rupture. Mais, elles doivent impérativement être consolidées afin que la rupture soit effective.

1- De nouvelles missions matérialisant la rupture

Autant l'article 121 de la loi organique précitée change la technique du contrôle de la gestion des comptes des structures ou organismes publics et parapublics, autant les nouvelles missions assignées à la Cour changent les moyens d'exercice de sa compétence d'assistance au gouvernement et au Parlement.

En ce qui concerne le contrôle de la gestion des organismes publics et parapublics, la Cour ne se contentera pas, comme la Chambre des comptes, de vérifier la régularité des comptes, mais elle est surtout invitée à apprécier « la réalisation des objectifs assignés, les moyens utilisés, les coûts de biens et services produits et les prix pratiqués »[30]. Elle doit se focaliser davantage sur le contrôle de la qualité de la gestion ; le contrôle de la régularité étant devenu un contrôle nécessaire, mais insuffisant. À la lecture de l'article 120 de la loi organique de 2018, il apparait qu'il s'agit désormais de la mission principale du contrôle de la gestion. L'alinéa 2 dudit article indique, en effet, qu'elle contrôle « ... également la régularité et la sincérité des comptabilités » ; marquant par là le caractère additionnel de cette dernière action.

La rupture est également marquée par la création de nouvelles missions inédites liées au contrôle de performance : la certification des comptes, l'audit de performance et, l'évaluation des politiques publiques, des programmes et projets publics. Ces nouvelles missions placent non seulement la qualité et la sincérité des comptes du cœur au mécanisme de contrôle de l'exécution du budget, mais elles sont aussi révélatrices du nouvel esprit qui sous-tend le rôle d'assistance de la Cour.

Premièrement, conformément à l'article 84 alinéa 5 de la Loi Organique Relative aux Lois de Finances (LOLF)[31], la déclaration de conformité des comptes faite par la Cour doit être remplacée par la certification des comptes de l'État, accompagnée par son rapport annuel sur l'exécution des lois de finances. La certification est une opinion écrite et motivée qu'un organisme indépendant formule sur les comptes d'une entité, sous sa propre responsabilité[32]. Il s'ensuit que la Cour ne doit plus seulement déclarer la régularité des comptes, elle doit donner son opinion sur la manière dont les comptes ont été gérés en toute indépendance et responsabilité. La mission de certification des comptes étend le champ de la vérification, outre la régularité, à la sincérité et à la fidélité des comptes de l'État. Ce contrôle doit ainsi garantir que le patrimoine a bien été enregistré et que les comptes reflètent la situation financière exacte de l'État à la fin de l'exercice budgétaire. C'est une innovation majeure.

Deuxièmement, la nouvelle mission d'audit autorise le juge financier à opérer un audit auprès des services de l'État et des organismes soumis à son contrôle, afin de déterminer la performance de leur gestion. L'audit est alors sanctionné par un rapport qui doit satisfaire les besoins d'information du Parlement, d'une part, et aboutir à des propositions en vue de la correction des éventuels errements constatés, d'autre part.

---

[30] Article 120 de la Loi organique relative à la Cour des comptes, Article 84 al 7 de la LOLF.

[31] Loi organique précitée.

[32] Gilbert ORSONI (dir.), Finances publiques : Dictionnaire encyclopédique, Paris, Economica, 2ème édition, 2017, p. 144.

Tous ces contrôles sont ainsi destinés à éclairer davantage le Parlement dans l'adoption de la loi de règlement.

Troisièmement, sur le fondement de l'article 150 de la loi organique instituant la Cour et de l'article 84 de la LOLF de 2014, l'évaluation des politiques publiques place la Cour à un stade plus avancé que celle du contrôle. L'évaluation représente, en effet, « une ambition plus soutenue que celle d'un contrôle de gestion classique. Il s'agit désormais d'apprécier la pertinence des politiques publiques par rapport aux objectifs qui leur sont assignés »[33]. Comme indiqué plus tôt, la Cour est invitée à apprécier « la réalisation des objectifs assignés, les moyens utilisés, les coûts de biens et services produits et les prix pratiqués » [34] dans la réalisation des politiques publiques.

Toutes ces innovations témoignent de la volonté du législateur de faire de la Cour des comptes un pilier de la performance financière, un bras séculier du gouvernement et du Parlement dans le contrôle de l'exécution du budget de l'État. Cependant, elles doivent être consolidées pour sceller la rupture.

2- Des moyens à consolider

Pour que la révolution tienne, il faudrait que la portée des avis de la Cour soit significative et que les mesures d'accompagnement suivent.

En effet, quelle serait la valeur de la certification des comptes, celle des audits réalisés par la Cour ou des résultats de l'évaluation des politiques publiques, si les opinions ou les avis de celle-ci n'influencent ni l'adoption des lois de règlement par le Parlement, ni l'adoption des décisions politiques et budgétaires par le gouvernement ? Que se passera-t-il si la Cour refuse de certifier les comptes de l'État ou la certifie avec des réserves, ou si les résultats des évaluations révèlent des insuffisances graves ? Au-delà de l'extension des missions de la Cour, il y a, à l'évidence, la véritable question du poids des avis de la Cour dans la décision financière publique. Or, une lecture des rapports sur l'exécution du budget de l'État, produits par l'ex- Chambre des comptes et la nouvelle Cour des comptes depuis sa création, permet de se rendre compte que ses recommandations ne sont pas toujours suivies ou sont même parfois ignorées par le gouvernement et le Parlement.

---

[33] Philippe HAYEZ, « La Cour des comptes : du contrôle à l'évaluation », Revue française d'administration publique, n°155, 2015/3, p. 708.

[34] Article 120 de la loi organique de 2018 relative à la Cour des comptes ; Article 84 alinéa 7 de la loi organique relative aux lois de finances de 2014.

Au surplus, il ne faut pas perdre de vue que ces nouvelles missions emportent une extension de la charge de travail de la Cour. Elles emportent, de même, l'extension de l'expertise de son personnel comparativement à celle de la défunte Chambre des comptes. Entre autres, l'évaluation des politiques publiques est une action pluridisciplinaire et complexe requérant des compétences multiples. Il est évident que la Cour sera non seulement contrainte de renforcer les capacités de son personnel, mais aussi de solliciter des experts extérieurs. L'institution de cette nouvelle mission soulève donc la question de la disponibilité de ressources humaines suffisantes. Elle soulève encore plus les questions de la disponibilité à son profit de ressources financières suffisantes. Dans les États où des Institutions supérieures de contrôles sont investies d'une mission d'évaluation jugée de référence, celles-ci bénéficient d'une indépendance réelle d'action et de moyens financiers conséquents[35]. Il doit en être de même pour la Cour des comptes. À cela s'ajoute, l'obligation qui pèse sur elle de déterminer ses outils méthodologiques en matière de certification des comptes.

Par ailleurs, on peut s'inquiéter de la tiédeur de la consécration de ces nouvelles missions dans certains cas. À la lecture de la lettre de la loi organique de 2018, la mission d'évaluation des politiques publiques, des programmes et projets apparaît comme une option pour la Cour. Celle-ci « peut l'inscrire dans ses programmes d'activités »[36]. Cela signifie qu'elle peut ne pas l'inscrire dans ses programmes d'activités. Il y a donc, un risque que la mission d'évaluation demeure insuffisamment mise en œuvre.

En définitive, l'avènement de la Cour des comptes en Côte d'Ivoire consacre la volonté d'une nette amélioration du mécanisme de contrôle externe de l'exécution du budget de l'État. La nouvelle juridiction financière a un apport assez significatif sur le dispositif de contrôle des finances publiques. C'est le lieu de souligner, comme l'affirme le Président en exercice de la Cour, que son éclairage technique « est une modalité de rétablissement de l'équilibre entre le Pouvoir exécutif et le Pouvoir législatif en matière budgétaire »[37]. La réforme a, par ailleurs, le mérite d'aligner la Côte d'Ivoire sur les standards internationaux de gestion des finances publiques. Toutefois, l'institution de la Cour des comptes soulève

---

[35] C'est le cas du National Audit Office (Royaume-Uni) ou du Government Accountability Office (USA).

[36] Article 150 de la loi organique de 2018 relative à la Cour des comptes.

[37] Cour des comptes de Côte d'Ivoire, Rapport public annuel 2019, Annexe 3 sur « Le rôle de Cour des comptes dans l'exécution de la loi de finances », p. 43.

un ensemble de défis à relever. Entre autres, la mission d'information de la Cour vis-à-vis du citoyen doit davantage être renforcée. Celle-ci devrait mieux communiquer sur les résultats de ses travaux.

Pour ce faire, comme le propose l'ancien Président de la Cour des comptes du Bénin[38], hormis le rapport annuel public, les résultats de tous les travaux de la Cour devraient être portés à la connaissance du public pour en étendre la portée. Cela lui permettra de se positionner davantage comme un véritable acteur de la bonne gouvernance et de la démocratie financière.

[38] Maxime AKAKPO, op.cit., p. 142.

III. DROIT INTERNATIONAL PUBLIC

LA COMMUNAUTARISATION DU DROIT ÉLECTORAL EN AFRIQUE

Sié Victorien CARDIOULA

Doctorant en Droit Public à l'Université Félix Houphouët-Boigny de Cocody, Centre d'Écriture en Droit et en Science Politique (CEDSPO)

L'évolution des objectifs de communautarisation. Disloqué par la colonisation [1], l'Afrique tente depuis les indépendances de s'unir à nouveau. Pour y parvenir, plusieurs actes significatifs ont été posé avec la création progressive d'organisations d'intégrations sensées impulser une forte communautarisation des États. Si au départ l'accent avait été mis sur la quête de l'unification des États, avec pour trame de fond le dynamisme économique ; c'était sans compter dans le déroulé des évènements sur la vague démocratique[2] qui allait déferler sur le continent au tout début des années 1990, en raison des multiples crises provoquées par les élections. Dès cet instant, les objectifs d'intégration ont dû être réaménagés. L'objectif principal comme l'a souligné le professeur Olivier DABÈNE était de consolider les démocraties (re)naissantes, par le truchement d'une accélération de l'interdépendance[3]. Ainsi, La communautarisation du droit électoral en Afrique est devenue un objectif indispensable à atteindre.

Que faut-il faut entendre par communautarisation du droit électoral ? La communautarisation s'appréhende, selon François JULIEN-LAFERRIÈRE, comme le transfert d'une matière jusqu'alors traitée par les États membres (...) à la compétence des institutions communautaires[4]. L'idée de fédérer les législations nationales de sorte à en trouver une considérée comme la norme de référence est perceptible.

Quant au droit électoral, il est « le droit qui régit les élections par lesquelles le citoyen désigne ses représentants »[5]. Dès lors, il ressort que la

---

[1] Préface d'Alain PELLET, de l'ouvrage de Blaise TCHIKAYA, Droit de l'union africaine Principes, institutions et jurisprudence, Paris, éd. LGDJ, 2019, p7.

[2] Samuel HUNTINGTON, The third wave: democratization in the late twentieth century, The Julian J. Rothbaum distinguished lecture series, v. 4 (Norman: University of Oklahoma Press, 1991).

[3] Olivier DABÈNE, « Intégration et démocratie », Science Po Observatoire stratégique de l'Amérique latine, Intégration et démocratie | Sciences Po Observatoire politique de l'Amérique latine et des Caraïbes, Consulté le 24 janvier 2024 à 06h46.

[4] François JULIEN-LAFERRIÈRE, « La communautarisation de la politique migratoire », Migrations Société, vol. 116, n° 2, 2008, p59.

[5] Jean-Claude MASCLET, Droit électoral, Paris, PUF, « Droit fondamental », 1989, p11.

communautarisation du droit électoral s'entend comme l'appropriation des normes à travers lesquelles le citoyen désigne ses représentants, par les institutions communautaires.

La nécessité d'organiser le jeu démocratique à travers l'adoption de textes fondamentaux et de juridictions régionales et sous régionales. La recherche d'une stabilité socio-politique adossée à la promotion de la démocratie est progressivement devenue une des préoccupations majeures en Afrique. Ainsi, les élections nationales ont cessé d'être le domaine réservé des États, car ceux-ci subissent désormais les assauts d'une internationalisation[6] qui donne lieu à une forte communautarisation. C'est à juste titre, qu'a été adopté en 2001, au niveau sous-régional, le Protocole a/sp1/12/01 sur la démocratie et la bonne gouvernance[7] de la Communauté Économique des États d'Afrique de l'Ouest (CEDEAO). Considéré comme « une constitution régionale »[8], ce protocole a eu une résonnance au niveau continental avec l'adoption par l'Union Africaine (UA) de la Charte pour la Démocratie des Élections et de la Gouvernance (CADEG) le 25 octobre 2011.

Une communautarisation en eaux troubles. Grâce à la CADEG et le protocole de la CEDEAO, les juridictions issues des organisations communautaires que sont la Cour Africaine des Droits de l'Homme et des Peuples[9] et la Cour de Justice de la CEDEAO[10], l'on aurait pensé, à l'expression d'une démocratie pleine et sans déviance significative. Mais le constat est plutôt alarmant. Face à la multiplication des changements anticonstitutionnels de gouvernements qui ont occasionné ou accentué les crises socio-politiques, comme ce fut le cas très récemment au Burkina Faso, au Mali, au Niger, en Guinée et même en Côte d'Ivoire, il a été donné

[6] Télesphore ONDO, « L'internationalisation du droit relatif aux élections nationales : à propos d'un droit international des élections en gestation », RDP, 2012, n°5, p. 1405.

[7] Protocole a/sp1/12/01 sur la démocratie et La bonne gouvernance additionnel au protocole relatif au mécanisme de prévention, De gestion, de règlement des conflits, De maintien de la paix et de la sécurité.

[8] Ismaila Madior FALL, Alioune SALL, « une constitution régionale pour l'espace CEDEAO : le protocole sur la démocratie et la bonne gouvernance de la CEDEAO », Conférence, 9-12 Juillet 2012 : L'Afrique réinvente sa gouvernance, Atelier : Refonder l'État africain postcolonial par la décentralisation et l'intégration et régionale, JAGA – Atelier : Refonder l'État africain postcolonial par la décentralisation et l'intégration et régionale (afrique-gouvernance.net), consulté le 27 janvier 2024 à 20h47.

[9] La Cour africaine des droits de l'homme et des peuples (CADHP) a été créée en 1998 par le Protocole relatif à la Charte africaine des droits de l'homme et des peuples.

[10] Le Protocole de 2005 relatif à la Cour de Justice de la CEDEAO est un document juridique qui modifie le Protocole de 1991 relatif à la Cour de Justice de la CEDEAO.

de constater la faillite des instances régionales africaines. Ces dernières sont non seulement victimes du discrédit du leadership politique, mais aussi présentées comme étant les symboles d'une gouvernance antidémocratique.

La faible réactivité ou parfois même l'inertie des organes communautaires n'a pas manqué d'être décrié par bon nombre d'États. Tout ceci nous permet de dresser un tableau peu reluisant, celui d'une communautarisation du droit électoral en Afrique difficilement matérialisée. Face à cette situation, la question de fond est celle de savoir si la communautarisation du droit électoral amorcée a permis de revitaliser la démocratie.

À travers cette question, intérêt de cette contribution est de connaitre les raisons de la faible implémentation de la culture démocratique, malgré la bonne volonté affichée par le législateur communautaire. L'analyse des textes communautaires et de la jurisprudence communautaire permet de constater qu'en plus d'une volonté de consolidation évanescente des principes électoraux (I), les efforts de fiabilisation du règlement juridictionnel demeurent périlleux (II).

I- UNE VOLONTÉ DE CONSOLIDATION ÉVANESCENTE DES PRINCIPES ÉLECTORAUX

Si au début des années 2000, la volonté d'établir les principes tels que l'égalité, la liberté ou encore la transparence était affirmée avec beaucoup de certitude[11] ; plus de vingt ans après, la volonté de consolidation peine à s'affirmer avec le temps. Aujourd'hui, l'incitation à la standardisation des lois électorales est toujours urgente (A). D'autant plus que l'encadrement du changement des lois électorales attend de faire sa mue (B) ; une situation qui ne facilite pas l'affirmation des principes nécessaires au déroulement des élections (C).

[11] Mamadou SÉNE, « Le juge constitutionnel face au défi de la continuité démocratique en Afrique noire francophone », in La (dis)continuité en Droit, (dir.) Hélène SIMONIAN-GINESTE, Nouvelle édition, Toulouse : Presses de l'Université Toulouse Capitole, 2014 Avec l'adoption des deux instruments juridiques que sont le Protocole de la CEDEAO et la Charte de l'Union Africaine. Dans le premier on peut constater avec Mamadou SÉNE que la question des révisions constitutionnelles (article 2 du protocole), de l'indépendance des organes de gestion des élections (article 3 du protocole), de l'incivisme électoral (Article 9 protocole). Dans le deuxième,

A. L'incitation à la standardisation des lois électorales encore d'actualité

Que faut-il entendre par standardisation ? Le concept de standardisation renvoie selon le professeur Awalou OUÉDRAOGO, à l'idée d'harmonisation et de mise en place de pratiques uniformes dans le but de faciliter la coopération internationale[12]. Il déduit à cet effet que, la standardisation joue un rôle essentiel dans l'ordre juridique international dans la mesure où ce serait elle, en fin de compte, qui structure la normativité. De ce fait, elle oriente le comportement des États[13].

Les originalités des lois électorales comme frein à la standardisation. En consacrant un chapitre et une section à la question de l'élection dans la Charte pour la Démocratie des Élections et de la Gouvernance (CADEG) et le protocole de la CEDEAO, les auteurs de ces textes ont érigés des directives générales destinées aux États pour une meilleure gestion des élections. Tout en prenant en compte ces orientations, les États ne se sont pas privés d'y apporter des originalités. À ce propos, on peut emprunter la formule de Philippe ARDANT et Bertrand MATHIEU qui font observer que « la multiplicité des expériences constitutionnelles, hier et aujourd'hui, montre qu'à des problèmes identiques peuvent être données des solutions très différentes, même dans les sociétés que tout rapproche, l'histoire, les mœurs, les valeurs. Il n'y a pas de solution universellement admise à des problèmes aussi banals que : qui est électeur ? Comment désigner le chef de l'État et les parlementaires ? Faut-il une ou deux chambres au parlement ? Quelle sera la durée de leur mandat ?»[14]. Bien que cette observation se justifie, elle est très souvent utilisée pour servir les intérêts des partis au pouvoir. On se souvient de l'instauration des règles du parrainages sous diverses modalités en Côte d'Ivoire[15], au Sénégal[16] ou encore au Bénin[17] qui n'ont pas manqué de rompre l'égalité entre les

---

[12] Awalou OUÉDRAOGO, « Standard et standardisation : la normativité variable en droit international », Numéro 26.1 – 2013, 1 avril 2014, Revue québécoise de droit international, p164.

[13] Ibid, p186.

[14] Philippe ARDANT, Bertrand MATHIEU, Droit constitutionnel et institutions politiques, Paris, LGDJ, 2023.

[15] Article 25 du code électoral ivoirien.

[16] Article L 57 code électoral sénégalais.

[17] Article 132 du code électoral béninois.

candidats[18]. À cela, il faut ajouter le relèvement du montant de la caution[19] pour les candidatures aux élections présidentielles, mais aussi les variations en ce qui concerne les nombres de mandats et leurs durées.

Cette multiplicité de texte traduit l'idée que la CADEG et le protocole de la CEDEAO sont des instruments qui peinent à consolider et standardiser les lois électorales des États membres. En effet, il est très aisé de les contourner comme en témoigne les fréquents changements des lois électorales. Cette situation d'individualisme normatif permet de soutenir l'idée selon laquelle la standardisation des lois électorales est loin d'être acquise. Dès lors, il apparait nécessaire de faire évoluer les règles qui l'encadrent.

B- La nécessaire mutation des règles encadrant le changement des lois électorales

La nécessité d'une mutation touche des règles encadrant le changement des lois électorales à la fois, la CADEG et le protocole de la CEDEAO.

L'imprécision de l'article 23(5) de la CADEG. Il est interdit « Tout amendement ou toute révision des Constitutions ou des instruments juridiques qui porte atteinte aux principes de l'alternance démocratique ». Si la volonté d'empêcher toutes modifications intempestives est bien présente, la difficulté vient de ce que le législateur communautaire ne donne ni les conditions, ni le catalogue qui lui permettent de déterminer les atteintes aux principes de l'alternance démocratique. C'est sans doute ce manque de précision qui lui a fait défaut dans l'affaire Kayumba Nyamwasa et six autres c. République du Rwanda[20], quand il dit ceci « La présente ordonnance porte sur la demande de mesures provisoires déposée par les requérants visant à interdire au défendeur de poursuivre l'organisation d'un referendum destine à amender l'article 101 de la Constitution, à la lumière de I 'interdiction à cet égard inscrite à l'article 23(5) de la Charte sur la démocratie. Les requérants n'ont pas formulé de

[18] Mamadou DAGRA, « l'éligibilité à l'élection présidentielle : entre exclusion et aberration », in L'élection présidentielle. Actes de la 2e édition des journées scientifiques de droit constitutionnel, Niamey (Niger), du 8 au 11 octobre 2019 dirigé par Oumarou NAREY, p125.

[19] Le montant en côte d'ivoire est passé de 20 millions à 50 millions de franc CFA, au Bénin de 15 millions à 50 millions. Voir également Mamadou DAGRA, « l'éligibilité à l'élection présidentielle : entre exclusion et aberration », Op.cit., p127.

[20] Requête 016/2015, Kayumba Nyamwasa et six autres c. République du Rwanda, paragraphe 32.

demande précise relativement au fond de la requête ». Cette requête aurait sans doute connu un meilleur sort si les requérants avaient été mieux situés.

Les imperfections de l'article 2 (1) du protocole de la CEDEAO. « Aucune réforme substantielle de la loi électorale ne doit intervenir dans les six (6) mois précédant les élections, sans le consentement d'une large majorité des acteurs politiques »[21]. En posant des balises à la fois de fond et de forme, l'intention du législateur communautaire était claire : permettre aux États d'avoir une norme électorale aussi bien pérenne que consensuelle. Étant bien pensée comme en témoigne la décision salutaire prise par la CEDEAO de suspendre le Niger de ses instances en 2009[22], cette disposition comporte néanmoins trois limites majeures.

L'imprécision du caractère substantiel de la réforme de la loi électorale. En affirmant qu'« Aucune réforme substantielle de la loi électorale… »[23], aucune indication, qu'elle soit jurisprudentielle ou conventionnelle ne permettrait de déterminer avec certitude ce que le législateur communautaire entendrait par réforme substantielle. Une imprécision qui n'est pas sans conséquence, comme en témoigne la controverse qui a eu lieu au Sénégal après l'adoption du projet de loi sur les 5 listes à choisir avant de voter en 2017. En effet, 11 coalitions en lice pour les élections législatives avaient par la voix de leur porte-parole déclaré que : « le choix des 5 bulletins de vote sur 47 entache profondément la crédibilité et la sincérité du scrutin »[24]. En guise de réponse à ce propos, El Hadji Ibrahima SALL, président du "Parti Demain la République" a estimé que « ce que la CENA a modifié, n'est pas substantiel et que ça ne méritait pas une saisine de la CEDEAO »[25].

---

[21] Article 2 (1) du Protocole a/sp1/12/01 sur la démocratie et La bonne gouvernance additionnel au protocole relatif au mécanisme de prévention, De gestion, de règlement des conflits, De maintien de la paix et de la sécurité

[22]Le président nigérien d'alors, feu Mamadou TANDJA, avait fait modifier la constitution de son pays par un référendum controversé en août 2009 alors que son second mandat arrivait à échéance en décembre de la même année, soit moins de six mois de la fin de son mandat.

[23] Article 2 (1) du Protocole a/sp1/12/01 sur la démocratie et La bonne gouvernance additionnel au protocole relatif au mécanisme de prévention, De gestion, de règlement des conflits, De maintien de la paix et de la sécurité.

[24] « Décryptage : Que dit concrètement le protocole de la CEDEAO sur la réforme de la loi électorale dans les 6 mois précédant les élections ? », Décryptage : Que dit concrètement le protocole de la CEDEAO sur la réforme de la loi électorale dans les 6 mois précédant les élections ? (Senxibar.com), Consulté le 16 janvier 2024 à 19h33.

[25] Ibid, Consulté le 16 janvier 2024 à 19h33.

La condition temporelle facile à contourner. « …les six mois précédant les élections… »[26], c'est le temps que le protocole de la CEDEAO demande d'observer sans opérer de modification substantielle de la loi électorale. Cependant, ce marquage temporel est facilement dépassé par les manœuvres des acteurs politiques qui opèrent les changements importants bien au-delà de la période d'interdiction. C'est d'ailleurs ce qu'a fait le président Alpha CONDÉ en révisant la constitution en 2020 en Guinée. Cette élasticité juridique met à nu les carences de la disposition communautaire.

Une condition de volonté insaisissable. « …le consentement d'une large majorité des acteurs politiques » est aussi une condition posée par le législateur. Que dire de ce consentement requis pour rendre valable toute modification de la loi électorale dans le délai. Plusieurs interrogations peuvent être posées à cet effet. S'agit-il d'avoir la majorité mécanique de la mouvance présidentielle pour être considérée comme telle ? Ou bien faut-il impérativement évaluer l'obtention de ce consentement en fonction des contestations qui sont manifestés après l'adoption de la norme ? Autant de questions qui démontrent le besoin de réformer l'article 2 (1) dudit protocole.

Tous ces manquements relevés dans les instruments communautaires traduisent la difficile affirmation des principes nécessaires au déroulement des élections.

C- La difficile affirmation des principes nécessaires au déroulement des élections

L'analyse ne portera pas sur tous les principes de droit électoral, mais plutôt sur ceux qui portent essentiellement sur les matières régulièrement connues par les juridictions communautaires que sont la CADHP et CJ CEDEAO.

Le principe de limitation du nombre de mandats. La question de la limitation des mandats est assurément l'une des préoccupations majeures de ce début de XXIème siècle. Consacré à la fois dans le préambule de la CADEG et par l'article 9 du protocole de la CEDEAO, les actes tendant à transgresser ces dispositions ne cesse de se multiplier. Mieux, elle continu d'être l'une des principales causes d'instabilité constitutionnelle et politique des États d'Afrique noire francophone ; la faute à une opposition

[26] Article 2 (1) du Protocole a/sp1/12/01 sur la démocratie et La bonne gouvernance additionnel au protocole relatif au mécanisme de prévention, De gestion, de règlement des conflits, De maintien de la paix et de la sécurité.

de certains acteurs politiques à son interdiction et à l'impuissance des instances communautaires à savoir la CADHP[27] et la Cour de Justice de la CEDEAO. Afin de remédier à cela, ces dernières sont invitées à prendre exemple sur la Cour Interaméricaine des Droits de l'Homme qui semble avoir trouvé une réponse à cette préoccupation, en insistant sur le fait qu'une « telle limitation constitue une obligation conventionnelle nécessaire à la préservation de la démocratie représentative et à la garantie des droits et libertés, en particulier le droit à des élections libres »[28].

Le Principe d'égalité des Organismes de Gestion des Élections. Il est devenu impensable d'organiser en Afrique, des élections sans avoir recours à une autorité administrative et indépendante en charge des élections. Ces autorités se doivent non seulement d'être indépendantes, comme le mentionne l'article 3 du protocole de la CEDEAO et l'article 17(1) de la CADEG, mais aussi de gérer les élections en prônant l'égalité dans la composition de ses membres. Cependant, l'emprise du politique sur cet organe s'affirme nettement. Dans de telles conditions, il devient difficile, voire impossible de satisfaire une mission de service public électoral[29]. Le contexte dépeint par l'affaire APDH c/ la République de Côte d'Ivoire, requête numéro 001/2014, arrêt du 18 novembre 2016 en son paragraphe 132[30] en est une illustration parfaite.

Le principe de fiabilité et de transparence des listes électorales. Annoncées dans le protocole de la CEDEAO[31] et la CADEG[32], la fiabilité et la transparence de la liste électorale peinent à se matérialiser.

En plus de voir les contestations se multiplier, les rares décisions traitant de la question n'aboutissent pas à des jurisprudences notables. L'on se souvient encore de l'arrêt n° : ECW /CCJ/JUD/21/15, Alternative

---

[27] Voir la Requête 016/2015, Kayumba Nyamwasa et six autres c. République du Rwanda.

[28] Guillaume DARTIGUE, « La question de la limitation du mandat présidentiel devant la Cour interaméricaine des droits de l'homme : une illustration de la tension entre « démocratie et représentation » en droit international des droits humains (obs. sous CourIDH, Presidential reelection without term limits in the context of the Inter American Human Rights System, 7 juin 2021, OC-28/21) », Europe des Droits et Libertés, 2022, p288.

[29] Djedjro Francisco MELEDJE, - « De l'impossible service public électoral en Côte d'Ivoire. Le phénomène des crises électorales », in Espace du service public. Mélanges en l'honneur de Jean DU BOIS DE GAUDUSSON, Presse Universitaire de Bordeaux, pages 451-473.

[30] Dans l'affaire APDH c/ la république de Côte d'Ivoire, requête numéro 001/2014, arrêt du 18 novembre 2016 en son paragraphe 132, la cour fait remarquer dans son argumentation que « Le déséquilibre dans la composition de l'organe électoral ivoirien a également été constaté par la Mission d'observation électorale de l'Union africaine (MOEUA) ».

[31] Article 5.

[32] Article 2 (10).

citoyenne & un autre contre la République du Bénin qui n'a pas pu connaitre un dénouement satisfaisant. En effet, la cour avait déclaré la requête irrecevable pour défaut de qualité des requérants[33].

Au regard de ce qui précède, on se rend compte des nombreuses insuffisances de l'encadrement normatif des élections sur le plan communautaire. Dans un ultime élan, les juridictions tentent, avec beaucoup de difficultés, de fiabiliser sa phase contentieuse.

II- DES EFFORTS PÉRILLEUX DE FIABILISATION DU RÉGLEMENT JURIDICTIONNEL

Bien que dénuée d'une exécution forcée, les décisions des juridictions communautaires se présentent comme une alternative aux décisions des organes constitutionnels des États, ceci, grâce à leurs caractères contraignants. Ainsi, les requérants se sentent obligés de se remettre aux institutions communautaires (A). Cependant, ces juridictions communautaires s'affirment difficilement comme une alternative crédible, la faute à un office limitée (B) mais aussi à une indifférence des juridictions nationales aux ordonnances communautaires (C).

A. Les requérants obligés de s'en remettre aux institutions communautaires

L'impartialité du juridictions constitutionnelles remise en cause. L'impartialité du juge électoral est un élément essentiel pour garantir l'équité et la légitimité des processus électoraux. En tant que garant de la justice dans le contexte électoral, il doit être neutre et indépendant de toute influence politique ou partisane afin de mieux assurer la régularité des élections. Mais celui-ci peine à maintenir la confiance des citoyens dans le processus électoral. Le non-respect de son « devoir d'ingratitude » crée la méfiance, des acteurs politiques et des citoyens vis-à-vis des institutions en charge de ce processus.

La perte de crédibilité de la juridiction constitutionnelle. Devenu un acteur incontournable dans la régulation des institutions et surtout des

[33] N° : ECW /CCJ/JUD/21/15, Alternative citoyenne & un autre contre la République du Bénin, paragraphe 17.

conflits électoraux[34], la juridiction constitutionnelle éprouve depuis quelques années des difficultés à s'affirmer[35]. En effet, comme le constate Ameth NDIAYE, l'organe constitutionnel, à travers son œuvre prétorienne, cristallise moult contestations et consternations[36] qui mettent à mal sa crédibilité. C'est cela que le Professeur Djedjro Francisco MELEDJE fait remarquer en disant ceci : « Si le règlement des contentieux par des ordres nationaux incarnés par les juridictions constitutionnelles vers un ordre international représenté par des juridictions supranationales, c'est en général parce qu'il y a un déficit de crédibilité des juridictions nationales en Afrique. »[37]. Par ce propos, il démontre que le juge constitutionnel ne semble plus être « le gardien suprême de l'expression libre et inaltérée du suffrage universel (…) »[38]. Il devient donc tout naturel que les citoyens désabusés se tournent alors, dans un recours ultime, vers les juridictions sous régionales et régionales dans l'espoir que celle-ci soit de véritables leviers de la démocratie[39]. C'est à cette attente que la Cour Africaine des Droits de l'Homme et des Peuples (CADHP) a tenté de répondre quand elle est saisie par l'Action pour la Protection des Droits de l'Homme (APDH) pour statuer sur la décision rendue par le conseil constitutionnel de Côte d'Ivoire le 16 juin 2014. En effet, le conseil constitutionnel ivoirien avait rejeté la demande de Monsieur KRAMO Kouassi visant à contrôler la nouvelle loi électorale adoptée en affirmant que les dispositions relatives à la Commission Électorale Indépendante attaquées étaient conformes à la Constitution[40]. Dans sa réponse à cette requête, la Cour a observé trois insuffisances. Elle fait remarquer que « la loi contestée n'est pas une loi relative aux libertés publiques et que pour cette raison, la Requérante ne pouvait pas la déférer

---

[34] Ameth NDIAYE, « la « difficulté d'être » du juge constitutionnel en Afrique », in mélanges en l'honneur du professeur Dominique ROUSSEAU, Constitution, justice, démocratie, paris, LGDJ, 2020, p932.

[35] Ibid., p932.

[36] Ibid., p933.

[37] Djedjro Francisco MELEDJE, « la Cour africaine des droits de l'homme et la défense de la démocratie », in mélanges en l'honneur du professeur Dominique ROUSSEAU, Constitution, justice, démocratie, paris, LGDJ, 2020, pp908-909.

[38] Amadou BA « La contestation des résultats des élections devant le juge électoral : les cas du Sénégal, du Bénin, de la Côte d'Ivoire et de la Guinée Conakry », in Annales africaines, nouvelle série, vol. 2, n°3, CREDILA., décembre 2015, p. 7.

[39] Djedjro Francisco MELEDJE, « la Cour africaine des droits de l'homme et la défense de la démocratie », Op.cit., p909.

[40] Décision n° CI-2014-38/16-09/C/SG. Voir également Affaire APDH c/ la République de Côte d'Ivoire, requête numéro 001/2014, arrêt du 18 novembre 2016, Paragraphe 18.

au Conseil constitutionnel pour un contrôle de sa conformité à la constitution »[41]. Elle a noté par la suite que « le Conseil Constitutionnel de l'État de Côte d'Ivoire s'est prononcé sur la constitutionnalité de la loi contestée »[42] et que ce Conseil a même affirmé que « les dispositions attaquées étaient conformes à la constitution »[43]. Au regard de tout ceci, la Cour a finalement conclu que « dans ces circonstances il est clair que la requérante dans la présente affaire ne pouvait rien attendre du Conseil constitutionnel, s'agissant de sa demande en annulation de la loi contestée »[44]. Par cette conclusion, la juridiction communautaire montre que l'organe constitutionnel n'est plus digne de confiance.

Bien qu'il soit vrai que la juridiction communautaire essaie de remplir ce nouveau rôle qui est le sien, son office demeure limité en raison des matières qu'elle connait.

B. L'office limité des juridictions communautaires

Un juge communautaire, trop porté par la protection des droits politiques individuels. Qu'il s'agisse des affaires Guillaume SORO[45], Sébastien AJAVON[46]ou encore SUY Bi Gohore Émile[47], le juge est resté « intimement lié à son office en tant que juge africain des droits de l'Homme. »[48]. La Cour Africaine des Droits de l'Homme et des peuples en s'autorisant à exercer un contrôle préventif pour les uns et curatif pour l'autre, s'est plus évertuée à rechercher les violations des droits politiques individuels[49] qu'à essayer de montrer l'impact de ses violations sur les élections afin de renforcer la démocratie institutionnelle[50]. En effet, dans l'affaire Guillaume SORO par exemple, la Cour ne fait qu'un rapprochement timide en relevant que l'exécution du mandat d'arrêt

---

[41] Affaire APDH c/ la République de Côte d'Ivoire, requête numéro 001/2014, arrêt du 18 novembre 2016, paragraphe 100.
[42] Ibid., paragraphe 101.
[43] Ibid., paragraphe 101.
[44] Affaire APDH c/ la République de Côte d'Ivoire, requête numéro 001/2014, arrêt du 18 novembre 2016, Paragraphe 102.
[45] Affaire Guillaume SORO et autres c. République de Côte d'Ivoire, Req n°012/2020.
[46] Affaire Ajavon Sébastien c. Bénin, Req n°062/2019.
[47] Affaire SUY Bi Gohoré Émile et autres c. Côte d'Ivoire, Req n°044/2019, arrêt du 15 juillet 2020. Voir également Affaire. N^0 ECW/CCJ/APP/19/15, Congrès pour la Démocratie et le Progrès c/ État du Burkina, Paragraphe 27.
[48] Martial ZONGO, « L'office du juge régional africain dans la consolidation démocratique au sein des États », Global Studies Institute, GSI Working Paper PhD LAW 2021/03, p6.
[49] Ibid., p11.
[50] Ibid., p13.

risquerait de compromettre gravement l'exercice des libertés et des droits du requérant dans la mesure où il était pressenti à la compétition électorale. Elle n'apprécie guère l'office de l'organe judiciaire auteur de cet ordre. Dans l'Affaire SUY Bi Gohoré Émile cependant, même s'il faut admettre une avancée considérable dans le renforcement de la démocratie institutionnelle lorsque la CADHP ordonne à « l'État défendeur de prendre les mesures nécessaires avant toute élection pour garantir que le processus de nomination des membres de l'organe électoral par les partis politiques… soit piloté par ces entités, sur la base de critères déterminés, avec le pouvoir de s'organiser, de se consulter, de tenir des élections si nécessaire et de présenter les candidats requis »[51]. Celle-ci ne donne pas de précision sur la répartition à adopter afin de parvenir à mettre en place un organe indépendant et impartial.

Même s'il est indéniable que la mission principale des juridictions régionales est la protection des droits de l'homme, ces juridictions gagneraient à mettre davantage un point d'honneur à la préservation du droit électoral, étant donné ces juridictions ont fait de la démocratie et la bonne gouvernance leur cheval de bataille. Une telle attitude permettrait sans doute de lutter contre l'indifférence dont font preuve les juridictions nationales en ce qui concerne les ordonnances communautaires.

C. L'indifférence des juridictions nationales aux ordonnances communautaires

L'obstacle lié au droit appliqué par les juridictions communautaires. Pour exercer son office, le juge communautaire a très souvent recours à une série de textes internationaux pour défendre l'exercice de la démocratie en Afrique. Cette batterie de textes internationaux[52] a même été qualifiés de « curiosité juridique » par le Professeur Maurice KAMTO

---

[51] Affaire SUY Bi Gohoré Émile et autres c. Côte d'Ivoire, Req n°044/2019, arrêt du 15 juillet 2020, paragraphe xi.

[52] Les conventions concernées sont les suivantes :

- Les instruments universels tels que la Déclaration des droits de l'homme et le pacte international relatif aux droits civils et politiques
- Les instruments régionaux tels que la Charte africaine de la démocratie, des élections et de la gouvernance.
- Les conventions sous régionales, tels que le traité révisé de la communauté économique des États de l'Afrique de l'Ouest (CEDEAO) du 24 juillet 1993, le Protocole a/sp1/12/01 sur la démocratie et la bonne gouvernance de la Communauté Économique Des États d'Afrique de l'Ouest (CEDEAO) du 21 décembre 2001, le traité portant création de la communauté de l'Afrique de l'Est du 30 novembre 1999.

car celle -ci n'existe pas dans les statuts des autres juridictions régionales des droits de l'homme[53]. Une chose qui pousse très souvent les États défendeurs à contester les normes utilisées par l'institution communautaire en invoquant l'utilisation des normes non conventionnelles[54].

La matière connue par les juridictions détermine la réaction des États. Le professeur Djedjro Francisco MELEDJE fait aussi remarquer que le comportement adopté par les États est fonction des matières connues par la CADHP et la CJ CEDEAO. En dehors des questions dites des droits de l'homme qui ne connaissent pas de vives réactions lorsqu'elles sont connues par la Cour, celle portant sur des questions démocratiques, en revanche, sont au centre des tensions. Sur ce sujet il dit ceci : « c'est surtout dans le traitement des questions politiques, y compris en matière démocratique (…) que les attitudes de résistance sont les plus fréquentes et les plus fortes »[55]. Une affirmation confirmée par le traitement réservé notamment aux décisions rendues par la CJ CEDEAO dans les affaires Karim WADE et autres contre République du Sénégal et Affaire Mamadou Tandja contre S.E Gen. Salou Djibo et l'Etat du Niger[56].

L'absence de force contraignante des décisions communautaires, une limite à la portée des décisions. Bien que Benjamin KAGINA soit parvenu à démontrer qu'il existe effectivement un cadre normatif consacrant l'obligation d'exécuter les décisions de la Cour par les différentes parties[57], il souligne que la procédure de suivi de ces décisions demeure un obstacle à leur exécution. En effet, l'État condamné par la Cour est tenu de lui soumettre un ou des rapports sur le niveau d'exécution. Tout porte à croire qu'il est requis de la part de ce dernier une exécution de volontaire et de bonne foi. On comprend, dès lors, les propos du ministre ivoirien de la Justice qui rappelait il y a peu que ces décisions « doivent être volontairement exécutées par l'État condamné ». En plus, il insistait sur le fait que « ces arrêts n'ont ainsi pas la force contraignante des décisions de

---

[53] Blaise TCHIKAYA, Droit de l'union africaine Principes, institutions et jurisprudence, Op.cit., p271.

[54] Djedjro Francisco MELEDJE, « la Cour africaine des droits de l'homme et la défense de la démocratie », Op.cit., p920.

[55] Ibid., p928-929.

[56] N° ECW/CCJ/JUD/05/10 du 08 Novembre 2010, Affaire Mamadou Tandja contre S.E Gen. Salou Djibo et l'Etat du Niger

[57] Benjamin KAGINA, « Le mécanisme de suivi des décisions de la Cour africaine des droits de l'homme et des peuples : entre tâtonnement et nécessité de s'affirmer », Cahiers de la recherche sur les droits fondamentaux, 19 | 2021, « Pandémies et épidémies » Jean-Manuel LARRALDE (dir.), p129.

justice rendues par les juridictions nationales »[58]. Même si ces propos sont contestables comme le souligne Romaric Nelson GOUN[59], ils n'en demeurent pas moins fondés.

De telles lacunes contenues dans les instruments juridiques CADHP et de la CJ CEDEAO expliquent les nombreux revers que celles-ci subissent. On se souvient encore des quatre (4) cas de dénonciation de reconnaissance de juridiction de la Cour ; tout ceci est de nature à fragiliser cette juridiction communautaire.

Au terme de cette analyse, il convient de se rendre à l'évidence que ce droit électoral communautaire tant souhaité peine à donner une seconde vie à la démocratie dans la sous-région. En effet, il nous est permis de constater que la volonté de consolidation des principes électoraux a perdu en affirmation en raison de texte communautaire trop imprécis et confus pourtant censés être les socles de cette communautarisation. Il faut mettre par ailleurs en exergue l'attitude poussive avec laquelle les juridictions communautaires essaient de fiabiliser le règlement juridictionnel des élections dans les États.

Tout ceci démontre le besoin urgent d'une refonte de la politique communautaire en matière électorale. Encore que, avec la récente déclaration de sortie du Mali, du Burkina Faso et du Niger de la CEDEAO, on se demande s'il existe une véritable communauté en Afrique.

[58] Romaric Nelson GOUN, « Cour africaine des droits de l'Homme et des peuples : Le retrait de la déclaration d'acceptation de compétence par l'Etat de Côte d'Ivoire », Cour africaine des droits de l'Homme et des peuples : Le retrait de la déclaration d'acceptation de compétence par l'Etat de Côte d'Ivoire - Ivoire-Juriste, Consulté le 17 janvier 2024 à 19h07.
[59] Ibid, Consulté le 17 janvier 2024 à 19h07.

LE DROIT D'INTERVENTION DE L'UNION AFRICAINE

« Il faut donc mettre ensemble la justice et la force ; et pour cela faire que ce qui est juste soit fort ou que ce qui est fort soit juste »

Blaise Pascal, Pensées.

Alioune SALL

Professeur à l'Université Cheikh Anta Diop de Dakar
Ancien juge à la Cour de justice de la CEDEAO
Membre de la commission du droit international de l'ONU

Aux termes de l'article 4 h) de l'Acte constitutif de l'Union africaine, adopté en 2000, l'organisation a « le droit (...) d'intervenir dans un Etat membre sur décision de la Conférence, dans certaines circonstances graves, à savoir : les crimes de guerre, le génocide et les crimes contre l'humanité »[1]. Tout, dans cet énoncé, est bien entendu dans ce qu'il faut entendre par « intervenir ». Mais très vite, il est apparu qu'il fallait voir dans une telle action une véritable substitution à un Etat défaillant, voire s'il est avéré que l'Etat est lui-même responsable des violations des droits en question, une « expédition punitive » contre celui-ci. Dans tous les cas, cette disposition, qui n'a nullement son équivalent dans le traité constitutif de l'Organisation de l'unité africaine (OUA) à laquelle se substitue l'UA, constitue une véritable subversion des règles du droit international en ce sens qu'elle s'attaque de façon frontale à la souveraineté d'un Etat et rompt de la sorte avec les circonlocutions pudiques des brèches qui ont pu être ouvertes dans cette souveraineté, sous la vulgate d'un « droit d'ingérence » porté sur les fonts baptismaux dans les années 90.

L'option qui a été ainsi prise par l'organisation panafricaine est assurément révolutionnaire. Elle détonne à deux égards. Du point de vue du droit international général d'abord, la règle posée par l'article 4 h) de l'Acte constitutif s'inscrit dans une certaine dissidence, du moins faut-il constater qu'elle ne reflète pas l'état du droit international aujourd'hui (I). D'un point de vue à la fois plus contemporain et plus comparatif, les Etats africains prennent également leurs distances vis-à-vis d'une Organisation

[1] En 2003, comme on le verra plus loin, un Protocole portant modification de l'Acte constitutif de l'UA a été adopté, qui ajoute une autre occurrence d'intervention humanitaire : celle d'un « rétablissement de la paix et de la stabilité » dans un Etat membre.

des Nations –Unies qui a pu, depuis près de trois décennies maintenant, harceler les limites de la souveraineté des Etats, et même partiellement réussi ce travail de sape en faisant prévaloir un « droit d'ingérence » devenu une « responsabilité de protéger » qui, comme on le verra, constitue nécessairement une remise en question de la toute-puissance de l'Etat à l'intérieur de ses frontières nationales autant que de l'indifférence internationale qu'a longtemps postulé le sacramentel principe de la non-ingérence dans les affaires intérieures (II).

I- UNE RUPTURE A L'AUNE DE LA CÉLÉBRATION DE LA SOUVERAINETÉ DE L'ÉTAT

Derrière sa formulation anodine, la règle posée par l'Acte constitutif de l'UA reste hérétique. Le droit d'intervention de cette organisation renvoie bien à une action militaire et coercitive. Il s'agit, devant un risque ou une réalité de crimes éminents – crime de guerre, génocide, crimes contre l'humanité, cette trilogie qui informe le consensus répressif de la communauté internationale -, que l'UA se substitue à un Etat – lorsque celui-ci échoue à mettre fin aux atrocités – ou s'impose à lui – quand il est le responsable de tels crimes -. La nature éminemment politique et le caractère coercitif d'une telle opération résultent de deux autres données. D'une part, il est posé que l'exercice d'un tel pouvoir revient à l'organe « suprême » et politique par excellence qu'est la Conférence des chefs d'Etat et de gouvernement. D'autre part, la mise en œuvre de l'article 4 h) requiert la « mobilisation » du Conseil de Paix et de Sécurité, bras séculier de l'organisation, et dont le Protocole institutif indique qu'il « assume des fonctions » dans le domaine des « opérations d'appui à la paix et interventions, conformément à l'article 4 h et j) de l'Acte constitutif[2]. En outre, il est prévu que « conjointement avec le président de la Commission, le CPS (…) approuve les modalités d'intervention de l'Union dans un Etat membre, suite à une décision de la Conférence, conformément à l'article 4 j) de l'Acte constitutif » de l'UA[3]. Enfin, c'est le CPS qui « recommande l'intervention si les conditions de l'article 4 lui paraissent réunies »[4]. En somme, l'action envisagée par l'organisation panafricaine pourrait délibérément faire fi de la volonté de l'Etat. Une telle radicalité est aux

[2] Article 6 du protocole de Durban relatif au Conseil Paix et sécurité de l'UA, adopté le 9 juillet 2002.

[3] Article 7 du Protocole de Durban.

[4] Ibid.

antipodes tant des règles classiques du droit international (A) que de celles d'organisations régionales secrétant des ordres juridiques particulièrement sensibles à la question de l'intervention collective contre un Etat membre (B).

A. À l'égard du droit international général

Le « droit d'intervention » contre un Etat n'a vraiment jamais eu bonne presse dans le droit international contemporain. Symbole d'un ordre inégalitaire, « marqueurs » d'un monde où prévaut l'impérialisme des grandes puissances, il constitue l'illustration parfaite d'une « diplomatie de la cannonière » dont le déclin épouse la montée en puissance du dogme de l'interdiction du recours à la force dans les relations internationales. Et de fait, l'évocation d'un droit d'intervention dans un contexte historique non seulement dominé par la subjugation de certains peuples mais dans lequel l'usage de la force n'est pas canalisé, éveille le soupçon.

C'est de ce droit paré des atours de la morale qu'il est question, lorsqu'Antoine Rougier le justifie au début du vingtième siècle : « La théorie de l'intervention d'humanité est proprement celle qui reconnaît pour un droit l'exercice du contrôle international d'un Etat sur les actes de souveraineté intérieure d'un autre Etat contraires aux « lois de l'humanité » et qui prétend en organiser juridiquement le fonctionnement. Suivant cette doctrine, chaque fois que les droits humains d'un peuple seraient méconnus par ses gouvernants, un ou plusieurs Etats pourraient intervenir au nom de la société des Nations, soit pour demander l'annulation des actes de puissance publique critiquables, soit pour empêcher à l'avenir le renouvellement de tels actes, soit pour suppléer à l'inaction du gouvernement en prenant des mesures conservatoires urgentes, et en substituant momentanément leur souveraineté, à l'Etat contrôlé (...). Le fait justificatif de l'intervention doit consister en une violation du droit humain et non en une simple violation du droit positif national »[5]. Dans la même veine, un autre comme P. Guggenheim écrit dans les années 50 que « le droit coutumier confère aux autres Etats le droit de mettre fin à la compétence exclusive de l'Etat qui fait subir à ses nationaux un traitement inférieur au standard minimum du droit des gens. Dans ce cas, une intervention humanitaire serait justifiée »[6].

---

[5] Rougier A., « L'intervention d'humanité », Revue générale de droit international public, 1910

[6] Guggenheim P., Traité de droit international public, Georg, 1953, p. 289.

De telles opinions ont été très vite battues en brèche et critiquées sur la base de la méconnaissance des exigences de la souveraineté de l'Etat. La théorie de l' « intervention d'humanité » a été promptement écartée et les précédents qui ont pu être invoqués en sa faveur ont été considérés comme irrelevants, à la lumière des règles établies du droit international. La Cour internationale de justice a désavoué cette théorie lorsque l'occasion lui en fut donnée dans l'affaire du « Détroit de Corfou », jugée en 1949. Elle l'a fait dans les termes qui voici : « Le prétendu droit d'intervention ne peut être envisagé que comme la manifestation d'une politique de force, politique qui, dans le passé, a donné lieu aux abus les plus graves et qui ne sauraient, quelles que soient les déficiences présentes de l'organisation internationale, trouver place dans le droit international. Entre Etats indépendants, le respect de la souveraineté territoriale est une des bases essentielles des rapports internationaux »[7].

Non seulement la souveraineté des Etats reste, dans une large mesure, l'horizon indépassable du droit international, mais les garanties d'un désintérêt de l'Etat ou des Etats intervenants sont passées sous silence par la théorie de l'intervention d'humanité telle qu'on vient de l'exposer. Il ne suffit en effet pas de s'émouvoir, même à juste raison, du sort intolérable qu'un Etat peut infliger à ses citoyens, il faut que l'immixtion dans les affaires intérieures de celui-ci soit perçue comme une préoccupation pure de toute arrière- pensée politique ou stratégique, de tout mobile hégémonique.

Les choses ont sans doute un peu bougé depuis quelques années et des brèches ont pu être ouvertes dans la bastille des souverainetés étatiques, comme on le verra plus loin. Mais dans un ordre international resté attaché aux principes que la CIJ a exprimés dans les termes entrevus précédemment, le droit d'intervention tel que codifié au sein de l'UA ne peut manquer d'être remarqué. Au regard des règles classiques et encore largement consacrés du droit international, il est quelque peu extraordinaire qu'une organisation internationale envisage, sans fioritures et autres précautions diplomatiques, de « réprimer » un Etat ou de se substituer à lui lorsque des crimes risquent d'être commis sur une large échelle. Certes, aux Nations Unies mêmes, cette idée est volontiers susurrée, mais dans un cadre juridique qui n'est pas aussi « permissif » que celui-ci de l'organisation panafricaine. L'article 4 h) de l'Acte constitutif de l'UA remet en selle la théorie de l'intervention d'humanité, sous un avatar différent de celui que ses promoteurs des siècles passés ont défendu,

---

[7] CIJ, Rec, 1949, p. 35.

mais dans la même perspective résolument contraire à la souveraineté absolue de l'Etat. Du point de vue des dogmes bien établis du droit international et de la tradition de celui-ci, l'option prise par les Etats africains constitue donc une rupture. Elle l'est aussi lorsqu'on la confronte au droit des organisations régionales, autre lieu où la question de l'intervention collective contre un Etat membre a pu être abordée.

B. À l'égard du droit « régional »

L'article 4 h) est d'abord une rupture dans l'histoire de l'organisation panafricaine elle-même. Sous l'OUA, à laquelle elle a succédé, un tel droit d'intervention collective était impensable. Certes, en 1963, les évolutions du droit sur cette question ne pouvaient être pressenties, et il n'est pas question, bien entendu, d'en faire reproche à cette organisation internationale. Mais ce qu'il faut souligner, c'est que c'est toute la philosophie qui transpire de la Charte d'Addis-Abéba qui est aux antipodes de l'interventionnisme. Ce qui ressort de ce traité constitutif de l'OUA, c'est en effet une conception très rigoriste de la souveraineté des Etats, et de son corollaire, le principe de la non – ingérence dans les affaires intérieures. La doctrine a donc raison de souligner que « la consécration de ce droit d'intervention dans l'arsenal normatif de l'UA ne peut manquer de surprendre, au regard de la philosophie traditionnelle de l'organisation panafricaine »[8].

Parmi les trois premiers « Principes » qui figurent en effet au frontispice de l'OUA, figurent des règles qui convergent sur le refus de toute intervention extérieure. A aucun moment, la possibilité d'une telle ingérence n'est entrevue. Il est en effet question, à l'article III, des principes suivants :

« 1. Egalité souveraine des Etats membres ;

2. Non – ingérence dans les affaires intérieures des Etats ;

3. Respect de la souveraineté et de l'intégrité territoriale de chaque Etat et de son droit inaliénable à une existence indépendante (…) ».

Habités par la « tentation d'exister », les nouveaux Etats africains tenaient à affirmer leur indépendance et n'étaient pas disposés, dans les années soixante, à concevoir aisément que leur souveraineté fût remise en cause. Le contexte historique était donc doublement réticent à une remise en cause de leur autonomie : outre que l'intervention n'était pas dans l'air du temps –partout dans le monde au demeurant -, ces nouveaux Etats

---

[8] Soma Kabore V.E., « Le droit d'intervention de l'Union africaine », Revue du CAMES, 2017-1, p. 134.

n'étaient pas psychologiquement prédisposés à consentir des sacrifices de souveraineté.

Les choses n'évolueront pas fondamentalement sur ce point.

Lorsque, en particulier, les Etats membres de l'OUA mettront en place en 1993 un Mécanisme pour la prévention, la gestion et le règlement des conflits, dispositif destiné à répondre à des crises, il n'y est nullement question d'intervention collective à des fins humanitaire, et les « fondamentaux » de l'organisation panafricaine ne sont pas remis en cause, au contraire. Il suffit de lire à cet égard la Déclaration faite par la Conférence des chefs d'Etat et de gouvernement relative à ce Mécanisme. Il y est précisé que « le Mécanisme s'appuiera sur les objectifs et principes de la Charte de l'OUA, en particulier l'égalité souveraine des Etats membres, la non – ingérence dans les affaires intérieures des Etats, le respect de la souveraineté et de l'intégrité territoriale des Etats membres, de leur droit inaliénable à une existence indépendante (...) »9. Il est vrai que l'hypothèse d'un conflit nécessitant « une intervention internationale collective » est envisagée, mais outre qu'elle est doit être menée sous la bannière des Nations – Unies, elle devrait, selon la Déclaration elle-même, conçue sous la forme d'une « opération de maintien de la paix »10.

La comparaison avec l'Organisation des Etats américains (OEA) conduit à des conclusions analogues, c'est-à-dire à l'irréductibilité du droit d'intervention de l'UA à des mécanismes existant dans cette organisation internationale. Observons d'abord qu'on y trouve la même célébration de la souveraineté de l'Etat. Le dispositif formé par les articles 15, 16 et 17 achève de prouver que la Charte de Bogota de 1948 qui institue l'organisation entend fermement conjurer le spectre de l'interventionnisme extérieur, dont le continent américain a régulièrement été le théâtre. Il est énoncé qu' « aucun Etat ou groupe d'Etats n'a le droit d'intervenir directement ou indirectement, pour quelque motif que ce soit, dans les affaires intérieures ou extérieures d'un autre Etat. Le principe exclut l'emploi, non seulement de la force armée, mais aussi de toute autre forme d'ingérence ou de tendance attentatoire à la personnalité de l'Etat et aux éléments politiques,, économiques et culturels qui la constituent » [11]. D'autre part, « aucun Etat ne peut appliquer ou prendre des mesures coercitives de caractère économique et politique pour forcer la volonté

[9] Doc AGH/Decl.3 (XXIX), §14.
[10] Doc précité, §15.
[11] Article 15 de la Charte de Bogota créant l'OEA.

souveraine d'un autre Etat et obtenir de celui-ci des avantages d'une nature quelconque »[12]. Il est enfin spécifié que « le territoire d'un Etat est inviolable ; il ne peut être l'objet d'occupation militaire ni d'autres mesures de force de la part d'un autre Etat, directement ou indirectement, pour quelque motif que ce soit et même de manière temporaire (…) »[13].

Le même phénomène observé au sujet de l'OUA peut également être constaté ici. L'OEA, avec le temps, sera amenée à évoluer et à assouplir sa doctrine relative à l'intervention, mais très vite, l'organisation va retourner à une posture plus « classique » et plus conforme à l'esprit des dispositions qui viennent d'être mentionnées. Les débats qui eurent lieu au sein de l'organisation panaméricaine vont révéler à quel point les Etats peuvent tenir à ce que leurs prérogatives souveraines ne soient jamais entamées, même dans le cas d'une intervention humanitaire. La Convention de Santiago, adoptée en juin 1991 dans le cadre de l'OEA a prévu que les Etats membres devront prendre des sanctions économiques contre tout gouvernement parvenu au pouvoir à la faveur d'un coup d'Etat et qui mettrait en péril la vie des personnes en exerçant une violence sur elles. Etait ainsi instaurée une sorte de « droit d'ingérence en faveur de la démocratie » suivant l'expression du représentant du Mexique. Toutefois, la réunion qui a eu lieu à Managua en juin 1993 est devenue donner un coup d'arrêt à ce droit d'intervention en gestation, en consacrant une interprétation plus traditionnelle du principe de non-ingérence. En somme, l'organisation panaméricaine est restée réticente à consacrer un droit d'intervention extérieure fondé sur des considérations humanitaires.

Quant au continent européen, outre que son intégration est restée marquée par une sorte de difficulté à accéder à une forme militaire, pré requis de l'intervention humanitaire telle qu'on l'entend ici, la « Politique extérieure et de sécurité commune » (PESC) qu'elle a pu difficilement construire ne semble nullement faire place à une opération du type de celle de l'article 4 h) de l'Acte constitutif de l'UA. Il suffit, pour s'en convaincre de parcourir les articles 42 et suivants du traité sur l'Union européenne, les « missions » envisagées dans le cadre de la « Politique de sécurité et de défense commune » ne renvoyant jamais de façon claire à l'hypothèse d'une opération coercitive à des fins humanitaires.

Au total, il apparaît ainsi que la version africaine du droit d'intervention n'a pas vraiment d'équivalent dans les autres organisations régionales. Mais le caractère original de l'approche africaine de l'intervention

---

[12] Article 16 de la Charte de Bogota.
[13] Article 17 de la Charte de Bogota.

d'humanité dans sa version actualisée ressort plus nettement de sa comparaison avec les évolutions onusiennes sur la question. Celles-ci sont notamment marquées, ces dernières années, par le développement du concept de « responsabilité de protéger », qui s'est substituée à celle, polémique, de « droit » ou « devoir d'ingérence ». Or, une lecture comparée des deux conceptions de l'intervention collective révèle de grandes différences entre l'ONU et l'UA. En d'autres termes, le droit d'intervention de l'UA ne se caractérise pas seulement par la rupture qu'il opère au regard des règles du droit international général, il est également original à l'aune des remises en cause du principe de souveraineté opérées récemment dans le cadre des Nations –Unies.

II- UNE RUPTURE A L'AUNE DES REMISES EN CAUSE CONTEMPORAINES DE LA SOUVERAINETÉ DE L'ÉTAT

Deux niveaux de divergence peuvent être relevés lorsqu'on tente de comparer le droit d'intervention de l'UA et la responsabilité de protéger conçue par les Nations- Unies. Il apparaît d'une part que l'organisation universelle, tout en admettant que son intervention heurter la souveraineté, se montre beaucoup plus précautionneuse, beaucoup plus respectueuse de l'indépendance de l'Etat. L'approche africaine insiste beaucoup moins sur la souveraineté de principe de l'Etat. Sur la question de ce que l'on pourrait appeler le présupposé souverainiste, le droit d'intervention de l'UA présente donc une certaine particularité (A).

Mais il y a autre chose. Si le droit d'intervention pourrait être rattachée à une forme de percée de la morale dans les relations internationales, à la prise en compte de « considérations élémentaires d'humanité » comme dirait la CIJ – car la conjuration des crimes dans l'univers formel et froid des Etats répond à une exigence de la conscience universelle -, le fait demeure que dans le contexte onusien plus que celui de l'Afrique, ce droit d'intervention reste encore fortement grevé de « Realpolitik ». En d'autres termes, le mouvement « moralisateur » dont il procède reste contrarié par la prise en compte des intérêts des uns et des autres, on veut dire des grandes puissances, celles qui détiennent le pouvoir réel au sein de l'organisation mondiale. Une telle servitude politique, révélée par la pratique de la responsabilité de protéger, n'existe pas au sein de l'UA. Non point que les Etats n'y aient pas, comme aux Nations Unies, des intérêts particuliers à sauvegarder, mais simplement parce que la structure du pouvoir dans l'organisation et l'aménagement du droit d'intervention ne sont pas tels qu'ils sont, de façon immédiate et claire, tributaires des intérêts et des alliances des Etats. Cette donnée ressort des diverses tentatives, accomplies récemment au sein de l'ONU, de « déconnecter » la mise en œuvre de la responsabilité de protéger de l'usage discrétionnaire de la faculté d'empêcher dont disposent les grandes puissances à travers le « droit de véto » (B).

A. Sur la question du présupposé souverainiste

La responsabilité de protéger a été portée sur les fonts baptismaux par la Commission internationale de l'intervention et de la souveraineté de l'Etat (CIISE) dans un rapport publié en décembre 2001. Le sommet mondial de 2005 reprend le concept à son compte en l'intégrant dans son Document final. Il s'agit d'affirmer le droit pour la communauté internationale – l'ONU – d'assurer la protection de populations victimes de crimes de masse, susceptibles d'être qualifiés de crime contre l'humanité, crimes de guerre, génocide et nettoyage ethnique. Il appartient alors au Conseil de sécurité, agissant en vertu du chapitre VII de la Charte, de mettre en œuvre cette responsabilité collective.

Un principe fondamental doit cependant être gardé à l'esprit, et il préside à la mise en œuvre d'une compétence aussi extraordinaire. Il s'agit du caractère subsidiaire de la protection internationale, la responsabilité principale de protéger incombant d'abord à l'Etat concerné. C'est ce qui est appelé ici le présupposé souverainiste. En hommage à cette souveraineté, il est régulièrement rappelé qu'il incombe en principe à l'Etat, et non aux Nations Unies, de protéger la population des crimes susceptibles d'être commis. Le rapport de la Commission internationale de l'intervention et de la souveraineté insiste sur ce point : « La Commission estime que la responsabilité de protéger incombe d'abord et avant tout à l'Etat dont la population est directement touchée. Cette idée correspond non seulement à l'état du droit international et du système étatique moderne, mais également à une réalité concrète qui renvoie à la question de savoir qui est le mieux placé pour obtenir le résultat voulu »[14]. Pas étonnant, dans ces conditions, que l'action entreprise par l'ONU soit qualifiée de « subsidiaire » ou encore de « résiduelle »[15] par le rapport. Poursuivant dans la logique de la subsidiarité de l'intervention onusienne,

---

[14] Commission internationale de l'intervention et de la souveraineté de l'Etat, La responsabilité de protéger, Décembre 2001, p. 8.

[15] Ibid.

le rapport précise que la décision d'intervenir doit être envisagée « uniquement dans les cas extrêmes »[16].

Mieux, il semble que la responsabilité de protéger puisse s'incarner dans des actions non militaires, consistant par exemple en une simple assistance humanitaire. Le rapport est également précis sur ce point : « Dans les cas extrêmes et exceptionnels, la responsabilité de réagir peut signifier la nécessité d'engager une action militaire »[17]. Il existe donc une première limite à l'action coercitive, ou un premier conditionnement à celle-ci, qui est l'acuité du péril. Il en existe une seconde, qui tient à sa pertinence ou à la probabilité de sa réussite. En d'autres termes, la responsabilité de protéger ne peut prendre une forme armée que dans l'hypothèse où elle pourrait être couronnée de succès. Au conditionnement objectif lié au caractère « extrême » de la situation, s'ajoute alors l'évaluation de sa pertinence stratégique, l'appréciation de ses chances de réussite. Il faut bien comprendre que ces conditions sont cumulatives. En d'autres termes, des circonstances de fait – montée des périls - peuvent rendre une interve,tion militaire parfaitement défendable, mais celle-ci ne sera pas exécutée dans la mesure où des hypothèques pèsent sur sa réussite. « Une action militaire ne peut être justifiée que si elle a des chances raisonnables de réussir, c'est-à-dire de faire cesser les atrocités ou souffrances ayant motivé l'intervention. L'intervention militaire n'est pas justifiée si elle n'assure pas effectivement la protection voulue, ou si elle aboutit à des conséquences pires que celles de l'inaction », lit-on encore dans le rapport de la CIISE[18].

La baudruche se dégonfle alors quelque peu. Ces précisions relatives à la responsabilité de protéger viennent altérer le préjugé militariste, l'idée que cette intervention, qui est une altération de la souveraineté étatique, revêtirait invariablement la forme de la contrainte armée. Ce faisant, le concept répond à sa vocation apaisante, qui est la raison de sa substitution à la notion de droit ou devoir d'ingérence. Il ramène, pour ainsi dire, les choses à leurs justes dimensions. La responsabilité de protéger n'est pas une transgression monstrueuse de la souveraineté étatique, elle n'est condamnée ni à s'exercer d'office, ni à revêtir une forme coercitive et militaire. Au contraire, elle pourrait s'épuiser dans des formes assouplies, « soft », consensuelles et circonscrites. C'est alors la ferveur « militante » qui a accompagné sa naissance qui se trouve douchée, c'est la mystique

---

[16] Rapport précité, p. 35.
[17] Ibid.
[18] Rapport précité, p.42

révolutionnaire qui l'enveloppe qui prend un coup : si en effet la responsabilité de protéger doit consister en une simple opération d'assistance humanitaire, comme le suggère le rapport, on doit admettre qu'elle pourrait parfaitement s'insérer dans des mécanismes onusiens déjà existants, et qu'elle n'a alors pas nécessairement besoin d'être présentée sous les apparences d'une nouveauté.

Ce « conservatisme » insoupçonné de la notion ne lui est pas spécifique. L'idée que la responsabilité première de la protection des populations incombe à l'Etat n'est pas défendue dans le seul cadre de la responsabilité de protéger. Elle traverse tout le dispositif normatif onusien afférent aux interventions humanitaires en général. Il faut rappeler que deux résolutions importantes à cet égard ont été adoptées par l'Assemblée générale : celle du 8 décembre 1988 (résolution 43/131) sur l'assistance humanitaire aux victimes des catastrophes naturelles et situation d'urgence du même ordre et celle du 14 décembre 1990 (résolution 45/100) portant le même titre. Tous les deux textes mettent en exergue la nécessité d'un consentement de l'Etat concerné, et donc le caractère non coercitif de l'opération. La première résolution réaffirme « la souveraineté, l'intégrité territoriale et l'unité nationale des Etats et (reconnaît) que c'est à chaque Etat qu'il incombe au premier chef de prendre soin des victimes des catastrophes naturelles et situations d'urgence du même ordre se produisant sur son territoire » [19] . La seconde résolution, qui instaure les « couloirs humanitaires » exhorte dans le même ordre d'idées que « les Etats situés à proximité des zones victimes de catastrophes naturelles et situations d'urgence du même ordre (...) de participer étroitement aux efforts internationaux de coopération avec les pays touchés, en vue de faciliter, dans la mesure du possible, le transit de l'assistance humanitaire ».

Les opérations humanitaires de l'ONU consistent donc essentiellement en une assistance, au sens propre du terme. Elles sont accomplies dans un esprit de coopération avec l'Etat affecté et doivent donc être dépouillées de toute arrière-pensée ou action contraire aux prérogatives qui dérivent de la souveraineté des Etats. L'assistance humanitaire est supplétive des défaillances de l'Etat affecté. Vu sous cet angle, elle s'analyse moins en une ingérence qu'à un appoint, acte de coopération plus que, au fond, de substitution. C'est donc seulement lorsque l'Etat se trouve dans l'incapacité de pourvoir aux soins de toute nature nécessités par la situation que la communauté internationale doit agir. Nos deux résolutions énoncent en termes identiques ce principe de subsidiarité. Chacune d'elles

[19] § 2 de la résolution.

« réaffirme également la souveraineté des Etats affectés et le rôle premier qui leur revient dans l'initiative, la coordination et la mise en œuvre de l'assistance humanitaire sur leurs territoires respectifs »20.

Résumons : il est question, dans ces résolutions très normatives de l'Assemblée générale de l'ONU, d'assistance humanitaire, et non de « responsabilité de protéger » proprement dite, telle que cette notion sera dessinée des années plus tard mais il existe entre les deux des points de tangence, des « intersections », pour parler le langage mathématique de la théorie des ensembles. Ces homologies sont au nombre de deux. D'une part, d'un point de vue pratique, elles peuvent se confondre, c'est le cas lorsque la responsabilité de protéger consiste précisément en une action d'assistance humanitaire, cas de figure envisagé par le rapport de 2001, ainsi qu'on l'a vu précédemment. D'autre part et surtout, d'un point de vue théorique, ces deux modalités d'intervention sont régies par un principe de subsidiarité, par le fait que la compétence de l'Etat en cause est toujours posée en principe, et que l'intervention extérieure devrait donc être systématiquement supplétive. C'est ce qui est appelé ici le présupposé souverainiste.

L'on voit ainsi que ce parti pris théorique est une constante dans la doctrine onusienne. Il est clairement mis en application lorsque le Conseil de sécurité met en œuvre la responsabilité de protéger dans sa résolution 1970 relative à la situation en Libye, adoptée le 26 février 2011. Après avoir littéralement rattaché sa démarche à ce concept, le Conseil énonce que « les autorités libyennes ont la responsabilité de protéger le peuple libyen », et qu'il reste attaché « à la souveraineté, l'indépendance, l'intégrité territoriale et n'unité nationale de la Jamahiriya arabe libyenne ». Certes, la portée pratique de ces énoncés reste largement sujette à caution car la même résolution s'engage déjà dans un processus punitif, mais le rappel de la responsabilité principale de l'Etat n'est pas neutre. Il donne du crédit au présupposé souverainiste.

Or, c'est sur ce point précis que la responsabilité de protéger diffère quelque peu du droit d'intervention de l'UA. Dans l'énoncé – certes très laconique – de celui-ci, la subsidiarité tient moins de place, le principe de souveraineté est presque escamoté. La coloration coercitive est donc plus marquée dans l'approche africaine. La doctrine s'accorde sur le fait que dans l'esprit des Etats membres de l'UA, l'intervention n'est non seulement pas posée en termes d'option subsidiaire, mais elle pourrait bien avoir lieu sans le consentement de l'Etat. D'où son caractère quelque peu

[20] § 14 et 16, respectivement.

hérétique et véritablement révolutionnaire dans l'ordre international. Il n'a pas échappé aux auteurs qui ont étudié ce droit d'intervention que « le seul moyen pour justifier une telle prévision par rapport au droit international est de supposer que les Etats membres de l'organisation ont inauguré un processus de transfert de leur souveraineté à l'Union »[21]. Il a également été relevé que « même si le consentement de l'Etat sur le territoire duquel l'UA intervient donnerait plus de légitimité à cette intervention, il n'est théoriquement pas nécessaire (…). Subordonner le droit d'intervention de l'UA à un consentement préalable de l'Etat membre concerné le dénaturerait et transformerait son exercice en une opération de maintien de la paix classique. Cela neutraliserait même la portée, le but et l'objet du droit »[22].

Comprenons –nous bien, car l'opposition qui vient d'être soulignée doit être relativisée. Le bémol s'impose parce qu'il advient que la mise en œuvre de la responsabilité de protéger se traduise, comme dans le système africain, par un escamotage de la souveraineté de l'Etat. Des années 90 aux années 2000, il y a donc eu une évolution dans le droit et la doctrine onusiens. Alors que les résolutions adoptées il y a près de trente ans mettaient en exergue la « neutralité » et le caractère consensuel des interventions humanitaires – on songe aux opérations de maintien de paix, revêtues des mêmes caractères -, la responsabilité de protéger ouvre marginalement mais délibérément une brèche dans la souveraineté étatique. Le rapport de 2001 regorge de formules qui laissent entrevoir qu'à l'instar de ce qu'est de façon assumée le droit d'intervention de l'UA, la responsabilité de protéger pourrait « ignorer » la souveraineté et s'accomplir contre l'Etat. Il existe donc une certaine convergence entre le système mondial et le système régional.

Maints extraits du rapport de la CIISE l'attestent. Il résulte en effet de ceux-ci que l'Etat peut soit être lui-même un auteur ou une partie prenante aux crimes en question, soit en être une sorte de complice objectif par son abstention à y mettre un terme. Il va de soi que dans de telles hypothèses, la responsabilité de protéger ne peut être mise en œuvre que contre l'Etat, et non avec lui. On lit ainsi que l'opération est menée lorsque « l'Etat en question ne peut pas ou ne veut pas mettre fin à ce péril ou en est lui-même l'auteur »[23]. Plus loin, il est indiqué que « de l'avis de la Commission, l'intervention militaire à des fins de protection humanitaire se justifie dans

---

[21] Caligiuri A., « Le droit d'intervention de l'Union africaine et l'interdiction de l'usage de la force en droit international », Paper, juin 2004.
[22] Soma Kabore V.E., op cit., p.149.
[23] Rapport précité, p.16.

deux grandes catégories de circonstances, à savoir lorsqu'il s'agit d'arrêter ou d'éviter des pertes considérables en vies humaines, effectives ou appréhendées, sans qu'il y ait ou non intention génocidaire , qui résultent soit de l'action délibérée de l'Etat, soit de sa négligence ou de son incapacité à agir, soit encore d'une défaillance dont il est responsable (...) »[24]. Et pour finir, le rapport prend bien soin de spécifier que le type d'intervention qui est en vue peut désigner « les mesures prises contre un Etat ou contre ses dirigeants, sans leur consentement, à des fins qui sont présentées comme étant humanitaires ou protectrices »[25].

Ces hypothèses d'« implication » de l'Etat dans les crimes qui se déroulent sur son sol rapprochent la responsabilité de protéger du droit d'intervention qui a cours en Afrique. L'opposition, il faut le redire, n'est donc pas totale, et les lignes de convergence peuvent se dessiner. Il n'en reste pas moins que certaines divergences restent indéniables. En escamotant la question de la souveraineté et en posant en principe le caractère coercitif de son intervention, l'UA s'écarte de la démarche onusienne. L'on doit donc s'accorder sur la portée innovante de la conception africaine de l'intervention collective devant un risque de perpétration de crimes sur une grande échelle.

A ce stade, l'originalité ou la singularité de cette conception peut être soulignée à au moins deux égards. Tout d'abord, on l'a vu, elle peut se prévaloir d'une ancienneté relative. Si l'on reste sur le seul terrain du droit positif, on constate que la possibilité d'une intervention extérieure face à une probabilité d'atrocités de masse a été juridiquement consacrée en Afrique en l'an 2000, et n'a acquis cette dignité au sein des Nations Unies qu'en 2005 – insertion dans le Document final du sommet mondial, si l'on peut tenir une telle « réception » comme équivalent à une consécration juridique -, sa mise en pratique n'intervenant, au demeurant, que six ans plus tard (résolution de 2011 sur la Libye). En second lieu, et sur le fond si l'on ose dire, l'approche africaine est moins précautionneuse à l'égard des souverainetés, elle reste moins traversée par le présupposé souverainiste et de ce fait, est plus satisfaisante pour les tenants d'une « moralisation » des relations internationales, moralisation dont la traduction consisterait précisément à rendre l'intervention salvatrice moins tributaire des logiques d'Etats et des intérêts froidement compris de ceux-ci.

Il existe pourtant un autre point sur lequel le droit d'intervention de l'UA se distingue. C'est la plus – value démocratique qu'elle comporte à

---

[24] Rapport précité, p.37.
[25] Rapport précité, p.18.

travers sa révision par le Protocole du 3 février 2003 portant amendements à l'Acte constitutif de l'UA ajoute en effet quelques mots à l'article 4 h). Ce ne sont plus seulement les crimes internationaux qui justifient l'intervention, le rétablissement de l'autorité légitime peut également déterminer l'organisation panafricaine à agir. Désormais cette disposition est ainsi libellée : « Le droit de l'Union d'intervenir dans un Etat membre sur décision de la Conférence, dans certaines circonstances graves, à savoir : les crimes de guerre, le génocide et les crimes contre l'humanité ainsi qu'une menace grave de l'ordre légitime afin de restaurer la paix et la stabilité dans l'Etat membre de l'Union sur la recommandation du Conseil de paix et de sécurité ».

Il ressort de cette nouvelle rédaction que le droit d'intervention de l'UA ne se limitera plus à la conjuration des crimes de masse, mais s'étendra aux situations dans lesquelles une rupture de « la paix et la stabilité dans l'Etat membre » pourrait se produire. Il faut le souligner d'emblée : cette révision semble bien viser le renversement ou la tentative de renversement d'un gouvernement établi, une telle entreprise subversive pouvant être aussi bien menée au plan national que de l'extérieur. Cette réforme inspire plusieurs réflexions.

Une première remarque est qu'elle semble marquer une sorte de recul de la préoccupation éthique que l'on a soulignée. Alors que ce sont exclusivement des crimes qui choquent la conscience universelle qui étaient visées dans la version initiale du texte, voilà que la restauration de l'autorité de l'Etat, espèce de légitimisme de mauvais aloi, fait son entrée dans les faits justificatifs de l'intervention. Or, un tel « cas d'ouverture » exhale un parfum « conservateur », marque une sorte de retour du facteur politique dans une organisation dans laquelle la Conférence des chefs d'Etat, organe de décision, a pu être qualifiée de « club » où l'on a des « intérêts communs » et où l'on « se serre les coudes » pour se protéger mutuellement. La révision de 2003 pourrait ainsi être perçue comme symbolisant une revanche de la « Realpolitik » et du « cynisme d'Etat ». Si tel était le cas, la thèse développée dans ces lignes devrait fortement être relativisée, et la spécificité africaine – par rapport à la responsabilité de protéger de l'Onu notamment – devrait être tempérée.

Deux éléments doivent cependant être versés dans le débat, qui inciteraient à ne pas tenir pour acquise la « politisation » du droit d'intervention. D'une part en effet, une telle « perversion politique » du droit d'intervention n'est pas à ce jour démontrée, il n'existe aucun précédent allant dans ce sens. Il convient donc d'attendre de voir l'usage qui sera fait du nouvel article 4 h). D'autre part, l'introduction du nouveau

fait – condition qu'est la restauration de la paix et de la stabilité n'est pas nécessairement contraire à une intervention reposant sur des motifs seulement humanitaires. En d'autres termes, le risque de perpétration de crimes peut s'insérer dans un contexte de subversion d'un Etat et de ses institutions, rendant nécessaire la restauration de la paix sociale et de la stabilité. L'expérience montre même qu'un tel « cocktail » est courant car lorsqu'un projet criminel prend certaines dimensions, se réalise sur une certaine échelle, il est souvent permis par une évanescence de l'autorité et par une certaine faillite des institutions. Dans de telles conditions, la révision de 2003 pourrait n'être que la précision du contexte de l'intervention de l'UA, et non le reniement d'une philosophie humaniste. Elle tiendrait d'une certaine continuité, et non d'une discontinuité. En tout état de cause, c'est dans l'avenir que toutes ces questions trouveront leurs réponses.

Mais la révision de l'article 4 h) creuse encore, si l'on ose dire, la différence avec la responsabilité de protéger. En effet, cette dernière exclut clairement le cas de figure visé par la révision de 2003. La CIISE a exposé son point de vue sur la question dans son rapport : elle a, écrit-elle, « résisté à la tentation de désigner comme motif d'intervention militaire les violations des droits de l'homme qui, bien que graves, ne vont pas jusqu'au meurtre caractérisé ou au nettoyage ethnique (...). La Commission a adopté une position analogue à l'égard des situations où une population qui s'est clairement prononcée en faveur d'un régime démocratique se voit priver de ses droits démocratiques par un coup d'Etat militaire »[26].

Il est clair qu'en cantonnant la responsabilité de protéger aux seuls cas d'atteintes à des vies humaines et aux détresses collectives, aux transgressions du droit présentant un caractère vital, l'ONU fait preuve de réalisme : il est plus aisé de justifier une intervention par l'existence d'un risque vital que par une – « simple », allait-on dire – rupture d'un processus démocratique, la vie humaine vaut plus que l'absence de démocratie. En l'intégrant au contraire parmi les faits générateurs de son intervention, l'UA fait preuve d'une audace certaine mais court le risque de se voir reprocher une forme d'irréalisme et de faire précisément bon marché de la souveraineté des Etats, de se voir reprocher d'être allé trop loin. Il est vrai que le continent africain a connu au moins un cas dans lequel une intervention extérieure est venue rétablir un gouvernement légitime évincé : l'opération menée par l'ECOMOG – force d'intervention de la CEDEAO – en Sierra Léone en 1996, dans le contexte d'un changement

[26] Rapport précité, pp.38-39.

anti- constitutionnel de gouvernement. Mais relativement au droit d'intervention de l'UA, deux réserves doivent être faites : il était d'abord question, non d'une action « continentale » mais d'une initiative sous-régionale, dans un cadre juridique et opérationnel dont l'UA est à ce jour dépourvu, et le « label » de l'intervention était celui d'une « opération de maintien de la paix » - qui a dérivé en opération coercitive – et non d'une intervention formellement contraignante comme l'est l'intervention visée à l'article 4h).

Il est un autre point sur lequel le droit d'intervention et la responsabilité de protéger divergent. A ce jour, le dispositif de l'UA n'a pas réellement fonctionné, n'a pas eu à être expérimenté, ce qui l'a, fatalement, préservé d'une « instrumentalisation politique ». Il n'est pas dit, bien entendu, qu'une telle « virginité », propre à entretenir l'idéal d'une moralisation du droit international, survivra à l'épreuve de sa mise en œuvre, mais le fait est qu'elle existe. En revanche, les expérimentations ou tentatives d'expérimentations de la responsabilité de protéger ont mis à nu le conditionnement politique de ce principe, au point que moult tentatives de « dépolitisation » de celle-ci ont vu le jour au sein des Nations – Unies.

B. Sur la tentative de « moraliser » la pratique de la protection

La responsabilité de protéger, velléité de « moralisation » de la vie internationale et manifestation d'une forme de communauté de valeurs internationales, peine, à l'aune de sa pratique, à se dégager de la gangue des intérêts politiques et stratégiques des Etats, et notamment des grandes puissances qui détiennent le pouvoir au sein du Conseil de sécurité de l'ONU. L'impératif de la protection répond à une exigence morale, mais son application n'est pas à l'avenant, elle bute, de manière claire, sur des logiques d'alliance et de puissance. En somme, la pratique de la société internationale tendrait à démythifier la nouvelle institution, à rappeler la permanence des logiques d'Etat et des rapports de force.

Cette résurgence de la « Realpolitik » n'a pas tellement affecté le droit d'intervention de l'UA, mais elle pourrait bien entendu la grever. Le fait est cependant qu'elle a obéré la mise en œuvre de la responsabilité de protéger. Ne serait-ce que de façon provisoire, il faut donc constater que l' « infection » certaine de celle-ci par des considérations politiques la distingue à ce jour du droit d'intervention de l'UA, qui garde encore la virginité des instituions non encore « essayées ». Un mot sera bien entendu dit sur les défis auxquels l'option africaine devra répondre, mais il suffit pour l'heure de relever que les résistances politiques observées au sein de l'ONU sont à ce point sérieuses et quelque peu « démobilisantes » qu'elles ont suscité des propositions de réforme tendant précisément à les circonvenir.

De façon concrète, cette volonté d'épargner la responsabilité de protéger de tout conditionnement politique s'est traduite par une restriction du droit de véto des cinq membres permanents du Conseil. Plusieurs initiatives de ce type peuvent être évoquées ici.

La première est le rapport de la Commission internationale sur l'intervention et la souveraineté de l'Etat lui-même. Subodorant qu'une institution aussi révolutionnaire que la responsabilité de protéger ne pourrait facilement être mise en œuvre, les rédacteurs du document ont formulé la recommandation suivante, au sujet de l'autorité appropriée pour autoriser l'intervention militaire : « Les cinq membres permanents du Conseil de sécurité devraient s'entendre pour renoncer à exercer leur droit de véto, dans les décisions où leurs intérêts vitaux ne sont pas en jeu, afin de ne pas faire obstacle à l'adoption de résolutions autorisant des interventions militaires qui, destinées à assurer la protection humaine, recueillent par ailleurs la majorité des voix »[27].

La deuxième initiative est groupusculaire. Elle a été formulée dans le « code de conduite relatif à l'action du Conseil de sécurité contre le génocide, les crimes contre l'humanité et les crimes de guerre », proposé le 24 septembre 2015 par un groupe de vingt - cinq Etats réunis au sein de l'« Accountability, Coherence transparency ». Le point 1 de ce projet de réforme s'énonce comme suit : les Etats s'engagent « à soutenir une action opportune et résolue du Conseil de sécurité destinée à prévenir ou à mettre fin à la commission de génocide, de crimes contre l'humanité ou de crimes de guerre ». Le point 2 pose que les membres permanents du Conseil de sécurité s'engagent « à ne pas voter contre un projet crédible de résolution soumis au vote du Conseil de sécurité et prévoyant une action opportune et résolue qui a pour but de mettre fin à la commission d'actes de génocide, de crimes contre l'humanité ou de crimes de guerre, ou de prévenir la commission de tels crimes ».

Au sein de l'Assemblée générale de l'ONU même, à la soixante dixième session, a été mise au point une « Déclaration politique sur la suspension du droit de véto en cas d'atrocités de masse ». Présenté par la France et le Mexique et ouverte à la signature des Etats membres de l'ONU, ce projet déclare que « les situations d'atrocités de masse, lorsque sont commis des crimes de génocide, des crimes contre l'humanité ou des

---

[27] Rapport précité, p.4.

crimes de guerre sur une grande échelle, sont de nature à constituer une menace à la paix et à la sécurité internationales et requièrent l'action de la communauté internationale (…). Dès lors, le conseil de sécurité ne devrait pas être empêché, par le recours au véto, d'agir afin de prévenir ou de lettre un terme à des situations impliquant des atrocités de masse. Nous soulignons que le véto n'est pas un privilège mais une responsabilité internationale »[28].

Enfin, un Etat membre permanent du Conseil, la France, a constamment défendu la paralysie du véto en cas de commission ou de risque de commission de crimes internationaux. L'on a vu précédemment qu'elle avait, avec le Mexique, conçu la Déclaration politique qui vient d'être évoquée. Ouverte à la signature, cette initiative a recueilli, en 2020, le soutien de cent cinq Etats membres. Lors de la même session de l'Assemblée générale, le président François Hollande a déclaré que « la France veut que les membres permanents du Conseil de sécurité ne puissent plus recourir au véto en cas d'atrocités de masse…Je l'engage ici à ce que la France n'utilise jamais son véto lorsqu'il ya des atrocités de masse ». La réforme initiée par la France conférerait au Secrétaire général de l'ONU un rôle important, dans la ligne de l'article 99 de la Charte qui lui donne le droit d'appeler l'attention du Conseil de sécurité sur toute situation susceptible menacer la paix et la sécurité internationales. Le déclenchement de l'alerte pourrait également résulter d'une proposition du Haut-Commissariat aux droits de l'homme ou même d'un Etat membre[29].

Le nombre relativement élevé de propositions de réforme de l'action du Conseil de sécurité dans des cas de figure relevant de la responsabilité de protéger atteste que celle-ci reste encore largement tributaire de considérations politiques. Le traitement du dossier syrien l'a encore cruellement illustré. Devant l'aggravation de la guerre civile consécutive à la contestation du régime de Bachar Al Assad, les Nations Unies ont été condamnées à l'impuissance du fait, précisément, de l'opposition des Etats membres permanents du Conseil alliés de la Syrie. Il ne fait pas de doute que les conditions objectives d'une mise en œuvre de la responsabilité de protéger étaient réunies, mais l'institution onusienne s'est engluée dans des considérations politiques prosaïques, bien éloignées de l'éthique des

---

[28] Déclaration politique sur la suspension…, directement accessible sur internet.

[29] Sur la proposition française, v. Pomes E., « Les projets d'abandon du droit de véto : les réalistes contre les idéalistes », https://hal.archives-ouvertes.fr/hal-02895176 submitted on 2 Jun 2021, ainsi que le site du Ministère français des affaires étrangères, France diplomatie, « Politique étrangère de la France. La France et les Nations Unies ».

relations internationales dont semble se recommander la responsabilité de protéger.

Cet enlisement montre les limites du droit de l'ONU d'intervenir, même sans le consentement de l'Etat, dans un contexte de commission de crimes à grande échelle. Cette politisation de la responsabilité de protéger n'est pour l'instant pas aussi avérée que pour le droit d'intervention de l'UA. Il est certes trop tôt pour s'avancer sur ce point, mais l'on peut dire que de par la procédure de sa mise en œuvre, le droit d'intervention de l'UA ne laisse pas place à une institutionnalisation de la défense d'intérêts particuliers comme l'organisation du pouvoir à l'ONU le permet. Ne serait-ce que de ce point de vue très circonspect et nullement « naïf », il est possible d'avancer que le droit d'intervention présente quelque singularité.

En résumé, le droit d'intervention de l'UA ne serait pas seulement révolutionnaire au regard des principes établis du droit international. Du point de vue du mouvement plus récent de remise en cause de la souveraineté de l'Etat devant le risque de crimes de masse, mouvement observable notamment au sein de l'ONU, l'originalité africaine demeure. Elle subsiste, à la fois, d'un point de vue théorique et dans une perspective pratique.

En théorie, l'approche africaine de l'intervention est moins gagnée, moins obsédée par le présupposé souverainiste. Les précautions langagières, la ritournelle de la souveraineté de principe et le rappel itératif du caractère conditionné de l'intervention extérieure, toutes contorsions pudiques qui traversent l'aménagement de la responsabilité de protéger, n'existent pas à l'UA. En théorie, l'action étrangère est seconde, elle n'est jamais première.

En pratique, du simple fait que sa mise en œuvre - ou sa procédure de mise en œuvre – n'est pas nécessairement propre à mettre en évidence l'affrontement des intérêts et les blocages qu'il génère, le droit d'intervention de l'UA paraît moins tributaire de considérations politiques. On dira donc, pour ne pas prêter le flanc au reproche d'angélisme, que le système de l'UA « voile », davantage que celui de l'ONU, l'âpreté des oppositions politiques. Ce faisant, sa dimension « éthique » apparaît mieux que celle de la responsabilité de protéger, qui reste encore tributaire d'hypothèques de nature politique.

Ajoutons, pour finir, que sur cette la question de l'intervention à des fins humanitaires, le système africain pourrait se prévaloir d'une légère, très légère antériorité sur celui de l'ONU. Si l'on s'en tient en effet au seul droit positif, on relèvera que c'est l'Acte constitutif de l'UA, adopté en 2000, qui consacre le droit d'intervention de l'UA, alors que la responsabilité de protéger, formulée en théorie en 2001, « reçue » en 2005 dans le Document final du sommet mondial de 2005, n'a fait l'objet d'une application pratique par le Conseil de sécurité qu'au cours de l'année 2011, avec la résolution 1970 relative à la situation en Libye.

Le droit d'intervention de l'UA mérite d'être étudié parce qu'il demeure, par ses contours, assez original en l'état actuel du droit international. Il va de soi, on l'a vu, que le choix qui a été fait n'est pas le plus simple. De redoutables défis se dressent devant une démarche aussi audacieuse, l'expérience même des interventions de l'UA le prouve et il est révélateur qu'à ce jour, cette disposition n'ait jamais été pleinement mise en œuvre, les opérations militaires de l'organisation panafricaines s'apparentant davantage à des « opérations de maintien de la paix », éventuellement dotées d'une dimension coercitive. Cela prouve bien que la tâche est plus ardue que prévue. Il est, dans la vie internationale, des institutions que rattrape le principe de réalité. On songe à la version initiale de la règle de la compétence universelle, telle qu'initialement aménagée par des Etats comme la Belgique ou l'Espagne. Ces derniers ont dû rapidement procéder à des réaménagements réalistes, instruits d'une sorte d'impraticabilité de leurs dispositifs dans leur prime version. Sera-ce le cas du droit d'intervention de l'UA ? Seul l'avenir le dira. Mais pour l'heure, l'article 4 h) de l'Acte constitutif de l'organisation africaine mérite l'attention pour au moins deux raisons. La première est qu'elle traduit une rupture qu'il n'est pas exagéré de qualifier d'inédite dans le droit international, par l'offense fait à la souveraineté étatique. La seconde est, sous réserve des observations précédemment faites, qu'il opère une conciliation du droit et, osons dire le mot, de la morale, de la justice et de la force, telle qu'on la rêve depuis, peut-être, les origines mêmes du droit international.

Qu'à l'expérience ce droit n'ait jamais été pratiqué est un fait, dont pourraient se gausser réalistes indécrottables et pourfendeurs invétérés du droit international, mais son statut de norme positive n'est pas contestable et cette accession au monde juridique n'est pas, en soi, indifférente ou anodine, tant l'accouchement des normes peut s'avérer difficile dans un ordre où l'affrontement des intérêts est si âpre.

LE CONSENTEMENT POSTÉRIEUR DE L'ÉTAT A LA JURIDICTION INTERNATIONALE : LE FORUM PROROGATUM ENTRE LE DÉDUIT ET LE RÉDUIT

Saidou Nourou TALL[1]

Agrégé de Droit Public, Professeur Titulaire, FSJP/UCAD

Le consentement d'un Etat attrait devant une cour internationale peut-il fonder la compétence de cette juridiction si l'acceptation, postérieure à la requête, est révélée par des actes, déclarations et comportements concluants de la part de cet Etat ? Tels semblent être les termes dans lesquels se pose la règle dite du forum prorogatum[2].

De fait, l'une des spécificités marquantes du Droit international public (ci-après, DIP) est la prééminence de la souveraineté étatique qui en constitue la pierre angulaire. Cette souveraineté justifie et sanctifie l'engagement volontariste ou consensuel des Etats.

A cet effet, on peut noter, avec Carrillo-Salcedo, que « La souveraineté peut donc être définie à la fois comme l'expression et la garantie juridique de l'indépendance des États. Ainsi comprise, elle présente deux aspects complémentaires : un aspect positif, le droit à l'exercice de la plénitude des compétences et des pouvoirs étatiques, et un aspect négatif, la négation de toute subordination juridique à une volonté extérieure à celle de l'État »[3].

Il en découle que l'État est en même temps sujet et objet du DIP. Le juge Bedjaoui part de ce biface identitaire de l'État pour cerner sa relation avec le droit : « Dès lors que l'on part du postulat qu'il n'existe aucune autorité supérieure à l'État, comment la norme de droit international peut-elle être produite pour et être appliquée par cet État souverain ? On devine qu'il n'existe qu'une seule réponse possible à cette question, à savoir que le droit international n'a pu historiquement et ne pourra encore longtemps être

[1] L'auteur tient à rendre un hommage vibrant à cette sommité du Droit Public, qu'est le Pr. Bléou, qui est un des grands Maitres qui ont illuminé sa carrière.

[2] Expression latine qu'on traduit habituellement par juridiction ou instance « prorogée», c'est à dire l'extension de compétence d'une cour de justice fondée sur un consentement du défendeur postérieurement à l'introduction d'une requête ou « plainte » ; voir, notre ouvrage, Droit du contentieux international africain, Paris, L'Harmattan, 2018,550p.

[3] Juan Antonio CARRILLO-SALCEDO, Droit international et souveraineté des États, RCADI 1996, Vol. 157, p. 60.

autre chose qu'un droit reposant assez largement sur le consentement, exprès ou tacite, des États. Cela donne sa nature véritable et sa tonalité réelle à ce droit. Il apparait plus comme un droit de coordination (entre les compétences toutes souveraines des différents États) qu'un droit de subordination, comme l'est le droit interne qui régit des sujets, au besoin par la coercition exercée par l'appareil d'État »[4].

Corollaire et inhérente à sa souveraineté, la personnalité juridique de l'Etat est porteuse d'attributions essentielles contenues dans ces titres de e compétence que sont ses aptitudes à signer des traités, à entretenir des relations diplomatiques, à exercer mutatis mutandis la contrainte[5] et, last but not least, à ester en justice.

A cet égard, il n'est pas superfétatoire de rappeler que chaque Etat, en vertu de sa souveraineté, dispose, à travers, ce qu'il est convenu d'appeler, le « treaty making power » de cette capacité juridique, de cette plénitude de compétence par l'expression de son consentement, à être lié par des accords et engagements internationaux[6]. Il en appert qu'en manifestant sa souveraineté par le consentement à la juridiction internationale, l'Etat ne fait que se soumettre volontairement au Droit international. Cette indépendance n'est pas, pour autant, limitée par les devoirs de l'État[7]. Aussi, la Cour permanente de justice internationale se prononçait en ce sens : « La Cour se refuse à voir dans la conclusion d'un traité quelconque, par lequel un État s'engage à faire ou à ne pas faire quelque chose, un abandon de la souveraineté. Sans doute, toute convention engendrant une obligation de ce genre apporte une restriction à l'exercice des droits souverains de l'État, en ce sens qu'elle imprime à cet exercice une direction déterminée. Mais la faculté de contracter des engagements internationaux est précisément un attribut de la souveraineté de l'État »[8].

---

[4] Mohamed BEDJAOUI (dir.), Droit international, Bilan et perspectives, Paris, UNESCO, Pédone, 1991, p. 2.

[5] Voir cependant l'étendue et les limites de la contrainte qu'apportent la Charte des Nations unies (articles 39 à 51) et la Convention de Vienne du 23 mai 1969 sur le droit des traités (articles 51 et 52).

[6] L'article 6 de la Convention de Vienne, précitée, apporte cette confirmation : « Tout État a la capacité de conclure des traités ».

[7]Dionisio Anzilotti dans sa célèbre opinion abondait dans ce sens : « Les limitations de la liberté d'un État, qu'elles dérivent du Droit international commun ou d'engagements contractés, n'affectent, aucunement, en tant que telles son indépendance » ,voir, Cour Permanente de Justice Internationale, Affaire du Régime Douanier Austro-Allemand, arrêt du 5 septembre 1931, Série A/B, N° 41.

[8]C.P.J.I., Affaire du Vapeur Wimbledon, Arrêt du 17 août 1923, Série A, N° 1, p. 25.

Dans le cadre du règlement pacifique des différends internationaux[9], l'Etat dispose, tel un forum shopping, d'une liberté entière de choix entre les différents modes juridictionnels ou non juridictionnels et, en cas d'option pour la voie judiciaire, de la possibilité de déclencher les fonctions consultative ou contentieuse d'une Cour[10].

Dans cette mesure, l'on ne saurait attraire un Etat devant une juridiction sans s'être assuré au préalable de son consentement, à moins que cette acceptation ne résulte d'actes, de déclarations ou de pratiques non équivoques, constatés après l'introduction d'une requête à son encontre.

Au-delà des controverses doctrinales[11] et de la contrariété d'opinions individuelles et dissidentes[12] autour de la règle dite du forum prorogatum, le propos de cette étude est de mettre le curseur sur les originalités tant formelles que matérielles de ce procédé subséquent à la saisine, d'interroger sa persistance au cœur du contentieux juridictionnel international, de supputer sur sa pertinence, de scruter son étendue, ses limites et, accessoirement, son devenir.

---

[9] L'une des définitions les plus communément admises de la notion de différend est celle fournie par la CPJI, à savoir : « un désaccord sur un point de droit ou de fait, une contradiction, une opposition de thèses juridiques ou d'intérêts », C.P.J.I., arrêt du 30 août 1924, Affaire des Concessions Mavrommatis en Palestine, Série A, n° 3, p.11.

[10] Cf., Saidou Nourou TALL, « La demande d'avis consultatif à la Cour Internationale de Justice », Revue de la Recherche Juridique-Droit prospectif, PUAM, 2012, pp.301-336; Georges ABI-SAAB, « La Jurisprudence. Quelques réflexions sur son rôle dans le développement du droit international », Estudios en homenaje al profesor don Manuel Diez de Velasco, 1993, pp.19-26; Luigi CONDORELLI, « L'autorité de la décision des juridictions internationales permanentes», in SFDI, La juridiction internationale permanente, Paris, Pedone, 1986, p.77.

[11] Se référer à Mohammed BEDJAOUI et Fatsah OUGUERGOUZ, « Le forum prorogatum devant la Cour internationale de Justice : les ressources d'une institution ou la face cachée du consensualisme », African Yearbook of International Law, 1997, Vol. 5, pp. 91-114 ; Bohdan WINIARSKI, « Quelques réflexions sur le soi-disant forum prorogatum en droit international» , Mélanges Spiropoulos, 1947 ; Shabtai ROSENNE, « The Forum Prorogatum in the International Court of Justice », Revue hellénique de droit international, 1953, pp. 1-26.

[12] Voir, Humphrey WALDOCK, « Forum Prorogatum or acceptance of a unilateral summons to appear before the international Court », The International Law Quarterly, Volume 2, No. 3, 1948, pp. 377-391 ; Pierre STILLMUNKES, « Le forum prorogatum devant la Cour permanente de Justice internationale et la Cour internationale de Justice », Revue générale de droit international public (RGDIP), Volume 68, 1964, pp. 665-686 ; Jacques SOUBEYROL, « "Forum prorogatum" et Cour internationale de Justice : de la procédure contentieuse à la procédure consultative », RGDIP, Volume 76, 1972, pp. 1098-1104 ;Yee SIENHO, « Forum prorogatum returns to the International Court of Justice », Leiden Journal of International Law, 16 (2003), pp. 701-713.

Cet exercice est conduit à travers la mise en surbrillance de l'activité jurisprudentielle de la Cour internationale de justice[13] (ci-après, CIJ) et de sa devancière, la Cour permanente de justice internationale (ci-après, CPJI) sans occulter, en tant que de besoin, celle d'autres juridictions susceptibles d'appliquer cette règle. Aussi, il convient, à l'aune de ces linéaments, de tracer, dans un premier temps, le périmètre du forum prorogatum (I), avant de relever, dans un second temps, quelques incertitudes exprimées en termes de limitations à l'accueil du forum prorogatum (II).

I- LE PÉRIMÈTRE DU FORUM PROROGATUM.

Le fondement de la compétence d'une juridiction réside dans le consentement de l'Etat, qui peut prendre des formes variées et relever de l'antériorité ou de la postériorité, de l'énonciation expresse ou de l'assentiment tacite. En faisant prévaloir cette règle dans plusieurs décisions, l'organe judiciaire principal des Nations unies réitère un dogme bien établi du DIP et qui lie l'accès à la justice internationale à la nécessité du consentement des parties au différend.

Cette règle se vérifie également dans le cas du forum prorogatum qu'il soit admis à la suite d'une acceptation expresse (A) ou d'un consentement tacite (B), postérieurement à l'introduction de la requête d'un demandeur ou plaignant.

A. Le forum prorogatum résultant d'une acceptation postérieure expresse.

Le consentement des États à la juridiction internationale peut emprunter deux modes d'expression, explicite ou implicite.

Le premier mode, classique et largement usité dans le règlement judiciaire ou arbitral des différends, fait appel, pour fonder la compétence d'une Cour et /ou la recevabilité de la requête[14], au consentement exprès

---

[13] La Cour Internationale de Justice a été instituée conformément au Chapitre XIV (art.92 à 96) de la Charte des Nations Unies. Elle succède ainsi à la Cour Permanente de Justice. La fonction judiciaire de la Cour s'exerce tant en matière contentieuse qu'en matière consultative. La CIJ dispose d'un Statut qui est annexé à la Charte des Nations unies du 26 juin 1945.Quant à l'actuel Règlement de la Cour qui détaille les aspects processuels, il a été adopté en 1978.

[14] Voir, Maryline GRANGE, Compétence du juge et recevabilité de la requête: Leurs relations dans l'exercice du pouvoir juridictionnel. L'exemple de la Cour Internationale de

de l'Etat, antérieurement à la saisine. C'est dans ce sens, que la CIJ a estimé que, « Le Statut mentionne expressément les voies par lesquelles les Etats peuvent exprimer leur acceptation de la compétence de la Cour. Ainsi, selon le paragraphe 1 de l'article 36 du Statut, une telle acceptation peut résulter d'un accord explicite des parties susceptible de se manifester de diverses manières »[15].

En effet, le consentement explicite de l'Etat peut se manifester dans une exsudation triangulaire optionnelle par le truchement de la saisine sur le fondement soit d'une clause compromissoire[16] (généralement, accord multilatéral), soit d'un compromis[17] (habituellement, accord bilatéral), soit d'une déclaration facultative de juridiction obligatoire[18] (acte unilatéral).

Le second mode, d'utilisation peu courante, est la manifestation d'un consentement de l'Etat, postérieurement à une requête Ce deuxième type de consentement peut être implicite ou explicite mais reste toujours marqué par le fait qu'il intervient après la saisine de la juridiction.

Justice, Thèse de doctorat en Droit, Université Panthéon-Assas, Ecole doctorale de droit international, droit européen, relations internationales et droit comparé, 2011,729p.

[15] CIJ, Affaire relative à Certaines Questions concernant l'entraide judiciaire en matière pénale (Djibouti c. France), arrêt du 4 juin 2008, Rec. 2008, § 60 de l'arrêt.

[16] Une clause compromissoire est une disposition d'un traité international qui autorise chacune des parties en cas de différend futur avec une autre partie à saisir une juridiction désignée à l'avance. Voir, par exemple, l'art. XIV du Traité d'amitié et de relations économiques entre les Etats-Unis et le Togo du 8 février 1966 ; l'art. 9 de l'Accord de gestion et de coopération entre la Guinée-Bissau et le Sénégal, signé à Dakar le 14 octobre 1993 ; voir la liste des traités prévoyant ces clauses sur le site de la CIJ, www.icj-cij.org.

[17] Un compromis est généralement un accord conclu dans le but précis de soumettre un différend actuel à la Cour ; consulter les affaires suivantes impliquant des Etats africains : Plateau continental (Tunisie / Jamahiriya arabe libyenne); Plateau continental (Jamahiriya arabe libyenne / Malte); Différend frontalier (Burkina Faso / République du Mali) (affaire portée devant une chambre) ; Différend territorial (Jamahiriya arabe libyenne / Tchad) ; Ile de Kasikili / Sedudu (Botswana / Namibie) ; Affaire du Différend frontalier (Bénin / Niger) (affaire portée devant une chambre).

[18]En vertu de l'art. 36 §2 de son Statut, la CIJ est compétente pour traiter des différends soumis à son prétoire par requête unilatérale en application d'une déclaration d'un Etat reconnaissant sa compétence. Autrement dit, par l'effet combiné et croisé des déclarations unilatérales, dans la mesure où elles coïncident, chaque Etat ayant accepté la juridiction obligatoire de la Cour a le droit de citer devant celle-ci, en lui soumettant une requête, un ou plusieurs Etats ayant accepté la même obligation et, inversement, chaque Etat s'engage à se présenter devant la Cour au cas où il serait cité par un ou plusieurs de ces Etats ; consulter Fakhri GHARBI, «Le statut des déclarations d'acceptation de la juridiction obligatoire de la Cour internationale de justice », Les Cahiers de droit, Volume 43, numéro 2, juin 2002, (2002) 43, pp.213-274 ; Fakhri GHARBI, « Le déclin des déclarations d'acceptation de la juridiction obligatoire de la Cour internationale de justice ». Les Cahiers de droit, Volume 43 numéro 3, septembre 2002, pp.433–502..

Lorsqu'on s'attache uniquement à l'étude du forum prorogatum résultant du consentement exprès, il est, de jurisprudence certaine, qu'un Etat (défendeur) peut admettre la compétence d'une juridiction, postérieurement à l'introduction d'une requête.

Cette variété de forum prorogatum est ainsi explicitée par Lauterpacht, dans l'affaire du Génocide [19] : « Concernant la compétence, reste à examiner la question du forum prorogatum. Si un Etat, l'Etat A, introduit une instance contre un autre Etat, l'Etat B, sur une base de compétence inexistante ou défectueuse, le forum prorogatum consiste en la possibilité pour l'Etat B d'y remédier en adoptant un comportement valant acceptation de la compétence de la Cour»[20].

La première occasion qui lui a été offerte de traiter, de manière complète[21], du forum prorogatum, est particulièrement illustrative du rejet d'un formalisme excessif par la CIJ. En l'occurrence, la requête introductive d'instance du Royaume-Uni s'était fondée sur une recommandation du Conseil de sécurité de l'ONU. Curieusement, le Gouvernement albanais, tout en émettant une objection à la compétence de la CIJ, sur la base d'un acte unilatéral au détriment d'un compromis, a néanmoins accepté dans le même document (une simple lettre) de comparaitre devant la Cour.

En effet la lettre du Ministre-adjoint aux Affaires étrangères d'Albanie du 2 juillet 1947, fait mention de ce qui suit : « (...)4. Le Gouvernement albanais, pour ce qui le concerne, accepte pleinement la recommandation du Conseil de Sécurité. Profondément convaincu dans sa juste cause, résolu de ne négliger aucune opportunité pour témoigner de son dévouement aux principes d'une collaboration amicale entre les nations et du règlement pacifique des différends, il est prêt, malgré cette irrégularité

---

[19]Opinion individuelle de M. Elihu Lauterpacht, juge ad hoc dans l'Affaire de l'Application de la Convention pour la prévention et la répression du crime de génocide (Bosnie-Herzégovine c. Serbie-et-Monténégro), Ordonnance du 13 septembre 1993 (Nouvelles demandes en indication de mesures conservatoires), Rec. 1993, p. 416, § 24.

[20]A l'appui de sa thèse, Lauterpacht cite les affaires suivantes Droits de minorités en Haute-Silésie (écoles minoritaires), arrêt n° 12, 1928, C.P.J.I. série A n° 15, p. 24 ; Détroit de Corfou (exception préliminaire), C.I.J., Recueil 1947-1948, pp. 27-28 ; Activités armées sur le territoire du Congo (nouvelle requête : 2002) (République démocratique du Congo c. Rwanda), compétence et recevabilité, arrêt, C.I.J., Recueil 2006, p. 18.

[21] Auparavant, le forum prorogatum s'était invité dans l'Affaire de Certaines procédures pénales engagées en France (République du Congo c. France), Mesures conservatoires, ordonnance du 17 juin 2003, Rec.2003.Mais la procédure n'est pas allée jusqu'à son terme par suite du désistement du Congo.

commise par le Gouvernement britannique, à se présenter devant la Cour»[22].

Devant une telle approbation exprimée à la suite de la requête britannique, la Cour n'hésitera pas à en tirer les conséquences suivantes : « La lettre du 2 juillet 1947 n'est pas moins décisive sur la question de la juridiction de la Cour. Non seulement le Gouvernement albanais, qui avait déjà assumé certaines obligations envers le Conseil de Sécurité, par télégramme du 24 janvier 1947, déclare dans la lettre qu'il « accepte pleinement la recommandation du Conseil de Sécurité » tendant à soumettre le différend à la Cour conformément aux dispositions du Statut de celle-ci, mais, après s'être dit profondément convaincu « dans sa juste cause », il y accepte, en termes précis, « la juridiction de la Cour dans l'affaire présente ». La lettre du 2 juillet comporte donc, de l'avis de la Cour, une acceptation volontaire, indiscutable, de la juridiction de la Cour. Alors que le consentement des parties confère juridiction à la Cour, ni le Statut ni le Règlement n'exigent que ce consentement s'exprime dans une forme déterminée »[23].

La Cour confirmera ,dans d 'autres circonstances, avec plus de netteté cette approche du « forum prorogatum explicite », notamment dans l'affaire précitée entre Djibouti et la France .En l'espèce, Djibouti avait introduit une requête unilatérale contre la France alors que cet Etat n'avait pas admis la compétence préalable de la Cour ni sur la base d'une clause compromissoire ou d'un compromis, ni sur le fondement d'une déclaration facultative de juridiction obligatoire[24]. Contre toute attente, à la suite de la transmission de cette requête, la France, par le canal d'une lettre de son Ministre des Affaires étrangères[25], a donné son accord exprès. Selon la

---

[22] Extraits de la lettre de l'Albanie, Affaire du Détroit de Corfou, op.cit., pp.18-19 de l'arrêt.

[23] CIJ, Affaire du Détroit de Corfou (exception préliminaire), C.I.J. Recueil 1947-1948, pp. 27-28 ; voir aussi, Katarzyna Barbara SZCZUDLIK, « Forum prorogatum in the Corfu Channel case and in subsequent ICJ jurisprudence », Folia Iuridica Universitatis Wratislaviensis 2015, vol. 4 (2), pp.57–70.

[24] Voir, Vincent POULIOT, « « Le forum prorogatum devant la Cour Internationale de Justice. L'affaire Djibouti c. France », Hague Judicial journal, vol. 31, n° 3, 2008, pp.29-41 ; Joannis PREZAS, «La répression nationale face au juge international ; à propos de l'affaire de l'Entraide judiciaire en matière pénale (Djibouti c. France) »,AFDI, Volume LIV, 2008, pp. 237-273.

[25] CIJ, Affaire relative à Certaines Questions concernant l'entraide judiciaire en matière pénale, op.cit., §4. L'arrêt cite, en son paragraphe 77, quelques extraits de la lettre française «J'ai l'honneur de vous faire connaître que la République française accepte la compétence de la Cour pour connaître de la requête en application et sur le seul fondement de l'article 38, paragraphe 5, [du Règlement] susmentionné... ».

relation qu'en fait la Cour, « Par lettre datée du 25 juillet 2006 et reçue au Greffe le 9 août 2006, le ministre français des affaires étrangères a informé la Cour que la France «accept[ait] la compétence de [celle-ci] pour connaître de la requête en application et sur le seul fondement de l'article 38, paragraphe 5», du Règlement, en précisant que cette acceptation «ne va[lait] qu'aux fins de l'affaire, au sens de l'article 38, paragraphe 5 précité, c'est-à-dire pour le différend qui fait l'objet de la requête et dans les strictes limites des demandes formulées dans celle-ci» par Djibouti. Le Greffe a immédiatement transmis copie de cette lettre au Gouvernement djiboutien, et l'affaire a été inscrite au rôle général de la Cour à la date du 9 août 2006, ce dont le Secrétaire général des Nations Unies a été informé le même jour »[26].

Convoquant à l'envi, de nombreux précédents, la Cour en conclut : « La Cour a également interprété le paragraphe 1 de l'article 36 du Statut comme permettant de déduire le consentement de certains actes, acceptant ainsi la possibilité du forum prorogatum. Cette modalité joue lorsqu'un Etat défendeur a, par sa conduite devant la Cour ou dans ses relations avec la partie demanderesse, agi de manière telle qu'il a accepté la compétence de la Cour (...). L'acceptation permettant à la Cour d'asseoir sa compétence doit être avérée. Cela vaut que sa compétence soit fondée sur le forum prorogatum ou non. Comme la Cour l'a rappelé récemment, quelle que soit la source du consentement, l'attitude de l'Etat défendeur doit «pouvoir être regardée comme une «manifestation non équivoque» de la volonté de cet Etat d'accepter de manière «volontaire, indiscutable» la compétence de la Cour»[27].

Ces dernières considérations reviennent, tel un leitmotiv, dans le cas d'un consentement, cette fois-ci implicite, d'un défendeur, relevé âpres la soumission de la requête.

---

[26] Voir la requête du 9 août 2006, l'ordonnance de la Cour du 15 novembre 2006 et le contre mémoire de la République française du 13 juillet 2007.

[27] CIJ, Affaire relative à Certaines Questions concernant l'entraide judiciaire en matière pénale ,op.cit., La Cour cite ici les affaires Activités armées sur le territoire du Congo (nouvelle requête: 2002) (République démocratique du Congo c. Rwanda), compétence et recevabilité, arrêt, C.I.J., Recueil 2006, p. 18; Détroit de Corfou (Royaume-Uni c. Albanie), exception préliminaire, arrêt, 1948, C.I.J., Recueil 1947-1948, p. 27; Application de la convention pour la prévention et la répression du crime de génocide (Bosnie-Herzégovine c. Yougoslavie), exceptions préliminaires, arrêt, C.I.J., Recueil 1996 (II), p. 620- 621, § 40 et Droits de minorités en Haute-Silésie (écoles minoritaires), arrêt n° 12 du 26 avril 1928 (Allemagne c. Pologne), Série A, Rec.1928, p.24 de l'arrêt.

B. Le forum prorogatum résultant d'une acceptation postérieure tacite.

Cette seconde variété du forum prorogatum est d'invocation plus courante. Généralement le consentement tacite, implicite, sous-entendu, fonde plus souvent la reconnaissance du forum prorogatum, en tant qu'il laisse entrevoir le comportement subséquent d'un Etat après la saisine de la Cour par l'autre partie à l'instance.

La CPJI, en identifiant très tôt le « forum prorogatum tacite », déclarait à ce propos : « La situation de la Cour, en matière de compétence, n'est pas comparable à la situation des tribunaux nationaux, pour lesquels l'État a réparti la compétence, soit ratione materiae, soit d'après un ordre hiérarchique. Cette répartition est, en général, d'ordre public, et implique pour les tribunaux le devoir de veiller ex officio à son observation. Puisque dans ces cas, l'exception de la Partie ne fait qu'attirer l'attention du tribunal sur une objection à la compétence qu'il doit examiner d'office, cet acte de la Partie peut être accompli à tout moment, au cours de la procédure. L'acceptation, par un État, de la juridiction de la Cour dans un cas particulier, n'est pas, selon le Statut, soumise à l'observation de certaines formes, comme, par exemple, l'établissement d'un compromis formel préalable »[28].

Dans la même affaire, la Cour Permanente de Justice Internationale opinait à l'idée qu'une déclaration expresse ou que des actes concluants puissent constituer des bases satisfaisantes à une extension de sa compétence , en rappelant qu'elle avait, auparavant, « dans son Arrêt n° 5, reconnu comme suffisante, pour établir sa compétence, la simple déclaration, faite par le défendeur au cours de la procédure, d'accepter que la Cour jugeât sur un point qui, de l'avis de la Cour, ne rentrait pas autrement dans sa compétence. Et il ne semble point douteux que la volonté d'un État de soumettre un différend à la Cour puisse résulter, non seulement d'une déclaration expresse, mais aussi d'actes concluants. Il paraît difficile de nier que le fait de plaider le fond, sans faire des réserves sur la compétence, ne doive être regardé comme une manifestation non équivoque de la volonté de l'État d'obtenir une décision sur le fond de l'affaire. Or, la Cour a déjà observé que les conclusions du Contre-Mémoire visent une décision sur le fond »[29].

[28] CPJI, Affaire des Droits de minorités en Haute-Silésie (écoles minoritaires), op.cit., p.23 de l'arrêt.
[29] CPJI, Affaire des Droits de minorités en Haute-Silésie, pp.23-24 de l'arrêt.

Si ce principe est conforme à la pratique diplomatique des Etats dans laquelle le pli est pris de privilégier le consentement exprès, conditionnel ou inconditionnel, des parties et préalablement à toute saisine d'une juridiction[30], la novation entrainée par l'admission du forum prorogatum, est l'élargissement des modes de saisine grâce une autre voie, certes moins formaliste mais préservant tout autant la souveraineté étatique.

Ainsi appréhendé, le consentement tacite postérieur garde une proximité avérée avec d'autres règles internationales qui se singularisent aussi par le fait qu'elles ne requièrent pas une déclaration explicite, à l'instar de l'estoppel[31] ou de l'acquiescement[32].

S'agissant de l'estoppel, il découle d'un principe général de droit[33] consistant en une fin de non-recevoir fondée sur l'interdiction à une partie de se contredire au détriment d'autrui et donc à ne pas accepter la position d'une partie contraire à son comportement habituel sur lequel les autres parties avaient en toute bonne foi fondé leur confiance et considération légitimes. La doctrine en infère une forme d'objection à tout changement de positon remettant en cause la sincère représentation qu'en avaient faite les autres parties.

S'inscrivant dans cette veine, l'ancien rapporteur de la Commission du Droit International, Gerald Fitzmaurice, en ciselait ainsi les contours : « la partie qui l'invoque [l'estoppel] doit "s'être fiée" aux déclarations ou à la conduite de l'autre partie, ceci à son propre détriment ou à l'avantage de l'autre. La nécessité souvent invoquée d'un "changement de position" subséquent de la partie qui invoque la forclusion ou l'estoppel, est implicite ici. A ce propos, une source fréquente de méprise consiste à présumer qu'un changement de position signifie que la partie qui invoque la forclusion (...) doit avoir été amenée à changer sa propre position par des actes qu'elle a elle-même accomplis en conséquence des déclarations ou de la conduite de l'autre partie. Il y a certainement du vrai en cela, mais le véritable sens de la présomption est que ces déclarations ou cette conduite de l'autre partie doivent avoir amené un changement dans les positions

---

[30] Voir, Giovanni DISTEFANO, « L'accord tacite ou l'univers parallèle du droit des traités », Questions of International Law (QIL), Zoom-in 18 (2015), pp.17-37.

[31] Lire, Hans DAS, « L'estoppel et l'acquiescement : assimilations pragmatiques et divergences conceptuelles », Revue Belge de Droit International, 1997/2, pp.607-634.

[32] Cf., Jean BARALE, « L'acquiescement dans la jurisprudence internationale », Annuaire français de droit international, volume 11, 1965, pp. 389-427.

[33] En latin, « venire contra factum proprium ».

relatives des parties, empirant la position de l'une ou améliorant celle de l'autre, ou les deux à la fois »[34].

Quant à l'acquiescement, il est défini comme un « terme de procédure désignant l'acte par lequel une Partie à un différend accepte, expressément ou tacitement, purement et simplement ou sous condition, une obligation ou une prétention de l'autre partie »[35].

A cet égard, la doctrine considère que l'acquiescement peut être sous-tendu par un « silence qualifié », significatif et prolongé, à la suite d'une connaissance notoire des faits et allégations présentés par l'autre partie[36]. Autrement dit, il est de coutume établi, comme le note un auteur, que « La clé de voûte de l'acquiescement se trouve dans le silence ou la passivité opposés aux prétentions juridiquement pertinentes d'un autre sujet de droit et qui s'étalent dans le temps. L'écoulement du temps est un facteur essentiel du principe d'acquiescement »[37].

Si la logique et l'expérience des juges dans le traitement des différends internationaux n'excluent pas de déceler une certaine parenté[38] entre un consentement tacite ultérieur, et l'assentiment à la base de l'acquiescement ou de l'estoppel, ces différentes notions ne recouvrent pas les mêmes réalités, ne se confondent ni dans leur sens ni dans leurs applications, car le forum prorogatum, d'interprétation stricte, ne découle que d'une acceptation postérieure à l'introduction d'une instance juridictionnelle.

Le consentement postérieur à la juridiction internationale permet, dans des conditions bien précises, de déduire l'existence du forum prorogatum mais ce dernier est enserré dans des limites ou « portes étroites » [39].

---

[34] Opinion individuelle de Gerald Fitzmaurice dans l'affaire du Temple de Préah Vihéar, CIJ, Rec., 1962.

[35] Dictionnaire de la terminologie du Droit international, Paris, Sirey, 1960,755p.

[36] Il s'agit d'une offre « of binding effect resulting from passivity and inaction with respect to foreign claims which, according to the general practice of States usually call for protest in order to assert, preserve or safeguard rights », voir, Jörg Paul MULLER /Thomas COTTIER, « Acquiescence », Encyclopedia of Public International Law (EPIL), vol. 7, p. 5.

[37] Voir, Robert KOLB, La bonne foi et les sources du droit international public, Graduate Institute Publications, Genève, 2000.

[38] Affaire du Temple de Préah Vihéar, CIJ, Rec., 1962.

[39] L'expression, empruntée au Doyen Georges Vedel et utilisée dans le vocabulaire des juridictions constitutionnelles, doit être entendue, ici, au sens premier, de restrictions.

II- LES « PORTES ÉTROITES » DU FORUM PROROGATUM.

L'attitude des parties à une instance juridictionnelle constitue un baromètre important en ce qui concerne leurs allégations et préfigure leur acceptation ou leur rejet de la compétence d'une Cour ou de la recevabilité d'une requête. La reconnaissance par le juge d'un consentement de la part d'un potentiel défendeur, produit certaines conséquences sur la validité d'un forum prorogatum tant sur le plan formel que sur le plan matériel (A). Mais ces effets juridiques n'en sont pas moins susceptibles d'être circonscrits par des facteurs exogènes ou endogènes (B).

A. Validité du forum prorogatum.

Le forum prorogatum conduit à l'extension de la compétence d'un tribunal, en lui permettant de statuer sur un litige qui n'aurait pas dû être porté devant lui. Il en ressort que le forum prorogatum interroge et suppose, avant tout, le comportement implicite ou explicite, favorable et non équivoque, du défendeur après la soumission de la requête.

Il en est, certainement, ainsi lorsque l'acceptation expressis verbis découle d'un acte écrit émanant du futur défendeur et énonçant incontestablement sa volonté de participer aux phases écrite et orale de la procédure.

Au demeurant, on peut s'en convaincre à la lecture de l'article 38 paragraphe 5 du Règlement de la Cour qui prescrit : « Lorsque le demandeur entend fonder la compétence de la Cour sur un consentement non encore donné ou manifesté par l'Etat contre lequel la requête est formée, la requête est transmise à cet Etat. Toutefois, elle n'est pas inscrite au rôle général de la Cour et aucun acte de procédure n'est effectué tant que l'Etat contre lequel la requête est formée n'a pas accepté la compétence de la Cour aux fins de l'affaire ».

Cette disposition laisse donc percevoir que cette « offre » de règlement du différend nécessite en réponse, un assentiment indiscutable du défendeur pour autoriser la Cour à enrôler l'affaire[40].

Il en appert que l'acceptation, à la source du forum prorogatum, peut être déduite de l'absence d'objections dirimantes de la part de l'Etat qui, spontanément, se met dans la position d'un défendeur en nommant ses

---

[40] Voir les Affaires précitées Congo contre France et Djibouti contre France.

représentants, agents et conseils et, surtout, en n'excluant pas de plaider dans le fond.

Ainsi que l'illustrait la Cour, les conditions favorables à l'extension de ses compétences sont réunies dans des situations comparables à la suivante : « les parties ont, dans la présente affaire, accepté la juridiction de la Cour. Elles ont discuté au fond de toutes les questions soumises à celle-ci et n'ont rien objecté contre une décision au fond. Cette attitude des parties suffit à fonder la compétence de la Cour »[41].

On soulignera, cependant, que cette acceptation subséquente ne doit souffrir d'aucun doute, d'aucune équivoque, comme le retient cet obiter dictum :« Pour que la Cour soit compétente sur la base d'un forum prorogatum, l'élément de consentement doit être explicite ou pouvoir être clairement déduit de la conduite pertinente de l'Etat (Anglo-Iranian Oil Co. (Royaume-Uni c. Iran), exception préliminaire, arrêt, C.I.J. Recueil 1952, p. 113-114; Or monétaire pris à Rome en 1943 (Italie c. France, Royaume-Uni et Etats-Unis d'Amérique), arrêt, C.I.J. Recueil 1954, p. 30) »[42].

A contrario, l'expectative née de la situation d'un Etat en position d'objecteur persistant constitue un point de fixation empêchant toute formation de consentement. La Cour a clairement posé le principe, en ces termes : « Pour pouvoir s'appliquer en l'espèce, le principe du forum prorogatum devrait être fondé sur quelque acte ou déclaration du Gouvernement de l'Iran impliquant un élément de consentement à l'égard de la compétence de la Cour. Mais ce Gouvernement n'a pas cessé de contester la compétence de la Cour. Après avoir déposé une exception préliminaire aux fins d'incompétence, il a maintenu cette exception pendant toute Ia de la procédure. II est vrai qu'il a présenté d'autres objections sans rapport direct avec la question de compétence. Mais elles étaient clairement indiquées comme des moyens de défense qui auraient à être traités seulement si l'exception d'incompétence de l'Iran était rejetée. Aucun élément de consentement ne saurait être déduit de l'attitude adoptée par l'Iran. En conséquence, la conclusion du Royaume-Uni sur ce point ne saurait être admise. La Cour en vient donc à la conclusion qu'elle n'est pas compétente pour connaitre de l'instance introduite par le Royaume-Uni, par requête du 26 mai 1951»[43].

---

[41] CIJ, Affaire Haya de la Torre (Colombie/Pérou), arrêt du 13 juin 1951, Rec. 1951, p.78.

[42] CIJ, Affaire relative à Certaines Questions concernant l'entraide judiciaire en matière pénale, op.cit., §§61 et 62.

[43] CIJ, Affaire Anglo-Iranian Oil Co. (Royaume-Uni c. Iran), exception préliminaire, arrêt du 22 juillet 1952, C.I.J., Recueil 1952, p. 114.

Dans la même logique, si la réaction de l'autre partie est source d'incertitudes, le présumé défendeur, n'ayant à aucun moment signifié son intention d'accepter en l'espèce la compétence de la Cour, ce dernier est, à bon droit, in limine litis, de soulever une exception d'incompétence.

C'est en ces termes que s'est posée, devant la Cour Africaine des Droits de l'Homme et des Peuples, l'affaire Michelot Yogogombaye c. République du Sénégal[44].La requête de ce ressortissant tchadien, en date du 11 août 2008, a été adressée au Président de la Commission de l'Union Africaine « en vue du retrait de la procédure actuellement diligentée par la République et l'Etat du Sénégal en vue d'inculper, juger et condamner le sieur Hissein Habré, ex-chef d'Etat tchadien actuellement réfugié à Dakar au Sénégal ». La requête ne sera reçue au greffe de cette Cour que le 29 décembre 2008 et sera transmise au Sénégal le 5 janvier 2009.

Curieusement, le Sénégal produira deux lettres dont la première du 10 février 2009 pour accuser réception de la requête et nommer ses représentants devant la Cour africaine et une seconde lettre, en date du 17 février 2009, demandant un allongement des délais pour lui permettre « de se mettre convenablement en état de répondre à la requête du demandeur ».

Comme il est relaté dans l'arrêt de 2009, « Dans le délai prescrit par l'ordonnance susmentionnée, le Sénégal a déposé son mémoire en réponse dans lequel il a soulevé des exceptions d'incompétence et d'irrecevabilité; il a également exprimé sa position quant au fond »[45].

Jusque-là, un début de forum prorogatum semblait poindre à l'horizon immédiat[46]. Mais, dès le début de la procédure, cet espoir est vite anéanti par l'exception d'incompétence soulevée par le Sénégal qui soutient pour que la Cour puisse connaitre d'une plainte individuelle, « il faut que l'Etat mis en cause ait au préalable reconnu à la Cour la compétence pour recevoir de telles communications conformément à l'article 34 (6) du Protocole portant création de la Cour»[47]. Aussi , le Sénégal réfute la juridiction de la Cour sur ce point et réitère « avec force n'avoir pas fait la déclaration de reconnaissance de compétence de la Cour africaine des

[44] Cour Africaine des Droits de l'Homme et des Peuples, Affaire Michelot Yogogombaye c. République du Sénégal, (Requête 00/2008), arrêt du 15 décembre 2009, disponible en ligne www.african-court.org.

[45] Voir, l'arrêt du 15 décembre 2009, op.cit., §12.

[46] Voir, l'opinion individuelle du juge Fatsah Ouguergouz, en annexe de l'arrêt du 15 décembre 2009.

[47] Voir, l'arrêt du 15 décembre 2009, §§25 et 26 ; voir aussi Werner HOEFFNER, « L'accès de l'individu à la Cour africaine des droits de l'Homme et des Peuples », Revista Juridica, vol. 02, n°. 43, Curitiba, 2016, pp.825-883.

droits de l'homme et des peuples pour connaître des requêtes individuelles» .Devant cet obstacle infranchissable d'absence de consentement , la Cour africaine en conclura que « le Sénégal n'a pas accepté la compétence de la Cour pour connaître sur cette base de requêtes dirigées contre lui émanant directement d'individus ou d'organisations non gouvernementales. La Cour n'a par suite pas compétence pour connaître de la requête »[48].

En somme, le consentement tacite ou explicite doit advenir après la transmission de la requête à l'Etat. Ce consentement doit surtout être indiscutable pour que la Cour puisse en déduire l'existence d'un forum prorogatum. Ces considérations sont difficiles à évacuer d'un revers de main mais n'en laissent pas moins subsister des incertitudes quant à la validité formelle et matérielle du consentement.

Sur le plan formel, si l'acceptation tacite ou expresse doit être constatée in limine litis, avant l'intervention de toute ordonnance organisant la procédure, rien n'exclut que le futur défendeur ne puisse soulever des exceptions préliminaires dont l'accueil favorable mettrait fin, ipso facto, à l'affaire, conduisant à sa radiation du rôle général de la Cour. Une telle éventualité interpelle régulièrement sur la question de la pertinence du forum prorogatum car le droit d'opposer une exception procédurale ne peut être refusé même si le consentement, antérieur ou postérieur, est implicite ou explicite.

De surcroit, la question est revenue de savoir, dans l'hypothèse du consentement tacite, quelles sont les autorités nationales susceptibles par leurs comportements et/ou actes concluants, de générer une soi-disant acceptation ? Peut-on toujours prendre l'attache de l'article 7 de la Convention de Vienne de 1969, qui cite les autorités censées pouvoir agir au nom et pour le compte de l'Etat, pour en exciper une compétence d'engagement consensuel relevant de ces mêmes représentants de l'Etat ?

En effet, les difficultés à cerner l'origine ou la validité ratione personae du consentement peuvent résulter des éventuelles turpitudes des régimes politiques modernes, parlementaires ou présidentiels, voire présidentialistes, avec des hypothèses plausibles, pour certains pays, de cohabitation entre majorité et opposition, de coups d'Etat, ou encore de situations de partition du territoire national entre zones contrôlées par le gouvernement de jure ou de facto et des mouvements rebelles.

---

[48] Affaire Michelot Yogogombaye c. République du Sénégal, (Requête 00/2008), arrêt du 15 décembre 2009, §37.

Par ailleurs, le forum prorogatum ne serait sans doute d'aucune pertinence ni d'aucune persistance, si le demandeur retirait sa plainte ou se désistait de l'instance, en dehors de toute objection de la part du défendeur[49].Une solution allant dans ce sens a été retenue dans l'affaire ayant opposé le Congo à la France[50].

Il ressort de ce qui précède, que le consentement à la base du forum prorogatum est assujetti, pour sa validité, à l'accomplissement de conditions formelles et matérielles. Ces balises révèlent, à l'évidence, l'existence de limites à l'accueil de l'extension de compétence d'une juridiction.

B. Limitations du forum prorogatum.

Le consentement exprès ou tacite à la compétence d'une cour internationale, qu'il soit révélé antérieurement ou postérieurement à la saisine, ne peut s'établir que sur une base restrictive, déduite des circonstances de fait et des prétentions juridiques des parties.

A cet égard, deux ensembles de facteurs peuvent engendrer des restrictions à la constatation d'un forum prorogatum. Il s'agit de limitations endogènes ou exogènes.

Les limitations endogènes mettent en lumière les éléments intrinsèques de la requête et les conditions et modalités d'acceptation de celle-ci. En effet, le demandeur articule ses griefs en les étayant par des éléments de droit et de fait, en déduisant de cet ensemble, l'existence d'un différend d'ordre juridique qu'il soumet au règlement juridictionnel. Dans sa demande de traitement du litige, le requérant doit préciser la base juridique (compromis, clause compromissoire, déclaration facultative de juridiction obligatoire) sur laquelle il prétend fonder la compétence de la Cour saisie. A titre illustratif, on peut convoquer ce passage condensé de l'arrêt en l'affaire Djibouti c. France, dans lequel la CIJ expose ce qui suit :« En l'absence d'une déclaration d'acceptation de la juridiction obligatoire de la Cour formulée par la France conformément au paragraphe 2 de l'article 36 du Statut, ou d'une clause compromissoire contenue dans un traité entre

[49] CIJ, Affaire de Certaines procédures pénales engagées en France (République du Congo c. France), ordonnance du 16 novembre 2010.

[50] Bien avant l'affaire djiboutienne, la France avait accepté la compétence de la CIJ par une lettre du 8 avril 2003, la requête congolaise étant fondée sur l'article 38, paragraphe 5 du Règlement de la Cour ; Cf., CIJ, Affaire de Certaines procédures pénales engagées en France (République du Congo c. France), Mesures conservatoires, ordonnance du 17 juin 2003, Rec.2003.

les Parties et applicable en l'espèce, Djibouti a entendu fonder la compétence de la Cour sur le paragraphe 5 de l'article 38 du Règlement »[51].

La compétence de la Cour, en cas d'acceptation postérieure par le défendeur, ne saurait être interprétée de manière extensive. Les limitations au forum prorogatum découlent à la fois des termes de la requête mais, surtout, des limites posées par le défendeur dans son acceptation[52].

Lorsque le consentement postérieur est implicite, il existe alors une présomption irréfragable que le forum prorogatum repose sur l'adhésion du défendeur à l'existence, à la nature et à l'objet du différend et que cette partie à l'instance accepte que la Cour en connaisse pour vider le contentieux. En conséquence, l'office du juge international est ici enserré dans les termes stricts de la requête, qui sont susceptibles d'être clarifiés éventuellement par la coïncidence des arguments exposés dans les documents soumis ultérieurement (mémoire, contre- mémoire, réplique, duplique), les plaidoiries et conclusions des parties.

En revanche, lorsque le consentement postérieur est explicite, il existe alors une présomption juris tantum car les limites de ce forum prorogatum peuvent consister en une acceptation avec réserves. Ces dernières peuvent être afférentes au contenu de la plainte, c'est à dire à l'exposé des faits ou à la présentation des griefs du requérant, sans aller vers une extension à des aspects voisins ou collatéraux.

Ces réserves sont d'interprétation stricte et rien n'exclut la possibilité de présenter in limine litis des exceptions préliminaires si la partie requérante ou la Cour dévie de ce que la partie défenderesse est en mesure d'accepter. L'affaire initiée par la République de Djibouti contre la République française est exemplative , par ce que la Cour retient « La France, par sa lettre du 25 juillet 2006, a accepté la compétence de la Cour «en application et sur le seul fondement de l'article 38, paragraphe 5», et a précisé que cette acceptation «ne [valait] qu'aux fins de l'affaire..., c'est-à-dire pour le différend qui a fait l'objet de la requête et dans les strictes limites des demandes formulées dans celle-ci »[53].

Une autre illustration d'une acceptation conditionnelle est fournie dans le cadre du différend entre le Royaume uni et l'Albanie , cette dernière

---

[51] CIJ, Affaire de Certaines procédures pénales engagées en France (République du Congo c. France), Mesures conservatoires, op.cit.

[52] CIJ, Affaire relative à Certaines Questions concernant l'entraide judiciaire en matière pénale (Djibouti c. France), arrêt du 4 juin 2008, Rec. 2008, paragraphe 39.

[53] CIJ, Affaire relative à Certaines Questions concernant l'entraide judiciaire en matière pénale, idem.

fixant ainsi les limites de son consentement « ...Toutefois, le Gouvernement albanais fait des réserves les plus expresses sur la façon dont le Gouvernement britannique a saisi la Cour en application de la recommandation du Conseil et surtout quant à l'interprétation qu'il a voulu donner de l'article 25 de la Charte, par rapport au caractère obligatoire des recommandations du Conseil de Sécurité. Le Gouvernement albanais désire souligner que son acceptation de la juridiction de la Cour dans l'affaire présente ne peut pas constituer un précédent pour l'avenir. Par suite, le Gouvernement de la République populaire d'Albanie a l'honneur de vous informer qu'il désigne comme agent, conformément à l'article 35, paragraphe 3, du Règlement, M... »[54].

Toutefois, l'absence d'objection à la requête, constitue une attitude liant le défendeur qui ne pourra plus ultérieurement se dédire en élevant une exception d'incompétence de la Cour, sur ce point. Une éventualité de cette nature est clairement résolue suivant la ligne jurisprudentielle posée en ces termes par la CPJI : « Si, dans un cas spécial, le défendeur a manifesté, par une déclaration expresse, sa volonté d'obtenir une décision sur le fond et de ne pas soulever la question de compétence, il semble clair qu'il ne peut, plus tard au cours de la procédure, revenir sur cette déclaration. Il n'en serait autrement que si les conditions dans lesquelles celle-ci avait été faite étaient de nature à infirmer la déclaration de volonté, ou si la Partie demanderesse avait, dans la procédure ultérieure, essentiellement modifié l'aspect de l'affaire, de sorte que le consentement donné, sur la base de la demande primitive, ne saurait raisonnablement s'appliquer à la demande telle qu'elle se présente actuellement. Or, de l'avis de la Cour, il n'existe pas de raison pour traiter autrement les cas où la volonté de soumettre une affaire à la décision de la Cour a été manifestée implicitement par le fait de plaider le fond sans réserver la question de compétence »[55].

Il en résulte que c'est dans l'effet combiné et croisé de la requête et de la réponse tacite ou expresse, que résident ensemble le consentement du défendeur et la compétence de la Cour. C'est dans ces points de rencontre, que git l'office du juge et si la réponse est restreinte à quelques éléments de la requête, à l'exclusion d'autres griefs du demandeur, c'est dans les limites ainsi circonscrites de la réponse, que convergent stricto sensu la

---

[54] Extraits de la lettre de l'Albanie, Affaire du Détroit de Corfou, op.cit, pp.18-19 de l'arrêt.
[55] CPJI, Affaire des Droits de minorités en Haute-Silésie (écoles minoritaires), arrêt n° 12 du 26 avril 1928 (Allemagne c. Pologne), Série A, Rec.1928, pp.24-25.

compétence de la Cour et l'acceptation du défendeur, fondant in solidium le forum prorogatum.

Juris novit curiae. En cas de contestation de sa compétence ou de la recevabilité de la requête, la Cour décide. Dans l'ambiance particulière du DIP gouverné par la prédominance du consensualisme, le juge dit le droit en interprétant et en appliquant les règles juridiques pertinentes (jus dicere) mais ne crée pas le droit (jus facere). Sa compétence est bornée par ses attributions et elle ne doit pas excéder ses compétences au risque de voir son arrêt inexécuté car non accepté par les parties.

Par ailleurs, l'admission d'une extension de la compétence d'une juridiction internationale rencontre également d'autres limitations tenant à des facteurs exogènes dont la présence est indifférente à la nature expresse ou tacite, postérieure ou antérieure du consentement.

Ainsi, en est-il dans l'ordre juridique international de la théorie des vices du consentement[56]qui, bien d'application courante dans le droit des traités n'en est pas moins extensible aux actes unilatéraux, sources d'engagements étatiques concertés et croisés. En cas d'erreur, de dol, de corruption du représentant de l'Etat, de contrainte sur celui-ci ou sur l'Etat, s'invitent les cas de nullité absolue ou de nullité relative car le consentement n'est ni réel ni éclairé. Il en est de même si le consentement portant sur l'objet du différend contrevient à une règle objective valant erga omnes[57], à une norme impérative du droit international général (jus cognes)[58] ou à une règle du droit international coutumier.

Au terme de cette étude, on peut retenir que le forum prorogatum constitue une modalité particulière de connaissance d'un différend par ce qu'il suggère, à savoir, l'extension de la compétence habituellement reconnue d'une Cour. Même si ce forum est envisageable devant des juridictions comme le Tribunal International du Droit de la Mer[59] ou les juridictions des Droits de l'Homme, la voie prisée, a été l'analyse de la jurisprudence, assez prolixe, de la CPJI et de la CIJ. Cette option a eu l'heur de faciliter l'identification des éléments processuels et substantiels oeuvrant à l'affirmation de cette extension de compétence. Cependant , on

---

[56] Voir la Convention de Vienne sur le droit des traités du 23 mai 1969, articles 48 à 52.

[57] Voir la Convention de Vienne sur le droit des traités du 23 mai 1969, articles 53 ,64 et 71.

[58] Lire, Béatrice I. BONAFE, « La violation d'obligations envers La communauté internationale dans son ensemble et la compétence juridictionnelle de la Cour internationale de Justice », in Enzo CANNIZARO (éd.), The Present and Future of Jus Cogens, Roma, Sapienza Università Editrice, 2015,186p (ici, pp.145-167).

[59] Cf., Mahmoud ZANI, « Le Tribunal International du Droit de la Mer », Annuaire Français des Relations Internationales, 2020, Volume XXI, pp.629-646.

peut raisonnablement s'interroger sur le devenir de l'usage de cette règle pour diverses raisons : d'abord, du fait que les Etats ne privilégient pas le consentement postérieur, leur choix étant plutôt orienté vers le consentement exprès et préalable ; ensuite, du fait que les éventuels défendeurs peuvent toujours soit faire des réserves quant à l'objet de la requête, en restreignant l'examen du différend à quelques griefs et prétentions du demandeur, soit soulever des exceptions préliminaires sur tous autres points qui n'ont pas rencontré leur assentiment ; enfin , rien ne préjudicie au droit des parties de conclure , à tout moment de la procédure, un arrangement à l'amiable ou au droit pour le demandeur de se désister à l'instance, ce qui dans les deux cas , conduit à la fin prématurée du forum prorogatum.

IV-DROITS DE L'HOMME

L'ORDONNANCE DE REMISE EN LIBERTÉ DE LA COUR AFRICAINE DES DROITS DE L'HOMME ET DES PEUPLES

Allou Elvis ADJAFFI

Docteur en droit public
Assistant à l'Université Péléforo Gon Coulibaly de Korhogo

Le professeur Martin Bléou a connu une carrière universitaire stimulante et un parcours de chercheur accompli dans la grandeur de l'humilité. Il n'est pas un juriste enfermé dans les controverses doctrinales et dans le labyrinthe des connaissances livresques. Au cours de ses enseignements, il sait avec harmonie et subtilité mobiliser sa verve, son verbe et son discours à l'effet d'amplifier la profondeur de ses explications dans l'intelligence de son auditoire. S'il est assurément un juriste, il est aussi un homme de science, humaniste engagé dans l'action citoyenne et la défense de ce qui est éminemment inhérent à l'Humain[1].

En effet, le professeur Martin Bléou a été et est toujours une pièce maitresse de la Ligue Ivoirienne des Droits de l'Homme (LIDHO) dans laquelle il figure au rang des membres fondateurs. Il a été, entre 1987-1998, Secrétaire général, puis Vice-président de la LIDHO. Et, entre 1998-2003, il a assuré les fonctions de Président de cet organisme. C'est pour toutes ces raisons que nous avons jugé utile, dans le cadre des mélanges qui lui sont offerts, de nous interroger sur l'ordonnance de remise en liberté de la Cour africaine des droits de l'homme et des peuples[2].

Plus d'une cinquantaine d'années après leur accession à la souveraineté internationale, la majorité des États d'Afrique demeure confrontée à l'épreuve des droits de l'homme[3]. C'est pour répondre à ce défi majeur que Protocole à la Charte africaine des droits de l'homme et des peuples[4] portant création d'une Cour africaine des droits de l'homme et des peuples proclame que « Lorsqu'elle estime qu'il y a eu violation d'un droit de

[1] Yédoh Sébastien Lath, « Propos introductif », Les doctorales du Laboratoire d'Études Constitutionnelle, Administrative et Politique (LECAP) en l'honneur du Professeur Martin Bléou, Abidjan, Les éditions LECAP, 2018, p. 3.

[2] Ci-après : la « Cour africaine » ou la « Cour d'Arusha » ou encore le « juge africain de protection des droits ».

[3] René Dégni-Ségui, Les droits de l'homme en Afrique noire francophone, Théories et réalités, Abidjan, CERAP, 3e éd., 2015, 432p.

[4] Ci-après : la « Charte », la « Charte africaine », ou encore la « Charte de Banjul».

l'homme ou des peuples, la Cour ordonne toutes les mesures appropriées afin de remédier à la situation, y compris le paiement d'une juste compensation ou l'octroi d'une réparation »[5]. Au nombre de ces mesures, figure l'ordonnance de remise en liberté.

L'entreprise n'est pas sans écueil. Le sujet est en effet difficile en raison des contours flous de la notion d'ordonnance qu'il importera, malgré tout, de préciser. Dériver du verbe ordonner, lui-même du latin ecclésial « ordinare » qui signifie donner un ordre, mettre en ordre [6] o, ou de ordinatio [7] action de mettre en ordre, l'ordonnance a une définition plurielle. En effet, le mot ordonnance se retrouve en dehors du droit, comme dans le domaine juridique.

En dehors du droit, le livre saint des églises chrétiennes est, en la matière, une illustration topique. Dans les épitres de Paul aux Éphésiens[8] et Colossiens[9], l'ordonnance est une prescription ayant valeur de loi. En plus de la Bible, les sciences médicales fournissent, elles aussi, une définition de l'ordonnance. Il s'agit d'un « écrit daté et signé par le médecin, contenant les prescriptions recommandées par celui-ci pour le traitement de son malade (essentiellement les médicaments prescrits avec indication des doses à prendre) » [10]. On parlera alors d'ordonnance médicale.

Dans le domaine juridique, la notion d'ordonnance traverse les différentes branches du droit. En droit privé, la notion d'ordonnance est perceptible avec les ordonnances en procédure civile et pénale. En procédure judiciaire, les ordonnances sur requête sont des décisions que rend un magistrat, sur la demande d'une partie présentée en la forme d'une requête et sans qu'aucune autre partie soit appelée pour y contredire éventuellement [11]. Quant à l'ordonnance pénale, il s'agit d'un mode simplifié de jugement des contraventions et de certains délits, qui ne

---

[5] Article 27.1 du Protocole à la Charte africaine des droits de l'homme et des peuples portant création d'une Cour africaine des droits de l'homme et des peuples (ci-après Protocole).

[6] Gérard Cornu, Vocabulaire juridique, Paris, PUF, 14e éd., 2022, p. 714.

[7] Félix Gaffiot, Dictionnaire illustré latin français, Paris, Hachette, 1934, p. 1090.

[8] Bible, Saint Paul, « Épître aux Éphésiens », 2, 15 : « ayant anéanti par sa chair la loi des ordonnances dans ses prescriptions, afin de créer en lui-même avec les deux un seul homme nouveau en établissant la paix ».

[9] Bible, Saint Paul, « Épître aux Colossiens », 2, 14 : « il a effacé l'acte dont les ordonnances nous condamnaient et qui subsistait contre nous et il l'a détruit en le clouant à la croix ».

[10] Ibrahim Marroun, Thomas Sené, Jacques Quevauvilliers, Abe Fingerhut, Nouveau dictionnaire médical, Paris, Elsevier Masson, 7e éd., 2017, p. 653.

[11] Article 231 du Code de procédure civile, commerciale et administrative. Voir aussi : Gérard Martin, Pierre Estoup, La Pratique des procédures rapides, Paris, Litec, 1998, 469p.

nécessitent pas la comparution du prévenu devant le tribunal de police ou le tribunal correctionnel, excluant le prononcé d'une peine d'emprisonnement. La procédure de l'ordonnance pénale est applicable aux contraventions de la 1ère à la 5ème classe. Les contraventions du code du travail sont concernées aussi. Elle est possible également en cas de récidive[12]. Par ailleurs, la notion d'ordonnance n'est pas étrangère au droit public.

En droit constitutionnel, et si l'on s'en tient au Dictionnaire de droit constitutionnel de Thierry Debard, l'ordonnance est définie comme un « acte juridique adopté par le pouvoir exécutif mais comportant un contenu de type normatif »[13]. Le Lexique de droit constitutionnel s'oriente dans le même sens avec plus de netteté. Pour ses auteurs, l'ordonnance désigne « un acte réglementaire adopté en conseil des ministres et signé par le président de la République, qui intervient sur habilitation du parlement dans le domaine de la loi »[14]. A la différence de la loi qui est promulguée, l'ordonnance est publiée.

En droit international, l'ordonnance est entendue comme « une décision judiciaire ou arbitrale internationale ou de son président, dont l'objet est de régler des points de procédure sans se prononcer sur le fond, concernant la direction du procès, l'indication de mesures conservatoires ou provisoires, la prise d'acte d'un arrangement amiable ou d'un désistement ou la fixation des dépens »[15]. On retrouve la même idée avec l'article 74 de la Convention de la Haye[16] ou encore l'article 48 du statut de la Cour Internationale de Justice[17].

S'agissant des ordonnances de remise en liberté de la Cour africaine, qui retiendront seules l'attention dans ces lignes, il faut, tout d'abord,

---

[12] Jean Volff, « L'ordonnance pénale en matière correctionnelle », D., 2003, chron., p.2777-2780 ; Patrick Nicoleau, Lexique de droit privé, Paris, Ellipses, 1996, p. 253.

[13] Thierry Debard, Dictionnaire de droit constitutionnel, Paris, Ellipses, 2e édition 2007, p.284.

[14] Pierre Avril, Jean Gicquel, Lexique de droit constitutionnel, Paris, Puf, 6e édition, 2020, p.84-85.

[15] Jean Salmon, Dictionnaire de droit international public, Paris, Bruylant, AUF, 2001, p.785.

[16] Article 74 de la Convention de la Haye de 1907 pour le règlement des conflits internationaux : « le tribunal a le droit de rendre des ordonnances de procédure pour la direction du procès, de déterminer les formes, l'ordre et les délais dans lesquels chaque partie devra prendre ses conclusions finales, et de procéder à toutes les formalités que comporte l'administration des preuves ».

[17] Article 48 du Statut de la Cour Internationale de Justice (CIJ) : « La Cour rend des ordonnances pour la direction du procès, la détermination des formes et délais dans lesquels chaque partie doit finalement conclure ; elle prend toutes les mesures que comporte l'administration des preuves ». Voir aussi l'article 44 du règlement de la CIJ.

retenir qu'elles sont prises par ladite Cour mais lors d'une procédure contentieuse. C'est pourquoi, l'ordonnance de remise en liberté peut être définie comme une décision judicaire dont l'objet est de remettre en liberté une personne condamnée à une peine privative de liberté devenue définitive par une juridiction nationale. La juridiction n'agit pas proprio motu. Mais, elle le fait sur la base de variables structurantes adossées à des logiques juridiques. En effet, c'est dans le bassin du droit que le requérant et la Cour puisent les fondements de leurs arguments.

Même si l'ordonnance de remise en liberté apparaît comme une entorse à la répartition des compétences normatives entre les juridictions nationales et la juridiction africaine, elle constitue non seulement un rempart contre les États dont les systèmes judiciaires sont être quête, conquête et requête[18] mais également comme un moyen pour défendre la démocratie[19]. De ce point de vue, le sujet traité n'est pas sans intérêt.

Les travaux réalisés récemment sur la Cour africaine des droits de l'homme et des peuples ne s'intéressent pas à cette question ; d'où l'intérêt de cette contribution, qui se propose de revisiter la thématique essentielle, en Afrique notamment, d'une normativité juridique pénétrée ou rattrapée par la réalité factuelle et politique[20].

Depuis sa création[21], la Cour a rendu vingt (20) décisions sur les demandes de remise en liberté. Comme on pouvait s'y attendre, cette jurisprudence est particulièrement riche d'enseignements et il a paru opportun de dresser un modeste bilan du chemin parcouru. Quelle est la particularité de l'ordonnance de remise en liberté du juge d'Arusha ?

Pouvoir reconnu également à la Cour interaméricaine des droits de l'homme et à la Cour européenne des droits de l'homme, l'ordonnance de

[18] Abraham GADJI, « L'accès à la justice entre quête, conquête et requête : quelques observations sur un droit fondamental à valoriser en Côte d'Ivoire » in Fabrice Hourquebie (dir), Quel service public de la justice en Afrique francophone ?, Bruxelles, Bruylant, p. 95-121.

[19] Djedjro Francisco Meledje, « La Cour africaine des droits de l'homme et la défense de la démocratie », in Mélanges en l'honneur du Professeur Dominique Rousseau. Constitution, justice, démocratie, Paris, LGDJ, 2020, p. 905-929.

[20] Paterne Mambo, « Les rapports entre la constitution et les accords politiques dans les États africains : Réflexion sur la légalité constitutionnelle en période de crise », McGill Law Journal, 57(4), p. 921.

[21] Abdoulaye Soma, « Le jeu des Protocoles dans le processus juridique de construction d'une Cour africaine de protection des droits de l'homme », Revue CAMES/SJP, n° 002, 2015, p. 1-18 ; Sitsofé Kowouvih, « La Cour africaine des droits de l'homme et des peuples : une rectification institutionnelle du concept de « spécificité africaine » en matière de droits de l'homme », Revue Trimestrielle des Droits de l'Homme, 2004, vol 59, p. 757-790.

remise en liberté prononcée par la Cour africaine des droits de l'homme et des peuples présente une double réalité. Alors que l'ordonnance de remise en liberté n'est prononcée qu'après l'établissement des circonstances exceptionnelles et impérieuses[22] (I), elle a une portée ambivalente (II).

I- UNE ORDONNANCE PRONONCÉE AU REGARD DES CIRCONSTANCES EXCEPTIONNELLES ET IMPÉRIEUSES

Relativement à la demande de remise en liberté, la Cour a établi qu'elle n'ordonnerait une telle mesure que dans des circonstances exceptionnelles et impérieuses suffisamment démontrées par le requérant (A) ou par elle-même proprio motu (B).

A. L'obligation pour le requérant de démontrer suffisamment les circonstances

La théorie des circonstances exceptionnelles est une notion qu'on retrouve en droit interne comme en droit international. En droit interne, la justification de telles circonstances provient de ce que la vie n'est pas un fleuve fluide. Certains évènements peuvent en modifier le cours normal. Comme les textes ne peuvent tout prévoir[23], le juge a dégagé des circonstances pour lesquelles l'administration pourrait, à certaines conditions, s'affranchir de la légalité normale.

Le juge prévoit deux conditions d'application de la théorie jurisprudentielle des circonstances exceptionnelles. Il s'agit du caractère exceptionnel des circonstances[24] et l'impossibilité pour l'administration de

---

[22] La terminologie utilisée par la Cour n'est pas uniforme. Elle utilise tantôt « des conditions exceptionnelles ou impérieuses » (CADHP, 20 novembre 2015, Alex Thomas c. Tanzanie, fond, 1 RJCA. 482) tantôt « des conditions exceptionnelles et impérieuses » (CADHP, 3 juin 2016, Mohamed Abubakari c. République-Unie de Tanzanie, fond, 1 RJCA. 624).

[23] Pour les circonstances exceptionnelles prévues par les textes, voir : l'article 73 de la Constitution ivoirienne du 8 novembre 2016 instituant l'état de crise ; l'article 105 de Constitution ivoirienne du 8 novembre 2016 instituant l'état de siège ; la loi n° 59-231 du 7 novembre 1959 sur l'état d'urgence, JORCI du 14 novembre 1959, p. 1072 ; loi n° 63-4 relative à l'utilisation des personnes en vue d'assurer la promotion économique et sociale de la nation, JORCI du 18 janvier 1963, p. 45.

[24] Le caractère exceptionnel des circonstances tient aux circonstances de guerre (CE, 28 juin 1918, 28 juin 1918, Heyriès, Rec. 651 ; S.1922.3.49, note Hauriou ; GAJA, 24e éd., n° 30 ; CE, 7 janvier 1944, Lecoq, Rec. 5 ; RDP.1944.331), de tensions politiques, de troubles

respecter la légalité[25]. On retrouve une telle notion dans la jurisprudence de la Cour africaine avec un contenu différent.

Même s'il n'existe pas de définition de circonstances exceptionnelles et ou impérieuses, les décisions rendues en matière de remise en liberté donnent des indications en ce sens. Il s'agit de circonstances au regard desquelles ne pas ordonner la liberté du requérant aurait pour résultat un déni de justice [26]. Pour le juge d'Arusha, « l'existence de telles circonstances doit être déterminée au cas par cas, en tenant compte principalement de la proportionnalité entre la mesure de réparation demandée et l'ampleur de la violation établie. La décision doit être prise dans le but ultime de préserver l'équité et de prévenir la double incrimination »[27].

Pour être valablement invoqué par le requérant, ces circonstances doivent être suffisamment démontrées par ce dernier. L'arrêt Mgosi Mwita Makungu contre République-Unie de Tanzanie[28] est, de ce point de vue, révélateur. Le requérant a été reconnu coupable et condamné pour vol qualifié. Il introduit une requête devant la Cour africaine, alléguant une violation de ses droits par suite de sa détention et de son jugement. La Cour

---

politiques consécutives à la guerre (TC, 27 mars 1952, Dame de la Murette, Rec. 626 ; RDP.1952.757, note Waline ; S. 1952.3.81, note Grawitz ; D. 1954. 291, note Eisenmann ; JCP 1952.II.7158, obs. Blaevoët ; Rev. adm. 1952.268, note Liet-Veaux) ou des émeutes, des catastrophes naturelles ou même de menaces de grève dans les services publics (CE, 18 avril 1947, Jarrigion, Rec. 148).

[25] CE, 16 avril 1948, Laugier, Rec. 161 ; S. 1948.3.36, concl. Letourneur.

[26] Sur le déni de justice lire : Charles de Visscher, « Le déni de justice en droit international », RCADI, 1935. II. 367 ; Louis Favoreu, Du déni de justice en droit public français, Paris, LGDJ, 1964, 582p. ; Louis Favoreu, « La résurgence de la notion de déni de justice et de droit au juge », in Gouverner, administrer, juger, Liber Amicorum Jean Waline, Paris, Dalloz, 2002, p. 513 et s. ; François Monnier, « Déni de justice », Mots de justice. Revue Droits, n° 34, 2002, p. 91-94 ; Marie-Anne Frison-Roche, « Déni de justice et interprétation de la loi par le juge », J.-Cl droit civil, art. 4.

[27] CADHP, 7 décembre 2018, Armand Guehi c. République-Unie de Tanzanie, § 164, 2 RJCA. 493. La Cour cite également les arrêtés suivants : arrêt du 21 septembre 2018, Diocles William c. République-Unie de Tanzanie, § 101; arrêt du 21 septembre 2018, Minani Evarist c. République-Unie de Tanzanie, § 82 ; Affaire Loaysa-Tamayo c. Pérou (fond), IACHR Series c n°33[1997], § 83 et 84; Affaire Del Rio Tamayo c. Espagne n° 42750/09 ; arrêt de la Grande Chambre [2013] CEDH 1004, § 83; Affaire Annette Pagnoulle (au nom d'Abdoulaye Mazou) c. Cameroun, Communication n°39/90 (2000) AHRLR 57 (CADHP 1997) dispositif ; Communication n°796/1998, Lloyd Reece c. Jamaïque, Views under Article 5(4) of the Optional Protocol, 21 juillet 2003, ONU Doc. CCPR/C/78/D/796/1998, § 9.)

[28] CADHP, 7 décembre 2018, Mgosi Mwita Makungu c. République-Unie de Tanzanie, fond, 2 RJCA. 570.

a jugé que le requérant avait été empêché de faire appel de son inculpation et de sa condamnation, car n'ayant pas eu accès aux copies certifiées conformes des comptes rendus des audiences et des décisions rendues dans cette affaire. La Cour a, en outre, estimé qu'il existait des circonstances exceptionnelles et impérieuses justifiant qu'elle ordonne la libération du requérant qui avait purgé 20 ans de prison sur les 30 ans auxquels il avait été condamné. La démarche du juge mérite d'être rapportée.

Tout d'abord, la Cour conclu que « l'État défendeur a violé le droit du requérant d'interjeter appel prévu à l'article 7(1) de la Charte, pour ne lui avoir pas communiqué les copies certifiées conformes des comptes rendus d'audience et des jugements dans les deux affaires pénales le concernant »[29]. Puis, elle « relève que c'est du fait de ce manquement que le requérant a passé vingt (20) ans en prison, une période qui représente les deux-tiers de la peine totale de 30 ans d'emprisonnement prononcée à son encontre à la suite de la déclaration de culpabilité, sans qu'il ait pu exercer son droit d'interjeter appel ». Enfin, le juge conclut que « ces circonstances constituent un déni de justice et sont suffisamment exceptionnelles pour justifier sa décision de faire droit à la demande du requérant d'ordonner sa remise en liberté comme étant la mesure la plus proportionnelle de le rétablir dans ses droits »[30].

De même dans la décision Robert John Penessis[31], le juge a qualifié « le fait que le requérant soit toujours détenu plus de six (6) années après la fin de sa peine de prison » de « détention illégale », constituant « une circonstance impérieuse ». En conséquence, la Cour fait droit à la demande du requérant et ordonne à l'État défendeur sa libération immédiate.

Ces solutions se rapprochent de celle retenue par la Cour interaméricaine des droits de l'homme dans l'affaire Loayza-Tamaya contre Perou du 17 septembre 1997. Dans cette affaire, le juge a ordonné

[29] § 65.

[30] § 85-86.

[31] CADHP, 28 novembre 2019, Robert John Penessis c. République-Unie de Tanzanie, fond et réparations, 3 RJCA. 617. Dans cette affaire, le requérant avait été reconnu coupable et condamné pour son entrée et sa présence illégales sur le territoire tanzanien, alors qu'il avait affirmé être tanzanien de naissance et qu'il résidait en Tanzanie, depuis sa naissance. La Cour a décidé que le requérant a fait la preuve prima facie de sa nationalité tanzanienne et qu'il incombait à l'État défendeur de prouver le contraire. La mère du requérant a témoigné devant la Cour et produit une copie certifiée conforme d'un certificat de naissance. La Cour a estimé que le droit du requérant à la nationalité et son droit de ne pas être arbitrairement détenu avaient été violés. Elle a accordé au requérant des dommages-intérêts pour préjudice moral à titre de réparation. La Cour a également accordé des dommages-intérêts pour préjudice moral à sa mère qui a été considérée comme une victime indirecte.

la remise en liberté du requérant aux motifs pris de ce que ne pas le faire aurait eu pour résultat une double incrimination qui est interdite par la Convention américaine des droits de l'homme[32].

Toutefois, lorsque le requérant ne démontre suffisamment les circonstances exceptionnelles et impérieuses, la Cour rejette sa demande de remise en liberté sans se soucier de son bien-fondé. Le juge exige, dans la plupart des cas des requérants, la preuve de telles circonstances. Dans sa jurisprudence sur la charge de la preuve, la Cour a adopté le principe général actori incumbit probatio selon lequel, il revient à la personne qui formule une allégation d'en rapporter la preuve. Il s'agit d'une jurisprudence aussi abondante que constante.

C'est le cas des arrêts Umuhoza contre Rwanda[33], Isiaga contre Tanzanie[34], Mango contre Tanzanie[35] et bien d'autres[36]. Dans ces arrêts, le juge a rejeté la demande du requérant aux motifs pris de ce que les requérants n'ont pas fourni la preuve de circonstances exceptionnelles et impérieuses.

Dans autre une espèce, le juge n'a pas fait droit à la demande de remise en liberté au motif que la demande est sans objet dans la mesure où selon les parties, ils ont été libérés par grâce présidentielle[37]. Par ailleurs pour la

---

[32] CIDH, 17 septembre 1997, Maria Elena Loayza Tamayo c. Peru, fond ; affaire concernant une enseignante victime d'une détention arbitraire parce que soupçonnée d'appartenir au Sentier Lumineux.

[33] CADHP, 24 novembre 2017, Ingabire Victoire Umuhoza c. République du Rwanda, fond, 2 RJCA. 171, § 167.

[34] CADHP, 21 mars 2018, Kijiji Isiaga c. République-Unie de Tanzanie, fond, 2 RJCA. 226.

[35] CADHP, 11 mai 2018, Thomas Mang'ara Mango et Shukurani Masegenya Mango c. République-Unie de Tanzanie, fond, 2 RJCA. 325.

[36] CADHP, 11 mai 2018, Amiri Ramadhani c. République-Unie de Tanzanie, fond, 2 RJCA. 356 ; 11 mai 2018, Armand Guehi c. République-Unie de Tanzanie (République de Côte d'Ivoire intervenant), fond et réparations, 2 RJCA. 493 ; 26 septembre 2019, Majid Goa alias Vedastus c. République-Unie de Tanzanie, fond et réparations, 3 RJCA. 520 ; 28 novembre 2019, Ally Rajabu et autres c. République-Unie de Tanzanie, fond et réparations, 3 RJCA. 562 ; 28 novembre 2019, Robert John Penessis c. République-Unie de Tanzanie, fond et réparations, 3 RJCA. 617 ; 28 novembre 2019, Jibu Amir alias Mussa et Said Ally alias Mangaya c. République-Unie de Tanzanie, fond et réparations, 3 RJCA. 654 ; 26 juin 2020, Andrew Ambrose Cheusi c. République-Unie de Tanzanie, fond et réparations, 4 RJCA. 219 ; 26 juin 2020, Kalebi Elisamehe c. République-Unie de Tanzanie, fond et réparations, 4 RJCA. 266 ; 25 septembre 2020, Job Mlama et deux autres c. République-Unie de Tanzanie, fond et réparations, 4 RJCA. 626 ; 25 septembre 2020, James Wanjara et quatre autres c. République-Unie de Tanzanie, fond et réparations, 4 RJCA. 626 ; 27 novembre 2020, Léon Mugesera c. République du Rwanda, fond et réparations, 4 RJCA. 846.

[37] CADHP, 23 mars 2018, Nguza Viking (Babu Seya) et Johnson Nguza (Papi Kocha) c. République de Tanzanie, fond, 2 RJCA. 297, § 140, spéc. 16 et 17.

Cour africaine, le préjudice moral ne peut être interprété comme une circonstance exceptionnelle[38].

Toutefois, il est arrivé que la Cour d'Arusha refuse la demande de mise en liberté au motif que « la mesure (...) demandée, correspond en substance à une des demandes au fond de l'affaire, à savoir que sa peine de prison constitue en soi une violation du droit à la liberté d'expression »[39]. De l'avis de la Cour, « l'examen de cette demande conduirait inévitablement à préjuger du fond de l'affaire ». Pour cette raison, la Cour rejette la demande du requérant d'être libéré immédiatement, au titre d'une mesure provisoire. Or, tout concourrait en l'espèce à prononcer la remise en liberté. C'est en ce sens que se sont orientés les juges Augustino Ramadhani, Duncan Tambala et Elsie N. Thompson, dans une opinion individuelle commune. Pour eux, « Faire droit à cet aspect de la requête qui demande des mesures provisoires ne saurait en aucune manière affecter ou porter atteinte au fond de la requête »[40].

Il ressort également de la jurisprudence étudiée que les circonstances exceptionnelles et impérieuses peuvent être établies proprio motu par le juge.

B. La possibilité pour la Cour d'établir proprio motu les circonstances

L'analyse de la jurisprudence de la Cour d'Arusha révèle que l'ordonnance de remise en liberté peut être prononcée d'office par la Cour, si elle établit à partir de ses conclusions que l'arrestation ou la condamnation du requérant est entièrement fondée sur des considérations arbitraires et que son maintien en détention entraînerait un déni de justice.

Des arrêts analysés, aucun ne porte sur l'établissement des circonstances exceptionnelles et impérieuses par le juge. Cependant, dans certaines décisions, même si le juge n'arrive pas à admettre l'existence de telles circonstances, la démarche utilisée conduit à reconnaître que le juge a implicitement établi ces circonstances. Cela apparait clairement dans les

[38] CADHP, 21 septembre 2018, Minani Evarist c. République-Unie de Tanzanie, 2 RJCA. 415, § 84.

[39] CADHP, 4 octobre 2013, Lohé lssa Konaté c. Burkina Faso, 1 RJCA. 320.

[40] Augustino Ramadhani, Duncan Tambala, Elsie N. Thompson, « Opinion individuelle commune », 1 RJCA. 323, § 3.

décisions étudiées. L'exemple le plus topique est l'arrêt Alex Thomas contre République-Unie de Tanzanie du 20 novembre 2015[41].

Des faits, il ressort que le 31 décembre 1996, Alex Thomas a été mis en examen pour vol à main armée, le long de la frontière entre le Kenya et la Tanzanie, dans le district de Rombo. Il était accusé d'avoir volé cent (100) kits d'embrayage, d'une valeur de huit cent mille (800 000) shillings tanzaniens. Au terme de la procédure, il est déclaré coupable et condamné à trente (30) ans de servitude pénale pour vol à main armée. Le 2 août 2013, Alex Thomas saisit la Cour africaine. Dans la requête, il est demandé à la Cour de rendre toute ordonnance ou mesure de réparation qu'elle estime appropriée. Le requérant prie également la Cour d'annuler les décisions du Tribunal de première instance et des juridictions d'appel le déclarant coupable des chefs d'accusation retenus contre lui, d'ordonner son acquittement et sa remise en liberté.

Sur la question précise de la remise en liberté du requérant, il a été jugé que « le requérant n'a pas fait état de circonstances exceptionnelles ou impérieuses qui justifieraient que la Cour accède à sa demande de remise en liberté ». En conséquence, la Cour africaine rejette la demande du requérant visant à ordonner sa remise en liberté. Cette position de la Cour n'emporte pas notre avis.

Même si le requérant n'a pas exposé de faits particuliers justifiant des circonstances exceptionnelles et impérieuses, nous avons la ferme conviction, comme le soulignent les juges Elsie Nwanwuri Thompson et Rafaâ Ben Achour dans leur opinion dissidente[42], que la Cour a établi ces circonstances exceptionnelles et/ou impérieuses. Elle y est parvenue lorsqu'elle a fait observer que le requérant avait purgé vingt (20) ans de la peine de réclusion criminelle de trente (30) ans, et que la réouverture de l'affaire dans laquelle il est impliqué ou la reprise du procès y relatif « pourraient donner lieu à un déni de justice »[43].

Il n'a pas de « circonstances » plus « exceptionnelles et impérieuses » que celle dans laquelle se trouve le requérant, qui a purgé 20 ans sur les 30 ans de prison qui lui ont été infligés, à la suite d'un procès que la Cour a déclaré qu'il n'était pas équitable[44]. Cependant, la Cour d'Arusha n'est pas allée au bout de sa logique en ordonnant la remise en liberté du requérant. Or, la mesure corrective juste, en la matière, aurait été la remise en liberté

---

[41] CADHP, 20 novembre 2015, Alex Thomas c. Tanzanie, fond, 1 RJCA. 482.

[42] Elsie Nwanwuri Thompson, Rafaâ Ben Achour, « Opinion dissidente sur Thomas c. Tanzanie », 1 RJCA. 517.

[43] § 158.

[44] Elsie Nwanwuri Thompson, Rafaâ Ben Achour, préc., § 6.

du requérant. Mais, la Cour a ordonné « à l'État défendeur de prendre les mesures appropriées pour remédier aux violations constatées ». Au vu des circonstances de l'espèce, pour nous, au lieu de laisser au défendeur l'initiative de mesures correctives, la Cour aurait pu faire droit à la demande et ordonné la remise en liberté du requérant.

D'autres décisions s'orientent dans le même sens. Tel est le cas de l'arrêt Mohamed Abubakari[45]. Par une requête en date du 8 octobre 2013, Mohamed Abubakari, ressortissant de la République-Unie de Tanzanie, reconnu coupable de vol à main armée et condamné à 30 ans de prison, fait valoir devant la Cour africaine que l'État défendeur a violé son droit à un procès équitable. Dans sa requête, le requérant a demandé, entre autres, que « la justice soit rétablie en sa faveur ; que la déclaration de culpabilité et la peine qui lui a été infligée soient annulées ; qu'il soit remis en liberté ; et que la Cour ordonne toute autre mesure qu'elle estimera appropriée »[46].

La Cour, tirant la conclusion que le requérant n'a pas démontré l'existence de circonstances spéciales et contraignantes, rejette la demande du requérant d'être libéré de prison. Ici également, la démarche du juge est discutable. Au fait, comment comprendre qu'après avoir conclu que « l'État défendeur a violé les droits allégués du requérant de se défendre lui-même et d'accéder à un avocat au moment de son arrestation, de bénéficier d'une assistance judiciaire gratuite au cours de la procédure judiciaire ; de se voir communiquer promptement les pièces du dossier afin de pouvoir se défendre ; de voir son moyen de défense basé sur le fait que le Procureur devant le tribunal de district aurait été dans une situation de conflit d'intérêts par rapport à la victime du vol à mains armées, considéré par le juge ; de ne pas être condamné uniquement sur la base des déclarations inconsistantes d'un seul témoin, en l'absence de toute séance d'identification ; et de voir sa défense d'alibi sérieusement considérée par les autorités policières et judiciaires »[47], le juge refuse d'ordonner la remise en liberté de Abubakari.

La Cour d'Arusha n'a-t-elle pas établi elle-même ces circonstances exceptionnelles et impérieuses lorsqu'elle a confirmé toutes les irrégularités qui ont entaché les différentes étapes de cette affaire, depuis l'arrestation jusqu'à la condamnation à 30 ans de prison ? Pour nous, la réponse affirmative s'impose dans la mesure où le juge africain de protection des droits a relevé que la reprise du procès ou un nouveau procès

[45] CADHP, 3 juin 2016, Mohamed Abubakari c. République Unie de Tanzanie, fond, 1 RJCA. 624.

[46] § 228.

[47] § ix du dispositif de l'arrêt.

du requérant ne serait pas « juste pour le requérant » et dans la mesure aussi où « la nouvelle procédure judiciaire interne pourrait être longue ». Cependant, « la Cour est allée plus loin en tirant la conclusion que le requérant n'a pas démontré en quoi les circonstances étaient exceptionnelles »[48].

Au regard de ces circonstances qui auraient pu servir de fondement au prononcé d'une remise en liberté, la Cour africaine a rejeté la demande et laissé, à l'État au défendeur, le pouvoir discrétionnaire des mesures appropriées. On retrouve la même démanche avec l'arrêt Diocles William du 21 septembre 2018[49]. Cette solution s'éloigne sensiblement de celle qui a été retenue par la Cour européenne des droits de l'homme dans l'affaire Del Río Prada contre Espagne[50] ou encore de celle retenue par la Cour interaméricaine des droits de l'homme dans l'affaire Loayza-Tamayo contre Le Pérou[51].

De ce qui précède, la mesure de remise en liberté peut être ordonnée que dans des circonstances exceptionnelles et impérieuses suffisamment démontrées par le requérant ou si lesdites circonstances sont établies d'office par le juge. Toutefois, une fois prononcée, l'ordonnance de remise en liberté a une portée ambivalente.

II- UNE ORDONNANCE A PORTÉE AMBIVALENTE

La portée de l'ordonnance de remise en liberté de la Cour africaine est ambivalente du fait de ce que celle-ci est à la fois une mesure d'urgence (A) et une mesure soumise aux ambiguïtés de la justice africaine. En effet, on note une jurisprudence hésitante (B).

---

[48] Elsie Nwanwuri Thompson, « Opinion partiellement dissidente », 1 RJCA. 668, § 11. Voir aussi : Rafaâ Ben Achour, « Opinion dissidente », 1 RJCA. 670.

[49] CADHP, 21 septembre 2018, Diocles William c. République-Unie de Tanzanie, fond, 2 RJCA. 439.

[50] CEDH, gr. ch., 21 octobre 2013, Del Rio Prada c. Espagne, D., 24 juillet 2012, obs. Bachelet ; D. 2012. 2917, obs. Roujou de Boubée, Garé, Gozzi, Mirabail et Potaszkin ; AJ pénal, 2012.494, obs. Herzog-Evans ; RSC, 2012. 698, obs. Roets ; Dr. Pénal, 2013.179 ; ibid. 2014. 2, note Peltier ; AJ pénal 2015.39, obs. Céré ; voir aussi : Joana Falxa, « Clairs-obscurs d'une œuvre jurisprudentielle pointilliste », AJ pénal, 2016, p. 126 ; Muriel Giacopelli, « La pénétration des règles du procès pénal devant les juridictions de l'application des peines », RSC, 2015, p. 799.

[51] Cour IDH 17 septembre 1997, Loayza Tamayo c. Pérou, Série C.

A. Une mesure d'urgence

Il ressort des arrêts de la Cour d'Arusha et de la jurisprudence constance de ladite Cour que l'ordonnance de remise en liberté est une mesure d'urgence. Cette mesure est une réparation non pécuniaire dont l'objet est de répondre au besoin urgent de mettre fin à une violation des droits humains.

Dans le contexte africain où les droits humains sont constamment violés[52], l'ordonnance de remise en liberté se présente comme le rempart à des mécanismes de justice entre quête, conquête et requête[53]. Comme pouvait l'affirmer le huron, ce que tout plaideur souhaite « c'est que, dans la réalité de sa vie quotidienne, quelque chose, au terme du recours, se trouve changé, en mieux : qu'il puisse faire ce qui lui était interdit à tort, occuper la fonction qu'on lui refusait illégalement »[54].

Se fondant sur l'arrêt Norbert Zongo[55], Sègnonna Horace Adjolohoun et Sylvain Oré affirment que « le but essentiel de la réparation n'est pas d'ériger celle-ci en une sanction pour l'État »[56]. Cependant, si l'arrestation ou la condamnation du requérant est entièrement fondée sur des considérations arbitraires et que son maintien en détention entraînerait un déni de justice, le prononcé de l'ordonnance de remise en liberté s'impose même à la Cour.

La compétence fondée sur le déni de justice est, par essence, une compétence dérogatoire. Elle suppose en effet de s'écarter des règles jugées satisfaisantes par le droit national ou supranational, qui déterminent les critères de rattachement leur paraissant raisonnables pour la détermination du tribunal compétent. En la matière, la seule justification de cette éviction des principes généraux de la compétence internationale

---

[52] René Degni-Ségui, op. cit., p. 24.

[53] Abraham Gadji, préc., p. 95-121.

[54] Jean RIVERO, « Le huron au palais royal ou réflexions naïves sur le recours pour excès de pouvoir », Dalloz, 1962, chron., p. 307 et s.

[55] CADHP, 5 juin 2015, Ayants droit de feus Norbert Zongo, Abdoulaye Nikiam dit Ablasse, Ernest Zongo et Blaise Ilboudo et Mouvement Burkinabé des droits de l'homme et des peuples c. Burkina Faso, réparations, 1 RJCA. 265.

[56] Sègnonna Horace Adjolohoun, Sylvain Oré, « Entre imperium illimité et decidendi timoré: la réparation devant la Cour africaine des droits de l'homme et des peuples » Annuaire africain des droits de l'homme, 2019, p. 325.

est le risque de violation du droit fondamental d'accès à la justice[57]. C'est le cas de l'arrêt Mgosi Mwita Makungu du 7 décembre 2018 précité.

Dans cette affaire, le requérant, accusé de vol avec voie de fait, a été reconnu coupable et condamné à une peine de 15 ans d'emprisonnement, par jugement du 18 juin 1996. Le requérant avait fait connaître son intention de faire appel des déclarations de culpabilité et des peines prononcées à son encontre en déposant, dans les délais prescrits par la loi, des avis d'appel le 16 avril 1996.

Dans sa démarche visant à interjeter appel, il a demandé en vain que lui soient communiquées, les copies certifiées des comptes rendus d'audience et des jugements dans les deux affaires, en adressant plusieurs requêtes aux autorités judiciaires concernées. Ces démarches sont restées sans suite. Et, c'est vingt (20) années après sa déclaration de culpabilité et la peine prononcées contre lui, qu'il a saisi la Cour d'Arusha.

Dans sa décision, la Cour africaine a conclu que « l'État défendeur a violé l'article 7 (1) (a) de la Charte pour n'avoir pas fourni au requérant les copies certifiées conformes des comptes rendus d'audience et des jugements (…), ce qui lui aurait permis d'interjeter appel des décisions rendues dans ces affaires»[58]. Ensuite, le juge ordonne par conséquent à l'État défendeur de « remettre le requérant en liberté dans les trente (30) jours suivant le présent arrêt »[59]. Le droit violé en l'espèce est celui du double degré de juridiction.

Le double degré de juridiction renvoie à la possibilité offerte au justiciable de faire à nouveau entendre sa cause par un deuxième juge. Le deuxième juge doit être d'une instance supérieure au premier juge qui a rendu la décision contestée[60]. C'est ce qui ressort du protocole n° 7 à la Convention européenne de sauvegarde des droits de l'homme et des libertés fondamentales du 22 novembre 1984. Selon ledit texte, « toute personne déclarée coupable d'une infraction pénale par un tribunal a le

---

[57] Étienne Pataut, « Déni de justice et compétence internationale. Note sous Soc. 14 septembre 2017, n°s 15-26.737 et 15-26.738 », Revue critique de droit international privé, 2018, p. 275.

[58] § vi. L'activité jurisprudentielle de la Cour africaine vient ainsi compléter jurisprudence abondante des juridictions internationales des droits de l'homme protégeant les droits des personnes contre la non-disposition des documents nécessaires à une procédure (CJUE, 20 septembre 2005, Seyersted et Wiberg c. Suède ; CEDH, 20 mai 2010, Ramzy c. Pays-Bas ; CEDH, 16 décembre 2008, Gulijev c. Lettonie ; CEDH, 15 octobre 2009, Tsourlakis c. Grèce).

[59] § vii.

[60] Voir notre thèse : Le contrôle des décisions des ordres professionnels par la juridiction administrative en Côte d'Ivoire, Université Félix Houphouët-Boigny, 2021, p. 196 et s.

droit de faire examiner par une juridiction supérieure la déclaration de culpabilité ou la condamnation »[61].

Si le droit de faire examiner sa condamnation par une juridiction supérieure trouve écho favorable dans les textes internationaux, ce droit, en revanche, n'a pas valeur constitutionnelle. Il ne profite que d'une protection constitutionnelle indirecte par l'intermédiaire du principe d'égalité. Il s'agit alors d'une composante des droits para-constitutionnels[62]. C'est dans ce cadre que le Conseil constitutionnel français a déclaré contraires au principe d'égalité des dispositions qui tendent à supprimer le double degré de juridiction[63]. Nous en venons, avec Jean-Marie Auby et Rolland Drago, à conclure que le double degré de juridiction est une sorte de délégation ou de déconcentration de la justice[64] ou encore « la garantie d'un rejugement impartial » selon Maryse Deguergue[65].

De même dans l'arrêt Robert John Penessis déjà cité, la Cour a estimé que le droit du requérant de ne pas être arbitrairement détenu avait été violé dans la mesure où le requérant a été gardé en détention « plus de six (6) années après la fin de sa peine de prison ». En conséquence, la Cour « fait droit à la demande du requérant et ordonne à l'État défendeur sa libération immédiate »[66].

Les décisions ainsi examinées illustrent que l'ordonnance de remise en liberté répond au besoin urgent de mettre fin à une violation des droits humains. En revanche, une parcelle significative de la jurisprudence de la Cour d'Arusha sur la même question révèle une approche hésitante.

B. Une jurisprudence hésitante

Il ressort des décisions dépouillées que « la Cour a, à maintes occasions, fait montre d'une action décisionnelle timorée, mettant du coup un franc

---

[61] Article 2. L'article 7 de la Charte africaine des droits de l'homme et des peuples de 1981 est moins explicite sur ce point. Il se borne à affirmer que « Toute personne a droit à ce que sa cause soit entendue ».

[62] François Luchaire, La protection constitutionnelle des droits et libertés, Paris, Economica, 1987, 500p. ; Aurélie Cappello, La constitutionnalisation du droit pénal. Pour une étude du droit pénal constitutionnel, Paris, LGDJ, 2014, 506p.

[63] Cons. const., 20 janvier 1981, Loi renforçant la sécurité et protégeant la liberté des personnes, DC n° 81-127 ; Cons. const., 18 janvier 1985, Loi relative au redressement et à la liquidation judiciaire des entreprises, DC n° 84-183 ; Cons. const., 17 décembre 2010, M. Boubakar B., DC n° 2010-81 QPC.

[64] Jean-Marie Auby et Rolland Drago, Traité de contentieux administratif, Paris, LGDJ, 2e éd., 1975, n° 1342.

[65] Maryse Deguergue, « Le double degré de juridiction », AJDA, 2006, p. 1310.

[66] § 164.

bémol à son pouvoir affirmé de réparer des violations pourtant constatées »[67]. Par exemple, dans l'arrêt sur le fond de l'affaire Mohamed Abubakari précédemment citée, la Cour rejette la demande de remise en liberté du requérant qu'elle conditionne à la preuve de « circonstances exceptionnelles ou impérieuses »[68].

En interprétant, cependant, son arrêt rendu en 2015 à la demande de la Tanzanie sur la signification des termes « toutes les mesures appropriées » et « réparation de toutes les violations constatées » relativement à la réparation de la violation du droit à un procès équitable, la Cour a décidé que la Tanzanie devrait prendre des mesures pour éliminer les effets de la violation, y compris la remise en liberté du requérant, mais excluant un nouveau procès[69].

Les premières décisions en matière de remise en liberté indiquent que cette question était la ligne rouge que la Cour se refusait à franchir[70]. Le juge africain de protection des droits restait « droit dans ses bottes »[71]. On discerne ainsi une Cour commandée par une logique pragmatique : ne disposant pas de moyens pratiques pour s'assurer d'une remise en liberté, c'est aux États de prendre les mesures concrètes de réparation dans ce domaine[72].

Cette tendance jurisprudentielle semble s'expliquer par le fait que la Cour d'Arusha souhaite « donner une marge d'appréciation à l'État défendeur afin qu'il puisse identifier et activer toutes les mesures qui permettraient d'éliminer les effets des violations constatées »[73]. L'office de la Cour africaine des droits de l'homme et des peuples peut être assimilé, en la matière, à une sorte de mobilisation de confort au service d'un État donné.

Mais en pratique, les États ne mettent pas en exécution les ordonnances de la Cour africaine. L'exemple topique est l'affaire Abubakari[74]. Alors que dans son arrêt d'interprétation la Cour a estimé que « toutes les mesures appropriées » comprend « la remise en liberté du requérant »,

---

[67] Sègnonna Horace Adjolohoun, Sylvain Oré, préc., p. 325.

[68] § 234.

[69] CADHP, 28 septembre 2017, Abubakari c. Tanzanie, (interprétation), 2 RJCA. 140, § 38.

[70] Laurence Burgorgue-Larsen, Guy-Fleury Ntwari, « Chronique de jurisprudence de la Cour africaine des droits de l'homme et des peuples (2019) », Rev. trim. D. H., 2022, p. 881.

[71] Laurence Burgorgue-Larsen, Guy-Fleury Ntwari, « Chronique de jurisprudence de la Cour africaine des droits de l'homme et des peuples (2018) », Rev. trim. D. H., 2019, p. 875.

[72] Laurence Burgorgue-Larsen, Guy-Fleury Ntwari, « Chronique de jurisprudence de la Cour africaine des droits de l'homme et des peuples (2020) », Rev. trim. D. H., 2021, p. 1031.

[73] CADHP, 28 septembre 2017, Abubakari préc., § 35.

[74] Voir aussi l'affaire Alex Thomas c. République-Unie de Tanzanie déjà citée.

l'Union panafricaine des avocats (UPA), représentant du requérant, a adressé une correspondance à la Cour pour l'informer que le requérant avait été remis en liberté, le 28 juillet 2017, après avoir purgé sa peine[75].

C'est dire que l'ordonnance de remise en liberté est difficilement exécutée par les États africains. Par ailleurs, pour ne pas exécuté la décision de remise en liberté, les États africains usent de ruse consistant à demander l'interprétation de l'arrêt. Et, les États ne procèdent pas à la libération du requérant quand la Cour leur donne l'occasion de prendre toutes les mesures appropriées pour réparer les violations constatées [76]. C'est pourquoi, dans certaines affaires, lorsque les requérants demandent à la Cour d'ordonner la remise en liberté, ils demandent également à la Cour d'ordonner à l'État défendeur de garantir la non-répétition de la violation de leurs droits[77].

L'attitude hésitante du juge se vérifie également avec les délais d'exécution qui accompagnent l'ordonnance de remise en liberté. Dans l'affaire Mohamed Abubakari, la Cour ordonne l'exécution dans « un délai raisonnable » avec rapport dans les six mois. La remise en liberté est ensuite ordonnée de manière tacite dans l'arrêt Kennedy Owino Onyachi sans le moindre délai d'exécution mais avec une obligation de rapporter dans les six mois[78]. Toutefois, quand les circonstances de certaines affaires l'exigent, la Cour d'Arusha n'hésite pas non plus à franchir le Rubicon en ordonnant la remise en liberté.

En définitive, la remise en liberté ne peut être ordonnée par la Cour africaine des droits de l'homme et des peuples que dans des circonstances exceptionnelles et impérieuses. Pour la Cour africaine, l'existence de telles circonstances doit être déterminée au cas par cas en tenant compte principalement de la proportionnalité entre la mesure de réparation recherchée et l'étendue de la violation établie.

Bien qu'étant inspirée des modèles européen et interaméricain, la Cour d'Arusha s'est inscrite dans la voie d'une autolimitation dans le prononcé

---

[75] CADHP, 4 juillet 2019, Mohamed Abubakari c. République-Unie de Tanzanie, réparations, 3 RJCA. 349, § 68.

[76] Ibid. ; CADHP, 4 juillet 2019, Alex Thomas c. République-Unie de Tanzanie, réparations, 3 RJCA. 299.

[77] CADHP, 8 mai 2020, Nguza Viking et Johnson Nguza c. République-Unie de Tanzanie, réparations, 4 RJCA. 3, § 9.g ; CADHP, 28 septembre 2017, Abubakari c. Tanzanie, (interprétation), préc., 2 RJCA. 140, § 38.

[78] Voir sur ce point les observations de Sègnonna Horace Adjolohoun, Sylvain Oré, préc., p. 339.

de l'ordonnance. Il en va de la légitimité même de la justice rendue à Arusha, qui sera d'autant mieux acceptée par les États et en particulier leurs juridictions.

Le juge semble oublier que « la fonction de judiciarisation du système africain que lui confère le Protocole fait [d'elle] le maillon de l'effectivité du droit à réparation, en particulier dans la Charte africaine »[79].

[79] Ibid., p. 321.

V- DROIT PRIVÉ

LIBRES PROPOS SUR L'INGÉRENCE DU DROIT PÉNAL IVOIRIEN DANS LE CONCEPT CIVILISTE DE FILIATION

Mamadou Kounvolo COULIBALY

Docteur en Droit, Maître-Assistant,
Enseignant-Chercheur en Droit Privé
Université Jean Lorougnon GUEDE de Daloa/Côte d'Ivoire

RÉSUMÉ

La famille qui constitue le socle de toute société, doit son existence à la filiation, notion très polysémique mais représentant le lien qui garantit la solidité de la société. Le droit pénal, droit sanctionnateur, s'invite dans la filiation qui s'avère être une notion fondamentale du droit civil de la famille. Cette immixtion vise certainement à protéger la filiation mais aussi constitue un obstacle à l'établissement de certaines d'entre elles. De la filiation adultérine à la gestation pour autrui en passant par la filiation incestueuse, le droit pénal se perd en conjecture dans cette sphère du droit civil de la famille qui subit au cours de cette dernière décennie un dérèglement profond à telle enseigne qu'on pourrait se demander si la filiation ne relève pas d'une fiction juridique que tente vainement de rationaliser le droit pénal à travers des interdictions tantôt justifiées tantôt inopportunes.

Mots-clés : famille – filiation – mariage – sanction pénale - responsabilité

« La Ligue Ivoirienne des Droits de l'Homme, la LIDHO condamne avec la dernière énergie….[1] ». Plus d'une décennie s'est déjà écoulée mais cette phrase demeure vive et vivante dans la mémoire d'une grande partie de la population ivoirienne. Venant d'un convaincu de la noble cause de l'humanité, le professeur BLEOU Martin est et demeura à jamais dans les annales des ONGs de Droits de l'Homme comme un modèle, une icône,

---

[1] Expression retenue par la population ivoirienne d'une déclaration de la Ligue Ivoirienne des Droits de l'Homme qu'avait lu sur les médias nationaux et internationaux le professeur BLEOU DJEZOU Martin en sa qualité de secrétaire général de la LIDHO.

une source d'inspiration intarissable que tous ses imitateurs et vénérâtes ne sauraient certainement et sûrement jamais égaler.

Comment ne pas lui rendre hommage à pareille circonstance quand l'on a marché et continue de marcher dans son ombre, de se vanter d'être un de ses disciples en matière de promotion et protection des Droits de l'Homme ? Est-ce une méprise d'essayer de lui rendre un tel hommage quand l'élève convaincu de ses propres limites a la certitude de ne pas être à la hauteur des attentes du Maître ? Le dernier d'une classe a-t-il le droit de rendre un hommage à son Maître et même de prétendre connaître certaines de ses qualités ?

Bien que s'assimilant à une sorte d'absurdité, il semble tolérable qu'il lui soit accorder le bénéfice d'accomplir de cette manière un devoir humain, de susciter des réactions du Maître, de parvenir encore à arroser sa terre intellectuelle toujours avide de savoir en vue de relever, un jour, certainement, le défi de plaire au Maître sans jamais prétendre parvenir à l'égaler. Professeur, cher Maître, ces maigres mots maladroitement alignés et associés n'ont pour but que de vous témoigner notre infinie gratitude de vous avoir côtoyé de loin mais jamais de près sur les épineux chantiers des Droits de l'Homme au sein de la LIDHO ainsi que dans les amphithéâtres pour avoir été votre étudiant. Cette filiation non légitime encore moins naturelle ou adultérine mais plutôt adoptive de fait dont nous avons bénéficié de votre part suscite en nous la réflexion sur son régime juridique de protection notamment par le droit sanctionnateur des autres droits qu'est le droit pénal. Qu'il nous soit accordé le droit à une maladresse certaine de jouir intellectuellement et surtout à travers de « Libres propos sur l'ingérence du droit pénal ivoirien dans le concept civiliste de filiation ».

En effet, la filiation, bien qu'une notion polysémique, occupe une place primordiale en droit civil de la famille. Il en est ainsi parce que « la filiation comme le mariage constituent des notions premières à partir desquelles s'est construit le droit de la famille. L'une et l'autre ont pour objet d'institutionnaliser la reproduction de l'espèce selon certaines règles jugées nécessaires à la transmission. Une transmission qui n'est pas seulement celle de la vie mais d'un ordre des choses par lequel la société elle-même se reproduit tout en évoluant[2] ».

Du latin «filiatio», cette expression empruntée à la théologie signifie fils et renvoie dans un tel contexte au lien de parenté unissant l'enfant à

---

[2] Denis ALLAND et Stéphane Rials, Dictionnaire de la culture juridique, Puf, paris 2021, P.720.

son père (filiation paternelle) ou à sa mère (filiation maternelle)[3]. En d'autres termes, c'est le rapport qui lie un individu à une ou plusieurs personnes de qui il est issu. Lato sensu, c'est le lien de parenté en ligne directe (lien du sang) ou en ligne indirecte (adoption).

Généralement rattachée et même assimilée au lien de parenté, la filiation apparaît plutôt en droit ivoirien comme la résultante de celle-ci. On tente ainsi de la définir, d'une part, de façon lato sensu comme « le lien de sang (procréation charnelle) ou de liens artificiels (procréation artificielle et adoption) ou de l'alliance [4]». D'autre part, elle peut être perçue stricto sensu comme « le lien de droit qui existe entre le père ou la mère et son enfant : paternité ou maternité [5]». Enfin, d'autres la perçoivent comme des « liens du cœur et lien du sang qui ne sont que des situations de fait tant que le droit ne leur a pas assigné le statut de lien de parenté [6]». Cette dernière approche étant une sorte de jonction des deux précédentes, elle laisse apparaître un malaise dans la perception de la notion de filiation. Celle-ci semble être d'abord une situation de fait (lien du cœur, lien du sang ou alliance) qui finalement devient une situation de droit lorsqu'elle est prise en compte par le droit positif. Ce qui revient à dire qu'il n'existe pas une approche objectivement universelle du concept de filiation qui se refuse ainsi d'être une simple et banale notion de droit[7].

On retiendra donc que la filiation est le lien à partir duquel un Etat, sur le fondement de sa législation, considère comme digne de reconnaître des individus constituant une famille. En d'autres termes, elle doit être perçue dans la circonstance comme un lien de parenté qui permet de rattacher un descendant à ses ascendants biologiques ou artificiels et dont les effets sont cernés par le droit.

---

[3] Idem.

[4] Anne Marie Hortense ASSIE-ESSO, Droit civil de la famille, 4e édition UIBA, Abidjan 2018, p.245.

[5] Mathurin BROU KOUAKOU, Droit des personnes et de la famille, édition ABC, Abidjan 2018, p.364 et 365.

[6] Frédérique DREIFUSS-NETTER, « Adoption ou assistance médicale à la procréation : quelles familles ? », Recueil Dalloz, n°10, Paris 1998, p.105.

[7] La filiation est effectivement un concept et non une notion dès lors qu'elle ne parvient à bénéficier non seulement d'une seule approche définitionnelle encore moins d'une approche doctrinale cohérente. Chaque état privilégie des modes d'établissement de la filiation (paternité, maternité, légitime, naturel, adultérin, adoptif, etc.) dans un souci de protection des enfants ou d'interdiction des modes considérés portant atteinte aux bonnes mœurs (filiation incestueuse) bien que les contenus de ces modes d'établissement ne soient uniformes.

Etant d'abord une situation de fait, la filiation en Côte d'Ivoire est un véritable concept [8] aux implications trop subtiles pour être aisément cernées. Au-delà de la filiation résultant du lien de sang entre père, mère et enfants, les filiations matriarcale [9] et patriarcale [10] occupent une place primordiale au même titre que celle par alliance[11]. Sans donner forme à toutes ces approches, le droit ivoirien se contente de considérer que la filiation ne peut résulter que de deux situations : la filiation biologique et la filiation adoptive[12]. Les autres formes restent donc des filiations de fait que le droit ivoirien épouse par endroit (les filiations par alliance). Ces filiations de droit se trouvent encadrer par le droit pénal ivoirien qui par une sorte d'ingérence, d'immixtion, tente vainement de les préserver et même d'interdire d'autres formes possibles de filiations susceptibles d'évoluer et de s'intégrer avec les deux formes légalement consacrées. Cette ingérence, dans toute législation pénale, se fait sous le qualificatif d'atteinte à la filiation[13] mais dont le contenu varie en fonction des Etats[14].

---

[8] La doctrine considère la filiation comme « un concept d'essence politique au sens propre du terme. C'est pourquoi depuis l'Antiquité la filiation est définie comme un lien de droit qui ne se confond pas avec le lien biologique » (V. Denis ALLAND et Stéphane RIALS, Dictionnaire de la culture juridique, op. cit. p.720).

[9] Dans les localités où le système matriarcal demeure un lien essentiel entre l'enfant et la famille maternelle, les oncles sont des pères pour celui-ci et cela détermine sa filiation à leur égard.

[10] Le système patriarcal produit le même résultat dans les contrées où il existe en rattachant l'enfant à ses oncles paternels qui lui servent de parents et donc déterminent sa filiation.

[11] Par le mariage, la famille de l'époux et celle de l'épouse deviennent désormais une seule famille, une sorte de filiation du cœur s'instaure entre eux et justifie l'interdiction de filiation biologique entre les membres de cette nouvelle famille sous le qualificatif abusif d'inceste. Un autre courant se développement avec l'apparition des appellations de « père spirituel » et « mère spirituelle ». On peut y ajouter l'habitude pour de simples amis se présenter aux autres comme étant des frères ou des sœurs. Des personnes régies par une alliance ancestrale se présentent parfois aussi comme des parents (les ethnies Sénoufos et Yacouba se disent être parentés par alliance).

[12] Pour la filiation biologique (V. article 1er de la loi ivoirienne n°2019-571 du 26 juin 2019 relative à la filiation) et pour la filiation adoptive (V. article 1er de la loi ivoirienne novembre 2019 relative à l'adoption.

[13] L'atteinte à la filiation est une qualification générique sous laquelle sont regroupés les divers délits qui, tendant à oblitérer, dès l'origine, la filiation véritable de l'enfant, sont de nature à séparer l'enfant de ses auteurs non seulement en fait mais en droit (Gérard CORNU, Vocabulaire Juridique, op. cit. p.456). Cette atteinte à la filiation se manifeste généralement à travers l'atteinte à l'état civil de l'enfant, provocation à l'abandon de mineur, la substitution de bébé, la simulation et la dissimulation du lien de parenté entre descendent et ascendants.

[14] A titre d'illustration, les articles 420 à 433 du Code pénal ivoirien les incrimine et réprime sous les qualificatifs de « crimes et délits contre les enfants et les personnes incapables de se protéger en raison de leur état physique et mental » vise ainsi l'infanticide, l'abandon

On peut comprendre le législateur ivoirien dès lors qu'il tente de défendre un modèle de société basé sur la famille biologique ou adoptive au sens strict des deux types de famille tout en préservant la société ivoirienne de certaines évolutions inquiétantes susceptibles de désintégrer la solidité du lien filial. La technique de la gestation pour autrui semble diviser la doctrine juridique internationale et le droit pénal ivoirien semble ne pas en tenir compte. Pourtant rien n'exclut qu'une telle pratique émerge sur le territoire ivoirien. Par contre, il reste strict dans l'interdiction de la filiation incestueuse alors que davantage l'on note des cas d'enfants nés entre frères et sœurs, entre pères et filles, entre mères et fils, entre oncles et nièces et enfin, entre tantes et neveux, etc. Le droit pénal ivoirien, de par son ingérence dans ce concept fondamental de droit civil, ne fait-il pas fausse route en consacrant ainsi des interdictions aux objectifs peut-être nobles mais aux finalités mitigées ?

A l'analyse, le droit pénal de la famille est une approche visant à utiliser les règles pénales du fait de leur sévérité, de leur rigueur, pour protéger la famille. On note, ainsi que la prise en compte de la filiation par un tel droit permet de préserver le lien de parenté des situations constitutives d'infractions qui auraient pour effet de nuire à la sécurité de la famille. On en déduit donc que le droit pénal protège la filiation (I) bien que dans certains cas, son intervention semble incongrue (II).

I- UNE INGÉRENCE JUSTIFIÉE PAR LE SOUCI DE PROTECTION DE LA FILIATION

Le droit pénal vise essentiellement la préservation de l'ordre public, la tranquillité publique, le bien-être social par l'incrimination préventive et la répression curative des troubles sociaux qualifiés d'infractions pénales. C'est ainsi que certains agissements des ascendants susceptibles de constituer un danger pour la préservation de la filiation sont incriminés et réprimés en période normale (A) comme en période de crise (B).

---

d'enfant ou d'incapable, l'avortement, l'enlèvement de mineur. Le Code pénal du Niger en ses articles 248 à 264 les qualifie de « crimes et délits contre l'enfant et la famille » vise plutôt l'enlèvement, le recel, la suppression, la supposition et la substitution d'enfant, etc.

A. La filiation protégée en période normale

En période normale, l'une des obligations à la fois naturelle et légitime des ascendants est celle d'assurer la protection de leurs descendants. La filiation est par conséquent source d'obligations pour les ascendants à l'égard de leurs descendants. De telles obligations couvrent tant la vie des descendants, leur identité que leur intégrité.

Relativement à leur vie qui mérite d'être préservée, le Code pénal ivoirien sanctionne sévèrement l'infanticide. L'article 420 dudit Code pénal prévoit qu'«est qualifié infanticide, le meurtre d'un enfant dans l'année de sa naissance. Est puni de l'emprisonnement à vie, quiconque commet un infanticide». L'article 421 ajoute qu'«est puni d'un emprisonnement d'un à cinq ans et d'une amende de 100.000 à 1.000.000 de francs, quiconque exerce des violences ou voies de fait sur la personne d'un mineur ou sur une personne incapable de se protéger en raison de son état physique ou mental, ou la prive volontairement d'aliments ou de soins au point de compromettre sa santé. S'il en est résulté une incapacité totale de travail personnel pendant plus de dix jours, la peine est un emprisonnement de trois à dix ans et une amende de 50.000 à 500.000 francs. S'il en résulte une infirmité permanente, la peine est celle de l'emprisonnement de cinq à vingt ans ». Ce qualificatif qui s'assimile à une circonstance aggravante du meurtre commis par un ascendant sur un descendant mineur a essentiellement pour conséquence la protection du droit à la vie du mineur tout en préservant leur filiation.

L'une des méthodes d'atteinte à la filiation se traduit généralement à travers l'atteinte à l'état civil d'un enfant en vue de le priver de tout lien juridique avec ses ascendants[15]. Cette attitude est réprimée par le Code pénal ivoirien en son article 451. Celui-ci dispose à ce sujet qu'«est puni d'un emprisonnement de cinq à dix ans, quiconque, par ses agissements, compromet, détruit ou modifie l'état civil d'un enfant de moins de 10 ans, ou âgé de plus de 10 ans mais atteint d'une infirmité mentale le rendant incapable de connaître sa propre identité. S'il n'est pas établi que l'enfant ait vécu, la peine est d'un mois à cinq ans d'emprisonnement. S'il est établi que l'enfant n'a pas vécu, la peine est de six jours à trois mois d'emprisonnement ».

[15] C'est le cas lorsque l'acte de naissance est établi sur la base de fausses déclarations dans le but d'attribuer à l'enfant une filiation autre que celle biologique (Cf. Tribunal de première instance d'Abidjan, Jugement n°825 du 27/07/1996, Répertoire jurisprudentiel, Tribunaux et cours d'appel 2014, CNDJ Abidjan, p. 134).

Une autre forme d'atteinte constante à la filiation proviendrait de la violation des obligations résultant du mariage. L'article 452 dispose ainsi qu' « est puni d'une peine d'emprisonnement de trois mois à un an et d'une amende de 100.000 à 1.000.000 de francs le père ou la mère de famille qui abandonne, sans motif légitime, pendant plus de deux mois, la résidence familiale et se soustrait à tout ou partie des obligations légales résultant de l'exercice de l'autorité parentale[16] ». Le délai de deux mois ainsi visé ne peut être interrompu que par un retour au foyer impliquant la volonté de reprendre définitivement la vie familiale. Le même article ajoute qu'il en va de même du père ou de la mère de famille qui « sans abandonner le domicile conjugal, se soustrait pendant un mois à ses obligations légales résultant de l'exercice de l'autorité parentale [17]». Il en est de même du mari qui, sans motif légitime, abandonne volontairement pendant plus d'un mois sa femme, la sachant enceinte[18]. Le père ou la mère qui ayant confié à un tiers l'entretien de leur enfant, refuse, de mauvaise foi, de payer le montant des dépenses nécessitées par cet entretien[19] est aussi assujetti à une telle sanction pénale. Enfin, il en va de même des père et mère déchus ou non de l'autorité parentale qui compromettent gravement par de mauvais traitements, par des exemples pernicieux d'ivrognerie habituelle ou d'inconduite notoire, par un défaut de soins ou par un manque de direction nécessaire, soit la santé, soit la sécurité, soit la moralité d'un ou de plusieurs de leurs enfants[20].

Pour donner une chance aux ascendants de se racheter, la poursuite des infractions ci-dessus visées comporte initialement une interpellation, constatée par procès-verbal, du mis en cause par un officier de police judiciaire. Un délai de huit jours lui est accordé pour exécuter ses obligations. Si le mis en cause est en fuite ou s'il n'a pas de résidence connue, l'interpellation est remplacée par une notification administrative au dernier domicile connu. Pendant le mariage, la poursuite n'est exercée que sur la plainte de l'époux resté au foyer[21]. Lorsque cette seconde chance qui est accordée à l'ascendant n'aura pas été saisie par celui-ci, alors, la sanction pénale devient évidente et intervient dans le souci de garantir le maintien de la filiation par le respect de ses obligations par l'ascendant sanctionné.

---

[16] Article 452 alinéa 1er du Code pénal ivoirien.
[17] Article 452 alinéa 2, Idem.
[18] Article 452 alinéa 3, Ibidem.
[19] Article 452 alinéa 4, Ibidem.
[20] Article 452 alinéa 5, Ibidem.
[21] Article 452 alinéa 6, Ibidem.

En somme, en période normale, l'ascendant doit veiller à la préservation de la vie de son descendant, garantir le maintien de son état civil, preuve légale de l'existence de leur filiation ainsi que la prise en compte de son droit à l'affection parentale et à l'alimentation. Toute tentative de remise en cause de ces exigences consacrées par le droit pénal ivoirien pour préserver la filiation fait ainsi l'objet de sanction pénale. Une telle protection de la filiation est également prise en compte dans la période de crise, de conflit armé surtout.

B. La filiation protégée en période de crise

Selon l'article 8 de la Convention des Nations unies relative aux droits de l'enfant adoptée dans sa Résolution 44/25 du 20 novembre 1989[22], « les Etats parties s'engagent à respecter le droit de l'enfant de préserver son identité, y compris sa nationalité, son nom et ses relations familiales, tels qu'ils sont reconnus par la loi, sans ingérence illégale ». Même en période de crise, les Etats africains dont la Côte d'Ivoire, à travers la Charte africaine des droits et du bien-être de l'enfant, « doivent, conformément aux obligations qui leur incombent en vertu du Droit International Humanitaire, protéger la population civile en cas de conflit armée et prendre toutes les mesures possibles pour assurer la protection et le soin des enfants qui sont affectés par un conflit armé. Ces dispositions s'appliquent aussi aux enfants dans des situations de conflits armés internes, de tensions ou de troubles civils [23]». Lorsqu'une crise armée éclate, l'une des craintes est qu'elle occasionne des cas d'atteinte grave au maintien des familles. La préservation de la filiation devient donc un défi. C'est pourquoi, lorsque la crise prend l'allure d'un génocide[24], à l'aune des conventions internationales, l'article 136 du Code pénal ivoirien prévoit qu'est punie de la peine d'emprisonnement à vie, quiconque, dans l'intention de détruire en tout ou partie un groupe national, ethnique, racial ou religieux comme tel, adopte des mesures visant à entraver les naissances au sein du groupe ou procède au transfert forcé d'enfants du groupe à un autre groupe[25].

---

[22] V. Droits de l'Homme, Recueil d'instruments internationaux, Volume I (première partie), Instruments universels, Nations Unies, New York et Geneva 2002, p. 203 et suivants.

[23] Article 22 alinéa 3 de la Charte africaine des droits et du bien-être de l'enfant.

[24] Le génocide est un crime contre l'humanité consistant à commettre ou à faire commettre l'un des actes spécifiques par la Convention des Nations Unies du 9 décembre 1948.

[25] Article 136 du Code pénal ivoirien.

De telles pratiques qui visent la réalisation du génocide par la destruction des liens de filiation sont donc interdites et qualifiées de crime de génocide. On y ajoute d'autres formes d'atteinte à la filiation en période de crise lorsqu'elles sont perçues comme constitutives de crime contre l'humanité.

En effet, suivant l'article 137 du Code pénal ivoirien, « est puni de l'emprisonnement à vie, quiconque, dans le cadre d'une attaque généralisée ou systématique lancée contre toute population civile et en connaissance de cette attaque, commet l'un quelconque des actes ci-après : (….) viol, esclavage sexuel, prostitution forcée, grossesse forcée, stérilisation forcée ou toute autre forme de violence sexuelle de gravité comparable ». L'article 138 ajoute le cas de détention illégale d'une femme mise enceinte de force dans l'intention de modifier la composition ethnique d'une population ou de commettre d'autres violations graves du droit international.

Le point commun de ces deux incriminations des agissements qualifiés de crime contre l'humanité se situe au niveau de leur aptitude à détruire le lien de filiation qui détermine l'existence du groupe ou de la famille. C'est pareil en cas de crimes de guerre. L'article 139 du Code pénal ivoirien dispose à cet effet qu'« est puni de l'emprisonnement à vie, quiconque commet un crime de guerre. Constituent des crimes de guerre : le viol, l'esclavage sexuel, la prostitution forcée, la grossesse forcée, (…), la stérilisation forcée ou toute autre forme de violence sexuelle constituant une infraction grave aux Conventions de Genève [26]». En d'autres termes, la situation de guerre ne saurait justifier des agissements visant à remettre en cause le maintien des filiations existantes.

La situation de crise ne disculpe donc pas les Etats, notamment la Côte d'Ivoire, de leurs obligations de protection des filiations et donc des familles. La période de conflit impose également à la protection de la filiation à travers l'interdiction de certaines atteintes aux droits des enfants. C'est ce que prévoit le Protocole facultatif à la Convention relative aux droits de l'enfant susvisée, concernant la vente d'enfants[27]. On entend ainsi par « vente d'enfants tout acte ou toute transaction en vertu desquels un

[26] Il s'agit du génocide, crime contre l'humanité et crimes de guerre.

[27] Protocole facultatif à la Convention relative aux droits de l'enfant, concernant la vente d'enfants, la prostitution des enfants et la pornographie mettant en scène des enfants, adopté et ouvert à la signature par l'Assemblée générale des Nations Unies dans sa résolution 54/263 du 25 mai 2000 ; In : Droits de l'Homme, Recueil d'instruments internationaux, Volume I (première partie), Instruments universels, Nations Unies, New York et Geneva 2002, p. 203 et suivants.

enfant est remis par toute personne ou tout groupe de personnes à un autre groupe de personnes contre rémunération ou tout autre avantage[28] ». Les enfants victimes de conflits armés ne doivent donc pas être séparés de leurs familles pour être vendus. Ce serait une atteinte à la filiation que le droit pénal ne peut, comme susmentionné, s'abstenir de réprimer.

La législation pénale ivoirienne réprime certains de ces agissements à travers le qualificatif de traite des enfants[29]. Suivant l'article 8 de cette loi, la traite et les pires formes de travail des enfants renvoie à l'exploitation des enfants qui s'entend de « toutes activités auxquelles l'on soumet l'enfant et qui ne présentent, pour ce dernier aucun intérêt économique, moral, mental ou psychologique, mais qui, par contre, procurent à l'auteur ou à toute autre personne, de manière directe ou indirecte, des avantages économiques, moraux ou psychiques ». De telles pratiques augmentent lorsque la situation de crise disloque les familles et expose les enfants à la traite et aux pires formes de travail de ceux-ci. Le Protocole facultatif à la Convention relative aux droits de l'enfant, concernant l'implication d'enfants dans les conflits armés[30] fonde une telle incrimination entretenue par le droit pénal ivoirien.

Cette exploitation de l'enfant suite à son recrutement ou son achat en période de crise en peut qu'avoir pour conséquence de porter atteinte à sa filiation. Le droit pénal semble donc faire œuvre utile en réprimant toutes ses formes d'atteinte à la filiation en temps de paix comme de crise. Cela n'exclut pas pour autant que certaines ingérences du droit pénal ivoirien en matière de filiation ne soient incongrues.

II- UNE INGÉRENCE PARFOIS ABSURDE DU DROIT PÉNAL DANS LA FILIATION

L'ingérence du droit pénal ivoirien paraît parfois absurde lorsqu'il tente d'imposer le maintien de certaines formes de filiations au détriment des droits des ascendants (A) ou encore d'interdire d'autres que la société ivoirienne admettrait dans des circonstances favorables à la préservation des liens et intérêts sociaux (B).

---

[28] Article 2 a) du Protocole facultatif suscité.

[29] Loi n°2010-272du 30 septembre 2010 portant interdiction de la traite et des pires formes de travail des enfants.

[30] Protocole facultatif à la Convention relative aux droits de l'enfant, concernant l'implication d'enfants dans les conflits armés, Adopté et ouvert à la signature par l'Assemblée générale des Nations Unies dans sa résolution 54/263 du 25 mai 2000.

A. L'absurde protection de la filiation en violation des droits des ascendants

L'interdiction de certaines pratiques relevant des futurs pères et mères se justifient par le souci de protéger la filiation en permettant à l'être conçu d'avoir l'opportunité de venir au monde. On comprend, dans ce sens, l'interdiction de l'avortement, expression utilisée pour désigner l'interruption volontaire de grossesse.

En effet, l'avortement est généralement perçu comme « l'expulsion prématurée, artificiellement provoquée, du produit de la conception (indépendamment de toute circonstance d'âge, de viabilité et de formation régulière du fœtus)[31]». Au plan pénal, l'avortement est considéré comme un délit visant à supprimer l'opportunité de la naissance d'une filiation entre des personnes à l'origine du fœtus, futur descendant, dont l'évolution a été interrompu pour empêcher sa venue au monde. Plus concrètement, le droit pénal retient que l'avortement est « délit consistant, par un moyen quelconque, à obtenir ou à tenter d'obtenir sciemment l'interruption d'une grossesse réelle ou supposée[32] ».

Cette interdiction visant à protéger le futur descendant apparemment non désiré par un ou ses auteurs est sévèrement formulée par le droit pénal ivoirien. Il ressort ainsi de l'article 425 du Code pénal ivoirien que « constitue l'avortement, l'emploi d'aliments, breuvages, médicaments, substances, manœuvres, violences ou de tout autre moyen en vue de provoquer l'expulsion prématurée de l'embryon ou du fœtus, quel que soit le moment de la grossesse où cette expulsion est pratiquée, que la femme y ait consenti ou non. Est puni de l'emprisonnement d'un à cinq ans et d'une amende de 150.000 à 1.500.000 francs, quiconque commet ou tente de commettre un avortement. L'emprisonnement est de cinq à dix ans et l'amende de 1.000.000 à 10.000.000 de francs, si l'auteur se livre habituellement aux actes visés à l'alinéa 1. L'emprisonnement est de deux à cinq ans et l'amende 200.000 à 2.000.000 de francs s'il en est résulté une stérilité, des atteintes graves à la santé physique, gynécologique ou mentale de la victime. L'emprisonnement est de dix à vingt ans s'il en est résulté la mort de la victime». L'article 426 dudit code pénal ajoute que « est puni d'un emprisonnement de six mois à deux ans et d'une amende de 50.000 à 500.000 francs, la femme qui se procure l'avortement à elle-même ou tente de se le procurer, ou qui consent à faire usage des moyens à elle indiqués ou administrés à cet effet ».

---

[31] Gérard CORNU, Vocabulaire Juridique, Puf Paris 2020, 13e édition, p.113.

[32] Idem.

Dans un but de dissuasion des professionnels du corps médical qui seraient tentés d'être complices de ce type d'infraction, l'alinéa 2 de l'article 426 ajoute que « les personnes appartenant au corps médical ou à une profession touchant à la santé publique qui indiquent, favorisent ou mettent eux-mêmes en œuvre les moyens de procurer l'avortement sont punies des peines prévues aux alinéas 2 et 3 de l'article précédent. Toute condamnation prononcée par application de l'article 425 et du présent article comporte de plein droit, l'interdiction d'exercer toute fonction et de remplir tout emploi, à quelque titre que ce soit, dans les cliniques d'accouchement, maisons d'accouchement et tous établissements privés recevant habituellement à titre onéreux ou gratuit, et en nombre quelconque, des femmes en état réel, apparent ou présumé de grossesse ».

L'article 428 dudit Code réprime également l'apologie de l'avortement. On en déduit ainsi qu' « est puni d'un emprisonnement de six mois à trois ans et d'une amende de 100.000 à 1.000.000 de francs, quiconque provoque au délit d'avortement, alors même que cette provocation ne serait pas suivie d'effet : soit par des discours proférés dans les lieux ou réunions publics ; soit par la vente, la mise en vente ou l'offre ; même non publique ou par l'exposition, l'affichage ou la distribution sur la voie publique ou dans les lieux publics, ou par la distribution à domicile, la remise sous bande ou sous enveloppe fermée, de livres, écrits, imprimés, annonces, affiches, dessins, images, emblèmes; soit par la publicité de cabinets médicaux agrées ou non ».

L'article 429 s'inscrit dans cette même logique en disposant qu'« est puni des peines prévues à l'article précédent, quiconque vend, met en vente, fait vendre, distribue ou fait distribuer de quelque manière que ce soit, des remèdes, substances, instruments ou objets quelconques, sachant qu'ils étaient destinés à commettre le délit d'avortement, alors même que cet avortement ne serait ni consommé, ni tenté ou que lesdits objets seraient en réalité inaptes à le provoquer ».

Constatant que cette interdiction pourrait être préjudiciable à des personnes étant dans le besoin de préserver leur état de santé, le Code pénal ivoirien y admet une dérogation. Il prévoit ainsi qu'il n'y a pas d'infraction lorsque l'interruption de la grossesse est nécessitée par la sauvegarde de la vie de la mère gravement menacée ou lorsque le médecin procure l'avortement à une victime de viol à la demande de celle-ci. Dans ces cas, dit-on, « le médecin traitant ou le chirurgien doit prendre l'avis de deux médecins consultants, qui, après examen, attestent que la vie de la mère ne peut être sauvegardée qu'au moyen d'une telle intervention chirurgicale ou thérapeutique ou que telle était la volonté de la victime de viol, dûment constatée par écrit. Si le nombre de médecin résidant au lieu de l'intervention est de deux, le médecin traitant n'est tenu de prendre que l'avis de son confrère. Si le médecin traitant est seul résidant au lieu de l'intervention, il atteste sur son honneur que la vie de la mère ne pouvait être sauvegardée que par l'intervention chirurgicale ou thérapeutique pratiquée ou que telle était la volonté de la victime de viol. Dans tous les cas, un des exemplaires de la consultation est remis à la mère, l'autre est conservé par le ou les médecins traitants [33]».

Mais cet effort de la législation pénale ivoirienne ne résout pas un problème même s'il s'avère être une option imposée par la puissance publique. Au plan international, l'interprétation du principe de libre disposition de son corps semble consacrer en faveur de la femme le droit de décider d'être mère ou d'interrompre toute grossesse qu'elle ne juge pas opportune. On y rencontre une argumentation dense et solide des abolitionnistes du délit d'avortement[34]. En revanche, certains courants doctrinaux militent pour le maintien du délit d'avortement. On y rencontre un courant strict qui milite pour ce maintien en toute circonstance, sauf pour des raisons médicales, comme c'est le cas en Côte d'Ivoire[35]. Un courant beaucoup plus souple s'est développé en faveur d'une solution intermédiaire qui vise le maintien du délit d'avortement tout en admettant qu'en dehors des cas justifiés par des raisons médicales, l'avortement devrait être autorisé si le motif avancé par le demandeur semble légitime[36]. On cite les cas de grossesses précoces, de grossesses risquant d'impacter

[33] Article 427 du Code pénal Ivoirien.

[34] Au Canada et aux États-Unis, l'avortement est autorisé à la demande de la femme. Aux États-Unis, l'avortement est un droit constitutionnel depuis l'arrêt Roe vs Wade de la Cour suprême de 1973, mais chaque État peut réglementer cette question et les tentatives de durcissement sont récurrentes. Cet arrêt de la Cour suprême des États-Unis reconnaît donc l'avortement comme un droit constitutionnel, invalidant de ce fait toutes les lois le pénalisant, le prohibant ou le restreignant. Cet acquis de plusieurs décennies a été cependant remis en cause récemment. Une décision du 22 juin 2022 de la Cour suprême des Etats Unis, qui annule, par cinq voix pour et quatre contre, l'arrêt Roe contre Wade, met ainsi fin au droit constitutionnel fédéral à l'avortement (V. Résolution du Parlement européen du 7 juillet 2022 sur la décision de la Cour suprême des Etats-Unis de remettre en cause le droit à l'avortement aux Etats-Unis et la nécessité de protéger ce droit ainsi que la santé des femmes dans l'Union européenne (2022/2742/RSP)).

[35] En Côte d'Ivoire comme dans de nombreux autres Etats africains, l'avortement constitue une infraction réprimée pénalement sauf pour des raisons médicalement autorisées.

[36] Cf. Agnès GUILLAUME et Clémentine ROSIER, « L'avortement dans le monde. Etat des lieux des législations, mesures, tendances et conséquences », Revue Population 2018/2 (Vol.73), p.225 à 232.

les études, l'avenir de l'ascendant ou de grossesse issue d'un viol que la mère ne voudrait pas garder.

La législation ivoirienne n'accorde, pour l'instant, aucun intérêt à chacune de ces perceptions. Elle reste figer sur une interdiction générale de l'avortement dont la seule dérogation est à rechercher de la raison médicale. Pourtant, la pratique de l'avortement est courant en Côte d'Ivoire pour les motifs ci-dessus défendu par le courant modéré. Généralement, il s'agit de grossesse non désirée soit par les deux ascendants, soit par l'un d'eux qui exige de l'autre la rupture de celle-ci. Les élèves, les étudiants, les personnes n'ayant pas encore de situations professionnelles stables et les grossesses issues de relations intimes à risques sont autant des cas, donnant lieu à la recherche de solution pour leur interruption. La législation ivoirienne devrait davantage s'atténuer par une prise en compte de ces réalités. L'interdiction absolue encourage l'avortement clandestin, donc en dehors des centres de santés[37], et l'avortement par recours à des pratiques violentes et absurdes telle que la technique du pilon[38] ou de frottage[39]. Une souplesse de la loi pénale ivoirienne serait plus protectrice de vies humaines que si elle demeure figer en ses dispositions actuelles au sujet de l'avortement.

B. L'absurde interdiction de certaines formes de filiations en vigueur

Le droit pénal ivoirien interdit et réprime certaines formes de filiations bien qu'elles soient généralement admises par la société ivoirienne. Il s'agit du délit d'inceste. En effet, l'inceste est généralement perçu comme « l'union en vue du mariage que la loi interdit entre les parents ou alliés qu'elle détermine [40] ». La filiation qui en découlait était frappée d'interdiction par la législation ivoirienne sur la paternité et la filiation parce que « incestueuse » et donc contraire à la loi aux bonnes mœurs.

En effet, le droit de la famille de la Côte d'Ivoire a connu une évolution importante au sujet de la filiation de l'enfant incestueux. D'une part,

---

[37] Des tradi-praticiens sont largement consultés en vue d'obtenir des tisanes à boire ou utilisées dans le but de se purger afin de faire disparaître le fœtus.

[38] La personne enceinte se fait administrer de violents de pilon dans le vendre en espérant que le fœtus explose et que l'évolution s'estompe ou elle se fait marcher dans le ventre jusqu'au point d'avoir des saignements du vagin.

[39] Une autre perception est de croire que si la personne enceinte effectue des relations sexuelles trop intenses dans le premier mois de sa grossesse, celle-ci pourrait s'exploser sous le poids des appuis répétés du partenaire sexuel sur le bas-ventre de l'autre.

[40] Gérard CORNU, Vocabulaire Juridique, op. cit., p.528.

l'article 19 de loi n°64-377 du 7 octobre 1964 relative à la paternité et à la filiation[41] avait consacré, d'une part, le droit à la filiation de tout enfant né hors mariage à l'égard de sa mère du seul fait de sa naissance. La filiation à l'égard du père devenait donc facultative et subordonnée par une reconnaissance de sa part ou un jugement. D'autre part, l'article 24 de ladite loi avait subordonné la reconnaissance d'un enfant né d'un commerce incestueux au mariage de ses deux parents. Il en découlait que l'enfant né d'un "commerce incestueux" ne peut être reconnu hormis toutefois en vue de sa légitimation si le mariage de ses auteurs a été autorisé[42]. Aussi, toute réclamation de filiation par l'enfant incestueux pouvait être contestée par tous ceux qui y auront intérêt[43].

On en déduit donc que l'enfant incestueux ne pouvait voir sa filiation établie qu'à l'égard de sa mère et exceptionnellement à l'égard des deux parents s'ils ont été finalement autorisés à se marier.

Pourtant, les articles 10 et 11 de la loi n°64-375 du 7 octobre 1964 relative au mariage avait été prohibé le mariage entre descendants et les alliés de la même ligne. Ainsi, en ligne direct, le mariage était prohibé entre tous les ascendants et descendants et les alliés dans la même ligne[44]. En ligne collatérale, le mariage était prohibé entre frère et sœur. Il était également prohibé entre oncle et nièce, tante et neveu et entre alliés au degré de beau-frère et belle-sœur, lorsque le mariage qui produisait l'alliance a été dissous par le divorce. L'exception à cette prescription relevait des dispositions de l'article 12 de cette loi qui permettaient au procureur de la république d'autoriser ce type d'union que s'il existe des causes graves alors que la législation applicable au mariage n'avait pris le soin de déterminer le sens de la notion de « causes graves ».

Cette atteinte légitimée à la filiation de l'enfant incestueux était si injuste que la loi n°2019-571 du 26 juin 2019 relative à la filiation a tenté vainement d'y apporter une solution. L'article 1er de cette loi dispose que « tout enfant a droit à l'établissement de sa filiation à l'égard de ses auteurs ». Par l'expression « tout enfant », le législateur ivoirien semble mettre un terme au débat sur le droit à la filiation de l'enfant incestueux. Pourtant, l'article 19 de la même loi vient rompre cette idée d'établissement simultané de la filiation de tout enfant à l'égard de ses

[41] Articles 19 et 28 de

[42] Article 24 de la loi n°64-377 du 7 octobre 1964, modifiée par la loi n°83-799 du 2 Aout 1983, relative à la paternité et à la filiation.

[43] Article 25 de la loi précitée.

[44] Article 10 de la loi n°64-375 du 7 octobre 1964 relative au mariage, modifiée par la loi n°83-800 du 2 Aout 1983.

auteur en disposant que « la filiation des enfants nés hors mariage résulte à l'égard de la mère, du seul fait de la naissance. (…) A l'égard du père, la preuve de la filiation ne peut résulter que d'une reconnaissance ou d'un jugement ».

On aurait dû en déduire une véritable évolution vers une pleine consécration de la filiation de l'enfant incestueux mais la contradiction des textes reste assez profonde à ce sujet. D'une part, la loi n°2019-570 du 26 juin 2019 relative au mariage non seulement maintient la prohibition du mariage incestueux mais aussi et surtout élargit le champ de cette interdiction. L'article 7 de cette loi énumère onze (11) cas de prohibition du mariage pour raison d'inceste avant d'admettre une insignifiante exception qui ne vaut qu'entre alliés en ligne directe et en ligne collatérale au degré de beau-frère et de belle-sœur, lorsque la personne qui a créé l'alliance est décédée[45].

Le droit pénal vient s'inscrire dans cette logique du droit ivoirien de la famille en incriminant l'inceste qu'il élève au rang de délit. La question, est alors celle de savoir si la reconnaissance de l'enfant issu d'un commerce incestueux reste possible du fait de son père dès lors que le Code pénal ivoirien interdit et réprime l'inceste ? Un jugement civil peut-il parvenir à établir la filiation d'un enfant incestueux à l'égard de ses auteurs pénalement responsables pour délit d'inceste ?

En effet, L'article 410 du code pénal ivoirien prévoit à cet effet que « constitue l'inceste, le fait d'avoir des rapports sexuels avec ses ascendants ou descendants sans limitation de degré ou avec un frère ou une sœur germains, consanguins ou utérins. Quiconque commet un inceste est puni d'un emprisonnement de six mois à un an et d'une amende de 100.000 à 1.000.000 de francs ou de l'une de ces deux peines seulement ». Cette formulation du droit pénal ivoirien mérite quelques observations montrant ses incongruités.

En effet, hormis le fait qu'il semble normal et mieux indiqué que toute relation sexuelle soit intolérable entre ascendants et descendants directs (père et fille, mère et fils, frère et sœur), même si l'expression « sans limitation de degré » paraît peu rassurante. Néanmoins, une absurdité se glisse dans l'œuvre de moralisation du législateur ivoirien lorsqu'il étend l'inceste aux frères et sœurs germains, consanguins ou utérins. L'éclatement des familles par le passage de la famille élargie à des familles nucléaires dispersées sur le territoire national et même hors de la République de Côte d'Ivoire, il n'est donc pas exclu qu'à des degrés

[45] Article 7 de la n°2019-570 précitée.

donnés l'on ne se sente plus en situation incestueuse vis-à-vis de l'autre. Les frères et sœurs germains sont issus de la même mère et du même père. Il paraît logique qu'ils soient concernés par l'interdiction pour cause d'inceste au mariage et par conséquent à la procréation source de filiation biologique.

Il en va de même des frères et sœurs utérins dès lors qu'ils sont issus de la même mère et auraient été en mesure de se connaître. On pourrait dire de même des frères et sœurs consanguins partageant le même père.

Cependant, en érigeant les relations sexuelles entre beau-frère et belle-sœur en inceste, le législateur ivoirien s'inscrit dans une absurdité dès lors que son interdiction ne reflète pas la réalité sociologique. Nombreuses sont les ethnies ivoiriennes qui pratiquent coutumièrement le lévirat[46] et le sororat[47]. Il en va de même de l'interdiction du mariage entre enfants adoptifs de la même personne[48].

L'article 411 dudit code essaie de relativiser la situation en prévoyant qu' « hors les cas de concubinage notoire ou de mariages incestueux, la poursuite ne peut être engagée que sur plainte d'un parent et seulement contre la ou les personnes désignées dans la plainte. Le retrait de la plainte met fin aux poursuites exercées. Le retrait de la plainte survenu postérieurement à une condamnation devenue définitive arrête les effets de cette condamnation ».

On retient la tolérance du législateur ivoirien à l'égard des cas isolés d'inceste. Il ne retient que l'inceste consacré à travers le concubinage ou le mariage incestueux. On comprend aussi que dans le souci de protéger les mineurs, le Code pénal ivoirien en son article 412 ait prévu que « les dispositions concernant les mineurs relatives à l'attentat à la pudeur sont applicables lorsque l'inceste est commis sur une personne incapable de se protéger en raison de son état physique ou mental ». Cela rencontre déjà la répression pour cause de détournement de mineur. Mais peu importe la

---

[46] Le lévirat est un type particulier de mariage largement pratiqué par les peuples du nord de la Côte d'Ivoire où un frère ou un neveu du défunt épouse sa veuve afin de poursuivre la lignée de sa famille. Les enfants issus de ce remariage ont le même statut que les enfants du premier mari en ayant tous désormais pour père le nouveau mari de leur mère.

[47] Le sororat par contre est la pratique du remariage d'un veuf avec une sœur de son épouse, en particulier lorsque cette dernière laisse des enfants en bas âge. L'objectif est de permettre à une sœur cadette de continuer de prendre soin du mari et des enfants laissés par son ainée décédée. Cela n'est possible que si le mari a été estimé par la famille de la défunte digne de confiance. Une telle pratique se rencontre dans certaines communautés de la région ouest de la Côte d'Ivoire.

[48] Article 7 précité, alinéa 11.

nature des relations entre les concernés frappés d'interdiction pour cause d'inceste, la filiation des enfants issus de leur fruit mérite d'être clarifiée.

Pour échapper à la sanction pénale, l'auteur de la grossesse désavoue la paternité qu'on lui attribue. L'admettre serait la preuve du délit à lui reprocher et le mettrait à la disposition du juge pénal pour délit d'inceste. Bien évidemment, la filiation reste réalisable à l'égard de la mère mais difficilement à l'égard du père. En somme, l'inceste ne devrait pas être une infraction mais plutôt une simple interdiction au mariage. Tant qu'il sera perçu comme une infraction, l'enfant incestueux qui n'a pas commis l'inceste sera le seul à subir la rigueur de la loi qui le prive de son droit à la filiation.

La filiation est, et demeure sacrée parce qu'elle constitue le socle de la cellule familiale qui à son tour garantit l'existence de toute société humaine. Le droit pénal, garant du respect des règles juridiques, ne pouvait omettre de préserver la filiation en temps de paix (période normale) comme en période de crise. Ce qui est surprenant est de voir le droit pénal ivoirien prendre en compte des cas qui auraient mérités un traitement particulier. Cette ingérence semble absurde à propos de l'avortement interdit de façon général alors qu'il fallait y parvenir avec modération tout comme il en est de même de l'interdiction trop vague de l'inceste. Dans ces deux cas, le droit pénal apparaît inopportun et tombe dans une sorte d'absurdité qui nécessite une relativisation de son intervention dans la protection de la filiation.

LE RÈGLEMENT JUDICIAIRE DES LITIGES MINIERS EN CÔTE D'IVOIRE : ÉTAT DES LIEUX

Dr KOMOIN François

Magistrat Hors Hiérarchie

Depuis quelques années, les activités des secteurs miniers et pétroliers ont pris de l'essor en Côte d'Ivoire. Le développement de ces activités donne naissance à des actes divers qui peuvent être classés en deux (02) catégories, à savoir d'une part, les actes miniers unilatéraux qui sont les titres miniers[1] et les autorisations[2] ; et d'autre part, les actes miniers contractuels que sont les conventions minières. Ces actes ainsi que l'hybridité que leur régime juridique, relevant à la fois du droit public et du droit privé, ont été mis en exergue dans l'excellent article du Docteur KOFFI Brice-Donatien intitulé « Étude sur les actes miniers en droit ivoirien »[3].

Le développement de ces activités minières donne également naissance à de nombreux contentieux lorsque celles-ci causent un dommage, notamment aux plantations situées dans la zone où opèrent les entreprises minières, dommages dont les victimes sollicitent réparation devant les juridictions particulièrement les juridictions de commerce. Le présent article écrit en hommage au Professeur BLÉOU Martin vise à faire l'état des lieux de la réponse donnée par lesdites juridictions à ce type de litige.

Un état des lieux, au sens figuré, est une description d'une situation à un moment donné. Parmi toutes décisions consultées à l'occasion du présent article, quatre suffiront à cet égard. Il s'agit de deux (02) décisions du Conseil Constitutionnel et de deux (02) décisions de la Cour de Cassation. Les décisions du Conseil Constitutionnel sont relatives à la conformité constitutionnelle des articles 128 du code minier et 135 de son décret d'application qui confient le règlement des litiges à la Commission Interministérielle des Mines dite CIM (I) ; Celles de la Cour de Cassation

---

[1] Selon l'article 1er de la loi N° 2014-138 du 24 mars 2014 portant Code minier, le titre minier est un permis d'exploitation qui donne droit à son titulaire d'entreprendre des activités d'exploitation minière. C'est aussi le permis de recherche qui donne droit à son titulaire d'entreprendre des activités de recherche minière.

[2] Ledit code définit l'autorisation comme un acte administratif délivré par l'Administration des mines à une personne physique ou morale pour exercer des activités minières autres que celles permises par les titres miniers (article 1er du code minier).

[3] Cet article est publié dans la revue actualités juridiques n° 113/2024, P 32 et suivantes.

délimitent le champ de compétence des juridictions de l'ordre judiciaire relativement à ces litiges (II).

I- DE LA CONFORMITÉ À LA CONSTITUTION DES ARTICLES 128 DU CODE MINIER ET 135 DE SON DÉCRET D'APPLICATION

Monsieur KONGOZA N'Dri et 32 autres personnes, estimant avoir subi des préjudices du fait des activités de la société minière PERSEUS YAOURÉ, ont saisi les juridictions de commerce en vue de leur indemnisation. Devant la Cour d'Appel de Commerce d'Abidjan, ils ont soulevé l'inconstitutionnalité des articles 128 du code minier et 135 de son décret d'application. Ces textes sont ci-après libellés :

Article 128 du code minier :« Les litiges relatifs au montant de la compensation à payer ou toutes autres matières s'y rapportant sont soumis à l'arbitrage des structures administratives compétentes dans les conditions définies par décret. » ;

Article 135 du décret d'application du code minier :« L'arbitrage des litiges mentionnés à l'alinéa 2 de l'article 128 du code minier est de la compétence de la Commission Interministérielle des Mines, CIM. Il se déroule en session spéciale de la CIM en présence de toutes les parties prenantes. La décision de la CIM est soumise à la validation du ministre chargé des mines. » ;

Les raisons de l'inconstitutionnalité invoquées qui ont fondé le recours de monsieur KONGOZA N'Dri et autres résident en ce qu'ils estiment que ces textes violent les articles 6 et 143 nouveau de la Constitution qui les privent de leur droit à un libre et égal accès à la justice et également de leur droit à un procès équitable rendu dans un délai raisonnable. Une première leçon tirée de la saisine du Conseil Constitutionnel est d'ordre procédural et précise les conditions de recevabilité du recours en inconstitutionnalité. En effet, la requête présentée par monsieur KONGOZA N'Dri et autres le 27 janvier 2021 et enregistrée au secrétariat général de cette Haute juridiction le 28 janvier 2021 sous le numéro 002/2021 a été déclarée irrecevable par celle-ci. Cette décision d'irrecevabilité a été motivée en ces termes :

« Considérant en la forme qu'aux termes de l'article 135 de la Constitution : « Tout plaideur peut par voie d'exception, soulever l'inconstitutionnalité d'une loi devant toute juridiction.

La juridiction devant laquelle la contestation de la loi est soulevée, sursoit à statuer et impartit au plaideur un délai de quinze jours pour saisir le Conseil Constitutionnel. À l'expiration de ce délai, si le requérant ne rapporte pas la preuve de la saisine, la juridiction saisie statue. » ;

Qu'il s'infère de cette disposition, que la saisine du Conseil Constitutionnel est nécessairement précédée d'une décision avant dire droit, rendue par une juridiction initialement saisie et devant laquelle aura été invoquée l'inconstitutionnalité d'une loi ;

Considérant en l'espèce, que les requérants n'ont produit aucune pièce attestant que la Cour d'Appel de Commerce a ordonné un sursis à statuer après débats sur la conformité à la Constitution des articles 128 alinéa 2 du code minier et 135 de son décret d'application n° 2014-397 du 25 juin 2014 ;

Qu'il y a lieu en conséquence de déclarer la requête irrecevable ; ».

Cette condition a été par la suite satisfaite, la Cour d'Appel de Commerce d'Abidjan ayant rendu un arrêt dans lequel elle a sursis à statuer sur la cause pendante devant elle en attendant que le Conseil Constitutionnel se prononce sur l'inconstitutionnalité des dispositions légales sus énoncées.

Monsieur KONGOZA N'Dri et autres, dans le délai de quinze (15) jours légalement prescrit, ont saisi à nouveau le Conseil Constitutionnel, qui cette fois-ci, la condition de forme et délai ayant été observée par eux, a déclaré leur recours recevable.

Ce recours s'articulait autour de deux (02) moyens :

Le premier moyen résulte de la décision du Conseil Constitutionnel en ces termes :

« Considérant que les requérants arguent que ces dispositions sont inconstitutionnelles en ce que la CIM organe administratif non indépendant a été érigé en juridiction, en violation du principe de la séparation des pouvoirs ; que cela a pour effet de porter atteinte d'une part, au principe de la séparation des pouvoirs contenu dans le préambule de la Constitution, et d'autre part, ne respecte pas le droit de toute personne à un jugement rendu dans un délai raisonnable, dès lors que l'intervention de la CIM n'est enfermée dans aucun délai ; ».

Ce moyen a été rejeté par le Conseil Constitutionnel qui a motivé sa décision ainsi qu'il suit :

« Considérant qu'il est constant que Monsieur KONGOZA N'DRI et autres ont d'abord saisi le Tribunal du commerce; qu'en outre leur instance est pendante devant la Cour d'appel de commerce de sorte qu'ils sont mal fondés à soutenir que la disposition déférée à la censure de la juridiction de céans, prive tout citoyen de son droit de saisir les juridictions listées par l'article 143 de la Constitution; qu'au demeurant la loi critiquée ne contient aucune disposition expresse mentionnant la compétence exclusive de la Commission Interministérielle des Mines ;

Considérant ensuite, qu'il est indéniable que les actions et recours des requérants sont consécutifs à l'inertie de la Commission Interministérielle des Mines (CIM), saisie de leur demande d'arbitrage depuis le 13 février 2019 ; que l'inertie d'une administration n'a pas pour effet de rendre inconstitutionnelle la loi régissant cette administration ; que l'inertie devrait plutôt être dénoncée devant les juridictions administratives compétentes; qu'il y a donc lieu de renvoyer les requérants à mieux se pourvoir et dire que l'article 128 de la loi N° 2014-138 du 24 mars 2014 portant code minier n'est pas inconstitutionnel » ;

Telle est la seconde leçon à tirer de la décision du Conseil Constitutionnel. Dans la mesure où conformément à l'article 98 de la Constitution les décisions rendues par cette Haute juridiction sont sans recours et s'imposent aux pouvoirs publics, à toute autorité administrative, juridictionnelle, militaire et à toute personne physique ou morale, il doit être tenu pour acquis définitif que la compétence dévolue à la Commission Interministérielle des Mines dite CIM pour connaître des litiges du secteur minier n'est pas inconstitutionnelle et que cette compétence n'est pas exclusive ; ce qui implique qu'elle laisse sauve la compétence des juridictions de l'ordre judiciaire. Surgit alors la question de la délimitation de compétence entre la CIM et ces juridictions ?

La décision sus énoncée du Conseil Constitutionnel ne contient aucune indication à cet égard. Cette délimitation sera l'œuvre de la Cour de Cassation.

Mais avant de l'exposer, il est bon de signaler brièvement le second moyen sur lequel le recours en inconstitutionnalité de monsieur KONGOZA N'Dri et autres était articulé, à savoir la classification de la CIM comme organe de médiation au sens des dispositions du traité de l'Organisation pour l'Harmonisation du Droit des Affaires (OHADA).

Ce moyen a été rejeté par la Haute Cour en ces termes :

« Considérant que la classification de la CIM comme organe de médiation au sens des dispositions du traité de l'OHADA sur la médiation est une demande qui ne ressortit pas à la compétence du Conseil Constitutionnel ; qu'il y a lieu de la rejeter ; »[4].

II- LA DÉLIMITATION DU CHAMP DE COMPÉTENCE ENTRE LA COMMISSION INTERMINISTÉRIELLE DES MINES (CIM) ET LES JURIDICTIONS

Pour mieux saisir le critère de délimitation du champ de compétence entre la CIM et les juridictions déterminé par la Cour de Cassation, un rappel des faits litigieux s'impose.

2.1. Le rappel des faits des espèces

Les faits de ces deux espèces sont survenus dans des circonstances similaires. Dans la première espèce qui a donné lieu à l'arrêt N° 869/20 rendu par la Cour de Cassation la plantation de cacao de monsieur N'GUESSAN Yao Hubert d'une superficie de 8 ha 52 ares sise dans le village de BONIKRO (sous-préfecture de HIRÉ, Département de DIVO) a subi des dommages dus à l'écoulement des eaux et déchets de l'exploitation minière de la société NEWCREST MINING LIMITES devenue HIRE MINE GOLD, lequel a asséché les plants de cacao de ce dernier. Pour les besoins du présent état des lieux, cette espèce sera dénommée « Espèce N'GUESSAN Yao Hubert ».

Dans la seconde espèce qui a donné lieu à l'arrêt N° 624/22 rendu le 24 juin 2022 par la Cour de Cassation, l'action a été initiée par les ayants droit de feu KONAN Kouamé qui ont mis en avant le décès de leur père, la dégradation de leur environnement et la dévastation de leurs cultures de teck, cacao et vivriers dans le village de Bonikro (Koutouclou - Konankro) dans la sous-préfecture de Hiré (Département de Divo), dommages qu'ils ont attribué aux activités minières de la société BONIKRO GOLD MINES SA initialement dénommée NEWCREST MINING LIMITED. Pour les besoins du présent état des lieux, cette espèce sera dénommée « Espèce Ayants droit de feu KONAN Kouamé) ».

Dans les deux (02) espèces, pour obtenir réparation les victimes, ont saisi le Tribunal de Commerce d'Abidjan d'une action en paiement de

---

[4] Cette question intéressante ne sera pas traitée ici car elle déborde le champ du présent article qui ne vise
qu'à faire l'état des lieux du règlement des litiges miniers devant les juridictions ivoiriennes.

dommages-intérêts dirigée contre les sociétés minières BONIKRO GOLD MINE SA et HIRE GOLD MINE SA.

Dans l'espèce N'GUESSAN Yao Hubert, le Tribunal de Commerce d'Abidjan a favorablement accueilli l'action en réparation et condamné dans son jugement N° 493 rendu le 06 décembre 2018 la société HIRE GOLD MINE SA à lui payer la somme de soixante-neuf millions six cent quatre-vingt-six mille six cent quatre-vingt-cinq (69.686.685) F CFA à titre d'indemnisation et celle de deux millions (2.000.000) de F CFA à titre de dommages-intérêts.

Dans la seconde espèce concernant les ayants droit de feu KONAN Kouamé, le Tribunal de Commerce d'Abidjan a, par jugement du 10 juin 2021, condamné la société BONIKRO GOLD MINES à leur payer la somme de sept cent trente-deux millions huit cent quatre-vingt-dix-neuf mille trois cent soixante-dix (732.899.370) F CFA à titre de dommages-intérêts.

Sur appels interjetés par les sociétés minières, la Cour d'Appel de Commerce d'Abidjan, dans l'espèce N'GUESSAN Yao Hubert, dans son arrêt du 06 juin 2019, a reformé le jugement attaqué et relevé le montant de l'indemnisation à lui accordé par le Tribunal de Commerce à la somme de soixante-dix millions sept cent quatre mille six cent quatre-vingt-cinq (70.704.685) F CFA tandis que dans la seconde espèce, celle concernant les ayants droit de feu KONAN Kouamé, elle a, dans son arrêt du 24 février 2022, infirmé le jugement attaqué, au motif que suivant les dispositions combinées des articles 128 alinéa 2 de la Loi N° 2014-138 du 24 mars 2014 portant code minier et 135 du décret N° 2014-397 du 25 juin 2014 déterminant les modalités d'application du code minier, les litiges relatifs au montant des indemnisations à payer en matière minière relèvent de la compétence de la Commission Interministérielle des Mines (CIM), de sorte que le Tribunal de Commerce est incompétent pour en connaître.

Par la voie du pourvoi en cassation, les deux (02) contentieux ont été portés devant la Cour de Cassation respectivement par la société minière HIRE GOLD MINES (espèce N'GUESSAN Yao Hubert) et par les ayants droit de feu KONAN Kouamé dans l'espèce les concernant.

Que reprochent-ils l'une et les autres à la Cour d'Appel de Commerce d'Abidjan ?

La société minière HIRE GOLD MINES, d'avoir retenu sa compétence, alors que les litiges relatifs au montant des indemnisations à payer en matière minière relèvent de la compétence de la CIM et soumise à la procédure d'arbitrage ; les ayants droit de feu KONAN Kouamé,

d'avoir décliné sa compétence et celle du Tribunal de Commerce d'Abidjan dans le litige minier qui lui a été soumis.

Saisis par ces deux (02) pourvois, la Cour de Cassation, dans les deux (02) arrêts objets du présent état des lieux, a rendu deux (02) décisions de cassation sur des motifs différents.

En effet, dans l'espèce N'GUESSAN Yao Hubert, au visa des articles 128 alinéa 2 du code minier et 135 de son décret d'application, elle a estimé que les juridictions de l'ordre judiciaire sont incompétentes pour connaître des litiges relatifs au montant des indemnisations à payer en matière minière au profit de la CIM ; dans la seconde espèce, celle des ayants droit de feu KONAN Kouamé, le motif de cassation, au visa des mêmes articles, était que le dommage étant survenu hors du périmètre d'exploitation et d'extraction minière, il était de la compétence des juridictions de l'ordre judiciaire.

Se dégage alors le critère de délimitation du champ des compétences respectives de la CIM et des juridictions.

2.2. Le critère de délimitation du champ des compétences respectives de la CIM et des juridictions

Des motivations des deux décisions de la Cour de Cassation sus énoncées, il est aisé de se rendre compte que le critère de délimitation des champs des compétences entre la CIM et les juridictions retenues par la Cour de Cassation est d'ordre géographique et se résume en ceci :

Si le dommage survient à l'intérieur des limites du permis d'exploitation minière, la connaissance des litiges est de la compétence de la CIM ; par contre, si le dommage survient en dehors de cas limites, la connaissance des litiges relève alors de la compétence des juridictions.

Cette délimitation de compétence, claire et sans doute facile à mettre en œuvre, laisse tout de même subsister des questions qui pourraient la fragiliser.

En effet, la CIM étant une commission administrative, elle n'a aucun pouvoir juridictionnel et l'arbitrage auquel elle procède ne s'assimile nullement à l'arbitrage au sens de l'acte uniforme sur l'arbitrage[5]. Ce type d'arbitrage pourrait se comprendre comme une mission de bons offices

[5] En effet, l'arbitrage est un mode de règlement extra judiciaire des litiges par recours à une ou plusieurs personnes privées appelées arbitres soit directement (l'arbitrage ad hoc) soit par l'intermédiaire d'une institution d'arbitrage (arbitrage institutionnel).

dans le cadre de la mission de régulation [6] confiée aux autorités administratives indépendantes.

Alors, que se passera-t-il quand cette commission ne remplit pas son office lorsqu'elle est saisie à cet effet par les victimes de dommages causés par les sociétés minières ? Peuvent-elles alors faire constater cette carence par voie de commissaire de justice et déférer le litige aux juridictions ? On pourrait le soutenir en s'appuyant sur le droit naturel au juge et dans une certaine mesure sur la décision du Conseil Constitutionnel sus énoncé qui, quoique reconnaissant la constitutionnalité de la compétence de la CIM en cette matière, a précisé que celle-ci n'est pas exclusive. L'admettre créera cependant un trouble dans le champ de compétence délimité par la Cour de Cassation. Ou alors les parties devront, s'agissant de la carence d'une commission administrative, saisir le ministre chargé du secteur des mines pour remédier à cette carence ? L'admettre aura sans doute l'inconvénient de brouiller la mission de régulation confiée à la CIM. En effet, telle que conçue, la régulation traduit la volonté de séparer les fonctions étatiques de régulation de l'activité des agents économiques de l'influence du pouvoir exécutif, en les confiant à des organismes appartenant certes à l'appareil d'État, mais indépendants du Gouvernement.

Une autre question se pose également lorsque la CIM exerce son office d'arbitrage. Quels sont les recours prévus contre ses décisions et devant quel organe ces recours peuvent être exercés ?

L'article 128 alinéa 2 du code minier qui prévoit l'arbitrage ne contient aucune disposition à cet égard, énonçant seulement que les litiges relatifs au montant de la compensation à payer ou toutes autres matières s'y rapportant sont soumis à l'arbitrage des structures administratives compétentes dans les conditions définies par décret. L'article 135 du décret N° 2014-397 du 25 juin 2014 déterminant les modalités d'application du Code minier précise que « l'arbitrage des litiges mentionnés à l'alinéa 2 de l'article 128 du Code minier est de la compétence de la Commission Interministérielle des Mines, CIM. Il se déroule en présence de toutes

---

[6] Selon Catherine TEITGEN-COLLY « Par la régulation, il s'agit d'encadrer un secteur de la vie sociale, encadrement à réaliser dans le respect de l'équilibre entre les intérêts voulus par le législateur et qui peut appeler des arbitrages entre ces intérêts. Il ne s'agit ni d'une action matérielle de prestation ou de gestion d'une activité qui relève de l'administration, ni de la détermination de politiques qui relève des gouvernants. La régulation consiste à veiller au respect du jeu social et à maintenir par-là la cohésion sociale ».
Communication sur « les autorités administratives indépendantes : mission d'une institution ». Actes du colloque sur les autorités administratives indépendantes, 1988, P 26

parties prenantes. La décision de la CIM est soumise à la validation du Ministre chargé des Mines ».

Tel que cet article est libellé, il peut être avancé, sans grand risque, que la procédure administrative de règlement des litiges du secteur minier comporte deux (02) étapes : la première se déroule devant la CIM et la seconde devant le Ministre en charge des Mines à qui il revient de valider la décision prise par la CIM. Ce qui permet de dire qu'il existe bien un recours contre les décisions de la CIM et que l'organe chargé de connaître de ce recours est le Ministre en charge des Mines, qui dans son office de validation des décisions de la CIM peut confirmer les décisions prises par elle ou au contraire les remettre en cause. Dans ce dernier cas, a-t-il compétence pour donner lui-même une solution au litige déféré à la CIM ou devra-t-il renvoyer les parties à nouveau devant la CIM pour qu'il soit procédé différemment ?

Par ailleurs la décision prise par le ministre chargé des Mines de validation ou non des décisions de la CIM peut-elle faire l'objet d'un recours devant le Conseil d'État ?[7]

Une réponse satisfaisante à ces questions permettra assurément de consolider ce mode de règlement des litiges miniers et rassurer certainement les personnes auxquelles les activités des sociétés minières causent un préjudice.

[7] Toutes ces questions intéressantes ne sont que volontairement soulevées et non traitées en raison de l'orientation seulement descriptive du présent article.

LA CONFIANCE DANS LE CONTRAT DE TRAVAIL : ESSAI D'INTERPRÉTATION D'UNE RELATION DISCUTÉE

SILUÉ Nanga,

Agrégé de droit privé et science criminelle, Maitre de Conférences
Université Alassane Ouattara, Bouaké

De l'observation même naïve de la relation qu'a entretenu le dédicataire de ces lignes avec son Maître, que dis-je, notre Maître à tous, à savoir le professeur Wodié, la prétention à l'objectivité attribuée au droit n'était d'aucun apport puisque le sentiment attribué au non-droit, catégorie systématisée par Carbonnier, était la seule figure visible du maintien du couple. Pourtant, au-delà de cette présentation caricaturale que le vulgaire a retenue, l'auteur de ces lignes, pour avoir été un fidèle observateur du couple évoqué, a surpris une autre lecture, cette fois-ci, intelligible nourrie à la source du « fidéisme » la philosophie de la croyance ou de la confiance à l'origine de la relativité du droit et développée par E. Lévy. Pour l'expliquer la place de la confiance dans le contrat de travail peut servir de prétexte.

Quel que soit l'angle d'attaque, une réflexion portant sur : « la confiance dans le contrat de travail » constitue une revanche posthume pour E. Lévy. Deux raisons, au moins, plaident en faveur de cette affirmation quelque peu radicale. La première provient de l'idée que ses laudateurs, dont E. Lambert, ont eu de lui à savoir que E. Lévy inspiré par Lassalle est à l'origine de la détermination du rôle joué par la croyance dans la création et la disparition du droit en général et du contrat en particulier[1]. La seconde raison est déduite de ce que ses détracteurs dont Roubier[2] ne peuvent lui dénier. En effet, E. Lévy a eu le mérite d'avoir très

[1] Edouard LAMBERT, « Préface », in E. Lévy, La vision socialiste du droit, Paris, Giard, 1926, p. VII. Selon cet auteur, E. Lévy est « l'une des figures les plus spontanément originales qui se détache à l'heure présente sur l'écran de la science juridique française ». Il ajoute que « s'il est vrai que la relativité du droit affirmée par Levy à travers sa formule selon laquelle « la croyance crée le droit », est inspirée de Lassalle, c'est à lui que l'on doit la découverte que les droits créés par la croyance sont susceptibles d'être abolis par la disparition de cette croyance ».

[2] P. Roubier, Théorie générale du droit, Paris, Sirey, 2e éd., 1951, p. 174. Dans ce texte, cet auteur estime clairement que « les thèses d'E. Levy n'ont pas obtenu une grande audience ». Au nombre des auteurs opposés aux thèses défendues par E. Lévy, l'on peut

tôt compris que les relations qu'entretiennent la confiance et le contrat en droit privé et plus particulièrement en droit du travail, est un sujet important. Certes le discours d'objectivation du contrat de travail repérable en droit comparé[3] n'est pas tendre avec la confiance considérée comme la fille naturelle de la subjectivité en droit. Mais au-delà de cette opposition qui fait douter d'une éventuelle entente cordiale entre ces deux catégories, la réalité n'est-elle pas plus trouble ?

« Confiance », cette première locution qui sert de porte d'entrée à la réflexion n'a que l'apparence de la simplicité[4]. En effet, tous croient saisir, ne serait-ce qu'intuitivement, ce qu'est la confiance, tant elle est omniprésente dans les relations humaines, qu'elles soient, politique, professionnelle, contractuelle ou non. En Afrique traditionnelle par exemple, elle est la condition sine qua non de la transmission des savoirs traditionnels, notamment des secrets, par les anciens aux plus jeunes[5]. Au niveau des États, elle est convoquée pour justifier un nouveau lien démocratique[6]. En matière professionnelle, la qualité des relations que peuvent entretenir les professionnels et leurs clients en dépend. C'est le cas par exemple de l'avocat, du notaire, du banquier et leurs différents clients. En matière contractuelle en général, G. Cornu ne croyait pas si bien dire

citer : P. Roubier, Théorie générale du droit, Paris, Sirey, 2e éd., 1951, p. 174; Georges RIPERT, « Le socialisme juridique d'Emmanuel Lévy » [1928], repris dans Carlos Miguel HERRERA (sélection et présentation), Par le droit, au-delà du droit. Textes sur le socialisme juridique, Paris, Kimé, 2003, p. 218. Pour sévère qu'elle soit, et jusque dans son parti pris antisocialiste, la critique de Ripert est l'un des exposés les plus éclairants sur la pensée de Lévy.

[3] Sur le discours d'objectivisation du droit du travail, lire avec intérêt. V. Ilieva, L'exigence d'objectivité du droit du travail,

[4] Sur cette apparente simplicité de la confiance, revisitons une plume autorisée de la doctrine française notamment le professeur F. Terré, qui dans un article intitulé, La confiance dans les mots de la loi : évocation du doyen Gérard Cornu, in La confiance en droit privé des contrats, Dalloz, 2008, p.7, affirmait que la confiance correspondait « à une relation entre deux ou plusieurs personnes et qu'à la limite, elle pouvait se passer de mots ou tout au moins préexister à l'échange de ceux-ci ».

[5] K. M. Agbenoto, « La discrétion », in Mélanges en l'honneur de A. N. Gbaguidi, Tome 1, Les Éditions du Credij, 2023, p. 393.

[6] Toutes lois se rapportant à la transparence de l'action publique peuvent être citées à cet égard. En France, peuvent être cité à ce titre la loi n°2004-575 du 21 juin 2004 pour la confiance dans l'économie numérique, la loi n°2017-1339 du 15 septembre 2017 pour la confiance dans la vie politique ; Loi n° 2018-727 du 10 août 2018 pour un État au service d'une société de confiance, JORF, du 11 août 2018 ; Au Sénégal, il s'agit

lorsqu'il a affirmé que « il règne sans doute toujours entre contractants un certain sentiment de confiance »[7].

Pourtant, lorsque le juriste s'intéresse de plus près à cette expression, cette première lecture qui en fait tantôt une évidence partagée, tantôt une notion « valise »[8], se brouille, laissant ainsi place à un sentiment d'énigme, tant la confiance est difficile à saisir en droit. Il est vrai que le vocable apparait dans certains textes de loi, notamment dans le code du travail[9] ivoirien à travers l'article 81.13[10] relatif aux conditions de désignation des assesseurs ou suppléants ou représentants d'organisations syndicales au sein du tribunal de travail ou encore le code pénal avec l'infraction d'abus de confiance. Mais à aucun moment, ni dans le code du travail, ni dans le code pénal, cette notion n'a pas été définie. La même observation peut être faite en ce qui concerne les manuels de droit dans lesquels aucune entrée n'est réservée à la confiance.

Dérivé du latin cum qui signifie avec et fidere qui signifie croire ou se fier, le mot confiance, à s'en tenir qu'au lexique de la langue française renvoie tantôt à « la croyance spontanée ou acquise en la valeur morale, affective, professionnelle (...) d'une autre personne, qui fait que l'on est incapable d'imaginer de sa part tromperie, trahison ou incompétence », tantôt au « sentiment de sécurité d'une personne qui se fie à quelqu'un, à quelque chose »[11], tantôt à l'« espérance ferme en quelqu'un, en quelque chose ».

De ces définitions lexicales, deux considérations apparaissent. Tout d'abord la confiance est appréhendée sous l'angle du sentiment[12] ou du ressenti et par conséquent de l'irrationnel. C'est pour cette raison que certains auteurs n'hésitent pas à recourir au non-droit catégorie attribuée par J. Carbonnier pour désigner les espaces que le droit ne gouverne pas[13]

---

[7] G. Cornu, Du sentiment en droit civil, L'art du droit en quête de sagesse, Doctrine juridique, Puf, 1998, p. 73.

[8] L'expression est de, A. Gaillet (dir.), Propos introductifs, in La confiance, un dialogue interdisciplinaire, Presse universitaire de Toulouse 1 Capitole, 2018, p. 5

[9] Dans le code du travail, c'est dans l'article 81.13 alinéa 4 qu'une référence est faite à la confiance. Selon ce texte, ne peut être nommé assesseurs ou suppléants, les représentants d'organisations syndicales condamnés pour abus de confiance.

[10] Article 81.13 : « Selon ce texte, ne peut être nommé assesseurs ou suppléants, les représentants d'organisations syndicales condamnés pour abus de confiance ».

[11] Le petit Larousse, Compact, 2004, p. 247, V°Confiance.

[12] G. Cornu, L'art du droit en quête de sagesse, Doctrine juridique, Puf, 1ère éd. 1998, p. 70.

[13] J. Carbonnier, Flexible droit, LGDJ, 8è éd.,1995, p. 23 et s.

pour la cerner. C'est le cas par exemple de la conviction[14] ou de la convenance personnelle[15].

La confiance invite ensuite à renoncer à vérifier préalablement l'exactitude de la situation espérée avant de s'engager. C'est ce qui prévaut dans les hypothèses de recrutement fondées sur de simples déclarations des parties à l'exclusion de toute vérification des qualités professionnelles alléguées à travers les mises à l'épreuve comme l'essai, par exemple. Certes, dans ce cas de figure, la confiance repose sur les déclarations des parties. Mais, faute de la preuve desdites déclarations, la confiance qui s'y fonde suppose un pari sur l'avenir qui ne procure de sécurité que dans l'esprit de la personne qui fait confiance. « La confiance est un crédit fait aux autres » dit Hume[16].

L'idée que le vocabulaire Cornu s'en fait n'est pas éloignée de cette approche lexicale ou étymologique puisque la croyance qui la fonde est également au cœur de la définition retenue par cet auteur. Selon lui, la confiance est la « croyance en la bonne foi, loyauté, sincérité et fidélité d'autrui ou en ses capacités, compétence et qualifications professionnelles »[17]. La différence relevée ne tient qu'à l'objet de la croyance qui s'observe au travers d'expressions, quoique toutes aussi incertaines, sont familières aux juristes. En conséquence de ce qui précède, la confiance est une supposition positive qui peut être, soit le résultat d'un préjugé, donc immédiatement indémontrable, soit au contraire de comportements ou d'éléments factuels antérieurs qui fondent l'état d'esprit. De cette spécificité, la confiance peut revêtir deux caractères, subjectif et objectif. Elle serait subjective si elle est le résultat d'un a priori qui n'a aucun fondement factuel. En revanche, elle serait objective si elle est la conséquence de faits ou d'évènements établis qui nourrissent cet état d'esprit.

Vu sous cet angle, la confiance invite à une posture ouverte. Elle peut exister aussi bien dans les rapports interpersonnels que dans ceux renvoyant aux personnes et aux choses. Dans les premiers, il peut s'agir de sentiment envers une personne. L'on parlerait ainsi de confiance dans la

---

[14] En droit, c'est l'intime conviction du juge qui se laisse saisir aisément, CSCJ. Sect. Civ., 12 juin 1990, arrêt n°191, inédit. « Doit être cassé, l'arrêt de la Cour d'Appel qui pour retenir la légitimité du licenciement s'est basé sur sa conviction personnelle fondée sur de simple présomption sans ordonner la mise en état ni prendre en compte les témoignages qui innocentaient le travailleur ».

[15] S. Paricard-pioux, La convenance personnelle, Dalloz, 2003.

[16] D. Hume, Enquête sur les principes de la morale, III, 3 (1751), Flammarion, 2010.

[17] G. Cornu, Vocabulaire juridique, Puf, 1987, p ; 202, V°Confiance.

personne. Ici, c'est la confiance en soi ou en autrui qui est visée. Dans les seconds rapports, le sentiment se manifeste à l'égard de quelque chose. L'on parle alors de confiance en quelque chose. C'est le cas par exemple de la confiance en la justice, dans le service ou dans l'organisation. Cette approche duale de la confiance apparaît dans la définition de la confiance donnée par une partie de la doctrine en droit administratif ivoirien selon laquelle, « la confiance renvoie à l'idée qu'on peut se fier à quelqu'un ou à quelque chose »[18].

La confiance ne se confond donc pas avec la sécurité. Certes, il n'y a pas de confiance si tant est que la personne qu'elle habite n'éprouve pas un besoin de sécurité qui est le stade ultime de « l'ordre, de la paix et de la stabilité ». C'est ainsi que Ripert n'hésite pas à considérer que « tout homme civilisé a dans le cœur le désir de sécurité »[19]. De même, Roubier pense que la sécurité est la première valeur sociale à atteindre (...). L'exigence de sécurité juridique naît de la même nécessité profonde que l'idée de loi de la nature : c'est le besoin de constituer en un ordre le désordre des données dispersées, de pouvoir prévoir et dominer la réalité »[20]. Mais à cette prétention de prévoir et de dominer la réalité s'incruste la réalité d'un doute qui occupe l'esprit. A défaut, l'on est en présence de la preuve de la situation recherchée, ce qui est impossible puisque la confiance n'a de sens qu'en rapport avec une chose future et par conséquent éventuelle[21]. La confiance compose donc toujours avec l'acceptation d'une trahison éventuelle qui éloigne de la certitude que seule la preuve de la situation éventuelle et incertaine peut procurer. Il s'en suit que toute définition de la confiance qui l'assimile à la sécurité juridique est discutable[22] dans la mesure où la relation de confiance place toujours celui

[18] P-C. Kobo, Le principe de confiance légitime régit les relations entre l'administration et les administrés, Actualités juridiques, n°103/2020, p. 8.

[19] G. Ripert, Le déclin du droit, LGDJ, 1949, p. 155.

[20] P. Roubier, Théorie générale du droit, Paris, Sirey, 1951, p. 323 et 333.

[21] J-M. Verdier, Les droits éventuels. Contribution à l'étude de la formation successive des droits, Rousseau & Cie, 1955.

[22] Une telle confusion a pu être repérée dans les propos de M-A. Frison-Roche, Considérations générales sur la confiance dans l'industrie des services financiers, in CRETE, Raymonde, Nicarato, Mario, Lacoursière, Marc, Brisson, Géneviève (dir), La confiance au cœur de l'industrie des services financiers, CéDé, Edition s Ybon Blais, Québec, 2009, p. 5. Cet auteur estime que : « la confiance est le mécanisme par lequel une personne s'en remet à une autre, à une chose ou à une organisation, permettant ainsi à celles-ci de disposer d'elle car elle est assurée qu'il en résultera un bien pour elle ». C'est l'expression « assurée » employée ici qui autorise cette interprétation.

qui l'accorde dans un état de vulnérabilité et de dépendance qui emporte un risque et repose sur l'acceptation de celui-ci.

Dans les discours sur la confiance, cette expression est le plus souvent accompagnée du qualificatif légitime, ce qui présume qu'à côté de la confiance légitime existe une confiance qui serait illégitime. Une lecture de G. Vedel, dans sa préface de l'ouvrage collectif intitulé « légitimité de la jurisprudence du conseil constitutionnel » donne une idée de cette expression. Dans cet ouvrage, l'auteur établit un rapport synonymique entre ce qui est illégitime et ce qui est usurpé, c'est-à-dire ce qui prend la place de l'autre. Pour se faire comprendre, il utilise la figure de l'enfant illégitime qui prend la place de l'enfant légitime. Replacé dans notre contexte, est légitime la confiance justifiée ou fondée en droit, c'est-à-dire qui repose sur une explication rationnelle. Serait alors illégitime, celle qui ne l'est pas, qui ne s'explique pas. Contrairement à la plupart des études qui se sont intéressées à cette confiance qualifiée, l'étude fait le choix de s'en tenir à celle qui n'est pas flanquée de qualificatif.

Dans cette étude, l'on entendra donc par confiance, ce sentiment qui se traduit par la croyance fondée ou non, qui permet à celui qui l'éprouve de penser que ses attentes à l'égard de personnes, ou de choses qui conditionnent sa propre décision, ou celle d'autrui, ne sera pas déçue.

« Contrat de travail », jusqu'à une date récente, cette notion n'a pas reçu de définition assurée aussi bien en droit ivoirien qu'en droit français qui l'inspire. Alors qu'une incertitude demeure en droit français sur ce point[23], le doute est désormais dissipé en droit du travail ivoirien depuis la réforme de 2015 dans laquelle le contrat de travail est défini comme « un accord de volontés par lequel une personne physique s'engage à mettre son activité professionnelle sous la direction et l'autorité d'une autre personne, physique ou morale, moyennant rémunération »[24]. Si cette définition légale n'appelle pas d'observation particulière tant elle est le résultat d'un consensus[25] aussi bien jurisprudentiel que doctrinal, elle ne peut, en

---

[23] Sur l'absence d'une définition assurée du contrat de travail en France, G. Auzero, D. Baugard, E. Dockès, Droit du travail, Dalloz, 2022, p. 269 ; E. Dockès, « Notion de contrat de travail », Dr. Soc. 2011 ; B. Géniaut, Le contrat de travail et la réalité, RDT, 2013, p. 90 ; C. Radé, Des critères du contrat de travail. Protéger qui exactement ? Le tentateur, Le sportif amateur ? Le travailleur ?, Dr. Soc. 2013, p. 202 ; T. Pasquier, Sens et limites de la qualification de contrat de travail, RDT 2017, p. 95 ; G. Loiseau et A. Martinon, L'homo ubericus est-il un salarié ? , Cah. Soc. 2016, p. 283 ; C. Didry, Au-delà de la subordination, les enjeux d'une définition légale du contrat de travail, Dr. Soc. 2018, p. 229 ; B. Bossu, Quel contrat de travail au XXIè siècle ? , Dr. Soc. 2018, p. 232.

[24] Art. 14.1 du code du travail

[25] Sur cette notion Y. A. Gadji, Le consensus en droit international public, RID, n°50-2017.

revanche, être comprise dans toute son étendue qu'au prix de sérieuses mises en garde.

La première mise en garde est relative à la spécificité de ce contrat déduit du particularisme de la matière[26]. Par contrat de travail, il faut entendre certes cette catégorie juridique empruntée au droit civil[27] à laquelle donne naissance le seul accord de volonté dans la perspective d'un échange. Toutefois, en plus de ce lien objectif, il implique un rapport personnel, subjectif, nourri à la sève du droit des personnes qui lie une personne déterminée (employeur) à une autre, tout aussi déterminée (salarié). Cette dernière approche du contrat est privilégiée en droit allemand[28] qui met en avant la notion de subordination personnelle par opposition à l'approche française de la subordination juridique. Dans cette étude, par contrat de travail, l'on reprend cette synthèse de la conception contractuelle donc objective attribuée au droit français et subjective inspirée par le droit allemand.

La deuxième mise en garde met l'accent sur les frontières de la catégorie étudiée. Initiée par le décret de 1925 qui marque l'apparition officielle du contrat de travail en Afrique Occidentale Française (AOF) autour du triptyque classique qui le caractérise depuis lors[29], c'est dans un arrêt du 28 mars 1958 rendu par le Tribunal des conflits[30] au visa de l'article 1er du Code de travail des territoires d'outre-mer que la première frontière avec les statuts voisins, notamment celui de fonctionnaire, a été

---

[26] P. Durand, « Le particularisme du droit du travail », Dr. soc. 1945, p. 298.

[27] Cf. l'article 1779 du code civil de 1804 qui avait prévu au départ que deux contrats de travail à savoir, « le louage des gens de travail qui s'engage au service de quelqu'un » ou encore « louage de services ». Ce contrat concernait, le « louage des domestiques et ouvriers » et le contrat « des entrepreneurs d'ouvrages par suite de devis ou marché ». Aujourd'hui encore le contrat de travail est d'abord un contrat de droit qui se voit appliqué le droit commun des contrats. Voir par exemple, les articles 1108 et suivants sur la formation du contrat ou encore les articles 1304 ou 1184 sur la preuve ou la résiliation du contrat de travail.

[28] Sur l'attribution de la paternité de cette conception du contrat au droit allemand, voir, [28] L. Josserand, Cours de droit civil positif français. II. Théorie générale des obligations. Les principaux contrats de droit civil. Les sûretés., 3ème édition, Paris, Sirey, 1930, p. 137, § 239.

[29] Décret du 22 octobre 1925 règlementant le travail indigène en AOF, JOAOF, n°1124 du 3 avril 1926.

[30] T. C. 28 mars 1955, Sirey, 1957, p. 426, note P. F. Gonidec qui distingue clairement le salarié du fonctionnaire. « Il résulte des termes clairs et précis de cette disposition (article 1er) que la loi du 15 décembre 1952 est applicable à tous les agents des collectivités publiques, qu'ils soient employés dans les conditions du Droit privé ou soumis à un régime de Droit public, à la seule exception des agents nommés dans un emploi permanent d'un cadre d'une Administration publique, c'est-à-dire ceux qui ont la qualité de fonctionnaire ».

tracée. Cet arrêt distingue clairement le salarié, titulaire du contrat de travail et le fonctionnaire régit par le statut de la fonction publique. Ce tracé des frontières s'est poursuivi après l'indépendance de la Côte d'Ivoire avec un arrêt célèbre rendu en 1970 par la Chambre administrative de la Cour suprême[31]. D'après cet arrêt rendu au visa d'un décret pris en 1965[32], tous les contractuels de l'administration sont titulaires de contrat de travail[33].

Considéré par la doctrine comme un arrêt de principe puisque le décret de 1965 sur lequel la Haute juridiction s'était fondée n'était pas aussi explicite sur la qualification de la nature relation de travail en cause. En effet, l'article 1er dudit texte visé par le juge disposait simplement que « les agents contractuels de l'administration n'ont pas la qualité de fonctionnaires ». Il n'en fallait pas plus pour qu'elle déduisit de cette absence de qualité de fonctionnaire l'existence de la qualité de salarié.

Mais cette conception duale du rapport de travail que l'on peut avoir dans l'administration à savoir d'une part, les agents temporaires titulaires de contrat de travail et les fonctionnaires régis par le statut de la fonction, d'autre part, a été brouillée par deux arrêts rendus respectivement en

---

[31] CSCA, 11 décembre 1970, in WODIE F. et BLEOU M., La chambre administrative de la cour suprême et sa jurisprudence, Abidjan, Annales de l'Université d'Abidjan, Economica, 1981, p. 174 et s.

[32] En effet, le Décret de 1965 (Décret n°65-165 du 12 juin 1965 fixant le régime général des agents temporaires des administrations et établissements publics administratifs de l'État, JORCI, 1965, p. 304) n'était pas aussi formel que la Chambre administrative l'affirme. Selon l'art. 7 dudit décret : « les agents contractuels de l'administration n'ont pas la qualité de fonctionnaires ».

[33] CSCA, 11 décembre 1970, in WODIE F. et BLEOU M., La chambre administrative de la cour suprême et sa jurisprudence, Abidjan, Annales de l'Université d'Abidjan, Economica, 1981, p. 174. Les attendus de principe de cet arrêt sont ainsi libellés : « Considérant que le sieur Kouamé kouadio a été engagé dans les conditions prévues par le décret du 12 juin 1965 fixant le régime général d'emploi des agents temporaires des administrations et établissements publics administratifs de l'État ; qu'au terme de l'article 7 dudit décret « les agents temporaires n'ont pas la qualité de fonctionnaires de l'État », que la loi du 1er août 1964 (le code du travail) leur est, dès lors, applicable ; Considérant qu'en vertu des articles 149 et suivants de ladite loi les différends individuels qui peuvent s'élever entre les travailleurs et leurs employeurs ressortissent à la compétence des tribunaux du travail institué par ces dispositions ; que la chambre administrative de la cour suprême ne peut être saisie d'un différends opposant un agent temporaire de l'Etat que par la voie d'un recours en cassation dirigé soit contre un jugement rendu en dernier ressort par le Tribunal du travail, soit contre un arrêt de la Cour d'appel dans les cas où le Tribunal du travail ne statue qu'à charge d'appel ; que dès lors le sieur Kouamé kouadio n'est pas recevable à former un recours pour excès de pouvoir contre la décision en date du 31 juillet 1969 par laquelle le Ministre de l'agriculture l'a mis à pied pour huit jours et contre la décision du 26 décembre 1969 par laquelle le Ministre de la Fonction publique l'a licencié de ses fonctions ».

2015[34] et en 2018[35]. A l'instar de certains pays, comme le Benin[36] et la France[37], la catégorie agent public, titulaire d'un contrat administratif, a été consacrée. A priori, l'on peut penser que le champ de l'étude, le contrat de travail, s'est rétrécit avec cette nouvelle création dans la mesure où les contrats relevant de cette catégorie y échappent. Mais rien n'est moins sûr. Certes, l'agent public, titulaire du contrat de travail administratif sort de la situation de fait dans laquelle il a longtemps été plongé[38]. Toutefois, l'incertitude qui l'a toujours caractérisé n'est pas pour autant dissipée. La fragilité de la source[39], à savoir la jurisprudence, qui consacre son existence juridique, l'incertitude de son régime juridique et la résistance de la pratique[40] n'autorisent pas à croire à une naissance exempte de critique.

---

[34] CSCA, arrêt n°180 du 29 juillet 2015, Tabley Tedy Raphael Axel c/État de Côte d'Ivoire, Base comoé, pp. 1-6 : « Mais considérant qu'en décidant ainsi, alors que recruté par décision n°39/PR/SG du 12 décembre 2000 du Secrétaire Général de la Présidence de la république de Côte d'Ivoire, en qualité de médecin, puis nommé Conseiller technique par arrêté n°009 du 31 octobre 2008, Monsieur TABLEY Tedy Raphael Axel, qui participait directement au fonctionnement et à l'exécution de la mission de service public de la Présidence de la République, avait la qualité d'agent public lié à l'État de Côte d'Ivoire par un contrat administratif, échappant donc à l'application du code du travail, la Cour d'appel a violé l'article 2 alinéa 3 susvisé dudit code ».

[35] CSCA, arrêt n°128 du 23 mai 2018, Paul Agodio c/ Ministre de l'économie et des finances, Base comoé, précité : « considérant qu'en l'espèce, dans le cadre de ses relations professionnelles, monsieur Paul AGODIO participait à l'exécution d'une mission de service public ; que, dès lors ce contrat doit être regardé comme un contrat administratif dont le contentieux relève non du Tribunal du travail, mais du Tribunal de première instance, statuant en matière administrative ».

[36] C'est le cas du Benin depuis 2008 (Décret n°2008-377 du 24 juin 2008 portant régime d'emploi des agents contractuels de l'État ; selon l'article 24 dudit décret, « Le recrutement de l'agent contractuel de l'État est matérialisé par un contrat administratif soumis au régime de droit public ».

[37] C'est l'arrêt Berkani, rappelons-le qui soumet les agents contractuels au droit public.

[38] A. D. Aka-Lamarche, Réflexion sur la situation juridique des agents non contractuels de la fonction publique ivoirienne, https://afrilex-u-Bordeaux.fr/up-content/uploads/2021/03, pp. 1-130.

[39] Seuls les arrêts Tabley Tedy Raphael et Paul Agodio précités (note 34 et 35) consacrent cette notion. Ni la loi au sens stricte du terme ni le règlement comme au Benin ne consacre le contrat administratif de l'agent public en Côte d'Ivoire.

[40] Tout d'abord, le code du travail, le décret n°2000-396 du 24 mai 2000 fixant les modalités d'engagement des contractuels à l'exception des enseignants du supérieur et des chercheurs dans l'administration ivoirienne et les établissements publics nationaux ainsi que leurs rémunérations, JORCI, pp. 448-449, continue d'être utilisés comme fondements juridiques de la majorité des contrats conclus par l'administration avec les personnes non fonctionnaires. Voir sur ce point, le Décret n°2018-359 du 29 mars 2018 portant attribution, organisation et fonctionnement du Comité national de Pilotage des Partenariat Public Privé ; l'article 19 de ce décret dispose : « Le personnel du CNP-PPP est composé de fonctionnaires

Dans cette étude, le contrat de travail s'entendra donc de la relation de travail consacrée par le contrat de travail défini par l'article 14.1 affecté des incertitudes générées par les jurisprudences Teddy et Agodio.

La mise en rapport de la confiance avec le contrat de travail est à l'origine de controverses doctrinales. En droit allemand, la confiance bénéfice d'une protection juridique. C'est ainsi que dès 1961, la Cour constitutionnelle fédérale résumait en ces termes la position allemande : « Pour le citoyen, la sécurité juridique consiste en premier lieu dans la protection de la confiance »[41]. Dans ce système juridique, la confiance est au départ et à la fin du contrat[42]. Cette place cardinale accordée à la confiance dans ce système juridique est reprise par le droit communautaire européen[43] dans lequel la protection de la confiance constitue un principe fondamental de l'Union Européenne[44]. Alors que l'on s'attendait à voir appliqué naturellement cette solution en France en tant que pays membre de cette Union, il n'existe pas dans ce système juridique un principe général de protection de la confiance en droit des contrats et à plus forte

régis par le statut général de la fonction publique et d'agents contractuels régis par le code du travail et des textes subséquents » ; L'arrêté n°003-03-23/MEMAEIAD/CAB du 10 mars 2023 portant cadre organique des emplois de la Commission Nationale du Mécanisme Africain d'Evaluation par les Pairs (CN-MAEP, vise le code du travail ainsi que le décret de 2000 précité dont les articles 9 et 14 qualifient lesdits contrats de contrats de travail. Ainsi alors que l'article 9 du décret dispose « Le contractuel est, vis-à-vis de l'Administration, dans une situation dont les clauses générales sont fixées par le Code du Travail, ses textes d'application et par le présent décret », l'article 14 organise la rupture de ces contrats sous la bannière du code du travail en ces termes : « Le contrat peut être rompu dans les conditions fixées à l'article 14.8 du Code du Travail et ses textes d'appli- cation ».

[41] BVerfGE, tome 13, p. 215 (224).

[42] P. Jung, La protection de la confiance en droit allemand des contrats, La confiance, SLC, 2012, pp.33-34. Selon cet auteur, « Bien qu'il y ait très peu de normes qui, dans leur libellé, font expressément référence au principe de la confiance et à sa protection et bien que le mot « vertrauensschutz » apparaisse seulement dans les intitulés officiels des §§ 68 et 70 BGB, le fait d'avoir eu confiance en concluant, en exécutant ou en finalisant un contrat est assez souvent invoqué en droit allemand. Le recours au principe de la confiance peut créer une obligation « vertrauenshaftung » ou peut permettre l'extinction d'une obligation, bien qu'il ne soit pris en considération que dans certains cas de figure et sous certaines conditions. Cette protection à la fois variée et restreinte de la confiance s'illustre à travers trois exemples caractéristiques, à savoir la culpa in contrahendo, l'interdiction de se contredire au détriment d'autrui « venire contra factum proprium » et la théorie de l'apparence « Rechtsscheinhaftung ».

[43] S. Calmes, Du principe de protection de la confiance légitime en droit allemand, communautaire et français, Thèse droit, nouvelle bibliothèque de Thèse, dalloz, 2001.

[44] CJCE, arrêt n°112/80 du 5 mai 1981, Dürberk : « Tout justiciable dans le chef duquel une institution de l'Union, en lui fournissant des assurances précises a fait naître à son égard des espérances fondées ».

raison en droit du travail. Et pour couper court à toute supputation, le Conseil Constitutionnel a jugé qu'aucune norme constitutionnelle ne garantit en droit français un principe dit de confiance légitime[45]. En droit ivoirien, c'est seulement en droit public, plus précisément en droit administratif, qu'un principe général de la confiance légitime a été consacré par le juge[46]. En droit privé, particulièrement en droit du travail, il n'est pas possible en l'état actuel du droit de détecter l'existence d'un tel principe. Tout au plus note-t-on que la disparition de la confiance a été érigée par le juge en motif légitime de licenciement en droit du travail ivoirien[47].

Dès lors une question principale peut être posée : quelle place occupe la confiance dans le contrat de travail. En d'autres termes, comment apprécier le rôle de la confiance dans la vie du contrat de travail ?

La réponse à cette question invite certainement à une interprétation des relations qu'entretiennent la confiance avec le contrat de travail. Mais, le sens de cette interprétation mérite d'être précisé. Il n'est pas question dans cette étude de mener une réflexion sur la simple interaction entre la confiance et le contrat. Une telle étude fort utile, par ailleurs, conduirait fatalement à s'engouffrer dans l'anecdote de l'œuf et de la poule consistant à se demander lequel, de la confiance et du contrat, précède ou donne naissance à l'autre. La réponse d'une telle interrogation est connue : c'est l'un et/ou l'autre. Au contraire, l'accent sera mis sur l'importance de la confiance dans ses relations avec le contrat de travail.

---

[45] Décision n°96-385 DC du 30 décembre 1996

[46] CSCA, arrêt n°49 du 27 février 1019 inédit. Des faits de cette espèce, il ressort que par lettre en date du 1er juin 2006, le Ministère de la construction et de l'urbanisme a attribué à une société commerciale une parcelle de terrain d'une superficie de 1321 m2 sise à cocody. Mais voulant consolider ses droits, la société s'est heurtée à la SICOGI qui elle détenait un certificat de propriété foncière sur le même terrain. Estimant avoir été trompée, la société a assigné l'Etat de Côte d'Ivoire devant le Tribunal de première en paiement de dommages et intérêts. Déboutée, elle a interjeté appel. La haute juridiction a cassé l'arrêt d'appel au motif que celle-ci a méconnu le principe général de la confiance légitime et ainsi, manqué de donner une base légale à sa décision ». Dans une autre espèce rendu plus tôt entre le port autonome qui s'était retracté après avoir promis le renouvellement de son titre d'occupation du domaine portuaire. Saisi d'un recours pour excès de pouvoir, le requérant estime que le PAA concessionnaire du service public portuaire, et à ce titre, en charge de la gestion du domaine public, a violé le principe de la confiance légitime qui doit exister entre l'administration ou tout organisme privé chargé d'une mission de service public et les administrés. La chambre administrative lui donne raison en estimant que le non-respect de l'engagement pris par l'autorité administrative constitue une violation d'une norme, d'une règle juridique, d'un principe général du droit : le principe de la confiance légitime.

[47] N. Silué, La perte de confiance dans les relations de travail, RISJPO, n°2, p. 218 et s.

Plusieurs raisons militent en faveur d'un tel angle d'attaque.

La première raison est relative aux risques de transposition sans bénéfice d'inventaire de la conception française de la confiance dans les relations de travail en Afrique francophone et en Côte d'Ivoire en particulier[48]. A ce propos deux exemples significatifs peuvent être cités.

Le premier est emprunté au droit sénégalais où une décision du juge[49] a repris exactement, sans le citer, le raisonnement du juge français, conduisant à l'exclusion définitive de la confiance dans le contrat de travail. Le second exemple est tiré du droit ivoirien. En effet, dans un arrêt rendu par la cour d'appel de commerce d'Abidjan le 9 juillet 2020, le juge a estimé que : « le motif de perte de confiance est non seulement un faux motif, mais recouvre une subjectivité qui ne laisse pas de place au contrôle que doit exercer le juge sur la révocation du dirigeant d'une société anonyme »[50].

La seconde raison est relative à l'analyse intrinsèque visant le grief de subjectivité développé à l'encontre de la confiance et qui justifie son exclusion du giron du contrat de travail en droit comparé. C'est le cas par

---

[48] Sur la réception dans les systèmes africains d'expression française du motif de la perte de confiance, voir au Gabon : CS, 13 juin 1983, n°63, A. Emane, Le droit du travail au Gabon, Code du travail annoté, Guide pratique, principaux textes, Edition Kaponda Walker, 2013, p. 93 : « Attendu qu'il résulte (…) que dame D qui détenait un poste de responsabilité au sein de la compagnie aérienne, a utilisé ses fonctions pour obtenir certains avantages tant pour son propre compte que pour le compte d'autrui, abusant ainsi de la confiance que son employeur avait en elle, qu'un tel comportement qui constitue un détournement de pouvoir de la part d'une déléguée commerciale, suffit à lui seul à rendre impossible le maintien des relations contractuels même pendant le préavis, que c'est à bon droit que le premier a retenu contre dames D la faute lourde (…) » ; dans le même sens, CS., 9 novembre 1981, n°67 ; Libreville, 1ère Ch. soc., 20 mars 2007, op. cit. p. 89. Mali : CS section judiciaire, 10 juillet 2000/33, Juricaf : « Attendu qu'à défaut de preuve sur les différents vols, le mémorant invoque la responsabilité civile Ab Aa et autres et la perte de confiance ; Attendu qu'il ne suffit pas d'alléguer à l'endroit d'un travailleur un manquement, il faut raisonnablement le prouver et qu'il n'y a perte de confiance que lorsque des éléments objectivement établis la justifient ». Que de ce qui précède, le moyen soulevé ne mérite pas d'être accueilli et mérite d'être rejeté.

[49] Tribunal hors classe de Dakar, jugement n°79/06, section n°3/1, Rôle n°747/18, du 6 février 2019, inédit : « il est clair que la perte de confiance est un élément subjectif ; qu'elle ne peut constituer à elle seule une cause réelle et sérieuse de licenciement même si elle repose sur des éléments objectifs ; que seuls ces éléments objectifs peuvent, le cas échéant, constituer une cause de licenciement ».

[50] Cour d'appel de commerce d'Abidjan, 9 juillet 2020, sté Intelect protection c/J. L.L, inédit

exemple du français, qui en dépit de plusieurs travaux sur la question[51] estime la confiance n'est d'aucun apport à la formation du contrat en générale et du contrat de travail, en particulier. Pis, la perte de confiance qui pendant longtemps a été considérée dans ce système juridique comme un motif de licenciement a été abandonnée[52].

Les auteurs expliquent que la confiance, en tant que sentiment humain, est une notion subjective par opposition au contrat qui serait objectif. Cette approche de la confiance l'inscrirait dans le registre du non-droit, notion développée par Carbonnier afin de décrire les rapports humains qui échappent au droit. D'un point de vue de sociologie juridique, le « non-droit » renvoie aux situations d'absence ou de retrait du droit là où il aurait dû trouver à s'appliquer : la confiance, trop insaisissable, ne ressortirait pas du champ de l'analyse juridique, mais serait au contraire un facteur qui conduit à écarter la règle de droit[53]. J. Carbonnier démontre ainsi cette absence de la confiance dans le contrat de vente de laitue en détail en ces termes : « Mais la confiance réciproque qui permet à l'opération de se dérouler sans droit, et qui fait que le vendeur ne délivre pas de marchandises trop avariées, que l'acheteur ne part pas avant d'avoir acquitté le prix, cette confiance réciproque repose sur l'existence d'un système général de droit, toujours présent lors même qu'il ne peut pas, en fait intervenir ». L'argumentation ne convainc pas. Tout d'abord dans sa tentative d'écarter la confiance du giron du droit Carbonnier lui-même reconnait que sa présence repose sur l'existence d'un système général de droit »[54]. C'est largement suffisant pour démonter sa thèse.

Ensuite, avant d'être un contrat d'un genre particulier, le contrat de travail ivoirien inspiré par le droit français est d'abord un contrat régi par le droit commun des contrats. Or, le droit français des contrats, par opposition au droit américain ou allemand, est supposé relever de la théorie subjective du contrat. Par théorie subjective du contrat, il faut entendre que « la volonté interne, l'adhésion psychologique de chaque contractant à l'acte l'emporte sur la manifestation extérieure qui n'a de valeur que par

---

[51] V-L. Bénabou et M. Chagny (dir.), La confiance en droit privé des contrats, Dalloz, 2008 ; B. Fauvarque-Cosson et p. Jung, La confiance, 11ème journée bilatérales franco-allemandes, Paris, 22 et 23 novembre 2012, SLC, 2012.

[52] Cass. Soc. 29 mai 2001 : « la perte de confiance ne peut jamais constituer en tant que telle une cause de licenciement même lorsqu'elle repose sur des éléments objectifs ; que seuls ces éléments objectifs peuvent, le cas échéant, constituer une cause de licenciement et non la perte de confiance qui a pu en résulter pour l'employeur »

[53] J. Carbonnier, Flexible droit, Pour une sociologie du droit sans rigueur, LGDJ, 2001, p. 39.

[54] J. Carbonnier, op. cit.

rapport à ce vouloir intime »[55]? C'est d'ailleurs dans ce sens que Josserand affirmait : « on peut se préoccuper, d'abord et contre tout, de rechercher la volonté réelle des parties, par tous les moyens possibles ; on peut aussi envisager isolement la formule employée, la déclaration de volonté, et l'interpréter à la lueur des usages, des habitudes sociales, du milieu dans lequel elle a été projetée. Le premier système, purement individualiste et subjectif, est celui de notre code civil français ; le deuxième, plus ou moins social et objectif, est celui du droit allemand »[56].

Certes, en pratique, cette position de Josserand mérite d'être nuancée, certains auteurs reconnaissant qu'une volonté purement interne ne saurait être prise en compte par le droit. Selon eux, notamment Planiol : « pour que la volonté des parties puisse engendrer un lien contractuel, il ne suffit pas qu'il y ait, de part et d'autre, un acte de volition interne ; il faut qu'il y ait volonté de s'obliger juridiquement, et qu'elle se traduise par une manifestation extérieure »[57]. A l'analyse, Planiol ne nie pas que la volonté interne soit à l'origine du contrat. Il dit simplement qu'elle est nécessaire, mais pas suffisante. Ce qui implique qu'à la vérité, le droit français combine volonté interne et volonté externe. C'est ce qu'explique si bien P. Gaiardo lorsqu'il estime que, « la théorie du consentement contractuel en droit français est globalement appréhendée comme subjective tout en étant teintée d'un certain objectivisme »[58]. Autrement dit, en droit français, mais aussi dans les systèmes juridiques qu'il inspire, la volonté interne, c'est-à-dire le sentiment ou la croyance du contractant tout comme la volonté externe constituent des fondements du contrat. E. Lévy l'avait formulé dans des termes assez clairs : « ce qui fait le lien contractuel, c'est la confiance qu'inspire au créancier la promesse du débiteur »[59].

Des développements qui précèdent, il ressort clairement que plus que le contrat de droit de commun la conclusion d'un contrat de travail est la manifestation d'une confiance donnée et reçue par l'employeur et le salarié. Mais ce n'est pas tout. Pour survivre, le contrat a besoin d'être nourrie en permanence par cette confiance. C'est donc cette double

---

[55] J. Carbonnier, Droit civil, p. 1981, §952 : « Qu'est-ce que la volonté ? C'est la volonté interne, l'adhésion psychologique de chaque contractant à l'acte ; la manifestation extérieure n'a de valeur que par sa conformité à ce vouloir intime ».

[56] L. Josserand, Cours de droit civil positif français. II. Théorie générale des obligations. Les principaux contrats de droit civil. Les sûretés., 3ème édition, Paris, Sirey, 1930, p. 137, § 239.

[57] M. Planiol, G. Ripert et P. Eiseimen, Traité pratique de droit civil français, 2ème éd. Paris, p. 105, §99

[58] P. Gaiardo, Les théories objective et subjective du contrat. Etude critique et comparative (Droit français et droit américain), LGDJ, 2020, p. 11.

[59] E. Levy, La vision socialiste du droit, Paris, Giard, 1926, p. 78

fonction, fondatrice (**I**) et stabilisatrice (**II**) du contrat de travail de la confiance que l'étude se propose de démontrer.

I- LA CONFIANCE FONDATRICE DU CONTRAT DE TRAVAIL

C'est à un double titre que la confiance est convoquée pour fonder le contrat de travail. D'une part, elle occupe une place première dans le contrat de travail en tant que catégorie de droit commun (A). D'autre part, le particularisme du contrat de travail résultant notamment de l'intuitu personae permet également d'expliquer que la confiance a toujours veillé sur le berceau de cette catégorie juridique (B).

A. Au regard du contrat de travail (pensé) comme catégorie de droit commun

En dépit des velléités sécessionnistes annoncées [60], la thèse de l'autonomie du contrat de travail n'a jamais prospérée en droit positif. Le contrat de travail reste soumis aux règles de droit commun des contrats, notamment en ce qui concerne les conditions de formation prescrite par l'article 1108 du code civil. Pour démontrer les vertus prêtées à la confiance dans l'avènement du contrat de travail via les règles de droit commun ce sont surtout la volonté (1) et le consentement (2) qui l'exprime le mieux.

1- La confiance, source de la volonté contractuelle

Depuis le célèbre article du Professeur Frisson-Roche relatif à la distinction de la volonté et du consentement, un regard neuf a été posé sur l'idée que le juriste se font de la volonté. A l'invocation incantatoire qui n'aborde la volonté qu'à la lumière du rôle qui lui est assigné dans la genèse du contrat[61], a été associé un autre regard qui fait la part belle à sa signification.

---

[60] J. Le Goff, Droit du travail et société, tome 1, PU Rennes, 2001, p. 29 et s. ; G-H. Camerlynck, « L'autonomie du droit du travail », D. 1956, chron. 23 ; G. Lyon-Caen, « Du rôle des principes généraux de droit civil en droit du travail », RTD Civ. 1974. 229.

[61] Sur cette conception incantatoire de la volonté dans le contrat, lire avec intérêt, E. Gounot, L'autonomie de la volonté, thèse, Dijon, 1912 ; Ponceau, La volonté dans les contrats d'après le Code civil, thèse, Lyon, 1921, Morin, La loi et le contrat et la décadence de leur souveraineté, 1927 ; Péritch, La volonté des particuliers comme créatrice de droits privés,

Selon son approche, qui s'inscrit dans la droite ligne de celle des canonistes du moyen âge, de laquelle se sont d'ailleurs éloignés les auteurs du code civil, la volonté est un acte intérieur à l'homme par opposition à tout ce qui se saisit en dehors de lui. « Par la volonté, la personne manifeste sa toute-puissance, sa capacité à poser à elle-même sa propre loi, sa liberté »[62] nous dit cet auteur. De ce point de vue, la volonté constitue donc un phénomène d'ordre mental par lequel le sujet émet une intention. Le Doyen Carbonnier dira tout simplement qu'elle est « l'adhésion psychologique de chaque contractant à l'acte »[63].

A partir de cette définition, faire de la confiance la source de la volonté implique deux précisions.

La première invite à prendre position à propos des théories, objective et subjective, qui s'opposent concernant la place de la volonté dans le contrat[64]. La seconde puise sa force dans les raisons pour lesquelles la personne du contractant se décide à vouloir ou non.

La théorie objective ou normativiste du contrat attribué à Kelsen mais poussée jusqu'à son paroxysme par Eisenmann et de la Rouhette n'est d'aucun secours à la démonstration de la place privilégiée qu'occupe la volonté dans la genèse du contrat. Selon cette approche, la volonté n'est pas une condition de l'acte juridique dont le contrat. Le contrat, à l'instar de tout acte juridique, n'existerait que parce que prévu par le système juridique afin de permettre aux sujets de droit d'édicter des normes. C'est Eisenmann qui fait figure de référence dans cette école de pensée qui le dit en des termes qui se passent de commentaire : « les actes juridiques sont des opérations prévues par l'ordre juridique au titre de moyen (ou procédé) permettant à des sujets de déterminer ses éléments constitutifs, les normes juridiques »[65]. L'on voit apparaître ainsi en filigrane l'idée véhiculée dans l'article 1134 du code civil selon laquelle seule la volonté conforme à la loi est éligible à la dignité de source des conventions dont le contrat n'est

---

Revue trimestrielle, 1929 ; Coumaros, Du rôle de la volonté dans l'acte juridique, thèse, Bordeaux, 1931.

[62] M-A, Frison-Roche, Remarques sur la distinction de la volonté et du consentement, RTD civ, 1995, p. 574.

[63] J. Carbonnier, Droit civil, Tome 2-Les biens, les obligations., 1ère éd. Quadrige, 1981, §952.

[64] Sur l'existence des théories objective et subjective du contrat, l'on peut lire avec intérêt ; J. Hausser, Objectivisme et subjectivisme dans l'acte juridique. Contribution à la théorie générale de l'acte juridique, LGDJ, 1971 ; Th. Revet, « Objectivation ou subjectivation du contrat. Quelle valeur juridique ? », in La nouvelle crise du contrat, Dalloz, 2003, in Coll. Thèmes et commentaires, p. 90 et s. ; P. Gaiardo, Les théories objectives et subjective du contrat. Étude critique et comparative (Droits français et américain), LGDJ, 2020 ;

[65] Ch. Eisenmann, op. cit., p. 351

qu'une espèce. Il est vrai que cette approche objectiviste du contrat n'est pas dénuée de tout intérêt. Elle apporte plus de réalisme à la souveraineté de la volonté proclamée par l'approche subjective selon laquelle la volonté est la condition du contrat. La volonté requise dans la formation du contrat est effectivement une volonté surveillée. C'est d'ailleurs ce que rappelle, à juste titre, une plume autorisée de la doctrine lorsqu'elle affirme que : « Le droit sous le nom de la volonté vise une fiction de volonté, une volonté corrigée, artificiellement rendue constante, cohérente, correspondantes à la raison telle que la loi se la représente ; une volonté surveillée par la loi »[66]. En revanche, l'erreur commise par l'approche normativiste consiste dans l'ignorance que le contrat loin d'être un acte spontané ou une simple mise en relation d'intérêts, s'inscrit dans un processus dans lequel intervient d'abord la volonté dans sa version purement psychologique qualifiée de volonté interne « qui n'a nul besoin du droit positif pour exister », et ensuite les évènements extérieurs dont le droit lui-même chargé de l'accompagner jusqu'à la conclusion du contrat. Dans le processus de conclusion du contrat, tout se passe comme si l'on se trouve dans une compétition de course où il y a une ligne de départ et une ligne d'arrivée. Seule la volonté se trouve sur la ligne de départ, les autres, notamment le droit, ne la rejoignant qu'en cours de chemin et cela jusqu'à l'arrivée fixée à la conclusion du contrat. Une partie de la doctrine française a eu l'occasion de mettre en lumière[67] ce processus mental de construction de la volonté qui échappe ainsi au droit.

La notion de souveraineté de la volonté utilisée par les tenants de l'approche subjective n'a de sens que renvoyant à cette place privilégiée qu'occupe la volonté dans le processus de conclusion du contrat. On le voit, la majorité des exemples exposés dans le cadre de l'approche objective dans le but de contester la souveraineté de la volonté dans le contrat relève tantôt des pathologies dans le droit, c'est le cas par exemple des contrats dits involontaires que sont les quasi-contrats[68], tantôt des

[66] M. Villey, Essor et décadence du volontarisme juridique, APD, 1957, p. 94

[67]Sur cette approche psychologique de la volonté attribuée aux psychologues, voir, Chardin, Le contrat de consommation de crédit et l'autonomie de la volonté, LGDJ-Bibliothèque de droit privé, Paris, 1988, tomme 199 n°13 : « la volonté est un terme psychologique et que son caractère autonome se vérifie au point de vue psychologique ». Voir dans le même sens, L. Bento de Carvelo, L'apport du droit du travail à la théorie générale de l'acte juridique », thèse Université de Bordeaux, 2015, p. 84.

[68]Le quasi-contrat n'est nullement un contrat, il s'agit de fait de l'homme quoique purement volontaire.

situations qui naissent ultérieurement à l'adhésion psychologique (la volonté) du futur contractant à l'acte projeté.

La seconde précision qui convainc de la place de la confiance dans le contrat tient des raisons pour lesquelles une personne décide de contracter. Ces raisons sont de deux ordres. Les premières apparaissent clairement dans la définition du contrat donnée par l'article 1101 du code civil applicable en Côte d'Ivoire. Ce texte fait du contrat l'espèce d'un genre qu'est la convention[69] mais orientée vers un but précis à savoir créer une obligation de « donner, faire ou à ne pas faire quelque chose » [70]. Contrairement à la conception que l'on a en droit français, le contrat existe moins parce que la volonté suffit en soi, mais bien plus parce que la confiance du créancier est engendrée par la promesse du débiteur.

La seconde raison qui est à double détente se déduit de ce que E. Levy appelle le crédit public. Concernant le premier aspect, c'est le sentiment que l'objectif recherché par le futur contractant se réalisera qui engendre la volonté interne. Or cette volonté qui n'est autre que l'adhésion psychologique à l'acte n'est pensable qu'à travers la croyance que l'opération projetée pourra se réaliser. A défaut, il ne peut exister de volonté de contracter puisque la foi dans l'acte, c'est-à-dire la croyance dans sa réalisation future est inexistante. Une partie de la doctrine française le dit dans des termes qui lui sont propre : « chacune des parties n'acceptent de s'engager que parce qu'elle a l'espoir de tirer du contrat des avantages au moins équivalents aux obligations qu'elle supporte »[71].

Sur le second aspect, la confiance se dévoile à travers la nécessité pour le contractant de se fier à autrui, attitude qui se traduit concrètement par la croyance que le futur cocontractant se comportera conformément à ce qui est normal ou recommandé par la loi, croyance sans laquelle toute transaction avec autrui devient incertaine. E. Levy l'explique dans des termes assez clairs : « il faut, quand nous agissons, que nous sachions à quoi nous en tenir, il faut que nous sachions si nous agissons bien ou mal, qu'il soit question de faits ou de droits, et quand la loi ne nous fournit pas

[69] Le droit français depuis la réforme de 2016 a évolué sur ce point. Contrairement à l'approche ivoirienne, le contrat n'est plus une convention. Mais la nouvelle définition tout en supprimant cette catégorie juridique s'approprie le domaine qui lui était réservé dans le cadre de la définition du contrat. Selon le nouvel article 1101 du code civil français, « le contrat est un accord des volontés entre deux ou plusieurs personnes destiné à créer, modifier, transmettre ou éteindre des obligations ».

[70] Article 1101 du code civil applicable en Côte d'Ivoire, « Le contrat est une convention par laquelle une ou plusieurs personnes s'obligent envers une ou plusieurs autres, à donner, à faire ou à ne pas faire quelque chose ».

[71] Pousson, p. 286

d'autre guide, nous n'avons pour cela de garantie que dans le sentiment même que nous avons de bien agir, d'agir conformément au droit et dans le sentiment que nous avons que nos semblables agissent bien, qu'ils agissent eux aussi conformément au droit »[72]. En droit des contrats en général, le contractant ne se décide à contracter que s'il a le sentiment de maîtriser l'environnement du contrat. La maîtrise de l'environnement du contrat s'entend de la croyance qu'il a non seulement peser le pour et le contre du contrat envisagé mais que le futur cocontractant est dans le même état d'esprit que lui. Ce qui signifie a contrario que c'est en présence de raisons susceptibles de faire douter de la bonne foi du futur cocontractant de s'engager que la volonté de contracter générée par la croyance en la bonne issue du contrat est illégitime.

Une fois cette étape purement psychologique franchie, la confiance s'extériorise dans le consentement qui n'est qu'une expression achevée de celle-ci.

2- Le consentement expression achevée de la confiance

En droit des contrats, le consentement revêt une double acception. Il est appréhendé comme la manifestation de volonté de chacune des parties prise isolement. Il renvoie également à l'accord des volontés des parties. L'article du professeur Frisson-Roche apporte une précision supplémentaire : « le consentement est toujours un objet né de la volonté, conséquence de la volonté, symbole et extériorisation de la volonté, mais distinct de la volonté »[73]. Mieux, ajoute notre auteur, « le consentement est fils de la volonté et ce lien ne doit être brisé, faute de quoi un vice du consentement est constitué »[74].

De cette acception, c'est d'abord le rapport générationnel que le consentement entretient avec la volonté qui retient l'attention. En effet, « engendré par la volonté » le consentement a la même source que cette dernière, c'est-à-dire que comme celle-là, la confiance est également source de celle-ci. Qui peut le plus peut le moins.

Mais la confiance source du consentement ne tient pas seulement du raisonnement déductif résultant du lien filial que ce dernier entretient avec la volonté. Elle ressort également de l'analyse des traits distinctifs du

---

[72] E. Lévy, La vision socialiste du droit, Collection internationale des juristes populaires, Paris, 1926, p. 68

[73] M-A Frison-Roche, remarques sur la distinction de la volonté et du consentement en droit des contrats, RTD civ., 1995, p. 574

[74] Op. cit.

consentement qui résulte de la promesse et de la force obligatoire qu'elle procure.

En effet, alors que la volonté est en dehors du marché et n'a nul besoin du droit pour exister, le consentement quant à lui, en tant que promesse faite à son prochain, est contrôlé par le droit puisqu'en principe extériorisé. Formulé seulement lorsque le contractant a pris le temps d'apprécier les éléments essentiels intégrant le champ contractuel, le consentement n'est pas seulement la décision prise de conclure le contrat. Il constitue une volition précédée d'une réflexion, laquelle est portée à la connaissance du futur cocontractant, signe de son abdication, de son adhésion au futur contrat. C'est d'ailleurs pour cette raison qu'une fois exprimé, le consentement engendre la force obligatoire, laquelle, à en croire la majorité de la doctrine[75] ne peut s'expliquer que par la confiance. Pour Carbonnier par exemple, le fondement le plus vraisemblable de la force du contrat repose sur l'idée assez synthétique de la protection de la confiance légitime. C'est parce que le cocontractant croit en l'issue du contrat qu'il s'engage. A défaut, il ne s'engage guère. Bien entendu cette croyance qui est en réalité le crédit accordé à la parole donnée du contractant ne doit pas être confondue avec la certitude que le contrat va être conclu.

C'est en ce moment qu'intervient la force obligatoire autre caractéristique du consentement qui permet d'expliquer la confiance. En réalité, lorsque le cocontractant s'engage, il ne le fait pas seulement dans la mesure où l'autre partie a promis. Il se prédispose à respecter sa propre promesse parce qu'il sait qu'en cas de non-respect par l'autre partie de la sienne, le droit met à sa disposition des mécanismes qui lui permettent d'obtenir, soit le statu quo ante, soit la réparation par équivalent. C'est donc fort de cette croyance réciproque que les cocontractants s'engagent. C'est encore à J. Carbonnier que l'on doit la plus belle formulation de cette présence de la confiance dans le droit. Ainsi après avoir expliqué dans l'exemple de la vente de laitue au détail la confiance nécessaire à la conclusion de la vente, il va plus loin pour donner les raisons qui fondent cette confiance réciproque des parties à savoir la conviction suffisamment

[75] J. Carbonnier, Droit civil, t. II, PUF, coll. « Quadrige », 2004, p. 1945. M. Stoffel-Munck défend la même idée lorsqu'il affirme que « le fondement le plus vraisemblable de la force du contrat repose plutôt sur l'idée, assez synthétique, de protection de la confiance légitime ». P. Stoffel-Munck, L'abus dans les contrats, LGDJ, 2000, n° 2178. V. égal. D. Mazeaud, La confiance légitime et l'estoppel, préc. ; A. Chirez, op. cit. ; V. Edel, La confiance en droit des contrats, op. cit. (170) A. Peyrefitte, op. cit., p. 515 ; H. Kenfack, La consécration de la confiance comme fondement de la force obligatoire du contrat ?, in V. L. Bénabou et M. Chagny (dir.), op. cit., p. 117 et s.

partagée par les parties selon laquelle il existe un système général de droit prêt à intervenir en cas d'excès par l'une ou l'autre partie[76]. A la réflexion, c'est la confiance dans le système qui est en réalité une confiance légitime, puisque reposant sur des raisons admises par le droit, qui fonde le contrat. C'est d'ailleurs pour cette raison qu'en droit français, quand bien même l'on serait encore réticent à emboiter le pas au droit allemand qui fait de la confiance le fondement du contrat, une partie de la doctrine [77] suffisamment représentative n'hésite pas à en faire un fondement de la force obligatoire. Mais ce raisonnement qui fait ainsi de la confiance le fondement du contrat de travail à partir de la théorie générale du contrat peut également être entrepris avec beaucoup plus d'aisance lorsque le contrat de travail est saisi dans son acception particulariste.

B. Au regard du particularisme du contrat de travail

Bien que la thèse de l'autonomie du contrat de travail n'a pas prospéré, celle de son particularisme découvert par la doctrine[78] au lendemain de l'apparition de cette catégorie juridique n'en fait pas moins son chemin. S'il est exact que certains aspects de ce particularisme, notamment les libertés syndicales et d'association, le droit de la preuve, n'ont pas grand-chose à avoir avec la réflexion entreprise, d'autres en revanche, comme le caractère intuitu personae, font de ce contrat un contrat par nature de confiance (1). Ce qui incline à penser que tout contrat de travail conclu en dehors de ce schéma dans lequel la confiance prend le pas sur toutes autres considérations s'inscrit dans le registre des pathologies en droit (2).

1- Le contrat de travail, un contrat (par nature) de confiance

Le contrat de travail pensé comme un contrat de confiance ressort naturellement de son caractère intuitu personae. Mais aussi surprenant que cela puisse paraître, cette qualité peut être démontrée là où l'on ne l'attendait le moins, c'est-à-dire à partir de la réception du contrat de travail en tant qu'héritage du louage de service hérité du droit français.

L'affirmation selon laquelle le contrat de travail constitue un contrat de confiance en tant qu'héritage du contrat de louage français nécessite des

[76] J. Carbonnier, op. cit, p. 39.

[77] D. Mazeaud, La confiance légitime et l'estoppel, préc. ; H. Kenfack, La consécration de la confiance comme fondement de la force obligatoire du contrat ? in V. L. Bénabou et M. Chagny (dir.), op. cit., p. 117 et s. ;

[78] P. Durand, Le particularisme du droit du travail, D. 1947, p. 254-258

précautions. Le contrat de louage de service convoqué pour les besoins de l'analyse n'est pas le contrat de louage tel que le concevait Pothier, juriste de l'ancien régime français, qui le classait dans la variété des louages de chose. En effet, le contrat de louage de service de l'ancien régime dans lequel un homme libre pouvait se mettre au service d'autrui, la locatio operarum, laissait entière la suspicion indigne de confiance qui caractérisait les relations de travail de cette époque. D'abord parce que ce contrat de louage de service était compatible avec l'institution des corporations de métier hostile à la liberté et à l'égalité nécessaires à l'établissement de la confiance dans les relations de travail ; c'est d'ailleurs ce que dit Supiot79 lorsqu'il explique que la recherche de la genèse du contrat de travail sous l'ancien régime n'avait d'intérêt que doctrinal.

Ensuite, à cette époque, la locatio operarum ne pouvait laisser penser à la confiance dans la relation de travail, dans la mesure où considérée comme avilissante et compatible avec la logique des corporations. A cette époque, il était notable que le travail indépendant était la règle et travailler pour autrui l'exception.

L'espèce de louage de service insoupçonnée empruntée au droit français tire sa source de la critique de l'analyse préindustrielle de la relation de travail issue de l'idéologie révolutionnaire qui a retenu la volonté comme fondement du contrat. Cette analyse a consacré l'abolition des corporations et rendu pensable la liberté de travail et surtout l'égalité des parties dans le contrat de louage de service devenu plus tard le contrat de travail. La Constitution française du 24 juin 1793 qui a repris à son compte ces principes a été on ne peut plus claire en disposant que : « la loi ne reconnait point de domesticité ; il ne peut exister qu'un engagement de soins et de reconnaissance, entre l'homme qui travaille et celui qui l'emploie »80. Autrement dit, seule la confiance mutuelle entre les parties, à l'exclusion de relations de domesticité, pouvait justifier la conclusion du contrat de travail. A la soumission au maître, soit en tant qu'esclave, soit dans le cadre de louage de service dans l'ancien régime, relations empreintes de méfiance, faisait ainsi place un nouveau rapport dans lequel les parties étaient libres de choisir leur cocontractant et par conséquent étaient supposés se faire confiance.

En reprenant le contrat de louage de services, le code civil de 1804 n'a fait que prolonger cette conception originelle du contrat de travail empreinte de confiance façonnée par l'idéologie révolutionnaire. Il est vrai

---

[79] A. Supiot, Critique du droit du travail, PUF, 2021, p. 48

[80] Constitution française du 24 juin 1793, Art. 18.

qu'à l'épreuve des faits, c'est la confiance de l'employeur qui a été rendue beaucoup plus visible. La foi accordée par l'article 1781 du code civil à la parole du maître contre celle des gens de travail et serviteurs l'atteste éloquemment[81]. Selon ce texte, « le maître est cru sur son affirmation pour la quotité des gages, pour le paiement du salaire de l'année échue et pour les acomptes donnés pour l'année courante ». Certes, dans ce texte apparaît clairement une préséance accordée à la confiance de l'employeur face à celle que le salarié doit avoir en ce dernier. Mais il n'empêche que ce texte laisse transparaitre une idée de la confiance qui devait présider dorénavant aux destinées du contrat de travail contrairement à ce qui prévalait dans l'ordre ancien. En décidant de construire le contrat de travail à partir de la ruine de l'organisation corporative du travail, le code civil de 1804 n'a fait que construire une notion spécifique du contrat de travail, d'abord à partir de la théorie générale du contrat dans laquelle une place privilégiée a été accordée à la volonté gage de la confiance, ensuite aux relations interpersonnelles avec pour maître mot l'intuitu personae, une autre manifestation de cette confiance.

Ce raisonnement qui fait ainsi de la confiance le substrat inaltérable du contrat de travail en droit français a été repris en droit ivoirien d'abord sous l'époque coloniale, par décret du 22 octobre 1925 réglementant le travail indigène qui a consacré pour la première fois de façon formelle le contrat de travail en Afrique occidentale française[82]. Mais bien qu'intervenu dans un climat de méfiance, celui du travail forcé et du système de l'indigénat, le législateur a rassuré sur la confiance nécessaire dans la formation de ce type de contrat jusque-là inconnu dans les systèmes juridiques africains d'expression française. Tout d'abord, la définition du contrat de travail a fait appel à la liberté et à la volonté des parties. Ensuite, pour la validité de ce contrat, le législateur est allé jusqu'à imposer des conditions supplémentaires dont le seul objectif était d'obtenir la confiance

[81] Cf art. 1781. Selon ce texte, « le maître est cru sur son affirmation ».

[82]Décret du 22 octobre 1925, JORF, 3 avril 1926, art. 5 : « Sont qualifiés de contrats de travail, aux termes du présent décret, les contrats passés entre employeurs, d'une part, et travailleurs indigènes, d'autre part, pour un travail déterminé, dans une entreprise commerciale, industrielle ou agricole, et comportant pour la personne ou la société qui la dirige l'inscription au rôle des patentes ou la possession d'un titre d'exploitation, à la condition que l'engagé, par la nature du travail à fournir, ne se trouve pas lui-même dans l'obligation de payer patente. Sont exclus de la présente définition les contrats ou engagements pour fourniture de denrées ou produits déterminés à acheter par l'engagiste, le louage pour un service domestique personnel ou occasionnel. Sont également exclus de la présente définition les contrats stipulant une durée de travail effectif inférieure à quinze jours par mois ».

réciproque des parties, et surtout celle du salarié, dans cette nouvelle forme de mise au travail des populations colonisées.

C'est à ce titre que l'article 10 du décret de 1925 faisait peser sur le chef de l'unité administrative dont le rôle était, entre autres, d'apposer le visa afin de valider le contrat de travail conclu deux obligations principales. La première obligation consistait à s'assurer de « l'identité du contractant et sa libre volonté de contracter » avant toute exécution du contrat conclu. La seconde lui intimait l'ordre de donner lecture du contrat de travail, et mieux de procéder à la traduction dudit contrat aux parties toutes les fois qu'il en était possible.

Ce raisonnement qui accorde ainsi une place privilégiée à la confiance dans l'avènement du contrat a été reconduit ensuite par le code du travail de 1952 et surtout par les différents codes qui se sont succédés après l'indépendance de la Côte d'Ivoire.

Mais c'est surtout le caractère intuitu personae du contrat de travail qui en fait un contrat par nature de confiance. De façon unanime, la doctrine[83] classe le contrat de travail parmi les contrats intuitu personae aux côtés des contrats comme le mandat, le pacte de préférence ou encore le bail d'habitation. Or, en dépit de ce classement, aucune définition assurée n'existe si ce n'est l'allusion qui en a été faite dans l'article 1110 alinéa 2 du code civil[84] qui en révèle toute son importance dans les contrats qualifiés comme tel.

L'analyse doctrinale permet d'en isoler au moins deux acceptions, tantôt large et tantôt stricte[85].

Selon l'acception large, subjective, l'intuitu personae se confond avec l'affection pure et simple que l'on peut éprouver pour autrui. Cette affection peut trouver sa source, soit dans un lien familial, soit dans des rapports amicaux, soit encore dans des relations de tout autre nature, mais dans tous les cas, exclusives de qualités personnelles ou professionnelles. Dans cette approche, un point d'honneur est réservé à l'expression du sentiment qui prend le pas sur toute autre considération. Il en est ainsi par

---

[83] G. N. DOHOU, La volonté du salarié en cas de modification dans la situation juridique de l'employeur en droit béninois, à paraître ; en droit comparé, voir, 52 5 V. AZOULAI M., L'élimination de l'intuitu personae dans le contrat in La tendance à la stabilité du rapport contractuel, Études de droit privé, LGDJ, 1960, p. 1 ; M. CONTAMINE-RAYNAUD, L'intuitu personae dans les contrats, thèse Paris 2, 1974. p. 22.

[84] « L'erreur n'est point une cause de nullité, lorsqu'elle ne tombe que sur la personne avec laquelle on a l'intention de contracter, à moins que la considération de cette personne ne soit la cause principale de la convention ».

[85] Sur un exposé de la conception duale de l'intuitu personae, voir, Laher Rudy, Mandat et confiance, RTD Civ. 2017, p. 541.

exemple lorsque le recrutement du salarié ou le choix de l'employeur repose sur une considération ethnique ou amicale.

En revanche, d'après l'acception stricte, qualifiée d'objective, l'intuitu personae se confond avec l'identité de la personne du contractant appréhendée à l'aune de ses qualités sociales, notamment la notoriété ou la compétence professionnelle. Il n'est pas incongru de penser que c'est cette conception de l'intuitu personae qui est exposée dans l'article 1110 du code civil précité dans lequel le législateur en fait une condition d'efficacité de l'erreur vice du consentement. En droit du travail, c'est en réalité la considération de la personne, candidate à l'emploi ou du salarié, identifiée à travers ses qualités humaines ou les mentions de son curriculum vitae qui fonde le choix de recrutement ou de promotion du salarié. A l'inverse, mais dans une proportion moindre, la même analyse peut être faite dans le cas du salarié lorsque le choix de l'employeur est guidé par la qualité de la politique de management ou de rémunération.

Quelle que soit l'approche retenue, la finalité du contrat de travail pensé comme contrat intuitu personae est identique : insérer dans le contrat de travail une dimension personnelle, relationnelle qui résiste à en faire un simple rapport d'échange comme dans les contrats instantanés. Conclure un contrat de travail, c'est certes opérer un échange économique, mais cela équivaut surtout de faire le choix d'un contractant suffisamment identifié insusceptible d'être remplacé par un autre, fut-il plus qualifié, sans le consentement de l'employeur. Les obligations imposées au salarié d'exécuter lui-même le travail pour lequel il a été embauché[86] ou l'interdiction qui lui est faite de se faire remplacer sans l'accord de l'employeur[87] répondent à cette exigence. L'on ne peut donc qu'être d'avis avec une partie de la doctrine selon laquelle, « en s'intéressant à l'identité du cocontractant, que celle-ci soit personnelle ou professionnelle, le futur contractant cherche des éléments qui pourront le fixer sur la confiance qu'il sera amené à lui porter »[88]. Cette classification de la confiance au titre des fondements naturels de la relation de travail salariée permet ainsi de reléguer dans les pathologies du droit toutes les possibilités qui permettent d'aboutir au contrat de travail en dehors de celle-ci.

---

[86] Cf; article 16.3 du Code du travail : « dans les limites de son contrat, le travailleur doit toute son activité professionnelle à l'entreprise. Il doit notamment fournir le travail pour lequel il a été embauché, l'exécuter lui-même et avec soin ».

[87] Abidjan, arrêt n° 410 du 23 mars 2009, JS, mars 2010, p. 10 et s. précité).

[88] A. Albortchiré, le sort des contrats dans les opérations de fusion et scission de société commerciales, thèse doctorat, université d'Auvergne, 24 juin 2005, p. 174.

2- Le contrat de travail sans confiance, une pathologie du droit

Le terme pathologie n'appartient pas à la langue du droit. Il doit son origine au domaine de la médecine. De sa racine latine pathos, qui signifie affection et logos, qui renvoie au discours, la pathologie, à en croire le dictionnaire universel de la langue française, est une branche de la médecine qui étudie les maladies de l'homme considérées en elles-mêmes. Si l'on prend l'exemple de la pathologie cellulaire utilisée en guise d'exemple par cette même source, elle désigne la branche de la médecine qui étudie les altérations fonctionnelles et morales de la cellule sous l'influence des causes morbides et de recherche de leur mécanisme. Dans ce domaine, la pathologie renvoie en cela aux atteintes ou aux anomalies du corps pris dans sa dimension physique et morale.

Appliqué au droit, la pathologie renvoie aux « maladies du droit »[89] c'est-à-dire aux situations anormales qui ne peuvent être logées dans le moule commun. En sériant beaucoup plus l'analyse, la pathologie se retrouve dans les catégories juridiques comme l'exception ou la dérogation, lesquelles, quand bien même seraient également des règles de droit, se préoccupent exclusivement du traitement des situations spécifiques voire marginales en droit. A en croire cette approche, le contrat de travail pathologique, c'est-à-dire conclu sans confiance est un contrat de travail conclu en dehors des règles de droit commun.

Pareille situation se produit lorsque les parties concluent un contrat de travail sans s'être préalablement préoccupées de ce que les promesses faites offrent des garanties d'être respectées. C'est souvent le cas des contrats conclus en dehors des procédures classiques de recrutement dont l'objectif est de vérifier que les qualités particulières des parties intègrent leurs prévisions à savoir l'exécution du contrat projeté.

Comme contrat de travail pathologique, l'on peut citer les recrutements effectués à la suite de recommandation ou fondés sur les seuls liens d'affection qui peuvent être, amical, familial ou ethnique. Dans ces types de contrat de travail, ce n'est pas tant la croyance aux qualités professionnelles du contractant qui fonde la relation contractuelle projetée, mais au contraire le lien d'affinité (l'appartenance ethnique, le lien d'amitié ou de parenté).

Des développements qui précèdent, la confiance est au départ du contrat de travail. Cette proposition se vérifie lorsque l'on se place sous l'angle du contrat de travail appréhendé avec les loupes du droit commun des

---

[89] J-D Bredin, Conférence association droit et commerce Grand 'Chambre de la cour de cassation 2005, 17 janvier 2005, Revue de jurisprudence commerciale, 2005, n°5, pp. 1-7.

contrats. Dans ce cas de figure, elle est la raison d'être de la volonté et du consentement. La confiance est également le fondement du contrat de travail lorsque l'on s'en tient aux éléments qui le distingue des autres contrats notamment l'intuitu personae. Mais cette place privilégiée qu'elle occupe dans le contrat de travail ne se limite pas à sa conclusion. Elle s'étend également à la vie du contrat de travail en tant que garante de sa stabilité.

II- LA CONFIANCE GARANTE DE LA STABILITÉ DU CONTRAT DE TRAVAIL

En droit du travail, la stabilité condamne à deux significations au moins. La première renvoie à l'étymologie, notamment au sens latin du terme, à savoir stabilitas, dans lequel, c'est l'état de la chose visée qui est pris en compte. D'après cette acception, la stabilité prend le sens de solidité, de fermeté ou d'équilibre, toutes considérations qui renvoient à la qualité des relations de travail que seule la confiance peut procurer (B). Mais la stabilitas dans son acception originelle n'épuise pas l'idée contemporaine de la stabilité qui prend en compte le facteur temps dont l'approche se nourrie également de la confiance étudiée (A).

A. La confiance, condition de la qualité des relations de travail

A priori, l'on peut penser que le droit du travail n'a que faire de la qualité des relations de travail, celles-ci n'étant pensable qu'en présence d'un sérieux déséquilibre organisé juridiquement et accepté par les parties selon lequel l'un, l'employeur, impose à l'autre, le salarié. La théorie de l'employeur seul juge inspirée par la jurisprudence Brinon[90] encore en vigueur dans les systèmes juridiques africains d'inspiration française[91] et

---

[90] Soc. 31 mai 1956, B, n°499, D., 58-21, note Levasseur ; JCP, 56, II, 9397, Obs. Esmein ; S. 56 : « aucune disposition légale ne fait obligation à l'employeur de maintenir son activité à seul fin d'assurer à son personnel la stabilité de son emploi ».

[91] En droit ivoirien, par exemple, voir, CSCJ, form. Soc. Arrêt 320 du 21 juillet 2011, à propos de cette théorie invoquée par l'employeur afin d'échapper au contrôle par le juge de la réalité du motif économique du licenciement « Attendu qu'il est fait grief à la Cour d'Appel d'avoir déclaré le licenciement abusif aux motifs que l'appelante n'a pas produit de pièces attestant des difficultés économiques éprouvées par l'entreprise dont le contrôle incombe au juge, alors que, selon le moyen, le chef d'entreprise est le seul juge de l'opportunité des mesures conformes à l'intérêt de son entreprise et alors surtout que les travailleurs avaient dans leurs requêtes du 19 novembre 2004 saisi le Tribunal aux fins de dire que leur

qui fait obstacle à la généralisation du contrôle jurisprudentiel du pouvoir de l'employeur incline à penser que la promotion professionnelle, aspiration légitime du salarié dépend dans bien des cas de la confiance que l'employeur peut avoir en son salarié. Cette situation juridique et factuelle, exceptionnelle, n'exclut pas l'existence de relations de travail saines. La liberté professionnelle qui peut se décliner en liberté d'entreprendre et en liberté du travail et l'aspiration à un mieux-être permettent au salarié de tirer toutes les conséquences de la confiance ou non vis-à-vis de son employeur. C'est pourquoi, en même temps que la confiance est perçue comme une condition de la promotion du salarié dans l'entreprise (1), elle apparaît comme un gage de bonne exécution de ses obligations (2).

1- La confiance de l'employeur, condition de la promotion professionnelle du salarié

La promotion professionnelle fait partie des parents pauvres des prédictions normatives puisqu'elle ne bénéficie pas d'un regard d'ensemble du législateur. Évoquée implicitement dans l'article 4 du code de travail de 1995 comme terre d'élection de la discrimination dans l'entreprise[92], c'est seulement avec le code de 2015 qu'elle a gagné en

licenciement intervenu pour motif économique n'avait pas respecté la procédure prévue à cet effet ; qu'en se déterminant comme elle l'a fait, la Cour d'Appel a ajouté à la loi et a violé les dispositions des articles 16.7 à 16.9 du Code du Travail » ; CSCJ, form. Soc. Arrêt 320 du 21 juillet 2011 : « Mais attendu qu'avant d'énoncer le motif critiqué, la Cour d'Appel, appréciant souverainement la valeur des rumeurs sur lesquelles s'est fondée la Société SONEDIS, a relevé qu'elles ne peuvent légitimer le licenciement en cause et que l'employeur, seul juge de la compétence d'un travailleur, a l'obligation de prouver ses insuffisances professionnelles lorsqu'il invoque un tel motif ; que dès lors, les griefs du moyen étant dirigés contre des motifs surabondants, ledit moyen ne saurait être accueilli » ; Daloa, arrêt n°58, 20 juin 2007 : « Que l'employeur étant le seul juge quant à l'organisation de son entreprise, il ne peut lui être fait grief d'avoir opté pour cette mesure qui lui paraît plus économique ; Que l'intention de nuire n'est guère évidente ». Abidjan, 3ème ch. soc ;, arrêt n°146 du 22 mars 2007 : « La SOTACI estime que l'employeur est seul juge des nécessités de la réorganisation de son entreprise, et à ce titre, il peut organiser et modifier les horaires de travail afin de les adapter à la conjoncture du moment et à la nécessité du service »

[92] L'article 4 du code du travail est ainsi libellé : « Sous resserve des dispositions expresses du présent code, ou de tout autre texte de nature législative ou réglementaire protégeant les femmes et les enfants, ainsi que des dispositions relatives à la condition des étrangers, aucun employeur ne peut prendre en considération le sexe, l'âge, l'ascendance nationale, la race, la religion, l'opinion politique et religieuse, l'origine sociale, l'appartenance ou la non appartenance à un syndicat et l'activité syndicale des travailleurs pour arrêter ses décisions en ce qui concerne, notamment, l'embauchage, la conduite et la répartition du travail, la

épaisseur. D'abord, sans la définir, la loi de 2015 en donne une idée en en faisant une conséquence de la formation continue. Ensuite, ce texte érige la promotion professionnelle non seulement en un véritable droit mais surtout en une obligation pour le salarié. Les articles 13.23 et 13.24 logés dans le chapitre 3 du Titre I du code du travail dont l'intitulé est suffisamment évocateur sur ce point donne lieu à une telle interprétation. Selon le premier de ces textes, la formation professionnelle continue est un droit du salarié qui oblige l'employeur à lui réserver une formation adaptée à l'évolution économique et technologique de l'emploi. Or à en croire les articles 13.24 et 13.25 in fine, la conséquence de la formation professionnelle est l'affectation du salarié à un autre poste plus important que le précédent ou l'octroi des avantages rattachés aux nouvelles fonctions. Mieux, l'article 13.24 va plus loin en permettant à l'employeur de « contraindre » le salarié à subir une formation dont la conséquence se résous logiquement en promotion professionnelle.

En application de ces dispositions, la promotion professionnelle du salarié peut être appréhendée comme la reconnaissance par l'employeur des qualités personnelles ou professionnelles du salarié sanctionné, soit par l'affectation à une fonction plus importante, soit par une augmentation de salaire. Alors que les qualifications personnelles renvoient à l'ensemble que constitue les titres, diplômes ou expériences antérieures du salarié, les qualifications professionnelles, quant à elles, sont définies à partir des fonctions réellement exercées dans l'entreprise. Abordée sous cet angle, la promotion professionnelle apparaît comme le résultat d'un jugement porté par l'employeur sur la manière de servir du salarié que seule la confiance en ce dernier peut procurer. L'employeur tient ce droit au jugement du salarié de son pouvoir juridique de contrôle et d'évaluation[93] de la prestation de travail, des aptitudes et compétences du salarié dans la perspective de décider de l'avenir du rapport de travail. A part les promotions professionnelles automatiques, notamment celles fondées sur l'ancienneté du salarié, la plupart des promotions professionnelles sont le fruit de la confiance de l'employeur placée en son salarié. L'analyse des arrêts relatifs à la théorie de l'employeur seul juge plaide dans ce sens. Dans l'arrêt du 21 juillet 2011, la Haute juridiction ivoirienne a franchi le pas en estimant qu'au nom de cette théorie, l'employeur est juge de la

formation professionnelle, l'avancement, la promotion, la rémunération, l'octroi d'avantages sociaux, la discipline ou la rupture du contrat de travail ».

[93] M. Roussel sur l'évaluation des salariés, Voir également G. Auzero, D. Baugard, E. Dockès, Droit du travail, op. cit, p. 902.

compétence du salarié[94]. Il est vrai que la confiance de l'employeur accordée dans ces conditions peut être légitime ou illégitime. Elle serait légitime si la promotion qui en résulte est la conséquence de la prise en compte par l'employeur d'éléments objectifs notamment les qualités professionnelles sanctionnées par la formation et l'expérience professionnelle du salarié. Elle serait, en revanche, illégitime si la confiance est mue par des liens exclusifs du rapport professionnel que sont par exemple l'amitié, l'ethnie ou la famille. Mais cette qualification de la confiance ne change rien au rôle qu'elle joue dans la promotion du salarié. Pour preuve, dans l'arrêt précité rendu le 21 juillet 2011, la Haute juridiction ivoirienne a franchi le pas en estimé l'employeur est juge de la compétence du salarié[95]. Or, rien dans le processus d'évaluation de cette compétence du salarié par l'employeur aux fins de lui accorder sa confiance rien ne peut préjuger de son objectivité. La seule certitude que l'on a reste le lien entre la confiance de l'employeur et la promotion du salarié.

La Cour d'appel d'Abidjan, dans un arrêt rendu en 2005, a établi clairement le rôle fondateur joué par la confiance de l'employeur dans la promotion professionnelle du salarié. Des faits, un banquier soupçonné de complicité de vol a finalement été disculpé lorsque les véritables auteurs ont été appréhendés. Mis hors de cause, le salarié a par la suite fait l'objet de plusieurs promotions à savoir la mutation dans une agence prestigieuse, sa nomination en qualité d'assistant au chef des caisses, le tout couronné par une prime importante pour avoir été meilleur caissier au premier semestre de l'année 2002. Contre toute attente, il a été licencié pour perte de confiance fondée sur les mêmes faits de complicité de vol. Pour sa défense, le salarié a démontré la fausseté du motif allégué résultant de la

---

[94] CSCJ, form. Soc. Arrêt 320 du 21 juillet 2011 : « Mais attendu qu'avant d'énoncer le motif critiqué, la Cour d'Appel, appréciant souverainement la valeur des rumeurs sur lesquelles s'est fondée la Société SONEDIS, a relevé qu'elles ne peuvent légitimer le licenciement en cause et que l'employeur, seul juge de la compétence d'un travailleur, a l'obligation de prouver ses insuffisances professionnelles lorsqu'il invoque un tel motif ; que dès lors, les griefs du moyen étant dirigés contre des motifs surabondants, ledit moyen ne saurait être accueilli »

[95] CSCJ, form. Soc. Arrêt 320 du 21 juillet 2011 : « Mais attendu qu'avant d'énoncer le motif critiqué, la Cour d'Appel, appréciant souverainement la valeur des rumeurs sur lesquelles s'est fondée la Société SONEDIS, a relevé qu'elles ne peuvent légitimer le licenciement en cause et que l'employeur, seul juge de la compétence d'un travailleur, a l'obligation de prouver ses insuffisances professionnelles lorsqu'il invoque un tel motif ; que dès lors, les griefs du moyen étant dirigés contre des motifs surabondants, ledit moyen ne saurait être accueilli »

contradiction entre sa « promotion professionnelle, gage du renouvellement de la confiance de ses supérieurs hiérarchiques » et la sanction retenue, le licenciement. Le juge n'a pas hésité à le suivre dans son raisonnement dont l'attendu de principe est libellé en conséquence : « que contrairement au manque de confiance allégué par l'employeur, celle-ci lui a été renouvelée par ledit employeur lorsqu'il a été nommé assistant du chef de caisse avec en prime la mise à sa disposition d'une combinaison du coffre et la reconnaissance publique de son mérite par la prime de 100.000 fr consécutifs à son élection au titre de meilleur caissier, et à l'augmentation conséquente de son salaire »[96]. De cet attendu de principe de l'arrêt de la cour d'appel, il ressort clairement que la promotion professionnelle n'est qu'une conséquence logique de la confiance accordée par l'employeur. L'analyse est d'autant plus exacte qu'il peut paraître incongru qu'un employeur procède à la promotion d'un salarié en qui il n'aurait pas ou perdu confiance. Mais de la même façon que la confiance de l'employeur est la raison d'être de la promotion du salarié, c'est de cette même façon que celle que le salarié place en son employeur est le gage de la bonne exécution de sa prestation de travail.

2- La confiance du salarié, condition de la qualité de la prestation de travail

Même si la loi ne la définit pas, la qualité de la prestation doit s'entendre a minima d'une prestation exécutée conformément à l'obligation principale du salarié revêtue des caractères essentiels que sont : l'exécution personnelle, l'exécution consciencieuse et loyale de la prestation de travail. A propos du premier caractère, c'est l'article 16.3 inspiré par l'article 1237 du code civil[97] qui le prescrit. Selon l'article 16.3, « dans les limites de son contrat, le travailleur doit toute son activité professionnelle à l'entreprise. Il doit notamment fournir le travail pour lequel il a été embauché, l'exécuter lui-même, avec soins ». Comme l'exécution personnelle de la prestation de travail, l'exécution consciencieuse, c'est-à-dire l'exécution en bon père de famille a pour fondement le même texte (art.16.3), qui exige que le travail soit exécuté avec « soin ». Le caractère loyal de la prestation de travail est, quant à lui, prescrit par l'article 1134 alinéa 3 du code civil qui impose une exécution de bonne foi des conventions.

---

[96] Abidjan, 2ème chambre sociale, arrêt n°149 du 10 mars 2005, Le Juris-social, n°59/2005, p. 16.

[97] Article 1237 du code civil : « L'obligation de faire ne peut être exécutée par un tiers contre le gré du créancier, lorsque ce dernier a intérêt qu'elle soit remplie par le débiteur lui-même ».

Au regard de la nature particulière du contrat entendu également comme un contrat interpersonnel, la qualité de la prestation attendue par l'employeur n'est pas seulement une prestation encadrée par le droit. Elle lui échappe dans bien des cas, notamment lorsque le sentiment et l'émotion que le droit n'ignore pas sont à l'origine du comportement du salarié. C'est dans ces conditions que la confiance du salarié constitue une donnée incontournable de la bonne exécution de son obligation puisqu'elle conditionne son investissement ou son implication dans le travail, données sans lesquelles la performance de l'entreprise est illusoire.

C'est pourquoi, dans le cadre de l'analyse de la corrélation positive entre la confiance du salarié et son implication nécessaire à la productivité, le recours aux sciences auxiliaires comme la psychologie et la gestion s'avèrent nécessaires.

Un exemple tiré de la littérature récente permet de mesurer le sens de la proposition. Dans un article intitulé Confiance et performance au travail, l'influence de la confiance sur l'implication et la citoyenneté au travail, E. Campo et V. Neveu[98] ont consacré de substantiels développements au décryptage de l'importance de la confiance dans l'implication du salarié.

Pour arriver à leurs fins qui étaient d'analyser la nature des liens entre la confiance et l'implication du salarié, ils commencent par exposer les composantes de la confiance du salarié dans l'entreprise, partagées entre confiance affective, c'est-à-dire la confiance qui repose sur les qualités comme « l'ouverture d'esprit, la justice, la disponibilité, la bienveillance », et la confiance calculée, qui se laisse saisir à travers « la compétence, la cohérence, le respect des promesses ». Tout en précisant au passage les niveaux de cette confiance qui peuvent se manifester tant à l'égard du supérieur hiérarchique direct du salarié qu'en ce qui concerne les dirigeants de l'entreprise, ces auteurs mettent l'accent sur les trois composantes de l'implication du salarié que sont la composante affective, la composante normative et la composante calculée. Selon ces auteurs, « l'implication affective se réfère à l'attachement émotionnel, l'identification et l'engagement de l'individu envers l'organisation ». Ils expliquent ainsi que « les salariés qui ont une implication affective forte restent salariés de l'organisation parce qu'ils le souhaitent ». Ensuite, l'implication calculée se réfère à la prise de conscience par le salarié des coûts liés au départ de l'organisation. Enfin l'implication normative reflète un sentiment d'obligation à rester salarié de l'organisation. La démonstration accueille

[98] E. Compoy, V. Neveu, Confiance et performance au travail, l'influence de la confiance sur l'implication et la citoyenneté au travail, Revue française de gestion, n°175/2007, p.139 et s.

entièrement l'adhésion. Mis à part la première composante que le juriste peine à percevoir, les deux autres lui sont familières.

Si l'on prend par exemple l'implication normative systématisée dans d'autres travaux[99], elle n'est que la traduction en d'autres termes de l'obligation de loyauté du salarié. Consacrée par l'article 1134 alinéa 3 du code civil, elle impose aux parties au contrat, en l'espèce le salarié, de se conformer aux stipulations contractuelles. Dans le même ordre d'idées, la composante calculée se manifeste parfois dans le maintien du salarié dans l'entreprise justifié par les conséquences financières qu'un départ engendrerait. Ici, seul le gain financier, à l'exclusion de toutes autres considérations, explique le maintien du salarié dans l'entreprise. A l'instar de la qualité des relations de travail, la confiance est le gage de la pérennité du contrat de travail.

B. La confiance, gage de la pérennité du contrat de travail

Le concept de pérennité du contrat convoqué pour expliquer la confiance à l'origine du contrat de travail ne fait pas l'apologie du contrat à vie. Bien qu'utilisant le facteur temps au même titre que ce dernier, la pérennité du contrat de travail s'en sépare nettement. A travers cette notion, c'est d'abord l'influence de la confiance sur le choix de nature déterminée ou indéterminée du contrat de travail que l'on veut mettre en exergue (1). C'est ensuite sa réception au titre des motifs de licenciement remis en cause en droit français[100] que l'on veut voir maintenir en droit ivoirien qui sera abordée (2).

1- La confiance, condition de normalisation de la relation de travail

Analysant les rapports qu'entretiennent la stabilité contractuelle et la précarité de l'emploi, le professeur A. Martinon rappelle une opposition radicale ancrée dans l'esprit du travailliste à savoir : le contrat de travail à durée indéterminée est le « symbole de la stabilité du contrat » et le contrat à durée déterminée « l'emblème de la précarité ». Il explique que « la stabilité du contrat à durée déterminée traduit la pérennité de la relation de travail, en dépit des mutations économiques, des comportements, des

---

[99] Meyer et Allen

[100] Sur la remise en cause du motif de la perte de confiance en droit français, voir, A. Chirez, La perte de confiance par l'employeur constitue-t-elle une cause réelle et sérieuse de licenciement ? D. 1981. Chron. 193 ; F. Gaudu, « Le licenciement pour perte de confiance », D. 1992, p. 32

évènements personnels ou des phénomènes naturels compromettant son exécution »[101]. Initiée formellement en 1979, cette opposition a atteint son apogée en 2008 lorsque le législateur français est allé jusqu'à mentionner dans le code du travail que le contrat à durée indéterminée est la forme normale et générale de la relation de travail[102]. Même s'il ne le dit pas, le législateur français suppose que le contrat de travail à durée déterminée est une forme anormale du contrat qui n'intervient qu'à titre exceptionnel.

Cette conception des contrats de travail, indéterminée et déterminée, a été reprise en droit ivoirien d'abord implicitement par le juge qui s'est fait écho de ce qui se passe en France et ensuite formellement par le législateur dans la réforme du code du travail de 1995[103]. Sans être aussi explicite comme en droit français, le régime juridique du contrat à durée indéterminée donne à voir que ce contrat est le modèle autour duquel s'est construit tout le droit du travail. Il s'agit de l'emploi total, l'emploi à temps complet qui confère à son titulaire la possibilité de faire carrière. A l'opposé, le contrat à durée déterminée est considéré comme un contrat d'exception[104], un contrat que le salarié accepte de conclure faute de mieux. L'analyse de son régime juridique en dit long sur l'idée que l'on a de ce contrat à savoir : limitation des cas de recours, cantonnement de la durée maximale à deux ans, requalification-sanction lorsque les conditions de conclusion n'ont pas été respectées et enfin depuis la loi de 2015, allocation d'une indemnité de précarité au profit de tout salarié dont le contrat à durée déterminée n'est pas transformé en contrat à durée indéterminée à son terme.

Toutes les tentatives entreprises aussi bien au plan international que national en vue de la normalisation des contrats à durée déterminée ont échoué[105]. C'est ainsi qu'étudiant le cas du travail journalier dans les pays de l'UEMOA, une partie de la doctrine a abouti à la même conclusion

---

[101] A. Martinon, Essai sur la stabilité du contrat de travail à durée indéterminée, LGDJ, 2005, p. 2.

[102] Art. 1221-2 du Code du travail français : « le contrat de travail à durée indéterminée est la forme normale et générale de la relation de travail ».

[103] Certes dans la loi n°95-15 du 12 janvier 1995 portant code du travail, la consécration de la possibilité du recours au CDD formelle puisque l'article 13.2 le dit clairement : « Le contrat de travail peut être conclu pour une durée indéterminée, ou pour une durée déterminée selon les règles définies au chapitre IV du présent titre ». Mais cette possibilité ainsi offerte est tout de suite limitée par les articles 14.4 et 14.5 à une durée légale de deux ans.

[104] Sur les notions de norme et d'exceptions, voir A. Vidal-Naquet, M. Fatin-Rouge Stefanini, La norme et ses exceptions. Quels défis pour la règle de droit, Bruylant, 2014.

[105] L'action du BIT avec les codes clé en main (Corine Vargas), le code de travail de 1995 avec l'idéologie de la flexibilité

dépréciative des contrats de travail journalier : « alors que tout salarié a besoin de conclure des contrats de travail qui se prolongent dans le temps afin de jouir de tout le statut social qui lui est accolé, les déclarations aux organismes de protections sociale et les droits afférents, il ne peut en être pour les travailleurs journaliers qui en raison de la brièveté de leur contrat ainsi que les conditions indignes dans lesquelles lesdits contrats sont exercés ne peuvent prétendre à la jouissance de ces droits »[106]. La question peut donc se poser utilement des raisons qui pousseraient un employeur à conclure l'un ou l'autre de ces contrats. La réponse se devine aisément : c'est la confiance que l'employeur place en son salarié. Comment en est-on arrivé à cette interprétation ?

Certes, il est tout à fait possible qu'un contrat à durée déterminée ou indéterminée intervienne entre les parties à un contrat de travail en l'absence de toute confiance de l'employeur dans le salarié. C'est le cas par exemple des recrutements discriminatoires en violation de l'article 4 du code du travail dans le seul but de procurer du travail à un parent ou sur recommandation d'un ami. Dans ce cas, c'est moins la compétence professionnelle que le lien d'affection ou d'amitié qui fonde le contrat de travail. En revanche, la conclusion d'un contrat à durée indéterminée en l'absence de toute confiance résulterait d'une incohérence de la part de l'employeur.

L'incohérence résulterait de la contradiction flagrante entre l'objectif visé par tout employeur qui est de faire fortune à travers la compétitivité de l'entreprise et le recrutement de collaborateurs dont il a le sentiment qu'ils ne peuvent que procurer le résultat attendu. La libéralisation du recrutement dans le seul but de permettre à l'employeur de s'entourer de collaborateurs qu'il estime compétents en plus de la possibilité qui lui est offerte de faire dépendre la conclusion définitive du contrat de travail de clauses d'essai dont l'objectif est d'assoir sa confiance préalablement à tout engagement définitif, renforcent l'incongruité de tel recrutement. Cette confiance qui fonde ainsi le choix du contrat à durée indéterminée au détriment du contrat à durée déterminée peut être objective ou subjective. Elle est objective lorsque l'employeur fonde sa confiance sur les qualifications et expériences professionnelles déclarées dans le cas d'un premier contrat ou constatées lorsqu'à l'issue de la mise en œuvre d'un contrat à durée déterminée. Elle serait en revanche subjective lorsqu'elle se fonde sur des considérations exclusives des prescrites de l'article 4 du

[106] C. Kouadio, Le travail décent dans l'espace UEMOA. Essai sur la condition juridique du travailleur journalier en Côte d'Ivoire, au Benin et au Sénégal, IFJD, 2022, p. 45.

code du travail, notamment les préjugés ou les humeurs de l'employeur au cœur du motif de licenciement tenant à la perte de confiance.

2- *La perte de confiance, un motif pertinent de licenciement*

En droit comparé, notamment en droit français qui inspire les droits africains d'expression française, le rôle de la confiance dans le licenciement a été réduite à néant ; sa disparition dans les relations de travail n'étant plus considérée comme un motif légitime de licenciement. C'est dans la loi du 13 juillet 1973 que sa remise en cause au titre des raisons de rompre le contrat a été initiée par le législateur. Cette loi a procédé à l'objectivation du licenciement à travers la preuve d'une cause réelle et sérieuse. Pour la doctrine française, la loi de 1973 a été l'occasion « d'éliminer tous les motifs subjectifs et invérifiables, tels que le mauvais caractère du salarié, son manque d'affinité avec le personnel, les simples soupçons, (...) le défaut de collaboration et de confiance »[107]. C'est ainsi qu'après moults hésitations, le juge français a fini par conclure de façon radicale que « la perte de confiance ne peut jamais constituer en tant que telle une cause de licenciement même lorsqu'elle repose sur des éléments objectifs ; que seuls ces éléments objectifs peuvent, le cas échéant, constituer une cause de licenciement et non la perte de confiance qui a pu en résulter pour l'employeur » [108]. Dans ce système juridique, il est reproché au motif de la perte de confiance sa trop grande subjectivité[109] ainsi que son manque d'autonomie.

Cette approche, dont les risques de reproduction en Afrique sont assez élevés, tant à cause de l'usage sans fondement juridique du vocale cause réelle et sérieuse [110] qui fonde l'exclusion du motif de la perte de

---

[107] M-C. Bonnetête, D 1974, chron. fp. 191.

[108] Cass. Soc. 29 mai 2001

[109] J. Pélissier, note soc. 29 novembre 1990, D. 1991, p. 190.

[110] Le premier exemple qui confirme le risque de transposition de la conception française de la perte de confiance tient à l'usage de la notion de cause réelle et sérieuse consacrée par la loi française de juillet 1973, laquelle n'a pourtant aucun fondement juridique dans notre système juridique. Sur l'utilisation de la notion de cause réelle et sérieuse, voir Sur ce point, CSCJ, formation sociale, arrêt n°261 du 20 avril 2000, « Mais attendu que la Cour d'Appel en énonçant, pour déclarer abusif le licenciement, "qu'en l'espèce Y. se contente de simples allégations sans les étayer par des éléments de preuve, observations ou sanction pouvant permettre à la juridiction sociale d'apprécier l'existence même du motif d'incompétence ; qu'en l'absence d'une telle preuve, le licenciement de K. ne repose sur aucun motif réel et sérieux", n'a fait qu'user de son pouvoir souverain d'appréciation et a légalement justifié sa décision ; d'où il suit que le moyen n'est pas fondé » ; CSCJ, form. Soc., 24 janvier 2019, Arrêt n° 74/19. Dans cette décision, les juges affirment que « L'état de santé du salarié

confiance[111] dans ce système juridique, que du raisonnement qui y conduit, est doublement fausse.

Elle l'est tout d'abord, dans la mesure où le grief de subjectivité qui la fonde ne résiste pas à l'analyse. En effet, le motif de la perte de confiance passe toujours par un contrôle d'objectivation du juge. Comme tout motif de licenciement, la perte de confiance ne constitue pas en soi[112] un motif légitime de licenciement. Pour être considéré comme tel, l'employeur doit démontrer que la raison du licenciement invoquée repose sur des faits objectifs et vérifiables. C'est pourquoi, lorsque la perte de confiance ne repose pas sur des faits de caractère fautif, le juge exige dans la plupart des cas qu'elle ait pour fondement soit un doute raisonnable [113] soit de soupçons graves[114]. L'accent est mis non pas sur le motif en tant que tel, lequel renvoie à des raisons limitativement énumérées comme dans le cas de la discrimination, mais sur la justification de ce motif en application de la théorie de l'abus de droit qui a encore pignon sur rue en droit ivoirien. Selon cette théorie consacrée par deux arrêts de la Cour de cassation

---

invoqué comme motif du licenciement n'étant corroboré par aucune pièce, il en résulte que le motif du licenciement n'est ni réel, ni sérieux. Par conséquent, la décision de la Cour d'appel qui déclare abusive la rupture du contrat est légalement justifiée ». Sur la doctrine, voir, A. Y. E. Kobena, Du licenciement du droit à la pratique, Version 5.0, Excelsior, p. 7. Selon cet auteur, « quelles que soient la taille de l'entreprise et l'ancienneté du salarié, un licenciement ne peut être prononcé que pour un motif « réel » et « sérieux ».

[111] Voir par exemple une décision du Tribunal hors classe de Dakar, jugement n°79/06, section n°3/1, Rôle n°747/18, du 6 février 2019, inédit : « il est clair que la perte de confiance est un élément subjectif ; qu'elle ne peut constituer à elle seule une cause réelle et sérieuse de licenciement même si elle repose sur des éléments objectifs ; que seuls ces éléments objectifs peuvent, le cas échéant, constituer une cause de licenciement ». Dans le même sens un arrêt de la Cour d'appel de commerce d'Abidjan, 9 juillet 2020, sté Intelect protection c/J. L.L, inédit :« le motif de perte de confiance est non seulement un faux motif, mais recouvre une subjectivité qui ne laisse pas de place au contrôle que doit exercer le juge sur la révocation du dirigeant d'une société anonyme ».

[112] Cour suprême du Sénégal, chambre sociale, arrêt n°4, du 13 janvier 2011 : « Mais attendu que la perte de confiance n'est pas en soi un motif de licenciement ; Et attendu que la Cour d'appel qui a relevé que tous les arguments relatifs au vol qui fonde la perte de confiance ont été battus en brèche lors de l'enquête préliminaire ordonnée par le premier juge, a pu sans dénaturation retenir que le licenciement est abusif ».

[113] Abidjan, arrêt n°300 du 28/3/2019, 4ème chambre social, inédit « il est de jurisprudence établie que la perte de confiance pour légitimer le licenciement doit reposer sur des faits précis qui créent un doute raisonnable sur la confiance que le travailleur peut inspirer dorénavant quelle que soit la suite réservée à ces faits »

[114] Abidjan, arrêt n°338, du 5/4/2018, 4ème chambre sociale, inédit : « il est de jurisprudence établie que la perte de confiance pour légitimer le licenciement doit reposer sur des faits précis qui créent un doute raisonnable sur la confiance que le travailleur peut inspirer dorénavant quelle que soit la suite réservée à ces faits ».

française et conforme à la convention de l'OIT sur le licenciement[115], l'indemnisation à la suite du licenciement n'est accordée qu'aux seuls salariés capables de démontrer un abus de droit de licencier.

La disqualification de la perte de confiance au titre des motifs de licenciement est également excessive en ce qu'elle nie la nature même du contrat de travail. Contrat intuitu personae, le contrat de travail est par nature un contrat de confiance donc empreint à accueillir des sentiments. L'argument selon lequel elle serait doublement subjective en ce qu'elle serait non seulement propre à l'employeur, mais révèlerait d'un sentiment de sa part ayant pour objet la personne du salarié ne résiste pas non plus à l'analyse. Tout d'abord, il est inexact de soutenir que la perte de confiance est propre à l'employeur puisqu'elle peut tout aussi être invoquée par le salarié pour justifier la rupture du contrat de travail. Certes, l'hypothèse convoquée n'offre pas d'exemples concrets à exposer. Mais l'article 18.3 du code du travail ivoirien qui consacre la volonté du salarié de mettre fin à la relation de travail ne l'interdit pas. Il est tout à fait possible et raisonnable de voir un salarié mettre fin à sa collaboration avec un employeur pour la simple raison que celui-ci ne lui inspire plus confiance. Et cette perte de confiance peut résulter de promesses ou d'engagements pris au moment de la conclusion du contrat mais non respectés dans la phase de l'exécution. D'ailleurs, dans un arrêt remarqué rendu par le juge français, le caractère bilatéral de la confiance a été mis en exergue par la cour de cassation qui a pointé du doigt « une perte de confiance réciproque mettant obstacle à la relation de travail »[116].

Par conséquent, de la même façon que la confiance peut fonder la décision de l'employeur de mettre fin à la relation de travail, il va de soi qu'elle peut être à l'origine de la rupture par le salarié du contrat de travail.

Le grief de manque d'autonomie avancé par ailleurs n'est pas non plus pertinent. Il ne peut l'être dans la mesure où rien n'interdit aux parties à un contrat de travail de fonder un licenciement sur plusieurs faits susceptibles de plusieurs interprétations. Le vol du salarié qui est une faute lourde peut entamer la confiance que l'employeur plaçait en ce dernier. Il en est de même d'une faute simple du salarié qui est susceptible d'entamer la confiance que l'employeur avait placée en lui. Et dans le cadre du licenciement, rien n'empêche l'employeur de choisir l'une ou l'autre des

---

[115] Convention de l'OIT n°158 sur le licenciement, notamment l'article 4 : « un travailleur ne devra pas être licencié sans qu'il existe un motif valable de licenciement lié à l'aptitude ou à la conduite du travailleur ou fondé sur les nécessités du fonctionnement de l'établissement ou du service ».

[116] Soc. 26 juin 1980, D. 1981, IR. 127, obs. Langlois

causes de licenciement si tant est qu'elle peut correspondre à la qualification requise. Autrement dit, ce n'est pas parce qu'une faute a été commise que la confiance se perd automatiquement. L'employeur peut continuer à accorder sa confiance au salarié en dépit d'une ou de plusieurs inconduites de sa part. Tout dépend des rapports qu'entretiennent l'employeur et le salarié placés dans un contexte bien précis.

« Cacher le soleil avec sa main ». Tel pourrait être la conclusion sur le rôle joué par la confiance dans le contrat. En effet, l'évincement de la confiance de la langue du législateur, suivi en cela par le silence de la doctrine, toutes attitudes qui consistent à la voiler est peine perdue. Tout d'abord dans le droit commun des contrats, la volonté nait sur les cendres de la confiance. Le droit l'aborde implicitement dans le cadre de la volonté dite interne dans laquelle la subjectivité occupe une grande place. Les réalités comme le sentiment, la convenance personnelle ou encore l'intime conviction que le droit n'ignore pas permettent de comprendre cette réception de la confiance en droit qui fonde le contrat. Mieux, c'est à travers la volonté externe qui se donne à voir dans le consentement que se révèle le plus explicitement possible la confiance dans la conclusion du contrat. A ce niveau, il n'y a plus de doute sur la croyance du cocontractant de la bonne issue du contrat. Tout porte à croire que le contrat à plus de chance d'être conclu et c'est la raison pour laquelle il s'engage. Mais comme la naissance du contrat, sa survie en dépend ; que ce soit la qualité du contrat en cours de vie ou qu'il s'agisse de sa rupture. En ce qui concerne la qualité du contrat dans l'entreprise en principe, c'est la confiance qui explique la promotion. D'abord parce que toute promotion intervenue en dehors de ce canevas, notamment la promotion à l'ancienneté, ne met pas en exergue le lien interpersonnel qui permet le contrôle de la prestation du salarié et partant le jugement à l'origine de la confiance qui peut en être fait. Ensuite dans la mesure où en pratique la promotion est toujours la conséquence d'un jugement sur la façon de servir du salarié, il ne peut concerner uniquement la prestation. Il vise forcement la personne du salarié ce qui laisse place à une marge de sentiment dans la relation de travail. Mais c'est surtout dans la rupture du contrat que la confiance s'affiche avec plus de vigueur et mérite d'être maintenue au titre des motifs de licenciement en droit du travail.

BIBLIOGRAPHIE

-Brasseur (Paule), « De l'abolition de l'esclavage à la colonisation de l'Afrique », Mémoire Spiriîaine, n° 7, premier semestre 1998, p. 93 à 107.

-Pascal (Boniface), « L'Afrique n'est pas mûre pour la démocratie», in Dans 50 idées reçues sur l'état du monde, 2022, pp. 135 à 137.

-TAHAR (Taleb), « Du monocéphalisme de l'exécutif dans le régime politique algérien» , in Revue algérienne des sciences juridiques, politiques et économiques, 1990, pp.427 à 470.

-MOMO (Claude F.) et GATSI (Éric-Adol T.), « L'exécutif dualiste dans les régimes politiques des États d'Afrique noire francophone » in Les annales de Droit, n° 14/2020, p.123 à 166.

-DEGNI-SEGUI (Alice), « L'évolution du processus de décentralisation en Côte d'Ivoire » in La décentralisation : Etudes comparées des législations ivoiriennes et françaises. Actes du colloque international, organisé par la Faculté de Droit de l'Université Nationale de Côte d'Ivoire et l'Université des Sciences Sociales de Toulouse I. Abidjan le 9-12 mai 1988, p. 21.

-DU BOIS DE GAUDUSSON (Jean), « Défense et illustration du constitutionnalisme après quinze ans de pratique du pouvoir », in Mélanges en l'honneur de Louis FAVOREU, Paris, Dalloz, 2007, p. 622.

-TCHIVOUNDA (Guillaume), «Le Conseil Constitutionnel de Côte d'Ivoire et l'internationalisation de l'élection Présidentielle des 31 octobre et 28 novembre 2010.Variations autour d'un plaidoyer », in Mélanges dédiés au Doyen Francis V. WODIE, Presse de l'Université Toulouse 1 Capitole, 2016, p. 431.

WEBOGRAPHIE

-https://senegaldates.com/histoire/crise-politique-de-decembre-1962-au-senegal, consulté le 12 décembre 2023, à 12h 47 mn.

-https://fr.wikipedia.org/wiki/Discours_de_La_Baule,

-https://www.cairn.info/anthropologie-politique--9782130620600-page-119.htm?contenu=plan,

-https://fr.divertistore.com/les-rois-dieux-de-la-mythologie-egyptienne-egypte-ancienne-27.html,

-https://savanes.mondoblog.org/2016/10/lhistoire-sobriquets-presidents-ivoiriens/

-https://www.glenat.com/histoire/les-dieux-de-la-mythologie-greco-romaine-9782344045060
-https://horizon.documentation.ird.fr/exl-doc/pleins_textes/pleins_textes_7/b_fdi_03_02/37443.pdf,
-https://projects.voanews.com/african-coups/french.html
https://fr.wikipedia.org/wiki/Liste_des_Premiers_ministres_de_C%C3%B4te_d%27Ivoire
-https://www.seneplus.com/opinions/la-constitution-senegalaise-une-propriete-privee-du-pouvoir
https://fr.wikipedia.org/wiki/Liste_des_pr%C3%A9sidents_du_B%C3%A9nin;
-https://fr.wikipedia.org/wiki/Liste_des_vice-pr%C3%A9sidents_du_B%C3%A9nin#cite_note-c2-3
-http://africhevalier.canalblog.com/archives

VI- HISTOIRE DU DROIT

« LE PATER FAMILIAS, "UN CONSTITUTIONNALISTE" AVERTI

Komoé Guy-Roland KOSSONOU

Agrégé d'histoire du droit et des institutions,
Enseignant-chercheur à l'Université Alassane OUATTARA

Dans toutes les sociétés, le rôle du chef est primordial voire indispensable.

Parfois, cette place incontournable le confond à la communauté politique dont il est le guide. Cela est d'autant plus vrai dans la plupart des institutions de l'antiquité telles que l'Egypte à travers le personnage mythique et emblématique du Pharaon, clef de voûte du système politique. Il est le réceptacle privilégié des messages divins[1]. C'est dans ce sens que certains égyptologues n'hésitent pas à affirmer que Pharaon est l'Egypte et l'Egypte est Pharaon. En outre, en Israël « la famille est (…) une réalité sociologique, juridique et religieuse. Elle est régie par un chef qui préside aux mariages, sacrifie aux divinités, passe alliance avec les autres familles, enfin a droit de vie et de mort sur tous les membres de la famille. Il détient un pouvoir absolu sur les membres de l'Oikia »[2]. Le chef ici n'est rien d'autre que le patriarche qui joue un rôle important non seulement dans sa famille biologique mais aussi et surtout dans la société politique où l'ensemble des familles forme la tribu. Cette même réalité transparaît également chez les grecs où le gouvernement de la société avant la naissance de la démocratie[3] athénienne entre le VI ème et le V ème siècle Av-J-C., était l'apanage des aristocrates « dont les membres les plus puissants s'assurèrent des royautés locales »[4]. Ici, les pouvoirs religieux du roi étaient considérables : « On suppose que le roi, le Minos des légendes

[1] Pharaon de par sa double nature, humaine et divine, est perçu comme celui par qui les dieux se révèlent au peuple.

[2] Henri LEGRE Okou, Histoire des Institutions et du Droit, Ed. Lumière De DEASSA, p.160. (Le terme Oikia désigne la famille)

[3] Le terme démocratie renvoie à la forme de gouvernement dans lequel le pouvoir appartient au peuple.

[4] Séraphin NENE Bi, Histoire du Droit et des Institutions méditerranéennes et africaines. Des origines à la fin du Moyen-Âge Européen, les éditions ABC, 8ème édition, Abidjan, 2023, p.286.

grecques étaient en même temps prêtre. Il représentait sur terre le dieu-taureau, le minotaure ».[5] Dans la Rome antique où est née l'expression « Pater Familias » qui désigne le chef de la famille, celui-ci est un véritable « chef d'orchestre » dont la fonction fondamentale consiste à agir à l'égard de sa domus[6] en « bon père de famille »[7]. En Afrique, le chef de famille se perçoit, avant tout, comme : « l'autorité de sa famille »[8].

Au regard du rôle important du chef de famille, il apparaît de nécessité vitale, d'examiner le sujet ci-après : « Le Pater Familias, ''un constitutionaliste'' averti ».

Après avoir défini l'expression ''le Pater Familias'', il importe d'appréhender à présent le terme constitutionaliste qui désigne un adepte du constitutionalisme, c'est-à-dire de la doctrine imposant une constitution écrite pour préserver les droits fondamentaux. Le terme averti s'emploie pour désigner une personne expérimentée, compétente et avisée. Dans son domaine d'action, il est un sachant. De lui, le sage Amadou Hampâté Bâ témoigne qu'« en Afrique, quand un vieillard meurt, c'est une bibliothèque qui brûle »[9].

La question de la place du chef de la famille remet au goût du jour l'épineuse préoccupation de la désignation du vrai responsable de la famille. En effet, si avant dans la société romaine, l'exercice de la puissance paternelle était exclusivement l'apanage de l'homme, c'est-à-dire du sujet mâle, aujourd'hui, beaucoup d'eau semble avoir coulé sous le pont emportant avec elle ce postulat, mieux ce crédo où désormais par la puissance parentale, l'homme et la femme peuvent assumer conjointement la responsabilité de chef de famille.

Au regard de toutes ces préoccupations, le présent sujet pourrait s'énoncer en terme problématique : Comment s'appréhende le rôle du Pater Familias dans la famille ?

Son rôle, on ne peut plus important, s'articule autour de deux principaux axes de réflexion. Il s'agit d'examiner d'une part, le rôle primaire omnipotent du Pater Familias dans la famille (I) et d'autre part, le

---

[5] Idem

[6] Signifie la famille

[7] Homme de vertu ordinaire, normalement avisé, soigneux, diligent, servant de référence abstraite pour apprécier si tel comportement a été fautif ou non. Il est en quelque sorte un modèle.

[8] Ferdinand KOUAO Ahoussi,Le chef de famille dans les sociétés traditionnelles africaines : cas du royaume Sanwi, Mémoire de master en Histoire du Droit, des Institutions et des Idées Politiques, Université Alassane Ouattara , 2018-2019, p. 48

[9] Extrait du discours de l'écrivain malien Amadou Hampâté Bâ à l'UNESCO le 1er décembre 1960.

rôle secondaire d'interface du Pater Familias entre la famille et la constitution (II).

I- LE RÔLE PRIMAIRE OMNIPOTENT DU PATER FAMILIAS DANS LA FAMILLE

On entend par rôle primaire, celui que confère le statut social de l'individu. En clair, la fonction de Pater Familias met à la charge du chef, deux principales missions à savoir : celle de représentant exclusif de la famille (A) et celle de protecteur par excellence de la famille (B).

A. Le Pater Familias, représentant exclusif de la famille

Le représentant, la plupart du temps, ne s'autoproclame pas chef. En effet, plusieurs facteurs peuvent militer en sa faveur. Il s'agit avant tout du droit d'aînesse encore en vigueur dans de nombreuses sociétés africaines qui se décline sous la règle de la primogéniture. Ici, on succède selon l'ordre de naissance. Dans les sociétés akan matrilinéaires ivoirienne et ghanéenne où l'ordre de naissance des génitrices est fondamental dans la désignation du chef de famille. En dehors du critère de naissance, d'autres critères peuvent être invoqués : « ce sont surtout les qualités personnelles des candidats qui déterminent le choix des mpanyimfo » [10]. Par son savoir intarissable matérialisé par son éloquence langagière, l'érudit enseignant-chercheur de l'université de Cocody a su dignement représenter l'institution dans les hautes sphères intellectuelles mondiales, notamment les colloques internationaux. Devenu président de la Ligue Ivoirienne des Droits de l'Homme (LIDHO), il défend les personnes vulnérables à travers l'expression qui lui est chère : « La LIDHO condamne avec la dernière énergie ces actes odieux ou inqualifiables perpétrés sur les étudiants, les enseignants, etc. » Plus tard, en sa qualité de ministre de la sécurité, pendant la crise militaro-politique, il a su encore une fois de plus tirer son épingle du jeu d'administrateur rompu à la tâche. Il a été également le digne directeur de cabinet du président du Conseil Constitutionnel, le maître des maîtres, le professeur Francis WODIE, représentant ainsi son institution au sommet de l'Etat. Il ne se contente pas du rôle de représentant mais mieux, de protecteur de la famille nationale en général et de la famille académique en particulier.

[10] Zajaczkowski Andrzej, La structure du pouvoir chez les Ashanti de la période de transition, In : Cahiers d'études africaines, vol. 3, n°12, 1963. PP. 458-473 ;

B. Le Pater Familias, protecteur par excellence de la famille

Dans son rôle de protecteur, le Pater Familias se comporte comme la mère poule à l'égard de ses poussins. En effet, la mère poule préfère toujours protéger ses poussins avec ses ailes, souvent au mépris de sa propre vie en empêchant l'épervier de les attraper. Dans le même élan, elle se sert toujours de ses ailes pour les protéger contre le soleil et la pluie. Elle prend le risque de marcher devant eux pour servir de bouclier contre tout danger en cas d'attaque.

C'est ce que l'éminent professeur Martin BLEOU a toujours su faire. Il prend le risque de parcourir plus de 300 km d'Abidjan à Bouaké pour satisfaire l'appétit intellectuel de nombreux étudiants l'attendant au campus 1 de l'Université de Bouaké pour s'abreuver de ce « nectar » intarissable et nécessaire pour leur formation. C'est d'ailleurs dans cette logique qu'il a subi les affres de la crise militaro-politique de 2002 à Bouaké au cours d'une mission d'enseignement. Pour les étudiants de la septième promotion dont j'en fais partie, le professeur est un homme hors du commun : un humble savant, mieux un esprit capable de pulvériser ses détracteurs dans un débat socio-politique. C'est lui qui détient le secret de maniement de la langue française et qui fait toujours référence aux grands noms de la science : Francis WODIE, Monique Chemillier-Gendreau, Raymond Carré de Malberg, Maurice Hauriou, etc.

Ce qui est encore frappant avec ce monstre du savoir, c'est surtout sa capacité d'attraction des autres sciences de la connaissance, notamment les économistes, les littéraires, les sociologues, les géographes, etc, qui s'intéressent également aux enseignements du grand maître. Il arrivait bien souvent que ceux-ci devancent les juristes dans l'amphithéâtre où le professeur doit dispenser la connaissance. À ce niveau, il convient de rappeler que le maître a dispensé et continue de dispenser ses enseignements dans les quatre coins du monde. Et c'est sans surprise que deux de ses anciens étudiants rencontrés à Dakar et à Abidjan nous ont exprimé leur joie de l'avoir eu comme encadreur au DEA de droit public à l'Université des Sciences Juridiques et Politiques de Bamako. D'où l'universalité des enseignements qu'il dispense.

Si dans les développements précédents, la fonction première du Pater Familias le conduit à être à la fois le représentant et le protecteur de sa famille, force est de reconnaître cependant que dans son rôle secondaire, celui-ci sert d'interface entre l'institution qu'il dirige et la constitution qu'il crée au fil du temps.

II- LE RÔLE SECONDAIRE D'INTERFACE DU PATER FAMILIAS ENTRE LA FAMILLE ET LA CONSTITUTION

Dans la gestion quotidienne permanente de sa « domus » (famille), les règles que le Pater Familias applique ne sont nullement le fruit d'un quelconque hasard. Il s'agit plutôt des règles qui sont en vigueur dans la société tout entière. En d'autres termes, les règles de gestion de la famille ne doivent pas déroger à la constitution, la norme fondamentale dans la société. À Rome, sous l'empire de l'ancien droit, la constitution renvoie à la coutume. Tel est le cas dans les sociétés traditionnelles africaines où la coutume ancestrale faisait office de constitution. Somme toute, la coutume n'est rien d'autre qu'une règle résultant de la répétition généralisée de comportements ressentis par les membres du corps social comme l'application ou l'expression d'une règle de droit non écrite et qui s'impose à tous, d'où son caractère obligatoire. Dans ses rapports avec la constitution, le Pater Familias est à la fois un interprète (A) et un révisionniste de celle-ci (B).

A. Le Pater Familias, un interprète constitutionnel

Dire que le Pater Familias est un interprète constitutionnel, c'est rappeler son éminent rôle d'exécutant de la loi fondamentale dans sa famille. Cela est perceptible dans presque tous les domaines de la vie notamment en matière civile, commerciale, religieuse, pénale, etc. Ainsi, dans l'ancien droit romain, les rapports contractuels entre les différents Paters Familias se résumaient essentiellement aux prêts, des services presque gratuits au moment où les activités agricoles étaient plus pratiquées. Cependant, à la période classique (qui s'étend d'environ 100 Av. à 200 Ap. J.-C.) marquée par le développement des activités commerciales, notamment la vente et l'achat, les relations entre ces différents Paters Familias vont prendre une nouvelle ampleur. Désormais, le débiteur qui ne parvient pas à s'acquitter de sa dette à l'égard du créancier est à la merci de celui-ci. Dès lors, on sort de la simple « domus » pour entrer dans des rapports plus dynamiques et plus ouverts impliquant la société romaine dans tous ses compartiments.

Dans le cadre de ses relations professionnelles, le professeur Martin BLEOU se retrouve presque dans la même dynamique. En effet, avec ses collègues enseignants-chercheurs, ils vont décider dans le cadre du conseil d'Unité de Formation et de Recherche (UFR) de la conduite de l'institution. Ainsi, ils seront emmenés à prendre des mesures appropriées[11] à faciliter l'encadrement des étudiants. Il s'agit de leur inculquer la connaissance pure. C'est dans ce cadre que le grand maître a pu encadrer de nombreux mémoires, des thèses et des articles de fond. Dans sa riche carrière d'enseignant, le professeur BLEOU a certainement siégé dans des CTS du CAMES et au concours d'agrégation où l'harmonisation des règles des différentes institutions universitaires s'impose.

Au-delà du rôle d'interprète constitutionnel, le Pater Familias devient un révisionniste constitutionnel attitré.

B. Le Pater Familias, un révisionniste constitutionnel

En principe, la norme fondamentale a vocation à traverser les temps. C'est en cela qu'il convient d'apprécier la logique constitutionnelle américaine. En effet, la constitution américaine de 1787 issue de la révolution, hormis quelques amendements, demeure un modèle de constitution qui ait pu avoir une longévité exceptionnelle, donnant une base solide aux institutions américaines. Or, comme nous le savons avec l'éminent philosophe des lumières Charles Louis de Secondat baron de Montesquieu, chaque société doit se conformer avec ses propres règles si bien que c'est par un pur hasard que les normes d'une société donnée peuvent correspondre à une autre. C'est dans ce sens que le Pater Familias associé aux autres, peut-être autorisé à réviser la constitution. Ainsi, se matérialise cette formule de Pierre Royer-Collard usitée par Jean Gicquel pour justifier la révision de la constitution : « Les constitutions ne sont pas des tentes dressées pour le sommeil »[12]. Dans l'antiquité romaine, c'est de concert que les différents chefs de familles conjuguent leurs efforts pour procéder à la révision constitutionnelle ; permettant ainsi d'adapter la constitution aux nouvelles réalités socio-politiques. C'est dans cette logique que les responsables familiaux vont impulser une dynamique à l'évolution des règles passant des normes archaïques aux dispositions classiques pour aboutir aux différentes réformes du Bas-empire.

A travers le génie de nos grands maîtres, les règles qui ont régi l'Université nationale de Côte d'Ivoire ont connu différentes mutations jusqu'à ce jour où nous dénombrons huit Universités physiques et une Université virtuelle en Côte d'Ivoire. Tous ces grands centres

[11] Il s'agit entre autres des conditions d'organisation des cours, des évaluations, de la proclamation des résultats, etc.

[12] Conakrylemag.com, https://www.fratmat.info

d'enseignement sont régis à la fois par des règles générales et des dispositions spécifiques. Tout cet arsenal juridique qui participe au développement de la science en Côte d'Ivoire, est l'émanation de la volonté de nos sachants dont le professeur Martin BLEOU qui, à l'image du chef de famille participe effectivement au rayonnement de l'enseignement supérieur.

En guise de conclusion, nous pouvons affirmer, sans ambages, que l'émérite professeur des Universités, le grand maître, le professeur Martin BLEOU a été et demeure un don, une opportunité pour la formation de nombreux apprenants aussi bien en Côte d'Ivoire, son pays, que le reste du monde. Il est donc un grand serviteur de l'Etat qui demeure à jamais dans la conscience collective.

Puisse Dieu le garder encore longtemps parmi nous et que l'année 2024 qui arrive, lui procure une santé de fer !

Structures éditoriales du groupe L'Harmattan

L'Harmattan Italie
Via degli Artisti, 15
10124 Torino
harmattan.italia@gmail.com

L'Harmattan Hongrie
Kossuth l. u. 14-16.
1053 Budapest
harmattan@harmattan.hu

L'Harmattan Sénégal
10 VDN SICAP AMITIE 3
BP 45034 Dakar-Fann
direction@senharmattan.com

L'Harmattan Cameroun
Tsinga/Derrière polyclinique FECAFOOT
BP 11486 Yaoundé
Jacques.koukam@harmattan.fr

L'Harmattan Burkina Faso
Villa 281, secteur 23 623, rue 14.32
Ouagadougou
zagbie@outlook.fr

L'Harmattan Guinée
Almamya, rue KA 028 OKB Agency
BP 3470 Conakry
harmattanguinee@yahoo.fr

L'Harmattan RDC
185, avenue Nyangwe
Commune de Lingwala - Kinshasa
matangilamusadila@yahoo.fr

L'Harmattan Congo
219, avenue Nelson Mandela
BP 2874 Brazzaville
deunovmikhael@gmail.com

L'Harmattan Mali
Immeuble Mgr Jean Marie Cissé
Aci Hamadallaye
BP 145 Bamako
syllaka@yahoo.fr

L'Harmattan Togo
Djidjole - Maison Amela
face EPP BATOME
02 BP 20680 Lomé
didieramela11@gmail.com

L'Harmattan Côte d'Ivoire
Résidence Karl - Cité des Arts
Abidjan-Cocody
03 BP 1588 Abidjan
harmattan.ivoire@gmail.com

L'Harmattan Bénin
Rue 604, (Immeuble à l'entrée
de la rue UCAO- Cite de Saint-Jean)
Cotonou
stepcorpus@gmail.com

Nos librairies en France

Librairie internationale
16, rue des Écoles
75005 Paris
librairie.internationale@harmattan.fr
01 40 46 79 11
www.librairieharmattan.com

Librairie des savoirs
21, rue des Écoles
75005 Paris
librairie.sh@harmattan.fr
01 46 34 13 71
www.librairieharmattansh.com

www.ingramcontent.com/pod-product-compliance
Lightning Source LLC
LaVergne TN
LVHW021134061026
849535LV00002B/241